U0051182

職業安全與衛生

楊昌裔　編著

全華圖書股份有限公司

作者序

自「勞工安全衛生法」於 102 年 7 月 3 日修正更名為「職業安全衛生法」,並於 104 年 1 月 1 全面施行後,近年來「勞動部」亦配合「職業安全衛生法」新訂多項法規,如「機械類產品型式驗證實施及監督管理辦法」(民國 103 年 11 月 28 日)、「女性勞工母性健康保護實施辦法」(民國 103 年 12 月 30 日)、「危害性化學品評估及分級管理辦法」(民國 103 年 12 月 31 日)、「機械設備器具安全資訊申報登錄辦法」(民國 106 年 9 月 22 日)、「安全標示與驗證合格標章使用及管理辦法」(民國 106 年 9 月 30 日)等;而有別與以往做法,「勞動部」於制定某些新「辦法」之同時,亦會發布內容更人性化、更易於閱讀之「技術指引」,好讓民眾或事業單位於遵行相關法令時,能更瞭解其立法精神,且更能從中獲得最一步之協助。

當然,對於一些既有法規,「勞動部」亦切合時宜予以修正,如「勞動檢查法」(民國 104 年 2 月 4 日)、「職業安全衛生管理辦法」(民國 105 年 2 月 19 日)、「職業安全衛生教育訓練規則」(民國 105 年 9 月 22 日)、「勞工作業環境監測實施辦法」(民國 105 年 11 月 2 日)、「危險性機械及設備安全檢查規則」(民國 105 年 11 月 21 日)、「勞工健康保護規則」(民國 106 年 11 月 13 日)、「危險性工作場所審查暨檢查辦法」(民國 106 年 12 月 1 日)、「空氣中有害物容許濃度標準」(民國 107 年 3 月 14 日)等。

為使讀者能適時掌握我國安全衛生政策之最新資訊,本書各章除配合法規異動予以更新外,亦針對新訂法規新增相關內容,主要有:

(1) 於第 9 章「勞工健康檢查與管理」加入「女性勞工母性健康保護」與「勞工身心健康保護措施」等新章節。

(2) 於第 11 章「一般工作場所之安全衛生」加入介紹「危害性化學品標示及通識規則」(民國 103 年 6 月 27 日)之新內容。

(3) 於第 14 章「機械危害與安全防護」加入「機械設備器具安全資訊申報」、「機械類產品型式驗證」及「安全標示與驗證合格標章」等新章節。

(4) 於第 23 章「職業病預防」加入「重複性作業危害」、「異常工作負荷危害」、「創傷後壓力症候群危害」及「職場不法侵害之危害」等新內容。

此外，對於本書一些計量較多之內容，如第 10 章「職業災害調查與處理」、第 17 章「噪音之危害及預防」、第 18 章「振動之危害及控制」、第 19 章「採光與照明」、第 21 章「非游離電磁波之危害與測量」、第 25 章「空氣中有害物容許濃度標準」、第 26 章「工業通風」、第 27 章「有機溶劑中毒之預防」等，除再三訂正其計算公式、單位外，亦適當增加一些範例，或重寫其解答方法，冀使讀者能更清楚瞭解其中之計算技巧。

本書承蒙產官學與各界人士之長期推薦與採用，本編者在此向支持本書之讀者先進，再三致上最衷心的感謝。同時，本編者亦要感謝全華圖書公司編輯部的各位專才，為本書繁重之改稿排版工作投入全部心血與時間，使本書能如期付梓發行。

編者謹識

目錄

Chapter

01

我國勞動政策與勞動行政

1.1 前言

　　落實職業安全與衛生的管理工作，是我國政府既定的勞動政策之一。事業單位與勞動團體組織在遵行政府所推行的勞動政令時，必須先了解我國的勞動政策，以及政府爲貫徹勞動政策而設置之各級勞動行政主管機關。圖 1.1 爲勞動行政之示意圖。

1.2 我國勞動政策

　　一個國家的勞動政策與該國的政治、經濟、文化、科技發展等社會現象息息相關。西方國家的勞動政策導源於工業革命時期歐美國家爲解決當時勞工問題而訂立的法制爲基礎。由於勞動政策乃以「勞動階層」爲主要的施政對象，因此一個國家的勞動政策發展與該國的勞動階層的形成有密不可分的關係。

　　我國自古即爲農業國家，工業發展約晚西方國家半個世紀，因此我國在訂定勞動政策時多參考西方國家的缺失而加以改進。依中華民國憲法第一五三條規定：「國家爲改良勞工及農民之生活，增進其生產技能，應制定保護勞工及農民之法律，實施保護勞工及農民之政策。婦女兒童從事勞動者，應按其年齡及身體狀況，予以特別之保護。」足見我國在訂定勞動政策的主要精神，從早期保護勞工的工作權益及工作安全開始，擴展至目前對一般工作者皆納入爲保護對象。

　　目前我國的勞動政策爲「強化勞動力發展與運用、健全勞動保障制度、提升勞動基金運用效能、確保安全健康勞動力。」

1.3 勞動行政與勞動法令

　　「勞動行政」所指的就是政府爲貫徹勞動政策所採行之措施與政令，包括設置掌管勞動事務之各級勞動機關，以及制定保護勞動權益之法令規章等。因此，凡以勞動者或事業單位、雇主爲適用對象的法令，一般通稱爲「勞動法令」。如圖 1.1 所示，與勞動者息息相關之重要勞動法令有勞動基準法、職業安全衛生法、勞工保險條例、勞動檢查法、就業服務法、職業訓練法、勞資爭議處理法、團體協約法、工會法、勞動契約法、職工福利金條例等；其中尤以職業安全衛生法、勞動檢查法、勞動基準法及勞工保險條例等，爲執行職業安全衛生工作之重要法源依據。

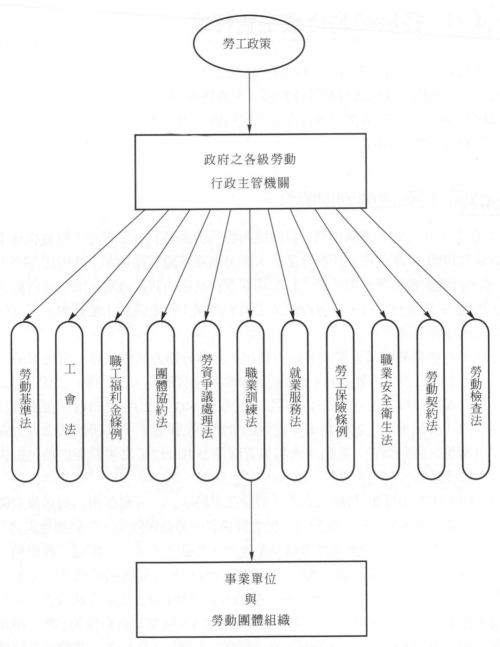

圖 1.1　勞動行政示意圖

1.4　各級勞動行政主管機關

　　我國政府的行政架構目前已簡化為「中央」及「地方」之二級政府架構，因此勞動行政之主管機關在中央為行政院勞動部；在直轄市為直轄市政府；在縣(市)為各縣(市)政府。此外，在經濟部所管轄之加工出口區與國科會之科學工業園區內，尚設置專屬之勞動行政管理單位。

1.4.1　行政院勞動部簡介

　　依民國 36 年之憲政架構規劃，行政院內設「勞動部」，掌管勞工行政相關業務，惟行政院於民國 37 年改成立「社會部」，原勞動部降編為社會部下的勞工部門；至民國 38 年，行政院裁撤社會部，勞工行政相關業務改由內政部負責，成立「內政部勞工司」。民國 76 年 8 月 1 日，「內政部勞工司」改制「行政院勞工委員會」，升格為中央行政層級之勞工部門。

　　近年來由於台灣地區服務業勞動力興起，產業勞動力結構改變，原先單純以製造業為勞動力主體之狹義「勞工」，已不足為全體從事勞動的「工作者」之代表；此外，我國政府為提升行政院效能予以組織再造，於民國 103 年 2 月 17 日將「勞工委員會」升格擴編為「勞動部」，就包括勞工在內的全體「工作者」，其所關切之人力資源、職業安全衛生、勞動條件、勞動保險與勞資關係等重大政策之規劃與推動，投入更多之政府行政資源。

　　依民國 103 年 1 月 29 日所公布之「勞動部組織法」，勞動部由六個司及六個處之內部單位組成，其包括：綜合規劃司、勞動關係司、勞動保險司、勞動福祉退休司(原勞工保險監理委員會)、勞動條件及就業平等司、勞動法務司、人事處、政風處、祕書處、統計處、會計處、資訊處；此外，勞動部尚有五個附屬機關協助執行勞動行政相關業務：勞工保險局、勞動基金運用局、勞動力發展署(設有北基宜花金馬、桃竹苗、中彰投、雲嘉南、高屏澎東分署以及技能檢定中心)、職業安全衛生署(北、中、南區職業安全衛生中心)、勞動及職業安全衛生研究所，圖 1.2 為行政院勞動部之組織架構圖。

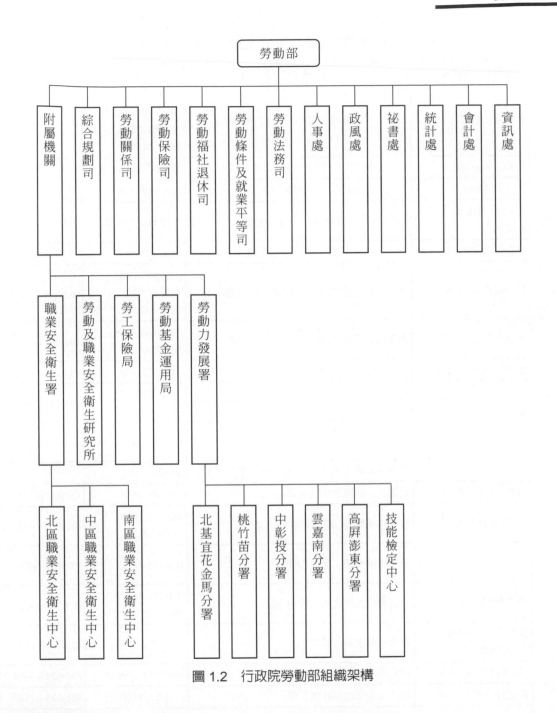

圖 1.2　行政院勞動部組織架構

1.4.2 　臺灣地區各級勞動行政主管機關

　　目前臺灣地區各級勞動行政主管機關可分為中央之行政院勞動部及其附屬機關、直轄市政府勞工局、地方縣市政府勞工局及社會局，以及在各工業區內設置之管理處（局）等四類。表 1.1 為臺灣地區各級勞動行政主管機關乙覽表。

表 1.1　臺灣地區各級勞動行政主管機關乙覽表

主管機關名稱		地址	電話	傳真
中央及附屬機關	行政院勞動部	台北市大同區延平北路二段 83 號 9 樓	總機： (02)8995-6866 免付費電話： 0800-085151	(02)8590-2960
	勞動力發展署	新北市新莊區中平路 439 號南棟 4 樓	(02)8995-6000	
	勞工保險局	台北市羅斯福路 1 段 4 號 (總局)	(02)2396-1266	
	勞動及職業安全衛生研究所	新北市汐止區橫科路 407 巷 99 號	(02)2660-7600	(02)2660-7732
	勞動基金運用局	台北市中正區愛國東路 22 號 2 樓	(02)3343-5900	
	職業安全衛生署	新北市新莊區中平路 439 號南棟 11 樓	(02)8995-6666 免付費電話： 0800-085151	(02)8995-6665
直轄市	新北市政府勞工局	新北市板橋區中山路一段 161 號 7 樓	(02)2960-3456 或 1999	(02)2967-1525
	台北市政府勞工局	台北市信義區市府路 1 號 5 樓	(02)2720-8889	(02)2720-6651
	台中市政府勞工局	臺中市西屯區臺灣大道 3 段 99 號惠中樓 4 樓	(04)2228-9111 #35099	(04)2252-0417
	台南市政府勞工局	台南市安平區永華路二段 6 號 8 樓 (永華市政中心)	06-299-1111#8431	
		台南市新營區民治路 36 號 7 樓 (局本部)	06-6320310	
	高雄市政府勞工局	高雄市前鎮區鎮中路 6 號	(07)812-4613	(07)812-4783
地方縣市	宜蘭縣政府勞工處	宜蘭市凱旋里三鄰縣政北路一號	(03)925-1000 (或縣境直撥 1999)	(03)925-1093
	桃園縣政府勞動及人力資源局	桃園市縣府路 1 號 3、4 樓	(03)332-2101	(03)336-6076
	新竹縣政府勞工處	新竹縣竹北市光明六路 10 號	(03)551-8101、 0919-075858	(03)524-8420
	苗栗縣政府勞動及社會資源處	苗栗市府前路 1 號	(037)322-150	(037)355-420
	南投縣政府社會處	南投市中興路 660 號	(049)222-2106~9	(049)223-8404
	彰化縣政府勞工處	彰化市中興路 100 號 8 樓	(04)726-4150	(04)723-4438
	雲林縣政府勞工處	雲林縣斗六市雲林路二段 515 號	(05)552-2810、 0988-640526	(05)535-0749
	嘉義縣社會局	嘉義縣太保市祥和二路東段一號	(05)362-0900	(05)362-3842
	屏東縣政府勞工處	屏東市自由路 17 號	(08)755-8048	(08)751-5390
	台東縣政府社會處	台東市桂林北路 201 號	(089)351-834	(089)341-296
	花蓮縣政府社會暨新聞處	花蓮縣花蓮市府前路 17 號	(03)822-7171 # 380-393	(03)8235534

表 1.1　臺灣地區各級勞動行政主管機關乙覽表 (續)

	主管機關名稱	地址	電話	傳真
地方縣市	澎湖縣政府社會處	澎湖縣馬公市治平路 32 號	(06)927-4400 #531、532、355	(06)926-4067、(06)926-8391
	基隆市政府社會處	基隆市中正區義一路 1 號	(02)2420-1122	(02)2427-2620
	新竹市政府勞工處	新竹市國華街 69 號 5 樓	(03)532-4900	(03)531-8204
	嘉義市政府社會處	嘉義市東區中山路 199 號	(05)225-4321	(05)229-2835
	金門縣政府社會局	金門縣金城鎮民生路 60 號	(082)324-648、323-019、373-291	(082)320-105
	連江縣政府民政局	連江縣南竿鄉介壽村 76 號	(083)625-131	(083)622-209
地區	經濟及能源部加工出口區管理處	高雄市楠梓區加工出口區加昌路 600 號	(07)361-1212	(07)361-2751 (07)364-5991
	科技部新竹科學工業園區管理局	新竹市新安路 2 號	(03)577-3311	(03)577-6222
	科技部中部科學工業園區管理局	台中市西屯區中科路 2 號	(04)2565-8588	(04)2565-8288
	科技部南部科學工業園區管理局	台南市新市區南科三路 22 號	(06)505-1001	(06)505-0470

1.5　結語

　　我國政府為提升行政效能，近年來對行政院實施組織改造，除將「勞工委員會」升格為「勞動部」外，行政院內的其他部會亦予以改組或升格，如「經濟部」改組為「經濟及能源部」；「衛生署」升格為「衛生福利部」；「環保署」升格為「環境資源部」；「國科會」升格為「科技部」等。

習 題

一、選擇題

(　　) 1. 公務機關或非公務機關所蒐集的個人資料正確性有所爭議，當事人提出停止處理或利用之請求時，機關不得逾幾日之期限對當事人提出准駁？　(1) 30　(2) 14　(3) 7　(4) 15。

(　　) 2. 我國職場健康促進主要由下列何者推動與提供資訊？　(1) 勞動部與衛生福利部　(2) 勞動部與內政部　(3) 勞動部與環保署　(4) 衛生利部與環保署。

(　　) 3. 事業以脅迫、利誘或其他不正當方法，獲取其他事業之產銷機器、交易相對人資料或其他有關技術秘密的行為，而有妨礙公平競爭之虞時，該事業是犯了下列何者？　(1) 違反公平交易法　(2) 侵害著作權罪　(3) 工商秘密罪　(4) 侵佔罪。

(　　) 4. 我國最高勞工行政主管機關為　(1) 行政院內政部　(2) 行政院勞動部　(3) 台北市政府勞工局　(4) 高雄市政府勞工局。

(　　) 5. 勞工不遵守工作守則之處罰，是由　(1) 主管機關　(2) 雇主　(3) 法院　(4) 警察機關處分。

(　　) 6. 台北縣某一事業單位，因違反職業安全衛生法遭受主管機關罰鍰，如雇主不服時，可向何單位提出訴願？　(1) 當地檢查機構　(2) 台北市政府勞工局　(3) 行政院內政部　(4) 行政院勞動部。

(　　) 7. 有機溶劑作業人員教育訓練之結業證書，應向何單位驗印？　(1) 當地檢查機構　(2) 當地主管機關　(3) 行政院勞動部　(4) 行政院內政部。

(　　) 8. 勞動行政的功能是　(1) 保護勞工權益　(2) 確保就業安全　(3) 協調勞資關係 (4) 以上皆是。

(　　) 9. 高雄市勞動行政的主管單位為　(1) 行政院勞動部　(2) 行政院內政部　(3) 高雄市政府勞工局　(4) 高雄縣政府社會處。

(　　) 10. 台中市勞動行政的主管單位為　(1) 行政院勞動部　(2) 行政院內政部　(3) 台中縣政府勞工科　(4) 台中市政府勞工局。

(　　) 11. 為保護勞工權益並充份實施各項職業安全衛生法規，須建立的有效制度是哪一種？ (1) 勞工保險　(2) 勞動行政　(3) 勞動契約　(4) 團體協約。

(　　) 12. 新竹科學園區勞動行政的主管單位為　(1) 行政院勞動部　(2) 新竹市政府勞工局　(3) 新竹市政府社會局　(4) 科技部新竹科學工業園區管理局。

(　　) 13. 職業安全衛生技術士技能檢定是由那個單位核發技術士證？　(1) 行政院勞動部勞動力發展署　(2) 行政院勞動部職業安全衛生署　(3) 行政院勞動部勞動及職業安全衛生研究所　(4) 勞工保險局。

( ) 14. 目前我國中央勞動行政主管機關為 (1) 內政部 (2) 行政院經濟建設委員會 (3) 行政院勞動部 (4) 台閩地區勞工保險局。

( ) 15. 台中市有一事業單位因違反職業安全衛生法規，經當地市政府予以罰鍰處分，該單位如有不服，得依法向下列何機關提起訴願？ (1) 當地市政府 (2) 台中市政府政風室 (3) 行政院勞動部 (4) 行政院內政部。

( ) 16. 勞工向工會之申訴案件，由工會查證後對事業單位所提之建議改善案，事業單位如拒絕改善，應如何處理？ (1) 由勞工向勞動檢查機構申請實施檢查 (2) 由工會向勞動檢查機構申請實施檢查 (3) 檢查機構應主動辦理 (4) 由工會提出申訴。

( ) 17. 公司員工如意圖為自己或他人之不法利益，或損害公司之利益，而無故洩漏公司的營業秘密，致生損害公司的財產或利益是犯了刑法上下列何者？ (1) 竊盜罪 (2) 侵占罪 (3) 背信罪 (4) 工商秘密罪。

( ) 18. 凡具有「秘密性、商業價值性及已盡合理保密措施」的資訊，其所有人不論是下列何者均可依營業秘密法主張權利？ (1) 法人 (2) 自然人 (3) 自然人或法人 (4) 禁治產人。

( ) 19. 勞資爭議在調解或仲裁期間，下列敘述何者正確？ (1) 資方得以停工 (2) 勞方得罷工 (3) 勞工不得罷工 (4) 資方得解僱勞工。

( ) 20. 我國技能檢定及發證相關事宜係規範於下列何者？ (1) 就業服務法 (2) 職業安全衛生法 (3) 勞動檢查法 (4) 職業訓練法。

( ) 21. 依據我國職業安全衛生管理系統指引所包括之安全衛生事項中，在「評估」後應進行之事項為何？ (1) 政策 (2) 組織設計 (3) 規劃與實施 (4) 改善措施。

( ) 22. 外籍勞工工作相關之安全衛生規定規範於下列何法？ (1) 職業安全衛生法 (2) 就業服務法 (3) 外國人入出境管理條例 (4) 職業訓練法。

( ) 23. 依據工會法規定發起組織工會，除符合資格之勞工連署向主管機關登記並組織籌備會，其發起人數至少需要多少人以上？ (1) 20 (2) 30 (3) 40 (4) 50。

( ) 24. 依危害性化學品標示及通識規則規定，製造者為維護國家安全或商品營業秘密之必要，而保留揭示安全資料表中之危害性化學品成分之名稱等資料時，應檢附規定之文件，經何種程序核定？ (1) 報當地主管機關核定 (2) 報當地勞動檢查機構核定 (3) 經由當地主管機關轉報中央主管機關核定 (4) 報中央主管機關核定。

二、問答題

1. 請說明勞動行政之意義。
2. 我國當前勞動行政的重點有哪些？
3. 請列出三點有關於勞動行政的功能。

Chapter

職業安全衛生法規概要

2.1　前言

　　落實職業安全衛生的管理工作，是當前勞動行政首要推展的重點工作之一，其中的原因很簡單，因為我國近年來的經濟發展迅速，國民平均所得大幅提升之餘，民眾自然希望有更舒適及安全的工作環境與生活環境，因此倘若有任何重大的職業意外或災變發生，不但會造成巨大的財物損失與人員傷亡，而其對整個社會所產生之負面影響，更非金錢所能衡量的。然而要落實職業安全衛生的管理工作，除了需要一個有效率的勞動行政系統之外，更必須有一套完整的法律規章作為行事的依據以及作為執法的後盾。國家要進步，經濟要繁榮、民眾生活要有保障，一切就必須要依法行事，也就是要成為法治的國家，而這亦是先進國家與落後國家之主要差別。

　　就經濟而言，我國已從開發中的國家晉身為已開發的國家，但從政府執法與民眾守法的情況來看，似乎與經濟上所獲得的成就有很大的落差。幸好我國近年來積極推動憲政改革與行政革新，不斷修正不合時宜的法令規章，其中當然也包括與職業安全衛生有關之法規條文，政府立法的技巧與執法的決心已有明顯的改善，至於民眾的守法觀念，則必須從教育開始，因為知法才能守法，先要讓民眾瞭解到法律所規範的是甚麼，標準是甚麼，該如何去遵行，以及違法的後果會如何，民眾才會知道守法的重要性。

2.2　有關於閱讀法規條文之基本常識

　　法律是嚴肅的，因此法規條文中所使用的語法及字眼，必須將該條文的意思清楚地表達出來，才不會因語焉不詳而造成誤判的問題發生，所以不管是「中華民國憲法」、「民法」、「刑法」以及「職業安全衛生法」等，只要是法令規章，都有一定的標準用字，最常見到的就是「應」、「得」、「不得」以及「但」這四個字，若能理解這四個字的切實意思，大概就可以瞭解大部分的法規條文。現就這四個標準用字舉例說明之。

一、應

　　法律之制定與執行，皆以「義務」與「權利」為基礎。以職業安全職生之立場來看，當適用某法令的對象(適法者)必需履行某些「義務」或「作為」時，條文中就會以「應」字來引述該項義務作為；若適法者不遵照該條文行事，則有可能會產生某些嚴重後果，導致適法者本身或他人的財產、性命等受到損害。故「應」表示「一定要遵行，不遵行就是違法，要受法律制裁」的意思；係具有強制性的字眼。

例一

「職業安全衛生法第二十四條」：經中央主管機關指定具有危險性機械或設備之操作人員，雇主「應」僱用經中央主管機關認可之訓練或經技能檢定之合格人員充任之。

說明　上例中之「雇主應僱用…合格人員充任之。」意思就是說雇主一定要僱用經中央主管機關認可或技能檢定合格的人員來操作指定的危險機械或設備，若不遵行就是違法，依同法第四十三條規定，可處雇主新台幣三萬以上三十萬元以下罰鍰。

二、得

　　當適法者於法律上享有某些「權利」時，條文中便會以「得」字來引述該項權利。「權利」的行使必須經過「伸張」或提出；一旦當事人依法提出其權利之行使時，他人是不得借故予以阻撓或妨害其權利。

例二

「勞動基準法第五十三條」：勞工有下列情形之一，「得」自請退休：
一、工作十五年以上年滿五十五歲者。
二、工作二十五年以上者。
三、工作十年以上年滿六十歲者。

說明　上例中規定勞工若符合第一或第二或第三款的退休條件，就可以向雇主提出退休申請，當然也可以不提出退休申請，所以條文中以「得自請退休」來表示該規定是選擇性(可自行決定是否要提出退休)，而非強制性(一定要提出退休)。一旦勞工符合條件並依法提出申請退休，即表示勞工行使其法定權利，雇主不可借故拖延或阻撓其辦理退休申請。

三、不得

　　某些法令於禁止適法者某些作為或意圖時，在條文中便會以「不得」來引述其禁止事項；故「不得」常用於表達「禁令」，表示「一定不能觸犯規定，觸犯規定就是違法」，也是具有強制性的字眼。

例三

「勞動基準法第四十七條」：童工每日之工作時間「不得」超過八小時，每週之工作時間「不得」超過四十小時，例假日「不得」工作。

說明　上例中很清楚規定童工每天的工作時間不可超過八小時，每週工作總工時也不可以超過 40 小時，而且例假日也不能工作。因童工係指 15 歲以上未滿 16 歲之青少年，身心皆在發育時期，需要更多休息時間調劑身心，故此條文是為了保護童工身心而設之禁令。雇主若違反禁令，使童工每天的工作時間超過八小

時，或每週使其工作超過 40 小時，或於例假日不予童工休假的話，就是違法；依同法第 77 條規定，雇主可被處六個月以下有期徒刑、拘役或科或併科新臺幣三十萬元以下罰金。

四、但

表示「但書」的意思，也就是「符合某些條件的情況下，可不受該法令之約束」；為具有條件性的字眼。

例四

「勞動基準法第六十四條第一項」：雇主不得招收未滿十五歲之人為技術生。「但」國民中學畢業者，不在此限。

說明 上例中規定未滿十五歲之人不得成為技術生，但若具有國民中學(國中)畢業的學歷，則可以不受該條文的限制，仍可成為技術生。

瞭解這四個標準用字之後，大概在閱讀法規條文時，都可以掌握到條文中所要表達的意思；因為絕大多數的條文都是以這四個標準用字組合而成。例「勞動基準法第三十二條」：

雇主有使勞工在正常工作時間以外工作之必要者，雇主經工會同意，如事業單位無工會者，經勞資會議同意後，「得」將工作時間延長之。

前項雇主延長勞工之工作時間連同正常工作時間，一日「不得」超過十二小時。延長之工作時間，一個月「不得」超過四十六小時，「但」雇主經工會同意，如事業單位無工會者，經勞資會議同意後，延長之工作時間，一個月「不得」超過五十四小時，每三個月「不得」超過一百三十八小時。

雇主僱用勞工人數在三十人以上，依前項但書規定延長勞工工作時間者，「應」報當地主管機關備查。

因天災、事變或突發事件，雇主有使勞工在正常工作時間以外工作之必要者，「得」將工作時間延長之。「但」應於延長開始後二十四小時內通知工會；無工會組織者，應報當地主管機關備查。延長之工作時間，雇主應於事後補給勞工以適當之休息。

在坑內工作之勞工，其工作時間不得延長。「但」以監視為主之工作，或有前項所定之情形者，不在此限。

2.3　法規之格式與架構

一般的法規條文中，常出現「前『條』第幾『項』第幾『款』所規定之…」等敘述，通常讀者都可以找到『條』號，但卻看不到『項』號與『款』號，因此一般讀者在閱讀法規條文時常會產生「難以理解」之困擾，事實上法規之格式很簡單，內文編

排分成「章」、「節」、「條」、「項」與「款」，「款」再細分爲「目」與「號」，必要時會在法規最後附上「附表」與「附圖」，以補助文字敘述之不足。

任何新訂或修正過的法令規章，大部分都會在「法務部公報」、「行政院公報」等政府發行的紙本公報上刊登公布，並且一律採用標準的中文直式排版；隨著網路使用的便捷與無遠弗屆，目前我國所有的法令規章，幾乎皆可在政府所架設的「全國法規資料庫」網站上查詢得到，網站上的法規條文則採用英文橫式排版。

在架構上，法規內文每「章」都有編號與標題，如「第一章　總則」等。有些法規會在「章」之下分「節」，「節」也會有節號與標題。章節之下便是條文，例「職業安全衛生法」：

> 第一條　爲防止職業災害，保障工作者安全及健康，特制定本法；其他法律有特別規定者，從其規定。

條文中的分段稱爲「項」，項中所分列的點列稱爲「款」。由於「項」爲條文的分段，所以沒有標示「項號」，讀者要自行注意。由於「款」是點列，所以各「款」之前都會以「一、二、三…」的方式加註款號。

例五

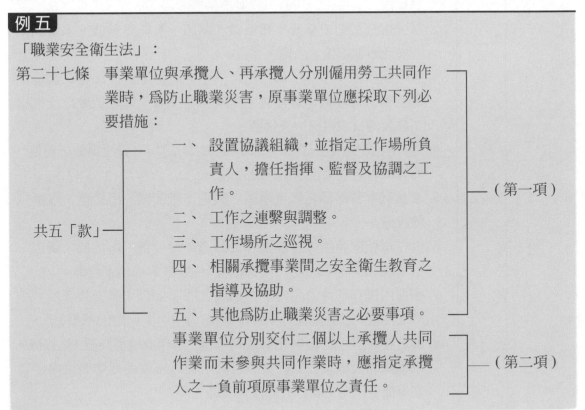

「職業安全衛生法」：

第二十七條　事業單位與承攬人、再承攬人分別僱用勞工共同作業時，爲防止職業災害，原事業單位應採取下列必要措施：（第一項）

共五「款」：
一、設置協議組織，並指定工作場所負責人，擔任指揮、監督及協調之工作。
二、工作之連繫與調整。
三、工作場所之巡視。
四、相關承攬事業間之安全衛生教育之指導及協助。
五、其他爲防止職業災害之必要事項。

事業單位分別交付二個以上承攬人共同作業而未參與共同作業時，應指定承攬人之一負前項原事業單位之責任。（第二項）

說明　本例中共分二「項」。第一項爲「事業單位與承攬人、再承攬人分別僱用勞工共同作業時，…五、其他爲防止職業災害之必要事項。」；第二項爲「事業單

位分別交付二個以上承攬人共同作業而未參與共同作業時，應指定承攬人之一負前項原事業單位之責任。」在第一項中並有五「款」，以「一、二、三、四、五」明確分列。

一般而言，「款」再細分者為「目」；「目」是以「(一)、(二)、(三)…」之方式來編序；而「目」細分下去則為「號」，「號」是以「1.、2.、3.…」之方式來編序。

例六

「危險性機械及設備安全檢查規則」：

第七十二條　鍋爐之製造人應實施品管、品保措施，其設備、人員並應合於下列規定：

一、製造及檢查設備：

共
3
目

共
8
號

(一)　以鉚接製造或修改者應具備：彎板機、空氣壓縮機、衝床、鉚釘錘、斂縫錘、水壓試驗設備。

(二)　以熔接製造或修改者應具備。

1. 全部熔接製造或修改：彎板機、熔接機、衝床、退火爐、萬能試驗機、水壓試驗設備、放射線檢查設備。

2. 部分熔接製造或修改：彎板機、衝床、萬能試驗機、水壓試驗設備及放射線檢查設備。

3. 置有胴體內徑超過三百公厘之汽水分離器之貫流鍋爐之製造：彎板機、彎管機、熔接機、衝床、退火爐、萬能試驗機及水壓試驗設備及放射線檢查設備。

4. 置有胴體內徑在三百公厘以下之汽水分離器之貫流鍋爐之製造：彎管機、熔接機及水壓試驗設備。

5. 未具汽水分離器之貫流鍋爐之製造：彎管機、熔接機、水壓試驗設備。

6. 供作鍋爐胴體用大直徑鋼管之製造：彎板機、熔接機、衝床、退火爐、萬能試驗機、水壓試驗設備及放射線檢查設備。

7. 胴體內徑在三百公厘以下之鍋爐之圓周接合或僅安裝管板、凸緣之熔接，而其他部分不實施熔接：熔接機、水壓試驗設備。

8. 製造波浪型爐筒或伸縮接頭：彎板機、衝床或成型裝置、熔接機、水壓試驗設備及放射線檢查設備。但實施波浪型爐筒縱向接合之熔機者，得免設放射線檢查設備。

(三)　以鑄造者應具備：鑄造設備、水壓試驗設備。

說明 本例條文中共有五「項」，現只摘錄第一項之第一款；本「款」中共有3「目」，第二目中細分為8「號」。

　　法規之架構安排也有一定的標準，首先是該法規的全名標題，標題的左下方會明列出該法規名次公布修正的日期以及公文字號，接著便是法規的內容。第一章的標題一定是「總則」。總則內各條文的內容主要是說明該法訂定的目的或是從哪一個母法衍生出該法，以及對一些專有名詞或該法之適用範圍予以定義。法規中的倒數第二章便是「罰則」，罰則的內容明訂出違反該法規中各條文所處之刑罰。最後一章便是「附則」，附則中說明該法的施行日期與方式，並且說明該法的一些施行細則與辦法該由哪些主管機關訂定。

2.4　法令規章類別

　　法海浩瀚，與職業安全衛生有關的法規種類繁多，大致可分成「法」、「細則」、「規則」、「標準」、「辦法」、「要點」、「準則」等七大類。其中以「法」的層次最高，如「職業安全衛生法」、「勞動檢查法」及「勞動基準法」，因為其他的「細則」、「規則」、「標準」、「辦法」、「要點」、「準則」等，都是從這些母「法」衍生而來的。從法律的觀點來看，只要是影響到民眾權益的法規，都要經過民意機構的同意，也就是經立法院三讀通過才能施行，但若各大大小小的法規都要送立法院一條一條審查，似乎沒有甚麼效率。因此在「職業安全衛生法」第五十四條中，明定了「本法施行細則，由中央主管機關定之。」其意思就是授權行政院勞動部訂定「職業安全衛生法施行細則」，以及相關之「規則」、「標準」、「辦法」等。這種授權立法的方式既有效率又符合「立法專業分工」的精神，因為「職業安全衛生法」的修正，須經立法院三讀通過送呈總統府以總統令公布施行，而相關的細則及規章，則只需勞動部擬定後報請行政院核定即可以「函令」發布施行。事實上，最新修正之「職業安全衛生法」全部條文才只有五十五條而已，在施行上自有不夠周延之處，因此需要另訂其他的「細則」、「規則」、「標準」、「辦法」來補其不足之處，若這些「細則」、「規則」、「標準」、「辦法」仍有不清楚的地方，則會再訂出一些「要點」或「準則」來補充之。

2.5　與職業安全衛生法有關之法規群

正如前節所述，由於「職業安全衛生法」全文只有五十五條條文而已，因此幾乎每一條條文都衍生出相關的「規則」或「標準」。例如「職業安全衛生法」第五十四條規定：「本法施行細則，由中央主管機關定之」，因此衍生出「職業安全衛生法施行細則」。又例如「妊娠與分娩後女性及未滿十八歲勞工禁止從事危險性或有害性工作認定標準」中，第一條便闡明該標準之法源依據：「本標準依職業安全衛生法 (以下簡稱本法) 第二十九條第二項及第三十條第四項規定訂定之。」表 2.1 為由「職業安全衛生法」衍生而出的各種規則與標準。此外，與「職業安全衛生法」相關之法規尚有「勞動基準法」、「勞動檢查法」、「勞工保險條例」、「民法」以及「刑法」等。

本書在隨後各章中，將對上述之法規內容作進一步之介紹。

表 2.1　職業安全衛生法規群

職業安全衛生法 (以下簡稱本法) 衍生規章乙覽			
	規章名稱	法源依據	最新修正日期
各業適用規章	職業安全衛生法施生細則	本法第五十四條	民國 103 年 6 月 26 日
	職業安全衛生標示設置標準	本法第六條第三項	民國 103 年 7 月 2 日
	職業安全衛生管理辦法	本法第二十三條第四項	民國 105 年 2 月 19 日
	職業安全衛生教育訓練規則	本法第三十二條第二項	民國 105 年 9 月 22 日
	職業安全衛生設施規則	本法第六條第三項	民國 103 年 7 月 1 日
	勞工健康保護規則	本法第六條第三項、第二十條第三項、第二十一條第三項及第二十二條第四項	民國 106 年 11 月 13 日
	辦理勞工體格與健康檢查醫療機構認可及管理辦法	本法第二十條第五項	民國 106 年 9 月 7 日
	辦理勞工體格與健康檢查醫療機構認可審查收費標準	本法第五十三條及規費法第十條第一項	民國 107 年 3 月 2 日
	危害性化學品標示及通識規則	本法第十條第三項	民國 103 年 6 月 27 日
	異常氣壓危害預防標準	本法第六條第三項及第十九條第二項	民國 103 年 6 月 25 日
	高溫作業勞工作息時間標準	本法第十九條第二項	民國 103 年 7 月 1 日
	精密作業勞工視機能保護設施標準	本法第六條及第十九條	民國 103 年 6 月 30 日
	女性勞工母性健康保護實施辦法	本法第三十一條第三項	民國 103 年 12 月 30 日
	高架作業勞工保護措施標準	本法第十九條第二項	民國 103 年 6 月 25 日
	重體力勞動作業勞工保護措施標準	本法第十九條	民國 103 年 6 月 30 日
	勞工作業場所容許暴露標準	本法第十二條第二項	民國 107 年 03 月 14 日
	妊娠與分娩後女性及未滿十八歲勞工禁止從事危險性或有害性工作認定標準	本法第二十九條第二項及第三十條第四項	民國 106 年 08 月 10 日

表 2.1　職業安全衛生法規群（續）

各業適用規章	機械設備器具安全標準	本法第六條第三項	民國 103 年 6 月 26 日
	機械類產品型式驗證實施及監督管理辦法	本法第八條第五項	民國 103 年 11 月 28 日
	工業用機器人危害預防標準	本法第六條第三項	民國 107 年 2 月 14 日
	林場安全衛生設施規則	本法第六條第三項	民國 103 年 7 月 1 日
	船舶清艙解體勞工安全規則	本法第六條第三項	民國 103 年 7 月 2 日
	營造安全衛生設施標準	本法第六條第三項	民國 103 年 6 月 26 日
	礦場職業衛生設施標準	本法第六條第三項	民國 103 年 6 月 25 日
	高壓氣體勞工安全規則	本法第六條第三項及第二十三條第四項	民國 103 年 6 月 27 日
	碼頭裝卸安全衛生設施標準	本法第六條第三項	民國 103 年 9 月 5 日
危險性機械及設備規章	起重升降機具安全規則	本法第六條第三項	民國 103 年 6 月 25 日
	危險性機械及設備安全檢查規則	本法第十六條第四項	民國 105 年 11 月 21 日
	既有危險性機械及設備安全檢查規則	本法第十六條第四項	民國 103 年 7 月 3 日
	危險性機械或設備代行檢查機構管理規則	本法第十六條第三項及勞動檢查法第十八條	民國 106 年 10 月 02 日
	危險性機械及設備檢查費收費標準	本法第十六條第三項及規費法第十條	民國 105 年 10 月 03 日
	鍋爐及壓力容器安全規則	本法第六條第三項	民國 103 年 7 月 1 日
	升降機安全檢查構造標準	本法第六條第三項及第十六條第四項	民國 103 年 6 月 27 日
	吊籠安全檢查構造標準	本法第六條第三項及第十六條第四項	民國 103 年 6 月 27 日
	固定式起重機安全檢查構造標準	本法第六條第三項及第十六條第四項	民國 103 年 6 月 27 日
	移動式起重機安全檢查構造標準	本法第六條第三項及第十六條第四項	民國 103 年 6 月 27 日
	壓力容器安全檢查構造標準	本法第六條第三項及第十六條第四項	民國 103 年 6 月 27 日
特殊有害物質危害預防規章	四烷基鉛中毒預防規則	本法第六條第三項	民國 103 年 6 月 30 日
	有機溶劑中毒預防規則	本法第六條第三項	民國 103 年 6 月 25 日
	缺氧症預防規則	本法第六條第三項	民國 103 年 6 月 26 日
	鉛中毒預防規則	本法第六條第三項	民國 103 年 6 月 30 日
	勞工作業環境監測實施辦法	本法第十二條第五項	民國 105 年 11 月 02 日
	粉塵危害預防標準	本法第六條第三項	民國 103 年 6 月 25 日
	特定化學物質危害預防標準	本法第六條第三項	民國 105 年 01 月 30 日
	危害性化學品標示及通識規則	本法第十條第三項	民國 103 年 6 月 27 日
	危害性化學品評估及分級管理辦法	本法第十一條第二項	民國 103 年 12 月 31 日

一、選擇題

(　　) 1. 下列規章，何者不屬於特殊有害物質危害的預防規章內？ (1) 鉛中毒預防規則 (2) 勞工作業環境監測實施辦法 (3) 勞工作業場所容許暴露標準 (4) 四烷基鉛中毒預防規則。

(　　) 2. 下列規章，何者不屬於分業適用的職業安全衛生規章內？ (1) 營造安全衛生設施標準 (2) 工業用機器人危害預防標準 (3) 礦場職業衛生設施標準 (4) 林場安全衛生設施規則。

(　　) 3. 下列規章，何者不屬於危險性機械及設備適用的規章內？ (1) 工業用機器人危害預防標準 (2) 危險性機械或設備代行檢查機構管理規則 (3) 危險性機械或設備檢查收費標準 (4) 起重升降機具安全規則。

(　　) 4. 下列法規，何者之制定與修正需經立法院三讀通過？ (1) 職業安全衛生法施行細則 (2) 勞動基準法 (3) 勞工健康保護規則 (4) 職業安全衛生教育訓練規則。

(　　) 5. 下列法規，何者之訂定與修正由中央主管機關負責？ (1) 勞工保險條例 (2) 勞工健康保護規則 (3) 勞動檢查法 (4) 職業安全衛生法。

(　　) 6. 雇主已依法令規定提供強烈噪音工作場所勞工聽力防護具，但未監督勞工確實使用時，顯已違反下列何種法律規定？ (1) 勞動基準法 (2) 勞動檢查法 (3) 職業安全衛生法 (4) 勞工保險條例。

(　　) 7. 職業安全衛生法係由下列何者公布？ (1) 總統 (2) 行政院 (3) 立法院 (4) 行政院勞動部。

(　　) 8. 下列何者不屬於中央法規標準法所稱之法律？ (1) 律 (2) 條例 (3) 通則 (4) 規則。

二、問答題

1. 試列出十種各業通用之安全衛生規章。

2. 有害物質預防適用的職業安全衛生規章為何？

3. 分類適用之職業安全衛生規章有哪些？

職業安全衛生法

3.1　前言

「職業安全衛生法」乃職業安全衛生法令中最重要的法規之一。「職業安全衛生法」的法源來自中華民國憲法第一五三條：「國家為改良勞工及農民之生活，增進其生產技能，應制定保護勞工及農民之法律，實施保護勞工及農民之政策。婦女兒童從事勞動者，應按其年齡及身體狀態，予以特別之保護。」在「職業安全衛生法」第一條條文之中，很清楚的說明了本法之立法精神：「為防止職業災害，保障工作者安全及健康，特制定本法；其他法律有特別規定者，從其規定。」

「職業安全衛生法」的前身為「勞工安全衛生法」(以下簡稱「勞安法」)；「勞安法」於民國 63 年 4 月 16 日首次公布施行，期間經歷過多次修正。由於早期的「勞安法」只適用礦業及土石採取業、營造業、製造業、水電及煤氣業及交通運輸等五大行業，並未適用各業勞工，為能對從事各行業之工作者提供最大的安全衛生保護，遂於民國 102 年 7 月 3 日最新修正的「勞安法」中，加入「工作者」為新增適用對象，並且改名為「職業安全衛生法」。「職業安全衛生法」(以下簡稱「職安法」) 分六章共計五十五條條文，雖較「勞安法」原有四十一條條文只多增加了十四條，然「職安法」對各業工作者、勞工所提供之災害預防及安全衛生保護，於其立法精神上之周延性與前瞻性，是遠遠超過原先的「勞安法」。因此讀者在閱讀「職安法」時，應以「新制定法令」來看待，詳細理解其中的新觀念，而不是只以修正原有「勞安法」條文的舊觀念視之。

3.2　職業安全衛生法之內容重點

以下就「職業安全衛生法」(以下簡稱本法) 各章之重點加以介紹：

一、第一章－總則

1. 闡明本法之立法目的 (第一條)。
2. 定義本法專用名詞 (第二條)：
   (1) 「工作者」：指勞工、自營作業者及其他受工作場所負責人指揮或監督從事勞動之人員。
   (2) 勞工：指受僱從事工作獲致工資者。
   (3) 雇主：指事業主或事業之經營負責人。
   (4) 事業單位：指本法適用範圍內僱用勞工從事工作之機構。
   (5) 職業災害：指因勞動場所之建築物、機械、設備、原料、材料、化學品、氣體、蒸氣、粉塵等或作業活動及其他職業上原因引起之工作者疾病、傷害、失能或死亡。

「工作者」包括如自營作業者、從事勞動之志工及職訓練機構學員等。

3. 明定主管機關為：在中央為「行政院勞工委員會」；在直轄市為直轄市政府；在縣 (市) 為縣 (市) 政府。本法有關衛生事項，中央主管機關應會商中央衛生主管機關辦理。(第三條)

因「行政院勞工委員會」於民國 103 年 2 月 17 日正式升格為「行政院勞動部」，時間點在本法頒布之後，故本條文未及修正，仍以勞工委員會為中央主管機關。中央衛生主管機關應為「行政院衛生福利部」。

4. 明定本法適用於「各業」(第四條)。

5. 雇主使勞工從事工作，應在「合理可行範圍」內，採取必要之預防設備或措施，使勞工免於發生職業災害。(第五條第一項)

6. 基於「本質安全」的考量，明定機械、設備、器具、原料、材料等物件之設計、製造、輸入或施工規劃階段應實施「風險評估」。(第五條第二項)

二、第二章－安全衛生設施

1. 對「勞動場所」中可能產生危害之事項「應有符合規定之必要安全衛生設備及措施」。(第六條第一項)

2. 因應新興工作相關疾病預防需要，以下事項「應妥為規劃及採取必要之安全衛生措施」，以保護勞工身心健康 (第六條第二項)：

   (1) 重複性作業等促發肌肉骨骼疾病之預防。

   (2) 輪班、夜間工作、長時間工作等異常工作負荷促發疾病之預防。

   (3) 執行職務因他人行為遭受身體或精神不法侵害之預防。

   (4) 避難、急救、休息或其他為保護勞工身心健康之事項。

       其中「執行職務因他人行為遭受身體或精神不法侵害之預防」，乃針對近年醫療業與服務業經常發生從業人員遭受暴力威脅、毆打或傷害事件，致使其身心受創之案例而立。

3. 中央主管機關「指定之機械、設備或器具」，其構造、性能及防護非符合安全標準者，不得產製運出廠場、輸入、租賃、供應或設置。(第七條)

4. 中央主管機關公告「列入型式驗證之機械、設備或器具」，非經中央主管機關認可之驗證機構實施型式驗證合格及張貼合格標章，不得產製運出廠場或輸入。(第八條)

5. 對於「未經型式驗證合格之產品或型式驗證逾期者」，不得使用驗證合格標章或易生混淆之類似標章揭示於產品。(第九條)

6. 具有危害性之化學品，「應予標示、製備清單及揭示安全資料表」。(第十條第一項)

7. 製造者、輸入者或供應者，提供具危害性化學品與事業單位或自營作業者前，應予標示及提供安全資料表；資料異動時，亦同。(第十條第二項)

8. 具危害性之化學品，應依其健康危害、散布狀況及使用量等情形，「評估風險等級，並採取分級管理措施」。(第十一條)

9. 於中央主管機關「定有容許暴露標準之作業場所」，應確保勞工之危害暴露低於標準值。(第十二條第一項)

10. 中央主管機關「指定之作業場所」，應訂定「作業環境監測計畫」，「實施監測」。(第十二條第三項)

11. 「監測計畫及監測結果，應公開揭示」，並通報中央主管機關；中央主管機關或勞動檢查機構得實施查核。(第十二條第四項)

12. 「公告之化學物質清單以外之新化學物質」，未向中央主管機關繳交化學物質安全評估報告，並經核准登記前，不得製造或輸入含有該物質之化學品。(第十三條)

13. 中央主管機關「指定之管制性化學品」，不得製造、輸入、供應或供工作者處置、使用。(第十四條第一項)

14. 中央主管機關「指定之優先管理化學品」，應將相關運作資料報請中央主管機關備查。(第十四條第二項)

15. 下列工作場所，應依中央主管機關規定之期限，定期實施製程安全評估，並製作製程安全評估報告及採取必要之預防措施；製程修改時，亦同(第十五條第一項)：
    (1) 從事石油裂解之石化工業。
    (2) 從事製造、處置或使用危害性之化學品數量達中央主管機關規定量以上。

16. 中央主管機關「指定具有危險性之機械或設備」，非經勞動檢查機構或中央主管機關指定之代行檢查機構檢查合格，不得使用；其使用超過規定期間者，非經再檢查合格，不得繼續使用。(第十六條第一項)

17. 勞工「工作場所之建築物」，應由依法登記開業之建築師依建築法規及本法有關安全衛生之規定設計。(第十七條)

18. 工作場所「有立即發生危險之虞」時，雇主或工作場所負責人應即令停止作業，並使勞工退避至安全場所。(第十八條第一項)

19. 勞工執行職務發現有立即發生危險之虞時，得在不危及其他工作者安全情形下，自行停止作業及退避至安全場所，並立即向直屬主管報告。(第十八條第二項)
    雇主不得對前項勞工予以解僱、調職、不給付停止作業期間工資或其他不利之處分。但雇主證明勞工濫用停止作業權，經報主管機關認定，並符合勞動法令規定者，不在此限。(第十八條第三項)

20. 在「高溫場所工作」之勞工，雇主不得使其每日工作時間超過六小時；異常氣壓作業、高架作業、精密作業、重體力勞動或其他對於勞工具有「特殊危害之作業」，亦應規定減少勞工工作時間，並在工作時間中予以適當之休息。(第十九條)

21. 雇主於僱用勞工時，應施行「體格檢查」；對在職勞工應施行下列健康檢查 (第二十條第一項)：

    (1) 「一般健康檢查」。

    (2) 從事「特別危害健康作業」者之「特殊健康檢查」。

    (3) 經中央主管機關指定為「特定對象及特定項目之健康檢查」。

22. 勞工對於體格檢查、健康檢查，有接受之義務。(第二十條第五項)

23. 雇主依前條體格檢查「發現應僱勞工不適於從事某種工作，不得僱用其從事該項工作」。健康檢查發現勞工有異常情形者，應由醫護人員提供其健康指導；其經醫師健康評估結果，「不能適應原有工作者，應參採醫師之建議，變更其作業場所、更換工作或縮短工作時間，並採取健康管理措施」。(第二十一條第一項)

24. 事業單位「勞工人數在五十人以上」者，「應僱用或特約醫護人員」，辦理健康管理、職業病預防及健康促進等勞工健康保護事項。(第二十二條)

三、第三章－安全衛生管理

1. 雇主應依其事業單位之規模、性質，訂定「職業安全衛生管理計畫」；並設置「安全衛生組織、人員」，實施安全衛生管理及自動檢查。(第二十三條第一項)

2. 事業單位達一定規模以上或有第十五條第一項所定之工作場所者，應建置「職業安全衛生管理系統」。(第二十三條第二項)

3. 經中央主管機關指定具有危險性機械或設備之操作人員，雇主應僱用經中央主管機關認可之訓練或經技能檢定之合格人員充任之。(第二十四條)

4. 事業單位以其事業招人承攬時，其承攬人就承攬部分負本法所定雇主之責任；原事業單位就「職業災害補償」仍應與承攬人「負連帶責任」。再承攬者亦同。(第二十五條第一項)

5. 原事業單位違反本法或有關安全衛生規定，致承攬人所僱勞工發生職業災害時，與承攬人負「連帶賠償責任」。再承攬者亦同。(第二十五條第二項)

6. 事業單位以其事業之全部或一部分交付承攬時，應於「事前告知」該承攬人有關其事業工作環境、危害因素暨本法及有關安全衛生規定應採取之措施。(第二十六條第一項)

7. 承攬人就其承攬之全部或一部分交付再承攬時，承攬人亦應依前項規定告知再承攬人。(第二十六條第二項)

8. 事業單位與承攬人、再承攬人分別僱用勞工共同作業時，「為防止職業災害，原事業單位應採取必要措施」。(第二十七條第一項)

9. 事業單位分別交付二個以上承攬人共同作業而未參與共同作業時，應「指定承攬人之一」負前項原事業單位之責任。(第二十七條第二項)

10. 二個以上之事業單位分別出資共同承攬工程時，應「互推一人爲代表人」；該代表人視爲該工程之事業雇主，「負本法雇主防止職業災害之責任」。(第二十八條)

11. 考量「工作本質或環境」可能危及未成年者之安全或健康，明定「雇主不得使未滿十八歲者從事指定之危險性或有害性工作」。(第二十九條)

12. 考量「母體個人健康與妊娠各階段胎盤及胎兒成長危害之預防」，明定「雇主不得使妊娠中之女性勞工從事指定之危險性或有害性工作」。(第三十條第一項)

13. 考量「分娩後母體之健康恢復及母體接觸危害物質因哺乳而間接傳輸嬰兒可能引起危害之預防」，明定「雇主不得使分娩後未滿一年之女性勞工從事下列危險性或有害性工作」。(第三十條第二項)

14. 對有母性健康危害之虞之工作，採取危害評估、控制及分級管理措施；對於妊娠中或分娩後未滿一年之女性勞工，應依醫師適性評估建議，採取工作調整或更換等健康保護措施，並留存紀錄。(第三十一條第一項)

15. 雇主對勞工應施以從事工作與預防災變所必要之「安全衛生教育及訓練」；「勞工對於安全衛生教育及訓練，有接受之義務」。(第三十二條)

16. 雇主應負責宣導本法及有關安全衛生之規定，使勞工周知。(第三十三條)

17. 雇主應依本法及有關規定「會同勞工代表」訂定適合其需要之「安全衛生工作守」則，報經勞動檢查機構備查後，公告實施；「勞工對於安全衛生工作守則，應切實遵行」。(第三十四條)

四、第四章－監督與檢查

1. 中央主管機關得聘請勞方、資方、政府機關代表、學者專家及職業災害勞工團體，召開「職業安全衛生諮詢會」，研議國家職業安全衛生政策，並提出建議。(第三十五條)

2. 「中央主管機關及勞動檢查機構對於各事業單位勞動場所得實施檢查」。其有不合規定者，「得通知其部分或全部停工」。勞工於停工期間應由雇主照給工資。(第三十六條)

3. 工作場所發生職業災害，雇主應即採取必要之急救、搶救等措施，並會同勞工代表實施調查、分析及作成紀錄。(第三十七條第一項)

4. 勞動場所「發生重大職業災害」，雇主「應於八小時內通報勞動檢查機構」。(第三十七條第二項)

5. 事業單位發生重大職業災害，除必要之急救、搶救外，雇主「非經司法機關或勞動檢查機構許可，不得移動或破壞現場」。(第三十七條第四項)

6. 中央主管機關「指定之事業」，雇主應「依規定填載職業災害內容及統計，按月報請勞動檢查機構備查，並公布於工作場所」。(第三十八條)

7. 工作者「發現事業單位違反本法或有關安全衛生之規定」，「或疑似罹患職業病」或「於執行職務遭受身體或精神侵害行為」時，「得向雇主、主管機關或勞動檢查機構申訴」。「雇主不得對以上申訴之工作者予以解僱、調職或其他不利之處分」。(第三十九條)

五、第五章－罰則

本章的重點在於明訂出雇主、製造者、輸入者、供應者、自營作業者、勞工所須擔負之刑事或行政責任；其刑事及行政處分見表 3.1 及表 3.2。

表 3.1　職業安全衛生法刑事處分條文及額度

罰則	對象	違反規定	刑事處分
第四十條	雇主、法人、自營作業者	1. 「勞動場所」中未提供「符合規定之必要安全衛生設備及措施」(第六條第一項)，致「發生死亡災害」(第三十七條第二項第一款)。 2. 使用未經檢查合格，或繼續使用超過規定期間未經再檢查合格之指定具有危險性機械或設備 (第十六條第一項)，致「發生死亡災害」(第三十七條第二項第一款)。	處三年以下有期徒刑、拘役或科或併科新臺幣三十萬元以下罰金。 法人犯罪者，除處罰其負責人外，對該法人亦科以前項之罰金。
第四十一條	雇主、工作場所負責人、法人、自營作業者	1. 「勞動場所」中未提供「符合規定之必要安全衛生設備及措施」(第六條第一項)，致「發生災害之罹災人數在三人以上」(第三十七條第二項第二款)。 2. 使用未經檢查合格，或繼續使用超過規定期間未經再檢查合格之指定具有危險性機械或設備 (第十六條第一項)，致「發生災害之罹災人數在三人以上」(第三十七條第二項第二款)。 3. 工作場所有立即發生危險之虞時，未即令停止作業且未使勞工退避至安全場所 (第十八條第一項)。 4. 使未滿十八歲者從事指定之危險性或有害性工作 (第二十九條第一項)。 5. 使妊娠中之女性勞工從事指定之危險性或有害性工作 (第三十條第一項)。 6. 使分娩後未滿一年之女性勞工從事指定之危險性或有害性工作 (第三十條第二項)。 7. 非經司法機關或勞動檢查機構許可，擅自移動或破壞職業災害現場 (第三十七條第四項)。 8. 違反中央主管機關或勞動檢查機構所發停工之通知 (第三十六條第一項)。	處一年以下有期徒刑、拘役或科或併科新臺幣十八萬元以下罰金 法人犯罪者，除處罰其負責人外，對該法人亦科以前項之罰金。
第四十二條	雇主	指定之危險性工作場所未採取必要之預防措施 (第十五條第一項、第二項)，其危害性化學品洩漏或引起火災、爆炸，致發生重大職業災害者 (第三十七條第二項)。	處新臺幣三十萬元以上三百萬元以下罰鍰；經通知限期改善，屆期未改善，並得按次處罰。
		定有容許暴露標準之作業場所，經中央主管機關查核規定通報之監測資料有虛偽不實者 (第十二條第四項)。	處新臺幣三十萬元以上一百萬元以下罰鍰。

表 3.2　職業安全衛生法行政處分條文及額度（續）

罰則	對象	違反規定	行政處分
第四十三條	雇主、製造者、輸入者、供應者、自營作業者	1. 對於具有危害性之化學品未予標示、製備清單及揭示安全資料表，或未採取必要之通識措施（第十條第一項）。 2. 對於具有危害性之化學品，未依其健康危害、散布狀況及使用量等情形，評估風險等級，或未採取分級管理措施（第十一條第一項）。 3. 事業單位達一定規模以上或指定之工作場所（第十五條第一項），未建置職業安全衛生管理系統（第二十三條第二項）。	經通知限期改善，屆期未改善，處新臺幣三萬元以上三十萬元以下罰鍰。
		1. 「勞動場所」中未提供「符合規定之必要安全衛生設備及措施」（第六條第一項）。 2. 中央主管機關定有容許暴露標準之作業場所，應確保勞工之危害暴露低於標準值（第十二條第一項）。 3. 經中央主管機關指定之作業場所，未訂定作業環境監測計畫，或未設置或委託由中央主管機關認可之作業環境監測機構實施監測（第十二條第三項）。 4. 對於中央主管機關指定之優先管理化學品，未將相關運作資料報請中央主管機關備查（第十四條第二項）。 5. 使用未經檢查合格，或繼續使用超過規定期間未經再檢查合格之指定具有危險性機械或設備（第十六條第一項）。 6. 使在高溫場所工作之勞工每日工作時間超過六小時，或未依規定減少從事特殊危害作業勞工之工作時間，或未在工作時間中予以適當之休息（第十九條第一項）。 7. 僱用未經中央主管機關認可之訓練或未經技能檢定之合格人員充任危險性機械或設備之操作人員（第二十四條）。 8. 對有母性健康危害之虞之工作，未採取危害評估、控制及分級管理措施；或對於妊娠中或分娩後未滿一年之女性勞工，未依醫師適性評估建議採取工作調整或更換等健康保護措施（第三十一條第一項）。 9. 勞工於保護期間，因工作條件、作業程序變更、當事人健康異常或有不適反應，經醫師評估確認不適原有工作者，未依前項規定重新辦理之（第三十一條第二項）。 10. 工作場所發生職業災害，未即採取必要之急救、搶救等措施，或未會同勞工代表實施調查、分析及作成紀錄（第三十七條第一項）。 11. 勞動場所發生重大職業災害之一者，未於八小時內通報勞動檢查機構（第三十七條第二項）。 12. 未妥為規劃及採取必要之安全衛生措施，致發生指定之職業病（第六條第二項）。 13. 規避、妨礙或拒絕本法規定之檢查、調查、抽驗、市場查驗或查核。	處新臺幣三萬元以上三十萬元以下罰鍰。
		1. 指定之工作場所，未依規定之期限，定期實施製程安全評估，或未製作製程安全評估報告或未採取必要之預防措施；製程修改時，亦同（第十五條第一項）。 2. 製程安全評估報告未報請勞動檢查機構備查（第十五條第二項）。	處新臺幣三萬元以上三十萬元以下罰鍰，並得按次處罰。

表 3.2　職業安全衛生法行政處分條文及額度 (續)

罰則	對象	違反規定	行政處分
第四十四條	製造者、輸入者、供應者、自營作業者	1. 指定之機械、設備或器具，未於指定之資訊申報網站登錄 (第七條第三項)。 2. 提供具有危害性之化學品與事業單位或自營作業者前，未予標示或未提供安全資料表；資料異動時，亦同 (第十條第二項)。	處新臺幣三萬元以上十五萬元以下罰鍰；經通知限期改善，屆期未改善者，並得按次處罰。
	製造者、輸入者、供應者、雇主、自營作業者	1. 指定之機械、設備或器具，其構造、性能及防護非符合安全標準者，不得產製運出廠場、輸入、租賃、供應或設置 (第七條第一項)。 2. 公告列入型式驗證之機械、設備或器具，非經認可之驗證機構實施型式驗證合格及張貼合格標章，不得產製運出廠場或輸入 (第八條第一項)。 3. 公告之化學物質清單以外之新化學物質，未向中央主管機關繳交化學物質安全評估報告，並經核准登記前，不得製造或輸入含有該物質之化學品 (第十三條第一項)。 4. 指定之管制性化學品，不得製造、輸入、供應或供工作者處置、使用 (第十四條第一項)。	處新臺幣二十萬元以上二百萬元以下罰鍰，並得限期停止輸入、產製、製造或供應；屆期不停止者，並得按次處罰。
		1. 指定之機械、設備或器具，符合安全標準者，未於產品明顯處張貼安全標示，以供識別 (第七條第三項規定)。 2. 未經型式驗證合格之產品或型式驗證逾期者，不得使用驗證合格標章或易生混淆之類似標章揭示於產品 (第九條第一項)。	處新臺幣三萬元以上三十萬元以下罰鍰，並得令限期回收或改正。未依規定限期回收或改正者，處新臺幣十萬元以上一百萬元以下罰鍰，並得按次處罰。
		1. 指定之機械、設備或器具，其構造、性能及防護非符合安全標準者，不得產製運出廠場、輸入、租賃、供應或設置 (第七條第一項)。 2. 公告列入型式驗證之機械、設備或器具，非經認可之驗證機構實施型式驗證合格及張貼合格標章，不得產製運出廠場或輸入 (第八條第一項)。 3. 未經型式驗證合格之產品或型式驗證逾期者，不得使用驗證合格標章或易生混淆之類似標章揭示於產品 (第九條第一項)。 4. 指定之管制性化學品，不得製造、輸入、供應或供工作者處置、使用 (第十四條第一項)。	違反規定之產品或化學品，得沒入、銷毀或採取其他必要措施，其執行所需之費用，由行為人負擔。

表 3.2　職業安全衛生法行政處分條文及額度 (續)

罰則	對象	違反規定	行政處分
第四十五條	雇主、法人、承攬人、自營作業者	1. 指定事項，未妥為規劃及採取必要之安全衛生措施 (第六條第二項)。 2. 監測計畫及監測結果，未公開揭示，或未通報中央主管機關 (第十二條第四項)。 3. 僱用勞工時，未施行體格檢查；或對在職勞工未施行健康檢查 (第二十條第一項)。 4. 檢查紀錄未予保存，或未負擔健康檢查費用；或實施特殊健康檢查時，未提供勞工作業內容及暴露情形等作業經歷資料予醫療機構 (第二十條第二項)。 5. 體格檢查發現應僱勞工不適於從事某種工作，不得僱用其從事該項工作；或健康檢查發現勞工有異常情形者，未參採醫師之建議，變更其作業場所、更換工作或縮短工作時間，或未採取健康管理措施 (第二十一條第一項)。 6. 未依檢查結果及個人健康注意事項，彙編成健康檢查手冊，發給勞工，或違反不得作為健康管理目的以外之用途 (第二十一條第二項)。 7. 勞工人數在五十人以上者，未僱用或特約醫護人員，辦理健康管理、職業病預防及健康促進等勞工健康保護事項 (第二十二條第一項)。 8. 未依其事業單位之規模、性質，訂定職業安全衛生管理計畫；或未設置安全衛生組織、人員，實施安全衛生管理及自動檢查 (第二十三條第一項)。 9. 未對勞工施以從事工作與預防災變所必要之安全衛生教育及訓練 (第三十二條第一項)。 10. 未依本法及有關規定會同勞工代表訂定適合其需要之安全衛生工作守則，報經勞動檢查機構備查後，公告實施 (第三十四條第一項)。 11. 指定之事業，未依規定填載職業災害內容及統計，按月報請勞動檢查機構備查，或未公布於工作場所 (第三十八條)。	經通知限期改善，屆期未改善，處新臺幣三萬元以上十五萬元以下罰鍰。
		1. 勞工工作場所之建築物，未由依法登記開業之建築師依建築法規及本法有關安全衛生之規定設計 (第十七條)。 2. 不得對有立即發生危險之虞，自行停止作業及退避至安全場所之勞工予以解僱、調職、不給付停止作業期間工資或其他不利之處分 (第十八條第三項)。 3. 事業單位以其事業之全部或一部分交付承攬時，未於事前告知該承攬人有關其事業工作環境、危害因素暨本法及有關安全衛生規定應採取之措施 (第二十六條第一項)。 4. 承攬人就其承攬之全部或一部分交付再承攬時，承攬人未依規定告知再承攬人應採取之安全衛生措施 (第二十六條第二項)。 5. 事業單位與承攬人、再承攬人分別僱用勞工共同作業時，為防止職業災害，原事業單位未採取指定必要措施 (第二十七條第一項)。 6. 事業單位分別交付二個以上承攬人共同作業而未參與共同作業時，未指定承攬人之一負原事業單位之責任 (第二十七條第二項)。 7. 二個以上之事業單位分別出資共同承攬工程時，未互推一人為代表人，負本法雇主防止職業災害之責任 (第二十八條)。	處新臺幣三萬元以上十五萬元以下罰鍰。

表 3.2　職業安全衛生法行政處分條文及額度 (續)

罰則	對象	違反規定	行政處分
		8. 未滿十八歲者從事指定之工作，經醫師評估結果，不能適應原有工作者，未參採醫師之建議，變更其作業場所、更換工作或縮短工作時間，或未採取健康管理措施 (第二十九條第三項)。 9. 未負責宣導本法及有關安全衛生之規定，使勞工周知 (第三十三條)。 10. 不得對第一項申訴之工作者予以解僱、調職或其他不利之處分 (第三十九條第四項)。 11. 實施勞動檢查有不合規定者，得通知其部分或全部停工。於停工期間應給付勞工工資而不給付者 (三十六條第一項)。	
第四十六條	勞工	1. 對於體格或健康之檢查，有接受之義務 (第二十條第六項)。 2. 對於安全衛生教育及訓練，有接受之義務 (第三十二條第三項)。 3. 對於安全衛生工作守則，應切實遵行 (第三十四條第二項)	處新臺幣三千元以下罰鍰。
第四十七條	代行檢查機構	違反本法或依本法所發布之命令者。	處新臺幣六萬元以上三十萬元以下罰鍰；其情節重大者，並得予以暫停代行檢查職務或撤銷指定代行檢查職務之處分。
第四十八條	適用本法之機構或單位	1. 「驗證機構」違反中央主管機關依第八條第五項規定所定之辦法。 2. 「監測機構」違反中央主管機關依第十二條第五項規定所定之辦法。 3. 「醫療機構」違反第二十條第四項及中央主管機關依第二十條第五項規定所定之辦法。 4. 「訓練單位」違反中央主管機關依第三十二條第二項規定所定之規則。 5. 「顧問服務機構」違反中央主管機關依第三十六條第三項規定所定之規則。	予以警告或處新臺幣六萬元以上三十萬元以下罰鍰，並得限期令其改正；屆期未改正或情節重大者，得撤銷或廢止其認可，或定期停止其業務之全部或一部。
第四十九條	適用本法之雇主、機構或單位	1. 違反第三十七條第二項。 2. 違反第四十條。 3. 違反第四十一條。 4. 違反第四十二條。 5. 違反第四十三條。 6. 違反第四十四條。 7. 違反第四十五條。 8. 違反第四十七條。 9. 違反第四十八條。 10. 發生職業病。	得公布其雇主、單位或機構之名稱、負責人姓名。

六、第六章－附則

1. 為提升雇主及工作者之職業安全衛生知識，促進職業安全衛生文化之發展，中央主管機關得訂定獎勵或補助辦法，鼓勵事業單位及有關團體辦理之。(第五十條)

2. 自營作業者準用第五條至第七條、第九條、第十條、第十四條、第十六條、第二十四條有關雇主之義務及罰則之規定。(第五十一條第一項)

3. 工作場所負責人指揮或監督從事勞動之人員，於事業單位工作場所從事勞動，比照該事業單位之勞工，適用本法之規定。但體格檢查及在職勞工健康檢查之規定，不在此限。(第五十一條第二項)

4. 中央主管機關得將驗證機構管理、抽驗與市場查驗、作業環境監測機構之管理、查核與監測結果之通報、新化學物質之登記與報告之審查、管制性化學品之許可與優先管理化學品之運作資料之備查、認可之醫療機構管理及健康檢查結果之通報、職業安全衛生管理系統之訪查與績效認可、訓練單位之管理及疑似職業病調查等業務，委託相關專業團體辦理。(第五十二條)

5. 辦理本法所定之認可、審查、許可、驗證、檢查及指定等業務，應收規費。(第五十三條)

6. 本法施行細則，由中央主管機關定之。(第五十四條)

7. 本法施行日期，由行政院定之。(第五十五條)
   本法除第七條至第九條、第十一條、第十三條至第十五條、第三十一條條文定自民國 104 年 1 月 1 日施行外，其餘條文已自 103 年 7 月 3 日施行。

3.3　結語

　　「職業安全衛生法」全文共五十五條，其所衍行之規章請參閱本書第二章內容；與「職業安全衛生法」相關之法令規章，將在本書隨後的章節中加以介紹。

習　題

一、選擇題

( )　1. 職業安全衛生法所稱有母性健康危害之工作，不包括下列何種工作型態？ (1) 長時間站立姿勢作　(2) 人力提、搬運及推拉重物　(3) 輪班及夜工作　(4) 駕駛運輸車輛。

( )　2. 事業單位與承攬人、再承攬人分別僱用勞工共同作業時，為防止職業災害，工作場所之連繫與調整之措施，屬下列何者之職責？ (1) 原事業單位指定之工作場所負責人 (2) 承攬人　(3) 再承攬人　(4) 關係事業。

( )　3. 依職業安全衛生法規定，下列何者屬應減少勞工工作時間，並在工作時間中予以適當休息之具有特殊危害之作業？ (1) 噪音　(2) 粉塵　(3) 異常氣壓　(4) 高壓氣體製造。

( ) 4. 勞工未切實遵行安全衛生工作守則,主管機關最高可處罰鍰新台幣多少元? (1) 1,000 (2) 3,000 (3) 6,000 (4) 9,000。

( ) 5. 下列法規何者屬職業安全衛生法規體系? (1) 營造業管理規則 (2) 礦場職業衛生設施標準 (3) 電業法 (4) 噪音管制法。

( ) 6. 依職業安全衛生法規定,經指定具有危險性之機械設備,下列敘述何者有誤? (1) 經勞動檢查機構檢查合格後即可使用 (2) 經勞動部指定之代行檢查機構檢查合格後即可使用 (3) 經地方主管機關指定之代行檢查機構檢查合格後即可使用 (4) 超過使用有效期限者,應經再檢查合格後才可使用。

( ) 7. 依職業安全衛生法規定,勞工年滿幾歲者,方可從事坑內工作? (1) 15 (2) 16 (3) 18 (4) 20。

( ) 8. 事業單位與承攬人、再承攬人分別僱用勞工共同作業時,相關承攬事業間之安全衛生教育訓練指導及協助,應由下列何者負責? (1) 承攬人 (2) 再承攬人 (3) 原事業單位 (4) 當地主管機關。

( ) 9. 依職業安全衛生法規定,安全衛生工作守則應由下列何者訂定? (1) 雇主 (2) 勞工 (3) 雇主會同勞工代表 (4) 勞動部。

( ) 10. 依職業安全衛生法規定,有關安全衛生工作守則中事故通報及報告之敘述,下列何者正確? (1) 不論發生失能傷害、非失能傷害,其部門主管須主動調查分析事故原因,及於 10 日內提出詳細災害報告 (2) 發生虛驚事故或財物損失,其部門主管均應於 10 日內提出報告 (3) 不論火災大小、有無損傷,發生部門主管均應於 10 日內提出火災報告 (4) 發生死亡災害,災害之罹災人數在 3 人以上,災害之罹災人數在 1 人以上且需住院治療或其他中央主管機關指定公告之災害時,雇主應於 8 小時內通報勞動檢查機構。

( ) 11. 職業安全衛生法係於民國何年修正公布? (1) 101 (2) 102 (3) 103 (4) 104。

( ) 12. 下列何者為集體勞動法? (1) 勞工保險條例 (2) 職工福利金條例 (3) 工會法 (4) 勞動基準法。

( ) 13. 依妊娠與分娩後女性及未滿 18 歲勞工禁止從事危險性或有害性工作認定標準規定,雇主不得讓妊娠中女性勞工從事下列規定值 (公斤) 以上之持續性重物處理作業? (1) 6 (2) 10 (3) 20 (4) 30。

( ) 14. 下列何者不是職業安全衛生法所稱特別危害健康之作業? (1) 製造、處置或使用一氧化錳及三氧化錳之作業 (2) 黃磷之製造、處置或使用作業 (3) 異常氣壓作業 (4) 高溫作業。

( ) 15. 雇主對勞工應施以從事工作及預防災變所必要之安全衛生教育訓練,規定於哪一種法律內? (1) 勞動基準法 (2) 勞動檢查法 (3) 職業安全衛生法 (4) 工廠法。

( ) 16. 下列何者非屬職業安全衛生法所規範之勞工義務? (1) 接受體格檢查、健康檢查 (2) 接受安全衛生教育訓練 (3) 遵守安全衛生工作守則 (4) 制定職業安全衛生管理政策。

( ) 17. 依職業安全衛生法規定，雇主不得使妊娠中之女性勞工從事下列何者危險性或有害性工作？ (1) 異常氣壓之工作 (2) 鍋爐之燒火及操作 (3) 超過 220 伏特電力線之銜接 (4) 2 公尺以上高度作業。

( ) 18. 依職業安全衛生法規定，雇主為預防勞工於執行職務，因他人行為致遭受身體或精神上不法侵害，應採取之暴力預防措施，與下列何者較無關？ (1) 依工作適性適當調整人力 (2) 辨識及評估高風險群 (3) 建構行為規範 (4) 建立事件之處理程序。

( ) 19. 事業單位發生勞工死亡職業災害時，除必要之急救、搶救外，雇主非經何機關或機構許可，不得移動或破壞現場？ (1) 警察人員 (2) 司法機關或勞動檢查機構 (3) 主管人員 (4) 地方主管機關。

( ) 20. 依職業安全衛生法規定，安全衛生工作守則訂定後，下列何種程序為正確？ (1) 應報經勞動檢查機構備查 (2) 應報經地方主管機關備查 (3) 經雇主核定後實施 (4) 應報警察機關備查。

( ) 21. 安全衛生工作守則製作，下列何者不符法令要求？ (1) 法令基本原則 (2) 合理可實施原則 (3) 責任由勞工負責 (4) 規定程序可修訂。

( ) 22. 依職業安全衛生法規定，事業單位與承攬人、再承攬人分別僱用勞工共同作業時，應由何者指定工作場所負責人，擔任指揮、監督及協調工作？ (1) 承攬人 (2) 再承攬人 (3) 原事業單位 (4) 勞動檢查機構。

( ) 23. 依職業安全衛生法規定，中央主管機關公告列入型式驗證之機械、設備或器具，於下列何種用途得免驗證？ (1) 國防軍事用途，並有國防部出具證明者 (2) 僅供科技研發測試用途之專用機型，並經科技部核准者 (3) 非供實際使用之商業樣品或展覽品，並經經濟部核准者 (4) 供勞工特殊作業，並經雇主同意者。

( ) 24. 依職業安全衛生法規定，有關事業單位工作場所發生勞工死亡職業災害之處理，下列敘述何者有誤？ (1) 事業單位應即採取必要措施 (2) 非經許可不得移動或破壞現場 (3) 應於 8 小時內報告檢查機構 (4) 於當月職業災害統計月報表陳報者，得免 8 小時內報告。

( ) 25. 依職業安全衛生法規定，勞工執行職務發現有立即發生危險之虞時，得在不危及其他工作者安全情形下，採取何種措施？ (1) 自行停止作業及退避至安全場所，並立即向直屬主管報告 (2) 立即下令工作場所停工 (3) 無須告知主管，並儘速離開工作場所 (4) 留在原地不動，等待救援。

( ) 26. 某工廠員工向主管機關或司法機關揭露公司違反水污染防治法之行為，請問下列敘述哪一項是該公司可以採取的因應作為？ (1) 要求員工自願離職 (2) 透過減薪或降調迫使員工離職 (3) 按照勞基法資遣該位員工 (4) 不可做出不利員工之處分。

( ) 27. 登記在台北市之某營造公司在基隆市興建大樓時，於工地發生勞工墜落死亡之職業災害，該公司依職業安全衛生法規定，應向下列何單位通報？ (1) 基隆市政府 (2) 台北市政府勞動局 (3) 勞動部職業安全衛生署(北區職業安全衛生中心) (4) 台北市勞動檢查處。

( ) 28. 依職業安全衛生法規定，職業災害係工作者於下列何種場所之建築物、機械、設備、原料、材料、化學物品、氣體、蒸氣、粉塵等或作業活動及其他職業上原因引起之疾病、傷害、失能或死亡？ (1) 作業場所 (2) 工作場所 (3) 勞動場所 (4) 活動場所。

( ) 29. 依職業安全衛生法規定，有關事業單位勞動場所發生罹災人數在 1 人以上，且需住院治療之職業災害通報時限，下列敘述何者正確？ (1) 事故發生後 12 小時內 (2) 明知或可得而知事實起 8 小時內 (3) 事故發生後 (4) 事故發生後 24 小時內。

( ) 30. 依職業安全衛生法規定，17 歲男性工作者可從事下列何種工作？ (1) 坑內工作 (2) 處理易燃性物質 (3) 有害輻射散布場所 (4) 有機溶劑作業。

( ) 31. 依職業安全衛生法規定，勞工工作場所之建築物，應由依法登記開業之何種人員設計？ (1) 工業安全技師 (2) 工礦衛生技師 (3) 建築師 (4) 土木工程技師。

( ) 32. 依職業安全衛生法規定，僱用勞工時應施行下列何種檢查？ (1) 體格檢查 (2) 定期健康檢查 (3) 特殊健康檢查 (4) 其他經中央主管機關指定之健康檢查。

( ) 33. 下列有關工作場所之敘述何者正確？ (1) 危險性工作場所係指經中央主管機關指定實施作業環境監測之場所 (2) 工作場所負責人係指業主及承造營造廠之雇主 (3) 工作場所作業中，有立即發生危險之虞時，工作場所負責人應行使停止作業及退避命令 (4) 事業單位工作場所發生 3 人以上之職業災害時，應於 24 小時內向勞動檢查機構通報。

( ) 34. 依職業安全衛生法規定，雇主不得使未滿幾歲者，從事坑內工作等危險性或有害性工作？ (1) 6 (2) 12 (3) 18 (4) 20。

( ) 35. 事業單位分別交付 2 個以上承攬人共同作業而未參與共同作業時，為防止職業災害，原事業單位應採取下列何種必要措施？ (1) 轉嫁承攬人，分別就承攬部分自負責任 (2) 指定承攬人之一負原事業單位之責任 (3) 使承攬人互推 1 人為代表人負原事業單位之責任 (4) 由承攬人合組共同企業體負原事業單位之責任。

( ) 36. 某麵粉廠作業中，其麩皮槽修補工程交付承攬施工，原事業單位勞工負責清理麩皮，因電焊火花引起塵爆致原事業單位及承攬人所僱勞工死傷 2 人，則下列敘述何者錯誤？ (1) 該修補作業非屬職業安全衛生法所稱之「共同作業」 (2) 原事業單位應為承攬人所僱勞工之死傷負連帶補償責任 (3) 承攬人雖具電焊專長，原事業單位仍應告知危害因素 (4) 原事業單位及承攬人間應設置協議組織。

( ) 37. 雇主不得使任振中之女工從事下列何種危險性工作？ (1) 超過 220 伏特電力線之銜接 (2) 處理爆炸性引火性等物質之工作 (3) 起重機人字臂起重桿之運轉工作 (4) 鍋爐之燒火及操作。

( ) 38. 職業安全衛生法所定身體檢查中，於僱用勞工從事新工作時，為識別其工作適性之檢查為下列何者？ (1) 健康檢查 (2) 體格檢查 (3) 特殊健康檢查 (4) 特定健康檢查。

( ) 39. 我國職場健康促進主要由下列何者推動與提供資訊？ (1) 勞動部與衛生福利部 (2) 勞動部與內政部 (3) 勞動部與環境資源部 (4) 衛生福利部與環境資源部。

( ) 40. 依職業安全衛生法規定，雇主設置下列何種機械應符合中央主管機關所定防護標準？ (1) 動力衝剪機械 (2) 起重機 (3) 升降機 (4) 吊籠。

( ) 41. 依職業安全衛生法規定，下列何種情形得處 3 年以下有期徒刑？ (1) 雇主僱用勞工時未施行體格檢查 (2) 鍋爐使用超過規定期間，未經再檢查合格而繼續使用致發生勞工死亡之職業災害 (3) 未設置安全衛生組織或管理人員 (4) 未對勞工施以從事工作所必要之安全衛生教育訓練。

( ) 42. 勞工如發現事業單位違反有關安全衛生之規定時，依職業安全衛生法規定，其申訴對象不包括下列何者？ (1) 雇主 (2) 主管機關 (3) 勞動檢查機構 (4) 目的事業主管機關。

( ) 43. 安全衛生工作守則中對於各級人員權責之規定，下列何者非一般勞工之權責？ (1) 有接受安全衛生教育訓練之義務 (2) 遵守標準作業程序作業 (3) 教導新進人員財務風險評估 (4) 事故與傷害之報告。

( ) 44. 下列何者非屬職業安全衛生法所規範之勞工義務？ (1) 接受體格檢查、健康檢查 (2) 接受安全衛生教育訓練 (3) 遵守安全衛生工作守則 (4) 推動職業安全衛生管理計畫。

( ) 45. 「為防止職業災害，保障工作者安全及健康」為下列何種法律之立法目的？ (1) 工會法 (2) 勞動檢查法 (3) 職業安全衛生法 (4) 勞動基準法。

( ) 46. 勞工違反經報檢查機構備查並經公告實施之安全衛生工作守則時，會受下列何種處分？ (1) 主管機關得處罰鍰 (2) 雇主得予罰款處理 (3) 法院得予判處罰金 (4) 無對勞工處分規定。

( ) 47. 事業單位以其事業之全部或部分交付承攬或再承攬時，如該承攬人使用之機械、設備係由原事業單位提供者，該機械、設備應由何者實施自動檢查？ (1) 承攬人 (2) 再承攬人 (3) 原事業單位 (4) 檢查機構。

( ) 48. 依職業安全衛生法規定，事業單位以其事業招人承攬時，其承攬人就承攬部分負本法所定雇主之責任，而下列何者應就職業災害補償與承攬人負連帶責任？ (1) 勞動檢查機構 (2) 縣市政府 (3) 原事業單位 (4) 勞工保險局。

( ) 49. 依職業安全衛生法規定，在高溫場所工作之勞工，雇主不得使其每日工作時間超過多少小時？ (1) 4 (2) 5 (3) 6 (4) 7。

( ) 50. 下列有關違反職業安全衛生法之罰則敘述，何者正確？ (1) 勞工無故不接受健康檢查，由雇主處新台幣 3 千元以下之罰鍰 (2) 僱用無資格人員操作吊升荷重 3 公噸以上塔式起重機，可處罰金 (3) 工作場所負責人對於工作場所有立即發生危險之虞時，未使勞工停止作業，可處 1 年以下有期徒刑 (4) 事業發生死亡職業災害未向勞動檢查機構報告，由主管機關處罰鍰。

( ) 51. 營建工程施工時，若有違反職業安全衛生法規定肇致死亡職業災害者，依同法處罰下列何者？ (1) 事業主或事業經營負責人 (2) 罹災勞工之家屬 (3) 工地主任 (4) 業主或起造人。

( ) 52. 勞工安全衛生法係於民國何年第一次公布？ (1) 63 (2) 73 (3) 80 (4) 82。

( ) 53. 使勞工從事製造下列何種特定化學物質時，應報請勞動檢查機構許可？ (1) 甲 (2) 乙 (3) 丙 (4) 丁。

( ) 54. 事業單位工作場所之高壓氣體容器未經檢查合格使用，致發生勞工 3 人以上受傷之職業災害時，依職業安全衛生法規定，雇主可能遭受下列何種處分？ (1) 處 3 年以下有期徒刑 (2) 處 2 年以下有期徒刑 (3) 處 1 年以下有期徒刑 (4) 處新台幣 15 萬元以下之罰鍰。

( ) 55. 依勞職業安全衛生法規定，中央主管機關指定之事業，雇主應多久填載職業災害統計，報請勞動檢查機構備查？ (1) 每月 (2) 每三個月 (3) 每半年 (4) 每年。

( ) 56. 事業單位工作場所發生勞工死亡或罹災人數在 3 人以上之職業災害，雇主未於 8 小時內報告勞動檢查機構，將受何種處罰？ (1) 處新臺幣 3 萬元以上 30 萬元以下罰鍰 (2) 新台幣 15 萬元以下之罰鍰 (3) 停工 (4) 新台幣 6 萬元以下罰鍰。

( ) 57. 下列何者屬個別勞動法？ (1) 職業安全衛生法 (2) 團體協約法 (3) 勞資爭議處理法 (4) 工會法。

( ) 58. 依職業安全衛生法規定，事業單位以其事業招人承攬時，應於事前告知承攬人之相關事項，不包括下列何者？ (1) 環境可能危害 (2) 基本薪資、最低工時 (3) 職業安全衛生法應採取之措施 (4) 有關安全衛生規定應採取之措施。

( ) 59. 安全衛生工作守則中對於各級人員權責之規定，下列何者非職業安全衛生管理人員之權責？ (1) 實施職業安全衛生教育訓練 (2) 辦理職業災害統計 (3) 執行污染防治計畫 (4) 實施健康管理。

( ) 60. 下列敘述何者錯誤？ (1) 各級主管人員應負起安全衛生管理的責任 (2) 各階層主管之安全衛生職掌應明定 (3) 事業單位應依照勞工健康保護規則規定設置職業安全衛生組織 (4) 安全衛生管理工作應有組織性地加以推行。

( ) 61. 下列何者屬於職業安全衛生法所稱之應減少勞工工作時間，並在工作時間中予以適當休息之其有特殊危害之作業？ (1) 噪音 (2) 粉塵 (3) 異常氣壓 (4) 高壓氣體製造。

( ) 62. 職業安全衛生法令未禁止未滿十八歲者從事下列何種工作？ (1) 坑內工作 (2) 處理爆炸性、易燃性等物質 (3) 有害輻射線散佈場所 (4) 有機溶劑作業。

( ) 63. 依職業安全衛生法規定，工作現場若有立即發生危險之虞時，工作場所負責人應如何處理？ (1) 報告上級，並靜候上級指示應變措施 (2) 報告上級，立即進行搶修，並請求支援 (3) 即令停止作業，並使勞工退避至安全場所 (4) 請搶修人員立即進行搶修。

( ) 64. 某工程由甲營造公司承建，甲營造公司再將其中之鋼筋綁紮交由乙公司施作，乙公司再將鋼筋吊運交由丙公司施作，甲乙丙公司分別僱有勞工於工地共同作業。為防止職業災害，協議組織應由何人設置？ (1) 工程業主 (2) 丙公司 (3) 乙公司 (4) 甲營造公司。

( ) 65. 下列有關職業安全衛生法規之敘述何者正確？ (1) 勞工保險條例之主管機關已配合全民健康保險之開辦，移由衛生福利部主管 (2) 工作場所建築物應依建築法規及職業安全衛生法規之相關規定設計 (3) 為規定勞動條件最低標準，保障勞工權益，加強勞雇關係，促進社會與經濟發展，特訂定職業安全衛生法 (4) 危險性工作場所審查暨檢查辦法係依職業安全衛生法訂定。

( ) 66. 下列何項不屬於人性化安全衛生管理之基本觀念？ (1) 安全是沒有假期的 (2) 安全衛生應注意到勞工的工作壓力 (3) 安全衛生管理不是每一人的工作 (4) 安全衛生知識及經驗應相互分享。

( ) 67. 下列有關事業單位發生勞工死亡之職業災害後之處理，所敘述何者有誤？ (1) 非經許可不得移動或破壞現場 (2) 應實施調查、分析及作成紀錄 (3) 應於八小時內報告勞動檢查機構 (4) 如已報告勞動檢查機構，則得免於當月職業災害統計表中陳報。

( ) 68. 依職業安全衛生法所處之罰金由下列何者執行？ (1) 司法機關 (2) 稅務機關 (3) 勞動檢查機構 (4) 主管機關。

二、問答題

1. 為掌握危害化學品流布，依職業安全衛生法規定，製造者、輸入者、供應者或雇主，對於經中央主管機關指定之管制性化學品及優先管理化學品應如何管制？

2. 依職業安全衛生法規定，工作場所有立即發生危險之虞時，雇主或工作場所負責人應即令停止作業，並使勞工退避至安全場所。該規定所稱有立即發生危險之虞時，係指何種情形，試列舉其中 5 項。

3. 為預防機械、設備及器具造成之危害，請回答下列問題：

   (1) 職業安全衛生法已建構源頭管理制度，該法第 8 條第 1 項規定，製造者或輸入者對於中央主管機關公告列入型式驗證之機械、設備或器具，非經中央主管機關認可之驗證機構實施型式驗證合格及張貼合格標章，不得產製運出廠場或輸入。惟有哪些情形者，得免驗證，不受前述規定之限制，試列舉 4 項？

   (2) 職業安全衛生法第 7 條第 1 項規定，製造者、輸入者、供應者或雇主，對於中央主管機關指定之機械、設備或器具，其構造、性能及防護非符合安全標準者，不得產製運出廠場、輸入、租賃、供應或設置。該等中央主管機關指定之機械、設備或器具有哪些？試列舉 4 項。

4. 試簡要回答下列有關職業安全衛生法規之問題：

   (1) 何謂化學品暴露評估？

   (2) 何謂化學品分級管理？

   (3) 運作 2 種以上經中央主管機關指定公告具物理性危害或健康危害之優先管理化學品，其最大運作總量之臨界量的加總計算方法為何？

(4) 試列舉 4 項母性健康危害之虞之工作應採取的保護措施的綱要 (如危害評估)。

(5) 何謂母性健康保護期間？

(6) 試列舉 6 項易造成母性健康危害之工作。

5. 為加強機械、設備或器具之安全源頭管理，職業安全衛生法規定製造者或輸入者對於指定之機械、設備或器具，應於資訊申報網站登錄，始得運出產製廠場或輸入，以阻絕不安全產品混入國內市場，請回答下列問題：

(1) 請列舉 5 項上述指定之機械、設備或器具。

(2) 辦理資訊申報網站登錄宣告產品符合安全標準之佐證方式為何？

(3) 宣告安全產品之申報登錄資料為何？

6. 依職業安全衛生法規定，回答下列問題：

(1) 事業單位勞動場所生何種職業災害時，雇主應於 8 小時內通報勞動檢查機構？請寫出 3 種職業災害 (「其他經中央主管機關指定公告之災害」除外，寫出不計分)。

(2) 勞動檢查機構接獲通報後，應就工作場所發生之哪 2 種災害派員檢查？

7. (1) 依職業安全衛生法規定，請列出必須有勞工代表會同參與之事項。

(2) 上述之勞工代表產生方式為何？

8. 某工廠研發時，需自行輸入中央主管機關公告之化學物質清單以外之新化學物質，依職業安全衛生法規定，請回答下列問題：

(1) 自行輸入新化學物質時，除繳交化學物質安全評估報告外，並需取得何種文件才能輸入？

(2) 中央主管機關審查化學物質安全評估報告後，得予公開那些資訊？ (請列舉 4 項)

9. 依職業安全衛生法規定，有些工作屬於 A. 雇主不得使妊娠中之女性勞工從事，但分娩後即可從事；B. 雇主不得使分娩後未滿 1 年之女性勞工從事；C. 雇主不得使未滿 18 歲勞工從事，但妊娠中及分娩後未滿 1 年之女性勞工可從事。下列各工作分別屬於上述何者？請依序回答。(本題各小項均為單選，答題方式如 (1)A、(2)B…)。

(1) 處理德國麻疹之工作。

(2) 鍋爐之燒火及操作。

(3) 處理易燃性物質之工作。

(4) 礦坑工作。

(5) 異常氣壓之工作。

10. 請依職業安全衛生法令規定，列舉 5 項中央主管機關指定應符合安全標準之機械、設備或器具。

11. 某電子業製造工廠女性勞工分娩後未滿 1 年，依職業安全衛生法規定，雇主不得使其從事的危險性或有害性工作包括那些？

12. 請依職業安全衛生法之規定，回答下列問題：
    (1) 職業安全衛生法適用範圍除該法所列舉及中央主管機關指定之各種事業外，中央主管機關亦得就事業之何部分指定適用？
    (2) 勞工如發現事業單位違反有關安全衛生之規定時，得向哪些對象申訴？
    (3) 某位勞工經健康檢查發現其因職業原因導致不能適應原有工作時，雇主應採何種措施？

13. 請依職業安全衛生法規回答下列問題：
    (1) 為使勞工周知職業安全衛生法規相關規定時，雇主得以何種方式宣導？
       (請列舉 4 種)
    (2) 雇主實施作業環境測定時，應僱用或委由何者辦理？

14. 未滿十八歲者不得從事之危險性或有害性工作為何？

15. 妊娠中之女性勞工不得從事之危險性或有害性工作為何？

16. 分娩後未滿一年之女性勞工不得從事之危險性或有害性工作為何？

17. 依職業安全衛生法第二十七條規定，事業單位與承攬人、再承攬人分別僱用勞工共同作業時，為防止職業災害，原事業單位應採取之必要措施為何？

18. 職業安全衛生法第六條第一項規定，雇主對哪些危害事項應有符合規定之必要安全衛生設備及措施，試列舉八項。又同條第二項規定雇主應妥為規劃及採取必要之安全衛生措施係指哪些事項？亦請列舉之。

19. 勞工違反依職業安全衛生法何項規定可處新臺幣三千元以下罰鍰？

職業安全衛生法施行細則

4.1 前言

由於「職業安全衛生法」(以下簡稱本法)全部條文只有五十五條,因此在條文中無法對其用詞及所定事項作詳細之文字說明;為避免執法時常需對條文釋疑以消除爭議,故需另定相關之規章以補充其文意不足。依本法第五十四條規定:「本法施行細則,由中央主管機關定之。」

「職業安全衛生法施行細則」(以下簡稱本細則)之前身為「勞工安全衛生法施行細則」,於民國 63 年 6 月 28 日首次發布施行;由於其母法已於民國 102 年更名「職業安全衛生法」,故本細則於民國 103 年 6 月 26 日隨其母法修正相關條文外,亦更名為「職業安全衛生法施行細則」。

4.2 職業安全衛生法施行細則之內容重點

最新修正之職業安全衛生法施行細則分 5 章共計 54 條條文。顧名思義,施行細則就是針對「職業安全衛生法」未說明之處再加以詳細補充,以利本法之施行。現就本施行細則各章之重點加以介紹:

一、第一章－總則

1. 定義「自營作業者」:指獨立從事勞動或技藝工作,獲致報酬,且未僱用有酬人員幫同工作者。(本細則第二條第一項)

2. 定義「其他受工作場所負責人指揮或監督從事勞動之人員」:指與事業單位無僱傭關係,於其工作場所從事勞動或以學習技能、接受職業訓練為目的從事勞動之工作者。(本細則第二條第二項)

3. 定義「工作場所負責人」:指雇主或於該工作場所代表雇主從事管理、指揮或監督工作者從事勞動之人。(本細則第三條)

4. 定義「勞動場所」:包括下列場所(本細則第五條第一項):
   (1) 於勞動契約存續中,由雇主所提示,使勞工履行契約提供勞務之場所。
   (2) 自營作業者實際從事勞動之場所。
   (3) 其他受工作場所負責人指揮或監督從事勞動之人員,實際從事勞動之場所。

5. 定義「工作場所」:指勞動場所中,接受雇主或代理雇主指示處理有關勞工事務之人所能支配、管理之場所。(本細則第五條第二項)

6. 定義「作業場所」:指工作場所中,從事特定工作目的之場所。

7. 解釋本法第五條「雇主使勞工從事工作，應在合理可行範圍內，採取必要之預防設備或措施，使勞工免於發生職業災害。」中之「合理可行範圍」為：「指依本法及有關安全衛生法令、指引、實務規範或一般社會通念，雇主明知或可得而知勞工所從事之工作，有致其生命、身體及健康受危害之虞，並可採取必要之預防設備或措施者。」(本細則第八條第一項)

8. 定義「風險評估」：指辨識、分析及評量風險之程序。(本細則第八條第二項)

二、第二章－安全衛生措施

1. 明定「預防執行職務因他人行為遭受身體或精神不法侵害之妥為規劃，其內容應包含下列事項」(本細則第十一條)：
   (1) 危害辨識及評估。
   (2) 作業場所之配置。
   (3) 工作適性安排。
   (4) 行為規範之建構。
   (5) 危害預防及溝通技巧之訓練。
   (6) 事件之處理程序。
   (7) 成效評估及改善。
   (8) 其他有關安全衛生事項。

2. 定義「危害性之化學品」如下(本細則第十四條)：
   (1) 危險物：符合國家標準 CNS15030 分類，具有物理性危害者。
   (2) 有害物：符合國家標準 CNS15030 分類，具有健康危害者。

3. 定義「作業環境監測」：指為掌握勞工作業環境實態與評估勞工暴露狀況，所採取之規劃、採樣、測定、分析及評估。(本細則第十七條)

4. 定義「管制性化學品」如下(本細則第十九條)：
   (1) 優先管理化學品中，經中央主管機關評估具高度暴露風險者。
   (2) 其他經中央主管機關指定公告者。

5. 定義「優先管理化學品」如下(本細則第二十條)：
   (1) 危害性化學品。
   (2) 依國家標準 CNS15030 分類，屬致癌物質第一級、生殖細胞致突變性物質第一級或生殖毒性物質第一級者。
   (3) 依國家標準 CNS15030 分類，具有物理性危害或健康危害，其化學品運作量達中央主管機關規定者。
   (4) 其他經中央主管機關指定公告者。

6. 明定「有立即發生危險之虞時」：指勞工處於需採取緊急應變或立即避難之下列情形之一 (本細則第二十五條)：

(1) 自設備洩漏大量危害性化學品，致有發生爆炸、火災或中毒等危險之虞時。

(2) 從事河川工程、河堤、海堤或圍堰等作業，因強風、大雨或地震，致有發生危險之虞時。

(3) 從事隧道等營建工程或管溝、沉箱、沉筒、井筒等之開挖作業，因落磐、出水、崩塌或流砂侵入等，致有發生危險之虞時。

(4) 於作業場所有易燃液體之蒸氣或可燃性氣體滯留，達爆炸下限值之 30% 以上，致有發生爆炸、火災危險之虞時。

(5) 於儲槽等內部或通風不充分之室內作業場所，致有發生中毒或窒息危險之虞時。

(6) 從事缺氧危險作業，致有發生缺氧危險之虞時。

(7) 於高度 2 公尺以上作業，未設置防墜設施及未使勞工使用適當之個人防護具，致有發生墜落危險之虞時。

(8) 於道路或鄰接道路從事作業，未採取管制措施及未設置安全防護設施，致有發生危險之虞時。

(9) 其他經中央主管機關指定公告有發生危險之虞時之情形。

三、第三章－安全衛生管理

1. 明定「職業安全衛生管理計畫」所包括之事項如下 (本細則第三十一條)：

(1) 工作環境或作業危害之辨識、評估及控制。

(2) 機械、設備或器具之管理。

(3) 危害性化學品之分類、標示、通識及管理。

(4) 有害作業環境之採樣策略規劃及監測。

(5) 危險性工作場所之製程或施工安全評估。

(6) 採購管理、承攬管理及變更管理。

(7) 安全衛生作業標準。

(8) 定期檢查、重點檢查、作業檢點及現場巡視。

(9) 安全衛生教育訓練。

(10) 個人防護具之管理。

(11) 健康檢查、管理及促進。

(12) 安全衛生資訊之蒐集、分享及運用。

(13) 緊急應變措施。

(14) 職業災害、虛驚事故、影響身心健康事件之調查處理及統計分析。

(15) 安全衛生管理紀錄及績效評估措施。

(16) 其他安全衛生管理措施。

2. 明定「安全衛生組織」包括下列組織 (本細則第三十二條)：

(1) 「職業安全衛生管理單位」：為事業單位內擬訂、規劃、推動及督導職業安全衛生有關業務之組織。

(2) 「職業安全衛生委員會」：為事業單位內審議、協調及建議職業安全衛生有關業務之組織。

3. 明定「安全衛生人員」，指事業單位內擬訂、規劃及推動安全衛生管理業務者，包括下列人員 (本細則第三十三條)：

(1) 職業安全衛生業務主管。

(2) 職業安全管理師。

(3) 職業衛生管理師。

(4) 職業安全衛生管理員。

4. 定義「職業安全衛生管理系統」：指事業單位依其規模、性質，建立包括安全衛生政策、組織設計、規劃與實施、評估及改善措施之系統化管理體制。(本細則第三十五條)

5. 明定「協議組織」應由原事業單位召集之，並定期或不定期進行協議下列事項(本細則第三十八條)：

(1) 安全衛生管理之實施及配合。

(2) 勞工作業安全衛生及健康管理規範。

(3) 從事動火、高架、開挖、爆破、高壓電活線等危險作業之管制。

(4) 對進入局限空間、有害物作業等作業環境之作業管制。

(5) 電氣機具入廠管制。

(6) 作業人員進場管制。

(7) 變更管理。

(8) 劃一危險性機械之操作信號、工作場所標識(示)、有害物空容器放置、警報、緊急避難方法及訓練等。

(9) 使用打樁機、拔樁機、電動機械、電動器具、軌道裝置、乙炔熔接裝置、電弧熔接裝置、換氣裝置及沉箱、架設通道、施工架、工作架台等機械、設備或構造物時，應協調使用上之安全措施。

(10) 其他認有必要之協調事項。

6. 明定「有母性健康危害之虞之工作」為指其從事可能影響胚胎發育、妊娠或哺乳期間之母體及幼兒健康之下列工作 (本細則第三十九條)：

(1) 工作暴露於具有依國家標準 CNS15030 分類，屬生殖毒性物質、生殖細胞致突變性物質或其他對哺乳功能有不良影響之化學品者。

(2) 勞工個人工作型態易造成妊娠或分娩後哺乳期間，產生健康危害影響之工作，包括勞工作業姿勢、人力提舉、搬運、推拉重物、輪班及工作負荷等工作型態，致產生健康危害影響者。

(3) 其他經中央主管機關指定公告者。

7. 明定「雇主宣導本法及有關安全衛生規定時，得以教育、公告、分發印刷品、集會報告、電子郵件、網際網路或其他足使勞工周知之方式為之。」(本細則第四十條)

8. 明定「安全衛生工作守則之內容，依下列事項定之」(本細則第四十一條)：

(1) 事業之安全衛生管理及各級之權責。

(2) 機械、設備或器具之維護及檢查。

(3) 工作安全及衛生標準。

(4) 教育及訓練。

(5) 健康指導及管理措施。

(6) 急救及搶救。

(7) 防護設備之準備、維持及使用。

(8) 事故通報及報告。

(9) 其他有關安全衛生事項。

四、第四章－監督及檢查

1. 明定「雇主應於 8 小時內通報勞動檢查機構」，所稱「雇主」，指罹災勞工之雇主或受工作場所負責人指揮監督從事勞動之罹災工作者工作場所之雇主。(本細則第四十七條)

2. 明定「應於 8 小時內通報勞動檢查機構」，指事業單位明知或可得而知已發生規定之職業災害事實起 8 小時內，應向其事業單位所在轄區之勞動檢查機構通報。(本細則第四十七條)

3. 明定「雇主應依規定填載職業災害內容及統計，按月報請勞動檢查機構備查，並公布於工作場所。」之指定事業如下：

(1) 勞工人數在 50 人以上之事業。

(2) 勞工人數未滿 50 人之事業，經中央主管機關指定，並由勞動檢查機構函知者。

4. 明定「勞工因雇主違反本法規定致發生職業災害所提起之訴訟，得向中央主管機關申請扶助」。(本細則第五十二條)

五、第五章－附則

　　1. 明定「本細則自中華民國 103 年 7 月 3 日施行」。(本細則第五十四條)

4.3 結語

　　從立法的觀點來看，「職業安全衛生法施行細則」是為了補充「職業安全衛生法」之不足而訂定的，因此本施行細則的條文當中，主要是對「職業安全衛生法」所提到之專用名詞加以定義與說明。然而，本細則全文共 54 條，與本法的 55 條合計也不過是 109 條而已，因此希望以「職業安全衛生法」與「職業安全衛生法施行細則」就能把全部的安全衛生規定羅列其中，似乎是不太可能，故行政院勞動部根據「職業安全衛生法」的條文，制定並頒布多項相關之「規則」、「標準」、「辦法」等規章 (見本書第二章)，對落實安全衛生管理工作有更精確完善之規範，這些規章將會在本書後面的章節中加以介紹。

一、選擇題

(　　) 1. 依職業安全衛生法規定，有關事業單位訂定安全衛生工作守則之規定，下列何者正確？ (1) 應報經縣、市主管機關備查 (2) 事業單位組織工會者，由雇主自行訂定 (3) 得依事業單位之實際需要，會同勞工代表訂定適用於全部或一部分事業之工作守則並報經勞動檢查機構備查後，公告實施 (4) 報經備查之工作守則，不需公告即可實施。

(　　) 2. 依職業安全衛生法規定，以下何者非屬雇主不得使妊娠中之女性從事之危險性或有害性工作？ (1) 礦坑工作 (2) 鉛散布場所之工作 (3) 異常氣壓之工作 (4) 駕駛。

(　　) 3. 下列有關安全衛生工作守則之敘述何者錯誤？ (1) 雇主應依勞動檢查法及有關規定訂定 (2) 雇主應會同勞工代表訂定 (3) 應報經勞動檢查機構備查 (4) 應公告實施。

(　　) 4. 依職業安全衛生法施行細則規定，下列何者不屬於具有危險性之機械？ (1) 鍋爐 (2) 固定式起重機 (3) 營建用升降機 (4) 吊籠。

(　　) 5. 依職業安全衛生法施行細則規定，以下何者非屬雇主不得使妊娠中之女性從事之危險性或有害性工作？ (1) 礦坑工作 (2) 鉛散布場所之工作 (3) 異常氣壓之工作 (4) 駕駛。

(　　) 6. 空氣中乙烷濃度，達其爆炸下限值之百分之幾以上時，為有立即發生危險之虞之狀況？ (1)20 (2)25 (3)30 (4)50。

(　　) 7. 依職業安全衛生法施行細則規定，下列何者非屬安全衛生工作守則的內容之一？ (1) 教育及訓練 (2) 急救與搶救 (3) 訪客注意要點 (4) 事故通報及報告。

(　　) 8. 雇主使勞工於局限空間從事作業，有危害勞工之虞時，應於作業場所入口顯而易見處所公告注意事項，使作業勞工周知；下列何者非屬法規規定應公告之事項？ (1) 作業有可能引起缺氧等危害時，應經許可始得進入之重要性 (2) 進入該場所時應採取之措施 (3) 事故發生時之緊急措施及緊急聯絡方式 (4) 職業安全衛生人員姓名。

(　　) 9. 下列何項不屬於職業安全衛生管理計畫之基本方針？ (1) 提升全體人員安全衛生意識 (2) 向零災害挑戰 (3) 設備本質安全化 (4) 製程用水回收 85%。

(　　)10. 對於勞工安全衛生管理規章與安全衛生工作守則一經公布實施，下列敘述何者有誤？ (1) 雇主應使主管與勞工共同遵守 (2) 只要不發生職業災害即不須修訂 (3) 作好追蹤查核，可達到防止職業災害的目標 (4) 作業有所變動時，即應修訂。

(　　)11. 安全衛生工作守則中，關於事故通報及報告之敘述，下列何者正確？ (1) 不論發生失能傷害、非失能傷害，其部門主管無主動調查分析事故原因，並未於 10 日內提出詳細災害報告 (2) 發生虛驚事故或財物損失，其部門主管均應於 10 日提出報告 (3) 不論火災大小、有無損傷，發生部門主管均應於 10 日內提出火災報告 (4) 發生死亡災害或災害之罹災人數在 3 人以上或其他中央主管機關指定公告之災害時，雇主應於 8 小時內通報檢查機構。

( ) 12. 所謂有害作業環境係指下列何者？ (1) 化學性、物理性、心理性危害因子 (2) 化學性、物理性、生物性危害因子 (3) 化學性、生物性、心理性危害因子 (4) 物理性、生物性、心理性危害因子。

( ) 13. 依職業安全衛生法令規定，雇主對於作業場所有易燃液體之蒸氣或可燃性氣體滯留，當其濃度達爆炸下限值多少百分比以上時，致有立即發生爆炸、火災危險之虞時，應立即使勞工退避至安全場所？ (1)5 (2)10 (3)20 (4)30。

( ) 14. 依職業安全衛生法施行細則規定，重傷之災害，指造成罹災者肢體或器官嚴重受損，危及生命或造成其身體機能嚴重喪失，且住院治療連續達幾小時以上？ (1)4 (2)8 (3)12 (4)24。

( ) 15. 依職業安全衛生法施行細則規定，職業安全衛生管理應由下列何者綜理負責？ (1) 雇主 (2) 作業職業 (3) 人事人員 (4) 職業安全衛生人員。

( ) 16. 依職業安全衛生法施行細則規定，下列何者非屬特別危害健康之作業？ (1) 噪音作業 (2) 游離輻射作業 (3) 會計作業 (4) 粉塵作業。

( ) 17. 於勞動契約存續中，由雇主所提示，使勞工履行契約提供勞務之場所，為職業安全衛生法施行細則所稱之何種場所？ (1) 職業場所 (2) 工作場所 (3) 作業場所 (4) 勞動場所。

( ) 18. 一般女性勞工 (妊娠以外) 持續性搬運重物工作不得超過幾公斤？ (1)6 (2)10 (3)20 (4)25。

( ) 19. 訂定安全衛生工作守則時，下列敘述何者有誤？ (1) 要有勞工代表會同訂定 (2) 訂定後要報經勞動檢查機構備查 (3) 屬於雇主責任不得轉嫁給勞工 (4) 只要合理即可不需考慮其可行性。

( ) 20. 依職業安全衛生法施行細則規定，會同訂定安全衛生工作守則及參與實施職業災害調查分析之勞工代表的推派或推選，依優先順序，其第一優先為下列何者？ (1) 由勞資會議之勞方代表推選 (2) 由工會推派 (3) 由全體員工推選 (4) 由雇主派任。

( ) 21. 依職業安全衛生法令規定，雇主不得使分娩後未滿 1 年女性勞工從事下列何種危險性或有害性工作？ (1) 礦坑工作 (2) 異常氣壓工作 (3) 起重機運轉工作 (4) 有害輻射散布場所之工作。

( ) 22. 依職業安全衛生法施行細則規定，為預防輪班、夜間工作、長時間工作等異常工作負荷促發疾病之妥為規劃，其內容未包括下列何種事項？ (1) 高風險群之辨識及評估 (2) 工作時間調整 (3) 減重計畫 (4) 成效評估及改善。

( ) 23. 依職業安全衛生法施行細則規定，下列何者非屬中央主管機關指定之機械、設備或器具？ (1) 研磨機 (2) 防爆電氣設備 (3) 壓力容器 (4) 動力堆高機。

( ) 24. 於勞動契約存續中，由雇主所提示，使勞工履行契約提供勞務之場所，為職業安全衛生法施行細則所稱之何種場所？ (1) 職業場所 (2) 工作場所 (3) 作業場所 (4) 勞動場所。

( ) 25. 依職業安全衛生法施行細則規定，事業單位之職業安全衛生管理由何人負執行之責？ (1) 職業安全衛生管理單位業務主管 (2) 職業安全衛生委員會執行秘書 (3) 由事業各級主管依職權指揮、監督所屬人員執行 (4) 職業安全衛生管理人員。

( ) 26. 依職業安全衛生法施行細則規定，僱用勞工人數在多少人以上，雇主應按月填載職業災害內容及統計，報請勞動檢查機構備查？ (1)30 (2)50 (3)100 (2)300。

( ) 27. 依職業安全衛生法施行細則規定，安全衛生工作守則之內容應依下列哪一事項擬定之？ (1) 事業之經營方針 (2) 職業學歷 (3) 教育及訓練 (4) 職業體能狀態。

( ) 28. 依職業安全衛生法施行細則規定，會同訂定安全衛生工作守則及參與實施職業災害調查分析之勞工代表的推派或推選，依優先順序，其第一優先為下列何者？ (1) 由勞資會議之勞方代表推選 (2) 由工會推派 (3) 由全體員工推選 (4) 由雇主派任。

( ) 29. 依職業安全衛生法施行細則規定，下列何者為具有危險性之設備？ (1) 固定式起重機 (2) 升降機 (3) 營建用提升機 (4) 鍋爐。

( ) 30. 下列何者為職業安全衛生法施行細則所規定之危險性設備？ (1) 固定式起重機 (2) 鍋爐 (3) 升降機 (4) 移動式起重機。

( ) 31. 依職業安全衛生法施行細則規定，事業單位與承攬人分別僱用勞工共同作業時，對使用下列何種機械設備應協調使用上之安全措施？ (1) 移動式起重機 (2) 吊籠 (3) 打樁機、拔樁機 (4) 人字臂起重桿。

( ) 32. 依職業安全衛生法施行細則規定，下列何者不屬具有危險性之設備？ (1) 鍋爐 (2) 壓力容器 (3) 電氣設備 (4) 高壓氣體特定設備。

( ) 33. 依職業安全衛生法施行細則規定，工作場所發生災害之罹災人數在 3 人以上時，雇主應報告檢查機構，其勞工罹災程度不包括下列何者？ (1) 暫時性部分失能 (2) 永久部分失能 (3) 暫時全失能 (4) 永久全失能。

( ) 34. 安全衛生工作守則應由下列何者訂定？ (1) 雇主 (2) 勞工 (3) 雇主會同勞工代表 (4) 行政院勞動部。

( ) 35. 事業單位所訂安全衛生工作守則報請勞動檢查機構備查公告實施，其效力所及，下列何者為正確？ (1) 效力不及於當初未表同意之勞工 (2) 公告實施後，新受僱之勞工如不同意亦不受拘束 (3) 已離職之勞工仍應遵行 (4) 效力及於在職之全體勞工。

( ) 36. 安全衛生工作守則製作，下列何者不符法令要求？ (1) 法令基本原則 (2) 合理可實施守則 (3) 責任由勞工負責 (4) 規定程序可修訂。

( ) 37. 依職業安全衛生法施行細則規定，下列何者為事業單位內審議、協調及建議之職業安全衛生組織？ (1) 職工福利委員會 (2) 醫療衛生單位 (3) 職業安全衛生委員會 (4) 職業安全衛生管理單位。

( ) 38. 職業安全衛生委員會的任務為 (1) 釐訂職業災害防止計畫 (2) 安全衛生管理事項 (3) 定期檢查 (4) 建議職業安全衛生有關業務。

( ) 39. 事業單位內之職業安全衛生管理，依法由 (1) 業務主管 (2) 領班 (3) 勞工 (4) 雇主綜理之。

( ) 40. 下列何者不屬於危險性設備？　(1) 鍋爐　(2) 壓力容器　(3) 吊籠　(4) 高壓氣體容器。

( ) 41. 爆炸性物質、著火性物質、氧化性物質、引火性液體，皆屬於　(1) 有害物　(2) 危險物　(3) 刺激物　(4) 致毒物。

( ) 42. 下列何者不屬於中央主管機關所指定之危險性機械或設備？　(1) 鍋爐　(2) 衝剪機械　(3) 壓力容器　(4) 營建用提升機。

( ) 43. 有關事業單位訂定安全衛生工作守則之規定，下列何者敘述有誤？　(1) 應報地方主管機關認可　(2) 應依職業安全衛生法及有關規定訂定適合其需要者　(3) 會同勞工代表訂定　(4) 報經勞動檢查機構備查後，安全衛生工作守則應公告實施。

( ) 44. 下列何種作業場所依勞動法令規定不必實施作業環境測定？　(1) 坑內作業場所　(2) 一般辦公室無中央空調作業場所　(3) 鉛作業場所　(4) 高溫作業場所。

( ) 45. 下列何者是訂定職業安全衛生管理計畫，先要確立的重點？　(1) 計畫項目　(2) 計畫期間　(3) 計畫目標　(4) 基本方針。

( ) 46. 依照法令規定，事業單位內定期或不定期巡視，係屬下列何人職責？　(1) 雇主　(2) 職業安全衛生委員會委員　(3) 各級主管　(4) 操作人員。

( ) 47. 職業安全衛生管理計畫實施原則，不包括下列何者？　(1) 要有規劃 (plan)　(2) 要執行 (do)　(3) 要有稽核 (check)　(4) 要有聲有色 (audio)。

( ) 48. 依職業安全衛生法令規定，職業安全衛生委員會中工會或勞工選舉之代表應佔委員人數多少以上？　(1)1/2　(2)1/3　(3)1/4　(4)1/5。

( ) 49. 依法規規定下列哪項非為部門主管之安全職責？　(1) 工作安全指導　(2) 安全政策制定　(3) 安全教育訓練　(4) 安全觀察。

( ) 50. 下列何者非屬職業安全衛生管理規章規定執行之事項？　(1) 安全衛生競賽　(2) 定期或不定期巡視　(3) 擬定安全作業標準　(4) 提供改善工作方法。

( ) 51. 依法令規定，下列何者不屬於安全衛生工作守則的內容之一？　(1) 災害事故填寫要點　(2) 急救與搶救規定　(3) 安全衛生測定儀器校正要點　(4) 交通安全守則。

( ) 52. 依職業安全衛生法規之規定，下列何者不屬於有害物？　(1) 致癌物　(2) 刺激物　(3) 劇毒物質　(4) 氧化性物質。

( ) 53. 對於職業安全衛生管理規章與安全衛生工作守則，下列敘述何者有誤？　(1) 可印發勞工每人一冊　(2) 主管人員皆應以身作則樹立典範　(3) 訂定後皆應報經勞動檢查機構備查　(4) 可依個人經驗建議修訂。

二、問答題

1. 請依職業安全衛生法及其施行細則之規定，回答下列問題：

　(1)　A. 所稱勞動場所，包括那些場所？

　　　B. 所稱工作場所為何？

　(2)　事業單位工作場所發生職業災害，雇主應採取何措施及作為？

(3) 事業單位勞動場所發生何種職業災害，雇主應於八小時內通報勞動檢查機構？

(4) 發生前項災害，雇主對於災害現場不得採取何種作為？

(5) 前項所稱雇主為何人？

2. 請依職業安全衛生法及其施行細則說明下列名詞：

(1) 工作者。

(2) 合理可行範圍。

(3) 自營作業者。

3. 依職業安全衛生法及其施行細則規定：

(1) 請列舉 3 種具有危險性之機械。(其他經中央主管機關指定公告具有危險性之機械除外)

(2) 前述法律賦予雇主對具有危險性之機械之法定義務為何？

4. (1) 某日某公司採購人員因品管爭議遭受供貨商毆打，除優先適用刑法等相關法令規定外，為協助雇主預防以後類似情形發生，該公司之職業安全衛生人員依職業安全衛生法施行細則規定，應規劃辦理事項為何？

(2) 另採購部門業務繁重，勞工經常加班，為預防異常工作負荷促發疾病，應規劃辦理事項為何？

5. 依職業安全衛生法或其施行細則規定，雇主對執行職務因他人行為遭受身體或精神不法侵害 (職場暴力) 之事項應妥為規劃，其內容有那些事項？ (除其他有關安全衛生事項外，請列舉 5 項)

6. 依職業安全衛生法規定，雇主應宣導該法及有關安全衛生規定，使勞工周知。請列舉 5 種足使勞工周知之宣導方式。

7. 依職業安全衛生法規定，雇主應會同勞工代表訂定適合其需要之安全衛生工作守則，試回答下列問題：

(1) 請列舉 4 項安全衛生工作守則內容之事項。

(2) 事業單位訂定之安全衛生工作守則其適用區域跨二以上勞動檢查機構轄區時，應如何處理報備事宜？

8. 請列舉 5 項職業安全衛生管理計畫內容之事項。

9. 請依職業安全衛生法相關規定，回答下列問題：

(1) 列舉 2 項具有危險性之設備。

(2) 具有危險性之機械、設備，列舉 3 項應經勞動檢查機構或代行檢查機構檢查之檢查項目。

10. 某一造紙工廠之勞工每天重複執行搬運工作，雇主依職業安全衛生法施行細則規定，為避免該勞工執行重複性作業而促發肌肉骨骼疾病，應妥為規劃那些事項？

11. 原事業單位與承攬人分別僱用勞工於局限空間共同作業時，依職業安全衛生法規規定，試回答下列問題：

(1) 由原事業單位召集協議組織，請列舉 5 項應定期或不定期進行協議之事項。

(2) 雇主使勞工於局限空間從事作業前，請列舉 5 種應先確認可能之危害。

    (3) 使勞工於局限空間從事作業如有危害之虞，應訂定危害防止計畫。請列舉 5 項該危害防止計畫應訂定之事項。

12. 依職業安全衛生法之規定，事業單位必須制訂「安全衛生工作守則」，請問要如何訂定、施行？在訂定「安全衛生工作守則」之內容時，可參酌哪些事項？在何種情況下雇主或勞工會被處以罰鍰處分？其額度為何？

13. 「職業安全衛生組織」包括哪些？其功能為何？

14. 在「職業安全衛生法」第三十八條所稱之「中央主管機構指定之事業」，係指哪些事業？

15. 職業安全衛生法施行細則第十七條規定，應訂定作業環境監測計畫及實施監測之作業場所為何？

16. 「職業安全衛生法」第十八條所稱有立即發生危險之虞時，係指哪些情形？

17. 依據職業安全衛生法令，解釋下列名詞：

    (1) 職業災害。

    (2) 工作場所。

    (3) 共同作業。

    (4) 工作場所負責人。

    (5) 雇主。

18. 依據職業安全衛生法令，事業單位以其事業之全部或一部分交付承攬時，應對承攬人予以告知，其告知時機為何？告知事項為何？告知方式為何？

19. 請就協議組織設立之 (1) 目的、(2) 成員、(3) 會議召開方式、(4) 主要討論事項及 (5) 行政支援事宜等要項，訂定一份營造工地共同作業協議組織運作規範。

20. 依法令規定，事業單位與承攬人、再承攬人分別僱用勞工共同作業時，為防止職業災害，(1) 原事業單位除召集協議組織外，另應採取哪些必要措施？(2) 協議組織的協議事項有哪些？

21. 企業應致力推動與從事安全衛生管理工作，請列出十項應落實或努力之面向？

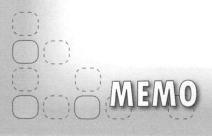

職業災害之
雇主責任與勞工權益

5.1　前言

　　就業場所一旦發生職業災害，輕者可使勞工暫時受傷而無法工作，增加社會醫療成本，降低國家生產競爭力，對國家經濟發展造成負面的影響；嚴重者可令勞工終身殘廢或殘疾，造成國家醫療資源的長期負擔，使其家庭經濟陷於困境，因而衍生出其他更嚴重的社會問題。若勞工因遭受職業災害而致死亡，此不但使國家失去人才，使社會失去菁英，並且對其親友留下精神上的哀痛，這些無形的傷害更是難以一般之金錢損失來加以衡量或估計。

　　由此可知，職業安全與衛生管理之首要重點，乃在於預防「職業災害」的發生；故我國政府於民國 63 年 4 月 16 日首次公布之「勞工安全衛生法」（民國 102 年 7 月 3 日改名為「職業安全衛生法」），即以「防止職業災害，保障勞工安全與健康」為其立法之根本。

　　此外，在民國 73 年 7 月 30 日首次公布施行之「勞動基準法」中，亦加入對童工、女工的保護，並且明訂雇主對遭受職業災害勞工之「補償」及「賠償」責任；而在民國 90 年 10 月 31 日首次公布，於 91 年 4 月 28 日起施行之「職業災害勞工保護法」，更進一步對職業災害勞工提供「津貼」與「補助」，並且訂定「職業疾病認定及鑑定」程序，以避免過往冗長的爭議訴訟對受災勞工權益的損害。該法第三十九條亦規定政府應建立「工殤紀念碑」，定每年 4 月 28 日為「工殤日」，以紀念勞工為國家建設及經濟發展所付出之犧牲與貢獻。

　　自「勞工安全衛生法」首次公布至「職業災害勞工保護法」之施行，期間雖歷經 28 年的漫長歲月，但至今總算為防止勞工遭受職業災害，以及為照顧受災勞工建立了一套完整的法令制度；從當中亦可看出我國政府對保障受災勞工權益之重視。

　　有鑑於此，本章將就最新修正之「職業安全衛生法」、「勞動基準法」、「職業災害勞工保護法」，以及其他相關法規等，對職業災害之雇主責任與勞工權益予以整理說明。

5.2　職業災害之定義與認定

　　所謂「職業災害」，依「職業安全衛生法」第二條第五款，係指「指因勞動場所之建築物、機械、設備、原料、材料、化學品、氣體、蒸氣、粉塵等或作業活動及其他職業上原因引起之工作者疾病、傷害、失能或死亡」。

　　由此可知，「職業災害」只是一個統稱，其中尚包括四種不同的「災害結果」：

1. 工作者因「職業上原因」而罹患「疾病」；此亦稱為「職業疾病」或「職業病」。

2. 工作者因「職業上原因」而造成身體之「傷害」；亦稱之為「職業傷害」。

3. 工作者因「職業疾病」或「職業傷害」，導致身體機能受損而造成「失能」。

4. 工作者因「職業傷害」或「職業疾病」而致「死亡」。

此外，只要工作者或勞工遭受上列四種「職業災害」之任何一項「災害結果」時，即稱為「職業災害勞工」，其權益應受「職業災害勞工保護法」之保障。然而，工作者於勞動場所發生事故而致疾病、傷害、失能或死亡時，是否即屬法令所定之「職業災害」，仍須視其肇因是否可歸為「職業上原因」才能作出認定；依「職業安全衛生法施行細則」第六條對「職業上原因」之定義：指隨作業活動所衍生，於勞動上一切必要行為及其附隨行為而具有相當因果關係者；因此，對「職業上原因」之判斷，便成為「認定」工作者所遭受之災害結果是否為「職業災害」之關鍵因素。但不論認定結果為何，其對工作者或勞工之權益，以及雇主應負之責任皆有莫大的影響，因此在相關法令尚未制定之前，勞雇雙方常因認定結果而發生爭議。

事實上，前列四種不同的「職業災害」結果中，第 3 項之「失能」與第 4 項之「死亡」，其直接原因皆因為「職業疾病」與「職業傷害」所引起，故「職業災害」之認定，基本上就是對「職業疾病」與「職業傷害」進行「鑑定與審查」，以下為相關法規之說明。

5.2.1　職業疾病之認定與鑑定

工作者或勞工經職業病專門醫師診斷為罹患職業疾病，若其成因符合職業災害之標準時，雇主須依「勞動基準法」第五十九條之規定對該勞工予以「補償」；若該勞工患病原因是由於雇主「過失」所引起，則該勞工尚可依「民法」規定要求雇主給予「賠償」，而且雇主也有可能因其「過失」而須負「刑法」所定之「過失傷害罪」。反之，若工作者或勞工疑似患有職業病，卻無法判斷由「職業上原因」所引起時，則只能視為「普通傷害」而損失「職業災害勞工」的權益。

因此，不論診斷的結果為何，勞雇雙方常為了保障本身權益而對職業病的認定產生爭議。在「職業災害勞工保護法」施行之前，勞工或雇主對於職業病診斷有異議時，可依早期行政院勞工委員會訂定之「職業病鑑定處理要點」作進一步的認定。然而此要點只屬於行政規章，依此而得之鑑定結果對勞雇雙方沒有太大約束力，若仍有爭議時，則必須移送法院以司法訴訟方式進行裁決。

法院裁決結果具備法律效力，對勞雇雙方有強制力，定讞後應可解決爭議，但其缺點為訴訟過程冗長，對患病勞工的權益保障緩不濟急。有鑑於此，行政院勞工委員

會於民國 91 年 4 月 28 日施行之「職業災害勞工保護法」(以下簡稱本保護法) 中，將「職業疾病認定及鑑定」程序納入該法之第三章，使得「職業疾病鑑定委員會」之鑑定結果具備與法院判決之相當法律效力，這對減少勞雇雙方的爭議，以及增加職業病認定或鑑定的處理效率有莫大的助益。

　　依本保護法之規定，勞工或雇主對於職業病診斷有異議時，應先向「當地主管機關」申請「認定」，若勞工或雇主對當地主管機關之職業病認定結果仍有異議，可再向「中央主管機關」申請「鑑定」。由於職業病之鑑定由非常專業之「職業疾病鑑定委員會」執行，因此所作出之鑑定結果除具有相當高之公信力外，亦兼具由本保護法所授與之法律效力，即使勞工或雇主對鑑定結果仍有不服而轉向法院進行訴訟，大概法院還是會採用「職業疾病鑑定委員會」之鑑定結果爲判決依據。以下爲職業病認定及鑑定之詳細內容。

一、地方主管機關對職業病之認定

1. 勞工疑有職業疾病，應經醫師診斷。(本保護法第十一條)

2. 勞工或雇主對於職業疾病診斷有異議時，得檢附下列有關資料，向直轄市、縣 (市) 主管機關申請認定 (本保護法第十一條及其施行細則第十八條)：

   (1) 勞工應檢附職業疾病診斷書、既往之作業經歷、職業暴露資料、勞工體格及健康檢查記錄、病歷、生活史及家族病史等。

   (2) 雇主應檢附勞工既往之作業經歷、職業暴露資料、勞工體格及健康檢查記錄等。

3. 直轄市、縣 (市) 主管機關爲認定職業疾病，確保罹患職業病勞工之權益，得設置「職業疾病認定委員會」。(本保護法第十二條第一項)

4. 「職業疾病認定委員會」之組織、認定程序及會議，與中央主管機關所設置之「職業疾病鑑定委員會」相同。(本保護法第十二條第二項)

二、中央主管機關對職業病之鑑定

1. 以下狀況得檢附有關資料，向中央主管機關申請「職業病鑑定」(本保護法第十三條)：

   (1) 直轄市、縣 (市) 主管機關對於職業疾病認定有困難。

   (2) 勞工或雇主對於直轄市、縣 (市) 主管機關認定職業疾病之結果有異議。

   (3) 勞工保險機構於審定職業疾病認有必要時。

2. 中央主管機關爲鑑定職業疾病，確保職業疾病勞工之權益，應設「職業疾病鑑定委員會」。(本保護法第十四條)

三、職業疾病鑑定委員會組織及鑑定程序

1. 鑑定委員會置委員 13 人至 17 人，由中央主管機關遴聘下列人員組成之，並指定 1 人為主任委員 (本保護法第十四條)：

   (1) 中央主管機關代表 2 人。
   (2) 行政院衛生署代表 1 人。
   (3) 職業疾病專門醫師 8 人至 12 人。
   (4) 職業安全衛生專家 1 人。
   (5) 法律專家 1 人。

   委員任期 2 年，期滿得續聘之；代表機關出任者，應隨其本職進退。

2. 鑑定委員會應有委員超過 1/2 出席，且出席委員中職業疾病專門醫師應超過 1/2，始得開會；開會時，委員應親自出席。為提供職業疾病相關資料，鑑定委員會於必要時，得委請有關醫學會提供資料或於開會時派員列席。

   鑑定委員會開會時，得視案情需要，另邀請專家、有關人員或機關代表一併列席。(本保護法第十五條)

3. 中央主管機關受理職業疾病鑑定之申請案件時，應即將有關資料送請鑑定委員會委員作書面審查，並以各委員意見相同者 3/4 以上，決定之。

   未能依前項做成鑑定決定時，由中央主管機關送請鑑定委員會作第二次書面審查，並以各委員意見相同者 2/3 以上，決定之。

   第二次書面審查未能做成鑑定決定時，由鑑定委員會主任委員召集全體委員開會審查，經出席委員投票，以委員意見相同者超過 1/2，決定之。(本保護法第十六條)

4. 職業疾病鑑定委員會認有必要時，得由中央主管機關安排職業疾病鑑定委員，依勞動檢查法會同勞動檢查員至勞工工作場所檢查。(本保護法第十七條)

5. 職業疾病鑑定委員會同勞動檢查員至勞工工作場所檢查時，應將檢查目的告知勞工、事業單位之雇主及工會，並請其本人或代表會同在場。(本保護法施行細則第十九條)

6. 職業疾病鑑定委員會同勞動檢查員至勞工工作場所檢查時，對於檢查結果、受檢查事業單位有關生產技術、設備及經營財務等事項，應保守秘密；聘期屆滿後，亦同。(本保護法施行細則第二十條)

5.2.2 勞工保險條例對職業疾病之審查準則

認定「職業疾病」的首要條件，乃在於該勞工罹患之疾病必須係由「職業上原因」所造成的結果。至於「職業上原因」之認定或鑑定，除可依前述「職業災害勞工保護法」之規定處理外，於「勞工保險條例」(最近一次修正為民國104年7月1日) 中，對於「職業疾病」之認定亦有訂定其審查準則。

依「勞工保險條例」第三十四條規定：

被保險人 (已參加勞工保險之勞工) 因執行職務而致傷害或職業病不能工作，以致未能取得原有薪資，正在治療中者，自不能工作之第四日起，發給職業傷害補償費或職業病補償費。職業病種類表如 (本條例) 附表一。

前項因執行職務而致傷病之審查準則，由中央主管機關定之。

因此，在「勞工保險條例」中，將「職業上原因」視為是「因執行職務而致」；行政院勞動部亦依此訂定「勞工保險被保險人因執行職務而致傷病審查準則」(以下簡稱本準則，最新修正日期為民國105年3月21日)。

本準則對「職業病」之審定標準為：

1. 被保險人因執行職務而罹患中央主管機關依據「勞工保險職業病種類表」(見表5.1) 第八類第二項規定，核定增列之職業病種類或有害物質所致之疾病 (見表5.2)，為職業病。(本準則第十九條)

2. 被保險人罹患之疾病，經行政院勞動部職業疾病鑑定委員會鑑定為執行職務所致者，為職業病。(本準則第二十條)

3. 被保險人疾病之促發或惡化與作業有相當因果關係者，視為職業病。(本準則第二十一條)

4. 被保險人罹患精神疾病，而該項疾病與執行職務有相當因果關係者，視為職業病。(本準則第二十一條之一)

表 5.1　勞工保險職業病種類表 (民國 100 年 8 月 9 日最新修正)

類	名稱/項	職業病名稱	適用職業範圍
1	1	下列物質之中毒及其續發症 一、二胺基聯苯及其鹽類 　(Benzidine and its salts)。 二、貝他萘胺及其鹽類 　(β-naphthylamine and its salts)。 三、阿爾發萘胺及其鹽類 　(α-naphthylamine and its salts)。 四、對二甲胺基偶氮苯 　(Paradi-methyl Azobenzene	使用或處理合成染料，染料製造中間產物或應用上述物質及暴露於其蒸氣之工作場所。

表 5.1　勞工保險職業病種類表（民國 100 年 8 月 9 日最新修正）（續）

類	名稱 項	職業病名稱	適用職業範圍
1	2	下列物質之中毒及其續發症 一、二氯二胺基聯苯及其鹽類 　　(Dichlorobenzidine and its salts)。 二、鄰二甲基二胺其他基聯苯及其鹽類 　　(O-To-lidine and its salts)。 三、鄰二甲氧基二胺基聯苯及其鹽類 　　(Dianisidine and its salts)。	使用、處理溶劑、煙燻、殺蟲劑及化學製造或暴露於其蒸氣之工作場所。
	3	氯甲基甲醚 (Chloromethylmethyl ether) 中毒及其續發症。	使用、處理、製造氯甲醚之作業或暴露於其蒸氣之工作場所。
	4	三氯苯 (Benzotrichloride) 中毒及其續發症。	使用、處理、製造三氯苯或暴露於該類物質之蒸氣之工作場所。
	5	丙烯醯胺 (Acrylamide) 中毒及其續發症。	使用、處理、製造丙烯醯胺或暴露於其蒸氣之工作場所。
	6	丙烯腈 (Acrylnitrile) 中毒及其續發症。	使用、處理、製造丙烯腈或暴露於其蒸氣之工作場所。
	7	二代甲亞胺 (奧黃)(Auramine) 中毒及其續發症。	使用、處理、製造二代甲亞胺及各種人造纖維之染色、顏料之使用工作場所。
	8	鄰腈二苯 (O-phthalodinitrile) 中毒及續發症。	使用、處理、製造鄰二腈苯或暴露於其蒸氣之工作場所。
	9	次乙亞胺 (Ethyleneimine) 中毒及其續發症。	使用、處理、製造次乙亞胺及農藥、染料、纖維處理、有機合成、重合等之工作場所。
	10	四羰基鎳 (Nickel carbonyl) 中毒及其續發症。	使用、處理、製造四羰基鎳或暴露於其蒸氣之工作場所。
	11	二異氰酸甲苯 (Toluene diisocyanate) 中毒及其續發症。	使用、處理、製造二異氰酸甲苯或製造樹脂塗料接著劑纖維處理劑等之工作場所。
	12	煤焦油之中毒及其續發症。	使用、處理、製造煤焦油或暴露於其蒸氣之工作場所。
2	1	二硫化碳中毒及其續發症。	使用、處理、製造二硫化碳或暴露於其蒸氣之工作場所。
	2	溴化甲烷中毒及其續發症。	使用、處理、製造溴化甲烷或暴露於其蒸氣之工作場所。
	3	氯乙烯中毒及其續發症。	使用、處理、製造氯乙烯或其重合之工作場所。
	4	五氧化酚 (Pentachlorophenol) 及其鹽類中毒及其續發症。	使用、處理、製造五氧化酚及其鹽類或暴露於其蒸氣之工作場所。
	5	碘化甲烷 (Methyliodide) 中毒及其續發症。	使用、處理、製造碘化甲烷或暴露於其蒸氣之工作場所。

表 5.1　勞工保險職業病種類表（民國 100 年 8 月 9 日最新修正）（續）

類	項	職業病名稱	適用職業範圍
2	6	硫酸二甲酯 (Dimethyl sulfate) 中毒及其續發症。	使用、處理、製造硫酸二甲酯或暴露於其蒸氣之工作場所。
	7	硝化甘醇 (Nitroglycol) 中毒及其續發症。	使用、處理、製造硝化甘醇或暴露於其蒸氣之工作場所。
	8	硝化甘油中毒及其續發症。	使用、處理、製造硝化甘油或暴露於其蒸氣之工作場所。
	9	雙氯甲醚 (Bisether) 中毒及其續發症。	使用、處理、製造雙氯甲醚或暴露於其蒸氣之工作場所。
	10	尼古丁中毒及其續發症。	使用、處理、製造尼古丁或含尼古丁物質或暴露於其蒸氣、粉塵之工作場所。
3	1	氯萘或氯苯 (Chloronaphthalene or chlorobenzene) 中毒及其續發症。	使用、處理、製造氯萘或氯苯或暴露於其蒸氣之工作場所。
	2	有機燐劑等殺蟲劑中毒及其續發症。	使用、處理、製造有機燐劑及其他種類之殺蟲劑或暴露於蒸氣、粉塵等之工作場所。
	3	苯或苯同系物毒及其續發症。	使用、處理、製造苯 (Benzene)、甲苯 (Toluene) 或二甲苯 (Xylene) 等或暴露於其蒸氣之工作場所。
	4	芳香族之硝基化合物中毒及其續發症。	使用、處理、製造硝基苯 (Nitrobenzene)、二硝基苯 (Dinitrobenzene)、三硝基苯 (Trinitrobenzene)、硝基甲苯 (Nitrotoluene)、硝基二甲苯 (Nitroxylene)、硝基酚 (Nitrophenol)、氯硝基苯 (Nitrochloro-benzene)、硝基萘 (Nitronaphthalene)、苯胺 (Aniline)、苯二胺 (Phenylenediamine)、甲苯胺 (Otoluidine)、氯苯胺 (Chloroaniline)、硝基苯胺 (Nitroaniline)、酞酐恩 (Phthalicanhyride anthracene) 及其混合製劑等物質之工作場所。
	5	苯硝基醯胺 (Benzene-nitroamide) 及其化合物。	使用、處理、製造苯硝基醯胺或暴露於其蒸氣之工作場所。
	6	硝基氯苯 (Paranitro-chloro benzene) 中毒及其續發症	使用、處理、製造硝基氯苯或暴露於其蒸氣之工作場所。
	7	四胺基聯苯及其鹽類 (4-Arninodiphenyl and its salts) 中毒及其續發症。	使用、處理、製造四胺基聯苯及其鹽類之工作場所。
	8	多氯聯苯 (Chlorinated diphenyls) 或同類物中毒及其續發症。	使用、處理、製造多氯聯苯或暴露於其蒸氣之工作場所。
	9	四硝基聯苯及其鹽類 (4-Nitrodiphenyl and its salts) 中毒及其續發症。	使用、處理、製造四硝基聯苯及其鹽類之工作場所。
	10	鹵化脂肪族或芳香族碳氫化合物中毒及其續發症。	使用、處理、製造鹵化脂肪族或芳香族之化合物之工作場所。

表 5.1　勞工保險職業病種類表（民國 100 年 8 月 9 日最新修正）（續）

類	項	職業病名稱	適用職業範圍
3	11	丙酮或 3-3、3-4、3-10 三項以外之碳氫化合物之有機溶劑中毒及其續發症。	使用、處理、製造丙酮或 3-3、3-4、3-10 三項以外之碳氫化合物之有機溶劑或暴露於其蒸氣之工作場所。
4	1	氟化氫中毒及其續發症。	使用、處理、製造氟化氫或暴露於其蒸氣之工作場所。
	2	鹵素之中毒及其續發症。	使用、處理、製造鹵素或暴露於其氣體之工作場所。
	3	硫化氫中毒及其續發症。	使用、處理、製造硫化氫或暴露於其氣體之工作場所。
	4	氰酸或其他氰化物中毒及其續發症。	使用、處理、製造氰酸化物或其他氰化物或暴露於其氣體、微粒之工作場所。
	5	一氧化碳中毒及其續發症。	使用、處理、製造一氧化碳或暴露於其氣體、微粒之工作場所。
	6	二氧化碳中毒及其續發症。	使用、處理、製造二氧化碳或暴露於其氣體、微粒之工作場所。
	7	二氧化氮、三氧化二氮及二氯化碳 (光氣) 中毒及其續發症。	使用、處理、製造二氧化氮及三氧化二氮或暴露於其氣體之工作場所使用、處理、製造二氯化碳或暴露於其氣體之工作環境。
	8	二氧化碳等氣體所引起之缺氧及其續發症。	使用、處理、製造二氧化碳等氣體可能導致缺氧之工作場所。
5	1	鉛及其化合物中毒及其續發症。	使用、處理、製造鉛或鉛化合物或暴露於其煙霧、粉塵之工作場所。
	2	錳及其化合物中毒及其續發症。	使用、處理、製造錳及其化合物或乾電池製造著色劑、合金、脫劑等之工作場所。
	3	鋅或其他金屬燻煙之中毒及其續發症。	使用、處理、製造提鍊鋅或其他金屬或暴露於其金屬燻煙之工作場所。
	4	鎘及其他化合物中毒及其續發症。	使用、處理、製造鎘或電鍍鎘、合金製造、電池製造等之工作場所。
	5	鉻酸及其鹽類或重鉻酸及其鹽類中毒及其續發症。	使用、處理、製造鉻酸及其鹽類或重鉻酸及其鹽類如製造觸媒原料、染色、鍍鉻、鞣皮、顏料、製造作業之工作場所。
	6	鈹及其他合物 (Beryllium and its salts) 中毒及其續發症。	使用、處理鈹或鈹化合物或暴露於此等物質之粉塵或蒸氣之工作場所。
	7	四烴基鉛中毒及其續發症。	使用、處理、製造或暴露於此等物質或含有此等物質之工作場所。

表 5.1　勞工保險職業病種類表（民國 100 年 8 月 9 日最新修正）（續）

類	名稱 項	職業病名稱	適用職業範圍
5	8	汞及其無機化合物（硫化汞除外）中毒及其續發症。	使用、處理、製造汞及其無機化合物或暴露於其蒸氣之工作場所。
	9	烷基汞（Mercury alkyl）化合物中毒及其續發症。	使用、處理、製造烷基汞或暴露於其蒸氣之工作場所。
	10	五氧化二釩中毒及其續發症。	使用、處理、製造五氧化二釩或暴露於其粉塵之工作場所。
	11	燐及燐化合物中毒及其續發症。	使用、處理、製造燐及燐化合物或暴露於其氣體粉末之工作場所。
	12	砷及其化合物中毒及其續發症。	使用、處理、製造砷及砷化合物或暴露於其粉塵之工作場所。
6	1	雷諾氏病（Raynaud's's disease）運動神經血管、關節、骨、筋肉、腱月肖或粘液囊等之疾病。	使用輕重機械之振動因身體之接觸如鑿岩機、鍊鋸、金兵打機等之工作場所。
	2	眼球振盪症。	經常工作於坑內或地下之工作場所。
	3	日射病（中暑）熱痙攣熱衰竭等之疾病。	工作於酷熱之工作場所。
	4	潛涵及其他疾病。	工作於異常氣壓之工作場所。
	5	職業性重聽。	長期工作於強烈噪音之工作場所。
	6	輻射症輻射性皮膚障礙、白血症、白血球減少症、皮膚潰瘍、皮膚癌、骨癌、白內障等症。	使用、處理於放射性同位素、X 光線及其他放射性機械之操作之工作場所。
	7	各種非游離輻射引起之疾病（白內障、電光性眼炎、皮膚炎、視神經炎、充血、網膜炎等症。）	使用、處理各種機械、設備暴露於各種光線下之工作場所。
	8	因酸腐蝕引起牙齒之疾病。	使用、處理、製造各種酸類或暴露於其蒸氣之工作場所。
	9	皮膚或粘膜之疾病。	使用、處理、製造各種刺激性之化學品如溶劑煤煙、礦物油、柏油或粉塵之工作場所。
	10	結膜炎及其他眼疾。	使用、處理、製造各種刺激性化合品、高熱各種酸鹼類有機溶劑類等之工作場所。
7	1	外爾氏病（Weil's disease）。	有感染外爾氏病之工作場所。
	2	恙蟲病。	戶外勞動易恙蟲病之工作場所。
	3	豬型丹毒、炭值、鼻疽等疾病。	接觸患病之動物、動物屍體、獸毛、生皮革及其他動物之製品之工作場所。
	4	從事醫療業務，由患者之病原體因接觸而引起之法定傳染病以外之傳染性疾病。	診療、治療及看護因職務之原因必須接觸患者之工作場所。

表 5.1　勞工保險職業病種類表（民國 100 年 8 月 9 日最新修正）（續）

類 名稱 項		職業病名稱	適用職業範圍
8	1	塵肺症。	一、在粉塵作業場所工作之職業，因長期吸入粉塵，致肺臟發生纖維增殖性變化，以此變化為主體之疾病。 二、粉塵作業場所係指從事該項作業之勞動者有罹患塵肺症之虞之工作地點。 三、合併症，係指與塵肺症合併之肺結核症，及其他隨塵肺症之進展，發現與塵肺有密切關係之疾病。
	2	其他本表未列之有毒物質或其他疾病，應列為職業病者得由主管機關核准增列之。	

備註：(1) 勞工保險塵肺症審定準則，另以表定之。
　　　(2) 粉塵作業範圍及塵肺症合併症之範圍，由中央主管機關訂之。

表 5.2　增列保險職業病種類項目 (民國 106 年 10 月 20 日最新修正)

類別	項目	職業病名稱	有害物質、危害因素、致癌物質或致癌特定製程	適用職業範圍、工作場所或作業
第一類 化學物質引起之疾病及其續發症	1.1	氨引起之疾病及其續發症	氨	使用、處理、製造氨或暴露於其氣體之工作場所。
	1.2	鹽酸、硝酸、硫酸引起之疾病及其續發症	鹽酸、硝酸、硫酸	使用、處理、製造鹽酸、硝酸、硫酸或暴露於其蒸氣之工作場所。
	1.3	氫氧化鈉、氫氧化鉀、氫氧化鋰引起之疾病及其續發症	氫氧化鈉、氫氧化鉀、氫氧化鋰	使用、處理、製造氫氧化鈉、氫氧化鉀、氫氧化鋰或暴露於其蒸氣、粉塵之工作場所。
	1.4	二氧化硫引起之疾病及其續發症	二氧化硫	使用、處理、製造二氧化硫或暴露於其蒸氣之工作場所。
	1.5	銻及其化合物引起之疾病及其續發症	銻及其化合物	使用、處理、製造銻及其化合物或暴露於其粉塵之工作場所。
	1.6	甲醇、丁醇、異丙醇、環己醇、甲基己醇引起之疾病及其續發症	甲醇、丁醇、異丙醇、環己醇、甲基己醇	使用、處理、製造甲醇、丁醇、異丙醇、環己醇、甲基己醇或暴露於其蒸氣之工作場所。
	1.7	甲醚、乙醚、異丙醚、丁烯醚、雙氯異丙醚引起之疾病及其續發症	甲醚、乙醚、異丙醚、丁烯醚、雙氯異丙醚	使用、處理、製造甲醚、乙醚、異丙醚、丁烯醚、雙氯異丙醚或暴露於其蒸氣之工作場所。
	1.8	醇醚類化合物：乙二醇乙醚、乙二醇甲醚等引起之疾病及其續發症	醇醚類化合物：乙二醇乙醚、乙二醇甲醚等	使用、處理、製造醇醚類化合物：乙二醇乙醚、乙二醇甲醚等或暴露於其蒸氣之工作場所。

表 5.2　增列保險職業病種類項目 (民國 106 年 10 月 20 日最新修正)(續)

類別	項目	職業病名稱	有害物質、危害因素、致癌物質或致癌特定製程	適用職業範圍、工作場所或作業
第一類　化學物質引起之疾病及其續發症	1.9	甲醛引起之疾病及其續發症	甲醛	使用、處理、製造甲醛或暴露於其蒸氣之工作場所。
	1.10	環氧乙烷引起之疾病及其續發症	環氧乙烷	使用、處理、製造環氧乙烷或暴露於其蒸氣之工作場所。
	1.11	二甲基甲醯胺 (Dimethylformamide) 引起之疾病及其續發症	二甲基甲醯胺 (Dimethylformamide)	使用、處理、製造二甲基甲醯胺或暴露於其蒸氣之工作場所。
	1.12	苯乙烯 (Styrene)、二苯乙烯 (Stilbene) 引起之疾病及其續發症	苯乙烯 (Styrene)、二苯乙烯 (Stilbene)	使用、處理、製造苯乙烯、二苯乙烯或暴露於其蒸氣之工作場所。
	1.13	惡酚 (Naphthol)、惡酚同系物及其鹵化衍生物引起之疾病及其續發症	惡酚 (Naphthol)、惡酚同系物及其鹵化衍生物	使用、處理、製造惡酚、惡酚同系物及其鹵化衍生物或暴露於其蒸氣之工作場所。
	1.14	苯菌 (Benzoquinone) 引起之疾病及其續發症	苯菌 (Benzoquinone)	使用、處理、製造苯菌或暴露於其蒸氣之工作場所。
	1.15	巴拉刈等除草劑引起之疾病及其續發症	巴拉刈等除草劑	使用、處理、製造巴拉刈等除草劑或暴露於其蒸氣之工作場所。
	1.16	鋁及其化合物 (Aluminum and its compounds) 引起之中毒及其續發症	鋁及其化合物	使用、處理、製造鋁及其化合物或暴露於其粉塵之工作場所。
	1.17	二氧化氯 (Chlorine dioxide) 引起之中毒及其續發症	二氧化氯	使用、處理、製造二氧化氯或暴露於其蒸氣之工作場所。
	1.18	砷化氫 (Arsine) 引起之中毒及其續發症	砷化氫	使用、處理、製造砷化氫或暴露於其蒸氣之工作場所。
	1.19	氫氧化四甲基銨 (Tetramethylammonium hydroxide, TMAH) 引起之中毒及其續發症	氫氧化四甲基銨	使用、處理、製造氫氧化四甲基銨或暴露於其蒸氣之工作場所。
	1.20	鋇及其化合物 (Barium and its compounds) 引起之中毒及其續發症	鋇及其化合物	使用、處理、製造鋇及其化合物或暴露於其粉塵之工作場所。
	1.21	硼及其化合物 (boron and its compounds) 引起之中毒及其續發症	硼及其化合物	使用、處理、製造硼及其化合物或暴露於其粉塵之工作場所。
	1.22	鈷及其化合物 (Cobalt and its compounds) 引起之中毒及其續發症	鈷及其化合物	使用、處理、製造鈷及其化合物或暴露於其粉塵之工作場所。

表 5.2　增列保險職業病種類項目 (民國 106 年 10 月 20 日最新修正)(續)

類別	項目	職業病名稱	有害物質、危害因素、致癌物質或致癌特定製程	適用職業範圍、工作場所或作業
第一類　化學物質引起之疾病及其續發症	1.23	鎳及其化合物 (Nickel and its compounds) 及其化合物引起之中毒及其續發症	鎳及其化合物	使用、處理、製造鎳及其化合物或暴露於其粉塵之工作場所。
	1.24	有機錫 (Organotin) 引起之中毒及其續發症	有機錫	使用、處理、製造有機錫及有機錫合物或暴露於其粉塵之工作場所。
	1.25	錫及其化合物 (Tin and its compounds) 引起之中毒及其續發症	錫及其化合物	使用、處理、製造錫及其化合物或暴露於其粉塵之工作場所。
	1.26	鎢及其化合物 (Tungsten and its compounds) 引起之中毒及其續發症	鎢及其化合物	使用、處理、製造鎢及其化合物或暴露於其粉塵之工作場所。
	1.27	臭氧 (Ozone) 引起之中毒及其續發症	臭氧	使用、處理、製造臭氧或暴露於其氣體之工作場所。
	1.28	磷化氫 (phosphine) 引起之中毒及其續發症	磷化氫	使用、處理、製造磷化氫或暴露於其氣體之工作場所。
	1.29	有機酸：包括無水醋酸與其他有機酸 (Anhydrous acetic acid and other organic acid) 引起之中毒及其續發症	有機酸：包括無水醋酸與其他有機酸	使用、處理、製造有機酸與其他有機酸或暴露於其蒸氣之工作場所。
	1.30	烷屬烴化合物、硝基、胺基衍生物 (Alkane compounds、Nitro-、Amino- derivatives)：三甲基胺 (Trimethylamine) 與其他衍生物引起之中毒及其續發症	烷屬烴化合物、硝基、胺基衍生物：三甲基胺與其他衍生物	使用、處理、製造烷屬烴化合物、硝基、胺基衍生物或暴露於其蒸氣之工作場所。
	1.31	二烯烴類化合物 (Dienes)：丁二烯 (Butadiene) 與其他二烯烴類化合物引起之中毒及其續發症	二烯烴類化合物：丁二烯與其他二烯烴類化合物	使用、處理、製造二烯烴類化合物或暴露於其蒸氣之工作場所。
	1.32	炔類化合物 (Alkynes)：二氯乙炔 (Dichloroacetylene) 與其他炔類化合物引起之中毒及其續發症	炔類化合物：二氯乙炔與其他炔類化合物	使用、處理、製造炔類化合物或暴露於其蒸氣之工作場所。
	1.33	酯類化合物 (Esters)：乙酸乙酯 (Ethyl acetate)、甲基丙烯酸甲酯 (Methyl methacrylate) 與其他酯類化合物引起之中毒及其續發症	酯類化合物：乙酸乙酯、甲基丙烯酸甲酯與其他酯類化合物	使用、處理、製造酯類化合物之有機溶劑或暴露於蒸氣之工作場所。

表 5.2 增列保險職業病種類項目 (民國 106 年 10 月 20 日最新修正)(續)

類別	項目	職業病名稱	有害物質、危害因素、致癌物質或致癌特定製程	適用職業範圍、工作場所或作業
第一類 化學物質引起之疾病及其續發症	1.34	羧基酸化合物及其鹵素衍生物 (Carboxylic acids and their halogenated derivatives)：三氯醋酸 (Trichloroacetic acid) 與其他衍生物引起之中毒及其續發症	羧基酸化合物及其鹵素衍生物：三氯醋酸與其他衍生物	使用、處理、製造羧基酸化合物及其鹵素衍生物或暴露於蒸氣之工作場所。
	1.35	冰喃及其衍生物 (Furan and its derivatives) 引起之中毒及其續發症	冰喃及其衍生物	使用、處理、製造冰喃及其衍生物或暴露於其蒸氣之工作場所。
	1.36	酚及其衍生物 (Phenol and its derivatives)：酚 (Phenol)、硝基酚 (Nitrophenol)、甲酚 (Cresol) 與其他衍生物引起之中毒及其續發症	酚及其衍生物：酚、硝基酚、甲酚與其他衍生物	使用、處理、製造酚及其衍生物或暴露於其蒸氣之工作場所。
	1.37	多苯基芳香族化合物及其衍生物 (Polyphenyls and its derivatives)：包括 2,3,7,8-四氯聯苯戴奧辛 (2,3,7,8-Tetrachlorodibenzo-p-dioxin) 與其他衍生物引起之中毒及其續發症	多苯基芳香族化合物及其衍生物：包括 2,3,7,8-四氯聯苯戴奧辛與其他衍生物	使用、處理、製造多苯基芳香族化合物及其衍生物或暴露於其粉塵之工作場所。
	1.38	有機鹵化物殺蟲劑 (Halogenated hydrocarbon)：例如有機氯化物 (Organochloride) 引起之中毒及其續發症	有機鹵化物殺蟲劑：例如有機氯化物	使用、處理、製造有機鹵化物殺蟲劑或暴露於其蒸氣、粉塵等之工作場所。
	1.39	除蟲菊精殺蟲劑 (Pyrethrum and pyrethroid) 引起之中毒及其續發症	除蟲菊精殺蟲劑	使用、處理、製造除蟲菊精殺蟲劑或暴露於其蒸氣、粉塵等之工作場所。
	1.40	含金屬類農藥：含砷、含銅、含錫與其他含金屬農藥引起之中毒及其續發症	含金屬類農藥：含砷、含銅、含錫與其他含金屬農藥	使用、處理、製造含砷、含銅、含錫與其他含金屬農藥或暴露於其蒸氣、氣體之工作場所。
	1.41	殺鼠劑 (Rodenticides)、殺螺劑 (Molluscicides)、除蟁劑 (Miticides) 引起之中毒及其續發症	殺鼠劑、殺螺劑、除蟁劑	使用、處理、製造殺鼠劑、殺螺劑、除蟁劑或暴露於其蒸氣、粉塵等之工作場所。
	1.42	正己烷 (n-Hexane) 引起之神經疾病	正己烷	使用、處理、製造正己烷或暴露於其蒸氣之工作場所。

表 5.2　增列保險職業病種類項目 (民國 106 年 10 月 20 日最新修正)(續)

類別	項目	職業病名稱	有害物質、危害因素、致癌物質或致癌特定製程	適用職業範圍、工作場所或作業
第一類　化學物質引起之疾病及其續發症	1.43	對第三丁基苯酚 (Para-tertiary butyl phenol) 與其他酚類、兒茶酚類化學物質引起的皮膚白斑症	對第三丁基苯酚與其他酚類、兒茶酚類化學物質	使用、處理、製造對第三丁基苯酚與其他酚類、兒茶酚類化學物質或暴露於其蒸氣之工作場所。
	1.44	笑氣 (Nitrous oxide) 與其他麻醉性氣體引起之中毒及其續發症	笑氣與其他麻醉性氣體	使用、處理、製造笑氣與其他麻醉性氣體或暴露於其蒸氣之工作場所。
	1.45	細胞毒性藥物 (Cytotoxic drugs) 引起之中毒及其續發症	細胞毒性藥物	使用、處理、製造細胞毒性藥物或暴露於其蒸氣之工作場所。
	1.46	銦及其化合物 (Indium and its compounds) 引起之中毒及其續發症	銦及其化合物	使用、處理、製造或暴露於銦及其化合物之工作場所。
	1.47	乳膠及含乳膠產品 (Latex and latex-containing products) 引起之中毒及其續發症	乳膠及含乳膠產品	使用、處理、製造乳膠及含乳膠產品之工作場所。
	1.48	溴丙烷 (Bromopropane) 引起之中毒及其續發症	溴丙烷	使用、處理、製造溴丙烷或暴露於其蒸氣之工作場所。
第二類　生物性危害引起之疾病及其續發症（限接觸生物性危害之工作）	2.1	退伍軍人症		從事冷卻水塔維修、牙科門診等工作或工作於中央空調辦公室、旅館、醫院、安養院、精神病院、漩渦水療等有感染退伍軍人症之虞的工作場所。
	2.2	漢他病毒出血熱		從事經常接觸嚙齒類動物之工作或工作於嚙齒類動物出沒頻繁等有感染漢他病毒出血熱之工作。
	2.3	病毒性肝炎		醫療保健服務業工作人員因針扎、噴濺等途徑，或其他因工作暴露人體血液、體液導致感染之後所致。
	2.4	結核病		從事必須接觸結核病患者或其檢體或廢棄物之工作。
	2.5	後天免疫缺乏症候群		從事必須接觸愛滋病患者或其檢體或廢棄物之工作。
	2.6	嚴重急性呼吸道症候群 (SARS)		從事必須接觸嚴重急性呼吸道症候群 (SARS) 患者或其檢體或廢棄物之工作。
	2.7	Q 型熱 (Q fever)		在牛羊畜牧養殖業、屠宰場、相關實驗室、羊毛處理廠等作業環境工作，因而接觸到動物、動物屍體、或其未經消毒的產品。

表 5.2　增列保險職業病種類項目 (民國 106 年 10 月 20 日最新修正)(續)

類別	項目	職業病名稱	有害物質、危害因素、致癌物質或致癌特定製程	適用職業範圍、工作場所或作業
第二類　生物性危害引起之疾病及其續發症 (限接觸生物性危害之工作)	2.8	登革熱		限於因職務性質所需,在蚊蟲聚集的草叢水渠等地『例行、經常性、規律地』工作之人員。
	2.9	禽流感		在家禽養殖場、屠宰場、相關實驗室等作業環境工作,因而遭受病禽所散播的病毒感染。
第三類　物理性危害引起之疾病及其續發症	3.1	低溫作業或低溫物品引起之凍傷、失溫等疾病		從事經常接觸冰塊、乾冰等低溫物品之工作或工作於冷凍倉庫、高山、水中及其他低溫作業之場所。
	3.2	長期壓迫引起的關節滑囊病變		長期從事工作時須經常壓迫關節之作業。
	3.3	長期以蹲跪姿勢工作引起之膝關節半月狀軟骨病變		長期從事以蹲跪姿勢工作之作業。
	3.4	壓迫造成之神經麻痺:包括職業性腕道症候群等		長期從事腕部反覆性單調動作之作業、長時間用力握緊或反覆抓取物品之作業、腕部經常須維持不自然姿勢操作之作業、必須直接對腕道施加壓力之作業及使用振動手工具之作業。
第三類　物理性危害引起之疾病及其續發症	3.5	長期彎腰負重引起的腰椎椎間盤突出		長期從事彎腰負重工作等與椎間盤突出有明確因果關係之職業。
	3.6	長期工作壓迫引起的頸椎椎間盤突出		長期從事負重於肩或頭部工作等與頸椎椎間盤突出有明確因果關係之作業。
	3.7	肌腱腱鞘炎		負重、重覆動作或用力,不良姿勢等工作引起。
	3.8	全身垂直振動引起的腰椎椎間盤突出		長期工作於全身垂直振動之工作場所。
	3.9	旋轉肌袖症候群 (Rotator cuff syndrome)		1. 長期重覆舉手過肩的工作。 2. 職業上須瞬間肩部強烈運動。

表 5.2　增列保險職業病種類項目 (民國 106 年 10 月 20 日最新修正)(續)

類別	項目	職業病名稱	有害物質、危害因素、致癌物質或致癌特定製程	適用職業範圍、工作場所或作業
第四類　其他危害引起之疾病及其續發症	4.1	創傷後壓力症候群 (Post-traumatic Stress disoder)		工作中遭受嚴重身體傷害(Physical injury)之後所發生的精神症候群。
第五類　職業性癌症	5.1	肺癌、喉癌、間皮細胞瘤 (胸膜、腹膜、心包膜)	石綿 (Asbestos)，包括含石綿的滑石 (Talc)	使用、處理、製造石綿之作業或暴露於其纖維粉塵之工作場所。
	5.2	泌尿道癌症	二胺基聯苯及其鹽類 (Benzidine and its salts)	使用、處理、製造左列物質之作業或暴露於其蒸氣之工作場所。
	5.3	泌尿道癌症	β 薁胺及其鹽類 (β -Naphthylamine and its salts)	使用、處理、製造左列物質之作業或暴露於其蒸氣之工作場所。
	5.4	泌尿道癌症	四胺基聯苯及其鹽類 (4-Aminodiphenyl and its salts)	使用、處理、製造左列物質之作業或暴露於其蒸氣之工作場所。
	5.5	肺小細胞癌	雙氯甲基乙醚 Bis(chloromethyl)ether [BCME]	使用、處理、製造左列物質之作業或暴露於其蒸氣之工作場所。
	5.6	肺癌	六價鉻 (Chromium VI) 及其化合物	使用、處理、製造六價鉻之作業或暴露於其粉塵之工作場所。
	5.7	皮膚癌、陰囊癌、肺癌	煤焦油 (Coal tar)	使用、處理、製造煤焦油之作業或暴露於其蒸氣之工作場所。
	5.8	皮膚癌、陰囊癌、肺癌、膀胱癌	煤焦油瀝青 (Coal tar pitches)	使用、處理、製造煤焦油瀝青之作業或暴露於其蒸氣之工作場所。
	5.9	皮膚癌、陰囊癌	礦物油 (Mineral oil)，頁岩油 (Shale oil)	使用、處理、製造礦物油、頁岩油之作業。
	5.10	皮膚癌、肺癌	煤煙 (Soots)，焦油 (Tars)，and(Oils)	使用、處理、製造煤煙、焦油之作業或暴露於其蒸氣之工作場所。
	5.11	氯乙烯單體 (Vinyl chloride monomer) 引起之肝血管肉瘤	氯乙烯單體 (Vinyl chloride monomer)	使用、處理、製造氯乙烯單體之作業或暴露於其蒸氣之工作場所。
	5.12	血癌	苯 (Benzene)	使用、處理、製造苯之作業或暴露於其蒸氣之工作場所。
	5.13	血癌、皮膚癌、甲狀腺癌、骨癌、乳癌	游離輻射線 (Ionizing radiation)	使用、處理、製造游離輻射線之作業或工作場所。

表 5.2　增列保險職業病種類項目 (民國 106 年 10 月 20 日最新修正)(續)

類別	項目	職業病名稱	有害物質、危害因素、致癌物質或致癌特定製程	適用職業範圍、工作場所或作業
第五類　職業性癌症	5.14	肺癌、鼻竇癌、鼻癌	無機鎳及其化合物 (Inorganic nickel and its compounds)	使用、處理、製造鎳之作業或暴露於其粉塵之工作場所。
	5.15	皮膚癌、肺癌、肝血管肉瘤、肝癌、腎盂癌、輸尿管癌、膀胱癌	無機砷及其化合物 (Arsenic and its compounds)	使用、處理、製造無機砷之作業或暴露於其粉塵之工作場所。
	5.16	肺癌	鈹及其化合物 (Beryllium and its compounds)	使用、處理、製造鈹之作業或暴露於其粉塵之工作場所。
	5.18	血癌	環氧乙烷 (Ethylene oxide)	使用、處理、製造環氧乙烷之作業或暴露於其蒸氣之工作場所。
	5.19	肝癌	B 型肝炎或 C 型肝炎	醫療保健服務業工作人員因針扎、噴濺等途徑，或其他因工作暴露人體血液、體液導致感染之後所致。
	5.20	長期暴露於游離結晶二氧化矽粉塵所引起的矽肺症合併肺癌	游離結晶二氧化矽粉塵	使用、處理、製造游離結晶二氧化矽粉塵之作業或暴露於其纖維粉塵之工作場所。
	5.21	甲醛引起的鼻咽癌	甲醛	使用、處理、製造甲醛之作業或暴露於其蒸氣之工作場所。
	5.22	橡樹與山毛櫸加工粉塵引起的鼻腺癌、鼻竇腺癌	橡樹與山毛櫸	使用、處理、製造橡樹與山毛櫸加工之作業或暴露於其纖維粉塵之工作場所。
	5.23	肝細胞癌	氯乙烯單體 (Vinyl chloride monomer)	使用、處理、製造氯乙烯單體或暴露於其蒸氣之工作場所，需有該工作經歷，暴露至發病至少十年。
	5.24	膀胱癌	3,3- 二氯 -4,4- 二氨基苯化甲烷 (MOCA)	使用、處理、製造 3,3- 二氯 -4,4- 二氨基苯化甲烷 (MOCA) 之作業或暴露於其蒸氣之工作場所。
	5.25	腎臟癌	三氯乙烯 (Trichloroethylene)	使用、處理、製造三氯乙烯或暴露於其蒸氣之工作場所。
	5.26	白血病、淋巴癌	1,3 丁二烯 (1,3-Butadiene)	使用、處理、製造 1,3 丁二烯或暴露於其蒸氣之工作場所。
第六類　致癌之特定製程所引起之癌症	6.1	皮膚癌	巴拉刈 (Paraquat) 製造	製造巴拉刈之作業。
	6.2	肺癌	煉焦爐作業 (Coke oven emissions)	暴露於煉焦爐廢氣之作業。

表 5.2　增列保險職業病種類項目 (民國 106 年 10 月 20 日最新修正)(續)

類別	項目	職業病名稱	有害物質、危害因素、致癌物質或致癌特定製程	適用職業範圍、工作場所或作業
第七類　職業性肺病	7.1	鋁肺病	鋁	使用、處理、提鍊鋁或暴露於其金屬燻煙之工作場所
	7.2	硬金屬肺病，如鈷、鎢、鉬、鈦、鉭及其他硬金屬肺病	鈷、鎢、鉬、鈦、鉭及其他硬金屬	使用、處理、提鍊重金屬，如鈷、鎢、鉬、鈦、鉭及其他硬金屬或暴露於其金屬燻煙之工作場所。
	7.3	鈹肺病	鈹	使用、處理、提鍊鈹或暴露於其金屬燻煙之工作場所。
	7.4	石綿引起之石綿肺症		使用、處理、製造石綿之作業或暴露於其纖維粉塵之工作場所。
	7.5	外因性過敏性肺泡炎及其併發症		使用、處理、製造能夠引起此病之作業或暴露於其粉塵之工作場所。
	7.6	刺激性或過敏性氣喘，支氣管炎，肺炎，肺水腫等，包括棉塵症 (Byssinosis)，有機粉塵症 (Organic dust toxic syndrome)，及地下礦工的慢性阻塞性肺病 (COPD)		使用、處理、製造能夠引起此病之作業或暴露於其氣體，蒸氣，及粉塵之工作場所。

5.2.3　職業傷害之審查準則

　　工作者或勞工於工作時間在工作場所使用機械設備，或因就業場所設施之缺陷或管理不當，而致勞工身體遭受損傷者，無庸置疑應屬「職業傷害」之認定範圍，因此在「勞工保險被保險人因執行職務而致傷病審查準則」第三條，即規定「被保險人因執行職務而致傷害者，為職業傷害」。

　　然而，一旦發生傷害的地點在就業場所之外，或是傷害發生時間在上下班途中等，則該傷害是否仍屬於「職業傷害」的認定範圍，經常因此而出現爭議，因此在本準則中，進一步以明文規定「職業傷害」的認定範圍如下：

一、上、下班途中及作業前後

1. 被保險人上、下班，於適當時間，從日常居、住處所往返就業場所，或因從事二份以上工作而往返於就業場所間之應經途中發生事故而致之傷害，視為職業傷害。

被保險人為在學學生或建教合作班學生，於上、下班適當時間直接往返學校與就業場所之應經途中發生事故而致之傷害，亦同。(本準則第四條)

2. 被保險人於作業前後，發生下列事故而致之傷害，視為職業傷害 (本準則第五條)：

(1) 於作業開始前，在等候中，因就業場所設施或管理之缺陷所發生之事故。

(2) 因作業之準備行為及收拾行為所發生之事故。

(3) 於作業終了後，經雇主核准利用就業場所設施，因設施之缺陷所發生之事故。

(4) 因勞務管理上之必要，或在雇主之指揮監督下，從飯廳或集合地點赴工作場所途中或自工作現場返回事務所途中，為接受及返還作業器具，或受領工資等例行事務時，發生之事故。

二、作業中或休息中

1. 被保險人於作業時間中斷或休息中，因就業場所設施或管理上之缺陷發生事故而致之傷害，視為職業傷害。(本準則第六條)

2. 被保險人於工作時間中基於生理需要於如廁或飲水時發生事故而致之傷害，視為職業傷害。(本準則第七條)

三、臨時工作異動、公差及訓練

1. 被保險人於必要情況下，臨時從事其他工作，該項工作如為雇主期待其僱用勞工所應為之行為而致之傷害，視為職業傷害。(本準則第八條)

2. 被保險人因公差由日常居、住處所或就業場所出發，至完畢返回日常居、住處所或就業場所期間之職務活動及合理途徑發生事故而致之傷害，視為職業傷害。(本準則第九條)

3. 被保險人經雇主指派參加進修訓練、技能檢定、技能競賽、慶典活動、體育活動或其他活動，由日常居、住處所或就業場所出發，至活動完畢返回日常居、住處所或就業場所期間因雇主指派之活動及合理途徑發生事故而致之傷害，視為職業傷害。(本準則第十條第一項)

4. 以下之被保險人，經所屬團體指派參加前項各類活動、由日常居、住處所或就業場所出發，至活動完畢返回日常居、住處所或就業場所期間因所屬團體指派之活動及合理途徑發生事故而致之傷害，亦同 (本準則第十條第二項)：

(1) 無一定雇主或自營作業而參加職業工會者。(勞工保險條例第六條第一項第七款)

(2) 無一定雇主或自營作業而參加漁會之甲類會員。(勞工保險條例第六條第一項第八款)

(3) 參加海員總工會或船長公會為會員之外僱船員。(勞工保險條例第八條第一項第四款)

四、他人、動物或植物之傷害

1. 被保險人由於執行職務關係，因他人之行為發生事故而致之傷害，視為職業傷害。(本準則第十一條)

2. 被保險人執行職務受動物或植物傷害，視為職業傷害。(本準則第十二條)

五、天然災害

1. 被保險人於執行職務時，因天然災害「直接發生」事故導致之傷害，「不得」視為職業傷害。(本準則第十三條)

2. 但因天然災害「間接導致」之意外傷害，或從事之業務「遭受天然災害之危險性較高」者，視為職業傷害。(本準則第十三條)

六、附設設施及康樂活動

1. 被保險人利用雇主為勞務管理所提供之附設設施，因設施之缺陷發生事故而致之傷害，視為職業傷害。(本準則第十四條)

2. 被保險人參加雇主舉辦之康樂活動或其他活動，因雇主管理或提供設施之瑕疵發生事故而致之傷害，視為職業傷害。(本準則第十五條)

七、職業傷病診療間及外出用餐

1. 被保險人因職業傷害或罹患職業病，經雇主同意直接往返醫療院所診療或下班後直接前往診療後返回日常居住處所應經途中發生事故而致之傷害，視為職業傷害。(本準則第十六條)

2. 被保險人於工作日之用餐時間中或為加班、值班，如雇主未規定必須於工作場所用餐，而為必要之外出用餐，於用餐往返應經途中發生事故而致之傷害視為職業傷害。(本準則第十七條)

八、違反交通規定者不得視為職業傷害

被保險人於本準則第四條、第九條、第十條、第十六條及第十七條之規定而有下列情事之一者，不得視為職業傷害 (本準則第十八條)：

(1) 非日常生活所必需之私人行為。

(2) 未領有駕駛車種之駕駛執照駕車者。

(3) 受吊扣期間或吊銷駕駛執照處分駕車者。

(4) 經有燈光號誌管制之交岔路口違規闖紅燈者。

(5) 闖越鐵路平交道者。

(6) 酒精濃度超過規定標準、吸食毒品、迷幻藥或管制藥品駕駛車輛者。

(7) 駕駛車輛違規行駛高速公路路肩者。

(8) 駕駛車輛不按遵行之方向行駛或在道路上競駛、競技、蛇行或以其他危險方式駕駛車輛者。

(9) 駕駛車輛不依規定駛入來車道者。

5.3　職業災害之雇主責任

　　工作者或勞工若因執行職務而致疾病、傷害、失能或死亡，經審定屬「職業災害」者，雇主須依法令規定負其相關責任。基本上，雇主對職業災害勞工應負之責任分為三大類；第一類為根據「勞動基準法」所定，不論雇主有無過失責任，皆須由雇主支付受災勞工之「職業災害補償」。第二類為依「民法」規定之「損害賠償」責任；若勞工所遭受之職業災害乃因雇主故意或過失而導致之結果，則受災勞工可依「民法」所定「侵權行為」相關條文要求雇主負賠償責任。第三類為「刑法」所定之「刑事責任」；若勞工因職業災害而致重傷或死亡，且能證明為雇主故意或過失引起者，則雇主可被處以「過失傷害罪」、「重傷罪」或「過失致死罪」等刑罰。

　　事實上，我國近年來不斷修正的「刑法」與「民法」，對於規範勞工與雇主間之「勞雇關係」、勞雇雙方為防止「職業災害」發生之法律義務，以及職業災害發生後之損害賠償責任等，皆有相當良好的法律基礎及相關條文可供依循；故理論上應可不須再制定「勞動基準法」、「職業安全衛生法」及「職業災害勞工保護法」等相關勞動法令。

　　然而在實務上，「刑法」與「民法」在本質上是一種「事後究責索償」的法律制度，因此對「事前防止職業災害發生」並無直接助益，對於工作者的勞動權益也只能發揮「事後的消極保障作用」。此外，由於「刑法」與「民法」的條文內容只規範一般性的法律原則，故最終的量刑及賠償額度仍必須依賴法院的裁決為執行依據；這不但常因個案不同而有不同的判決結果，而且訴訟過程曠日廢時，尤其對勞工造成精神上的負擔及經濟上的壓力。

　　因此，行政院勞動部所制定之勞動法令，如「職業安全衛生法」、「勞動基準法」、「職業災害勞工保護法」、「勞工保險條例」、「勞動檢查法」等等，基本乃是以「刑法」及「民法」為基礎，且針對「勞工」與「雇主」這種特定關係而設定的「特別法」。這些「特別法」把原先「刑法」或「民法」中寓意抽象的條文內容，進一步加以具體的解釋及作實務上應用。

例如「職業安全衛生法」第六條要求，雇主對勞動場所應有符合標準之必要安全衛生設備或措施以防止職業災害發生之作為義務，違反致發生死亡災害者，可依本法第四十條處三年以下有期徒刑、拘役或科或併科新臺幣三十萬元以下罰金；此條文之立法精神，可視為是「刑法」第二百七十六條第二項所定，「從事業務之人，因業務上之過失致人於死者，處五年以下有期徒刑或拘役，得併科三千元以下罰金」，於職業災害責任上之延伸解釋及應用。

由於「特別法」是針對特定的應用情境而設定的法律，故在其制定過程中加入了相當多的專業知識、實務經驗，以及實際需求等多方考量，也因此這些「特別法」比一般通則性的「民法」或「刑法」更具體精確，在刑事或賠償處分上更具有統一的標準可循。此外，主管機關亦可在「特別法」中加入「行政處分」，例如依「職業安全衛生法」第四十三條規定，雇主有違反上述第六條規定，未提供符合標準之必要安全衛生設備或措施，可處新臺幣三萬元以上三十萬元以下之行政罰鍰；也就是說在事故發生前，勞動檢查機構或主管機關可利用罰鍰作為手段，要求雇主改善設備之安全性，以避免及預防職業災害的發生。這種事前的積極處分與監督，當然比「刑法」及「民法」之「事後究責索償」更能發揮防止職業災害的功能。

基於上述的各項理由，一般司法機關在裁量案件通常會以專屬的「特別法」為首要法源依據，若適用的特別法未規定者，才會參酌其他通則性的法典，如「刑法」及「民法」等。

有鑑於此，以下章節在說明雇主之職業災害責任時，將以專屬的勞動法令為主要依據，再輔以其他通則法令之相關條文，期使讀者能更了解其中的法律精神與其實務作為。

5.3.1 雇主對職業災害勞工應負之補償責任

有關雇主對職業災害勞工應負之補償責任，在「勞動基準法」(最近一次修正為民國 107 年 1 月 31 日) 第七章之「職業災害補償」有非常明確之規定。依「勞動基準法」第五十九條規定：

勞工因遭遇職業災害而致死亡、殘廢、傷害或疾病時，雇主應依左列規定予以補償。但如同一事故，依勞工保險條例或其他法令規定，已由雇主支付費用補償者，雇主得予以抵充之：

1. 勞工受傷或罹患職業病時，雇主應補償其必需之醫療費用。職業病之種類及其醫療範圍，依勞工保險條例有關之規定。

2. 勞工在醫療中不能工作時，雇主應按其原領工資數額予以補償。但醫療期間屆滿二年仍未能痊癒，經指定之醫院診斷，審定為喪失原有工作能力，且不合第三款

之殘廢給付標準者，雇主得一次給付四十個月之平均工資後，免除此項工資補償責任。

3. 勞工經治療終止後，經指定之醫院診斷，審定其身體遺存殘廢者，雇主應按其平均工資及其殘廢程度，一次給予殘廢補償。殘廢補償標準，依勞工保險條例有關之規定。

4. 勞工遭遇職業傷害或罹患職業病而死亡時，雇主除給與五個月平均工資之喪葬費外，並應一次給與其遺屬四十個月平均工資之死亡補償。其遺屬受領死亡補償之順位如下：

    (1) 配偶及子女。

    (2) 父母。

    (3) 祖父母。

    (4) 孫子女。

    (5) 兄弟姐妹。

由此可知，雇主對職業災害勞工之「補償」分為四種：即「醫療費用補償」、「原領工資補償」、「殘廢補償」及「死亡補償」。另依同法第六十一條第二項規定：「受領補償之權利，不因勞工之離職而受影響，且不得讓與、抵銷、扣押或擔保。」因此勞工向雇主要求補償之權利不受「民法」所定之債權約束，故不論勞雇雙方對「職業災害」是否有過失責任，雇主均須對受災勞工予以「補償」，而且不因勞動契約終止而權利消滅。其他有關職業災害勞工之雇主補償責任須補充說明如下：

一、勞工保險給付對職業災害補償之抵充

依「勞動基準法施行細則」(最近一次修正為民國107年2月27日)第三十四條規定：「本法(勞動基準法)第五十九條所定同一事故，依勞工保險條例或其他法令規定，已由雇主支付費用補償者，雇主得予以抵充之。但支付之費用如由勞工與雇主共同負擔者，其補償之抵免按雇主負擔之比例計算。」

二、原領工資之計算與發給

依「勞動基準法施行細則」第三十一條規定，「原領工資」係指該勞工遭遇職業災害前一日正常工作時所得之工資。其為計月者，以遭遇職業災害前最近一個月正常工作時間所得之工資除以三十所得之金額，為其一日之工資。

罹患職業病者依前項計算所得金額低於平均工資者，以平均工資為準。(平均工資之定義依「勞動基準法」第二條第四款。)

另依本細則第三十條規定，雇主補償勞工之工資，應於發給工資之日給與。

三、原領工資補償期間及其責任之免除

在「勞動基準法」第五十九條第二款中，規定雇主得免除對受災勞工「原領工資補償責任」之但書條件爲：「醫療期間屆滿二年者仍未能痊癒，經指定之醫院診斷，審定爲喪失原有工作能力，且不合第三款之殘廢給付標準者，雇主得一次給付四十個月之平均工資後，免除此項工資補償責任。」

由此可知，除非依上規定經指定醫院診斷該勞工已喪失原有工作能力，否則雇主對受災勞工於醫療期間不能工作之原領工資補償責任不得免除，而且補償的期間並無上限。

若受災勞工的醫療情況符合以上的但書條件，則雇主可考慮一次給付四十個月「平均工資」以免除此項強制性之工資補償責任，且決定後應依本法施行細則第三十二條規定，於十五日內一次給與該勞工。

四、喪葬費與死亡補償之給付

依本法施行細則第三十三條規定，雇主給與勞工之「喪葬費」應於死亡後三日內，「死亡補償」應於死亡後十五日內給付。

五、雇主違反職業災害補償責任應受之處分

一般而言，只要雇主誠實依「勞工保險條例」規定爲勞工辦理勞工保險，則上述之各項補償費用應可用勞工保險給付予以抵免；若勞工保險給付仍不足以全額支付補償費用，則雇主可爲勞工投保額外之商業保險，定能解決補償費用的負擔問題。

因此，主管機關對雇主違反職業災害補償責任之處分重點在於投保單位 (雇主) 是否有爲勞工辦理勞工保險。以下爲「勞工保險條例」之相關處罰：

(1) 以詐欺或其他不正當行爲領取保險給付或爲虛僞之證明、報告、陳述及申報診療費用者，除按其領取之保險給付或診療費用處以二倍罰鍰外，並應依民法請求損害賠償；其涉及刑責者，移送司法機關辦理。特約醫療院，所因此領取之診療費用，得在其已報應領費用內扣除。(勞工保險條例第七十條)

(2) 投保單位違反本條例規定，未爲其所屬勞工辦理投保手續者，按自僱用之日起，至參加保險之前一日或勞工離職日止應負擔之保險費金額，處四倍罰鍰。勞工因此所受之損失，並應由投保單位依本條例規定之給付標準賠償之。(勞工保險條例第七十二條第一項)

(3) 投保單位未依本條例之規定負擔被保險人之保險費，而由被保險人負擔者，按應負擔之保險費金額，處二倍罰鍰。投保單位並應退還該保險費與被保險人。(勞工保險條例第七十二條第二項)

(4) 投保單位違反本條例規定,將投保薪資金額以多報少或以少報多者,自事實發生之日起,按其短報或多報之保險費金額,處四倍罰鍰,並追繳其溢領給付金額。勞工因此所受損失,應由投保單位賠償之。(勞工保險條例第七十二條第三項)

(5) 投保單位於保險人依第十條第三項規定為查對時,拒不出示者,或違反同條第四項規定者,處新臺幣六千元以上一萬八千元以下罰鍰。(勞工保險條例第七十二條第四項)

投保單位於本條例中華民國九十七年五月十六日修正生效前,依第十七條第一項規定加徵滯納金至應納費額一倍者,其應繳之保險費仍未向保險人繳納,且未經保險人處以罰鍰或處以罰鍰未執行者,不再裁處或執行。

(6) 本條例所規定之罰鍰,經催告送達後,無故逾三十日。仍不繳納者,移送法院強制執行。(勞工保險條例第七十三條)

此外,「職業災害勞工保護法」第三十四條中,對於雇主未替勞工投保而有加重處罰之規定:「依法應為所屬勞工辦理加入勞工保險而未辦理之雇主,其勞工發生職業災害事故者,按僱用之日至事故發生之日應負擔之保險費金額,處以四倍至十倍罰鍰,不適用勞工保險條例第七十二條第一項有關罰鍰之規定。但勞工因職業災害致死亡或身體遺存障害適合勞工保險給付標準表第一等級至第十等級規定之項目者,處以(本保護法)第六條補助金額之相同額度之罰鍰。」

至於雇主違反前述「勞動基準法」第五十九條之「職業災害補償」規定時,則主管機關可依同法第七十九條處二萬元以上一百萬元以下罰鍰。

5.3.2 雇主對職業災害勞工之損害賠償

「損害賠償」乃「民法」針對「侵權行為」而制定之法律責任之一種。依「民法」(最近一次修正為民國 104 年 6 月 10 日) 第一百八十四條規定:「因故意或過失,不法侵害他人之權利者,負損害賠償責任。故意以背於善良風俗之方法,加損害於他人者亦同。違反保護他人之法律,致生損害於他人者,負賠償責任。但能證明其行為無過失者,不在此限。」

很顯然,雇主若違反「職業安全衛生法」對工作者之保護,如沒有提供安全衛生設施予勞工使用致其遭受職業災害,或違反「勞工保險條例」未替勞工投保,以致勞工受災後無法獲得該有之給付等,皆是很明確之侵權行為,理應負損害賠償之責任。

然而「侵權行為」之前題必須是在「故意」或「過失」的情況下進行才符合處罰要件,因此「故意」及「過失」之認定尤其重要。

「刑法」(最近一次修正爲民國 105 年 11 月 30 日) 第十三條將「故意」分爲「直接故意」及「間接故意」兩種：

(1) 直接故意

行爲人對於構成犯罪之事實，「明知並有意使其發生者」，爲故意。(刑法第十三條第一項)

(2) 間接故意

行爲人對於構成犯罪之事實，「預見其發生而其發生並不違背其本意者」，以故意論。(刑法第十三條第二項)

「刑法」第十四條亦將「過失」分爲「無認識之過失」與「有認識之過失」兩種：

(1) 無認識之過失

行爲人雖非故意。但「按其情節應注意，並能注意，而不注意者」，爲過失。(刑法第十四條第一項)

(2) 有認識之過失

行爲人對於構成犯罪之事實，「雖預見其能發生而確信其不發生者」，以過失論。(刑法第十四條第二項)

因此，若勞工所遭受之「職業災害」係由雇主之「故意」或「過失」等侵權行爲而導致者，雇主應依「民法」規定負「損害賠償」之責任，其相關重要條文彙總如下：

(1) 民法第一百九一條之三 (一般危險之責任)

經營一定事業或從事其他工作或活動之人，其工作或其使用之工具或方法有生損害於他人之危險者，對他人之損害應負賠償責任。但損害非由於其工作或活動或其使用之工具或方法所致，或於防止損害之發生已盡相當之注意者，不在此限。

(2) 民法第一百九十二條 (侵害生命權之損害賠償)

不法侵害他人致死者，對於支出醫療及增加生活上需要之費用或殯葬費之人，亦應負損害賠償責任。

被害人對於第三人負有法定扶養義務者，加害人對於該第三人亦應負損害賠償責任。

第一百九十三條第二項之規定，於前項損害賠償適用之。

(3) 民法第一百九十三條 (侵害身體健康之財產上損害賠償)

不法侵害他人之身體或健康者，對於被害人因此喪失或減少勞動能力或增加生活上之需要時，應負損害賠償責任。

前項損害賠償，法院得因當事人之聲請，定爲支付定期金。但須命加害人提出擔保。

(4) 民法第一百九十四條 (侵害生命權之非財產上損害賠償)

不法侵害他人致死者，被害人之父、母、子、女及配偶，雖非財產上之損害，亦得請求賠償相當之金額。

雖然「職業災害勞工」可依以上民法條款從各層面向雇主要求損害，但並不代表受災勞工可無限上綱地向雇主索賠，因為法律之制定就如「天秤」一樣，對雙方皆有一個合理的平衡點才符合公平正義之原則。因此，在「民法」的其他條文中，亦對雇主的賠償責任作出適當的保障，尤其是職業災害勞工對職業災害發生亦有過失責任時，雇主之賠償責任得減輕或免除之。以下為相關「民法」條文之彙總：

(1) 民法第二百一十六條 (法定損害賠償範圍)

損害賠償，除法律另有規定或契約另有訂定外，應以填補債權人所受損害及所失利益為限。

依通常情形，或依已定之計畫、設備或其他特別情事，可得預期之利益，視為所失利益。

(2) 民法第二百一十六條之一 (損害賠償應損益相抵)

基於同一原因事實受有損害並受有利益者，其請求之賠償金額，應扣除所受之利益。

(3) 民法第二百一十七條 (過失相抵)

損害之發生或擴大，被害人「與有過失」者，法院得減輕賠償金額，或免除之。

重大之損害原因，為債務人所不及知，而被害人不預促其注意或怠於避免或減少損害者，為與有過失。

前二項之規定，於被害人之代理人或使用人與有過失者，準用之。

(4) 民法第二百一十八條 (因賠償義務人生計關係之酌減)

損害非因故意或重大過失所致者，如其賠償義務人之生計有重大影響時，法院得減輕其賠償金額。

實務上，受災勞工若要求雇主負損害賠償而提出民事訴訟，法院必須就個案發生情況，雙方責任、雙方損失等因素作通盤考量，故訴訟過程不但冗長，而且最後之判決結果如何，勞工能獲得多少賠償等都是很難預料之未知數。若其中一方對初審判決結果不服，亦可再提出上訴，一旦雙方纏訴下去，時間拖久，對雙方都極為不利，尤其是對欠缺資源的受災勞工其負擔更為沉重。

因此，在「勞動基準法」所制定雇主之「職業災害補償」責任，可視為是一種以民法之損害賠償為精神，進一步為保障工作者權益而訂定的一種特定賠償制度。在「民法」的「損害賠償」中，雇主的賠償責任視雇主是否為故意或有過失而定，而且賠償

的金額視個案而定，難有統一標準；至於「勞動基準法」的「職業災害補償」，則不論雇主是否有過失皆須支付，而且補償的額度有明確的標準可供依循。

由於「職業災害補償」與「損害賠償」有不同的法源依據，故兩者並不互斥或抵觸，職業災害勞工不但可獲得「補償」的保障權利，亦可同時向雇主提出「損害賠償」要求；然而兩者在執行時亦有相關的法令規範如下：

(1) 職業災害勞工保護法第七條

勞工因職業災害所致之損害，雇主應負賠償責任，但雇主能證明無過失者，不在此限。

(2) 勞動基準法第六十條

雇主依前條 (第五十九條) 規定給付之「補償金額」、「得抵充」就同一事故所生損害之「賠償金額」。

5.3.3 雇主對職業災害應負之刑事責任

「刑法」乃國家為保障人民生存權利、性命財產免受危害威脅而制定的重要法典之一。若雇主因過失而使勞工遭受職業災害致死或受傷，則雇主可因此而須負刑事責任。以下為「刑法」之重要相關條文：

1. 刑法第十五條 (不作為犯)

對於一定結果之發生，法律上有防止之義務，能防止而不防止者，與因積極行為發生結果者同。

因自己行為致有發生一定結果之危險者，負防止其發生之義務。

2. 刑法第十條第四項 (重傷之定義)

稱重傷者，謂下列傷害：

(1) 毀敗或嚴重減損一目或二目之視能。

(2) 毀敗或嚴重減損一耳或二耳之聽能。

(3) 毀敗或嚴重減損語能、味能或嗅能。

(4) 毀敗或嚴重減損一肢以上之機能。

(5) 毀敗或嚴重減損生殖之機能。

(6) 其他於身體或健康，有重大不治或難治之傷害。

3. 刑法第二百七十六條 (過失致死罪)

因過失致人於死者，處二年以下有期徒刑、拘役或二千元以下罰金。

從事業務之人，因業務上之過失犯前項之罪者，處五年以下有期徒刑或拘役，得併科三千元以下罰金。

4. 刑法第二百七十七條 (普通傷害罪)

傷害人之身體或健康者，處三年以下有期徒刑、拘役或一千元以下罰金。

犯前項之罪因而致人於死者，處無期徒刑或七年以上有期徒刑；致重傷者，處三年以上十年以下有期徒刑。

5. 刑法第二百七十八條 (重傷罪)

使人受重傷者，處五年以上十二年以下有期徒刑。

犯前項之罪因而致人於死者，處無期徒刑或七年以上有期徒刑。

第一項之未遂犯罰之。

6. 刑法第二百八十四條 (過失傷害罪)

因過失傷害人者，處六月以下有期徒刑、拘役或五百元以下罰金，致重傷者，處一年以下有期徒刑、拘役或五百元以下罰金。

從事業務之人，因業務上之過失傷害人者，處一年以下有期徒刑、拘役或一千元以下罰金，致重傷者，處三年以下有期徒刑、拘役或二千元以下罰金。

由於「刑法」所定之法律責任為一般性的通則，而且條文的文意頗為抽象，故雇主對預防職業災害或災害發生後之刑責處罰，仍以適用之特定勞動法令訂有更具體的規範及量刑標準。

例如「勞動檢查法」第二十六條之危險性工作場所，非經勞動檢查機構審查或檢查合格，事業單位不得使勞工在該場所作業；第二十七條之勞動檢查員為避免職業災害擴大，應就發生災害場所以書面通知事業單位部分或全部停工；第二十八條之勞動檢查員對工作場所實施安全衛生檢查時，發現勞工有立即發生危險之虞，得就該場所以書面通知事業單位逕予先行停工；以及第二十九條之事業單位未依勞動檢查機構通知限期改善事項辦理，而有發生職業災害之虞時，應陳報所屬勞動檢查機構，勞動檢查機構於認有必要時，得以書面通知事業單位部分或全部停工等條文，其要求雇主應負之義務責任與前述刑法第十五條之「不作為犯」相符，而且這些條文針對工作場所之特定情況作更具體的規範。

因此，雇主若違反上述第二十六條規定，使勞工在未經審查或檢查合格之工作場所作業，或違反第二十七條至第二十九條停工通知者，所受之處罰並不是一般的行政罰鍰處分，而是「處三年以下有期徒刑、拘役或科或併科新臺幣十五萬元以下罰金」之量刑。

有關雇主違反「職業安全衛生法」之刑事處分重點，可參閱本書第三章表 3.1；另「勞動基準法」對雇主違反防止「職業災害」之相關刑事責任彙整如下：

(1) 違反「勞動基準法第四十二條」之「勞工因健康或其他正當理由，不能接受正常工作時間以外之工作者，雇主不得強制其工作」，依本法第七十七條「處

六月以下有期徒刑、拘役或科或併科新臺幣三十萬元以下罰金」。

(2) 違反「勞動基準法第四十四條第二項」之「童工不得從事繁重及危險性之工作」，依本法第七十七條「處六月以下有期徒刑、拘役或科或併科新臺幣三十萬元以下罰金」。

(3) 違反「勞動基準法第四十五條第一項」之「雇主不得僱用未滿十五歲之人從事工作」，依本法第七十七條「處六月以下有期徒刑、拘役或科或併科新臺幣三十萬元以下罰金」。

5.4　承攬人之職業災害責任

「事業單位」將其「事業」或「工作」招人承攬，「承攬人」再將之轉交予「再承攬人」執行時，由於「承攬人」或「再承攬人」也可能僱用各自的「勞工」，一旦這些勞工遭受職業災害，則「事業單位」、「承攬人」與「再承攬人」對受災勞工之相關責任必須加以規範，才能使勞工的權益受到保障。以下為「職業安全衛生法」、「勞動基準法」及「職業災害勞工保護法」等相關法令對「承攬制度」之規範說明。

5.4.1　職業災害之連帶補償責任

依「職業安全衛生法」第二十五條規定：「事業單位以其『事業』招人承攬時，其承攬人就承攬部分負本法所定雇主之責任；原事業單位就職業災害補償仍應與承攬人負『連帶責任』。再承攬者亦同。」

另根據「勞動基準法」第六十二條規定：「事業單位以其『事業』招人承攬，如有再承攬時，承攬人或中間承攬人，就各該承攬部分所使用之勞工，均應與最後承攬人，連帶負本章(勞動基準法第七章職業災害補償)所定雇主應負職業災害補償之責任。事業單位或承攬人或中間承攬人，為前項之災害補償時，就其所補償之部分，得向最後承攬人求償。」

又「勞動基準法」第六十三條規定：「承攬人或再承攬人工作場所，在原事業單位工作場所範圍內，或為原事業單位提供者，原事業單位應督促承攬人或再承攬人，對其所僱用勞工之勞動條件應符合有關法令之規定。事業單位違背勞工安全衛生法有關對於承攬人、再承攬人應負責任之規定，致承攬人或再承攬人所僱用之勞工發生職業災害時，應與該承攬人、再承攬人負連帶補償責任」。

由以上條文，可整理出事業單位、承攬人及再承攬人之職業災害責任為：

(1) 受災勞工之直接雇主，即「最後承攬人」，對受災勞工負補償責任外，其上一層之「中間承攬人」到最上層之事業單位，亦須負連帶補償責任。換言之，受災勞工之直接雇主無經濟能力依「勞動基準法」之規定對該勞工全額補償或只能作部分補償時，該受災勞工可向上層之承攬人以至事業單位要求補償不足之數額；以使受災勞工的權益優先獲得保障。

　　而上層承攬人或事業單位給付連帶補償後，得就其所補償部分向最後承攬人求償。

(2) 至於職業災害之刑事及民事損害賠償方面，則須視各方之過失責任而定；若受災勞工之直接雇主或上層之承攬人或事業單位對職業災害有過失責任，自應就過失部分負相當責任。

(3) 以上法令中「事業單位以其『事業』招人承攬時」之所稱『事業』，係指事業單位的「經營項目」而言。在實際情況中，承攬人所承攬者可能只是事業單位經營項目以外的其他『工作』；因此在「職業災害勞工保護法第三十一條」即規定：「事業單位以其『工作』交付承攬者，承攬人就承攬部分所使用之勞工，應與事業單位連帶負職業災害補償之責任。再承攬者，亦同。前項事業單位或承攬人，就其所補償之部分，對於職業災害勞工之雇主，有求償權。前二項職業災害補償之標準，依勞動基準法之規定。同一事故，依勞工保險條例或其他法令規定，已由僱用勞工之雇主支付費用者，得予抵免。」故不論交付承攬之工作是否為事業單位之經營項目，職業災害勞工之補償權益仍獲得保障。

5.4.2　事業單位與承攬人對防止職業災害之責任

　　雖然職業安全衛生法第二十五條已明訂「承攬人就承攬部分負本法所定雇主之責任」，但由於此等「雇主責任」有「刑事處罰」在內，故必須對承攬人之間之雇主責任作進一步的規範，以下為職業安全衛生法之規定：

1. 事業單位以其事業之全部或一部分交付承攬時，應於「事前告知」該承攬人有關其事業工作環境、危害因素暨本法及有關安全衛生規定應採取之措施。承攬人就其承攬之全部或一部交付再承攬時，承攬人亦應依前項規定告知再承攬人。(本法第二十六條)

2. 「事前告知」應以書面為之，或召開協商會議並作成紀錄。(本法施行細則第三十六條)

3. 事業單位與承攬人、再承攬人分別僱用勞工共同作業時，為防止職業災害，原事業單位應採取下列必要措施(本法第二十七條)：

   (1) 設置協議組織，並指定工作場所負責人，擔任指揮、監督及協調之工作。

   (2) 工作之連繫與調整。

   (3) 工作場所之巡視。

   (4) 相關承攬事業間之安全衛生教育之指導及協助。

   (5) 其他為防止職業災害之必要事項。

   事業單位分別交付二個以上承攬人共同作業而未參與「共同作業」時，應指定承攬人之一負前項原事業單位之責任。

4. 「共同作業」：指事業單位與承攬人、再承攬人所僱用之勞工於同一期間、同一工作場所從事工作。(本法施行細則第三十七條)

5. 二個以上之事業單位分別出資共同承攬工程時，應互推一人為代表人；該代表人視為該工程之事業雇主，負本法雇主防止職業災害之責任。(本法第二十八條)

5.5　職業災害勞工之權益與保障

　　依「勞動基準法」第六十一條規定，職業災害勞工對其「職業災害補償」之「受領補償權」，自得受領之日起，因二年間不行使而消滅。受領補償之權利，不因勞工之離職而受影響，且不得讓與、抵銷、扣押或擔保。

　　至於「損害賠償」之權利，依「民法」第一百九十七條之規定為：「因侵權行為所生之損害賠償請求權，自請求權人知有損害及賠償義務人時起，二年間不行使而消滅。自有侵權行為時起，逾十年者亦同。」

　　此外，「職業災害勞工保護法」第三十二條亦有規定：「因職業災害所提民事訴訟、法院應依職業災害勞工聲請，以裁定准予訴訟救助。但顯無勝訴之望者，不在此限。職業災害勞工聲請保全或假執行時，法院得減免其供擔保之金額。」

　　到此為止，有關「職業災害之認定」、雇主對受災勞工應負之「補償」、「損害賠償」、以及雇主本身可能涉及之「刑事責任」，乃至於受災勞工受領「補償」與「損害賠償」之權利與時效等，已有相當具體的說明。

　　然而，職業災害勞工之「補償」權益以「勞動基準法」及「職業安全衛生法」為法源依據；而雇主是否有能力履行其「補償」或「賠償」責任，其關鍵仍在於雇主是否有按「勞工保險條例」之規定為勞工投保。

　　事實上，並不是各行各業皆適用於「勞動基準法」，而且也不是個別的勞工皆必須辦理勞工保險；依「勞動基準法」第三條規定：「本法於下列各業適用之：一、農林、漁、牧業。二、礦業及土石採取業。三、製造業。四、營造業。五、水電、煤氣業。六、運輸、倉儲及通信業。七、大眾傳播業。八、其他經中央主管機關指定之事業。依前項第八款指定時，得就事業之部分工作場所或工作者指定適用。本法適用於一切勞雇關係。但因經營型態、管理制度及工作特性等因素適用本法雖有窒礙難行者，並經中央主管機關指定公告之行業或工作者，不適用之。前項因窒礙難行而不適用本法者，不得逾第一項第一款至第七款以外勞工總數五分之一。」

　　又「勞工保險條例」第六條規定：「年滿十五歲以上，六十歲以下之下列勞工，應以其雇主或所屬團體或所屬機構為投保單位，全部參加勞工保險為被保險人：

(1) 受僱於僱用勞工「五人以上」之公、民營工廠、礦場、鹽場、農場、牧場、林場、茶場之產業勞工及交通、公用事業之員工。

(2) 受僱於僱用「五人以上」公司、行號之員工。

(3) 受僱於僱用五人以上之新聞、文化、公益及合作事業之員工。

(4) 依法不得參加公務人員保險或私立學校教職員保險之政府機關及公、私立學校之員工。

(5) 受僱從事漁業生產之勞動者。

(6) 在政府登記有案之職業訓練機構接受訓練者。

(7) 無一定雇主或自營作業而參加職業工會者。

(8) 無一定雇主或自營作業而參加漁會之甲類會員。

前項規定，於經主管機關認定其工作性質及環境無礙身心健康之未滿 15 歲勞工亦適用之。

第二項稱勞工，包括在職外國籍員工。

　　因此，對於「未加入勞工保險」且「雇主未依勞動基準法規定予以補償」之職業傷病勞工而言，面對的將是龐大的醫療費用以及無工作收入之沉重經濟壓力；勞工若是因職業災害死亡而身後蕭條，其遺屬的生活也可能因此而陷於困境。

　　有鑑於此，自民國 91 年 4 月 28 日起施行之「職業災害勞工保護法」，即規定主管機關「編列專款預算」，作為「補助未加入勞工保險之職業災害勞工」；並且自「勞工保險基金職業災害保險收支結餘提撥專款」，作為「加強辦理職業災害預防」，以及「補助參加勞工保險之職業災害勞工」，以下為相關之法規條文：

1. 未加入勞保受災勞工之殘廢及死亡補助 (本保護法第六條)：
   未加入勞工保險而遭遇職業災害之勞工，雇主未依勞動基準法規定予以補償時，得比照勞工保險條例之標準，按最低投保薪資申請「職業災害殘廢、死亡補助」。

前項補助，應扣除雇主已支付之補償金額。

依第一項申請殘廢補助者，其身體遺存障害須適合勞工保險殘廢給付標準表第一等級至第十等級規定之項目及給付標準。

雇主依勞動基準法規定給予職業災害補償時，第一項之補助得予抵充。

有關「勞工保險殘廢給付標準表」之詳細內容可參閱民國 104 年 9 月 15 日最新修正之「勞工保險失能給付標準」。此外，對於曾加入勞保而後退保之勞工若罹患職業病，其請領職業災害保險可依「勞工保險被保險人退保後罹患職業病者請領職業災害保險失能給付辦法」辦理。

2. 參加勞保受災勞工領取勞保給付後之補助與津貼 (本保護法第八條)：

勞工保險之被保險人，在保險有效期間，於本法施行後遭遇職業災害，得向勞工保險局申請下列補助：

(1) 罹患職業疾病，「喪失部分或全部工作能力」，經請領勞工保險各項職業災害給付後，得請領「生活津貼」。

(2) 因職業災害致「身體遺存障害」，喪失部分或全部工作能力，適合勞工保險殘廢給付標準表第一等級至第七等級規定之項目，得請領「殘廢生活津貼」。

(3) 發生職業災害後，「參加職業訓練期間」，未請領「訓練補助津貼」或前二款之生活津貼，得請領「生活津貼」。

(4) 因職業災害致「身體遺存障害」，必「需使用輔助器具」，且未依其他法令規定領取器具補助，得請領「器具補助」。

(5) 因職業災害致喪失全部或部分生活自理能力，「確需他人照顧」，且未依其他法令規定領其有關補助，得請領「看護補助」。

(6) 因「職業災害死亡」，得給予其家屬必要之補助。

(7) 其他經中央主管機關核定有關職業災害勞工之補助。

勞工保險效力終止後，勞工保險被保險人，經醫師診斷罹患職業疾病，且該職業疾病係於保險有效期間所致，且未請領勞工保險給付及不能繼續從事工作者，得請領生活津貼。

請領第一項第一款、第二款、第五款及前項之補助，合計以五年為限。

第一項及第二項補助之條件、標準、申請程序及核發辦法，由中央主管機關定之。

3. 未加入勞保受災勞工比照參加勞保受災勞工之補助與津貼 (本保護法第九條)

未加入勞工保險之勞工，於本法施行後遭遇職業災害，符合前條 (本保護法第八條) 第一項各款情形之一者，得申請補助。

請領前條第一項第一款、第二款及第五款之補助，合計以三年為限。

第一項補助之條件、標準、申請程序及核發辦法，由中央主管機關定之。

有關上述「職業災害勞工保護法」第八條及第九條對受災勞工之補助與津貼,可參閱民國 103 年 4 月 14 日最新修正之「職業災害勞工補助及核發辦法」。

5.5.1 職業災害勞工之勞動契約與其他保障

職業災害勞工經醫療終止後,身心方面可能遺留障害而無法勝任原有之工作,以下為「職業災害勞工保護法」對受災勞工勞動契約等保障之相關規定:

1. 職業災害未認定前,勞工得依勞工請假規則第四條規定,先請普通傷病假,普通傷病假期滿,雇主應予留職停薪,如認定結果為職業災害,再以公傷病假處理。(本保護法第二十九條)

2. 職業災害勞工經醫療終止後,直轄市、縣 (市) 主管機關發現其疑似有身心障礙者,應通知當地社會行政主管機關主動協助。(本保護法第二十二條)

3. 職業災害勞工經醫療終止後,雇主應按其健康狀況及能力,安置適當之工作,並提供其從事工作必要之輔助設施。(本保護法第二十七條)

4. 非有下列情形之一者,雇主不得預告終止與職業災害勞工之勞動契約:
   (1) 歇業或重大虧損,報經主管機關核定者。
   (2) 職業災害勞工經醫療終止後,經公立醫療機構認定心神喪失或身體殘廢不堪勝任工作者。
   (3) 因天災、事變或其他不可抗力因素,致事業不能繼續經營,報經主管機關核定者。(本保護法第二十三條)

5. 有下列情形之一者,職業災害勞工得終止勞動契約 (本保護法第二十四條):
   (1) 經公立醫療機構認定心神喪失或身體殘廢不堪勝任工作者。
   (2) 事業單位改組或轉讓,致事業單位消滅者。
   (3) 雇主未依 (本保護法) 第二十七條規定辦理者。
   (4) 對雇主依 (本保護法) 第二十七條規定安置之工作未能達成協議者。

6. 事業單位改組或轉讓後所留用之勞工,因職業災害致身心障礙、喪失部分或全部工作能力者,其依法令或勞動契約原有之權益,對新雇主繼續存在。(本保護法第二十八條)

7. 雇主依 (本保護法) 第二十三條第一款、第三款,或勞工依第二十四條第二款至第四款規定終止勞動契約者,雇主應從勞動基準法之規定,發給勞工資遣費。
   雇主依第二十三條第二款,或勞工依第二十四條第一款規定終止勞動契約者,雇主應依勞動基準法之規定,發給勞工退休金。

前二項請求權與勞動基準法規定之資遣費，退休金請求權、職業災害勞工應擇一行使。(本保護法第二十五條)

8. 雇主依(本保護法)第二十三條規定預告終止與職業災害勞工之勞動契約時，準用勞動基準法規定預告勞工。

職業災害勞工依第二十四條第一款規定終止勞動契約時，準用勞動基準法規定預告雇主。(本保護法第二十六條)

9. 參加勞工保險之職業災害勞工，於職業災害醫療期間終止勞動契約並退保者，得以勞工團體或勞工保險局委託之有關團體為投保單位，繼續參加勞工保險普通事故保險，至符合請領老年給付之日止，不受勞工保險條例第六條之限制。(本保護法第三十條)

5.5.2 職業災害勞工之促進就業

為了幫助職業災害勞工能迅速重返就業場所，本保護法尚有以下規定：

(1) 職業災害勞工經醫療終止後，主管機關得依其意願及工作能力，協助其就業；對於缺乏技能者，得輔導其參加職業訓練，協助其迅速重返就業場所。(本保護法第十八條)

(2) 職業訓練機構辦理職業災害勞工之就業訓練時，應安排適當時數之職業安全衛生教育訓練課程。(本保護法第十九條)

(3) 事業單位僱用職業災害勞工，而提供其從事工作必要之輔助設施者，得向勞工保險局申請補助。但已依身心障礙者保護法有關規定領取補助者，不在此限。(本保護法第二十條)

(4) 主管機關對於事業單位僱用職業災害勞工績優者，得予以獎勵。(本保護法第二十一條)

5.6 結語

雖然我國勞動法令對「職業災害防止」與「職業災害勞工之權益與保障」已建立一套尚算完整的制度，但隨著科技的發展與工業的不斷進步，職業災害的模式亦會隨之改變。因此，職業災害預防可說是職業安全衛生管理工作上永續目標之一；而且必須從職業傷病之研究、加強安全衛生教育，以及健全職業災害勞工保護制度等各方面著手。有鑑於此，「職業災害勞工保護法」第十條對加強職業災害預防亦訂定相關補助如下：

　　為加強職業災害預防及職業災害勞工之重建、事業單位、職業訓練機構及相關團體辦理下列事項，得向「勞工保險局」申請補助：

(1) 職業災害之研究。

(2) 職業疾病之防治。

(3) 職業疾病醫師及職業衛生護理人員之培訓。

(4) 安全衛生設施之改善與管理制度之建立及機械本質安全化制度之推動。

(5) 職業安全衛生之教育訓練及宣導。

(6) 職業災害勞工之職業重建。

(7) 職業災害勞工之職業輔導評量。

(8) 其他與職業災害預防及職業重建有關之事項。

前項補助之條件、標準與申請程序及核發辦法，由中央主管機關定之。

　　有關職業災害預防補助之詳細內容，可參閱民國 103 年 7 月 14 日最新修正之「職業災害預防補助辦法」。

習 題

一、選擇題

( ) 1. 依勞工保險條例規定，勞工因職業災害不能工作，未領原有薪資，自不能工作之第幾日起，發給職業災害傷病給付？ (1) 1 (2) 2 (3) 3 (4) 4。

( ) 2. 勞工遭遇職業災害死亡，依勞動基準法規定，其死亡補償受之遺囑第一順位為下列何者？ (1) 父母 (2) 配偶及子女 (3) 祖父母 (4) 兄弟姐妹。

( ) 3. 鍋爐管線未有溫度隔離包覆而使勞工灼傷，屬於下列何項因素所引起之職業傷害？ (1) 人為 (2) 設備 (3) 成本 (4) 政策。

( ) 4. 依職業安全衛生法規定，事業單位以其事業招人承攬時，應於事前告知承攬人之相關事項，不包括下列何者？ (1) 環境可能危害 (2) 基本薪資、最低工時 (3) 職業安全衛生法應採取之措施 (4) 有關安全衛生規定應採取之措施。

( ) 5. 勞資爭議在調解或仲裁期間，下列敘述何者正確？ (1) 資方得以停工 (2) 勞方得罷工 (3) 勞工不得罷工 (4) 資方得解僱勞工。

( ) 6. 事業單位與承攬人、再承攬人分別僱用勞工共同作業時，相關承攬事業間之安全衛生教育訓練指導及協助，應由下列何者負責？ (1) 事業承攬人 (2) 再承攬人 (3) 原事業單位 (4) 當地主管機關。

( ) 7. 依勞動基準法規定，職業災害受領補償權，自得受領之日起多少年不行使而消滅？ (1) 1 (2) 2 (3) 3 (4) 5。

( ) 8. 事業招人承攬時，其承攬人就承攬部分負雇主之責任，原事業單位就職業災害補償部分之責任為何？ (1) 視職業災害原因判定是否補償 (2) 依工程性質決定責任 (3) 依承攬契約決定責任 (4) 應與承攬人負連帶責任。

( ) 9. 事業單位分別交付 2 個以上承攬人共同作業而未參與共同作業時，為防止職業災害，原事業單位應採取下列何種必要措施？ (1) 轉嫁承攬人，分別就承攬部分自負責任 (2) 指定承攬人之一負原事業單位之責任 (3) 使承攬人互推 1 人為代表人負原事業單位之責任 (4) 由承攬人合組共同企業體負原事業單位之責任。

( ) 10. 依職業災害勞工保護法規定，未加人勞工保險而遭遇職業災害之勞工，雇主未依勞動基準法規定予以補償時，得比照勞工保險條例之標準，按何種標準向勞工保險局申請職業災害殘廢、死亡補助？ (1) 最低投保薪資 (2) 基本工資 (3) 原領工資 (4) 平均工資。

( ) 11. 依勞動基準法規定，勞工遭遇職業傷害或罹患職業病而死亡時，雇主除給與 5 個月平均工資之喪葬費外，並應一次給與其遺屬幾個月平均工資之死亡補償？ (1) 30 (2) 40 (3) 50 (4) 60。

( ) 12. 依職業安全衛生法之承攬規定，下列敘述何者正確？ (1) 承攬人之勞工發生職業災害，其責任歸屬與原事業單位無涉 (2) 事業單位與承攬人、再承攬人分別僱用勞工共同作業時，應由再承攬人設協議組織 (3) 二個以上事業共同承攬工程時，不必互推一人為代表人 (4) 原事業單位就職業災害補償仍應與承攬人負連帶責任。

( ) 13. 勞動基準法計算職業災害補償引用「平均工資」詞，係指災害發生之當日前多久期間內所得工資總額除以該期間之總日數所得之金額？ (1) 1 個月 (2) 3 個月 (3) 6 個月 (4) 1 年。

( ) 14. 勞工因職業災害死亡，雇主應於幾日內給予其遺屬死亡補償？ (1) 5 (2) 10 (3) 15 (4) 30。

( ) 15. 依職業災害勞工保護法規定，職業災害未認定前，勞工無法上班時，應如何處理？ (1) 先請普通傷病假 (2) 先以公傷病假處理 (3) 先請事假 (4) 先予留職停薪。

( ) 16. 依職業安全衛生法規定，事業單位以其事業招人承攬時，其承攬人就承攬部分負本法所定雇主之責任，而下列何者應就職業災害補償與承攬人負連帶責任？ (1) 勞動檢查機構 (2) 縣市政府 (3) 原事業單位 (4) 勞工保險局。

( ) 17. 依勞動基準法規定，勞工因職業災害死亡，雇主應於幾日內給予其遺屬喪葬費？ (1) 3 (2) 5 (3) 10 (4) 15。

( ) 18. 下列何者非屬職業安全衛生法之職業災害？ (1) 機械切割致勞工大量出血 (2) 麵粉搬運致勞工跌倒骨折 (3) 工廠火災搶救致雇主中毒 (4) 工廠內宿舍設施不良致勞工摔倒死亡。

( ) 19. 事業單位發生職業災害，較不可能導致下列何項狀況？ (1) 勞工傷亡 (2) 生產中斷 (3) 職業災害保險費率降低 (4) 勞工士氣低落。

( ) 20. 下列勞工發生之災害，何者不屬職業安全衛生法所稱之職業災害？ (1) 上下班時因私人行為之交通事故致死亡 (2) 工廠動力衝剪機械剪斷左手食指第一截 (3) 工廠鍋爐管路蒸汽洩漏，造成 20% 身體表面積之 3 度灼傷 (4) 工廠氯氣外洩造成呼吸不適就醫。

( ) 21. 勞工或雇主對於職業疾病經醫師診斷認有異議時，得檢附有關資料，向下列何者申請認定？ (1) 直轄市、縣 (市) 主管機關 (2) 勞工保險監理委員會 (3) 該管勞動檢查機構 (4) 中央衛生主管機關。

( ) 22. 依勞動基準法之規定，勞工遭受職業災害後，雇主之職業災害補償原則為下列何者？ (1) 不論雇主有無過失責任，均應予以補償 (2) 視雇主有無過失決定補償與否 (3) 視勞工有無過失決定補償與否 (4) 視勞工是否提出要求決定補償與否。

( ) 23. 未加入勞工保險之勞工，於職業災害勞工保護法施行後，因職業災害致喪失全部或部分生活自理能力，確需他人照顧，且未依其他法令規定領取有關補助，得向勞工保險局申請何種補助？ (1) 生活津貼 (2) 殘廢生活津貼 (3) 器具補助 (4) 看護補助。

( ) 24. 下列何項措施於事故後執行，可達成減少勞工工作能力損失的功能？ (1) 個人復健

(2) 個人防護　(3) 保養　(4) 工廠整潔。

(　) 25. 依職業安全衛生法規定，職業災害係勞工於下列何種場所之建築物、設備、原料、材料、化學物品、氣體、蒸氣、粉塵等或作業活動及其他職業上原因引起之勞工疾病、傷害、失能或死亡？　(1) 作業場所　(2) 工作場所　(3) 就業場所　(4) 活動場所。

(　) 26. 下列何種法律未規定承攬作業管理事項？　(1) 職業安全衛生法　(2) 職業災害勞工保護法　(3) 勞工保險條例　(4) 勞動基準法。

(　) 27. 事業單位洩漏何種氣體，導致一位勞工罹災須住院治療者，為勞動檢查法施行細則所稱之重大職業災害？　(1) 氨氣　(2) 氫氣　(3) 硫酸蒸氣　(4) 氧化亞氮氣體。

(　) 28. 依職業災害勞工保護法規定，未加入勞工保險而遭遇職業災需之勞工，雇主未依勞動基準法規定予以補償時，得比照勞工保險條例之標準，按何種標準向勞工保險局申請職業災害殘廢、死亡補助？　(1) 最低投保薪資　(2) 基本工資　(3) 原領工資　(4) 平均工資。

(　) 29. 一人死亡之職業災害案，計算職業傷害損失日數時應以多少天計？　(1) 150　(2) 1,200　(3) 1,350　(4) 6,000。

(　) 30. 法人違反勞動基準法而需接受刑事處分時，處分的對象為　(1) 代表法人執行業務之代理人　(2) 法人之負責人　(3) 法人　(4) 勞工。

(　) 31. 職業災害勞工經醫療終止後，經公立醫療機構認定心神喪失或身體殘廢不堪勝任工作者，雇主應依職業災害勞工保護法規定終止勞動契約者，雇主應依勞動基準法之規定，發給職業災害勞工何種費用？　(1) 資遣費　(2) 慰問金　(3) 生活津貼　(4) 退休金。

(　) 32. 依職業災害勞工保護法規定，下列何種情形，雇主不得預告終止與職業災害勞工之勞動契約？　(1) 歇業或重大虧損者　(2) 職業災害勞工經醫療終止後，經公立醫療機構認定心神喪失或身體殘廢不堪勝任工作者　(3) 事業單位改組或轉讓，致事業單位消滅者　(4) 因天災、事變或其他不可抗力因素，致事業不能繼續經營者。

(　) 33. 事業單位工作場所發生勞工死亡職業災害時，雇主應於幾小時內報告當地勞動檢查機構？　(1) 8　(2) 36　(3) 48　(4) 72。

二、問答題

1. 某工廠勞工人數 580 人，某日於其工作場所發生勞工遭堆高機翻覆壓傷致死之職業災害，請問答下列問題：

   (1) 如您是該事業單位之職業安全衛生管理員，要協助雇主辦理職業安全衛生法規定之後續處理事項為何？(請列舉 3 項)

   (2) 依勞動基準法規定，雇主應給與罹災勞工之遺屬幾個月平均工資之喪葬費？以及幾個月平均工資之死亡補償？

2. 某事業單位將清洗地下水池工作委由某一承攬人承做，承攬人所僱勞工發生職業災害。
   請回答下列問題：
   (1) 若該事業單位違反安全衛生規定，致發生此職業災害，應與承攬商負何種責任？
   (2) 若該事業單位與該承攬商分別僱用勞工共同作業時，應採取哪些必要措施？(請列舉 4 項)

3. 請針對職業安全衛生法有關承攬之規定，回答下列問題：
   (1) 原事業單位應與承攬人負哪 2 種連帶責任？
   (2) 請列舉 3 項事業單位與承攬人、再承攬人分別僱用勞工共同作業時，原事業單位應採取之必要措施。

4. 勞工懷疑自己罹患職業病，欲向雇主申請職業災害補償，試述勞雇雙方可循何程序處理。

5. 解釋以下名詞：

   (1) 職業災害　(2) 職業上原因　(3) 無認識之過失　(4) 有認識之過失

6. 請說明「職業病認定」與「職業病鑑定」之差異。

7. 請說明職業疾病鑑定委員會組織及鑑定程序。

8. 「勞工保險被保險人因執行職務而致傷病審查準則」對「職業病」之審定標準為何？

9. 「職業傷害」的認定範圍為何？請至少列舉 8 項。

10. 依「勞動基準法」規定，雇主對職業災害勞工應負之「補償」責任為何？

11. 請說明職業災害之「連帶補償」責任為何？

12. 未加入勞保受災勞工之殘廢及死亡補助為何？

13. 參加勞保受災勞工領取勞保給付後之補助與津貼為何？

14. 職業災害勞工在勞動契約上之保障有哪些？

職業安全衛生組織與人員

6.1　前言

依「職業安全衛生法」第二十三條第一項規定：「雇主應依其事業單位之規模、性質，訂定職業安全衛生管理計畫；並設置安全衛生組織、人員，實施安全衛生管理及自動檢查。」另依民國 105 年 2 月 19 日最新修正之「職業安全衛生管理辦法」(以下簡稱本辦法) 第一條之一規定：「雇主應依其事業之規模、性質，設置安全衛生組織、人員及參照中央主管機關公告之相關指引，建立職業安全衛生管理系統，透過規劃、實施、檢查及改進等管理功能，實現安全衛生管理目標，提升安全衛生管理水準。」

由此可知，行政院勞動部希望藉由「職業安全衛生管理辦法」之修正，加強落實事業單位對其組織內之「一級安全衛生管理單位」之設置，並希望藉由「職業安全衛生管理系統」之運作，全面提升事業單位之安全衛生管理水準。

「職業安全衛生法」第二十三條所稱之「事業單位之規模」，乃指事業單位所雇用之「勞工人數」而言；就事故發生之機率觀點來看，規模愈大 (勞工人數愈多) 之事業單位發生職業災害之風險亦相對較高。此外，本條文所稱之「事業單位之性質」，乃指「行業之特性」而言；一般來說，石化工業、煉油事業等皆視為是「高風險工業」之一，其發生事故災害之風險通常比一般之製造業高。相對地，「製造業」之事故風險又比「大眾傳播業」者來得高，故事業之「規模」與「性質」，乃決定該事業如何需設置職業安全衛生組織與人員之重要依據。

因此，本辦法第二條將指定事業依其「危害風險」之高低區分為：

(1) 第一類事業：具顯著風險者。

(2) 第二類事業：具中度風險者。

(3) 第三類事業：具低度風險者。

有關各事業別中，指定適用第一至三類之事業或場所如表 6.1 所列。

表 6.1　指定適用第一類、第二類、第三類之事業或場所

分類	事業別	指定適用之事業或場所
第一類事業：具顯著風險者：	(1) 礦業及土石採取業	1. 煤礦業 2. 石油、天然氣及地熱礦業 3. 金屬礦業 4. 土礦及石礦業 5. 化學與肥料礦業 6. 其他礦業 7. 土石採取業

表 6.1　指定適用第一類、第二類、第三類之事業或場所（續）

分類	事業別	指定適用之事業或場所
第一類事業：具顯著風險者	(2) 製造業	1.　紡織業 2.　木竹製品及非金屬家具製造業 3.　造紙、紙製品製造業 4.　化學材料製造業 5.　化學品製造業 6.　石油及煤製品製造業 7.　橡膠製品製造業 8.　塑膠製品製造業 9.　水泥及水泥製品製造業 10. 金屬基本工業 11. 金屬製品製造業 12. 機械設備製造修配業 13. 電力及電子機械器材製造修配業中之電力機械器材製造修配業 14. 運輸工具製造修配業 15. 電力及電子機械器材製造修配業中之電子機械器材製造業及電池製造業 16. 食品製造業 17. 飲料及菸草製造業 18. 皮革、毛皮及其製品製造業 19. 電腦、電子產品及光學製品製造業 20. 電子零組件製造業 21. 其他非金屬礦物製品製造業
	(3) 營造業	1.　土木工程業 2.　建築工程業 3.　電路及管道工程業 4.　油漆、粉刷、裱蓆業 5.　其他營造業
	(4) 水電燃氣業	1.　電力供應業 2.　氣體燃料供應業 3.　暖氣及熱水供應業
	(5) 運輸、倉儲及通信業	1.　運輸業中之水上運輸業及航空運輸業 2.　運輸業中之陸上運輸業及運輸服務業 3.　倉儲業
	(6) 機械設備租賃業	生產性機械設備租賃業
	(7) 環境衛生服務業	環境衛生服務業
	(8) 洗染業	洗染業
	(9) 批發零售業	1.　建材批發業 2.　建材零售業 3.　燃料批發業 4.　燃料零售業

表 6.1　指定適用第一類、第二類、第三類之事業或場所 (續)

分類	事業別	指定適用之事業或場所
第一類事業：具顯著風險者	(10)其他服務業	1. 建築物清潔服務業 2. 病媒防治業 3. 環境衛生及污染防治服務業
	(11)公共行政業	1. 從事營造作業之事業。 2. 從事廢棄物清除、處理、廢 (污) 水處理事業之工作場所
	(12)國防事業	生產機構
	(13)中央主管機關指定達一定規模之事業	中央主管機關指定達一定規模之事業
第二類事業：具中度風險者	(1) 農、林、漁、牧業	1. 農藝及園藝業 2. 農事服務業 3. 畜牧業 4. 林業及伐木業 5. 漁業
	(2) 礦業及土石採取業	鹽業
	(3) 製造業	1. 普通及特殊陶瓷製造業 2. 玻璃及玻璃製品製造業 3. 精密器械製造業 4. 雜項工業製品製造業 5. 成衣及服飾品製造業 6. 印刷、出版及有關事業 7. 藥品製造業 8. 其它製造業
	(4) 水電燃氣業	自來水供應業
	(5) 運輸、倉儲及通信業	1. 電信業 2. 郵政業
	(6) 餐旅業	1. 飲食業 2. 旅館業
	(7) 機械設備租賃業	1. 事務性機器設備租賃業 2. 其他機械設備租賃業
	(8) 醫療保健服務業	1. 醫院 2. 診所 3. 衛生所及保健站 4. 醫事技術業 5. 助產業 6. 獸醫業 7. 其他醫療保健服務業

表 6.1 指定適用第一類、第二類、第三類之事業或場所 (續)

分類	事業別	指定適用之事業或場所
第二類事業：具中度風險者	(9) 修理服務業	1. 鞋、傘、皮革品修理業 2. 電器修理業 3. 汽車及機踏車修理業 4. 鐘錶及首飾修理業 5. 家具修理業 6. 其他器物修理業
	(10)批發零售業	1. 家庭電器批發業 2. 機械器具批發業 3. 回收物料批發業 4. 家庭電器零售業 5. 機械器具零售業 6. 綜合商品零售業
	(11)不動產及租賃業	1. 不動產投資業 2. 不動產管理業
	(12)輸入、輸出或批發化學原料及其製品之事業	輸入、輸出或批發化學原料及其製品之事業
	(13)運輸工具設備租賃業	1. 汽車租賃業 2. 船舶租賃業 3. 貨櫃租賃業 4. 其他運輸工具設備租賃業
	(14)專業、科學及技術服務業	1. 建築及工程技術服務業 2. 廣告業 3. 環境檢測服務業
	(15)其他服務業	1. 保全服務業 2. 汽車美容業 3. 浴室業
	(16)個人服務業	停車場業
	(17)政府機關 (構)、職業訓練事業、顧問服務業、學術研究及服務業、教育訓練服務業之大專院校、高級中學、高級職業學校等	實驗室、試驗室、實習工場或試驗工場 (含試驗船、訓練船)。
	(18)公共行政業	組織條例或組織規程明定組織任務為從事工程規劃、設計、施工、品質管制、進度管控及竣工驗收等之工務機關 (構)。
	(19)工程顧問業。	從事非破壞性檢測之工作場所。
	(20)零售化學原料之事業	使勞工裝卸、搬運、分裝、保管上述物質之工作場所。
	(21)批發業、零售業	具有冷凍 (藏) 設備、使勞工從事荷重一公噸以上之堆高機操作及儲存貨物高度三公尺以上之工作場所者。
	(22)休閒服務業	休閒服務業

表 6.1　指定適用第一類、第二類、第三類之事業或場所 (續)

分類	事業別	指定適用之事業或場所
第二類事業：具中度風險者	(23)動物園業	動物園業
	(24)國防事業	軍醫院、研究機構
	(25)零售車用燃料油 (氣)、化學原料之事業	使勞工裝卸、搬運、分裝、保管車用燃料油 (氣)、化學原料之工作場所。
	(26)教育訓練服務業之大專校院	從事工程施工、品質管制、進度管控及竣工驗收等之工作場所。
	(27)國防部軍備局	從事工程施工、品質管制、進度管控及竣工驗收等之工作場所
	(28)中央主管機關指定達一定規模之事業。	中央主管機關指定達一定規模之事業。
第三類事業：具低度風險者：	上述指定之第一類及第二類事業以外之事業。	

6.2　事業單位內之職業安全衛生管理單位

依「職業安全衛生法施行細則」第三十二條規定，安全衛生組織，包括下列組織：

1. 職業安全衛生管理單位：為事業單位內擬訂、規劃、推動及督導職業安全衛生有關業務之組織。

2. 職業安全衛生委員會：為事業單位內審議、協調及建議職業安全衛生有關業務之組織。

由於事業單位內之「職業安全衛生管理單位」需負責推動該事業之職業安全衛生管理工作，其牽涉之層面非常廣泛，致必須在事業單位之組織架構內具備相當高的行政位階，才能有足夠之行政權力推動及執行安全衛生管理業務。因此，「職業安全衛生管理辦法」第二條之一即明文規定：

事業單位應依下列規定設職業安全衛生管理單位 (以下簡稱管理單位)：

1. 第一類事業之事業單位勞工人數在 100 人以上者，應設直接隸屬雇主之「專責一級管理單位」。

2. 第二類事業勞工人數在 300 人以上者，應設直接隸屬雇主之「一級管理單位」。

　　雇主未依規定設置職業安全衛生組織人員，經通知限期改善，屆期未改善，可依「職業安全衛生法」第四十五條規定「處新臺幣三萬元以上十五萬元以下罰鍰」。

　　另本辦法第三條規定，第二條所定事業之雇主應依附表二 (參閱本書表 6.2) 之規模，置職業安全衛生業務主管及管理人員 (以下簡稱管理人員)。

　　第一類事業之事業單位勞工人數在 100 人以上者，所置管理人員應為專職；第二類事業之事業單位勞工人數在 300 人以上者，所置管理人員應至少 1 人為專職。

　　依前項規定所置專職管理人員，應常駐廠場執行業務，不得兼任其他法令所定專責 (任) 人員或從事其他與職業安全衛生無關之工作。

表 6.2　各類事業之事業單位應置職業安全衛生人員表

事業		規模 (勞工人數)	應置之管理人員
第一類事業之事業單位 (顯著風險事業)	營造業之事業單位	(1) 未滿 30 人者	「丙種職業安全衛生業務主管」
		(2) 30 人以上未滿 100 人者	「乙種職業安全衛生業務主管」及「職業安全衛生管理員」各 1 人
		(3) 100 人以上未滿 300 人者	「甲種職業安全衛生業務主管」及「職業安全衛生管理員」各 1 人
		(4) 300 人以上未滿 500 人者	「甲種職業安全衛生業務主管」1 人、「職業安全 (衛生) 管理師」1 人及「職業安全衛生管理員 2 人」以上。
		(5) 500 人以上者	「甲種職業安全衛生業務主管」1 人、「職業安全 (衛生) 管理師」及「職業安全衛生管理員」各 2 人以上
	營造業以外之事業單位	(1) 未滿 30 人者	「丙種職業安全衛生業務主管」
		(2) 30 人以上未滿 100 人者	「乙種職業安全衛生業務主管」
		(3) 100 人以上未滿 300 人者	「甲種職業安全衛生業務主管」及「職業安全衛生管理員」各 1 人
		(4) 300 人以上未滿 500 人者	「甲種職業安全衛生業務主管」1 人、「職業安全 (衛生) 管理師」及「職業安全衛生管理員」各 1 人以上
		(5) 500 人以上未滿 1,000 人者	「甲種職業安全衛生業務主管」1 人、「職業安全 (衛生) 管理師」1 人及「職業安全衛生管理員」2 人以上
		(6) 1,000 人以上者	「甲種職業安全衛生業務主管」1 人、「職業安全 (衛生) 管理師」及「職業安全衛生管理員」各 2 人以上

表 6.2 各類事業之事業單位應置職業安全衛生人員表 (續)

事業	規模 (勞工人數)	應置之管理人員
第二類事業之事業單位 (中度風險事業)	(1) 未滿 30 人者	「丙種職業安全衛生業務主管」
	(2) 30 人以上未滿 100 人者	「乙種職業安全衛生業務主管」
	(3) 100 人以上未滿 300 人者	「甲種職業安全衛生業務主管」
	(4) 300 人以上未滿 500 人者	「甲種職業安全衛生業務主管」及「職業安全衛生管理員」各 1 人
	(5) 500 人以上者	「甲種職業安全衛生業務主管」、「職業安全 (衛生) 管理師」及「職業安全衛生管理員」各 1 人以上
第三類事業之事業單位 (低度風險事業)	(1) 未滿 30 人者	「丙種職業安全衛生業務主管」
	(2) 30 人以上未滿 100 人者	「乙種職業安全衛生業務主管」
	(3) 100 人以上未滿 500 人者	「甲種職業安全衛生業務主管」
	(4) 500 人以上者	「甲種職業安全衛生業務主管」及「職業安全衛生管理員」各 1 人

附註：依上述規定置職業安全 (衛生) 管理師 2 人以上者，其中至少 1 人應為職業衛生管理師。但於中華民國 103 年 7 月 3 日前，已置有職業安全衛生人員者，不在此限。

此外，有關事業單位應置職業安全衛生人員之規定，另需補說明如下：

1. 本辦法第三條之二對「勞工人數」之計算規定如下：

    (1) 事業單位勞工人數之計算，包含原事業單位及其承攬人、再承攬人之勞工及其他受工作場所負責人指揮或監督從事勞動之人員，於同一期間、同一工作場所作業時之總人數。

    (2) 事業設有總機構者，其勞工人數之計算，包含所屬各地區事業單位作業勞工之人數。

2. 針對某些事業單位所從事工作之特殊性，本辦法第三條之一要求增置職業安全衛生人員如下：

    (1) 「第一類事業」之事業單位對於所屬「從事製造之一級單位」，勞工人數在 100 人以上未滿 300 人者，應另置「甲種職業安全衛生業務主管」1 人，勞工人數 300 人以上者，應再至少增置「專職職業安全衛生管理員」1 人。

    (2) 營造業之事業單位對於橋樑、道路、隧道或輸配電等距離較長之工程，應於每 10 公里內增置「營造業丙種職業安全衛生業務主管」1 人。

3. 本辦法第四條規定，事業單位勞工人數未滿 30 人者，其應置之職業安全衛生業務主管，得由事業經營負責人或其代理人擔任。

4. 依本辦法第六條第一項規定,事業分散於不同地區者,應於各該地區之事業單位依第二條至第三條之二規定,設管理單位及置管理人員。事業單位勞工人數之計算,以各該地區事業單位作業勞工之總人數為準。

5. 另依本辦法第六條第二項規定,事業設有總機構者,除各該地區事業單位之管理單位及管理人員外,應依下列規定另於總機構或其地區事業單位設綜理全事業之職業安全衛生事務之管理單位,及依附表二之一(本書表6.3)之規模置管理人員,並依規定辦理安全衛生管理事項:

   (1) 第一類事業勞工人數在 500 人以上者,應設直接隸屬雇主之專責一級管理單位。

   (2) 第二類事業勞工人數在 500 人以上者,應設直接隸屬雇主之一級管理單位。

   (3) 第三類事業勞工人數在 3,000 人以上者,應設管理單位。

   前項規定所置管理人員,應為專職。但第二類及第三類事業之職業安全衛生業務主管,不在此限。

6. 依本辦法第六條之一規定:

   第一類事業單位或其總機構所設置之職業安全衛生管理單位,已實施「職業安全衛生管理系統」相關管理制度,管理績效並經中央主管機關認可者,得不受有關「一級管理單位應為專責」及「職業安全衛生業務主管應為專職」之限制。

   前項管理績效之認可,中央主管機關得委託相關專業團體辦理之。

表 6.3 各類事業之總機構或綜理全事業職業安全衛生業務之事業單位應置職業安全衛生人員表

事業	規模 (勞工人數)	應置之管理人員
第一類事業 (高度風險事業)	(1) 500 人以上未滿 100 人	「甲種職業安全衛生業務主管」 及「職業安全衛生管理員」各 1 人以上
	(2) 1,000 人以上	「甲種職業安全衛生業務主管」、 「職業安全 (衛生) 管理師」 及「職業安全衛生管理員」各 1 人以上
第二類事業 (中度風險事業)	(1) 500 人以上未滿 1,000 人	「甲種職業安全衛生業務主管」 及「職業安全衛生管理員」各 1 人以上
	(2) 1,000 人以上	「甲種職業安全衛生業務主管」、 「職業安全 (衛生) 管理師」 及「職業安全衛生管理員」各 1 人以上
第三類事業 (低度風險事業)	3,000 人以上	「甲種職業安全衛生業務主管」 及「職業安全衛生管理員」各 1 人以上

6.2.2　職業安全衛生人員之選任資格

　　依本辦法第七條第一項規定，職業安全衛生業務主管除第四條規定者外，雇主應自該事業之相關主管或辦理職業安全衛生事務者選任之。但營造業之事業單位，應由曾受營造業職業安全衛生業務主管教育訓練者選任之。

　　另本辦法第七條第二項規定，職業安全管理師、職業衛生管理師、職業安全衛生管理員之選任資格如下表 6.4 所列：

表 6.4　職業安全衛生管理人員之選任資格

職業安全管理師	(1) 高等考試工業安全類科錄取或具有工業安全技師資格。 (2) 領有職業安全管理甲級技術士證照。 (3) 曾任勞動檢查員，具有勞工安全檢查工作經驗 3 年以上。
職業衛生管理師	(1) 高等考試工業衛生類科錄取或具有工礦衛生技師資格。 (2) 領有職業衛生管理甲級技術士證照。 (3) 曾任勞動檢查員，具有勞工衛生檢查工作經驗 3 年以上。
職業安全衛生管理員	(1) 具有職業安全管理師或職業衛生管理師資格。 (2) 領有職業安全衛生管理乙級技術士證照。 (3) 曾任勞動檢查員，具有勞動檢查工作經驗 2 年以上。 (4) 普通考試工業安全類科錄取。

6.2.3　設置職業安全衛生管理單位或人員之報備

　　依本辦法第八十六條規定，勞工人數在 30 人以上之事業單位，依第二條之一至第三條之一、第六條規定設管理單位或置管理人員時，應填具職業安全衛生管理單位 (人員) 設置 (變更) 報備書 (本書表 6.5)，陳報勞動檢查機構備查。

表 6.5　職業安全衛生管理單位 (人員) 設置 (變更) 報備書

□總機構　　□事業單位

事業單位分類號碼								行業標準分類號碼				

雇主	事 業 主	法 人 事 業 (名 稱)				
		非法人事業名稱及 (或) 姓名				
	事 業 經 營 負 責 人	法人事業	代　　　　　　　表　　　　　人	職稱：		姓名：
			或　　其　　代　　理　　人	職稱：		姓名：
		非法人事業	事　　　　業　　　　主	姓名：		
			或　　其　　代　　理　　人	職稱：		姓名：

地址		電話	

勞 工 人 數	男　　人，女　　人，未滿十八歲　　人。(計　　人)
承攬人 (含再承攬人) 勞工人數	男　　人，女　　人，未滿十八歲　　人。(計　　　人)

事業單位組織系統圖	

職 業 安 全 衛 生 管 理 單 位	1. 單位名稱： 2. 主管姓名：　　　　職稱： 　(具資格者，請填具「職業安全衛生人員」欄位) 3. □一級專責 , □一級非專責 　□非一級 4. 管理績效經中央主管機關認可 　□是 (請檢具公文) 　□否

職業安全衛生人員	名稱	姓名	性別	身分證號碼	資料證明文件 (名稱及文號)	是否專職
	職業安全衛生業務主管					
	職 業 安 全 管 理 師					
	職 業 衛 生 管 理 師					
	職業安全衛生管理員					

依職業安全衛生管理辦法第八十六條規定，陳報設置職業安全衛生管理單位 (人員)，請備查。

此　　致
　　(勞動檢查機構全銜)
　　　　　　事業主名稱 (或姓名)：
　　負責人：　　事業經營負責人：(事業主、代表人或其代理人)：　　　　　　　簽章

6.3　事業單位內之職業安全衛生委員會

依本辦法第十條規定：「適用 (本辦法) 第二條之一及第六條第二項規定之事業單位，應設職業安全衛生委員會 (以下簡稱委員會)。」故事業單位依法設「職業安全衛生管理單位」之同時，亦應設「職業安全衛生委員會」。

6.3.1　職業安全衛生委員會之設置

本辦法第十一條所定之「職業安全衛生委員會」設置方式如下：

委員會置委員 7 人以上，除雇主為當然委員及第五款規定者 (勞工代表) 外，由雇主視該事業單位之實際需要指定下列人員組成：

　　(1)　職業安全衛生人員。

　　(2)　事業內各部門之主管、監督、指揮人員。

　　(3)　與職業安全衛生有關之工程技術人員。

　　(4)　從事勞工健康服務之醫護人員。

　　(5)　勞工代表。

委員任期為 2 年，並以雇主為主任委員，綜理會務。

委員會由主任委員指定 1 人為秘書，輔助其綜理會務。

第一項第五款之勞工代表，應佔委員人數 1/3 以上；事業單位設有工會者，由工會推派之；無工會組織而有勞資會議者，由勞方代表推選之；無工會組織且無勞資會議者，由勞工共同推選之。

另依本辦法第八十七條規定，雇主依第十條規定設職業安全衛生委員會時，應製作職業安全衛生委員會名冊 (如本書表 6.6) 留存備查。

表 6.6　職業安全衛生委員會名冊

□總機構　□事業單位

事業單位分類號碼								行業標準分類號碼				

雇主	事　業　主	法 人 事 業 (名 稱)				
		非 法 人 事 業 名 稱 及 (或) 姓 名				
	事 業 經 營 負 責 人	法　人　事　業	代　　表　　人	職稱：		姓名：
			或 其 代 理 人	職稱：		姓名：
		非 法 人 事 業	事　業　主	姓名：		
			或 其 代 理 人	職稱：		姓名：

勞 工 人 數	男　　　人，女　　　人，未滿十八歲　　　人。(計　　　人)
承攬人(含再承攬人)勞工人數	男　　　人，女　　　人，未滿十八歲　　　人。(計　　　人)

職業安全衛生委員名冊

職　　　　　稱	姓　　　　　名	現 任 職 務	擔 任 工 作	委員為勞工代表者(請打 V) 應佔委員人數三分之一以上
主 任 委 員				
委 員 (兼 執 行 秘 書)				
委　　　　　員				
委　　　　　員				
委　　　　　員				
委　　　　　員				
委　　　　　員				
委　　　　　員				
委　　　　　員				

依職業安全衛生管理辦法第八十七條規定，製作名冊留供備查。

6.3.2 職業安全衛生委員會應辦理事項

依本辦法第十二條規定，委員會應每 3 個月至少開會 1 次，辦理下列事項：

(1) 對雇主擬訂之職業安全衛生政策提出建議。

(2) 協調、建議職業安全衛生管理計畫。

(3) 審議安全、衛生教育訓練實施計畫。

(4) 審議作業環境監測計畫、監測結果及採行措施。

(5) 審議健康管理、職業病預防及健康促進事項。

(6) 審議各項安全衛生提案。

(7) 審議事業單位自動檢查及安全衛生稽核事項。

(8) 審議機械、設備或原料、材料危害之預防措施。

(9) 審議職業災害調查報告。

(10) 考核現場安全衛生管理績效。

(11) 審議承攬業務安全衛生管理事項。

(12) 其他有關職業安全衛生管理事項。

前項委員會審議、協調及建議安全衛生相關事項，應作成紀錄，並保存 3 年。

第一項委員會議由主任委員擔任主席，必要時得召開臨時會議。

6.4 職業安全衛生管理

事業單位除需依職業安全衛生法規訂定「安全衛生工作守則」與「職業安全衛生管理規章」外，尚需依本辦法之規定，訂定「職業安全衛生管理計畫」、建置「職業安全衛生管理系統」、實施「風險評估」、訂定「職業災害預防規範」、「承攬管理計畫」與「緊急應變計畫」等，以落實其安全衛生管理工作。

6.4.1 職業安全衛生管理計畫

本辦法第十二條之一規定，雇主應依其事業單位之規模、性質，訂定「職業安全衛生管理計畫」，要求各級主管及負責指揮、監督之有關人員執行；勞工人數在 30 人以下之事業單位，得以「安全衛生管理執行紀錄或文件」代替職業安全衛生管理計畫。勞工人數在 100 人以上之事業單位，應另訂定「職業安全衛生管理規章」。第一項職業安全衛生管理事項之執行，應作成紀錄，並保存 3 年。

依「職業安全衛生法施行細則」第三十一條規定，「職業安全衛生管理計畫」，包括下列事項：

(1) 工作環境或作業危害之辨識、評估及控制。

(2) 機械、設備或器具之管理。

(3) 危害性化學品之分類、標示、通識及管理。

(4) 有害作業環境之採樣策略規劃及監測。

(5) 危險性工作場所之製程或施工安全評估。

(6) 採購管理、承攬管理及變更管理。

(7) 安全衛生作業標準。

(8) 定期檢查、重點檢查、作業檢點及現場巡視。

(9) 安全衛生教育訓練。

(10) 個人防護具之管理。

(11) 健康檢查、管理及促進。

(12) 安全衛生資訊之蒐集、分享及運用。

(13) 緊急應變措施。

(14) 職業災害、虛驚事故、影響身心健康事件之調查處理及統計分析。

(15) 安全衛生管理紀錄及績效評估措施。

(16) 其他安全衛生管理措施。

6.4.2 職業安全衛生管理系統

為提昇事業單位內之職業安全衛生管理水準，有效導入「規劃 (Plan)、執行 (Do)、查核 (Check) 與改善 (Act)」，簡稱 PDCA 的管理循環機制，事業單位必須依其性質，建構一個完整自主之「職業安全衛生管理系統」(Occupational Safety and Health Management System, OSHMS)，並藉此系統落實其安全衛生管理工作，以及推動其安全衛生政策。

本辦法第十二條之二規定，下列事業單位，應參照中央主管機關所定之職業安全衛生管理系統指引，建立適合該事業單位之「職業安全衛生管理系統」：

(1) 第一類事業勞工人數在 200 人以上者。

(2) 第二類事業勞工人數在 500 人以上者。

(3) 有從事製造、處置或使用危害性之化學品，數量達中央主管機關規定量以上之工作場所者。

前項管理系統應包括下列安全衛生事項：

(1) 政策。

(2) 組織設計。

(3) 規劃與實施。

(4) 評估。

(5) 改善措施。

第一項安全衛生管理之執行，應作成紀錄，並保存 3 年。

6.4.3 風險評估與災害預防規範

本辦法第十二條之三規定：第十二條之二第一項之事業單位，於引進或修改製程、作業程序、材料及設備前，「應評估其職業災害之風險」，並採取適當之預防措施。

前項變更，雇主應使勞工充分知悉並接受相關教育訓練。

前二項執行紀錄，應保存三年。

另本辦法第十二條之四規定：第十二條之二第一項之事業單位，關於機械、器具、設備、物料、原料及個人防護具等之採購、租賃，其契約內容應有符合法令及實際需要之「職業安全衛生具體規範」，並於驗收、使用前確認其符合規定。

前項事業單位將營繕工程之施工、規劃、設計及監造等交付承攬或委託者，其契約內容應有「防止職業災害之具體規範」，並列為履約要件。

前二項執行紀錄，應保存 3 年。

6.4.4 承攬管理計畫與緊急應變計畫

本辦法第十二條之五規定：第十二條之二第一項之事業單位，以其事業之全部或一部分交付承攬或與承攬人分別僱用勞工於同一期間、同一工作場所共同作業時，除應依本法第二十六條或第二十七條規定辦理外，應就承攬人之安全衛生管理能力、職業災害通報、危險作業管制、教育訓練、緊急應變及安全衛生績效評估等事項，訂定「承攬管理計畫」，並促使承攬人及其勞工，遵守職業安全衛生法令及原事業單位所定之職業安全衛生管理事項。

前項執行紀錄，應保存 3 年。

另本辦法第十二條之六規定：第十二條之二第一項之事業單位，應依事業單位之潛在風險，訂定緊急狀況預防、準備及應變之計畫，並定期實施演練。

前項執行紀錄，應保存 3 年。

6.5 結語

以上有關「職業安全衛生管理系統」之驗證規範與指導綱領，請參閱民國 100 年 11 月 29 日公告之「職業安全衛生管理系統 - 要求」(國家標準 CNS 15506) 及「職業安全衛生管理系統 - 指導綱要」(國家標準 CNS 15507)。

另依本第十二條之七規定，事業單位已實施第十二條之二職業安全衛生管理系統相關管理制度，且管理績效良好並經評定認可者，中央主管機關得分級公開表揚之。

前項管理績效良好之評定認可，中央主管機關得委託相關專業團體辦理之。

此可，有關本辦法要求事業單位所訂定之「職業安全衛生管理規章」及「職業安全衛生管理計畫」，其制定方式可參照行政院勞動部於民國 104 年 8 月 19 日最新修正發布之「職業安全衛生管理規章及職業安全衛生管理計畫指導原則」。

習 題

一、選擇題

( ) 1. 下列哪種行業依職業安全衛生管理辦法規定，僱用勞工人數在 100 人以上需要設置職業安全衛生管理單位？ (1) 新聞業 (2) 醫療保健服務業 (3) 紡織業 (4) 郵政業。

( ) 2. 下列何者是安全衛生管理系統之主動式評鑑資料？ (1) 虛驚事故 (2) 附近居民抗議 (3) 安全衛生稽核 (4) 主管機關的糾正。

( ) 3. 依職業安全衛生管理辦法規定，僱用勞工人數多少人以上之事業單位，雇主除應依規模、特性訂出職業安全衛管理計畫外，另應訂定職業安全衛生管理規章要求各級主管及管理、指揮、監督有關人員執行？ (1) 30 (2) 50 (3) 100 (4) 200。

( ) 4. 下列何項較不宜列為職業安全衛生管理計畫的基本方針？ (1) 促使安全衛生活動現場化 (2) 全員參加零災害運動 (3) 消除職業災害，促進勞工健康 (4) 訂定高度 10 公尺之高架作業程序。

( ) 5. 安全衛生工作守則中對於各級人員權責之規定，下列何者非職業安全衛生管理人員之權責？ (1) 實施職業安全衛生教育訓練 (2) 辦理職業災害統計 (3) 執行污染防治計畫 (4) 實施健康管理。

( ) 6. 下列何者最適合擔任安全觀察之觀察人？ (1) 各級主管人員或安全衛生人員 (2) 雇主 (3) 學校教師 (4) 作業人員。

( ) 7. 下列有關安全觀察的敘述何者錯誤？ (1) 安全觀察人員應熟悉安全作業標準 (2) 安全觀察人員應熟悉安全衛生工作守則 (3) 安全觀察可以取代工作安全分析 (4) 安全觀察人員對危險的敏感性要高。

( ) 8. 下列何種人員可較少接受安全觀察？ (1) 無經驗的人 (2) 工作非常熟練且守作業規則的人 (3) 累遭意外的人 (4) 以不安全出名的人。

( ) 9. 槽內作業，1 人在槽外監視槽內作業者是否發生危險並提供必要援助，此為下列何種安全系統？ (1) 自護系統 (2) 互護系統 (3) 偵測系統 (4) 警告系統。

( ) 10. 依職業安全衛生管理辦法規定，各項安全衛生提案應送請下列何者審議？ (1) 職業安全衛生管理單位 (2) 董事會 (3) 監事會 (4) 職業安全衛生委員會。

( ) 11. 工作安全分析之審核者為下列何者？ (1) 事業主 (2) 廠長 (3) 安衛人員 (4) 領班 (基層主管)。

( ) 12. 依職業安全衛生管理辦法規定，有關事業單位設置之職業安全衛生委員會，下列敘述何者錯誤？ (1) 委員 7 人以上 (2) 委員任期 3 年，連選得連任 (3) 雇主為主任委員 (4) 勞工代表應佔委員人數 1/3 以上。

( ) 13. 管理工作包含下列四要素：A. 執行工作計畫；B. 矯正補救措施；C. 訂定工作計畫；D. 查核，試問要能順利推展管理工作時，宜應按下列哪一個順序執行此四要素？ (1) ADCB (2) ADBC (3) BACD (4) CADB。

( ) 14. 零災害運動基本上是以下列何者為中心強化安全衛生管理？ (1) 設備 (2) 人 (3) 環境 (4) 物料。

( ) 15. 在安全管理的 4E 中，工作場所之監督及檢點屬於下列何者？ (1) 工程 (Engineering) (2) 教育 (Education) (3) 執行 (Enforcement) (4) 熱忱 (Enthusiasm)。

( ) 16. 下列何者較不屬於檢討上年度職業安全衛生管理計畫的目的？ (1) 了解哪些工作要繼續進行 (2) 要增加哪些新工作 (3) 修訂下年度有機溶劑依法應實施作業環境監測的頻率 (4) 所完成之工作獲得什麼效果。

( ) 17. 損失控制制度最大責任在於下列何者身上？ (1) 最高主管 (2) 安衛主管 (3) 作業主管 (4) 工作人員。

( ) 18. 組織中要建立員工有良好的人際關係，首要之道在於推動下列何者？ (1) 員工協助方案 (2) 員工成長方案 (3) 員工學習方案 (4) 員工激勵方案。

( ) 19. 一般而言，下列何者暴露於危險之機率最大？ (1) 雇主 (2) 作業主管 (3) 第一線作業勞工 (4) 安全衛生人員。

( ) 20. 由有實務經驗的現場基層主管與現場作業人員共同討論獲致的一項安全作業程序，係指下列何者？ (1) 工作分析 (2) 安全作業標準 (3) 安全觀察 (4) 安全檢查。

( ) 21. 下列何者非由雇主指定之職業安全衛生委員會之人員？ (1) 事業內各部門之主管 (2) 職業安全衛生人員 (3) 醫護人員 (4) 工會人員。

( ) 22. 危害通識計畫書，其架構應涵括所需部門及階層，規劃各項工作之細節、負責人員、所需經費、達成目標等，經下列何者核可後據以推動危害通識制度？ (1) 勞動檢查機構 (2) 主管機關 (3) 雇主 (4) 產業工會。

( ) 23. 下列何者不具有職業安全管理師資格？ (1) 工業安全技師 (2) 曾任勞動檢查員具有工作經驗 3 年者 (3) 領有職業安全管理甲級技術士證照者 (4) 103 學度年取得有國內外大學院校工業安全碩士學位者。

( ) 24. 實施工作安全分析時，其批准者應由何人擔任較適當？ (1) 領班 (2) 職業安全衛生管理人員 (3) 操作人員 (4) 高級主管。

( ) 25. 下列敘述何項為誤？ (1) 事業單位之職業安全衛生管理計畫依法有一定的格式且不得修正 (2) 職業災害發生的基本原因多在於安全衛生管理缺失所致 (3) 職業安全衛生工作計畫的目的之一是要防止職業災害 (4) 職業安全衛生管理計畫可以是長期計畫。

( ) 26. 下列何者不是職業安全衛生管理之主要工作？ (1) 危害之認知 (2) 危害之評估 (3) 危害之經濟影響 (4) 危害之控制。

( ) 27. 製備危害物清單之目的為瞭解事業單位危害物質之種類、場所、數量、使用及下列何項資料？ (1) 危害物之物性、化性 (2) 急救方法 (3) 緊急應變程序 (4) 貯存。

( ) 28. 下列何者非屬職業安全衛生管理規章之範疇？ (1) 緊急應變計畫 (2) 消防演訓要點 (3) 加強交通安全實施要點 (4) 勞工福利委員會組織。

( ) 29. 下列有關職業安全衛生組織管理之敘述，何者正確？ (1) 營造工程之原事業單位已設置職業安全衛生管理人員，其承攬人及再承攬人即可免重複設置 (2) 事業單位應依勞工人數設置職業安全衛生人員 (3) 領班應釐訂職業安全衛生計畫，並指導有關部門實施 (4) 工地主任對事業雖無經營管理權限，但事業單位之職業安全衛生管理依法仍由工地主任綜理負責。

( ) 30. 下列何者是訂定職業安全衛生管理計畫，先要確立的重點？ (1) 計畫項目 (2) 計畫期間 (3) 計畫目標 (4) 基本方針。

( ) 31. 各部門之職業安全衛生管理計畫，經由下列何者彙整為事業單位職業安全衛生管理計畫？ (1) 操作人員 (2) 部門主管 (3) 職業安全衛生管理單位或人員 (4) 領班。

( ) 32. 下列何者不是在訂定職業災害防止計畫時，為明瞭現場危害因素，可以根據的參考資料？ (1) 自動檢查紀錄表 (2) 工作安全分析單 (3) 教育訓練計畫 (4) 安全觀察紀錄表。

( ) 33. 製作安全作業標準時，下列何者為首要步驟？ (1) 確認實際工作步驟 (2) 不安全因素 (3) 可能造成之傷害 (4) 事故處理之方法。

( ) 34. 依職業安全衛生管理辦法規定，事業單位如將其事業交付承攬，其職業人數之計算，下列何者正確？ (1) 事業單位與承攬人職業人數個別計算 (2) 事業單位與承攬人職業人數合併計算 (3) 事業單位與承攬人職業如於同一期間，同一工作場所作業時，方合併計算總人數 (4) 人數之計算應報請當地勞動檢查機構認定。

( ) 35. 依職業安全衛生管理辦法規定，第一類事業單位所設置之職業安全衛生管理單位，已實施職業安全衛生管理系統相關管理制度，管理績效經下列何機關認可者，得不受一級管理單位應為專責之限制？ (1) 中央主管機關 (2) 當地主管機關 (3) 當地勞動檢查機構 (4) 中央勞動檢查機構。

( ) 36. 下列何者非職業安全衛生管理系統建置期之主要工作項目？ (1) 先期審查 (2) 風險評估 (3) 目標及方案之擬定 (4) 矯正措施。

( ) 37. 依職業安全衛生管理辦法規定，有關職業安全衛生業務主管之選任，下列何者為宜？ (1) 以職位高者優先 (2) 以新進安衛人員優先 (3) 由曾經擔任勞動檢查員者擔任 (4) 由相關主管或辦理職業安全衛生事務者選任之。

( ) 38. 為建立良好之公司治理制度，公司內部宜納入何種檢舉人 (深喉嚨) 制度？ (1) 告訴乃論制度 (2) 吹哨者 (whistle blower) 管道及保護制度 (3) 不告不理制度 (4) 非告訴乃論制度。

( ) 39. 依職業安全衛生管理辦法規定,下列何者非屬第一類事業職業人數在 200 人以上的事業單位應辦理事項? (1) 於引進設備或修改製程時,應評估其職業災害之風險 (2) 將營繕工程之規劃交付委託,其契約內容應有防止職業災害之具體規範 (3) 實施職業安全衛生管理系統,並將管理績效報請中央主管機關認可 (4) 實施工作環境或作業危害之辨識,評估及控制。

( ) 40. 事業單位內每層級均應負安全衛生事項之執行責任,下列敘述何者有誤? (1) 職業安全衛生業務主管綜理職業安全衛生管理之責 (2) 各級主管就其各部門內,執行與其有關之職業安全衛生事項 (3) 領班督導所屬勞工,注意安全衛生 (4) 現場勞工遵守安全衛生有關規定,防止職業災害。

( ) 41. 事業單位勞工人數多少人以上,依規定設置職業安全衛生管理單位或人員時,應於事業開始之日填具「職業安全衛生管理單位 (人員) 設置報備書」陳報當地勞動檢查機構備查? (1) 30 (2) 60 (3) 100 (4) 300。

( ) 42. 依職業安全衛生管理辦法規定,職業安全衛生委員會之委員任期應為幾年? (1) 1 (2) 2 (3) 3 (4) 4。

( ) 43. 釐訂職業安全衛生管理計畫宜依下列何種程序後,再發布實施? (1) 報經勞動檢查機構核准 (2) 經事業單位行政體系各級主管審查,經事業主核准 (3) 事業單位職業安全衛生業務主管核准 (4) 經工會同意。

( ) 44. 下列何者非臺灣職業安全衛生管理系統指引所強調之主要項目? (1) 員工參與 (2) 承攬管理 (3) 環境影響評估 (4) 採購管理。

( ) 45. 依職業安全衛生管理辦法規定,餐旅業之事業單位勞工人數在多少人以上應設職業安全衛生管理單位? (1) 100 (2) 300 (3) 500 (4) 1,000。

( ) 46. 依職業安全衛生法規定,有關職業安全衛生諮詢會之敘述,下述何者正確? (1) 置委員 7 人至 12 人 (2) 任期 3 年 (3) 由中央主管機關召開 (4) 由各公 (協) 會團體推派代表組成。

( ) 47. 事業單位擬定職業安全衛生管理計畫,明訂失能傷害案件下降 5 %,屬該計畫內容之何者? (1) 計畫項目 (2) 實施要領 (3) 工作項目 (4) 計畫目標。

( ) 48. 依職業安全衛生管理辦法規定,下列何者應負責規劃、督導職業安全衛生設施之檢點與檢查? (1) 勞工 (2) 職業安全衛生管理單位 (3) 職業安全衛生委員會 (4) 產業工會。

( ) 49. 某一工作場所中有機械、電機、儀器及包商工作人員共 4 人,同時從事停電作業,則該設備之總電源切掉後應上鎖,最好使用幾把鎖? (1) 1 (2) 2 (3) 3 (4) 4。

( ) 50. 依職業安全衛生管理辦法規定,第一類事業單位勞工人數在多少人以上,應參照中央主管機關所定之職業安全衛生管理系統指引,建立適合該事業單位之職業安全衛生管理系統? (1) 100 (2) 200 (3) 500 (4) 1,000。

( ) 51. 食品製造業僱用勞工 201 人時，所設職業安全衛生管理單位，應為事業單位之幾級單位？ (1) 1 (2) 2 (3) 3 (4) 4。

( ) 52. 依職業安全衛生管理辦法規定，雇主應依其事業之規模與工作性質使其事業之各級主管，執行下列哪一事項？ (1) 指揮及監督所屬執行安全衛生管理事項 (2) 規劃、實施職業安全衛生教育訓練 (3) 規劃各部門之職業安全衛生管理 (4) 指導有關人員實施定期檢查。

( ) 53. 職業安全衛生人員離職，應向哪個單位報備？ (1) 當地檢查機構 (2) 當地縣 (市) 政府 (3) 同業公會 (4) 當地警察局。

( ) 54. 職業安全衛生管理計畫應由誰訂定？ (1) 由中央主管機關訂定 (2) 由當地主管機關訂定 (3) 由相關檢查機構訂定 (4) 由各事業單位自行訂定。

( ) 55. 依職業安全衛生管理辦法之規定，職業安全衛生委員會置委員 7 人以上，工會或勞工選舉之代表應佔委員人數之下列何者以上？ (1) 1/5 (2) 1/4 (3) 1/3 (4) 1/2。

( ) 56. 食品製造業所設職業安全衛生管理單位，應為事業單位之幾級單位？ (1) 一 (2) 二 (3) 三 (4) 四。

( ) 57. 依職業安全衛生管理辦法規定，雇用勞工人數在 30 人以上的事業單位，依法令規定設管理單位或置職業安全衛生人員時，應填具職業安全衛生管理單位 (人員) 設置 (變更) 報備書，向下列何單位陳報備查？ (1) 勞動檢查機構 (2) 縣 (市) 主管機關 (3) 直轄市主管機關 (4) 中央主管機關。

( ) 58. 僱用勞工人數 505 人之化學品製造業之事業設置職業安全管理單位應置之管理人員，除職業安全衛生業務主管外，下列何者正確？ (1) 職業安全管理員及職業衛生管理員各 1 人 (2) 職業安全衛生管理員 1 人 (3) 職業安全管理師或職業衛生管理師 1 人及職業安全衛生管理員 2 人 (4) 職業安全衛生管理員 2 人。

( ) 59. 依職業安全衛生管理辦法規定，僱用勞工人數在多少人以上之事業單位，擔任職業安全衛生業務主管者，應受甲種職業安全衛生業務主管安全衛生教育訓練？ (1) 30 (2) 100 (3) 200 (4) 300。

( ) 60. 下列何者是最適合之風險評估的實施步驟 (A. 風險判定，B. 危害評估，C. 危害辨識，D. 擬定風險控制計畫)？ (1) A．B．C．D (2) B．C．D．A (3) C．B．A．D (4) D．A．B．C。

( ) 61. 依據職業安全衛生管理辦法規定，雇主應訂定職業安全衛生管理計畫，下列何者非屬應執行之職業安全衛生事項？ (1) 決定作業方法，指揮勞工作業 (2) 評估安全衛生績效 (3) 勞工健康檢查、健康管理及健康促進事項 (4) 定期檢查、重點檢查、作業檢點及現場巡視。

( ) 62. 下列何項通常非為工作安全分析表內應有之項目？ (1) 工作步驟 (2) 成本分析 (3) 潛在危險 (4) 安全工作方法。

（　）63. 事業單位製作職業安全衛生管理計畫，必需先瞭解事業單位的下列哪一項？　(1) 經營績效　(2) 安全衛生政策　(3) 勞工教育程度　(4) 生產設備及流程。

（　）64. 事業單位之職業安全衛生管理計畫需能持續改善，此觀念係屬於管理系統 PDCA 中之何項精神？　(1) P　(2) D　(3) C　(4) A。

（　）65. 依職業安全衛生管理辦法規定，職業安全衛生委員會設置之委員人數最少需要多少人？　(1) 3　(2) 5　(3) 7　(4) 9。

（　）66. 僱用勞工從事作業時，於各項職業安全衛生管理措施中，應報請勞動檢查機構備查者為何？　(1) 安全衛生管理計畫　(2) 實施勞工體格檢查結果　(3) 新僱勞工之安全衛生教育訓練　(4) 安全衛生工作守則。

（　）67. 下列何者為發揮安全衛生組織功能的主要關鍵？　(1) 建立安全衛生管理計畫　(2) 研議安全衛生教育訓練計畫　(3) 良好溝通與協調　(4) 研議各項安全衛生提案。

（　）68. 下列何項不屬於職業安全衛生管理計畫基本方針？　(1) 提升全體人員安全衛生意識　(2) 向零災害挑戰　(3) 設備本質安全化　(4) 製程用水回收 85 ％。

（　）69. 依職業安全衛生管理辦法規定，下列有關職業安全衛生管理規章之敘述何者正確？　(1) 雇主應依勞動檢查法及有關規定訂定　(2) 雇主自行訂定　(3) 該規章之內容要求其各級主管及管理、指揮、監督人員執行規定之職業安全衛生事項　(4) 應報經檢查機構備查。

（　）70. 非例行性作業前之作業協調，屬於下列何項職業安全衛生管理活動？　(1) 安全衛生作業標準管理　(2) 整理整頓　(3) 緊急應變　(4) 設備自動檢查。

（　）71. 實施工作安全分析時，領班宜擔任何種角色？　(1) 批准者　(2) 審核者　(3) 分析者　(4) 操作者。

（　）72. 有關職業安全衛生管理計畫之製作，下列敘述何者有誤？　(1) 應請經營負責人邀請有關部門主管會商討論，並報請主管機關備查後，實施之　(2) 要檢討上年度職業安全衛生管理計畫之內容　(3) 要反應新的一年之生產狀況變動所帶來之影響預測　(4) 要反應工作場所平時即經常提起的問題。

（　）73. 下列何項非為安全衛生部門的職責？　(1) 健康管理　(2) 採購安全管理　(3) 安全教育訓練之辦理　(4) 工作任務之分派。

（　）74. 在工作安全分析中，應考慮的不安全主體為下列何者？　(1) 材料　(2) 機械　(3) 環境　(4) 人。

（　）75. 所有作業中的危害，在整個工作安全分析過程中，皆已詳細觀察、記錄，並分別採取適當的工作方法和程序，以防止危害發生，是下列哪項工作安全分析的目的？　(1) 作為員工在職訓練的方法　(2) 確立工作安全所需的資格條件　(3) 作為安全觀察的參考資料　(4) 發現及杜絕工作危害。

( ) 76. 依據我國職業安全衛生管理系統指引所包括之安全衛生事項中,在「評估」後應進行之事項為何? (1) 政策 (2) 組織設計 (3) 規劃與實施 (4) 改善措施。

( ) 77. 事業單位安全衛生政策應由誰制定? (1) 雇主 (2) 安全衛生業務主管 (3) 各級主管人員 (4) 安全衛生人員。

( ) 78. 下列何者不屬於職業安全衛生競賽? (1) 假日電氣安全競賽 (2) 零災害競賽 (2) 辦公室廢紙回收競賽 (4) 安全衛生標語競賽。

( ) 79. 下列何者非為工作安全分析中之主要危險因子? (1) 不安全的行為 (2) 不安全的設備 (3) 不安全的環境 (4) 天災。

( ) 80. 下列敘述何者為非? (1) 各級主管人員應負起安全衛生管理的責任 (2) 各階層主管之安全衛生職掌應明定 (3) 雇主應依其事業之規模、性質,實施安全衛生管理,並依中央主管機關之規定設置職業安全衛生組織人員 (4) 事業單位皆應訂定安全衛生管理規章。

( ) 81. 製作安全作業標準時,下列何者為首要步驟? (1) 確認實際工作步驟 (2) 不安全因素 (3) 可能造成之傷害 (4) 事故處理之方法。

( ) 82. 下列何者不是工作安全分析的功能? (1) 作為安全教導的參考 (2) 作為安全觀察的參考 (3) 作為員工升遷的參考 (4) 作為事故調查的參考。

( ) 83. 依職業安全衛生管理辦法規定,擬訂、規劃及推動安全衛生管理事項是下列何者之職責? (1) 職業安全衛生管理單位 (2) 職業安全衛生委員會 (3) 各級主管 (4) 工會。

( ) 84. 下列何者為臺灣職業安全衛生管理系統之簡稱? (1) OHSAS18001 (2) VPP (2) TS (4) TOSHMS。

( ) 85. 一般而言,事業單位安全活動績效之統計與報告是下列何者之職責? (1) 最高主管 (2) 安衛主管 (3) 部門主管 (4) 工作人員。

( ) 86. 依職業安全衛生管理辦法規定,職業安全衛生委員會應每幾個月舉行會議 1 次? (1) 1 (2) 2 (3) 3 (4) 4。

( ) 87. 旅館業僱用勞工人數在 300 人以上應設職業安全衛生管理單位,某旅館僱用勞工人數 609 人,其職業安全衛生管理單位,應如何設置管理人員? (1) 職業安全衛生業務主管 1 人 (2) 職業安全衛生業務主管 1 人及職業安全衛生管理員 1 人 (3) 職業安全衛生業務主管 1 人、職業安全管理師 (或職業衛生管理師)1 人及職業安全衛生管理員 1 人以上 (4) 職業安全衛生業務主管 1 人、職業安全管理師及職業衛生管理師各 1 人以上。

( ) 88. 設安全作業標準表須包含五要素 a. 安全措施;b. 工作方法,c. 事故處現;d. 工作步驟,e. 不安全因素,製作此表時應按下列何種順序說明探討此五要素? (1) debca (2) deabc (3) daecb (4) dbeac。

( ) 89. 依職業安全衛生管理辦法規定，各項職業衛生提案應送請下列何者審議？ (1) 職業安全衛生管理單位 (2) 董事會 (3) 監事會 (4) 職業安全衛生委員會。

( ) 90. 某醫院僱用勞工人數 350 人，其職業安全衛生管理單位，應如何置管理人員？ (1) 職業安全衛生業務主管 1 人 (2) 職業安全衛生業務主管 1 人及職業安全衛生管理員 1 人 (3) 職業安全衛生業務主管 1 人、職業安全管理師 (或職業衛生管理師)1 人及職業安全衛生管理員 1 人以上 (4) 職業安全衛生業務主管 1 人、職業安全管理師及職業衛生管理師各 1 人以上。

( ) 91. 依職業安全衛生管理辦法規定，有關職業安全衛生委員會之委員任期及其最少之開會頻率，下列何者正確？ (1) 任期 1 年，每個月開會 1 次 (2) 任期 1 年，每 2 個月開會 1 次 (3) 任期 2 年，每 3 個月開會 1 次 (4) 任期 4 年，每 3 個月開會 1 次。

( ) 92. 事業單位經有關人員擬定職業安全衛生管理規章後，應請下列何者核定後實施之？ (1) 職業安全衛生人員 (2) 部門主管 (3) 雇主 (4) 工會 (勞工) 代表。

( ) 93. 事業單位擴充產能，下列何項較不可能引起潛在職業衛生危害？ (1) 新進人員訓練不足所致之危害 (2) 有害物增加溢散之危害 (3) 製品堆置場所不足所致之危害 (4) 工時縮短所致之危害。

( ) 94. 下列有關安全觀察的敘述何者錯誤？ (1) 安全觀察人員應熟悉安全作業標準 (2) 安全觀察人員應熟悉安全衛生工作守則 (3) 安全觀察可以取代工作安全分析 (4) 安全觀察人員對危險的敏感性要高。

( ) 95. 下列何者不是工作安全分析之目的？ (1) 發現並杜絕工作危害 (2) 懲罰犯錯的員工 (3) 確立工作安全所需的工具與設備 (4) 做為員工在職訓練的方法。

( ) 96. 依據工作安全分析之結果決定安全的工作方法時，下列何者較不適當？ (1) 改進工作程序 (2) 投保意外險 (3) 改善工作環境 (4) 將機械設備本質安全化。

( ) 97. 下列何者應列入優先安全觀察的對象？ (1) 有經驗的人 (2) 擔任同一職位多年的人 (3) 長期生病後恢復工作的人 (4) 負責行政業務的人。

( ) 98. 下列何種人員具有職業安全管理師之資格？ (1) 曾任勞工檢查員具有工作經驗二年以上者 (2) 國內專科以上學校工業安全專門類科畢業者 (3) 領有職業安全管理甲級技術士證照者 (4) 具有工業衛生技師資格者。

( ) 99. 擬訂職業安全衛生管理計畫時，在計畫中下列哪一工作場所應優先開始檢討？ (1) 總務課 (2) 倉儲課 (3) 有實際安全衛生問題之處所 (4) 運輸課。

( )100. 安全觀察所需最少次數與預期精確程度有何關係？ (1) 與其平方成正比 (2) 與其平方成反比 (3) 不相關 (4) 與其平方根成反比。

( )101. 下列何項較不屬於事業單位釐訂年度職業安全衛生管理計畫應考慮之事項？ (1) 作業現場實態 (2) 外部客戶對產品品質之抱怨 (3) 生產部門意見 (4) 勞工抱怨。

二、問答題

1. 請回答下列職業安全衛生管理系統之相關問題：
   (1) 職業安全衛生管理系統模式，除了職業安全衛生政策外，其餘 4 項要素為何？
   (2) 列出防止與有害物接觸危害的 3 項工程控制、3 項行政管理之措施。
   (3) 參與及諮商是職業安全衛生管理系統的重要元素，列舉 5 項員工參與及諮商的方式。

2. 某食品製造業之勞工人數 250 人，依職業安全衛生管理辦法規定，應參照中央主管機關所定之職業安全衛生管理系統指引，建置適合該事業單位之職業安全衛生管理系統，請問此管理系統應包括哪 5 大安全衛生事項？

3. 「員工參與」是職業安全衛生管理系統的基本要素之一，雇主應安排員工及其代表有時間和資源積極參與職業安全衛生管理系統的組織設計、規劃與實施、評估和改善措施等過程。假設您是事業單位的職業安全管理師，試回答下列問題：
   (1) 依職業安全衛生管理辦法規定，事業單位設置之職業安全衛生委員會，勞工代表應佔委員人數多少比例以上？
   (2) 列舉 5 項職業安全衛生委員會辦理事項。
   (3) 列舉 4 項可使勞工參與職業安全衛生之事務。

4. 試回答下列問題：
   (1) 執行職業安全衛生管理系統之風險評估時，其中之作業條件清查可作為辨識危害與後果及評估風險的依據。請列舉 6 項有關作業清查宜包含的資訊。
   (2) 特定化學物質塔槽內部清洗作業時：
   　　A. 除可能中毒、捲夾與感電外，請另列舉 4 項可能的危害。
   　　B. 依法令規定，須有哪些作業主管及教育訓練？

5. 某公司為實施緊急應變，編組緊急應變組織，除應變指揮官及應變指揮小組外，緊急應變組織可有哪些編組？(列舉 5 項)

6. 甲電子零組件製造公司，其勞工人數及相關組織架構如下，請依職業安全衛生管理辦法規定，回答下列問題：

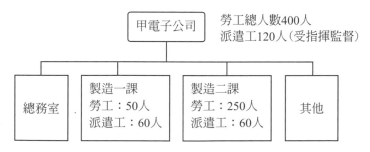

   (1) 職業安全衛生管理單位設置之性質及層級為何？
   (2) 職業安全衛生管理單位之職業安全衛生管理人員如何設置？

(3) 製造一課應增加何種職業安全衛生管理人員？

7. 食品公司實施作業危害之辨識及評估，發現某項作業屬該公司高風險作業，擬使用表格方式製作該作業之安全作業標準，請問此安全作業標準 (除標題欄及圖示外) 之主要內容一般包含哪 5 項？

8. 某勞工達 250 人之金屬製造業，依職業安全衛生管理辦法規定，設置安全衛生組織及人員。請回答下列問題：

   (1) 管理單位之層級為何？

   (2) 應置管理人員之種類及人數為何？

9. 某一危害風險為第一類事業之事業單位 (非營造業)，請依職業安全衛生法相關規定，就其職業安全衛生管理單位及人員之設置，回答下列問題：

   (1) 事業單位如將其事業交付承攬，且有其他非該事業單位僱用之工作者從事勞動，其工作場所勞工人數如何計算？

   (2) 勞工人數經計算如為 300 人，應設置何種層級之職業安全衛生管理單位及職業安全衛生業務主管？

10. 請依職業安全衛生管理辦法相關規定，回答下列問題：

    (1) 應參照中央主管機關所定之職業安全衛生管理系統指引，建立職業安全衛生管理系統之事業單位有哪 3 類？

    (2) 前述管理系統應包括「政策」等 5 項安全衛生事項，請列出其餘 4 項？

11. 請就職業安全衛生法有關職業安全衛生管理措施之規定，回答下列問題：

    (1) 依職業安全衛生法規定，雇主應依其事業單位之規模、性質，訂定何種計畫？

    (2) 勞工人數在 30 人以下之事業單位，得以何作為代替前述計畫？

    (3) 勞工人數在 100 人以上之事業單位，應另訂定何種規章？

    (4) 事業單位達何種規模或何種工作場所，應建置適合該事業單位之職業安全衛生管理系統？

    (5) 前述管理系統應包括哪些安全衛生事項？

    (6) 建置前項管理系統之事業單位在引進或修改製程、契約規範與履約要件、事業交付承攬且參與共同作業及事業潛在風險之緊急狀況預防等情形下，應分別採行何種管理或計畫？

12. 您擔任國內某知名製造廠 (屬第一類事業，勞工人數 500 人) 之職業安全管理師，職業安全衛生管理單位名稱為安衛暨環保部，屬一級單位，惟職業安全衛生業務主管兼任環保業務，故不符合法令規定，您建議公司應如何改善？

13. 依職業安全衛生管理辦法規定，第一類事業、第二類事業及事業設有總機構者，其規模達多少人應置職業安全管理師？

14. 您如依法受聘於第一類事業之事業單位擔任職業安全管理師，請問該專業單位之採購、承攬管理上有哪些特殊規定？

15. 職業安全衛生管理計畫中明定雇主應執行工作環境或作業危害之辨識、評估及控制，試回答下列問題：

(1) 何謂風險評估？

(2) 執行風險評估及檢討原有風險評估結果的時機為何？

(3) 請詳列風險評估之作業流程。

16. 試以下列圖示某一建築工程，其各公司勞工共同作業之情形為例，回答下列問題：

(1) 依職業安全衛生管理辦法規定，說明 A、B、C 公司應如何設置職業安全衛生單位及人員？

(2) 該工程如樓板高度超過 80 公尺以上者，依危險性工作場所審查暨檢查辦法規定，A 公司應於事前檢附何種資料及文件向當地勞動檢查機構申請審查？

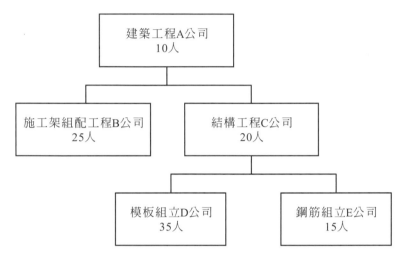

17. 您是一位職業安全管理師，受僱於職業安全衛生管理查辦法規定之第一類事業勞工人數在 300 人以上之事業單位，試回答下列問題：

(1) 依規定需建立職業安全衛生管理系統之 5 主要事項內容為何？

(2) 若有交付承攬及共同作業時，應訂定承攬管理計畫內容為何？

18. 在實務上，一般常提到所謂標準作業程序 (SOP)，而在工安方面所強調是安全作業標準 (Safety Operation Standard)，試問在訂定安全作業標準之前必須先進行何項分析？，其進行之 4 項主要程序為何？

19. 臺灣職業安全衛生管理系統 (TOSHMS) 包括「政策」、「組織設計」、「規劃與實施」、「評估」及「改善措施」等五大要素，試說明「規劃與實施」中有哪些重要事項？ (請至少列出 5 項)

20. 請說明台灣職業安全衛生管理系統之危害鑑別與風險評估應考量的內容。(請至少列舉 8 項)

21. 雇主應依其事業規模、特性，訂定職業安全衛生管理計畫，依職業安全衛生管理查辦法規定，請列出 10 項應執行事項。

22. 某石化工廠，勞工人數達 350 人，已建置及推動職業安全衛生管理系統多年，最近擬向中央主管機關提出職業安全衛生管理系統績效之認可。依事業單位職業安全衛生管理系統績效認可作業要點規定，必須檢附職業安全衛生管理系統績效自評表，請至少列出 7 項自評項目。

23. 勞工人數在 300 人以上之營造事業單位,將工地施工架工程交付承攬並與承攬人分別僱用勞工共同作業,試回答下列問題:
    (1) 依職業安全衛生管理辦法規定,原事業單位應訂定承攬管理計畫,其計畫內容應包括事項為何?
    (2) 依營造安全衛生設施標準規定,該施工架工程承攬人應指派施工架組配作業主管於作業現場辦理事項為何?

24. 某五星級大飯店員工數 340 人,請依職業安全衛生法及其附屬法規規定,回答下列問題:
    (1) 列舉 3 項應向當地勞動檢查機構報備之文件。
    (2) 職業安全衛生委員會應由哪些人員組成?(至少列舉 5 種)
    (3) 職業安全衛生委員會之成員中,何者不應由雇主指定?

25. 某公司內部擬建立、實施及維持符合職業安全衛生管理系統相關規範要求之採購管理制度,試依採購管理技術指引所定原則,回答下列問題:
    (1) 採購大致可分為哪三類?
    (2) 在請購及交貨驗收階段應分別考量之安全衛生事項為何?

26. 某化學工廠勞工人數 350 人,需依規定實施化學性因子作業環境測定。如您受指派負責本項業務,試以臺灣職業安全衛生管理系統 (TOSHMS)5 個主要事項 (政策、組織設計、規劃與實施、評估及改善措施),分別說明應考量之重要內容。

27. 某農產品加工公司勞工人數 1,500 人,已設安全衛生部門,並置有甲種職業安全業務主管、職業安全管理師及職業安全衛生管理員。請依職業安全衛生管理辦法規定,回答下列問題:
    (1) 分別說明職業安全衛生業務主管與職業安全衛生管理員之職責。
    (2) 該公司屬第一類事業,應訂定哪些安全衛生管理文件?(請至少列舉 3 項)

28. 適當的執行風險評估,可協助廠場建置完整妥適的職業安全衛生管理計畫或職業安全衛生管理系統,有效預防或減少災害發生。試依中央主管機關公告之相關技術指引,說明風險評估之作業流程。

29. 工作場所實施風險管理有助於降低意外事故之發生,提升職場安全,為安全管理工作重要一環,試回答下列風險管理之相關問題:
    (1) 列舉 5 項工作場所風險管理之主要步驟。
    (2) 列舉 5 種風險評估方法。
    (3) 請依本質安全 (列舉 2 項)、工程控制 (列舉 2 項) 與行政管理 (列舉 1 項) 之風險控制方法,並各舉 1 例說明之。

30. 請依我國職業安全衛生管理系統 (TOSHMS) 指引,回答下列問題:
    (1) 事業單位所建立的職業安全衛生管理系統,應包括哪 5 要素?
    (2) 所稱「與工作有關的傷病和不健康 (illhealth)」之定義為何?

31. 試回答下列問題：

    (1) 丙類第一種特定化學物質屬容易因設備腐蝕產生漏洩之物質，為防止因腐蝕產生漏洩，雇主對此等物質之作業應有何必要之控制設備？

    (2) 為了使風險管理在組織的各個階層可以有效應用及展開，除了架構、過程及 PDCA 外，試列舉推動風險管理的原則。

32. 在製作安全作業標準之前，一般先進行工作安全分析 (JSA)，請問：

    (1) 工作安全分析之目的為何？

    (2) 進行工作安全分析之 4 項主要程序為何？

33. 臺灣職業安全衛生管理系統 (TOSHMS) 中提及，組織應建立、實施及維持一個或多個程序，以持續鑑別危害、評估風險及決定必要之控制措施。請問這些危害鑑別與風險評估之程序應考量哪些事項？(至少列出 5 項)

34. 國際潮流趨向「源頭管制」的概念來消除危害，依職業安全衛生管理辦法規定，採購管理應包含哪些項目？

安全衛生檢查

7.1　前言

　　根據「職業安全衛生法」第二十三條第一項規定：「雇主應依其事業單位之規模、性質，訂定職業安全衛生管理計畫；並設置安全衛生組織、人員，實施安全衛生管理及『自動檢查』。」至於「自動檢查」的檢查項目與內容，在「職業安全衛生管理辦法」之第四章-自動檢查，有非常詳細的說明。「自動檢查」的意義，在於使事業單位能自主地，自動自發的發掘本身工作場所是否存在某些不安全的環境或行為，並且在發生災害之前把這些危險因素加以消除；而在落實工廠安全管理上，「自動檢查」確實是可行之法，因為目前臺灣地區各型工廠林立，不可能由檢查機構逐一到這些工廠對其設備、作業一一加以檢查，所以規定雇主應訂定自動檢查計畫，自行實施自動檢查，並且要將檢查紀錄保存三年備查。如此檢查機構的檢查員只需不定時到事業單位抽查相關紀錄，便能達到監督的目的。

　　另外，我國政府為實施「勞動檢查」、貫徹「勞動法令」之執行，將原有之「工廠檢查法」予以修正條文及修正名稱後，於民國82年2月3日公布施行「勞動檢查法」(最近一次修正為民國104年2月4日)，並依本法第二十六條第二項規定，於同年5月2日發布「危險性工作場所審查暨檢查辦法」(最近一次修正為民國106年12月1日)，規定高危害性工作場所須經過審查或檢查合格，始得令勞工於該場所作業。由於該辦法對危險性工作場所之安全檢查有非常明細的規範，故在本書第二十八章予以介紹。

　　下面的章節將分別介紹「自動檢查」及「勞動檢查法」所規定的重點。

7.2　自動檢查之內容

　　有關於自動檢查的詳細內容，明列於「職業安全衛生管理辦法」(以下簡稱本辦法)中。本辦法把原先分散於各規章內的檢查標準加以彙總，清楚列出各種機械設備、作業的檢查方式、檢查週期及檢查規定等。本辦法所規定之檢查方式，大致可分為下列三類：

一、定期檢查

　　就工作場所之各種機械設備，依其性質規定檢查之頻率、週期，對其組件實施詳細檢查，以掌握機械設備之使用狀況，確保使用安全。定期檢查的週期，可分為每三年、每二年、每年、每六個月、每三個月、每月及每週等七種。

二、重點檢查

針對某些特殊機械設備，在初次使用前，或在拆卸、改裝、修理時，就其安全重點實施檢查。

三、檢點

由作業人員就其操作之設備實施檢視或以簡單的操作來試驗該設備的安全性能。檢點可分成作業前檢點、設備檢點及操作檢點等。

以下有關執行自動檢查之法令規範：

1. 本辦法第七十八條規定，雇主依第五十條至第五十六條及第五十八條至第七十七條規定實施之檢點，其檢點對象、內容，應依實際需要訂定，以檢點手冊或檢點表等爲之。

2. 本辦法第七十九條規定，雇主依第十三條至第六十三條規定實施之自動檢查，應訂定自動檢查計畫。

3. 本辦法第八十條規定，雇主依第十三條至第四十九條規定實施之定期檢查、重點檢查應就下列事項記錄，並保存三年：

    (1) 檢查年月日。

    (2) 檢查方法。

    (3) 檢查部分。

    (4) 檢查結果。

    (5) 實施檢查者之姓名。

    (6) 依檢查結果應採取改善措施之內容。

4. 本辦法第八十一條規定，勞工、主管人員及職業安全衛生管理人員實施檢查、檢點時，發現對勞工有危害之虞者，應即報告上級主管。

    雇主依第十三條至第七十七條規定實施自動檢查，發現有異常時，應立即檢修及採取必要措施。

5. 本辦法第八十二條規定，雇主依第十三條至第七十七條規定實施之自動檢查，於其他法令另有規定者外，應依該規定爲之。

6. 本辦法第八十三條規定，雇主依第十三條至第七十七條規定之自動檢查，除依本法所定之其他法令另有規定者外，應指定具專業知能或操作資格之適當人員爲之。

7. 本辦法第八十四條規定，事業單位以其事業之全部或部分交付承攬或再承攬時，如該承攬人使用之機械、設備或器具係由原事業單位提供者，該機械、設備或器具應由原事業單位實施定期檢查及重點檢查。

    前項定期檢查及重點檢查於有必要時得由承攬人或再承攬人會同實施。

第一項之定期檢查及重點檢查如承攬人或再承攬人具有實施之能力時，得以書面約定由承攬人或再承攬人爲之。

8. 本辦法第八十五條規定，事業單位承租、承借機械、設備或器具供勞工使用者，應對該機械、設備或器具實施自動檢查。

前項自動檢查之定期檢查及重點檢查，於事業單位承租、承借機械、設備或器具時，得以書面約定由出租、出借人爲之。

9. 本辦法第四十四條之一規定，雇主對於機械、設備，應依本章第一節及第二節規定，實施定期檢查。但雇主發現有腐蝕、劣化、損傷或堪用性之虞，應實施安全評估，並縮短其檢查期限。

10. 依「職業安全衛生法」第四十五條第一款規定，雇主未依規定實施自動檢查，經通知限期改善，屆期未改善者，處新臺幣三萬元以上十五萬元以下罰鍰。

有關本辦法各條文所定自動檢查之詳細內容，請參閱表 7.1。

表 7.1　法定自動檢查乙覽表

機械設備或作業	職業安全衛生管理辦法	檢查方式	檢查週期	規定檢查項目	紀錄保存年限
電氣機車 蓄電池機車 電車 蓄電池電車	第十三條第一項	定期檢查	每三年	整體檢查。	三年
	第十三條第二項第一款	定期檢查	每年	電動機、控制裝置、制動器、自動遮斷器、車架、連結裝置、蓄電池、避雷器、配線、接觸器具及各種儀表之有無異常。	三年
	第十三條第三項第一款	定期檢查	每月	電路、制動器及連結裝置之有無異常。	三年
內燃機車 內燃動力車	第十三條第一項	定期檢查	每三年	機械之整體。	三年
	第十三條第二項第二款	定期檢查	每年	引擎、動力傳動裝置、制動器、車架、連結裝置及各種儀表之有無異常。	三年
	第十三條第三項第二款	定期檢查	每月	制動器及連結裝置之有無異常三年。	三年
蒸氣機車	第十三條第一項	定期檢查	每三年	機械之整體。	三年
	第十三條第二項第三款	定期檢查	每年	氣缸、閥、蒸氣管、調壓閥、安全閥及各種儀表之有無異常。	三年
	第十三條第三項第三款	定期檢查	每月	火室、易熔栓、水位計、給水裝置、制動器及連結裝置之有無異常。	三年
捲揚裝置	第五十一條	作業前檢點	每日	制動裝置、安全裝置、控制裝置及鋼索通過部分狀況	

表 7.1 法定自動檢查乙覽表 (續)

機械設備或作業	職業安全衛生管理辦法	檢查方式	檢查週期	規定檢查項目	紀錄保存年限
一般車輛	第十四條	定期檢查	每三個月	車輛各項安全性能。	三年
	第五十條	作業前檢點	每日	(1) 制動器、連結裝置、各種儀器之有無異常。 (2) 蓄電池、配線、控制裝置之有無異常。	
車輛頂高機	第十五條	定期檢查	每三個月	各項安全性能	三年
高空工作車	第十五條之一	定期檢查	每年	(1) 壓縮壓力、閥間隙及其他原動機有無異常。 (2) 離合器、變速箱、差速齒輪、傳動軸及其他動力傳動裝置有無異常。 (3) 主動輪、從動輪、上下轉輪、履帶、輪胎、車輪軸承及其他走行裝置有無異常。 (4) 轉向器之左右回轉角度、肘節、軸、臂及其他操作裝置有無異常。 (5) 制動能力、制動鼓、制動塊及其他制動裝置有無異常。 (6) 伸臂、升降裝置、屈折裝置、平衡裝置、工作台及其他作業裝置有無異常。 (7) 油壓泵、油壓馬達、汽缸、安全閥及其他油壓裝置有無異常。 (8) 電壓、電流及其他電氣系統有無異常。 (9) 車體、操作裝置、安全裝置、連鎖裝置、警報裝置、方向指示器、燈號裝置及儀表有無異常。	三年
	第十五條之二	定期檢查	每月	(1) 制動裝置、離合器及操作裝置有無異常。 (2) 作業裝置及油壓裝置有無異常。 (3) 安全裝置有無異常。	三年
車輛系營建機械	第十六條第一項	定期檢查	每年	機械之整體。	三年
	第十六條第二項	定期檢查	每月	(1) 制動器、離合器、操作裝置及作業裝置之有無異常。 (2) 鋼索及鏈等之有無損傷。 (3) 吊索之有無損傷。	三年
	第五十條	作業前檢點	每日	(1) 制動器、連結裝置、各種儀器之有無異常。 (2) 蓄電池、配線、控制裝置之有無異常。	

表 7.1　法定自動檢查乙覽表 (續)

機械設備或作業	職業安全衛生管理辦法	檢查方式	檢查週期	規定檢查項目	紀錄保存年限
堆高機	第十七條第一項	定期檢查	每年	機械之整體。	三年
	第十七條第二項	定期檢查	每月	(1) 制動裝置、離合器及方向裝置。 (2) 積載裝置及油壓裝置。 (3) 頂蓬及桅桿。	三年
	第五十條	作業前檢點	每日	(1) 制動器、連結裝置、各種儀器之有無異常。 (2) 蓄電池、配線、控制裝置之有無異常。	
動力驅動之離心機械	第十八條	定期檢查	每年	(1) 回轉體。 (2) 主軸軸承。 (3) 制動器。 (4) 外殼。 (5) 配線、接地線、電源開關。 (6) 設備之附屬螺栓。	三年
固定式起重機	第十九條第一項	定期檢查	每年	機械之整體。	三年
	第十九條第二項	定期檢查 (於輻射區及高溫區，停用超過一個月者得免實施。惟再度使用時，仍應為之。)	每月	(1) 過捲預防裝置、警報裝置、制動器、離合器及其他安全裝置有無異常。 (2) 鋼索及吊鏈有無損傷。 (3) 吊鉤、抓斗等吊具有無損傷。 (4) 配線、集電裝置、配電盤、開關及控制裝置有無異常。 (5) 對於纜索固定式起重機之鋼纜等及絞車裝置有無異常。	三年
	第五十二條	作業前檢點	每日	(1) 過捲預防裝置、制動器、離合器及控制裝置性能。 (2) 直行軌道及吊運車橫行之導軌狀況。 (3) 鋼索運行狀況。	
		對置於瞬間風速可能超過每秒三十公尺或四級以上地震後之固定式起重機，應實施各部安全狀況之檢點。			
移動式起重機	第二十條第一項	定期檢查	每年	機械之整體。	三年
	第二十條第二項	定期檢查	每月	(1) 過捲預防裝置、警報裝置、制動器、離合器及其他安全裝置有無異常。 (2) 鋼索及吊鏈有無損傷。 (3) 吊鉤、抓斗等吊具索有無損傷。 (4) 配線、集電裝置、配電線、開關及控制裝置有無異常。	三年
	第五十三條	作業前檢點	每日	過捲預防裝置、過負荷警報裝置、制動器、離合器及控制裝置性能及其他警報裝置之性能實施檢點。	

表 7.1　法定自動檢查乙覽表 (續)

機械設備或作業	職業安全衛生管理辦法	檢查方式	檢查週期	規定檢查項目	紀錄保存年限
人字臂起重桿	第二十一條第一項	定期檢查	每年	機械之整體。	三年
	第二十一條第二項	定期檢查	每月	(1) 過捲預防裝置、制動器、離合器及其他安全裝置有無異常。 (2) 捲揚機之安置狀況。 (3) 鋼索有無損傷。 (4) 導索之結頭部分有無異常。 (5) 吊鉤、抓斗等吊具有無損傷。 (6) 配線、開關及控制裝置有無異常。	三年
	第五十四條	作業前檢點	每日	(1) 過捲預防裝置、制動器、離合器及控制裝置之性能。 (2) 鋼索通過部分狀況。	
		置於瞬間風速可能超過每秒三十公尺 (以設於室外者為限) 或四級以上地震後之人字臂起重桿，應就其安全狀況實施檢點。			
升降機	第二十二條第一項	定期檢查	每年	機械之整體。	三年
	第二十二條第二項	定期檢查	每月	(1) 終點極限開關、緊急停止裝置、制動器、控制裝置及其他安全裝置有無異常。 (2) 鋼索或吊鏈有無損傷。 (3) 導軌之狀況。 (4) 設置於室外之升降機者，為導索結頭部分有無異常。	三年
營建用升降機	第二十三條	定期檢查	每月	(1) 制動器及離合器有無異常。 (2) 捲揚機之安裝狀況。 (3) 鋼索有無損傷。 (4) 導索之固定部位有無異常。	三年
	第五十五條	作業前檢點	每日	(1) 制動器及離合器性能。 (2) 鋼索通過部分狀況。	
吊籠	第二十四條	定期檢查	每月	(1) 過捲預防裝置、制動器、控制裝置及其他安全裝置有無異常。 (2) 吊臂、伸臂及工作台有無損傷。 (3) 升降裝置、配線、配電盤有無異常。	三年
	第五十六條	作業前檢點	每日	(1) 鋼索及其繫結狀態有無異常。 (2) 扶手等有無脫離。 (3) 過捲預防裝置、制動器、控制裝置及其他安全裝置之機能有無異常。 (4) 升降裝置之擋齒機能。 (5) 鋼索通過部分狀況。	
		如遇強風、大雨、大雪等惡劣氣候後，應實施第 (3) 至第 (5) 項目之檢點。			

表 7.1　法定自動檢查乙覽表 (續)

機械設備或作業	職業安全衛生管理辦法	檢查方式	檢查週期	規定檢查項目	紀錄保存年限
簡易升降機	第二十五條第一項	定期檢查	每年	機械之整體。	三年
	第二十五條第二項	定期檢查	每月	(1) 過捲預防裝置、制動器、控制裝置及其他安全裝置有無異常。 (2) 鋼索及吊鏈有無損傷。 (3) 導軌狀況。	三年
	第五十七條	作業前檢點	每日	制動性能。	
起重機械	第五十八條	作業前檢點	每日	對起重機械使用之吊掛用鋼索、吊鏈、纖維索、吊鉤、吊索、鏈環等用具。	
動力驅動之衝剪機械	第二十六條	定期檢查	每年	(1) 離合器及制動裝置。 (2) 曲柄軸、飛輪、滑塊、連結螺栓及連桿。 (3) 一行程一停止機構及緊急制動器。 (4) 電磁閥、減壓閥及壓力表。 (5) 配線及開關。	三年
	第五十九條	作業前檢點	每日	(1) 離合器及制動器之機能。 (2) 曲柄軸、飛輪、滑塊、連桿、連接螺栓之有無鬆懈狀況。 (3) 一行程一停止機構及緊急制動裝置之機能。 (4) 安全裝置之性能。 (5) 電氣、儀表。	
乾燥設備及其附屬設備	第二十七條	定期檢查	每年	(1) 內面、外面及外部之棚櫃等有無損傷、變形或腐蝕。 (2) 危險物之乾燥設備中，排出因乾燥產生之氣體、蒸氣或粉塵等之設備有無異常。 (3) 使用液體燃料或可燃性液體為熱源之乾燥設備，燃燒室或點火處之換氣設備有無異常。 (4) 窺視孔、出入孔、排氣孔等開口部有無異常。 (5) 內部溫度測定裝置及調整裝置有無異常。 (6) 設置於內部之電氣機械器具或配線有無異常。	三年
乙炔熔接裝置 (除此等裝置之配管埋設於地下之部分外)	第二十八條	定期檢查	每年	裝置之損傷、變形、腐蝕等及其性能。	三年

表 7.1　法定自動檢查乙覽表 (續)

機械設備或作業	職業安全衛生管理辦法	檢查方式	檢查週期	規定檢查項目	紀錄保存年限
氣體集合熔接裝置 (除此等裝置之配管埋設於地下之部分外)	第二十九條	定期檢查	每年	裝置之損傷、變形、腐蝕等及其性能。	三年
高壓電氣設備	第三十條	定期檢查	每六個月	(1) 高壓受電盤及分電盤 (含各種電驛、儀表及其切換開關等) 之動作試驗。 (2) 高壓用電設備絕緣情形、接地電阻及其安全設備狀況。 (3) 自備屋外高壓配電線路情況。	三年
低壓電氣設備	第三十一條	定期檢查	每年	(1) 低壓受電盤及分電盤 (含各種電驛、儀表及其切換開關等) 之動作試驗。 (2) 低壓用電設備絕緣情形、接地電阻及其安全設備狀況。 (3) 自備屋外低壓配電線路情況。	三年
鍋爐	第三十二條	定期檢查	每月	1. 鍋爐本體有無損傷。 2. 燃燒裝置： 　(1) 油加熱器及燃料輸送裝置有無損傷。 　(2) 噴燃器有無損傷及污髒。 　(3) 過濾器有無堵塞或損傷。 　(4) 燃燒器瓷質部及爐壁有無污髒及損傷。 　(5) 加煤機及爐篦有無損傷。 　(6) 煙道有無洩漏、損傷及風壓異常。 3. 自動控制裝置： 　(1) 自動起動停止裝置、火焰檢出裝置、燃料切斷裝置、水位調節裝置、壓力調節裝置機能有無異常。 　(2) 電氣配線端子有無異常。 4. 附屬裝置及附屬品： 　(1) 給水裝置有無損傷及作動狀態。 　(2) 蒸汽管及停止閥有無損傷及保溫狀態。 　(3) 空氣預熱器有無損傷。 　(4) 水處理裝置機能有無異常。	三年

表 7.1　法定自動檢查乙覽表 (續)

機械設備或作業	職業安全衛生管理辦法	檢查方式	檢查週期	規定檢查項目	紀錄保存年限
高壓氣體特定設備、高壓氣體器容及第一種壓力容器	第三十三條	定期檢查 (對於有保溫部分或有高游離輻射污染之虞之場所，得免實施。)	每月	(1) 本體有無損傷、變形。 (2) 蓋板螺栓有無損耗。 (3) 管及閥等有無損傷、洩漏。 (4) 壓力表及溫度計及其他安全裝置有無損傷。 (5) 平台支架有無嚴重腐蝕。	三年
小型鍋爐	第三十四條	定期檢查	每年	(1) 鍋爐本體有無損傷。 (2) 燃燒裝置有無異常。 (3) 自動控制裝置有無異常。 (4) 附屬裝置及附屬品性能是否正常。 (5) 其他保持性能之必要事項。	三年
第二種壓力容器	第三十五條	定期檢查	每年	(1) 內面及外面有無顯著損傷、裂痕、變形及腐蝕。 (2) 蓋、凸緣、閥、旋塞等有無異常。 (3) 安全閥、壓力表與其他安全裝置之性能有無異常。 (4) 其他保持性能之必要事項。	三年
	第四十五條	初次使用前重點檢查		(1) 確認胴體、端板之厚度是否與製造廠所附資料符合。 (2) 確認安全閥吹洩量是否足夠。 (3) 各項尺寸、附屬品與附屬裝置是否與容器明細表符合。 (4) 經實施耐壓試驗無局部性之膨出、伸長或洩漏之缺陷。 (5) 其他保持性能之必要事項。	三年
小型壓力容器	第三十六條	定期檢查	每年	(1) 本體有無損傷。 (2) 蓋板螺旋有否異常。 (3) 管及閥等有否異常。 (4) 其他保持性能之必要事項。	三年
高壓氣體儲存能力在 100 立方公尺或 1 公噸以上之儲槽	第三十七條	定期檢查	每年	測定其沉陷狀況。	三年

表 7.1 法定自動檢查乙覽表 (續)

機械設備或作業	職業安全衛生管理辦法	檢查方式	檢查週期	規定檢查項目	紀錄保存年限
特定化學設備或其附屬設備	第三十八條	定期檢查	每二年	1. 特定化學設備或其附屬設備 (不含配管)： (1) 內部有無足以形成其損壞原因之物質存在。 (2) 內面及外面有無顯著損傷、變形及腐蝕。 (3) 蓋、凸緣、閥、旋塞等之狀態。 (4) 安全閥、緊急遮斷裝置與其他安全裝置及自動警報裝置之性能。 (5) 冷卻、攪拌、壓縮、計測及控制等性能。 (6) 備用動力源之性能。 (7) 其他為防止丙類第一種物質或丁類物質之漏洩之必要事項。 2. 配管 (1) 熔接接頭有無損傷、變形及腐蝕。 (2) 凸緣、閥、旋塞等之狀態。 (3) 接於配管之供為保溫之蒸氣管接頭有無損傷、變形或腐蝕。	三年
	第四十九條	重點檢查	開始使用、改造、修理時		
化學設備及其附屬設備	第三十九條	定期檢查	每二年	(1) 內部是否有造成爆炸或火災之虞。 (2) 內部與外部是否有顯著之損傷、變形及腐蝕。 (3) 蓋板、凸緣、閥、旋塞等之狀態。 (4) 安全閥或其他安全裝置、壓縮裝置、計測裝置之性能。 (5) 冷卻裝置、攪拌裝置、壓縮裝置、計測裝置及控制裝置之性能。 (6) 預備電源或其代用裝置之性能。 (7) 其他防止爆炸或火災之必要事項。	三年
局部排氣裝置、空氣清淨裝置及吹吸型換氣裝置	第四十條	定期檢查	每年	(1) 氣罩、導管及排氣機之磨損、腐蝕、凹凸及其他損害之狀況及程度。 (2) 導管或排氣機之塵埃聚積狀況。 (3) 排氣機之注油潤滑狀況。 (4) 導管接觸部分之狀況。 (5) 連接電動機與排氣機之皮帶之鬆弛狀況。 (6) 吸氣及排氣之能力。 (7) 設置於排放導管上之採樣設施是否牢固、鏽蝕、損壞、崩塌或其他妨礙作業安全事項。 (8) 其他保持性能之必要事項。	三年

表 7.1　法定自動檢查乙覽表（續）

機械設備或作業	職業安全衛生管理辦法	檢查方式	檢查週期	規定檢查項目	紀錄保存年限
設置於局部排氣裝置內之空氣清淨裝置	第四十一條	定期檢查	每年	(1) 構造部分之磨損、腐蝕及其他損害之狀況及程度。 (2) 除塵裝置內部塵埃堆積之狀況。 (3) 濾布式除塵裝置者，有濾布之破損及安裝部分鬆弛之狀況。 (4) 其他保持性能之必要措施。	三年
局部排氣裝置或除塵裝置	第四十七條	重點檢查	開始使用、拆卸、改裝或修理時實施檢查	(1) 導管或排氣機粉塵之聚積狀況。 (2) 導管接合部分之狀況。 (3) 吸氣及排氣之能力。 (4) 其他保持性能之必要事項。	三年
高壓氣體製造設備	第六十一條	使用前、使用後檢點	使用開始前及使用終了後實施檢查	檢點該設備有無異常。	
		操作檢點	每日一次以上	依所製造之高壓氣體種類及製造設備之動作狀況實施檢點。	
高壓氣體消費者設備	第六十二條	使用前、使用後檢點	使用開始前及使用終了後實施	檢點該設備有無異常。	
		操作檢點	每日一次以上	就該設備之動作狀況實施檢點。	
異常氣壓之再壓室或減壓艙	第四十二條	定期檢查	每月	(1) 輸氣設備及排氣設備之運作狀況。 (2) 通話設備及警報裝置之運作狀況。 (3) 電路有無漏電。 (4) 電器、機械器具及配線有無損傷。	三年
異常氣壓之輸氣設備	第四十八條第一項第一款	重點檢查	初次使用或予分解後加以改造、修理或停用一個月以上擬再度使用時	輸氣設備。	三年

表 7.1 法定自動檢查乙覽表 (續)

機械設備或作業	職業安全衛生管理辦法	檢查方式	檢查週期	規定檢查項目	紀錄保存年限
異常氣壓之輸氣設備	第四十八條第一項第二款	故障檢查	輸氣設備發生故障或因出水或發生其他異常,致高壓室內作業勞工有遭受危險之虞	應迅即使勞工自沉箱、壓氣潛盾等撤離、避免危難應即檢點輸氣設備有無異常,沉箱等之有否異常沉降或傾斜及其他必要事項。	三年
營造工程之施工架及施工構台	第四十三條	定期檢查	每週 強風大雨等惡劣氣候、四級以上之地震襲擊後及每次停工之復工	(1) 架材之損傷、安裝狀況。 (2) 立柱、橫檔、踏腳桁等之固定部分,接觸部分及安裝部分之鬆弛狀況。 (3) 固定材料與固定金屬配件之損傷及腐蝕狀況。 (4) 扶手、護欄等之拆卸及脫落狀況。 (5) 基腳之下沈及滑動狀況。 (6) 斜撐材、索條、橫檔等補強材之狀況。 (7) 立柱、踏腳桁、橫檔等之損傷狀況。 (8) 懸臂樑與吊索之安裝狀況及懸吊裝置與阻檔裝置之性能。	三年
營造工程之模板支撐架	第四十四條	定期檢查	每週 強風大雨等惡劣氣候、四級以上之地震襲擊後及每次停工之復工前	(1) 架材之損傷、安裝狀況。 (2) 支柱等之固定部分、接觸部分及搭接重疊部分之鬆弛狀況。 (3) 固定材料與固定金屬配件之損傷及 (4) 腐蝕基腳 (礎) 之沉陷及滑動狀況。 (5) 斜撐材、水平繫條等補強材之狀況。	三年
工業用機器人	第六十條	作業前檢點 (檢點時應儘可能在可動範圍外為之)	每日	(1) 制動裝置之機能。 (2) 緊急停止裝置之機能。 (3) 接觸防止設施之狀況及該設施與機器人間連鎖裝置之機能。 (4) 相連機器與機器人間連鎖裝置之機能。 (5) 外部電線、配管等有無損傷。 (6) 供輸電壓、油壓及空氣壓有無異常。 (7) 動作有無異常。 (8) 有無異常之聲音或振動。	

表 7.1　法定自動檢查乙覽表 (續)

機械設備或作業	職業安全衛生管理辦法	檢查方式	檢查週期	規定檢查項目	紀錄保存年限
營建工程施工架設備、施工構台、支撐架設備、露天開挖擋土支撐設備、隧道或坑道開挖支撐設備、沉箱、圍堰及壓氣施工設備、打樁設備	第六十三條	作業前、使用後檢點	每日作業前及使用終了後	設備有無異常或變形。	
危險性設備作業	第六十四條	檢點	作業中	應使該勞工就其作業有關事項實施檢點： (1) 鍋爐之操作作業。 (2) 第一種壓力容器之操作作業。 (3) 高壓氣體特定設備之操作作業。 (4) 高壓氣體容器之操作作業。	
高壓氣體作業	第六十五條	檢點	作業中	應使該勞工就其作業有關事項實施檢點： (1) 高壓氣體之灌裝作業。 (2) 高壓氣體容器儲存作業。 (3) 高壓氣體之運輸作業。 (4) 高壓氣體之廢棄。	
工業用機器人之教導及操作作業	第六十六條	檢點	作業中	應使該勞工就其作業有關事項實施檢點。	
營造作業	第六十七條	檢點	作業中	應使該勞工就其作業有關事項實施檢點： (1) 打樁設備之組立及操作作業。 (2) 擋土支撐之組立及拆除作業。 (3) 露天開挖之作業。 (4) 隧道、坑道開挖作業。 (5) 混凝土作業。 (6) 鋼架施工作業。 (7) 施工構台之組立及拆除作業。 (8) 建築物之拆除作業。 (9) 施工架之組立及拆除作業。 (10)模板支撐之組立及拆除作業。 (11)其他營建作業。	
缺氧危險作業	第六十八條	檢點	作業中	應使該勞工就其作業有關事項實施檢點。	

表 7.1　法定自動檢查乙覽表 (續)

機械設備 或作業	職業安全衛生 管理辦法	檢查方式	檢查週期	規定檢查項目	紀錄保 存年限
有害物質作業	第六十九條	檢點	作業中	應使該勞工就其作業有關事項實施檢點： (1) 有機溶劑作業。 (2) 鉛作業。 (3) 四烷基鉛作業。 (4) 特定化學物質作業。 (5) 粉塵作業。	
異常氣壓作業	第七十條	檢點	作業中	應使該勞工就其作業有關事項實施檢點： (1) 潛水作業。 (2) 高壓室內作業。 (3) 沈箱作業。 (4) 氣壓沈箱、沈筒、潛盾施工等作業。	
金屬之熔接、 熔斷 或 加熱 作業	第七十一條	檢點	作業中	應使該勞工就其作業有關事項實施檢點： (1) 乙炔熔接裝置。 (2) 氣體集合裝置。	
危害性化學品 之製造、處置 及使用作業	第七十二條	檢點	作業中	應使該勞工就其作業有關事項實施檢點。	
林場作業	第七十三條	檢點	作業中	應使該勞工就其作業有關事項實施檢點。	
船舶清艙解 體作業	第七十四條	檢點	作業中	應使該勞工就其作業有關事項實施檢點。	
碼頭裝卸作業	第七十五條	檢點	作業中	應使該勞工就其作業有關事項實施檢點。	
作業中之纖 維纜索、乾 燥室、防護 用具、電氣 機械器具及 自設道路	第七十七條	檢點	作業中	應對作業中之纖維纜索、乾燥室、防護用具、電氣機械器具及自設道路等實施檢點。	

7.3　自動檢查之執行

　　根據「職業安全衛生法」第二十三條第一項規定：「雇主應依其事業單位之規模、性質，訂定職業安全衛生管理計畫；並設置安全衛生組織、人員，實施安全衛生管理及自動檢查。」又根據「職業安全衛生管理辦法」第五條之一規定「職業安全衛行管理單位或人員之職責為：擬訂、規劃、督導及推動安全衛生管理事項，並指導有關部門實施。」此外，本辦法第五條之一第六款明定「工作場所負責人及各級主管之職責為：依職權指揮、監督所屬執行安全衛生管理事項，並協調及指導有關人員實施。」

　　由此可知，依法實施「自動檢查」是雇主的責任，而規劃如何實施自動檢查、如何監督，則是「職業安全衛生管理單位」或「職業安全衛生管理人員」的工作，至於執行定期檢查、重點檢查及檢點等，則是工作場所負責人、各級主管及有關人員的工作。

　　然而一些經中央主管機關指定「具有危險性之機械或設備」，非經「勞動檢查機構」或中央主管機關指定之「代行檢查機構」檢查合格，不得使用；其使用超過規定期間者，非經再檢查合格，不得繼續使用，此乃「職業安全衛生法」第十六條之規定。因此，一些特殊或危險性機械設備，如壓力容器、各型起重機具等，其定期檢查、熔接檢查、構造檢查、竣工檢查、重新檢查、型式檢查、使用檢查、變更檢查等，皆需委託「勞動檢查機構」或「代行檢查機構」施行。在實務上，「勞動檢查機構」也是指定「代行檢查機構」到事業單位實施危險性機械或設備之定期檢查。

7.4　勞動檢查機構與代行檢查機構

　　「勞動檢查法」第三條第一款對「勞動檢查機構」之定義為：中央或直轄市主管機關或有關機關為辦理勞動檢查業務所設置之專責檢查機構。各地區之勞動檢查機構請參閱表 7.2。

表 7.2　各地區勞動檢查機構乙覽表

單位	地址	檢查責任區域	電話
勞動部職業安全衛生署北區職業安全衛生中心	新北市新莊區中平路 439 號南棟 9 樓	新北市、桃園縣、宜蘭縣、花蓮縣、新竹縣、新竹市、基隆市、連江縣等轄區事業單位	(02)89956700
勞動部職業安全衛生署中區職業安全衛生中心	台中市南屯區黎明路二段 501 號 7 樓	苗栗縣、臺中市、彰化縣、南投縣、雲林縣等轄區事業單位	(04)22550633#129
勞動部職業安全衛生署南區職業安全衛生中心	高雄市新興區七賢一路 386 號 7-12 樓	嘉義縣、屏東縣、臺東縣、澎湖縣、嘉義市、臺南市、金門縣等轄區事業單位	(07)2354861#9
臺北市政府勞動檢查處	臺北市萬華區艋舺大道 101 號 7 樓	臺北市轄區事業單位	(02)23086101
新北市政府勞動檢查處	新北市土城區金城路一段 101 號 6 樓	新北市轄區部分事業單位	(02)22600050
桃園市政府勞動檢查處	桃園市桃園區大同路 108 號 13 樓	桃園市轄區部分事業單位	(03)3323606
臺中市勞動檢查處	臺中市南屯區精科路 26 號 2 樓	臺中市轄區部分事業單位	(04)22289111
臺南市政府勞工局勞動檢查中心	南市新營區民治路 36 號	臺南市轄區部分事業單位	(06)6320310
高雄市政府勞動檢查處	高雄市鳥松巨大埤路 117 號 3 樓	高雄市轄區事業單位	(07)7336959#9
經濟部加工出口區管理處 (第四組勞動檢查科)	高雄市楠梓區加昌路 600 號	屏東、楠梓、前鎮、臺中、中港加工出口區內事業單位	(07)3611212
新竹科學工業園區管理局 (勞資組)	新竹市新安路 2 號	新竹科學工業園區事業單位	(03)5773311
中部科學工業園區管理局 (勞資組)	台中市西屯區中科路 2 號	中部科學工業園區事業單位	(04)25658588
南部科學工業園區管理局 (勞資組)	台南市新市區南科三路 22 號	臺南科學工業園區事業單位	(06)5051001

　　此外，「勞動檢查法」第三條第二款對「代行檢查機構」之定義為：由中央主管機關指定為辦理危險性機械或設備檢查之行政機關、學術機構、公營事業機構或非營利法人。

　　另依「勞動檢查法」第十七條規定，中央主管機關對於危險性機械或設備之檢查，除由勞動檢查機構派勞動檢查員實施外，必要時亦得指定代行檢查機構派代行檢查員實施。

　　有關各地區之代行檢查機構資料，請見表 7.3。

表 7.3　行政院勞動部指定危險性機械或設備代行檢查機構 (民國 107 年 1 月 2 日最新公告)

代行檢查機構名稱	檢查種類	檢查項目	責任轄區
中華鍋爐協會	(1) 固定式起重機 (2) 人字臂起重桿 (3) 移動式起重機 (4) 吊籠	(1) 定期檢查 (2) 重新檢查 (3) 變更檢查 (4) 既有危險性機械檢查	臺北市、新北市、基隆市、宜蘭縣、桃園縣、新竹縣、新竹市、花蓮縣、連江縣
	(1) 營建用升降機 (2) 營建用提升機	(1) 定期檢查 (2) 重新檢查 (3) 變更檢查 (4) 竣工檢查 (5) 既有危險性機械檢查	
	(1) 鍋爐 (2) 第一種壓力容器 (3) 高壓氣體特定設備 (4) 高壓氣體容器	(1) 熔接檢查 (2) 構造檢查 (3) 重新檢查 (4) 變更檢查 (5) 竣工檢查 (6) 定期檢查 (7) 既有危險性設備檢查	
社團法人中華產業機械設備協會	(1) 固定式起重機 (2) 人字臂起重桿 (3) 移動式起重機 (4) 吊籠	(1) 定期檢查 (2) 重新檢查 (3) 變更檢查 (4) 既有危險性機械檢查	苗栗縣、臺中市、彰化縣、南投縣、雲林縣
	(1) 營建用升降機 (2) 營建用提升機	(1) 定期檢查 (2) 重新檢查 (3) 變更檢查 (4) 竣工檢查 (5) 既有危險性機械檢查	
	(1) 鍋爐 (2) 第一種壓力容器 (3) 高壓氣體特定設備 (4) 高壓氣體容器	(1) 熔接檢查 (2) 構造檢查 (3) 重新檢查 (4) 變更檢查 (5) 竣工檢查 (6) 定期檢查 (7) 既有危險性設備檢查	

表 7.3 行政院勞動部指定危險性機械或設備代行檢查機構 (民國 107 年 1 月 2 日最新公告)(續)

代行檢查機構名稱	檢查種類	檢查項目	責任轄區
中華民國工業安全衛生協會	(1) 固定式起重機 (2) 人字臂起重桿 (3) 移動式起重機 (4) 吊籠	(1) 定期檢查 (2) 重新檢查 (3) 變更檢查 (4) 既有危險性機械檢查	嘉義縣、嘉義市、臺南市、高雄市、屏東縣、臺東縣、澎湖縣、金門縣
	(1) 營建用升降機 (2) 營建用提升機	(1) 定期檢查 (2) 重新檢查 (3) 變更檢查 (4) 竣工檢查 (5) 既有危險性機械檢查	
	(1) 鍋爐 (2) 第一種壓力容器 (3) 高壓氣體特定設備 (4) 高壓氣體容器	(1) 熔接檢查 (2) 構造檢查 (3) 重新檢查 (4) 變更檢查 (5) 竣工檢查 (6) 定期檢查 (7) 既有危險性設備檢查	

7.5 勞動檢查法及其施行細則

在「勞動檢查法」第一條中，明定本法之立法目的為實施「勞動檢查」、貫徹「勞動法令」之執行、維護勞雇雙方權益、安定社會、發展經濟，特制定本法。

在本法的第四條中，很清楚的列出「勞動檢查」的檢查範圍為：

(1) 依本法規定應執行檢查之事項。

(2) 勞動基準法令規定之事項。

(3) 勞工安全衛生法令規定之事項。

(4) 其他依「勞動法令」應辦理之事項。

另「勞動檢查法施行細則」第三條明定，本法第四條第四款所稱「勞動法令」，指「勞工保險、勞工福利、就業服務及其他相關法令。」

由此可知，「勞動檢查法」乃為貫徹各種與勞雇雙方權益有關之勞動法令而訂定的檢查法規，因此自動檢查之實施，只是勞動檢查法其中一部分而已。

7.6　勞動檢查方針

依「勞動檢查法」第六條規定：「中央主管機關應參酌我國勞動條件現況、安全衛生條件、職業災害嚴重率及傷害頻率之情況，於年度開始前六個月公告並宣導勞動檢查方針，其內容為：

(1) 優先受檢查事業單位之選擇原則。

(2) 監督檢查重點。

(3) 檢查及處理原則。

(4) 其他必要事項。

勞動檢查機構應於前項檢查方針公告後三個月內，擬定勞動監督檢查計畫，報請中央主管機關核備後實施。」

因此，行政院勞動部依規定於各年度開始前六個月公告並宣導勞動檢查方針，以使事業單位能事先作好安全檢查。

以下是勞動部在其公告之「107年度勞動檢查方針」中所列出之「優先受檢查事業單位之選擇原則」：

一、應實施檢查之事業單位

1. 勞動條件部分：

   (1) 經陳情、申訴、檢舉勞動條件不符勞動法令規定者。

   (2) 經大眾傳播媒體廣為報導有違反勞動法令情事者。

   (3) 經專案檢查或其他檢查，發現有違反法令情節重大或經限期改善屆期仍不改善之情事者。發生重大職業災害者及應追蹤改善情形者。

2. 職業安全衛生部分：

   (1) 發生死亡或重傷之職業災害及應追蹤改善情形者。

   (2) 年度防災重點輔導對象，不配合改善職業安全衛生設施者。

   (3) 具有危險性之機械或設備申請檢查者。

   (4) 依勞動檢查法第二十六條規定申請危險性工作場所審查或檢查者。

   (5) 未依規定配置從事勞工健康服務醫護人員者。

   (6) 經陳情、申訴、檢舉安全衛生不符勞動法令規定者。

   (7) 經大眾傳播媒體廣為報導有違反勞動法令情事者。

二、應優先實施專案檢查之事業單位

1. 勞動條件部分：

(1) 經陳情、申訴、檢舉案件數多或經大眾傳播媒體報導違反勞動法令影響層面廣泛之行業。

(2) 經本部參酌勞動環境情勢及民意需求，政策指示勞動條件專案檢查實施對象及規模者。

2. 職業安全衛生部分：

(1) 火災爆炸預防專案。

(2) 大型營造工程安全專案。

(3) 有導致墜落、滾落、踏穿等屋頂或高處作業及被撞危害預防專案。

(4) 有導致被夾、捲、切割等職業失能災害預防專案。

(5) 高毒性、高刺激性、腐蝕性與特殊材料氣體、含游離二氧化矽粉塵、石綿、苯、鉻酸鹽、砷、鉛、鎘、錳等化學性因子及噪音、高溫、異常氣壓等物理性因子職業病預防專案。

(6) 下水道、暗溝、人孔、涵管、水塔、化糞池、生(消)化槽、發酵槽、溫泉水槽、污水處理槽、船艙、反應槽及儲槽等內部作業局限空間災害預防專案。

三、特別列管檢查之事業單位

1. 三年內同一事業單位或工作場所，曾發生 2 件以上死亡或重傷之職業災害者。

2. 平時僱用勞工人數在 100 人以上之事業單位或丁類危險性工作場所，一年內曾因職業安全衛生設施不符法令規定，並經通知停工改善或罰鍰處分達 3 次以上者。

3. 一年內因機械、設備及器具安全防護設施不良，致發生勞工失能程度符合勞工保險條例失能給付標準第 1 等級至第 9 等級 2 人以上之事業單位。

4. 廠場歲修、大修及化學設備維修等施工，而有發生火災爆炸等嚴重危害勞工之虞者。

5. 一年內因工作場所之危害性之化學品、氣體、蒸氣及粉塵等職業上原因引起勞工疾病或死亡之事業單位。

四、擴大防災檢查層面，年度檢查之廠(場)次中，除所有事業單位已納為檢查對象之勞動檢查機構外，其餘檢查機構對於上開優先檢查對象應有 20% 以上為新增或五年內未實施勞動檢查之事業單位。

五、其他經主管機關或勞動檢查機構認有必要者。

7.7　危險性工作場所之審查或檢查

依「勞動檢查法」第二十六條規定，下列危險性工作場所，非經勞動檢查機構審查或檢查合格，事業單位不得使勞工在該場所作業：

1. 從事石油裂解之石化工業之工作場所。

   係指從事石油產品之裂解反應，以製造石化基本原料之工作場所。(本法施行細則第二十五條)

2. 農藥製造工作場所。

   係指使用異氰酸甲酯、氯化氫、氨、甲醛、過氧化氫或汋啶為原料，從事農藥原體合成之工作場所。(本法施行細則第二十六條)

3. 爆竹煙火工廠及火藥類製造工作場所。

   爆竹煙火工廠，係指利用氯酸鹽類、過氯酸鹽類、硝酸鹽類、硫、硫化物、磷化物、木炭粉、金屬粉末及其他原料製造爆竹煙火類物品之工廠；火藥類製造工作場所，係指從事以化學物質製造爆炸性物品之工作場所。(本法施行細則第二十七條)

4. 設置「高壓氣體壓力容器」或「蒸氣鍋爐」，其壓力或「容量」達中央主管機關規定者之工作場所。

   (1) 高壓氣體類壓力容器，指供處理及儲存高壓氣體之盛裝容器。

   但下列各款設備或機器不包括之：(本法施行細則第二十七條之一)

   A. 移動式製造設備。

   B. 非屬有毒性或可燃性高壓氣體之單座固定式製造設備。

   C. 減壓設備。

   D. 空調設備及以氟氯烷為冷媒之冷凍機器。

   (2) 蒸汽鍋爐，指以火焰、燃燒氣體或其他高溫氣體加熱於水或熱媒，使發生超過大氣壓之壓力蒸汽，供給他用之裝置與其附屬過熱器及節煤器。(本法施行細則第二十七條之一)

   (3) 容量，指蒸汽鍋爐之傳熱面積在 500 平方尺以上，或高壓氣體壓力容器一日之冷凍能力在 150 公噸以上或處理能力符合下列規定之一者(本法施行細則第二十八條)：

   A. 1,000 立方公尺以上之氧氣、有毒性或可燃性高壓氣體。

   B. 5,000 立方公尺以上之前款以外之高壓氣體。

5. 製造、處理、使用危險物、有害物之數量達中央主管機關規定數量之工作場所。
    依「勞動檢查法施行細則」附表一及附表二之規定。
6. 中央主管機關會商目的事業主管機關指定之營造工程之工作場所。
7. 其他經中央主管機關指定之工作場所。

7.8 結語

　　為落實危險性工作場所之安全審查及檢查，行政院勞動部依「勞動檢查法」第二十六條第二項規定，訂定發布「危險性工作場所審查暨檢查辦法」，對甲、乙、丙、丁等四類危險性工作場所之審查事項有明細之規範，有關本辦法之內容及規定，將在本書第二十八章中予以詳細介紹。

　　此外，「勞動檢查法」第二十八條所定「勞動檢查機構指派勞動檢查員對各事業單位工作場所實施安全衛生檢查時，發現勞工有立即發生危險之虞，得就該場所以書面通知事業單位逕予先行停工」；有關此等情事之認定，請參閱「勞動檢查法第二十八條所定勞工有立即發生危險之虞認定標準」(最近一次修正為民國 94 年 6 月 10 日)。

習 題

一、選擇題

( ) 1. 下列何者得由中央主管機關指定之代行檢查機構實施？ (1) 勞工作業環境監測 (2) 危險性工作場所審查或檢查 (3) 職業災害檢查 (4) 具有危險性之機械或設備定期檢查。

( ) 2. 事業單位對勞動檢查機構所發檢查結果通知書有異議時，依勞動檢查法規定，應於通知書送達之次日起多少日內，以書面敘明理由向勞動檢查機構提出？ (1) 7 (2) 10 (3) 15 (4) 30。

( ) 3. 依職業安全衛生管理辦法規定，反應器或化學設備及其附屬設備應每幾年實施定期檢查一次？ (1) 1 (2) 2 (3) 3 (4) 4。

( ) 4. 依職業安全衛生管理辦法規定，下列何者非屬法令規定應實施重點檢查之設備？ (1) 第二種壓力容器 (2) 小型壓力容器 (3) 局部排氣裝置 (4) 異常氣壓之輸氣設備。

( ) 5. 依職業安全衛生管理辦法規定，下列何項設備每月應定期實施自動檢查 1 次？ (1) 第一種壓力容器 (2) 第二種壓力容器 (3) 小型鍋爐 (4) 小型壓力容器。

( ) 6. 勞動檢查員執行職務，下列何者屬不得預先通知事業單位之檢查？ (1) 職業災害檢查 (2) 危險性工作場所審查之現場檢查 (3) 專案檢查 (4) 危險性機械或設備竣工檢查。

( ) 7. 定期檢查及重點檢查紀錄表應陳報事業單位負責人或其代理人，其資料最少應保存幾年？ (1) 1 (2) 2 (3) 3 (4) 5。

( ) 8. 依高壓氣體勞工安全規則規定，高壓氣體儲存能力在 100 立方公尺或 1 公噸以上之儲槽，應多久定期測定其沉陷狀況 1 次？ (1) 1 個月 (2) 6 個月 (3) 9 個月 (4) 1 年。

( ) 9. 除職業安全衛生理辦法規定之自動檢查事項外，事業單位亦應自行斟酌實情，將本身使用之重機械設備選擇列人，下列何者較非屬其斟酌各該機械設備檢查時間與頻次之重要參考因素？ (1) 潛在危險及嚴重性 (2) 人員暴露數量 (3) 價格 (4) 使用頻率。

( ) 10. 下列何者依職業安全衛生管理辦法未規定需納入自動檢查計畫中？ (1) 車輛機械之定期檢查 (2) 設備之定期檢查 (3) 機械設備之重點檢查 (4) 作業檢點。

( ) 11. 依職業安全衛生管理辦法規定，特定化學設備或附屬設備應多久定期實施自動檢查？ (1) 每六個月 (2) 每年 (3) 每二年 (4) 每三年。

( ) 12. 職業安全衛生管理辦法所稱之自動檢查，其屬性為下列何者？ (1) 強制性 (2) 自發性 (3) 志願性 (4) 投機性。

( ) 13. 下列何種情況之高壓氣體特定設備不得報經勞動檢查機構核定後延長其內部檢查期限？ (1) 內存觸媒分子篩者 (2) 溫度為超低溫者 (3) 免設人孔檢查孔者 (4) 為降低生產成本者。

(　) 14. 依職業安全衛生管理辦法規定，雇主對高壓氣體儲存能力在多少以上之儲槽，應每年定期測定其沉陷狀況一次？　(1) 50 立力公尺　(2) 100 立方公尺　(3) 0.5 公噸　(4) 0.8 公噸。

(　) 15. 雇主欲變更吊籠升降、制動或控制裝置時，應申請何種檢查？　(1) 型式檢查　(2) 使用檢查　(3) 竣工檢查　(4) 變更檢查。

(　) 16. 要做好自動檢查工作，下列何者為正確？　(1) 主管參與即可　(2) 全員作業勞工共同參與　(3) 雇主參與即可　(4) 雇主指定之代理人參與。

(　) 17. 依職業安全衛生管理辦法規定，堆高機多少應整體定期實施檢查一次？　(1) 每年　(2) 每季　(3) 每月　(4) 每週。

(　) 18. 依職業安全衛生管理辦法規定，雇主對於動力堆高機應每月定期實施自動檢查一次，下列何項目不包括在內？　(1) 制動裝置、離合器及方向裝置　(2) 積載裝置及油壓裝置　(3) 頂篷及桅桿　(4) 後視鏡。

(　) 19. 雇主實施自動檢查時，檢查成員不包括下列何者？　(1) 業務代表　(2) 現場製造主管 (工廠主任)　(3) 設備作業主管　(4) 現場勞工。

(　) 20. 下列何者是實施自動檢查之最終目的？　(1) 防止職業災害，保障工作者安全與健康　(2) 顯示雇主及管理階層對勞工安全與健康的關心　(3) 建立各種機械設備良好的保養維修制度　(4) 改善勞工的工作方法，改進生產的程序。

(　) 21. 依職業安全衛生管理辦法規定，下列有關應定期自動檢查期限之敘述何者有誤？　(1) 乾燥設備及附屬設備每年 1 次　(2) 小型鍋爐每月 1 次　(3) 乙炔熔接裝置每年 1 次　(4) 異常氣壓之再壓室每月 1 次。

(　) 22. 依職業安全衛生管理辦法規定，反應器或化學設備及其附屬設備應每幾年實施定期檢查一次？　(1) 1　(2) 2　(3) 3　(4) 4。

(　) 23. 電氣設備中之變壓器定期檢查時，應檢查絕緣油溫度，不得超過多少℃以上？　(1) 50　(2) 75　(3) 100　(4) 125。

(　) 24. 固定式起動機不必實施下列何種檢查？　(1) 型式檢查　(2) 熔接檢查　(3) 竣工檢查　(4) 定期檢查。

(　) 25. 高壓氣體容器之定期檢查，依危險性機械及設備安全檢查規則規定，自構造檢查合格日起算未滿 15 年者，須每幾年檢查 1 次以上？　(1) 1　(2) 2　(3) 3　(4) 5。

(　) 26. 依勞動檢查法之規定，中央主管機關公告宣導勞動檢查方針之時機，為年度開始前幾個月為之？　(1) 3　(2) 4　(3) 5　(4) 6。

(　) 27. 依職業安全衛生管理辦法規定，小型鍋爐、小型壓力容器每年應實施定期檢查 1 次以上，由下列何者辦理？　(1) 勞動檢查機構　(2) 代行檢查機構　(3) 製造廠　(4) 雇主。

(　) 28. 依職業安全衛生管理辦法規定，反應器或蒸餾器及其附屬設備應每幾年實施定期檢查一次？　(1) 1　(2) 2　(3) 3　(4) 4。

( ) 29. 依職業安全衛生管理辦法規定，下列何者非屬應實施之自動檢查？ (1) 定期檢查 (2) 重點檢查 (3) 使用檢查 (4) 作業檢點。

( ) 30. 依職業安全衛生管理辦法規定，定期檢查及重點檢查等自動檢查紀錄至少應保存多少年？ (1) 1 (2) 2 (3) 3 (4) 4。

( ) 31. 依勞動檢查法規定，下列何者非屬勞動檢查員得實施封存之情形？ (1) 有違反外國人入出境管理辦法者 (2) 有違反勞動法令者 (3) 有職業災害原因鑑定所必須者 (4) 有使用特定化學物質危害預防標準規定之乙類物質者。

( ) 32. 依職業安全衛生管理辦法規定，實施下列何項自動檢查可以不要訂定自動檢查計畫？ (1) 機械之定期檢查 (2) 機械設備之重點檢查 (3) 機械設備之作業檢查 (4) 作業檢點。

( ) 33. 依危險性機械及設備安全檢查規則規定，雇主對於停用超過檢查合格證有效期限幾個月以上之營建用提升機，如擬恢復使用時，應填具重新檢查申請書，向勞動檢查機構申請重新檢查？ (1) 6 (2) 8 (3) 10 (4) 12。

( ) 34. 下列何者為職業安全衛生管理辦法規定，每年應實施定期檢查之機械或設備？ (1) 化學設備 (2) 衝剪機械 (3) 擋土支撐 (4) 營造施工架。

( ) 35. 高壓氣體類壓力容器 1 日之冷凍能力在多少公噸以上者，屬勞動檢查法及其施行細則規定之危險性工作場所？ (1) 10 (2) 50 (3) 100 (4) 150。

( ) 36. 依職業安全衛生管理辦法規定，高空工作車之電壓、電流及其它電氣系統應多久檢查 1 次？ (1) 每日 (2) 每週 (3) 每月 (4) 每年。

( ) 37. 自動檢查計畫之訂定，下列何者可免實施整體檢查？ (1) 車輛系營建機械 (2) 動力堆高機 (3) 升降機 (4) 高壓電氣設備。

( ) 38. 下列何者非勞動檢查法明定之立法目的？ (1) 貫徹勞動法令之執行 (2) 促進勞資合作 (3) 安定社會 (4) 發展經濟。

( ) 39. 訂定自動檢查計畫時，對於乾燥設備及其附屬設備，每年依規定項目實施檢查 1 次，應納入下列何種自動檢查？ (1) 機械設備之重點檢查 (2) 機械設備之作業檢點 (3) 機械之定期檢查 (4) 設備之定期檢查。

( ) 40. 捲揚裝置設備於開始使用、拆卸、改裝或修理時，應實施下列何種檢查？ (1) 定期檢查 (2) 機械設備之重點檢查 (3) 機械設備之作業檢點 (4) 作業檢點。

( ) 41. 自動檢查計畫訂定之程序中，有關檢查表格以下列何者負責訂定較為妥適？ (1) 雇主 (2) 執行部門之主管 (3) 承攬商 (4) 維修保養人員。

( ) 42. 依職業安全衛生管理辦法規定，營造工程之施工架應多久定期實施檢查 1 次？ (1) 每日 (2) 每週 (3) 每月 (4) 每 3 個月。

( ) 43. 吊升荷重在 3 公噸以上之移動式起重機申請使用檢查，經勞動檢查機構檢查合格者，其使用期限，最長以幾年為限？ (1) 1 (2) 2 (3) 3 (4) 4。

( ) 44. 依勞動檢查法規定，勞動檢查員為執行檢查職務，得隨時進入事業單位，若雇主或其代理人無故拒絕、規避或妨礙，得處新台幣多少萬元之罰鍰？ (1) 1～3 (2) 3～6 (3) 3～15 (4) 3～30。

( ) 45. 被通知停工之事業單位，依勞動檢查法規定，勞動檢查機構床允許復工前，若私自復工，事業單位會受何種處分？ (1) 罰鍰 (2) 有期徒刑、拘役或科或併科罰金 (3) 以函通知改善 (4) 移送法院強制執行。

( ) 46. 依職業安全衛生管理辦法規定，雇主使勞工從事特定化學物質作業，應使何人就其作業有關事項實施檢點？ (1) 雇主 (2) 該勞工 (3) 該作業主管 (4) 該作業場所負責人。

( ) 47. 經勞動檢查機構以書面通知之檢查結果，事業單位應於該違規場所顯明易見處公告幾日以上？ (1) 7 (2) 10 (3) 15 (4) 30。

( ) 48. 依職業安全衛生管理辦法規定，下列何者非屬雇主應使勞工就其作業實施檢點之事項？ (1) 鍋爐操作作業 (2) 高壓氣體之灌裝作業 (3) 有機溶劑作業 (4) 輸送帶作業。

( ) 49. 下列有關實施自動檢查之時機，何者非屬重點檢查？ (1) 第二種壓力容器於初次使用前 (2) 局部排氣裝置或除塵裝置，於開始使用、拆卸、改裝或修理時 (3) 異常氣壓之輸氣設備初次使用或予分解後加以改造、修理或停用一個月以上擬再度使用時 (4) 營造工程施工架之檢查。

( ) 50. 訂定自動檢查計畫，對於使勞工從事露天開挖之作業，使該勞工就其作業有關事項實施檢點，應列入下列哪一種自動檢查中？ (1) 機械設備作業檢點 (2) 機械之定期檢查 (3) 作業檢點 (4) 重點檢查。

( ) 51. 依勞動檢查法規定，勞工向工會申訴之案件，由工會查證後對事業單位所提之建議改善案，事業單位若拒絕改善，工會應如何處理？ (1) 退回勞工不予處理 (2) 得向勞動檢查機構申請實施檢查 (3) 向主管機關申請罷工 (4) 提出申訴。

( ) 52. 依危險性機械及設備安全檢查規則規定，雇主對於停用超過檢查合格有效期限多久以上之起重升降機具，如擬恢復使用時，應向代行檢查機構申請重新檢查？ (1) 6 個月 (2) 1 年 (3) 18 個月 (4) 2 年。

( ) 53. 依營造安全衛生設施標準規定，安全網及其組件應多久檢查一次？ (1) 每日 (2) 每週 (3) 每月 (4) 每年。

( ) 54. 事業單位各部門提出之自動檢查執行計畫，係由下列何者彙整？ (1) 勞工代表 (2) 雇主 (3) 安全衛生人員 (4) 人事主管。

( ) 55. 依勞動檢查法規定通知事業單位全部停工時，其全部停工日數超過幾日者，勞動檢查機構應陳報中央主管機關核定？ (1) 5 (2) 7 (3) 9 (4) 10。

( ) 56. 依職業安全衛生管理辦法規定，高壓電氣設備定期檢查之週期為何？ (1) 每月 (2) 每季 (3) 每半年 (4) 每年。

( ) 57. 下列有關經中央主管機關指定具有危險性之機械或設備之敘述，何者錯誤？ (1) 非經勞動檢查機構或中央目的事業主管機關指定之代行檢查機構檢查合格，不得使用 (2) 使用超過規定期間者，非經再檢查合格，不得繼續使用 (3) 具有危險性之機械或設備之檢查，得收檢查費 (4) 代行檢查機構應依職業安全衛生法規執行職務。

( ) 58. 依職業安全衛生管理辦法訂定自動檢查計畫時，下列何者可免實施定期檢查？ (1) 鍋爐 (2) 壓力容器 (3) 乙炔熔接裝置 (4) 個人防護用具。

( ) 59. 下列何者為百貨公司內專供勞工使用升降機檢查之主管機關？ (1) 當地勞動檢查機構 (2) 營建主管機關 (3) 經濟部 (4) 環保署。

( ) 60. 事業單位對工作場所之各種設備，經長時間使用後，其品質或性能可能劣化，而出現缺失，因此必須按照設備的性質分別規定檢查期間，檢查項目等，予以詳細檢查，以保障作業安全，係屬下列何種自動檢查？ (1) 定期檢查 (2) 重點檢查 (3) 作業檢點 (4) 巡視。

( ) 61. 依職業安全衛生管理辦法之規定，自動檢查之定期檢查週期最長為幾年？ (1) 1 (2) 2 (3) 3 (4) 4。

( ) 62. 依職業安全衛生管理辦法規定，有機溶劑室內作業場所應多久實施檢點一次以上？ (1) 每天 (2) 每週 (3) 每半個月 (4) 每月。

( ) 63. 雇主對固定式起重機依職業安全衛生管理辦法規定應每月定期實施自動檢查一次，下列何者非屬規定之檢查項目？ (1) 過捲預防裝置等安全裝置有無異常 (2) 鋼索等有無損傷 (3) 配線等有無異常 (4) 直行導軌之狀況。

( ) 64. 化學設備及其附屬設備實施定期檢查時，依職業安全衛生管理辦法規定，有關內壁與外壁之檢查不包括下列何者？ (1) 損傷 (2) 美觀 (3) 變形 (4) 腐蝕。

( ) 65. 有關自動檢查之措施，下列敘述何者有誤？ (1) 改善對策及補救措施應確認其無不良後果 (2) 改善建議應詳加研究，依經費需求順序實施之 (3) 追蹤改善事項之執行情形 (4) 對於改善對策無法立即實施者，應採取暫時的補救措施。

( ) 66. 依勞動檢查法規定，申訴之公告書應於事業單位顯明而易見之場所公告，公告事項不包含下列何者？ (1) 申訴程序 (2) 勞工申訴書格式 (3) 勞工得申訴之範圍 (4) 勞工之福利。

( ) 67. 事業單位設有鍋爐乙座，而該座鍋爐檢查合格證之有效期限至六月期滿，則於釐訂自動檢查計畫中，明訂應於六月前完成定期檢查，是為該計畫內容中下列哪一項？ (1) 工作項目 (2) 計畫項目 (3) 計畫目標 (4) 工作進度。

( ) 68. 下列何者非勞動檢查法明定之勞動檢查事項範圍？ (1) 勞動檢查法令規定之事項 (2) 勞工基準法令規定之事項 (3) 食品安全衛生法令規定之事項 (4) 勞工保險、勞工福利、就業服務及其他相關法令。

( ) 69. 以動力驅動之衝剪機械，依職業安全衛生管理辦法規定，其制動裝置定期自動檢查應多久實施一次？ (1) 1 個月 (2) 3 個月 (3) 6 個月 (4) 1 年。

( ) 70. 依起重升降機其安全規則規定，雇主於中型升降機設置完成時，應自行實施荷重試驗，確認安全後方得使用，該試驗紀錄應保存幾年？ (1) 1 (2) 2 (3) 3 (4) 4。

( ) 71. 自動檢查計畫係由下列何者核定？ (1) 安全衛生業務主管 (2) 各部門主管 (3) 勞工代表 (4) 雇主。

( ) 72. 勞動檢查機構對事業單位工作場所發生重大職業災害時之處置，下列敘述何者錯誤？ (1) 應立即指派勞動檢查員前往實施檢查，調查職業災害原因及責任 (2) 其發現非立即停工不足以避免職業災害擴大者，應由檢查員以口頭告知全部停工，立即要求改善 (3) 發現勞工有立即發生危險之虞，得就該場所以書面通知事業單位逕予先行停工 (4) 勞動檢查員對事業單位未依勞動檢查機構通知限期改善事項辦理，而有發生職業災害之虞時，應陳報所屬勞動檢查機構。

( ) 73. 依職業安全衛生管理辦法規定，下列應定期實施自動檢查期限之敘述何者有誤？ (1) 一般車輛之安全性能每月 1 次 (2) 動力驅動離心機械每年 1 次 (3) 營建用提升機每 3 個月 1 次 (4) 吊籠每月 1 次。

( ) 74. 在安全管理的 4E 中，作業場所之監督及檢點屬於下列何者？ (1) 工程 (Engineering) (2) 教育 (Education) (3) 執行 (Enforcement) (4) 熱忱 (Enthusiasm)。

( ) 75. 事業單位以其事業之全部或部分交付承攬時，如使用之機械、設備或器具係由原事業單位提供者，原則上該等機械設備或器具由何單位實施定期檢查及重點檢查？ (1) 原事業單位 (2) 承攬人 (3) 檢查機構 (4) 代行檢查機構。

( ) 76. 下列何者不屬於職業安全衛生管理辦法規定之自動檢查作法？ (1) 巡視 (2) 定期檢查 (3) 重點檢查 (4) 職業災害檢查。

( ) 77. 雇主對營造工程之模板支撐架，依職業安全衛生管理辦法規定，下列何者有誤？ (1) 應每月實施定期檢查一次 (2) 當惡劣氣候襲擊後應實施檢查 (3) 每次停工之復工前應實施檢查 (4) 對於模板支撐組配、拆除作業，應指定模板支撐作業主管於作業現場指揮勞工作業並監督勞工個人防護具之使用。

( ) 78. 雇主依職業安全衛生管理辦法規定，下列何者應每 2 年定期實施自動檢查 1 次？ (1) 移動式起重機 (2) 升降機 (3) 化學設備及其附屬設備 (4) 乾燥設備及其附屬設備。

( ) 79. 自動檢查計畫訂定之程序中，有關檢查表格以下列何者負責訂定較為妥適？ (1) 雇主 (2) 執行部門之主管 (3) 安全衛生人員 (4) 維修保養人員。

( ) 80. 依職業安全衛生管理辦法規定，高壓氣體特定設備，應多久實施定期檢查一次？ (1) 1 日 (2) 2 日 (3) 1 週 (4) 1 個月。

( ) 81. 依職業安全衛生管理辦法規定，雇主對電氣機車等之整體定期自動檢查，多久實施一次？ (1) 1 年 (2) 2 年 (3) 3 年 (4) 4 年。

( ) 82. 依職業安全衛生管理辦法規定，事業單位以其事業之全部或部分交付承攬時，如該承攬人使用之機械、設備或器具係由原事業單位提供者，該機械、設備或器具如無特別規定，應由下列何者實施定期檢查及重點檢查？ (1) 原事業單位 (2) 承攬人 (3) 再承攬人 (4) 最後承攬人。

( ) 83. 經勞動檢查機構以書面通知之檢查結果，事業單位若以違反單項內容公告時，應於下列何顯明易見處公告？ (1) 該違規之機具、設備或場所 (2) 餐廳、宿舍及各作業場所 (3) 經協商同意之場所 (4) 管制出勤之場所。

( ) 84. 下列何者非屬勞動檢查法第 27 條所稱之重大職業災害？ (1) 發生死亡災害者 (2) 發生 9 等殘廢之災害 (3) 發生光氣之洩漏，致 1 人以上罹災勞工需住院治療者 (4) 發生災害罹災 3 人以上者。

( ) 85. 依職業安全衛生管理辦法規定，下列何者非屬雇主應使勞工就其作業實施檢點之事項？ (1) 鍋爐操作作業 (2) 高壓氣體之灌裝作業 (3) 有機溶劑作業 (4) 高壓電氣設備。

( ) 86. 依職業安全衛生管理辦法規定，下列何種機械設備應於使用前及使用後實施檢點？ (1) 車輛機械 (2) 吊籠 (3) 工業用機器人 (4) 高壓氣體製造設備。

( ) 87. 依職業安全衛生管理辦法規定，定期自動檢查紀錄內容不包括下列何者？ (1) 檢查年、月、日 (2) 檢查費用 (3) 檢查方法 (4) 檢查結果。

( ) 88. 依職業安全衛生管理辦法規定，雇主對高壓氣體儲存能力在多少公噸以上之儲槽，應每年定期測定其沉陷狀況一次？ (1) 1 (2) 2 (3) 3 (4) 4。

( ) 89. 對於易發生危險或災害情形較嚴重者應較常檢查，下列何者定期檢查頻率應較高？ (1) 鍋爐 (2) 低壓電氣設備 (3) 第二種壓力容器 (4) 局部排氣裝置。

( ) 90. 依職業安全衛生管理辦法實施自動檢查之紀錄，目前未規定保存 3 年以上係下列何者？ (1) 機械車輛之定期檢查 (2) 設備定期檢查 (3) 機械設備之重點檢查 (4) 機械設備之作業檢點。

( ) 91. 依職業安全衛生管理辦法規定，乙炔熔接裝置應多久就裝置之損傷、變形、腐蝕等及其性能定期實施檢查一次？ (1) 每週 (2) 每月 (3) 每半年 (4) 每年。

( ) 92. 鍋爐未依規定實施定期檢查，致發生事故時，應由 (1) 檢查機構 (2) 主管機關 (3) 雇主 (4) 勞工 負責。

( ) 93. 承攬人使用之機械、設備或器具係由原事業單位提供者，該機械、設備或器具之定期檢查及重點檢查應由 (1) 承攬人 (2) 原事業單位 (3) 共同 (4) 不一定實施。

( ) 94. 危險性機械或設備之定期檢查係由 (1) 檢查機構 (2) 事業單位 (3) 代行檢查機構 (4) 勞工 來檢查。

( ) 95. 危險性設備檢查後，因故停工一年以上擬重新啟用時，應申請何種檢查？ (1) 竣工檢查 (2) 型式檢查 (3) 重新檢查 (4) 變更檢查。

( ) 96. 鍋爐經檢查合格後，因故未予使用，一年後須再使用時應向檢查機構申請何項檢查？ (1) 變更檢查 (2) 竣工檢查 (3) 重新檢查 (4) 定期檢查。

( ) 97. 雇主對於第二種壓力容器及小型壓力容器之定期檢查紀錄，應保存 (1) 二年 (2) 三年 (3) 五年 (4) 一年。

( )98. 事業單位之規劃、督導安全衛生設施之檢點與檢查，係為 (1) 雇主 (2) 職業安全衛生委員會 (3) 職業安全衛生管理單位 (4) 領班 之職責。

( )99. 下列何者可處三年以下有期徒刑、拘役或科或併科新臺幣十五萬元以下罰金？ (1) 使勞工在未經審查或檢查合格之工作場所作業者 (2) 拒絕、規避或妨礙勞動檢查員進入事業單位執行檢查職務 (3) 未依規定於違規場所顯明易見處將勞動檢查結果予以公告 (4) 有關機關或團體拒絕向勞動檢查機構提供事業單位之勞動檢查資料者。

( )100. 下列何項檢查由勞動檢查機構辦理？ (1) 礦場安全檢查 (2) 職業安全衛生自動檢查 (3) 危險性機械設備代行檢查 (4) 職業災害調查。

( )101. 檢查人員實施安全衛生檢查時，最好由工作場所之主管或有關人員偕同檢查，下列何者並非偕同檢查之目的？ (1) 避免可能發生之危險 (2) 檢查人員如有疑問當即可詢問 (3) 避免一人工作之寂寞 (4) 檢查人員如有建議可隨時在現場商討，以獲致具體可行之結論。

( )102. 雇主對使用中之施工架應實施檢查，依法令規定下列何者有誤？ (1) 至少應每月檢查一次 (2) 應指派施工架組配作業主管於事前依營造安全衛生設施標準及其他安全規定檢查後使用 (3) 每當惡劣氣候侵襲後應再加強檢查 (4) 每次停工後於復工前應再加強檢查。

( )103. 雇主對設於工廠、電廠、礦場或營造工地之低壓電氣設備，應多久定期實施檢查一次？ (1) 每月 (2) 每三個月 (3) 每六個月 (4) 每年。

( )104. 特殊機械設備設置完成，使用前或拆卸修理改裝時應實施下列何種檢查？ (1) 定期檢查 (2) 機械設備之重點檢查 (3) 機械設備之作業檢點 (4) 作業檢點。

( )105. 依法令規定，下列何者應實施重點檢查？ (1) 局部排氣裝置 (2) 低壓電氣設備 (3) 鍋爐 (4) 吊籠。

( )106. 下列有關依規定實施自動檢查期限之敘述，何者有誤？ (1) 施工架每週檢查一次 (2) 動力驅動離心機械每年一次 (3) 營建用提升機每三個月一次 (4) 吊籠每月一次。

( )107. 代行檢查機構擬變更檢查業務時，應下向列何者申請？ (1) 當地勞動檢查機關 (2) 當地主管機關 (3) 中央主管機關 (4) 省 (市) 主管機關。

( )108. 依法令規定，事業單位僱用勞工在多少人以上時就要實施自動檢查？ (1) 一百人 (2) 五十人 (3) 三十人 (4) 未規定人數。

( )109. 實施自動檢查以後必須採取下列何項措施始能達到防止職業災害，保障勞工安全與健康之目的？ (1) 聘請專家指導 (2) 提出檢查報告 (3) 切實改善 (4) 舉行研討會。

二、問答題

1. 雇主對於機械、器具、設備及其作業應訂定自動檢查計畫實施自動檢查，請回答下列關於自動檢查之相關問題：

    (1) 列出擬定自動檢查計畫應具備之要項。

    (2) 列出定期檢查、重點檢查應記錄事項。

    (3) 說明「固定式起重機過捲預防裝置」、「升降機緊急停止裝置」、「動力衝剪機械」、「高壓電氣設備」、「堆高機制動裝置」之各定期檢查頻率。

2. 依勞動檢查法規定，勞動檢查機構之勞動檢查員到廠場實施安全衛生檢查時，發現勞工有立即發生危險之虞時，得就該場所以書面通知逕予先行停工。

    (1) 請列出有立即發生危險之虞之 5 種災害類型。

    (2) 勞動檢查員執行哪 3 項檢查事項，得事先通知事業單位？

3. 某工廠設有多部固定式起重機，依職業安全衛生管理辦法規定，雇主對該固定式起重機應每月定期實施檢查，請問其應檢查哪些裝置及設備有無損傷或異常？

4. 請依職業安全衛生管理辦法規定，回答下列問題：

    (1) 自動檢查分為哪幾大類？

    (2) 何類自動檢查無需訂定自動檢查計畫？

    (3) 事業單位承租機械、設備或器具供勞工使用，如未以書面約定自動檢查之責任時，應由租用者或出租者負責實施之？

    (4) 勞工人數在 30 人以上時，事業單位應填具何種文件陳報檢查機構備查？

5. 勞動檢查法所稱之危險性機械或設備，所指為何？

6. 勞動檢查法所稱重大職業災害，指的是哪些職業災害？

7. 勞動檢查法第二十八條所稱勞工「有立即發生危險之虞的工作場所」，如何認定？

8. 依據勞動檢查法規定，雇主必須向勞動檢查機構審查或檢查合格之危險性工作場所為何？

9. 依勞動檢查法第二十六條規定，哪些危險性工作場所非經勞動檢查機構審查或檢查合格，事業單位不得使勞工在該場所作業。

10. 依「職業安全衛生管理辦法」規定，雇主應做哪五項自動檢查項目？

11. 某事業單位有鍋爐、第二種壓力容器、衝剪機械、局部排氣裝置及堆高機等機械設備，請依「職業安全衛生管理辦法」規定，應如何實施自動檢查？

12. 依「職業安全衛生管理辦法」規定，雇主應如何擬訂自動檢查計畫？

13. 擬定自動檢查計畫應考慮哪些內容？

14. 依勞動法規定，具有危險性之機械或設備有哪些？危險性工作場所有哪些？前述兩者之法律依據各為何？前述之法律各賦予雇主對具有危險性之機械或設備或危險性工作場所之法定義務為何？

15. 為防止火災爆炸災害，請依職業安全衛生設施規則及職業安全衛生管理辦法等規定，回答下列問題：

    (1) 雇主對於化學設備及其附屬設備之改善、修理、清掃、拆卸等作業，應指定專人辦理之事項為何？

    (2) 雇主對化學設備及其附屬設備，應定期實施檢查之頻率為何？並列出 4 種檢查事項。

職業安全衛生教育訓練

8.1 前言

　　對工作者或勞工施以安全衛生教育訓練，除了使其獲得預防職業災害發生之知能外，最重要的，就是藉教育活動使之培養出重視安全衛生的觀念與習慣，使其了解工作環境中的潛在危機，並且提出預防災害發生的方法，落實安全衛生的成效。此外，一些特殊或是具有危險性的機械設備，其操作人員更必須接受相關之操作實習或訓練，才具資格操作這些機械設備，否則很容易會因操作不當而導致職業災害。有鑑於此，「職業安全衛生法」第二十四條規定：「經中央主管機關指定具有危險性機械或設備之操作人員，雇主應僱用經中央主管機關認可之訓練或經技能檢定之合格人員充任之。」

　　本法第三十二條也規定，「雇主對勞工應施以從事工作與預防災變所必要之安全衛生教育及訓練。前項必要之教育及訓練事項、訓練單位之資格條件與管理及其他應遵行事項之規則，由中央主管機關定之。勞工對於第一項之安全衛生教育及訓練，有接受之義務。」因此，行政院勞動部於民國 105 年 9 月 22 日最新修正發布的「職業安全衛生教育訓練規則」(以下簡稱本規則) 中，對上述操作人員及勞工的訓練內容、時數、資格認可等，有詳細的說明。依本規則第二條之規定，安全衛生教育訓練分類如下：

　　本規則之安全衛生教育訓練分類如下：

　　(1) 職業安全衛生業務主管之安全衛生教育訓練。

　　(2) 職業安全衛生管理人員之安全衛生教育訓練。

　　(3) 勞工作業環境監測人員之安全衛生教育訓練。

　　(4) 施工安全評估人員及製程安全評估人員之安全衛生教育訓練。

　　(5) 高壓氣體作業主管、營造作業主管及有害作業主管之安全衛生教育訓練。

　　(6) 具有危險性之機械或設備操作人員之安全衛生教育訓練。

　　(7) 特殊作業人員之安全衛生教育訓練。

　　(8) 勞工健康服務護理人員之安全衛生教育訓練。

　　(9) 急救人員之安全衛生教育訓練。

　　(10)一般安全衛生教育訓練。

　　(11)前 10 款之安全衛生在職教育訓練。

　　(12)其他經中央主管機關指定之安全衛生教育訓練。

以下章節將分別介紹上列各類人員應接受之安全衛生教育訓練課程及時數。

8.2　職業安全衛生業務主管安全衛生教育訓練

　　在本書第六章中，已說明事業單位應依其性質、規模等，置備所需之「職業安全衛生業務主管」。依本規則第三條第一項規定：雇主對擔任「職業安全衛生業務主管」之勞工，應於事前使其接受職業安全衛生業務主管之安全衛生教育訓練。事業經營負責人或其代理人擔任「職業安全衛生業務主管」者，亦同。

　　擔任「職業安全衛生業務主管」人員，具備下列資格之一者，得免接受本規則第三條第一項所定之安全衛生教育訓練：

(1) 具有職業安全管理師、職業衛生管理師、職業安全衛生管理員資格。

(2) 經職業安全管理師、職業衛生管理師、職業安全衛生管理員教育訓練合格領有結業證書。

(3) 接受職業安全管理師、職業衛生管理師、職業安全衛生管理員教育訓練期滿，並經第二十四第三項規定之測驗合格，領有職業安全衛生業務主管結業證書。

　　事業單位應依其性質、規模等，置備所需之「職業安全衛生業務主管」分甲、乙、丙三種，其教育訓練課程、時數說明如後。

8.2.1　丙種職業安全衛生業務主管教育訓練課程、時數 (21 小時)

一、法規與通識 (6 小時)

(1) 職業安全衛生相關法規 (含職業安全衛生法、勞動檢查法、職業災害勞工保護法、職業安全衛生設施規則、職業安全衛生管理辦法等相關法規) ………………………………………………4 小時

(2) 職業安全衛生概論 ………………………………………………2 小時

二、一般行業類管理制度 (4 小時)

(1) 職業安全衛生管理系統介紹 (含政策、目標、計畫、執行、績效評估、改善、採購、變更、修繕、自動檢查及管理規章) …2 小時

(2) 風險評估 (含危害辨識、製程安全評估、危害控制) …………1 小時

(3) 承攬管理 …………………………………………………………1 小時

三、一般行業管理實務 (含職災案例研討)(11 小時)

(1) 墜落危害預防管理實務 …………………………………………1 小時

(2) 機械安全管理實務 ………………………………………………1 小時

(3) 火災爆炸預防管理實務   1 小時

(4) 感電危害預防管理實務   2 小時

(5) 倒塌崩塌危害預防管理實務 (含物體飛落、被撞危害預防)   1 小時

(6) 化學性危害預防管理實務 (含缺氧危害預防)   2 小時

(7) 物理性危害預防管理實務 (含人因危害)   1 小時

(8) 健康管理與健康促進   1 小時

(9) 職業災害調查處理與統計   1 小時

8.2.2 乙種職業安全衛生業務主管教育訓練課程及時數 (35 小時)

一、法規與通識 (10 小時)

(1) 企業經營風險與安全衛生 (含組織協調與溝通)   2 小時

(2) 職業安全衛生相關法規 (含職業安全衛生法、勞動檢查法、
職業災害勞工保護法、職業安全衛生設施規則、職業安全衛
生管理辦法等相關法規)   5 小時

(3) 職業安全衛生概論 3 小時

二、一般行業類管理制度 (9 小時)

(1) 職業安全衛生管理系統介紹 (含政策、目標、計畫、執行、
績效評估、改善、自動檢查及管理規章)   2 小時

(2) 風險評估 (含危害辨識、製程安全評估、危害控制)   2 小時

(3) 承攬管理 2 小時

(4) 採購管理 (含採購管理、變更管理、修繕管理等)   2 小時

(5) 緊急應變管理 (含急救)1 小時

三、一般行業管理實務 (含職災案例研討)(16 小時)

(1) 墜落危害預防管理實務   2 小時

(2) 機械安全管理實務   2 小時

(3) 火災爆炸預防管理實務   2 小時

(4) 感電危害預防管理實務   2 小時

(5) 倒塌崩塌危害預防管理實務 (含物體飛落、被撞危害預防)   1 小時

(6) 化學性危害預防管理實務 (含缺氧危害預防)   3 小時

(7) 物理性危害預防管理實務 (含人因危害預防)   2 小時

(8) 健康管理與健康促進   1 小時

(9) 職業災害調查處理與統計   1 小時

8.2.3　甲種職業安全衛生業務主管教育訓練課程及時數 (42 小時)

一、法規與通識 (10 小時)

(1) 企業經營風險與安全衛生 (含組織協調與溝通)	2 小時
(2) 職業安全衛生相關法規 (含職業安全衛生法、勞動檢查法、職業災害勞工保護法、職業安全衛生設施規則、職業安全衛生管理辦法等相關法規)	5 小時
(3) 職業安全衛生概論	3 小時

二、一般行業類管理制度 (13 小時)

(1) 職業安全衛生管理系統介紹 (含政策、目標、計畫、執行、績效評估、改善、自動檢查及管理規章)	3 小時
(2) 風險評估 (含危害辨識、製程安全評估危害控制)	3 小時
(3) 承攬管理	2 小時
(4) 採購管理 (含採購管理、變更管理、修繕管理等)	3 小時
(5) 緊急應變管理 (含急救)	2 小時

三、一般行業管理實務 (含職災案例研討)(19 小時)

(1) 墜落危害預防管理實務	2 小時
(2) 機械安全管理實務	2 小時
(3) 火災爆炸預防管理實務	2 小時
(4) 感電危害預防管理實務	2 小時
(5) 倒塌崩塌危害預防管理實務 (含物體飛落、被撞危害預防)	1 小時
(6) 化學性危害預防管理實務 (含缺氧危害預防)	4 小時
(7) 物理性危害預防管理實務 (含人因危害預防)	2 小時
(8) 健康管理與健康促進	2 小時
(9) 職業災害調查處理與統計	2 小時

8.3　營造業職業安全衛生業務主管安全衛生教育訓練

　　本規則第四條第一項規定，雇主對擔任「營造業職業安全衛生業務主管」之勞工，應於事前使其接受「營造業職業安全衛生業務主管」之安全衛生教育訓練。事業經營負責人或其代理人擔任「營造業職業安全衛生業務主管」者，亦同。

擔任「營造業職業安全衛生業務主管」人員，於中華民國 98 年 1 月 8 日前，具下列資格之一，且有一年以上營造工作經歷者，得免接受本規則第四條第一項之安全衛生教育訓練：

(1) 勞工安全管理師。

(2) 勞工衛生管理師。

(3) 勞工安全衛生管理員。

(4) 經勞工安全管理師、勞工衛生管理師、勞工安全衛生管理員、勞工安全衛生業務主管訓練合格領有結業證書者。

「營造業職業安全衛生業務主管」分甲、乙、丙三種，其教育訓練課程及時數說明如後。

8.3.1 丙種營造業職業安全衛生業務主管教育訓練課程及時數 (26 小時)

一、法規與通識 (4 小時)

(1) 職業安全衛生相關法規 (含職業安全衛生法、勞動檢查法、職業災害勞工保護法、職業安全衛生設施規則、職業安全衛生管理辦法等相關法規)	2 小時
(2) 營造安全衛生設施標準	2 小時

二、營造業類管理制度 (4 小時)

(1) 營造業安全衛生管理系統介紹 (含政策、目標、計畫、執行、績效評估、改善、採購、變更、緊急應變、自動檢查及管理規章)	2 小時
(2) 營造業風險評估 (含危害辨識、施工安全評估、危害控制)	1 小時
(3) 營造業承攬管理	1 小時

三、營造業類管理實務 (含職災案例研討)(18 小時)

(1) 工法安全介紹 (含建築工程、橋樑工程、隧道工程等)	3 小時
(2) 倒塌崩塌危害預防管理實務 (含施工架、支撐架、擋土設施等假設工程安全)	3 小時
(3) 墜落危害預防管理實務 (含鋼構、屋頂、模板支撐等高處作業防護)	2 小時
(4) 施工機械設備安全管理實 (含起重升降機具、高空工作車管理)	2 小時

(5) 感電危害預防管理實務 　　　　　　　　　　　　　2 小時

(6) 物體飛落等危害預防管理實務 　　　　　　　　　　2 小時

(7) 火災爆炸危害預防管理實務 　　　　　　　　　　　1 小時

(8) 職業病預防管理實務 (含缺氧、局限空間危害) 　　2 小時

(9) 職業災害調查處理與統計 　　　　　　　　　　　　1 小時

8.3.2　乙種營造業職業安全衛生業務主管教育訓練課程及時數 (35 小時)

一、法規與通識 (10 小時)

(1) 企業經營風險與安全衛生 (含組織協調與溝通) 　　2 小時

(2) 職業安全衛生相關法規 (含職業安全衛生法、勞動檢查法、
職業災害勞工保護法、職業安全衛生設施規則、職業安全衛
生管理辦法等相關法規) 　　　　　　　　　　　　　3 小時

(3) 營造安全衛生設施標準 　　　　　　　　　　　　　3 小時

(4) 職業安全衛生概論 　　　　　　　　　　　　　　　2 小時

二、營造業類管理制度 (7 小時)

(1) 營造業安全衛生管理系統介紹 (含政策、目標、計畫、執行、
績效評估、改善、自動檢查及管理規章) 　　　　　2 小時

(2) 營造業風險評估 (含危害辨識、施工安全評估、危害控制) 　2 小時

(3) 營造業承攬管理 　　　　　　　　　　　　　　　　1 小時

(4) 營造業採購管理 (含變更管理、修繕管理等) 　　　2 小時

三、營造業類管理實務 (含職災案例研討)(18 小時)

(1) 工法安全介紹 (含建築工程、橋樑工程、隧道工程等) 　3 小時

(2) 倒塌崩塌危害預防管理實務 (含施工架、支撐架、擋土設施
等假設工程安全) 　　　　　　　　　　　　　　　　3 小時

(3) 墜落危害預防管理實務 (含鋼構、屋頂、模板支撐等高處作
業防護) 　　　　　　　　　　　　　　　　　　　　2 小時

(4) 施工機械設備安全管理實務 (含起重升降機具、高空工作車管理) 2 小時

(5) 感電危害預防管理實務 　　　　　　　　　　　　　2 小時

(6) 物體飛落等危害預防管理實務 　　　　　　　　　　2 小時

(7) 火災爆炸危害預防管理實務 　　　　　　　　　　　1 小時

(8) 職業病預防管理實務 (含缺氧、局限空間危害) 　　2 小時

(9) 職業災害調查處理與統計 　　　　　　　　　　　　1 小時

8.3.3 甲種營造業職業安全衛生業務主管教育訓練課程及時數 (42 小時)

一、法規與通識 (14 小時)

    (1) 企業經營風險與安全衛生 (含組織協調與溝通)   2 小時

    (2) 職業安全衛生相關法規 (含職業安全衛生法、勞動檢查法、
        職業災害勞工保護法、職業安全衛生設施規則、職業安全衛
        生管理辦法等相關法規)   5 小時

    (3) 營造安全衛生設施標準   4 小時

    (4) 職業安全衛生概論   3 小時

二、營造業類管理制度 (10 小時)

    (1) 營造業安全衛生管理系統介紹 (含政策、目標、計畫、執行、
        績效評估、改善、自動檢查及管理規章)   3 小時

    (2) 營造業風險評估 (含危害辨識、施工安全評估、危害控制)   3 小時

    (3) 營造業承攬管理   2 小時

    (4) 營造業採購管理 (含變更管理、修繕管理等)   2 小時

三、營造業類管理實務 (含職災案例研討)(18 小時)

    (1) 工法安全介紹 (含建築工程、橋樑工程、隧道工程等)   3 小時

    (2) 倒塌崩塌危害預防管理實務 (含施工架、支撐架、擋土設施
        等假設工程安全)   3 小時

    (3) 墜落危害預防管理實務 (含鋼構、屋頂、模板支撐等高處作
        業防護)   2 小時

    (4) 施工機械設備安全管理實務 (含起重升降機具、高空工作車管理)   2 小時

    (5) 感電危害預防管理實務   2 小時

    (6) 物體飛落等危害預防管理實務   2 小時

    (7) 火災爆炸危害預防管理實務   1 小時

    (8) 職業病預防管理實務 (含缺氧、局限空間危害)   2 小時

    (9) 職業災害調查處理與統計   1 小時

8.4　職業安全衛生管理人員教育訓練

依本規則第五條規定，雇主對擔任下列「職業安全衛生管理人員」之勞工，應於事前使其接受「職業安全衛生管理人員」之安全衛生教育訓練：

一、職業安全管理師。

二、職業衛生管理師。

三、職業安全衛生管理員。

各「職業安全衛生管理人員」教育訓練課程、時數說明如後。

8.4.1　職業安全管理師教育訓練課程、時數 (130 小時，內含實作 6 小時)

一、職業安全衛生相關法規 (58 小時)

(1) 勞動法簡介 (含勞動檢查法規)	3 小時
(2) 職業安全衛生法規	3 小時
(3) 職業安全衛生設施規則	6 小時
(4) 職業安全衛生管理辦法	3 小時
(5) 職業安全衛生教育訓練規則	2 小時
(6) 勞工健康法規簡介 (含勞工健康保護規則、女性勞工母性健康保護實施辦法等)	2 小時
(7) 危險性工作場所審查及檢查辦法	2 小時
(8) 營造安全衛生設施標準	3 小時
(9) 高壓氣體勞工安全規則	3 小時
(10)危險性機械及設備安全檢查規則	3 小時
(11)有害物質危害預防法規 (含有機溶劑中毒預防規則、特定化學物質危害預防標準、鉛中毒預防規則、粉塵危害預防標準、四烷基鉛中毒預防規則等)	3 小時
(12)危害性化學品標示及通識規則	3 小時
(13)缺氧症預防規則 (含局限空間危害預防)	3 小時
(14)勞工作業環境監測實施辦法及勞工作業場所容許暴露標準	2 小時
(15)具有危險性之機械及設備安全規則 (含起重升降機具安全規則、鍋爐及壓力容器安全規則等)	3 小時

(16)機械設備器具安全標準 3 小時

(17)危害性化學品管理相關法規 (含危害性化學品評估及分級管
理辦法、新化學物質登記管理辦法、管制性化學品之指定及
運作許可管理辦法、優先管理化學品之指定及運作管理辦法) 3 小時

(18)製程安全評估定期實施辦法 3 小時

(19)具有特殊危害之作業相關法規 (含高溫作業勞工作息時間標
準、重體力勞動作業勞工保護措施標準、精密作業勞工視機
能保護設施標準、高架作業勞工保護措施標準、異常氣壓危
害預防標準等) 2 小時

(20)機械設備器具安全相關管理法規 (含機械類產品型式驗證實
施及監督管理辦法、機械設備器具安全資訊申報登錄辦法、
機械設備器具監督管理辦法等) 3 小時

二、職業安全衛生計畫及管理 (16 小時)

(1) 職業安全衛生管理系統 (含風險評估) 3 小時

(2) 職業安全衛生管理計畫及緊急應變計畫之製作 (含實作 2 小時) 5 小時

(3) 安全衛生管理規章及安全衛生工作守則之製作 (含實作 1 小時) 3 小時

(4) 工作安全分析與安全作業標準之製作 (含實作 2 小時) 5 小時

三、專業課程 (56 小時)

(1) 職業安全概論 3 小時

(2) 風險評估 2 小時

(3) 營造作業安全 3 小時

(4) 電氣安全 3 小時

(5) 機械安全防護 3 小時

(6) 工作場所設計與佈置 3 小時

(7) 系統安全與失控反應控制 4 小時

(8) 損失控制與風險管理 4 小時

(9) 火災爆炸危害預防 3 小時

(10)職業衛生與職業病預防概論 3 小時

(11)危害性化學品危害及評估管理 3 小時

(12)個人防護具 3 小時

(13)人因工程學及骨骼肌肉傷害預防 3 小時

(14)勞動生理 2 小時

(15)職場健康管理概論 (含菸害防制、愛滋病防治) 2 小時

(16)作業環境控制工程	3 小時
(17)組織協調與溝通 (含職業倫理)	2 小時
(18)職業災害調查處理與統計 (含實作 1 小時)	3 小時
(19)安全衛生監測儀器 (安全及衛生各 2 小時)	4 小時

8.4.2　職業衛生管理師教育訓練課程、時數 (130 小時，內含實作 8 小時)

一、職業安全衛生相關法規 (51 小時)

(1) 勞動法簡介 (含勞動檢查法規)	3 小時
(2) 職業安全衛生法規	3 小時
(3) 職業安全衛生設施規則	6 小時
(4) 職業安全衛生管理辦法	3 小時
(5) 職業安全衛生教育訓練規則	2 小時
(6) 勞工健康相關法規 (含勞工健康保護規則、女性勞工母性健康保護實施辦法、辦理勞工體格與健康檢查醫療機構認可及管理辦法等)	3 小時
(7) 危險性工作場所安全管理相關法規 (含危險性工作場所審查及檢查辦法、製程安全評估定期實施辦法等)	2 小時
(8) 營造安全衛生相關法規	2 小時
(9) 有機溶劑中毒預防規則	2 小時
(10)鉛中毒預防規則	2 小時
(11)特定化學物質危害預防標準	2 小時
(12)粉塵危害預防標準	2 小時
(13)勞工作業場所容許暴露標準	2 小時
(14)缺氧症預防規則 (含局限空間危害預防)	3 小時
(15)危害性化學品標示及通識規則	3 小時
(16)勞工作業環境監測實施辦法	2 小時
(17)危害性化學品管理相關法規 (含危害性化學品評估及分級管理辦法、新化學物質登記管理辦法、管制性化學品之指定及運作許可管理辦法、優先管理化學品之指定及運作管理辦法)	3 小時

(18)具有特殊危害之作業相關法規 (含高溫作業勞工作息時間標
　　準、重體力勞動作業勞工保護措施標準、精密作業勞工視機
　　能保護設施標準、高架作業勞工保護措施標準及異常氣壓危
　　害預防標準等)　　　　　　　　　　　　　　　　　　　4 小時

(19)具有危險性之機械及設備安全相關法規簡介 (含高壓氣體勞
　　工安全規則、起重升降機具安全規則、鍋爐及壓力容器安全
　　規則等)　　　　　　　　　　　　　　　　　　　　　　2 小時

二、職業安全衛生計畫及管理 (16 小時)

(1) 職業安全衛生管理系統 (含風險評估)　　　　　　　　　3 小時

(2) 職業安全衛生管理計畫之製作 (含實作 2 小時)　　　　　5 小時

(3) 安全衛生管理規章及安全衛生工作守則之製作 (含實作 1 小時)　3 小時

(4) 工作安全分析與安全作業標準之製作 (含實作 2 小時)　　5 小時

三、專業課程 (63 小時)

(1) 職業安全概論　　　　　　　　　　　　　　　　　　　3 小時

(2) 職業衛生與職業病預防概論　　　　　　　　　　　　　3 小時

(3) 危害性化學品危害評估及管理　　　　　　　　　　　　3 小時

(4) 健康風險評估　　　　　　　　　　　　　　　　　　　3 小時

(5) 個人防護具　　　　　　　　　　　　　　　　　　　　3 小時

(6) 人因工程學及骨骼肌肉傷害預防　　　　　　　　　　　2 小時

(7) 勞動生理　　　　　　　　　　　　　　　　　　　　　2 小時

(8) 職場健康管理 (含菸害防制、愛滋病防治)　　　　　　3 小時

(9) 急救　　　　　　　　　　　　　　　　　　　　　　　3 小時

(10)作業環境監測概論　　　　　　　　　　　　　　　　　3 小時

(11)物理性因子環境監測 (含監測儀器)　　　　　　　　　3 小時

(12)化學性因子環境監測 (含監測儀器)　　　　　　　　　3 小時

(13)工業毒物學概論　　　　　　　　　　　　　　　　　　2 小時

(14)噪音振動　　　　　　　　　　　　　　　　　　　　　3 小時

(15)溫濕環境　　　　　　　　　　　　　　　　　　　　　3 小時

(16)採光與照明　　　　　　　　　　　　　　　　　　　　2 小時

(17)非游離輻射與游離輻射　　　　　　　　　　　　　　　3 小時

(18)職場暴力預防 (含肢體暴力、語言暴力、心理暴力與性騷擾
　　等預防)　　　　　　　　　　　　　　　　　　　　　2 小時

(19)作業環境控制工程　　　　　　　　　　　　　　　　　3 小時

(20)組織協調與溝通 (含職業倫理)	2 小時
(21)職業災害調查處理與統計 (含實作 1 小時)	3 小時
(22)通風與換氣	3 小時
(23)局部排氣控制與設計	3 小時

8.4.3 職業安全衛生管理員教育訓練課程、時數 (115 小時，內含實作 6 小時)

一、職業安全衛生相關法規 (43 小時)

(1) 勞動法簡介 (含勞動檢查法規)	3 小時
(2) 職業安全衛生法規	3 小時
(3) 職業安全衛生設施規則	6 小時
(4) 職業安全衛生管理辦法	3 小時
(5) 職業安全衛生教育訓練規則	2 小時
(6) 勞工健康法規簡介 (含勞工健康保護規則、女性勞工母性健康保護實施辦法等)	2 小時
(7) 危險性工作場所安全管理相關法規 (含危險性工作場所審查及檢查辦法、製程安全評估定期實施辦法等)	2 小時
(8) 營造安全衛生相關法規	2 小時
(9) 危害性化學品標示及通識規則	2 小時
(10)缺氧症預防規則 (含局限空間危害預防)	3 小時
(11)具有危險性之機械及設備安全相關法規簡介 (含高壓氣體勞工安全規則、起重升降機具安全規則、鍋爐及壓力容器安全規則等)	2 小時
(12)機械設備器具安全相關管理法規 (含機械類產品型式驗證實施及監督管理辦法、機械設備器具安全資訊申報登錄辦法、機械設備器具監督管理辦法等)	3 小時
(13)危害性化學品管理相關法規 (含危害性化學品評估及分級管理辦法、新化學物質登記管理辦法、管制性化學品之指定及運作許可管理辦法、優先管理化學品之指定及運作管理辦法)	3 小時
(14)有害物質危害預防法規 (含有機溶劑中毒預防規則、特定化學物質危害預防標準、鉛中毒預防規則、粉塵危害預防標準、四烷基鉛中毒預防規則等)	3 小時

(15)具有特殊危害之作業相關法規 (含高溫作業勞工作息時間標準、重體力勞動作業勞工保護措施標準、精密作業勞工視機能保護設施標準、高架作業勞工保護措施標準、異常氣壓危害預防標準等) .... 2 小時

(16)勞工作業環境監測實施辦法及勞工作業場所容許暴露標準 ... 2 小時

二、職業安全衛生計畫及管理 (16 小時)

(1) 職業安全衛生管理系統 (含風險評估) .... 3 小時

(2) 職業安全衛生管理計畫之製作 (含實作 2 小時) .... 5 小時

(3) 安全衛生管理規章及安全衛生工作守則之製作 (含計畫實作 1 小時) .... 3 小時

(4) 工作安全分析與安全作業標準之製作 (含實作 2 小時) ...... 5 小時

三、專業課程 (56 小時)

(1) 職業安全概論 .... 3 小時

(2) 電氣安全 .... 3 小時

(3) 機械安全防護 .... 3 小時

(4) 墜落災害防止 (含倒塌、崩塌) .... 4 小時

(5) 火災爆炸防止 .... 3 小時

(6) 營造作業安全 .... 3 小時

(7) 危險性機械及設備管理 .... 3 小時

(8) 物料處置 .... 2 小時

(9) 風險評估 .... 2 小時

(10)職業衛生與職業病預防概論 .... 3 小時

(11)個人防護具 .... 3 小時

(12)急救 .... 3 小時

(13)物理性危害預防 .... 2 小時

(14)化學性危害預防 .... 2 小時

(15)職場健康管理概論 (含菸害防制、愛滋病防治) .... 2 小時

(16)作業環境控制工程 .... 3 小時

(17)組織協調與溝通 (含職業倫理) .... 2 小時

(18)職業災害調查處理與統計 (含實作 1 小時) .... 3 小時

(19)安全衛生監測儀器 (安全及衛生各 2 小時) .... 4 小時

(20)通風與換氣 .... 3 小時

8.5　勞工作業環境測定人員安全衛生教育訓練

本規則第六條規定，雇主對擔任下列「作業環境監測人員」之勞工，應於事前使其接受「作業環境監測人員」之安全衛生教育訓練：

(1) 甲級化學性因子作業環境監測人員。
(2) 甲級物理性因子作業環境監測人員。
(3) 乙級化學性因子作業環境監測人員。
(4) 乙級物理性因子作業環境監測人員。

各級「作業環境監測人員」之安全衛生教育訓練課程及時數，說明如後。

8.5.1　甲級化學性因子作業環境監測人員安全衛生教育訓練課程、時數 (98 小時)

一、勞工作業環境監測相關法規 (20 小時)

(1) 職業安全衛生法及其施行細則		3 小時
(2) 勞工作業環境監測實施辦法		3 小時
(3) 勞工健康保護規則		2 小時
(4) 有害物質危害預防法規		6 小時
(5) 缺氧症預防規則		2 小時
(6) 勞工作業場所容許暴露標準		4 小時

二、化學性危害認識 (7 小時)

(1) 工業製程及化學性因子		4 小時
(2) 化學性危害因子之認識		3 小時

三、危害通識法規及實務 (含法規 2 小時、實務 2 小時)(4 小時)

四、採樣技術 (25 小時)

(1) 採樣準備 (含採樣設備準備、整備、校準及採樣條件之決定)（含實習 3 小時)		6 小時
(2) 氣狀有害物採樣 (含實習 4 小時)		9 小時
(3) 粒狀有害物採樣 (含實習 3 小時)		8 小時
(4) 樣本之處理、保存與運送		2 小時

五、樣本分析概要 (7 小時)

(1) 常用分析儀器簡介		3 小時
(2) 建議採樣分析參考方法之應用		4 小時

六、直讀式儀器及設備 (含實習 2 小時)(6 小時)

七、作業環境監測計畫 (含採樣策略)(6 小時)

八、監測結果評估與處理 (5 小時)

    (1) 監測結果評估及處理　　　　　　　　　　　　　　3 小時

    (2) 各種採樣設備之維護保養　　　　　　　　　　　　2 小時

九、作業環境改善實務 (6 小時)

十、工業通風 (含實習 2 小時)(5 小時)

十一、個人防護具 (含實習 1 小時)(3 小時)

十二、與認可分析實驗室之聯繫 (2 小時)

十三、作業環境監測管理系統介紹 (2 小時)

8.5.2　甲級物理性因子作業環境監測人員安全衛生教育訓練課程、時數 (79 小時)

一、職業安全衛生法規 (13 小時)

    (1) 職業安全衛生法及其施行細則　　　　　　　　　　3 小時

    (2) 勞工作業環境監測實施辦法　　　　　　　　　　　3 小時

    (3) 物理性因子作業環境監測相關法規 (高溫作業勞工作息時間

       標準、職業安全衛生設施規則之衛生部分)　　　　3 小時

    (4) 勞工健康保護規則　　　　　　　　　　　　　　　2 小時

    (5) 危害性化學品標示及通識規則 (含物質安全資料表之說明)　2 小時

二、熱環境監測 (16 小時)

    (1) 熱危害認識 (含實際演算 2 小時)　　　　　　　　6 小時

    (2) 熱環境測定 (含實習 3 小時)　　　　　　　　　　6 小時

    (3) 熱環境控制及改善　　　　　　　　　　　　　　　4 小時

三、噪音測定 (42 小時)

    (1) 聲音之認識　　　　　　　　　　　　　　　　　　6 小時

    (2) 噪音測定 (含實習 18 小時)　　　　　　　　　　24 小時

    (3) 噪音評估　　　　　　　　　　　　　　　　　　　6 小時

    (4) 噪音控制　　　　　　　　　　　　　　　　　　　6 小時

四、作業環境監測計畫 (含採樣策略)(4 小時)

五、個人防護具 (含實習 2 小時)(4 小時)

8.5.3　乙級化學性因子作業環境監測人員教育訓練課程、時數 (61 小時)

(1)　職業安全衛生法及其施行細則	2 小時
(2)　勞工作業環境監測實施辦法	2 小時
(3)　勞工健康保護規則	2 小時
(4)　危害性化學品標示及通識規則	2 小時
(5)　有害物質危害預防法規	4 小時
(6)　缺氧症預防規則	2 小時
(7)　化學性因子之認識	3 小時
(8)　工業製程與化學性危害因子	3 小時
(9)　容許濃度之認識與運用 (含實際演算 4 小時)	7 小時
(10)採樣準備 (含採樣設備準備、整備、校準及採樣條件之決定) 　　(含實習 3 小時)	6 小時
(11)氣狀有害物採樣 (含實習 3 小時)	5 小時
(12)粒狀有害物採樣 (含實習 3 小時)	5 小時
(13)樣本之處理、保存與運送	2 小時
(14)常用分析儀器簡介	2 小時
(15)標準分析參考方法之應用	3 小時
(16)直讀式儀器及設備 (含實習 1 小時)	3 小時
(17)作業環境監測計畫 (含採樣策略)	3 小時
(18)監測結果評估與處理	2 小時
(19)與認可實驗室之連繫 (分工)	1 小時
(20)作業環境監測管理系統介紹	2 小時

8.5.4　乙級物理性因子作業環境監測人員安全衛生教育訓練課程、時數 (56 小時)

(1)　職業安全衛生法及其施行細則	2 小時
(2)　勞工作業環境監測實施辦法	2 小時
(3)　勞工健康保護規則	2 小時
(4)　職業安全衛生設施規則之衛生部分	2 小時
(5)　高溫作業勞工作息時間標準	2 小時
(6)　熱危害認識 (含實際演算 2 小時)	6 小時

(7) 熱環境測定 (含實習 3 小時)   6 小時

(8) 聲音之認識   6 小時

(9) 噪音測定 (含實習 18 小時)   24 小時

(10)個人防護具 (含實習 2 小時)   4 小時

8.6 施工安全評估人員安全衛生教育訓練

依本規則第七條規定，雇主對擔任施工安全評估之勞工，應於事前使其接受「施工安全評估人員」之安全衛生教育訓練。

8.6.1 施工安全評估人員安全衛生教育訓練課程、時數 (76 小時)

一、危險性工作場所審查暨檢查申請相關法規 (14 小時)

(1) 勞動檢查法及其施行細則   1 小時

(2) 危險性工作場審查暨檢查辦法   2 小時

(3) 職業安全衛生法及其施行細則   3 小時

(4) 營造安全衛生設施標準   3 小時

(5) 職業安全衛生管理辦法   2 小時

(6) 其他相關職業安全衛生法規   3 小時

二、施工安全管理系統 (3 小時)

三、安全評估方法概論 (3 小時)

四、施工災害分析 (3 小時)

五、審查申請案之製作及演練 (49 小時)

(1) 施工安全評估之程序及方法   2 小時

(2) 施工計畫之編訂及評估後之修訂要領 (含工程概要：職業安全衛生管理計畫、分項工程作業計畫)(含實作 5 小時)   10 小時

(3) 基本事項檢討評估之實施 (含實作 3 小時)   7 小時

(4) 特有災害檢討評估之實施 (含實作 6 小時)   12 小時

(5) 審查申請案之製作要領   2 小時

(6) 演練 (依建築工程、橋樑工程等實際案例分組演練)   16 小時

六、審查申請程序及作業事項 (4 小時)

8.7 製程安全評估人員安全衛生教育訓練

依本規則第八條規定，雇主對擔任製程安全評估之勞工，應於事前使其接受「製程安全評估人員」之安全衛生教育訓練。

8.7.1 製程安全評估人員安全衛生教育訓練課程、時數 (82 小時)

(1) 危險性工作場所審查及檢查相關法規及申報作業　　　　　7 小時
(2) 檢核表 (Checklist)　　　　　7 小時
(3) 如果─結果分析 (What if)　　　　　7 小時
(4) 初步危害分析 (Preliminary Hazard Analysis)(合演練 2 小時)　　　9 小時
(5) 危害與可操作性分析 (Hazard and Operability Studies)
　　 (含演練 14 小時)　　　　　21 小時
(6) 失誤模式與影響分析 (Failure Modes and Effects Analysis)
　　 (含演練 4 小時)　　　　　7 小時
(7) 故障樹分析 Fault Tree Analysis(含演練 10 小時)　　16 小時
(8) 製程安全評估報告書撰寫　　　　　3 小時
(9) 危險性工作場所審查相關資料撰寫　　　　　3 小時
(10)稽核管理制度　　　　　2 小時

8.8 高壓氣體作業主管安全衛生教育訓練

依本規則第九條規定，雇主對擔任下列作業主管之勞工，應於事前使其接受「高壓氣體作業主管」之安全衛生教育訓練：
(1) 高壓氣體製造安全主任。
(2) 高壓氣體製造安全作業主管。
(3) 高壓氣體供應及消費作業主管。

8.8.1 高壓氣體製造安全主任安全衛生教育訓練課程、時數 (22小時)

(1) 高壓氣體製造勞工安全衛生相關法規　　　　　　　　3 小時
(2) 高壓氣體概論　　　　　　　　　　　　　　　　　　3 小時
(3) 高壓氣體製造種類及設施　　　　　　　　　　　　　6 小時
(4) 高壓氣體製造設備安全裝置及其使用　　　　　　　　2 小時
(5) 高壓氣體製造設備故障排除及處置　　　　　　　　　3 小時
(6) 高壓氣體製造安全技術管理事務與執行　　　　　　　3 小時
(7) 高壓氣體作業災害及事故預防實務　　　　　　　　　2 小時

8.8.2 高壓氣體製造安全作業主管安全衛生教育訓練課程、時數 (21 小時)

(1) 高壓氣體製造勞工安全衛生相關法規　　　　　　　　3 小時
(2) 高壓氣體概論　　　　　　　　　　　　　　　　　　3 小時
(3) 高壓氣體製造設備　　　　　　　　　　　　　　　　3 小時
(4) 高壓氣體製造設備管理基準及承攬管理基準　　　　　3 小時
(5) 高壓氣體製造設備故障排除及處置　　　　　　　　　3 小時
(6) 高壓氣體製造安全作業標準及工作方法改善　　　　　3 小時
(7) 高壓氣體製造安全管理與執行 (含實習 2 小時)　　　3 小時

8.8.3 高壓氣體供應及消費作業主管安全衛生教育訓練課程、時數 (21 小時)

(1) 高壓氣體供應及消費勞工安全衛生相關法規　　　　　3 小時
(2) 高壓氣體概論　　　　　　　　　　　　　　　　　　3 小時
(3) 高壓氣體供應及消費設施　　　　　　　　　　　　　3 小時
(4) 供應及消費安全作業標準及工作方法改善　　　　　　3 小時
(5) 高壓氣體供應及消費設備管理基準　　　　　　　　　3 小時
(6) 高壓氣體供應及消費設備故障排除及處置　　　　　　3 小時
(7) 高壓氣體供應及消費安全管理與執行 (含實習 2 小時)　3 小時

8.9　營造作業主管安全衛生教育訓練

依本規則第十條規定，雇主對擔任下列作業主管之勞工，應於事前使其接受「營造作業主管」之安全衛生教育訓練：

(1) 擋土支撐作業主管。

(2) 露天開挖作業主管。

(3) 模板支撐作業主管。

(4) 隧道等挖掘作業主管。

(5) 隧道等襯砌作業主管。

(6) 施工架組配作業主管。

(7) 鋼構組配作業主管。

(8) 屋頂作業主管。

(9) 其他經中央主管機關指定之人員。

8.9.1　擋土支撐作業主管安全衛生教育訓練課程、時數 (18 小時)

(1) 擋土支撐作業安全衛生相關法規	3 小時
(2) 擋土支撐相關知識	3 小時
(3) 擋土支撐作業施工機械、設備、器具、作業環境及作業安全相關知識	6 小時
(4) 安全作業標準與事故之處置	3 小時
(5) 擋土支撐作業安全管理與執行	3 小時

8.9.2　露天開挖作業主管安全衛生教育訓練課程、時數 (18 小時)

(1) 露天開挖作業安全衛生相關法規	3 小時
(2) 露天開挖相關知識	3 小時
(3) 露天開挖施工機械、設備、器具、作業環境及作業安全相關知識	6 小時
(4) 安全作業標準與事故之處理	3 小時
(5) 露天開挖作業安全管理與執行	3 小時

8.9.3　模板支撐作業主管安全衛生教育訓練課程、時數 (18 小時)

(1) 模板支撐作業安全衛生相關法規 　　　　　　　　　　　　　　3 小時
(2) 模板支撐相關知識 　　　　　　　　　　　　　　　　　　　　3 小時
(3) 模板支撐作業施工機械、設備、器具、作業環境及作業安全
相關知識 　　　　　　　　　　　　　　　　　　　　　　　　6 小時
(4) 安全作業標準與事故之處置 　　　　　　　　　　　　　　　　3 小時
(5) 模板支撐作業安全管理與執行 　　　　　　　　　　　　　　　3 小時

8.9.4　隧道等挖掘作業主管安全衛生教育訓練課程、時數 (18 小時)

(1) 隧道等挖掘作業安全衛生相關法規 　　　　　　　　　　　　　3 小時
(2) 隧道等挖掘相關知識 　　　　　　　　　　　　　　　　　　　3 小時
(3) 隧道等挖掘作業施工機械、設備、器具、作業環境及作業安
全相關知識 　　　　　　　　　　　　　　　　　　　　　　　6 小時
(4) 安全作業標準與事故之處置 　　　　　　　　　　　　　　　　3 小時
(5) 隧道等挖掘作業安全管理與執行 　　　　　　　　　　　　　　3 小時

8.9.5　隧道等襯砌作業主管安全衛生教育訓練課程、時數 (18 小時)

(1) 隧道等襯砌作業安全衛生相關法規 　　　　　　　　　　　　　3 小時
(2) 隧道等襯砌相關知識 　　　　　　　　　　　　　　　　　　　3 小時
(3) 隧道等襯砌作業施工機械、設備、器具、作業環境及作業安
全相關知識 　　　　　　　　　　　　　　　　　　　　　　　6 小時
(4) 安全作業標準與事故之處置 　　　　　　　　　　　　　　　　3 小時
(5) 隧道等襯砌作業安全管理與執行 　　　　　　　　　　　　　　3 小時

8.9.6 施工架組配作業主管安全衛生教育訓練課程、時數 (18 小時)

(1) 施工架組配作業安全衛生相關法規　　　　　　　　　　　　3 小時
(2) 施工架組配相關知識　　　　　　　　　　　　　　　　　　3 小時
(3) 施工架組配作業施工機械、設備、器具、作業環境及作業安
全相關知識　　　　　　　　　　　　　　　　　　　　　　6 小時
(4) 安全作業標準與事故之處置　　　　　　　　　　　　　　　3 小時
(5) 施工架組配作業安全管理與執行　　　　　　　　　　　　　3 小時

8.9.7 鋼構組配作業主管安全衛生教育訓練課程、時數 (18 小時)

(1) 鋼構組配作業安全衛生相關法規　　　　　　　　　　　　　3 小時
(2) 鋼構組配相關知識　　　　　　　　　　　　　　　　　　　3 小時
(3) 鋼構組配作業施工機械、設備、器具、作業環境及作業安全
相關知識　　　　　　　　　　　　　　　　　　　　　　　6 小時
(4) 安全作業標準與事故之處置　　　　　　　　　　　　　　　3 小時
(5) 鋼構組配作業安全管理與執行　　　　　　　　　　　　　　3 小時

8.9.8 屋頂作業主管安全衛生教育訓練課程、時數 (18 小時)

(1) 屋頂作業安全衛生相關法規　　　　　　　　　　　　　　　3 小時
(2) 屋頂作業相關知識　　　　　　　　　　　　　　　　　　　3 小時
(3) 屋頂作業施工機械、設備、器具、作業環境及作業安全
相關知識　　　　　　　　　　　　　　　　　　　　　　　6 小時
(4) 安全作業標準與事故之處置　　　　　　　　　　　　　　　3 小時
(5) 屋頂作業安全管理與執行　　　　　　　　　　　　　　　　3 小時

8.10 有害作業主管安全衛生教育訓練

依本規則第十一條規定，雇主對擔任下列作業主管之勞工，應於事前使其接受「有害作業主管」之安全衛生教育訓練：

(1) 有機溶劑作業主管。
(2) 鉛作業主管。
(3) 四烷基鉛作業主管。
(4) 缺氧作業主管。
(5) 特定化學物質作業主管。
(6) 粉塵作業主管。
(7) 高壓室內作業主管。
(8) 潛水作業主管。
(9) 其他經中央主管機關指定之人員。

8.10.1 有機溶劑作業主管安全衛生教育訓練課程、時數 (18 小時)

(1) 有機溶劑作業勞工安全衛生相關法規   2 小時
(2) 有機溶劑中毒預防規則   3 小時
(3) 有機溶劑之主要用途及毒性   2 小時
(4) 有機溶劑之測定   2 小時
(5) 有機溶劑作業環境改善及安全衛生防護具   3 小時
(6) 通風換氣裝置及其維護   3 小時
(7) 有機溶劑作業安全衛生管理與執行   3 小時

8.10.2 鉛作業主管安全衛生教育練課程、時數 (18 小時)

(1) 鉛作業作業勞工安全衛生相關法規   2 小時
(2) 鉛中毒預防規則   3 小時
(3) 鉛之主要用途及毒性   2 小時
(4) 鉛之測定   2 小時
(5) 鉛作業環境改善及安全衛生防護具   3 小時
(6) 通風換氣裝置及其維護   3 小時
(7) 鉛作業安全衛生管理與執行   3 小時

8.10.3 四烷基鉛作業主管安全衛生教育訓練課程、時數 (18 小時)

(1) 四烷基鉛作業勞工安全衛生相關法規	2 小時
(2) 四烷基鉛中毒預防規則	3 小時
(3) 四烷基鉛之主要用途及毒性	2 小時
(4) 四烷基鉛之測定	2 小時
(5) 四烷基鉛作業環境改善及安全衛生防護具	3 小時
(6) 通風換氣裝置及其維護	3 小時
(7) 四烷基鉛安全衛生管理與執行	3 小時

8.10.4 缺氧作業主管安全衛生教育訓練課程、時數 (18 小時)

(1) 缺氧危險作業及局限空間作業勞工安全衛生相關法規	3 小時
(2) 缺氧症預防規則	3 小時
(3) 缺氧危險場所危害預防及安全衛生防護具	3 小時
(4) 缺氧危險場所之環境測定	3 小時
(5) 缺氧事故處理及急救	3 小時
(6) 缺氧危險作業安全衛生管理與執行	3 小時

8.10.5 特定化學物質作業主管安全衛生教育訓練課程、時數 (18 小時)

(1) 特定化學物質作業勞工安全衛生相關法規	2 小時
(2) 特定化學物質危害預防標準	3 小時
(3) 特定化學物質之主要用途及毒性	2 小時
(4) 特定化學物質之漏洩預防及作業環境改善與安全衛生防護具	3 小時
(5) 特定化學物質之測定	2 小時
(6) 特定化學物質作業危害及急救	1 小時
(7) 通風換氣裝置及其維護	3 小時
(8) 特定化學物質作業安全衛生管理與執行	2 小時

8.10.6　粉塵作業主管安全衛生教育訓練課程、時數 (18 小時)

(1) 粉塵作業勞工安全衛生相關法規　　　　　　　　　　3 小時
(2) 粉塵危害預防標準　　　　　　　　　　　　　　　　3 小時
(3) 粉塵危害及測定　　　　　　　　　　　　　　　　　3 小時
(4) 粉塵作業環境改善及安全衛生防護具　　　　　　　　3 小時
(5) 通風換氣裝置及其維護　　　　　　　　　　　　　　3 小時
(6) 粉塵作業安全衛生管理與執行　　　　　　　　　　　3 小時

8.10.7　高壓室內作業主管安全衛生教育訓練課程、時數 (18 小時)

(1) 異常氣壓作業勞工安全衛生相關法規　　　　　　　　2 小時
(2) 異常氣壓危害預防標準　　　　　　　　　　　　　　3 小時
(3) 壓氣施工法　　　　　　　　　　　　　　　　　　　3 小時
(4) 輸氣及排氣　　　　　　　　　　　　　　　　　　　3 小時
(5) 異常氣壓危害　　　　　　　　　　　　　　　　　　3 小時
(6) 減壓表演練實習　　　　　　　　　　　　　　　　　4 小時

8.10.8　潛水作業主管安全衛生教育訓練課程、時數 (36 小時)

(1) 潛水安全作業計畫撰擬與評定　　　　　　　　　　　4 小時
(2) 潛水氣體需求計算　　　　　　　　　　　　　　　　4 小時
(3) 潛水減壓程序與緊急程序　　　　　　　　　　　　　6 小時
(4) 潛水作業之溝通與協調　　　　　　　　　　　　　　2 小時
(5) 現場指揮監督實務　　　　　　　　　　　　　　　　4 小時
(6) 潛水作業安全衛生管理　　　　　　　　　　　　　　4 小時
(7) 潛水疾病的預防、症狀鑑別與處置　　　　　　　　　4 小時
(8) 潛水作業狀況模擬與案例探討　　　　　　　　　　　8 小時

8.11　具有危險性機械操作人員安全衛生教育訓練

依本規則第十二條規定，雇主對擔任下列具有危險性之機械操作之勞工，應於事前使其接受「具有危險性之機械操作人員」之安全衛生教育訓練：

(1) 吊升荷重在 3 公噸以上之固定式起重機或吊升荷重在 1 公噸以上之斯達卡式起重機操作人員。

(2) 吊升荷重在 3 公噸以上之移動式起重機操作人員。

(3) 吊升荷重在 3 公噸以上之人字臂起重桿操作人員。

(4) 導軌或升降路之高度在 20 公尺以上之營建用提升機操作人員。

(5) 吊籠操作人員。

(6) 其他經中央主管機關指定之人員。

前項人員，係指須經具有危險性之機械操作人員訓練或技能檢定取得資格者。

另依本規則第十三條之一規定，自營作業者擔任上列具有危險性之機械或設備操作人員，應於事前接受該職類安全衛生教育訓練。

8.11.1　吊升荷重在 3 公噸以上之固定式起重機及吊升荷重在 1 公噸以上之斯達卡式起重機操作人員安全衛生教育訓練課程、時數 (38 小時)

(1) 起重機具相關法規　　　　　　　　　　　　　　　2 小時

(2) 固定式起重機種類型式及其機能　　　　　　　　　3 小時

(3) 固定式起重機構造與安全裝置　　　　　　　　　　3 小時

(4) 原動機及電氣相關知識　　　　　　　　　　　　　3 小時

(5) 起重及吊掛相關力學知識　　　　　　　　　　　　2 小時

(6) 起重及吊掛安全作業要領　　　　　　　　　　　　4 小時

(7) 起重吊掛事故預防與處置　　　　　　　　　　　　3 小時

(8) 固定式起重機自動檢查與檢點維護　　　　　　　　2 小時

(9) 起重機運轉、吊掛操作與指揮實習　　　　　　　　16 小時

附註 1：固定式起重機依地面操作、機上操作或伸臂式等，選擇各該機型及術科實習場地操作。

附註 2：實習課程應 15 人以下為一組，分組實際操作；可分組同時進行或按時間先後分組依序進行實習。

8.11.2 吊升荷重在 3 公噸以上之移動式起重機操作人員安全衛生教育訓練課程、時數 (38 小時)

(1) 起重機具相關法規	2 小時
(2) 移動式起重機種類型式及其機能	3 小時
(3) 移動式起重機構造與安全裝置	3 小時
(4) 內燃機、油壓驅動裝置及電氣相關知識	3 小時
(5) 起重及吊掛相關力學知識	2 小時
(6) 起重及吊掛安全作業要領	4 小時
(7) 起重吊掛事故預防與處置	3 小時
(8) 移動式起重機自動檢查與檢點維護	2 小時
(9) 起重機運轉、吊掛與指揮實習	16 小時

附註 1：移動式起重機依伸臂可伸縮或伸臂不可伸縮，選擇各該機型及術科實習場地操作。

附註 2：實習課程應 15 人以下為 1 組，分組實際操作；可分組同時進行或按時間先後分組依序進行實習。

8.11.3 吊升荷重在 3 公噸以上之人字臂起重桿操作人員安全衛生教育訓練課程、時數 (38 小時)

(1) 起重機具相關法規	2 小時
(2) 人字臂起重桿種類型式及其機能	3 小時
(3) 人字臂起重桿構造與安全裝置	3 小時
(4) 原動機及電氣相關知識	3 小時
(5) 起重及吊掛相關力學知識	2 小時
(6) 起重及吊掛安全作業要領	4 小時
(7) 起重吊掛事故預防與處置	3 小時
(8) 人字臂起重桿自動檢查與檢點維護	2 小時
(9) 人字臂起重桿運轉、吊掛與指揮實習	16 小時

附註：實習課程應 15 人以下為 1 組，分組實際操作；可分組同時進行或按時間先後分組依序進行實習。

8.11.4 導軌或升降路之高度在 20 公尺以上之營建用提升機操作人員安全衛生教育訓練課程、時數 (21 小時)

(1) 營建用提升機相關法規　　　　　　　　　　　　　　1 小時
(2) 營建用提升機種類型式及構造　　　　　　　　　　　3 小時
(3) 原動機及電氣相關知識　　　　　　　　　　　　　　2 小時
(4) 安全作業要領　　　　　　　　　　　　　　　　　　3 小時
(5) 營建用提升機事故預防與處置　　　　　　　　　　　2 小時
(6) 營建用提升機自動檢查與檢點維護　　　　　　　　　2 小時
(7) 營建用提升機運轉實習　　　　　　　　　　　　　　8 小時

附註：實習課程應 15 人以下為 1 組，分組實際操作；可分組同時進行或按時間先後分組依序進行實習。

8.11.5 吊籠操作人員安全衛生教育訓練課程、時數 (26 小時)

(1) 吊籠相關法規　　　　　　　　　　　　　　　　　　2 小時
(2) 吊籠種類型式及構造　　　　　　　　　　　　　　　3 小時
(3) 電動機及電氣相關知識　　　　　　　　　　　　　　2 小時
(4) 吊籠固定方法及安全裝置　　　　　　　　　　　　　3 小時
(5) 吊籠安全作業要領　　　　　　　　　　　　　　　　3 小時
(6) 吊籠事故預防與處置　　　　　　　　　　　　　　　3 小時
(7) 吊籠自動檢查與檢點維護　　　　　　　　　　　　　2 小時
(8) 吊籠操作實習　　　　　　　　　　　　　　　　　　8 小時

附註：實習課程應 15 人以下為 1 組，分組實際操作；可分組同時進行或按時間先後分組依序進行實習。

8.12　具有危險性設備操作人員安全衛生教育訓練

依本規則第十三條規定，雇主對擔任下列具有危險性之設備操作之勞工，應於事前使其接受「具有危險性之設備操作人員」之安全衛生教育訓練：

(1) 鍋爐操作人員。
(2) 第一種壓力容器操作人員。

(3) 高壓氣體特定設備操作人員。

(4) 高壓氣體容器操作人員。

(5) 其他經中央主管機關指定之人員。

前項人員，係指須經具有危險性設備操作人員訓練或技能檢定取得資格者。

另依本規則第十三條之一規定，自營作業者擔任上列具有危險性之機械或設備操作人員，應於事前接受該職類安全衛生教育訓練。

8.12.1 鍋爐操作人員安全衛生教育訓練課程、時數

一、甲級鍋爐 (傳熱面積在 500 平方公尺以上者) 操作人員安全衛生教育訓練課程、時數 (60 小時)

(1) 鍋爐相關法規	2 小時
(2) 鍋爐種類型式及構造	4 小時
(3) 熱媒鍋爐	3 小時
(4) 鍋爐附屬裝置及附屬品	3 小時
(5) 鍋爐自動控制	3 小時
(6) 鍋爐用水及處理	6 小時
(7) 鍋爐燃料及燃燒	3 小時
(8) 燃料貯存及搬運	3 小時
(9) 鍋爐基礎、配管及閥類	2 小時
(10) 鍋爐電氣設備及儀表	3 小時
(11) 鍋爐清掃及保養	3 小時
(12) 鍋爐操作要領與異常處理	3 小時
(13) 鍋爐事故預防與處置	3 小時
(14) 鍋爐自動檢查與檢點維護	3 小時
(15) 鍋爐安全運轉實習	16 小時

附註：實習課程應 15 人以下為 1 組，分組實際操作；可分組同時進行或按時間先後分組依序進行實習。

二、乙級鍋爐 (傳熱面積在 50 平方公尺以上未滿 500 平方公尺者) 操作人員安全衛生教育訓練課程、時數：50 小時)

(1) 鍋爐相關法規	2 小時
(2) 鍋爐種類型式及構造	3 小時
(3) 熱媒鍋爐	3 小時

(4) 鍋爐附屬裝置及附屬品　　　　　　　　　　　　　　3 小時

(5) 鍋爐自動控制　　　　　　　　　　　　　　　　　3 小時

(6) 鍋爐用水及處理　　　　　　　　　　　　　　　　6 小時

(7) 鍋爐燃料及燃燒　　　　　　　　　　　　　　　　3 小時

(8) 鍋爐清掃及保存　　　　　　　　　　　　　　　　2 小時

(9) 鍋爐操作要領與異常處理　　　　　　　　　　　　3 小時

(10)鍋爐事故預防與處置　　　　　　　　　　　　　　3 小時

(11)鍋爐自動檢查與檢點維護　　　　　　　　　　　　3 小時

(12)鍋爐安全運轉實習　　　　　　　　　　　　　　16 小時

附註：實習課程應 15 人以下為 1 組，分組實際操作；可分組同時進行或按
時間先後分組依序進行實習。

三、丙級鍋爐(傳熱面積未滿 50 平方公尺者)操作人員安全衛生教育訓練課程、
時數(39 小時)

(1) 鍋爐相關法規　　　　　　　　　　　　　　　　　2 小時

(2) 鍋爐種類型式及構造　　　　　　　　　　　　　　3 小時

(3) 熱媒鍋爐　　　　　　　　　　　　　　　　　　　2 小時

(4) 鍋爐附屬裝置及附屬品　　　　　　　　　　　　　2 小時

(5) 鍋爐自動控制　　　　　　　　　　　　　　　　　2 小時

(6) 鍋爐用水及處理　　　　　　　　　　　　　　　　3 小時

(7) 鍋爐燃料及燃燒　　　　　　　　　　　　　　　　2 小時

(8) 鍋爐清掃及保存　　　　　　　　　　　　　　　　2 小時

(9) 鍋爐操作要領與異常處理　　　　　　　　　　　　3 小時

(10)鍋爐事故預防與處置　　　　　　　　　　　　　　3 小時

(11)鍋爐自動檢查與檢點維護　　　　　　　　　　　　3 小時

(12)鍋爐安全運轉實習　　　　　　　　　　　　　　12 小時

附註：實習課程應 15 人以下為 1 組，分組實際操作；可分組同時進行或按
時間先後分組依序進行實習。

8.12.2 第一種壓力容器操作人員安全衛生教育訓練課程、時數 (35 小時)

(1) 壓力容器相關法規　　　　　　　　　　　　　　　2 小時

(2) 壓力容器種類及構造　　　　　　　　　　　　　　3 小時

(3) 壓力容器附屬裝置及附屬品   3 小時

(4) 壓力容器安全裝置及其使用   2 小時

(5) 危害物與化學反應相關知識   3 小時

(6) 壓力容器操作要領與異常處理   4 小時

(7) 壓力容器事故預防與處置   3 小時

(8) 壓力容器自動檢查與檢點維護   3 小時

(9) 壓力容器安全運轉實習   12 小時

附註：實習課程應 15 人以下為 1 組，分組實際操作；可分組同時進行或按時間先後分組依序進行實習。

8.12.3　高壓氣體特定設備操作人員安全衛生教育訓練課程、時數 (35 小時)

(1) 高壓氣體特定設備相關法規   2 小時

(2) 高壓氣體概論   3 小時

(3) 高壓氣體特定設備種類及構造   3 小時

(4) 高壓氣體特定設備附屬裝置及附屬品   3 小時

(5) 高壓氣體特定設備安全裝置及其使用   3 小時

(6) 高壓氣體特定設備操作要領與異常處理   3 小時

(7) 高壓氣體特定設備事故預防與處置   3 小時

(8) 高壓氣體特定設備自動檢查與檢點維護   3 小時

(9) 高壓氣體特定設備安全運轉實習   12 小時

附註：實習課程應 15 人以下為 1 組，分組實際操作；可分組同時進行或按時間先後分組依序進行實習。

8.12.4　高壓氣體容器操作人員安全衛生教育訓練課程、時數 (35 小時)

(1) 高壓氣體容器相關法規   2 小時

(2) 高壓氣體概論   3 小時

(3) 高壓氣體容器種類及構造   3 小時

(4) 高壓氣體容器安全裝置及附屬品   3 小時

(5) 高壓氣體容器積載、運輸及存放   3 小時

(6) 高壓氣體容器操作要領與異常處理   3 小時

(7) 高壓氣體容器事故預防與處置   3 小時

(8) 高壓氣體容器自動檢查與檢點維護   3 小時

(9) 高壓氣體容器安全運轉實習   12 小時

附註：實習課程應 15 人以下為 1 組，分組實際操作；可分組同時進行或按
時間先後分組依序進行實習。

8.13 特殊作業安全衛生教育訓練

依本規則第十四條規定，雇主對下列勞工，應使其接受「特殊作業安全衛生教育
訓練」：

(1) 小型鍋爐操作人員。

(2) 荷重在一公噸以上之堆高機操作人員。

(3) 吊升荷重在零點五公噸以上未滿 3 公噸之固定式起重機操作人員或吊升荷重
未滿一公噸之斯達卡式起重機操作人員。

(4) 吊升荷重在零點五公噸以上未滿 3 公噸之移動式起重機操作人員。

(5) 吊升荷重在零點五公噸以上未滿 3 公噸之人字臂起重桿操作人員。

(6) 使用起重機具從事吊掛作業人員。

(7) 以乙炔熔接裝置或氣體集合熔接裝置從事金屬之熔接、切斷或加熱作業人員。

(8) 火藥爆破作業人員。

(9) 胸高直徑 70 公分以上之伐木作業人員。

(10) 機械集材運材作業人員。

(11) 高壓室內作業人員。

(12) 潛水作業人員。

(13) 油輪清艙作業人員。

(14) 其他經中央主管機關指定之人員。

火藥爆破作業人員，依事業用爆炸物爆破專業人員訓練及管理辦法規定，參加爆
破人員專業訓練，受訓期滿成績及格，並提出結業證書者，得予採認。

8.13.1 小型鍋爐操作人員特殊安全衛生訓練課程、時數 (18 小時)

(1) 小型鍋爐相關法規	1 小時
(2) 鍋爐種類型式及構造	2 小時
(3) 鍋爐附屬裝置及附屬品	2 小時
(4) 鍋爐用水及處理	2 小時
(5) 鍋爐燃料及燃燒	2 小時
(6) 鍋爐自動檢查與事故預防	3 小時
(7) 小型鍋爐安全運轉實習	6 小時

附註：實習課程應 15 人以下為 1 組，分組實際操作；可分組同時進行或按時間先後分組依序進行實習。

8.13.2 荷重在 1 公噸以上之堆高機操作人員特殊安全衛生訓練課程、時數 (18 小時)

(1) 堆高機相關法規	1 小時
(2) 堆高機行駛裝置之構造及操作方法	2 小時
(3) 堆高機裝卸裝置之構造及操作方法	3 小時
(4) 堆高機運轉相關力學知識	2 小時
(5) 堆高機自動檢查及事故預防	2 小時
(6) 堆高機操作實習	8 小時

附註：實習課程應 15 人以下為 1 組，分組實際操作；可分組同時進行或按時間先後分組依序進行實習。

8.13.3 吊升荷重在 0.5 公噸以上未滿 3 公噸之固定式起重機、移動式起重機、人字臂起重桿等操作人員特殊安全衛生訓練課程、時數 (18 小時)

(1) 起重機具相關法規	2 小時
(2) 起重機具概論 (固定式起重機、移動式起重機或人字臂起重桿)	3 小時
(3) 原動機及電氣相關知識	2 小時

(4) 起重吊掛相關力學知識   2 小時

(5) 安全作業要領及事故預防   3 小時

(6) 起重吊掛操作實習   6 小時

附註：實習課程應 15 人以下為 1 組，分組實際操作；可分組同時進行或按時間先後分組依序進行實習。

8.13.4 使用起重機具從事吊掛作業人員特殊安全衛生訓練課程、時數 (18 小時)

(1) 起重吊掛相關法規   1 小時

(2) 起重機具概論   2 小時

(3) 起重吊掛相關力學知識   2 小時

(4) 吊具選用及吊掛方法   2 小時

(5) 起重吊掛作業要領及事故預防   3 小時

(6) 吊掛作業實習   8 小時

附註：實習課程應 15 人以下為 1 組，分組實際操作；可分組同時進行或按時間先後分組依序進行實習。

8.13.5 以乙炔熔接裝置或氣體集合裝置 (簡稱乙炔熔接等作業) 從事金屬之熔接、切斷或加熱作業人員特殊安全衛生訓練課程、時數 (18 小時)

(1) 乙炔熔接作業勞工安全衛生相關法規   1 小時

(2) 乙炔熔接裝置及氣體集合裝置   3 小時

(3) 乙炔熔接等作業必要設備之構造及操作方法   3 小時

(4) 乙炔熔接等作業使用之可燃性氣體及氧氣概論   3 小時

(5) 安全作業要領及事故預防   2 小時

(6) 乙炔熔接等作業操作實習   6 小時

附註：實習課程應 15 人以下為 1 組，分組實際操作；可分組同時進行或按時間先後分組依序進行實習。

8.13.6　火藥爆破作業人員特殊安全衛生訓練課程、時數 (18 小時)

(1) 火藥爆破作業安全衛生相關法規	1 小時
(2) 火藥基本知識	3 小時
(3) 火藥之處置安全	3 小時
(4) 發爆作業方法與爆破作業安全	6 小時
(5) 火藥爆破事故預防	2 小時
(6) 火藥爆破作業安全實習	3 小時

附註：實習課程應 15 人以下為 1 組，分組實際操作；可分組同時進行或按時間先後分組依序進行實習。

8.13.7　胸高直徑 70 公分以上之伐木作業人員特殊安全衛生訓練課程、時數 (15 小時)

(1) 伐木作業安全衛生相關法規	1 小時
(2) 振動障害及預防	2 小時
(3) 伐木作業安全及事故預防	3 小時
(4) 鏈鋸構造及使用	3 小時
(5) 鏈鋸自動檢查及異常處理	3 小時
(6) 伐木作業及鏈鋸操作實習	3 小時

附註：實習課程應 15 人以下為 1 組，分組實際操作；可分組同時進行或按時間先後分組依序進行實習。

8.13.8　機械集材運材作業人員特殊安全衛生訓練課程、時數 (24 小時)

(1) 機械集材運材作業安全衛生相關法規	1 小時
(2) 集材機之構造及性能	4 小時
(3) 集材索具及架線作業	3 小時
(4) 集材運材機械之自動檢查及事故預防	3 小時
(5) 機械集材運材作業安全實習	13 小時

附註：實習課程應 15 人以下為 1 組，分組實際操作；可分組同時進行或按時間先後分組依序進行實習。

8.13.9 高壓室內作業人員特殊安全衛生訓練課程、時數

一、作業室、氣閘室輸氣用空氣壓縮機作業人員特殊安全衛生訓練課程、時數
（12 小時）

(1) 異常氣壓危害預防安全衛生相關法規	2 小時
(2) 輸氣設備之構造與操作	4 小時
(3) 空氣壓縮機之實際操作	2 小時
(4) 異常氣壓障害有關知識	2 小時
(5) 壓氣施工法有關知識	2 小時

二、作業室輸氣調節用閥、旋塞作業人員特殊安全衛生訓練課程、時數
（12 小時）

(1) 異常氣壓危害預防安全衛生相關法規	2 小時
(2) 異常氣壓障害有關知識	2 小時
(3) 壓氣施工法有關知識	2 小時
(4) 輸氣與排氣有關知識	4 小時
(5) 調節輸氣之實際操作	2 小時

三、氣閘室輸、排調節用閥、旋塞作業人員特殊安全衛生訓練課程、時數
（12 小時）

(1) 異常氣壓危害預防安全衛生相關法規	2 小時
(2) 異常氣壓障害有關知識	2 小時
(3) 壓氣施工法有關知識	2 小時
(4) 加壓、減壓及換氣方法	3 小時
(5) 加壓、減壓及換氣之實際操作	3 小時

四、再壓室之操作作業人員特殊安全衛生訓練課程、時數 (12 小時)

(1) 異常氣壓危害預防安全衛生相關法規	2 小時
(2) 異常氣壓障害有關知識	2 小時
(3) 急救再壓法有關知識	3 小時
(4) 急救、甦醒術有關知識	2 小時
(5) 再壓室之實際操作及急救甦醒術之實習	3 小時

五、高壓室內作業 (一、二、以外者) 人員特殊安全衛生訓練課程、時數
（12 小時）

(1) 異常氣壓危害預防安全衛生相關法規	2 小時
(2) 異常氣壓障害有關知識	3 小時

(3) 壓氣施工法有關知識		2 小時
(4) 壓氣施工設備有關知識		2 小時
(5) 壓力急速下降、火災預防有關知識		3 小時

8.13.10 潛水作業人員特殊安全衛生訓練課程、時數 (18 小時)

(1) 職業安全衛生法規		2 小時
(2) 異常氣壓危害預防標準		2 小時
(3) 潛水環境及作業計畫介紹		4 小時
(4) 潛水意外傷害預防		2 小時
(5) 潛水意外緊急安全處理		2 小時
(6) 減壓表之計算與減壓程序		2 小時
(7) 潛水醫學概論		2 小時
(8) 潛水裝備 (含減壓艙) 檢點、使用與維護有關知識		2 小時

8.13.11 油輪清艙作業人員特殊安全衛生教育訓練課程、時數 (18 小時)

(1) 油輪清艙作業相關法規		3 小時
(2) 油輪清艙安全作業程式		3 小時
(3) 火災爆炸防止		2 小時
(4) 墜落災害防止		2 小時
(5) 缺氧危害防止		2 小時
(6) 入艙前之安全措施		2 小時
(7) 氣體濃度測定儀器實習		2 小時
(8) 洗艙機操作實習		2 小時

附註：實習課程應 15 人以下為 1 組，分組實際操作；可分組同時進行或按時間先後分組依序進行實習。

8.14 勞工健康服務護理人員教育訓練

本規則第十四條之一規定，雇主對從事勞工健康服務之護理人員，應使其接受「勞工健康服務護理人員」安全衛生教育訓練。

8.14.1 勞工健康服務護理人員安全衛生教育訓練課程、時數 (52 小時)

(1)	勞工健康保護相關法規	2 小時
(2)	職業傷病補償相關法規	2 小時
(3)	職業安全衛生概論	4 小時
(4)	工作現場巡查訪視	2 小時
(5)	工作場所毒性傷害概論	2 小時
(6)	職業傷病概論	4 小時
(7)	職業傷病預防策略	2 小時
(8)	勞工選工、配工及復工概論	2 小時
(9)	人因性危害預防概論	4 小時
(10)	職場心理衛生	2 小時
(11)	職場健康危機事件處理	2 小時
(12)	健康監測與健檢資料之分析運用	4 小時
(13)	職場健康管理 (含實作 4 小時)	8 小時
(14)	職場健康促進與衛生教育 (含實作 3 小時)	6 小時
(15)	勞工健康服務計畫品質管理與稽核	2 小時
(16)	勞工健康服務工作	4 小時

附註：實作課程需撰寫 1 份計畫或實務作法報告書，並經該授課講師審核通實。

8.15 急救人員安全衛生教育訓練

　　本規則第十五條規定，雇主對工作場所「急救人員」，除醫護人員外，應使其接受「急救人員」之安全衛生教育訓練。但醫護人員及緊急醫療救護法所定之救護技術員，不在此限。

8.15.1 急救人員安全衛生教育訓練課程、時數 (18 小時)

(1)	急救概論 (含原則、實施緊急裝置、人體構造介紹)	1 小時
(2)	敷料與繃帶 (含實習)	2 小時

(3) 中毒、窒息、緊急甦醒術 (含實習)	5 小時
(4) 創傷及止血 (含示範)	2 小時
(5) 休克、燒傷及燙傷	2 小時
(6) 骨骼及肌肉損傷 (含實習)	2 小時
(7) 神經系統損傷及神志喪失	2 小時
(8) 傷患處理及搬運 (含實習)	2 小時

附註：實習課程應分組實際操作。

8.16 一般安全衛生教育訓練

依本規則第十六條規定，雇主對「新僱勞工或在職勞工於變更工作」前，應使其接受適於各該工作必要之「一般安全衛生教育訓練」。但其工作環境、工作性質與變更前相當者，不在此限。

無一定雇主之勞工及其他受工作場所負責人指揮或監督從事勞動之人員，應接受前項安全衛生教育訓練。

中央主管機關建置或認可之職業安全衛生教育訓練網路教學課程，事業單位之勞工上網學習，取得認證時數，其時數得抵充一般安全衛生教育訓練時數至多 2 小時。

8.16.1 一般安全衛生教育訓練課程、時數

一、課程 (以與該勞工作業有關者)：
(1) 作業安全衛生有關法規概要
(2) 勞工安全衛生概念及安全衛生工作守則
(3) 作業前、中、後之自動檢查
(4) 標準作業程序
(5) 緊急事故應變處理
(6) 消防及急救常識暨演練
(7) 其他與勞工作業有關之安全衛生知識

二、教育訓練時數：

新僱勞工或在職勞工於變更工作前依實際需要排定時數，不得少於 3 小時。但從事使用生產性機械或設備、車輛系營建機械、高空工作車、捲揚機等之操作及營造作業、缺氧作業、電焊作業等應各增列 3 小時；對製造、處置或使用危害性化學品者應增列 3 小時。

各級業務主管人員於新僱或在職於變更工作前，應參照下列課程增列 6 小時。

(1) 安全衛生管理與執行。

(2) 自動檢查。

(3) 改善工作方法。

(4) 安全作業標準。

8.17　安全衛生在職教育訓練

依本規則第十七條規定，雇主對擔任下列工作之勞工，應依工作性質使其接受「安全衛生在職教育訓練」：

(1) 職業安全衛生業務主管	每 2 年至少 6 小時
(2) 職業安全衛生管理人員	每 2 年至少 12 小時
(3) 勞工健康服務護理人員	每 3 年至少 12 小時
(4) 勞工作業環境監測人員	每 3 年至少 6 小時
(5) 施工安全評估人員及製程安全評估人員	每 3 年至少 6 小時
(6) 高壓氣體作業主管、營造作業主管及有害作業主管	每 3 年至少 6 小時
(7) 具有危險性之機械或設備操作人員	每 3 年至少 3 小時
(8) 特殊作業人員	每 3 年至少 3 小時
(9) 急救人員	每 3 年至少 3 小時
(10) 各級管理、指揮、監督之業務主管	每 3 年至少 3 小時
(11) 職業安全衛生委員會成員	每 3 年至少 3 小時
(12) 營造作業、車輛系營建機械作業、高空工作車作業、缺氧作業、局限空間作業及製造、處置或使用危害性化學品之人員	每 3 年至少 3 小時
(13) 前述各款以外之一般勞工	每 3 年至少 3 小時
(14) 其他經中央主管機關指定之人員。	

無一定雇主之勞工或其他受工作場所負責人指揮或監督從事勞動之人員，亦應接受第 (12) 款及第 (13) 款規定人員之一般安全衛生在職教育訓練。

8.18 教育訓練之實施

依本規則第十八條規定，勞工安全衛生之教育訓練，得由下列單位 (以下簡稱訓練單位) 辦理：

(1) 勞工主管機關、衛生主管機關、勞動檢查機構或目的事業主管機關。

(2) 依法設立職業訓練機構之非營利法人，辦理推廣安全衛生之績效良好且與其設立目的相符，並經中央主管機關認可者。

(3) 依法組織之雇主團體。

(4) 依法組織之勞工團體。

(5) 中央衛生主管機關醫院評鑑合格者或大專校院設有醫、護科系者。

(6) 報經中央主管機關核可之非以營利為目的之急救訓練單位。

(7) 大專校院設有安全衛生相關科系所或訓練種類相關科系所者。

(8) 事業單位。

(9) 其他經中央主管機關核可者。

前項第 (3) 款、第 (4) 款之雇主團體、勞工團體及第 (8) 款之事業單位，辦理第三條至第十四條、第十五條、第十七條之教育訓練，應依法設立職業訓練機構後，始得對外招訓。但有下列情形之一者，不在此限：

(1) 雇主團體、勞工團體對所屬會員、員工辦理之非經常性安全衛生教育訓練。

(2) 事業單位對所屬員工或其承攬人所屬勞工辦理之非經常性安全衛生教育訓練。

另依本規則第十九條規定，第 (5) 款之訓練單位，以辦理勞工健康服務護理人員及急救人員安全衛生教育訓練為限；第 (6) 款之訓練單位，以辦理急救人員安全衛生教育訓練為限。

第 (2) 款至第 (4) 款及第 (7) 款至第 (9) 款之訓練單位，辦理急救訓練時，應與中央衛生主管機關醫院評鑑合格或大專校院設有醫、護科系者合辦。

第 (2) 款至第 (4) 款及第 (7) 款至第 (9) 款之訓練單位，除為醫護專業團體外，辦理勞工健康服務護理人員訓練時，應與中央衛生主管機關醫院評鑑合格者或大專校院設有醫、護科系者合辦。

8.19　結語

　　依「職業安全衛生法」第三十二條規定，雇主對勞工應施以從事工作與預防災變所必要之安全衛生教育及訓練。

　　前項必要之教育及訓練事項、訓練單位之資格條件與管理及其他應遵行事項之規則，由中央主管機關定之。

　　勞工對於第一項之安全衛生教育及訓練，有接受之義務。

　　另依本法第四十五條規定，雇主違反第三十二條第一項，經通知限期改善，屆期未改善者，處新臺幣三萬元以上十五萬元以下罰鍰。

　　本法第四十六條亦規定勞工對以上之安全衛生教育及訓練，有接受之義務，違反者處新臺幣三千元以下罰鍰。

　　本法第四十八條亦規定，訓練單位違反中央主管機關依第三十二條第二項規定所定之規則者，予以警告或處新臺幣六萬元以上三十萬元以下罰鍰，並得限期令其改正；屆期未改正或情節重大者，得撤銷或廢止其認可，或定期停止其業務之全部或一部。

習題

一、選擇題

(　) 1. 王先生在某工廠工作，擔任吊升荷重 2 公噸之固定式起重機操作員及荷重 2 公噸之堆高機操作員，請問該工廠雇主應對王先生實施下列何者訓練？　(1) 吊升荷重未滿 3 公噸之固定式起重機操作訓練　(2) 堆高機之操作訓練　(3) 吊升荷重未滿 3 公噸之固定式起重機操作訓練及堆高機之操作訓練　(4) 不必訓練。

(　) 2. 下列何種作業勞工應接受特殊作業安全衛生教育訓練？　(1) 缺氧作業　(2) 小型鍋爐操作　(3) 鉛作業　(4) 四烷基鉛作業。

(　) 3. 組織中要建立員工有良好的人際關係，首要之道在於推動下列何者？　(1) 員工協助方案　(2) 員工成長方案　(3) 員工學習方案　(4) 員工激勵方案。

(　) 4. 知識的層次是訓練學習者最基本之何種能力？　(1) 記憶　(2) 理解　(3) 應用　(4) 評鑑。

(　) 5. 對別人的問題反應不到重點，儘說些不相關的事，此類的溝通方式是屬於下列何種型式？　(1) 責備型　(2) 討好型　(3) 避重就輕型　(4) 電腦型。

(　) 6. 下列何種因素較不會影響訊息的溝通？　(1) 距離太遠　(2) 組織扁平化　(3) 工具不靈　(4) 環境干擾。

( ) 7. 依職業安全衛生教育訓練規則規定，雇主對新僱之一般作業勞工實施一般安全衛生教育訓練，最低不得少於多少小時？ (1) 3 (2) 4 (3) 6 (4) 18。

( ) 8. 事業單位與承攬人、再承攬人分別僱用勞工共同作業時，相關承攬事業間之安全衛生教育訓練指導及協助，應由下列何者負責？ (1) 事業承攬人 (2) 再承攬人 (3) 原事業單位 (4) 當地主管機關。

( ) 9. 依職業安全衛生教育訓練規則規定，下列何者應接受危險性機械操作人員安全衛生教育訓練？ (1) 營建用升降機操作人員 (2) 高壓氣體容器操作人員 (3) 堆高機操作人員 (4) 吊籠操作人員

( ) 10. 勞工的安全行為會受到下列何項的影響，使勞工知道危害，但不一定會去避開危害？ (1) 組織文化 (2) 教育訓練 (3) 組織協調 (4) 人性管理。

( ) 11. 對新進勞工實施安全衛生教育訓練，宜使用下列何種方法？ (1) 角色扮演法 (2) 會議法 (3) 個案研討法 (4) 講授法。

( ) 12. 檢核表之使用，下列敘述何者不正確？ (1) 用來做為操作訓練之依據 (2) 不適合用來做為事故調查之依據 (3) 有效率達到各個操作階段評估的目的 (4) 使用快速容易、成本較低。

( ) 13. 依職業安全衛生教育訓練規則規定，下列何者不需接受有害作業主管安全衛生教育訓練？ (1) 鉛作業主管 (2) 缺氧作業主管 (3) 液化石油氣製造安全作業主管 (4) 粉塵作業主管。

( ) 14. 依職業安全衛生教育訓練規則規定，下列何項作業勞工，雇主需對其實施特殊作業安全衛生教育訓練？ (1) 車床作業 (2) 衝床作業 (3) 使用起重機從事吊掛作業 (4) 研磨作業。

( ) 15. 有高度專業知能而缺乏工作倫理和責任感者，對企業的長久經營的影響為？ (1) 正數 (2) 負數 (3) 加成作用 (4) 無關因數。

( ) 16. 下列何者不屬於有效溝通的基本原則？ (1) 公開公正 (2) 合法合理 (3) 尊重對方 (4) 秋後算帳。

( ) 17. 訓練單位擬定陳報主管機關之職業安全衛生教育訓練計畫內容可不包括下列何種事項？ (1) 訓練種類 (2) 訓練時間 (3) 訓練費用 (4) 訓練場所。

( ) 18. 依職業安全衛生教育訓練規則規定，下列何種作業主管應接受營造作業主管安全衛生教育訓練？ (1) 粉塵作業 (2) 鋼構組配作業 (3) 缺氧作業 (4) 高壓室內作業。

( ) 19. 訊息溝通傳送較不會受傳送者與接收者下列何項特質的影響？ (1) 知識 (2) 價值觀 (3) 態度 (4) 體重。

( ) 20. 下列何者不屬於職業安全衛生教育訓練認知領域層次？ (1) 知識 (2) 理解 (3) 價值 (4) 綜合。

( ) 21. 依職業安全衛生教育訓練規則規定，從事營造業之新僱勞工，應使其接受多少小時之安全衛生教育訓練？ (1) 3 (2) 6 (3) 9 (4) 12。

( ) 22. 依職業安全衛生教育訓練規則規定，下列何者不屬於有害作業主管之教育訓練？ (1) 粉塵作業主管 (2) 鍋爐作業主管 (3) 有機溶劑作業主管 (4) 高壓室內作業主管。

( ) 23. 安全衛生教育訓練計畫之製作程序有下列四個步驟，(a) 實施訓練計畫 (b) 分析訓練需求 (c) 評鑑訓練成效 (d) 擬定年度訓練計畫；其計畫製作依序為下列何者？ (1) a → b → c → d (2) b → d → a → c (3) c → d → a → b (4) d → a → b → c。

( ) 24. 服從公司職場安全所制定之規範，以維護工作安全，避免意外事件之發生，為下列何者？ (1) 敬業 (2) 協同 (3) 守紀 (4) 服務。

( ) 25. 依職業安全衛生教育訓練規則規定，下列何種作業主管不需受高壓氣體作業主管安全衛生教育訓練？ (1) 高壓氣體製造 (2) 高壓室內 (3) 液化石油氣製造 (4) 冷凍用高壓氣體製造。

( ) 26. 依機械設備器具型式檢定作業要點規定，檢定機構對於新進之檢定主管及檢定員，應於任職前施予中央主管機關認可之職前訓練多少小時以上 (1) 6 (2) 12 (3) 18 (4) 24。

( ) 27. 安全教育除知識教育及技能教育之外，更重要的是態度教育。下列何者是態度教育的手法？ (1) 講解作業程序 (2) 示範標準作業 (3) 危險預知訓練 (4) 急救處理訓練。

( ) 28. 下列哪一種情況最容易表現敬業精神？ (1) 自己喜歡又能勝任 (2) 自己喜歡但不勝任 (3) 自己勝任卻不喜歡 (4) 自己不喜歡又不勝任。

( ) 29. 下列哪一溝通方式較易達成有效的溝通？ (1) 發洩式 (2) 同理心式 (3) 命令式 (4) 含糊式。

( ) 30. 外在刺激 (資訊) 必須經過下列何種符碼化 (coding) 的方式，才能進入長期記憶區域？ (1) 語意符碼 (2) 視像符碼 (3) 音聲符碼 (4) 感覺儲存。

( ) 31. 依職業安全衛生教育訓練規則規定，高壓氣體特定設備操作人員應接受多少小時之教育訓練？ (1) 18 (2) 24 (3) 35 (4) 105。

( ) 32. 乙級鍋爐操作人員訓練合格者，可操作傳熱面積多少平方公尺之鍋爐？ (1) 未滿 500 (2) 未滿 600 (3) 未滿 800 (4) 1,000 以上。

( ) 33. 下列何者不是應接受高壓氣體作業主管安全衛生教育訓練之對象？ (1) 高壓氣體製造安全主任 (2) 高壓氣體製造安全作業主管 (3) 高壓氣體供應及消費作業主管 (4) 高壓室內作業主管。

( ) 34. 下列何者不是應接受特殊作業安全衛生教育訓練之對象？ (1) 使用起重機具從事吊掛作業人員 (2) 荷重 1 公噸以上之堆高機操作人員 (3) 潛水作業人員 (4) 鍋爐操作人員。

( ) 35. 公司與工廠需要定期舉辦工安講習與專業教育訓練，其目的是要做什麼？ (1) 應付政府機關的稽查 (2) 消耗經費 (3) 保護員工安全，讓員工能夠防範未然 (4) 讓大家有相聚時間，彼此相互認識。

( ) 36. 勞工如不接受法定之職業安全衛生教育訓練者，處新臺幣多少元以下之罰鍰？ (1) 1,000 (2) 2,000 (3) 3,000 (4) 4,000。

( ) 37. 辦理下列何種安全衛生教育訓練不必於事前報請當地主管機關核備？ (1) 有害作業主管 (2) 職業安全衛生人員 (3) 危險性機械、設備操作人員 (4) 現場安全衛生監督人員。

( ) 38. 下列何者非職業安全衛生教育訓練規則規定，應接受有害作業主管安全衛生教育訓練之對象？ (1) 有機溶劑作業主管 (2) 缺氧作業主管 (3) 職業安全衛生業務主管 (4) 粉塵作業主管。

( ) 39. Abraham Maslow 的需求層級理論包括：1. 尊嚴需求 2. 安全需求 3. 自我實現需求 4. 生理需求 5. 愛與歸屬的需求，由下而上之正確排列為何？ (1) 2 4 1 5 3 (2) 4 2 1 5 3 (3) 4 2 5 1 3 (4) 3 5 1 2 4。

( ) 40. 由於勞動者的「勞心」與「勞力」，造就成有形或無形的功業，改善了人類的生活，所以勞動環境的本質是以下列何者為中心？ (1) 人 (2) 事 (3) 時 (4) 地。

( ) 41. 依職業安全衛生教育訓練規則規定，事業單位辦理急救人員安全衛生在職教育訓練，其計畫、講師概況、課程內容等文件應於事前報請何者備查？ (1) 當地主管機關 (2) 勞動檢查機構 (3) 中央主管機關 (4) 不須報備。

( ) 42. 依職業安全衛生教育訓練規則規定，操作下列何種機具不必接受具有危險性機械或設備操作人員訓練？ (1) 鍋爐 (小型鍋爐除外) (2) 第一種壓力容器 (3) 吊升荷重在 3 公噸以上之起重機 (4) 荷重 1 公噸以上堆高機。

( ) 43. 依職業安全衛生教育訓練規則規定，雇主對於擔任下列工作之勞工，應至少每 2 年施以 6 小時之安全衛生在職教育訓練？ (1) 堆高機操作人員 (2) 施工安全評估人員 (3) 急救人員 (4) 職業安全衛生管理員。

( ) 44. 下列何種職業安全衛生教育訓練職類之結訓測驗方式，中央主管機關公告採技術士技能檢定？ (1) 荷重在 1 公噸以上之堆高機操作人員 (2) 小型鍋爐操作人員 (3) 職業安全衛生業務主管 (4) 使用起重機具從事吊掛作業人員。

( ) 45. 依職業安全衛生教育訓練規則規定，職業安全衛生管理員每 2 年應至少接受幾小時之安全衛生在職教育訓練？ (1) 1 (2) 3 (3) 6 (4) 12。

( ) 46. 依職業安全衛生教育訓練規則規定，訓練單位辦理使用起重機具從事吊掛作業人員特殊作業安全衛生教育訓練時，其訓練時數不得少於多少小時？ (1) 6 (2) 18 (3) 24 (4) 30。

( ) 47. 依營造安全衛生設施標準規定，雇主對於高度在多少公尺以上之鋼構建築物之組立作業，應指派鋼構組配作業主管於作業現場指揮勞工作業？ (1) 1 (2) 3 (3) 5 (4) 7。

( ) 48. 勞工人數在 100 人以上之營造業事業單位，擔任營造業職業安全衛生業務主管者應受何種營造業安全衛生業務主管教育訓練？ (1) 甲種 (2) 乙種 (3) 丙種 (4) 丁種。

( ) 49. 雇主對擔任工作場所急救人員之勞工，除醫護人員外，應使其接受急救人員訓練，依職業安全衛生教育訓練規則規定，其訓練時數不得低於多少小時？ (1) 12 (2) 18 (3) 30 (4) 60。

( ) 50. 依職業安全衛生教育訓練規則規定，雇主對新僱勞工或在職勞工於變更工作前，應使其接受適於各該工作必要之安全衛生教育訓練，並應將計畫、受訓人員名冊、簽到紀錄、課程內容等實施資料保存幾年？ (1) 1 (2) 2 (3) 3 (4) 4。

( ) 51. 辦理安全衛生教育訓練之時機，與下列何者較無關？ (1) 薪資調整時 (2) 組織或職權有變更時 (3) 工安事故頻傳時 (4) 增辦新業務或推行新工作時。

( ) 52. 依職業安全衛生法令規定，固定式起重機吊升荷重至少在多少公噸以上者，須由接受中央主管機關認可之訓練或經技能檢定合格人員擔任操作人員？ (1) 1 (2) 3 (3) 5 (4) 10。

( ) 53. 依職業安全衛生管理辦法規定，勞工人數至少在多少人以上之事業單位，擔任職業安全衛生業務主管者，應受甲種職業安全衛生業務主管安全衛生教育訓練？ (1) 30 (2) 100 (3) 200 (4) 300。

( ) 54. 依職業安全衛生教育訓練規則規定，訓練單位辦理缺氧作業或有機溶劑作業等有害作業主管安全衛生教育訓練時，其訓練時數均不得少於多少小時？ (1) 6 (2) 18 (3) 24 (2) 30。

( ) 55. 下列何者非有效溝通的基本原則？ (1) 設身處地 (2) 心胸開放 (3) 就事論事 (4) 固執己見。

( ) 56. 如果一個人在其負責的區域看到紙屑會撿起來，這是廠場整潔教導或管理的成功，但如果任何人在任何區域看到紙屑都會撿起來，此種現象為下列何者所形成？ (1) 安全衛生文化 (2) 安全衛生檢查 (3) 安全衛生計畫 (4) 安全衛生組織。

( ) 57. 擬訂安全衛生教育訓練，在分析需求時與下列何者無關？ (1) 哪個部門需要訓練 (2) 哪些工作需要訓練 (3) 哪些人員需要訓練 (4) 哪些主管機關需要報備。

( ) 58. 事業單位新設荷重 2 公噸之動力堆高機 1 部，在擬訂職業安全衛生教育訓練計畫時，其操作人員應接受下列何種安全衛生教育訓練？ (1) 危險性機械 (2) 危險性設備 (3) 有害作業 (4) 特殊作業。

( ) 59. 施工架之組配及拆除作業應指派何人監督施工？ (1) 職業安全衛生管理員 (2) 施工架組配作業主管 (3) 職業安全衛生業務主管 (4) 專人 (無庸受訓)。

( ) 60. 下列有關職業安全衛生教育訓練之辦理方式，何者有誤？ (1) 事業單位不具辦理資格，應指派勞工至職業訓練機構受訓 (2) 對於已取得資格之不同職類勞工，應定期分別使其接受在職教育訓練 (3) 訓練單位辦理鍋爐操作人員教育訓練，應向當地主管機關報備 (4) 雇主對於小型鍋爐操作人員，應使其接受特殊作業安全衛生教育訓練。

( ) 61. 依職業安全衛生教育訓練規則規定，職業安全衛生管理人員之在職安全衛生教育訓練每二年應至少多少小時？ (1) 3 (2) 6 (3) 9 (4) 12。

( ) 62. 下列何者不屬於職業安全衛生教育訓練技能領域應有之層次？ (1) 反射動作 (2) 基本動作 (3) 價值動作 (4) 表達動作。

( ) 63. 依職業安全衛生教育訓練規則規定，下列何種作業人員或操作人員，雇主不需使其接受特殊作業安全衛生教育訓練？ (1) 小型鍋爐 (2) 潛水 (3) 施工架組配 (4) 火藥爆破。

( )64. 危害通識制度之五大工作包括：危害通識計畫、危害物質清單、標示、物質安全資料表及下列何者？ (1) 工作守則 (2) 標準作業程序 (3) 健康檢查 (4) 職業安全衛生教育訓練。

( )65. 依職業安全衛生教育訓練規則規定，某營造業之新僱勞工於裝設瓦斯管之地下溝渠內從事環氧樹脂之塗布以防止漏水，應使其接受多少小時之安全衛生教育訓練？ (1) 3 (2) 6 (3) 9 (4) 12。

( )66. 大專院校辦理特殊作業職業安全衛生教育訓練，應於 15 日前檢附相關資料報請何單位備查？ (1) 教育部 (2) 當地主管機關 (3) 行政院勞動部人力發展署 (4) 行政院勞動部。

( )67. 依特定化學物質危害預防標準規定，從事下列何種作業時，雇主應指定現場主管擔任特定化學物質作業主管？ (1) 正己烷 (2) 硫化氫 (3) 丙酮 (4) 汽油。

( )68. 職業衛生管理師之教育訓練講師，可由任教大專院校相關課程具幾年以上教學經驗者擔任？ (1) 1 (2) 2 (3) 3 (4) 4。

( )69. 安全教育除知識教育及技能教育之外，更重要的是態度教育。下列何者是態度教育的手法？ (1) 講解作業程序 (2) 示範標準作業 (3) 危險預知訓練 (4) 急救處理訓練。

( )70. 雇主使員工參與職業安全衛生教育訓練，此舉屬協調與溝通的哪一項特色？ (1) 強制性 (2) 專業性 (3) 一致性 (4) 支持性。

( )71. 雇主無需使下列何者接受高壓氣體作業主管安全衛生教育訓練？ (1) 高壓室內作業主管 (2) 液化石油氣類作業主管 (3) 冷凍用高壓氣體類作業主管 (4) 一般高壓氣體類作業主管。

( )72. 下列哪種作業主管應受營造作業主管安全衛生教育訓練？ (1) 缺氧作業 (2) 粉塵作業 (3) 使用吊籠從事施工作業 (4) 施工架組配作業。

( )73. 下列何者非職業安全衛生教育訓練規則規定，應接受有害作業主管安全衛生教育訓練之對象？ (1) 有機溶劑作業主管 (2) 鉛作業主管 (3) 安全衛生業務主管 (4) 粉塵作業主管。

( )74. 在語言傳遞系統中，明白度指數 (articulation index) 若小於多少，則大部分之通訊皆無法達成？ (1) 0.3 (2) 0.4 (3) 0.5 (4) 0.6。

( )75. 下列何者不屬於職業安全衛生教育訓練的目的？ (1) 教導勞工認知工作中可能遭遇的危害 (2) 保障勞工工作安全 (3) 教導勞工理財知識 (4) 教導勞工工作場所之危害預防對策。

( )76. 依營造安全衛生設施標準規定，下列何者非為施工架組配作業主管之辦理事項？ (1) 檢查材料 (2) 督導工程進度 (3) 監督勞工作業 (4) 監督勞工安全帽、安全帶之使用。

( )77. 下列何種人員不須接受職業安全衛生教育訓練規則規定之教育訓練？ (1) 職業安全衛生管理員 (2) 潛水作業人員 (3) 缺氧作業主管 (4) 零災害運動推廣人員。

( )78. 下列何種不是安全衛生教育訓練的主要方法之一？ (1) 講解 (2) 分組討論 (3) 演練 (4) 問卷調查。

( ) 79. 有關人員資訊處理模式，以文 / 數字而言，在活性記憶中能保留的最大容量約為多少？
(1) 3±2　(2) 5±2　(3) 7±2　(4) 9±2。

( ) 80. 在激勵管理中，人的需求層級最高為下列何者？　(1) 安全需求　(2) 自我實現需求
(3) 尊嚴需求　(4) 愛的需求。

( ) 81. 從方向面、整體面與策略面做思考決策，係屬下列何種技巧？　(1) 技術性　(2) 人
性的　(3) 理念性　(4) 細節性。

( ) 82. 下列何項操作人員，雇主毋需使其受危險性設備操作人員安全訓練？　(1) 鍋爐 (小型
鍋爐除外)　(2) 第一種壓力容器　(3) 吊升荷重未滿 5 公噸之固定式起重機　(4) 高壓
氣體特定設備。

( ) 83. 擬訂安全衛生教育訓練，在分析需求時與下列何者無關？　(1) 哪個部門需要訓練　(2)
哪些工作需要訓練　(3) 哪些人員需要訓練　(4) 哪些主管機關需要報備。

( ) 84. 溝通的最高境界就是善於傾聽，表達尊重，瞭解對方，給予溫暖的接納，也就是隨時隨
地善用下列何者，使之發揮於無形？　(1) 嫉妒心　(2) 平常心　(3) 同理心　(4) 批評心。

( ) 85. 在溝通過程中，我們要把訊息傳送給他人，不但要透過不同的管道，也要經由編碼與
解碼的過程，所以在傳送上若有下列何種情況，則會有溝通障礙的產生？　(1) 環境干
擾　(2) 距離較近　(3) 組織不大　(4) 工具靈活。

( ) 86. 下列何者較不常作為激發學員內在性學習動機的方法？　(1) 建立教導者自尊心　(2)
營造積極的學習氣氛　(3) 建立學員的自尊心　(4) 幫助學生發展合適的目標。

( ) 87. 下列何者非為評估安全衛生訓練需求所做之分析？　(1) 組織層級分析　(2) 工作層級
分析　(3) 個人層級分析　(4) 財務分析。

( ) 88. 雇主依法對勞工施以從事工作及預防災變所必要之安全衛生教育訓練，勞工有接受之義
務，違反時可處下列何種處分？　(1) 罰金　(2) 罰鍰　(3) 拘役　(4) 有期徒刑。

( ) 89. 溝通協調可以活化安全教育成效，比課堂上的講授更具功效，下列何者非屬溝通協調
之主要項目？　(1) 安全協談　(2) 安全接談　(3) 安全會議　(4) 安全規避。

( ) 90. 下列何項非屬組織協調與溝通之目的？　(1) 建立共識　(2) 傳達觀念　(3) 分享意見
(4) 擴大思想差異性。

( ) 91. 職業安全衛生教育訓練，通常不包括下列何者？　(1) 職前訓練　(2) 在職訓練　(3) 第
二專長訓練　(4) 參加主管機關辦理之講習。

( ) 92. 依職業安全衛生教育訓練規則規定，下列何者非屬職業安全衛生相關作業主管之教育
訓練？　(1) 粉塵作業主管　(2) 鍋爐作業主管　(3) 有機溶劑作業主管　(4) 高壓氣體製
造安全作業主管。

( ) 93. 依職業安全衛生教育訓練規則規定，下列何項作業勞工，雇主無需對其實施特殊作業
安全衛生教育訓練？　(1) 小型鍋爐之操作　(2) 荷重在 1 公噸以上之堆高機操作　(3)
潛水作業　(4) 衝床作業。

( ) 94. 依職業安全衛生教育訓練規則規定，下列何項機械或設備之操作人員，雇主應僱用經技術士技能檢定或訓練合格人員充任之？ (1) 升降機 (2) 簡易提升機 (3) 圓盤鋸 (4) 鍋爐。

( ) 95. 依職業安全衛生教育訓練規則規定，雇主對於擔任下列工作之勞工，應至少每 2 年施以 6 小時之勞工安全衛生在職教育訓練？ (1) 堆高機操作人員 (2) 施工安全評估人員 (3) 急救人員 (4) 職業安全衛生管理員。

( ) 96. 主管人員可透過下列何項措施實施有效的溝通與協調？ (1) 文件管制 (2) 組織設計 (3) 承攬商管理 (4) 外校儀器允收標準。

( ) 97. 下列何措施，對勞工學習安全行為較不具效果？ (1) 負面的懲罰 (2) 提供學習對象 (3) 提供學習的動機 (4) 消除以前不安全的行為。

( ) 98. 假設 26 個英文字母出現的機率相同，依據資訊理論，每一個英文字母所傳送出的訊息量應為多少？ (1) $\log_{10}26$ (2) $\log_2 26$ (3) 26 (4) 1。

( ) 99. 依職業安全衛生教育訓練規則規定，事業單位辦理有害作業主管人員安全衛生教育訓練前，應填具教育訓練場所報備書並檢附必要文件報請主管機關核備，下列何者不包括在內？ (1) 置備之安全衛生儀器及防護具 (2) 置備之實習機具及設備 (3) 訓練場所之設施 (4) 自動檢查計畫報備書。

( )100. 擔任甲類、乙類、丙類工作場所安全評估人員，依職業安全衛生教育訓練規則規定，應接受下列何種訓練合格？ (1) 職業安全衛生業務主管 (2) 職業安全衛生管理員 (3) 製程安全評估訓練 (4) 施工安全評估訓練。

( )101. 依職業安全衛生教育訓練規則規定，無需接受特殊作業安全衛生教育訓練者為何？ (1) 火藥爆破作業 (2) 高壓室內作業 (3) 銑床作業 (4) 使用起重機具。從事吊掛作業。

( )102. 依職業安全衛生教育訓練規則規定，雇主對於下列何種勞工，應使其接受特殊作業安全衛生教育訓練？ (1) 潛水作業人員 (2) 高壓氣體特定設備操作人員 (3) 吊籠操作人員 (4) 高壓氣體容器操作人員。

( )103. 下列何者較非為辦理職業安全衛生教育訓練之時機？ (1) 組織變更時 (2) 法令修正時 (3) 違規意外事件頻傳時 (4) 業務不變而量增多時。

( )104. 雇主未依職業安全衛生法第三十二條規定，對勞工施以從事工作及預防災變所必要之安全衛生教育訓練，經通知限期改善，屆期未改善者，可處 (1) 一年以下有期徒刑 (2) 新台幣三萬元以上十五萬元以下罰鍰 (3) 新台幣三萬元以上六萬元以下罰鍰 (4) 三年以下有期徒刑。

( )105. 依教學目標分類，包括知識、理解、運用、分析、綜合和評鑑等六個不同層次的領域，為下列何者？ (1) 表現領域 (2) 技能領域 (3) 認知領域 (4) 情意領域。

( )106. 安全衛生技能教育宜採下列何者？ (1) 個別指導 (2) 集體方式 (3) 座談方式 (4) 函授方式。

( )107. 安全衛生訓練的效果，是否有提升勞工個人及事業單位整體績效，必須藉由下列何種方法評鑑才能真正得知之？ (1) 反應評鑑 (2) 學習評鑑 (3) 行為及效果評鑑 (4) 問卷及訪談等。

( )108. 人的三種自我狀態如下：權威 (P)、成熟 (A) 和幼稚 (C)，試問下列何種人際間的溝通方式較有效？ (1) A 對 A 雙向式 (2) P 對 C 雙向式 (3) P 對 C，然後 A 對 A 之交叉反覆式 (4) P 對 C 之單向式。

( )109. 在教學中隨時考察學員學習的結果，以謀補救及改變教學方法，是屬於下列何類型教學評鑑？ (1) 背景評鑑 (2) 輸入評鑑 (3) 歷程評鑑 (4) 成果評鑑。

( )110. 事業單位未經職業訓練機構之設立登記或許可，不得對所屬員工或其承攬人所屬勞工辦理下列何種訓練？ (1) 高壓氣作業人員安全衛生教育訓練 (2) 營造作業人員安全衛生訓練 (3) 職業安全衛生管理員之安全衛生教育訓練 (4) 危害物質作業人員安全衛生教育訓練。

( )111. 安全衛生教育之成效可由下列哪四個層面評估？ (1) 反應、動機、學習、行為 (2) 反應、學習、行為、成果 (3) 動機、學習、行為、成果 (4) 反應、動機、行為、成果。

( )112. 根據研究結果，圖像化的教材有多項優點，下列何者不是其優點？ (1) 增加記憶強度 (2) 增加左腦活用 (3) 吸引學習者，增加關心度 (4) 有助掌握問題點。

( )113. 下列何者為溝通過程模式？ (1) 傳送者→編碼→管道→解碼→接收者 (2) 編碼→傳送者→管道→解碼→接收者 (3) 編碼→解碼→傳送者→管道→接收者 (4) 傳送者→編碼→管道→接收者→解碼。

( )114. 下列何者較能表達安全衛生溝通的目的？ (1) 意思的傳達 (2) 意思的了解 (3) 意思的傳達與了解 (4) 意思的編碼。

( )115. 與人相處和協調溝通能力以及判斷力，係屬下列何種技巧？ (1) 技術性 (2) 人性的 (3) 理性的 (4) 觀念性。

( )116. 以有禮貌的行為善待顧客，作必要的說明、指導及交代勞務或貨品等稱之為？ (1) 協同 (2) 敬業 (3) 守紀 (4) 服務。

( )117. 下列敘述何者錯誤？ (1) 事業單位勞工有不得洩漏業務知悉秘密之義務 (2) 勞工離職後得與原服務事業作營業競爭 (3) 雇主對勞工有照扶之義務 (4) 勞工對雇主有忠實提供勞務之義務。

( )118. 下列敘述何者錯誤？ (1) 勞工應謀求工作知能之精進 (2) 勞工應遵守縱向的層級分工 (3) 勞工與雇主之勞動契約結束時，業務要移交清楚 (4) 勞工對雇主有忠實照扶之義務。

( )119. 零災害運動基本上是以下列何者為中心強化安全衛生管理？ (1) 設備 (2) 人 (3) 環境 (4) 物料。

( )120. 員工不兼職、完整履行勞動契約，契約結束時業務要移交清楚，契約結束後不與原雇主作營業之競爭是謂下列何者？ (1) 忠誠 (2) 誠信 (3) 敬業 (4) 守紀。

( )121. 下列敘述何者有誤？ (1) 勞工於職場上不得收受期約賄賂 (2) 樂觀及樂於與人相處可作為評估勞工是否稱職之指標 (3) 能力勝任但不喜歡工作之勞工容易表現敬業精神 (4) 勞工有不得洩漏職場營業秘密之義務。

( )122. 一般而言，個人的成就需求和工作績效的相關性為何？ (1) 正相關 (2) 負相關 (3) 不相關 (4) 不明顯。

二、問答題

1. 乙影劇公司共有員工 525 人，承辦市政府跨年晚會活動，須搭設高度超過 5 公尺的舞台施工架，及使用吊升荷重 5 公噸以上之移動式起重機吊裝施工架，試問：
   (1) 乙公司應如何設置職業安全衛生管理組織及人員，並陳報勞動檢查機構備查？
   (2) 乙公司如將該舞台組裝交付承攬時，應要求承攬人所僱從事上述作業之勞工必須經過哪幾種職業安全衛生教育訓練合格，始可進場作業？(依職業安全衛生管理辦法、職業安全衛生教育訓練規則規定作答)

2. 目前中央主管機關已經陸續公告職業安全衛生教育訓練結訓測驗須採技術士技能檢定方式辦理之訓練種類，請至少列出 4 種。

3. 職業安全衛生教育訓練規則所規定之安全衛生教育訓練，大致可分為管理職類及技術職類，其中針對營造作業所訂定的主管類教育訓練有哪些？請列舉 5 項。

4. 依職業安全衛生教育訓練規則對在職教育訓練規定，請說明勞工健康服務護理人員及急救人員各應接受之訓練頻率及時數。

5. 雇主辦理急救人員在職教育訓練，應於幾日前檢附哪些文件，報請當地主管機關備查？

6. 雇主依職業安全衛生教育訓練規則規定，對新僱勞工或在職勞工於變更工作前，應使其至少接受 3 小時的必要安全衛生教育訓練，試問：
   (1) 對於從事哪些作業時，應再各增列 3 小時訓練課程？(至少列出 4 項)
   (2) 對於各級業務主管人員於新僱或在職於變更工作前，應增列幾小時課程？

7. 某機械公司因擴廠之需要，增加 10 公噸固定式起重機 2 部，3 公噸固定式起重機 3 部，以及三公噸堆高機 2 部，且需噴漆作業，而該廠並無合格之操作人員，請問該公司需派幾人受何種教育訓練或僱用具備何種資格之操作人員。

8. 某機械工廠僱用勞工 35 人，該廠有 10 公噸固定式起重機 1 部，3 公噸固定式起重機 2 部，3 公噸堆高機 2 部，小型鍋爐 1 部，3 人操作衝剪機械，另 2 人從事有機溶劑作業，該公司因新成立，員工未受過任何職業安全衛生有關教育訓練，試問依職業安全衛生教育訓練規則規定，必須對哪些員工施以何項教育訓練？

9. 某工廠新設立僱用勞工 200 人，衝床操作人員 2 人，載重五公噸堆高機操作人員 2 人，電鍍工場操作人員 3 人，有機溶劑 (甲苯、二甲苯) 作業人員 5 人，依職業安全衛生教育訓練規則規定，請問該單位應派員接受安全衛生教育訓練之項目及人數為何？

10. 依職業安全衛生教育訓練規則規定，雇主對新僱勞工、或在職勞工於變更工作前，應接受適於各該工作必要之安全衛生教育及訓練，請問其訓練課程及訓練時數如何？

11. 雇主對於哪些勞工，應使其接受特殊作業安全衛生教育訓練？

勞工健康檢查與管理

9.1　前言

　　為保護勞工之健康，以及預防職業病發生，因此需要對勞工實施健康檢查與管理。職業安全衛生法第二十條第一項規定，雇主於僱用勞工時，應施行體格檢查；對在職勞工應施行下列健康檢查：

　　(1)　一般健康檢查。

　　(2)　從事特別危害健康作業者之特殊健康檢查。

　　(3)　經中央主管機關指定為特定對象及特定項目之健康檢查。

　　又本法第二十一條規定：「雇主依前條體格檢查發現應僱勞工不適於從事某種工作，不得僱用其從事該項工作。健康檢查發現勞工有異常情形者，應由醫護人員提供其健康指導；其經醫師健康評估結果，不能適應原有工作者，應參採醫師之建議，變更其作業場所、更換工作或縮短工作時間，並採取健康管理措施。

　　雇主應依前條檢查結果及個人健康注意事項，彙編成健康檢查手冊，發給勞工，並不得作為健康管理目的以外之用途。」

　　另依本法第三十一條規定：中央主管機關指定之事業，雇主應對有「母性健康危害之虞」之工作，採取危害評估、控制及分級管理措施；對於妊娠中或分娩後未滿一年之女性勞工，應依醫師適性評估建議，採取工作調整或更換等健康保護措施，並留存紀錄。

　　前項勞工於保護期間，因工作條件、作業程序變更、當事人健康異常或有不適反應，經醫師評估確認不適原有工作者，雇主應依前項規定重新辦理之。

　　第一項事業之指定、有母性健康危害之虞之工作項目、危害評估程序與控制、分級管理方法、適性評估原則、工作調整或更換、醫師資格與評估報告之文件格式、紀錄保存及其他應遵行事項之辦法，由中央主管機關定之。

　　行政院勞動部依本法第二十一條訂定之「勞工健康保護規則」(以下簡稱本規則，最新修正日期民國 106 年 11 月 13 日)，對上述各項體格與健康檢查，以及事業單位內應設置之醫療衛生單位設置標準等，皆有詳細之規定。此外，依本法第三十一條訂定之「女性勞工母性健康保護實施辦法」(最新訂定日期民國 103 年 12 月 30 日)，對女性勞工母性健康保護期間之風險分級管理、保護措施等，亦有明確規範，以下是相關規定之介紹。

9.2　健康檢查之種類

依「職業安全衛生法施行細則」第二十七條規定，勞工所需接受與健康有關之檢查可分為四種：

(1) 體格檢查：指於「僱用勞工時」，為識別勞工工作適性，考量其是否有不適合作業之疾病所實施之身體檢查。

(2) 一般健康檢查：指雇主對「在職勞工」，為發現健康有無異常，以提供適當健康指導、適性配工等健康管理措施，依其年齡於一定期間或變更其工作時所實施者。

(3) 特殊健康檢查：指對「從事特別危害健康作業之勞工」，為發現健康有無異常，以提供適當健康指導、適性配工及實施分級管理等健康管理措施，依其作業危害性，於一定期間或變更其工作時所實施者。

(4) 特定對象及特定項目之健康檢查：指對可能為罹患職業病之高風險群勞工，或基於疑似職業病及本土流行病學調查之需要，經中央主管機關指定公告，要求其雇主對特定勞工施行必要項目之臨時性檢查。

9.2.1　一般體格檢查與健康檢查

本規則第十四條規定，雇主僱用勞工時，應依表9.1之規定，實施「一般體格檢查」；

表 9.1　一般體格檢查、健康檢查項目表

體格檢查項目	健康檢查項目
(1) 作業經歷、既往病史、生活習慣及自覺症狀之調查。	(1) 作業經歷、既往病史、生活習慣及自覺症狀之調查。
(2) 身高、體重、腰圍、視力、辨色力、聽力、血壓及身體各系統或部位之理學檢查。	(2) 身高、體重、腰圍、視力、辨色力、聽力、血壓及身體各系統或部位之理學檢查。
(3) 胸部X光(大片)攝影檢查。	(3) 胸部X光(大片)攝影檢查。
(4) 尿蛋白及尿潛血之檢查。	(4) 尿蛋白及尿潛血之檢查。
(5) 血色素及白血球數檢查。	(5) 血色素及白血球數檢查。
(6) 血糖、血清丙胺酸轉胺酶(ALT)、肌酸酐(creatinine)、膽固醇、三酸甘油酯、高密度脂蛋白膽固醇之檢查。	(6) 血糖、血清丙胺酸轉胺酶(ALT)、肌酸酐(creatinine)、膽固醇、三酸甘油酯、高密度脂蛋白膽固醇、低密度脂蛋白膽固醇之檢查。
(7) 其他經中央主管機關指定之檢查。	(7) 其他經中央主管機關指定之檢查。

有下列情形之一者，得免實施前項所定一般體格檢查：

(1) 非繼續性之臨時性或短期性工作，其工作期間在六個月以內。

(2) 其他法規已有體格或健康檢查之規定。

(3) 其他經中央主管機關指定公告。

依本規則第十七條規定，「一般體格檢查」、「一般健康檢查」應依規定作成記錄，並至少保存七年。

本規則第十五條對實施健康檢查之期限規定：「雇主對在職勞工，應依下列規定，定期實施一般健康檢查：

    (1) 年滿 65 歲者，每年檢查 1 次。

    (2) 40 歲以上未滿 65 歲者，每 3 年檢查 1 次。

    (3) 未滿 40 歲者，每 5 年檢查 1 次。」

前項一般健康檢查項目及檢查紀錄，應依前條規定辦理。但經檢查為先天性辨色力異常者，得免再實施辨色力檢查。

9.2.2 特別危害健康作業

本規則所稱特別危害健康作業，指職業安全衛生法施行細則第二十八條規定之作業，如表 9.2 所列。

表 9.2　特別危害健康作業

項次	作業名稱
1	高溫作業勞工作息時間標準所稱之高溫作業。
2	勞工噪音暴露工作日八小時日時量平均音壓級在八十五分貝以上之噪音作業。
3	游離輻射作業。
4	異常氣壓危害預防標準所稱之異常氣壓作業。
5	鉛中毒預防規則所稱之鉛作業。
6	四烷基鉛中毒預防規則所稱之四烷基鉛作業。
7	粉塵危害預防標準所稱之粉塵作業。
8	有機溶劑中毒預防規則所稱之下列有機溶劑作業： (1) 1，1，2，2- 四氯乙烷。 (2) 四氯化碳。 (3) 二硫化碳。 (4) 三氯乙烯。 (5) 四氯乙烯。 (6) 二甲基甲醯胺。 (7) 正己烷。
9	製造、處置或使用下列特定化學物質或其重量比 (苯為體積比) 超過百分之一之混合物之作業： (1) 聯苯胺及其鹽類。 (2) 4- 胺基聯苯及其鹽類。 (3) 4- 硝基聯苯及其鹽類。 (4) β - 萘胺及其鹽類。 (5) 二氯聯苯胺及其鹽類。 (6) α - 萘胺及其鹽類。

表 9.2　特別危害健康作業 (續)

項次	作業名稱
9	(7) 鈹及其化合物 (鈹合金時，以鈹之重量比超過百分之三者爲限)。 (8) 氯乙烯。 (9) 2，4- 二異氰酸甲苯或 2，6- 二異氰酸甲苯。 (10)4，4- 二異氰酸二苯甲烷。 (11)二異氰酸異佛爾酮。 (12)苯。 (13)石綿 (以處置或使用作業爲限)。 (14)鉻酸及其鹽類或重鉻酸及其鹽類。 (15)砷及其化合物。 (16)鎘及其化合物。 (17)錳及其化合物 (一氧化錳及三氧化錳除外)。 (18)乙基汞化合物。 (19)汞及其無機化合物。 (20)鎳及其化合物。 (21)甲醛。
10	黃磷之製造、處置或使用作業。
11	聯吡啶或巴拉刈之製造作業。
12	其他經中央主管機關指定公告之作業： 製造、處置或使用下列化學物質或其重量比超過百分之五之混合物之作業： (1) 溴丙烷。 (2) 1，3- 丁二烯。 (3) 銦及其化合物。

9.2.3　特殊體格檢查與特殊健康檢查

依本規則第十六條規定，雇主使勞工從事「特別危害健康作業」，應定期或於變更其作業時，依 (本規則) 附表九所定項目，實施特殊健康檢查。雇主使勞工接受定期特殊健康檢查時，應將勞工作業內容、最近一次之作業環境監測紀錄及危害暴露情形等作業經歷資料交予醫師。雇主使勞工接受特殊健康檢查時，應將勞工作業內容、最近一次之作業環境監測紀錄及危害暴露情形等作業經歷資料交予醫師。

依本規則第十八條規定，各項特殊體格 (健康) 檢查紀錄至少保存 10 年。另依本規則第十八條規定，從事下列作業之各項特殊體格 (健康) 檢查紀錄，應至少保存 30 年：

(1) 游離輻射。

(2) 粉塵。

(3) 三氯乙烯及四氯乙烯。

(4) 聯苯胺與其鹽類、4- 胺基聯苯及其鹽類、4- 硝基聯苯及其鹽類、β- 胺及其鹽類、二氯聯苯胺及其鹽類及 α- 胺及其鹽類。

(5) 鈹及其化合物。

(6) 氯乙烯。

(7) 苯。

(8) 鉻酸與其鹽類、重鉻酸及其鹽類。

(9) 砷及其化合物。

(10) 鎳及其化合物。

(11) 1，3- 丁二烯。

(12) 甲醛。

(13) 鎘及其化合物。

(14) 石綿。

9.3　健康管理

健康檢查之結果，可作為健康管理分級之依據，當勞工之健康狀況列入不同之等級後，雇主應依規定採取適當之措施，以下為是本規則對健康管理之詳細規定。

9.3.1　特別危害健康作業之健康管理

依本規則第十九條規定，雇主使勞工從事第二條之特別危害健康作業時，應建立健康管理資料，並依下列規定分級實施健康管理：

(1) 第一級管理：特殊健康檢查或健康追蹤檢查結果，全部項目正常，或部分項目異常，而經醫師綜合判定為無異常者。

(2) 第二級管理：特殊健康檢查或健康追蹤檢查結果，部分或全部項目異常，經醫師綜合判定為異常，而與工作無關者。

(3) 第三級管理：特殊健康檢查或健康追蹤檢查結果，部分或全部項目異常，經醫師綜合判定為異常，而無法確定此異常與工作之相關性，應進一步請職業醫學科專科醫師評估者。

(4) 第四級管理：特殊健康檢查或健康追蹤檢查結果，部分或全部項目異常，經醫師綜合判定為異常，且與工作有關者。

前項所定健康管理，屬於第二級管理以上者，應由醫師註明其不適宜從事之作業與其他應處理及注意事項；屬於第三級管理或第四級管理者，並應由醫師註明臨床診斷。

　　雇主對於第一項屬所定第二級管理者，應提供勞工個人健康指導；第三級管理以上者，應請職業醫學科專科醫師實施健康追蹤檢查，必要時應實施疑似工作相關疾病之現場評估，且應依評估結果重新分級，並將分級結果及採行措施依中央主管機關公告之方式通報；屬於第四級管理者，經醫師評估現場仍有工作危害因子之暴露者，應採取危害控制及相關管理措施。

　　前項健康追蹤檢查紀錄，依以上規定辦理。

　　有關上述特殊健康檢查分級及其管理措施整理如表 9.3 所列。

表 9.3　特殊健康檢查分級及其管理措施

管理等級	判定依據	管理措施 (醫師)	管理措施 (雇主)
第一級管理	(1) 特殊健康檢查或健康追蹤檢查結果，全部項目正常，或部分項目異常； (2) 經醫師綜合判定為無異常者。		
第二級管理	(1) 特殊健康檢查或健康追蹤檢查結果，部分或全部項目異常； (2) 經醫師綜合判定為異常，而與工作無關者。	應由醫師註明其不適宜從事之作業與其他應處理及注意事項。	應提供勞工個人健康指導。
第三級管理	(1) 特殊健康檢查或健康追蹤檢查結果，部分或全部項目異常； (2) 經醫師綜合判定為異常，而無法確定此異常與工作之相關性，應進一步請職業醫學科專科醫師評估者。	(1) 應由醫師註明其不適宜從事之作業與其他應處理及注意事項。 (2) 應由醫師註明臨床診斷。	(1) 應請職業醫學科專科醫師實施健康追蹤檢查； (2) 必要時應實施疑似工作相關疾病之現場評估，且應依評估結果重新分級，並將分級結果及採行措施依中央主管機關公告之方式通報。
第四級管理	(1) 特殊健康檢查或健康追蹤檢查結果，部分或全部項目異常； (3) 經醫師綜合判定為異常，且與工作有關者。	(1) 應由醫師註明其不適宜從事之作業與其他應處理及注意事項。 (2) 應由醫師註明臨床診斷。	(1) 應請職業醫學科專科醫師實施健康追蹤檢查； (2) 必要時應實施疑似工作相關疾病之現場評估，且應依評估結果重新分級，並將分級結果及採行措施依中央主管機關公告之方式通報。 (3) 經醫師評估現場仍有工作危害因子之暴露者，應採取危害控制及相關管理措施。

9.3.2　其他健康管理措施

本規則第二十一條規定，雇主於勞工經體格檢查、特殊體格檢查、一般健康檢查、特殊健康檢查或健康追蹤檢查後，應採取下列措施：

(1) 參採醫師依表 9.4 之建議，告知勞工，並適當配置勞工於工作場所作業。

(2) 對檢查結果異常之勞工，應由醫護人員提供其健康指導；其經醫師健康評估結果，不能適應原有工作者，應參採醫師之建議，變更其作業場所、更換工作或縮短工作時間，並採取健康管理措施。

(3) 將檢查結果發給受檢勞工。

(4) 彙整受檢勞工之歷年健康檢查紀錄。

前項第二款之健康指導及評估建議，應由第三條或第四條之醫護人員為之。但依規定免僱用或特約醫護人員者，得由辦理勞工體格及健康檢查之醫護人員為之。

第一項勞工體格及健康檢查紀錄、健康指導與評估等勞工醫療資料之保存及管理，應保障勞工隱私權。

表 9.4　考量不適合從事作業之疾病建議表

作業名稱	考量不適合從事作業之疾病
高溫作業	高血壓、心臟病、呼吸系統疾病、內分泌系統疾病、無汗症、腎臟疾病、廣泛性皮膚疾病。
低溫作業	高血壓、風濕症、支氣管炎、腎臟疾病、心臟病、周邊循環系統疾病、寒冷性蕁麻疹、寒冷血色素尿症、內分泌系統疾病、神經肌肉系統疾病、膠原性疾病。
噪音作業	心血管疾病、聽力異常。
振動作業	周邊神經系統疾病、周邊循環系統疾病、骨骼肌肉系統疾病。
精密作業	矯正後視力零點八以下或其他嚴重之眼睛疾病。
游離輻射線作業	血液疾病、內分泌疾病、精神與神經異常、眼睛疾病、惡性腫瘤。
非游離輻射線作業	眼睛疾病、內分泌系統疾病。
異常氣壓作業	呼吸系統疾病、高血壓、心血管疾病、精神或神經系統疾病、耳鼻科疾病、過敏性疾病、內分泌系統疾病、肥胖症、疝氣、骨骼肌肉系統疾病、貧血、眼睛疾病、消化道疾病。
高架作業	癲癇、精神或神經系統疾病、高血壓、心血管疾病、貧血、平衡機能失常、呼吸系統疾病、色盲、視力不良、聽力障礙、肢體殘障。
鉛作業	神經系統疾病、貧血等血液疾病、腎臟疾病、消化系統疾病、肝疾、內分泌系統疾病、視網膜病變、酒精中毒、高血壓。
四烷基鉛作業	精神或神經作業疾病、酒精中毒、腎臟疾病、肝病、內分泌系統疾病、心臟病、貧血等血液疾病、接觸性皮膚疾病。
粉塵作業	心血管疾病、慢性肺阻塞性疾病、慢性氣管炎、氣喘等。

表 9.4　考量不適合從事作業之疾病建議表（續）

作業名稱	考量不適合從事作業之疾病
四氯乙烷作業	神經系統疾病、肝臟疾病等。
三氯乙烯、四氯乙烯作業	慢性肝炎患者、酒精性肝炎、腎臟疾病、心血管疾病、神經系統疾病、接觸性皮膚疾病等。
二甲基甲醯胺作業	慢性肝炎患者、酒精性肝炎、腎臟疾病、心血管疾病、神經系統疾病、接觸性皮膚疾病等。
正己烷作業	周邊神經系統疾病、接觸性皮膚疾病等。
4-胺碁聯苯及其鹽類、4-硝基聯苯及其鹽類、α-萘胺及其鹽類之作業	膀胱疾病
3,3,-二氯聯苯胺及其鹽類之作業	腎臟及泌尿系統疾病、接觸性皮膚疾病。
聯苯胺及其鹽類與 β 萘胺及其鹽類之作業	腎臟及泌尿系統疾病、肝病、接觸性皮膚疾病。
鈹及其化合物作業	心血管疾病、慢性肺阻塞性疾病、慢性氣管炎、氣喘、接觸性皮膚疾病、慢性肝炎、酒精性肝炎、腎臟疾病等。
氯乙烯作業	慢性肝炎患者、酒精性肝炎、腎臟疾病、心血管疾病、神經系統疾病、接觸性皮膚疾病等。
二異氰酸甲苯、二異氰酸二苯甲烷、二異氰酸異佛爾酮作業	心血管疾病、慢性肺阻塞性疾病、慢性氣管炎、氣喘等。
汞及其無機化合物、有機汞之作業	精神或神經系統疾病、內分泌系統疾病、腎臟疾病、肝病、消化系統疾病、動脈硬化、視網膜病變、接觸性皮膚疾病。
重體力勞動作業	呼吸系統疾病、高血壓、心血管疾病、貧血、肝病、腎臟疾病、精神或神經系統疾病、骨骼肌肉系統疾病、內分泌系統疾病、視網膜玻璃體疾病、肢體殘障。
醇及酮作業	肝病、神經系統疾病、視網膜病變、酒精中毒、腎臟疾病、接觸性皮膚疾病。
苯及苯之衍生物之作業	血液疾病、肝病、神經系統疾病、接觸性皮膚疾病。
石綿作業	心血管疾病、慢性肺阻塞性疾病、慢性氣管炎、氣喘等。
二硫化碳之作業	精神或神經系統疾病、內分泌系統疾病、腎臟疾病、肝病、心血管疾病、視網膜病變、嗅覺障礙、接觸性皮膚疾病。
脂肪族鹵化碳氫化合物之作業	神經系統疾病、肝病、腎臟疾病、糖尿病、酒精中毒、接觸性皮膚疾病。
氯氣、氟化氫、硝酸、硫酸、鹽酸及二氧化硫等刺激性氣體之作業	呼吸系統疾病、慢性角膜或結膜炎、肝病、接觸性皮膚疾病、電解質不平衡。
鉻酸及其鹽類、重鉻酸及其鹽類之作業	呼吸系統疾病、接觸性皮膚疾病。
砷及其化合物之作業	精神或神經系統疾病、貧血、肝病、呼吸系統疾病、心血管疾病、接觸性皮膚疾病。

表 9.4　考量不適合從事作業之疾病建議表 (續)

作業名稱	考量不適合從事作業之疾病
硝基乙二醇之作業	心血管疾病、低血壓、精神或神經系統疾病、貧血等血液疾病、接觸性皮膚疾病。
五氯化酚及其鈉鹽之作業	低血壓、肝病、糖尿病、消化性潰瘍、精神或神經系統疾病、接觸性皮膚疾病。
錳及其化合物之作業	精神 (精神官能症) 或中樞神經系統疾病 (如巴金森症候群)、慢性呼吸道疾病、精神疾病、肝病、腎臟疾病、接觸性皮膚疾病。
硫化氫之作業	角膜或結膜炎、精神或中樞神經系統疾病、嗅覺障礙。
苯之硝基醯胺之作業	貧血等血液疾病、肝病、接觸性皮膚疾病、神經系統疾病。
黃磷及磷化合物之作業	牙齒支持組織疾病、肝病、接觸性皮膚疾病。
有機磷之作業	精神或神經系統疾病、肝病、接觸性皮膚疾病。
非有機磷農藥之作業	呼吸系統疾病、肝病、精神或神經系統疾病、接觸性皮膚疾病。
聯吡啶或巴拉刈作業	皮膚疾病如：接觸性皮膚炎、皮膚角化、黑斑或疑似皮膚癌病變等。
鎳及其化合物之作業	呼吸系統疾病、皮膚炎
1，3- 丁二烯之作業	血液疾病
甲醛之作業	鼻炎、慢性氣管炎、肺氣腫、氣喘等
銦及其化合物之作業	肺部疾病
溴丙烷之作業	神經系統疾病、皮膚炎

備註：1. 本表所使用之醫學名詞，精神或神經系統疾病包含癲癇，內分泌系統疾病包含糖尿病。
　　　2. 健檢結果異常，若對配工及復工有疑慮時，建請照會職業醫學科專科醫師。

9.4　勞工健康服務醫護人員之設置

依本規則第三條規定，事業單位之同一工作場所，勞工總人數在 300 人以上或從事特別危害健康作業之勞工總人數在 100 人以上者，應視該場所之規模及性質，分別依表 9.5 與表 9.6 所定之人力配置及臨場服務頻率，僱用或特約從事勞工健康服務之醫師及僱用從事勞工健康服務之護理人員 (以下簡稱醫護人員)，辦理臨場健康服務。

前項所定事業單位有下列情形之一者，所配置之護理人員，得以特約方式為之：

(1) 經扣除勞動基準法所定非繼續性之臨時性或短期性工作勞工後，其勞工總人數未達 300 人。

(2) 經扣除長期派駐至其他事業單位且受該事業單位工作場所負責人指揮或監督之勞工後，其勞工總人數未達 300 人。

(3) 其他法規已有規定應置護理人員，且從事特別危害健康作業之勞工總人數未達 100 人。

表 9.5　從事勞工健康服務之醫師人力配置及臨廠服務頻率表

事業性質分類	勞工人數	人力配置或臨廠服務頻率	備註
各類	特別危害健康作業 100 人以上	職業醫學科專科醫師：1 次 / 月	1. 勞工總人數超過 6,000 人者，每增勞工 1,000 人，應依下列標準增加其從事勞工健康服務之醫師臨場服務頻率：
第一類	300-999 人	1 次 / 月	(1) 第一類：3 次 / 月。
	1,000-1,999 人	3 次 / 月	(2) 第二類：2 次 / 月。
	2,000-2,999 人	6 次 / 月	(3) 第三類：1 次 / 月。
	3,000-3,999 人	9 次 / 月	2. 每次臨場服務之時間，以至少 3 小時以上為原則。
	4,000-4,999 人	12 次 / 月	
	5,000-5,999 人	15 次 / 月	
	6,000 人以上	專任職業醫學科專科醫師 1 人或 18 次 / 月	
第二類	300-999 人	1 次 /2 個月	
	1,000-1,999 人	1 次 / 月	
	2,000-2,999 人	3 次 / 月	
	3,000-3,999 人	5 次 / 月	
	4,000-4,999 人	7 次 / 月	
	5,000-5,999 人	9 次 / 月	
	6,000 人以上	12 次 / 月	
第三類	300-999 人	1 次 /3 個月	
	1,000-1,999 人	1 次 /2 個月	
	2,000-2,999 人	1 次 / 月	
	3,000-3,999 人	2 次 / 月	
	4,000-4,999 人	3 次 / 月	
	5,000-5,999 人	4 次 / 月	
	6,000 人以上	6 次 / 月	

表 9.6　從事勞工健康服務之護理人員人力配置表

勞工作業別及總人數		特別危害健康作業勞工總人數			備註
		0-99	100-299	300 以上	
勞工總人數	1-299		1 人		(1) 勞工總人數超過 6,000 人以上者，每增加 6,000 人，應增加護理人員至少 1 人。
	300-999	1 人	1 人	2 人	(2) 事業單位設置護理人員數達 3 人以上者，得置護理主管 1 人。
	1,000-2,999	2 人	2 人	2 人	
	3,000-5,999	3 人	3 人	4 人	
	6,000 以上	4 人	4 人	4 人	

本規則第四條規定，事業單位之同一工作場所，勞工總人數在 50 人至 299 人者，應視其規模及性質，依表 9.7 所定特約醫護人員臨場服務頻率，辦理臨場健康服務。

前項所定事業單位，經醫護人員評估勞工有心理或肌肉骨骼疾病預防需求者，得特約勞工健康服務相關人員提供服務；其服務頻率，得納入表 9.7 計算。但各年度由從事勞工健康服務之護理人員之總服務頻率，仍應達 1/2 以上。

表 9.7　勞工總人數 50 人至 299 人之事業單位醫護人員臨場服務頻率表

事業性質分類	勞工總人數	臨場服務頻率		備註
		醫師	護理人員	各類
各類	50-99 人	1 次 / 年	1 次 / 月	(1) 每年度之第一次臨場服務，雇主應使醫護人員會同事業單位之職業安全衛生人員進行現場訪視，並共同研訂年度勞工健康服務之重點工作事項。 (2) 每次臨場服務之時間，以至少 2 小時以上為原則。
第一類	100-199 人	4 次 / 年	4 次 / 月	
	200-299 人	6 次 / 年	6 次 / 月	
第二類	100-199 人	3 次 / 年	3 次 / 月	
	200-299 人	4 次 / 年	4 次 / 月	
第三類	100-199 人	2 次 / 年	2 次 / 月	
	200-299 人	3 次 / 年	3 次 / 月	

另依本規則第五條規定，事業分散於不同地區，其與所屬各地區事業單位之勞工總人數達 3,000 人以上者，應視其事業之分布、特性及勞工健康需求，僱用或特約醫護人員，綜理事業勞工之健康服務事務，規劃與推動勞工健康服務之政策及計畫，並辦理事業勞工之臨場健康服務，必要時得運用視訊等方式為之。但地區事業單位已依前二條規定辦理臨場健康服務者，其勞工總人數得不併入計算。

前項所定事業僱用或特約醫護人員之人力配置與臨場服務頻率，準用表 9.5 及表 9.6 規定。

第三條所定事業單位或第一項所定事業，經醫護人員評估其勞工有心理或肌肉骨骼疾病預防需求者，得僱用或特約勞工健康服務相關人員提供服務；其僱用之人員，於勞工總人數在 3,000 人以上者，得納入表 9.6 計算。但僱用從事勞工健康服務護理人員之比例，應達 3/4 以上。

9.4.1　醫護理人員應具資格及在職教育訓練

依本規則第七條規定，從事勞工健康服務之醫師應具下列資格之一：

(1) 職業醫學科專科醫師。

(2) 依表 9.8 之課程訓練合格。

從事勞工健康服務之護理人員及勞工健康服務相關人員，應依表 9.9 規定之課程訓練合格。

表 9.8　從事勞工健康服務之醫師訓練課程與時數表

項次	課程名稱	時數
1	職業衛生及健康檢查相關法規	2
2	醫療相關法規	1
3	勞工健檢概論及健檢品質管控	2
4	噪音作業及聽力檢查	2
5	職業醫學概論	2
6	特別危害健康作業健康檢查指引與管理分級簡介	3
7	職業性腎臟危害及腎臟功能判讀	2
8	各種常見製造程序之健康危害簡介	2
9	鉛作業、砷作業、鎘作業等生物偵測及健康危害	2
10	職業性血液、造血系統危害及血液常規檢查結果 (CBC) 判讀	2
11	職業性肝危害及肝功能判讀	2
12	職業性神經系統危害及神經理學檢查	2
13	塵肺症及職業性肺部疾病	2
14	職業性皮膚疾病及皮膚理學檢查	2
15	從事勞工健康服務之醫師的角色與功能簡介	1
16	職場健康管理	2
17	職場健康促進與教育	2
18	健康風險評估	1
19	台灣職業病鑑定及補償簡介	1
20	肌肉骨骼系統傷病及人因工程	2
21	職場心理衛生	2
22	職場常見非職業性疾病之健康管理 - 代謝症候群、心血管疾病及肝功能簡介	2
23	配工的原則與實務	2
24	失能管理及復工	2
25	工廠訪視與工業衛生	3
26	事業單位之預防醫學與疫情管理	2
合計		50

備註：1. 除 50 小時學分課程外，需另與職業醫學科專科醫師至事業單位臨廠服務實習二次並交付臨廠服務報告書，經考試及報告書審核通過，方為訓練合格。

　　　2. 曾接受勞工體格及健康檢查指定醫療機構職業醫學訓練合格之醫師，可抵免 1-14 項次 28 小時學分課程。

表 9.9　從事勞工健康服務之護理與相關人員訓練課程及時數表

項次	課程名稱	課程時數
1	勞工健康保護相關法規	2
2	職業傷病補償相關法規	2
3	職業安全衛生概論	4
4	工作現場巡查訪視	2
5	工作場所毒性傷害概論	2
6	職業傷病概論	4
7	職業傷病預防策略	2
8	人因性危害預防概論	4
9	職場心理衛生	2
10	勞工健康服務工作	4
11	健康監測及健檢資料之分析運用	4
12	職場健康管理 (含實作 4 小時)	8
13	職場健康促進及衛生教育 (含實作 3 小時)	6
14	勞工健康服務計畫品質管理及稽核	2
15	職場健康危機事件處理	2
16	勞工選工、配工及復工概論	2
合計		52

備註：(1) 實作課程需每人撰寫 1 份與工作相關疾病預防之計畫或實務作法報告書，並經該授課講師審核通過。

　　　(2) 曾接受從事辦理勞工體格及健康檢查業務之護理人員訓練課程合格者，可抵免 11 項次 4 小時學分課程。

　　依本規則第八條規定，雇主應使僱用或特約之醫護人員及勞工健康服務相關人員，接受下列課程之在職教育訓練，其訓練時間每 3 合計至少 12，且每 1 課程至少 2 小時：

(1) 職業安全衛生相關法規。

(2) 職場健康風險評估。

(3) 職場健康管理實務。

　　從事勞工健康服務之醫師為職業醫學科專科醫師者，雇主應使其接受前項第 (1) 款所定課程之在職教育訓練，其訓練時間每 3 年合計至少 2 小時，不受前項規定之限制。

　　前二項訓練得於中央主管機關建置之網路學習，其時數之採計，不超過 6 小時。

9.4.2　醫護人員應辦理事項

依本規則第十條規定，雇主應使醫護人員及勞工健康服務相關人員臨場服務辦理下列事項：

(1) 勞工體格 (健康) 檢查結果之分析與評估、健康管理及資料保存。

(2) 協助雇主選配勞工從事適當之工作。

(3) 辦理健康檢查結果異常者之追蹤管理及健康指導。

(4) 辦理未滿十八歲勞工、有母性健康危害之虞之勞工、職業傷病勞工與職業健康相關高風險勞工之評估及個案管理。

(5) 職業衛生或職業健康之相關研究報告及傷害、疾病紀錄之保存。

(6) 勞工之健康教育、衛生指導、身心健康保護、健康促進等措施之策劃及實施。

(7) 工作相關傷病之預防、健康諮詢與急救及緊急處置。

(8) 定期向雇主報告及勞工健康服務之建議。

(9) 其他經中央主管機關指定公告者。

另依本規則第十二條規定，雇主應使醫護人員、勞工健康服務相關人員配合職業安全衛生、人力資源管理及相關部門人員訪視現場，辦理下列事項：

(1) 辨識與評估工作場所環境、作業及組織內部影響勞工身心健康之危害因子，並提出改善措施之建議。

(2) 提出作業環境安全衛生設施改善規劃之建議。

(3) 調查勞工健康情形與作業之關連性，並採取必要之預防及健康促進措施。

(4) 提供復工勞工之職能評估、職務再設計或調整之諮詢及建議。

(5) 其他經中央主管機關指定公告者。

9.4.3　其他醫療相關規定

本規則對其他醫療相關規定：

1. 事業單位應參照工作場所大小、分布、危險狀況及勞工人數，備置足夠急救藥品及器材，並置急救人員辦理急救事宜。但已具有急救功能之醫療保健服務業，不在此限。

2. 備置之急救藥品及器材，應置於適當固定處所，至少每 6 個月定期檢查並保持清潔。對於被污染或失效之物品，應隨時予以更換及補充。

3. 急救人員應具下列資格之一，且不得有失聰、色盲、心臟病、兩眼裸視或矯正視力後均在 0.6 以下與失能等體能及健康不良，足以妨礙急救事宜者：

    (1) 醫護人員。

    (2) 經職業安全衛生教育訓練規則所定急救人員之安全衛生教育訓練合格。

    (3) 緊急醫療救護法所定救護技術員。

4. 急救人員，每 1 輪班次應至少置 1 人；其每一輪班次勞工總人數超過 50 人者，每增加 50 人，應再置 1 人。但事業單位每一輪班次僅 1 人作業，且已建置緊急連線裝置、通報或監視等措施者，不在此限。急救人員因故未能執行職務時，雇主應即指定合格之人員，代理其職務。

5. 雇主使勞工從事高溫度、異常氣壓、高架、精密或重體力勞動作業時，應參採從事勞工健康服務醫師綜合評估勞工之體格或健康檢查結果之建議，適當配置勞工之工作及休息時間。

6. 對離職勞工要求提供健康檢查有關資料時，雇主不得拒絕。但超過保存期限者，不在此限。

7. 雇主實施勞工特殊健康檢查及健康追蹤檢查，應填具「勞工特殊健康檢查結果報告書」，報請事業單位所在地之勞工及衛生主管機關備查，並副知當地勞動檢查機構。

8. 事業單位僱用或特約醫護人員之執業登記，應依醫師法及護理人員法等相關醫事法規辦理。

9. 事業單位之防疫措施，應依傳染病防治法相關規定辦理。

10. 依癌症防治法規定，對於符合癌症篩檢條件之勞工，於事業單位實施勞工健康檢查時，得經勞工同意，一併進行口腔癌、大腸癌、女性子宮頸癌及女性乳癌之篩檢。前項之檢查結果不列入健康檢查紀錄表。項篩檢之對象、時程、資料申報、經費及其他規定事項，依中央衛生福利主管機關規定辦理。

11. 事業單位依規定僱用護理人員或勞工健康服務相關人員辦理定臨場服務事項者，應依勞工作業環境特性及性質，訂定勞工健康服務計畫，據以執行。

9.5　女性勞工母性健康保護

「職業安全衛生法」第三十條第一項，雖已明定雇主不得使「妊娠中之女性勞工」從事之「危險性或有害性工作」共 14 種；而第三十條第二項所定，雇主不得使「分娩後未滿一年之女性勞工」從事之危險性或有害性工作亦有 5 種，但雇主若能依本法第三十一條之規範，採取「母性健康保護措施」，且經當事人書面同意者，則某些「危險性或有害性工作」，仍可由「妊娠中或分娩後未滿一年之女性勞工」擔任，此乃本法第三十條之但書規定。表 9.10 為雇主實施「母性健康保護措施」之條件下，「妊娠中或分娩後未滿一年之女性勞工」可從事之「危險性或有害性工作」。

表 9.10　實施「母性健康保護措施」女性勞工可從事之「危險性或有害性工作」

職業安全衛生法第三十條第三項但書女性勞工可從事之危險性或有害性工作		備註
妊娠中	分娩後未滿一年	
(1) 處理或暴露於二硫化碳、三氯乙烯、環氧乙烷、丙烯醯胺、次乙亞胺、砷及其化合物、汞及其無機化合物等經中央主管機關規定之危害性化學品之工作。 (2) 鑿岩機及其他有顯著振動之工作。 (3) 一定重量以上之重物處理工作。 (4) 有害輻射散布場所之工作。 (5) 已熔礦物或礦渣之處理工作。 (6) 起重機、人字臂起重桿之運轉工作。 (7) 動力捲揚機、動力運搬機及索道之運轉工作。 (8) 橡膠化合物及合成樹脂之滾輾工作。 (9) 處理或暴露於經中央主管機關規定具有致病或致死之微生物感染風險之工作。 (10) 其他經中央主管機關規定之危險性或有害性之工作。	(1) 鑿岩機及其他有顯著振動之工作。 (2) 一定重量以上之重物處理工作。 (3) 其他經中央主管機關規定之危險性或有害性之工作。	雇主需依職業安全衛生法第三十一條規定，採取母性健康保護措施，且經當事人書面同意者。

此外，勞動部依「職業安全衛生法」第三十一條第三項規定，訂定發布「女性勞工母性健康保護實施辦法」，對雇主如何實施「母性健康保護」有明確的規範，以下為本辦法之相關說明。

9.5.1　母性健康保護之意義

在正常的情況下，人類的胚胎都是在母體的子宮內發育成形；至嬰兒出生後，若能由母親餵哺母乳，提供所需的抗體及酵素，可更能強化幼兒的免疫力，對幼兒未來健康成長極為重要。故女性在妊娠或哺乳期間，其本身的身體健康狀態，亦即所謂「母性健康」，對胚胎發育及幼兒的健康影響甚鉅。

　　換言之，「母性健康」(女性在妊娠或哺乳期間的身體健康)不良，對其體內的幼兒胚胎發育，以致對出生後的嬰兒健康也會產生不良的影響。因此，對女性勞工的「母性健康」實施保護，排除職業場所對女性勞工之「母性健康危害」(即可能影響胚胎發育、妊娠或哺乳期間之母體及幼兒健康之危害)，其觀念已不單只是職業安全衛生的根本原則，更關係到國家民族未來優質人口的永續發展。

　　「女性勞工母性健康保護實施辦法」第二條對「母性健康保護」及「母性健康保護期間」定義如下：

(1) 母性健康保護：指「對於女性勞工從事有母性健康危害之虞之工作所採取之措施」，包括「危害評估與控制」、「醫師面談指導」、「風險分級管理」、「工作適性安排」及其他相關措施。

(2) 母性健康保護期間(以下簡稱「保護期間」)：指雇主於「得知女性勞工妊娠之日起至分娩後一年之期間」。

　　另「職業安全衛生法施行細則」第三十九條，對「有母性健康危害之虞之工作」，係指其從事可能影響胚胎發育、妊娠或哺乳期間之母體及幼兒健康之下列工作：

(1) 工作暴露於具有依國家標準 CNS15030 分類，屬生殖毒性物質、生殖細胞致突變性物質或其他對哺乳功能有不良影響之化學品者。

(2) 勞工個人工作型態易造成妊娠或分娩後哺乳期間，產生健康危害影響之工作，包括勞工作業姿勢、人力提舉、搬運、推拉重物、輪班及工作負荷等工作型態，致產生健康危害影響者。

(3) 其他經中央主管機關指定公告者。

9.5.2　母性健康保護之實施

　　對於妊娠或哺乳期間之女性勞工，「女性勞工母性健康保護實施辦法」(以下簡稱本辦法)第三條規定雇主實施保護：

　　「事業單位勞工人數在 300 人以上者，其勞工於保護期間，從事可能影響胚胎發育、妊娠或哺乳期間之母體及嬰兒健康之下列工作，應實施母性健康保護：

(1) 具有依國家標準 CNS15030 分類，屬生殖毒性物質第一級、生殖細胞致突變性物質第一級或其他對哺乳功能有不良影響之化學品。

(2) 易造成健康危害之工作，包括勞工作業姿勢、人力提舉、搬運、推拉重物、輪班、夜班、單獨工作及工作負荷等。

(3) 其他經中央主管機關指定公告者。」

對於從事具有鉛作業，但非於妊娠或哺乳期間之女性勞工，本辦法第四條亦要求雇主實施保護：

「具有鉛作業之事業中，雇主使女性勞工從事鉛及其化合物散布場所之工作者，應實施母性健康保護。」

如前所述，「母性健康保護」包含五大面向，分別為「危害評估與控制」、「醫師面談指導」、「風險分級管理」、「工作適性安排」及「其他相關措施」。

一、危害評估與控制

1. 本辦法第五條規定，雇主使保護期間之勞工暴露於本法(職業安全衛生法)第三十條第一項或第二項之危險性或有害性工作之作業環境或型態，應實施危害評估。

2. 本辦法第六條規定，雇主對於實施母性健康保護，應使職業安全衛生人員會同從事勞工健康服務醫護人員，辦理下列事項：

   (1) 辨識與評估工作場所環境及作業之危害，包含物理性、化學性、生物性、人因性、工作流程及工作型態等。

   (2) 依評估結果區分風險等級，並實施分級管理。

   (3) 協助雇主實施工作環境改善與危害之預防及管理。

   (4) 其他經中央主管機關指定公告者。

   (5) 前項之評估結果及管理，雇主應使從事勞工健康服務醫護人員告知勞工。

二、醫師面談指導

1. 本辦法第七條規定，勞工於保護期間，雇主應使從事勞工健康服務醫護人員與其面談，並提供健康指導及管理。

   前項之面談，發現勞工健康狀況異常，需追蹤檢查或適性評估者，雇主應轉介婦產科專科醫師或職業醫學科專科醫師評估。

   雇主辦理前項轉介時，應將最近一次之健康檢查、作業環境監測紀錄與危害暴露情形及前條之評估結果等資料交予醫師。

   勞工於接受第一項之面談時，應提供孕婦健康手冊予醫護人員。

2. 本辦法第八條規定，勞工於保護期間，因工作條件改變、作業程序變更、健康異常或有不適反應，經醫師診斷證明不適原有工作者，雇主應依第六條規、第七條規定重新辦理。

三、風險分級管理

1. 本辦法第九條規定，雇主使保護期間之勞工從事本辦法第三條所定之「有母性健康危害之虞之工作」或本辦法第五條第二項之工作 (表 9.10)，應依其所符合條件區分風險等級 (表 9.11)。

表 9.11　母性健康保護期間風險分級管理

風險等級	符合下列條件之一者	雇主應採取之管理措施 (本辦法第十一條)
第一級管理	(1) 作業場所空氣中暴露濃度低於容許暴露標準 1/10。 (2) 本辦法第三條或第五條第二項之工作或其他情形，經醫師評估無害母體、胎兒或嬰兒健康。	經醫師評估無害母體、胎兒或嬰兒健康，並向當事人說明危害資訊，經當事人書面同意者，可繼續從事原工作。
第二級管理	(1) 作業場所空氣中暴露濃度在容許暴露標準 1/10 以上未達 1/2。 (2) 本辦法第三條或第五條第二項之工作或其他情形，經醫師評估可能影響母體、胎兒或嬰兒健康。	(1) 應使從事勞工健康服務醫師提供勞工個人面談指導，並採取危害預防措施。 (2) 經醫師評估無害母體、胎兒或嬰兒健康，並向當事人說明危害資訊，經當事人書面同意者，可繼續從事原工作。
第三級管理	(1) 作業場所空氣中暴露濃度在容許暴露標準 1/2 以上。 (2) 本辦法第三條或第五條第二項之工作或其他情形，經醫師評估有危害母體、胎兒或嬰兒健康。	(1) 應即採取工作環境改善及有效控制措施，完成改善後重新評估，並由醫師註明其不適宜從事之作業與其他應處理及注意事項。 (2) 應依醫師適性評估建議，採取變更工作條件、調整工時、調換工作等母性健康保護。

備註：對於有害輻射散布場所之工作，應依游離輻射防護安全標準之規定辦理。

2. 本辦法第十條規定，雇主使女性勞工從事本辦法第四條之鉛及其化合物散布場所之工作，應依下列血中鉛濃度區分風險等級，但經醫師評估須調整風險等級者，不在此限：

(1) 第一級管理：血中鉛濃度低於 5 μg/dl 者。

(2) 第二級管理：血中鉛濃度在 5g/dl 以上未達 10 μg/dl。

(3) 第三級管理：血中鉛濃度在 10 μg/dl 以上者。

(4) 風險等級屬第二級管理者，雇主應使從事勞工健康服務醫師提供勞工個人面談指導，並採取危害預防措施。(本辦法第十一條)

(5) 風險等級第三級管理者，應即採取工作環境改善及有效控制措施，完成改善後重新評估，並由醫師註明其不適宜從事之作業與其他應處理及注意事項。(本辦法第十一條)

四、工作適性安排

1. 對保護期間之勞工為適性評估者，雇主應將評估結果交付勞工，由勞工提供予婦產科專科醫師；婦產科專科醫師則依勞工個人健康狀況，參照本辦法附表一辦理有關妊娠或分娩後健康危害評估，提供工作適性安排之建議。(本辦法第十二條第一項)

2. 雇主應參照前項醫師之評估及建議，採取必要之母性健康保護，對其評估及建議有疑慮時，應再請職業醫學科專科醫師進行現場訪視，提供綜合之適性評估及變更工作條件、調整工時、調換工作等母性健康保護之建議。(本辦法第十二條第二項)

3. 雇主對於適性評估之建議，應使從事勞工健康服務之醫師與勞工面談，告知工作調整之建議，並聽取勞工及單位主管意見。(本辦法第十三條第一項)

4. 雇主所採取母性健康保護，應尊重勞工意願，並依勞動基準法、性別工作平等法及游離輻射防護法之規定辦理。(本辦法第十三條第二項)

5. 勞工對於雇主所採取之母性健康管理措施，有配合之義務。(本辦法第十三條第三項)

五、其他相關措施

1. 本辦法第十四條規定，雇主依本辦法採取之危害評估、控制方法、面談指導、適性評估及相關採行措施之執行情形，均應予記錄，並將相關文件及紀錄至少保存 3 年。

   前項文件或紀錄等勞工個人資料之保存及管理，應保障勞工隱私權。

2. 本辦法第十五條規定，女性勞工分娩滿 1 年後，仍在哺乳者，得請求雇主採取母性健康保護。

9.6　勞工身心健康保護措施

依「職業安全衛生法」第六條二項規定：雇主對下列事項，應妥為規劃及採取必要之安全衛生措施：

(1) 重複性作業等促發肌肉骨骼疾病之預防。

(2) 輪班、夜間工作、長時間工作等異常工作負荷促發疾病之預防。

(3) 執行職務因他人行為遭受身體或精神不法侵害之預防。

(4) 避難、急救、休息或其他為保護勞工身心健康之事項。

因此，「職業安全衛生設施規則」(以下簡稱本規則)第三二四條之一規定，雇主使勞工從事重複性之作業，為避免勞工因姿勢不良、過度施力及作業頻率過高等原因，促發肌肉骨骼疾病，應採取下列危害預防措施，作成執行紀錄並留存 3 年：

(1) 分析作業流程、內容及動作。

(2) 確認人因性危害因子。

(3) 評估、選定改善方法及執行。

(4) 執行成效之評估及改善。

(5) 其他有關安全衛生事項。

前項危害預防措施，事業單位勞工人數達 100 人以上者，雇主應依作業特性及風險，參照中央主管機關公告之相關指引，訂定「人因性危害預防計畫」，並據以執行；於勞工人數未滿 100 人者，得以執行紀錄或文件代替。

另本規則第三二四條之二規定，雇主使勞工從事輪班、夜間工作、長時間工作等作業，為避免勞工因異常工作負荷促發疾病，應採取下列疾病預防措施，作成執行紀錄並留存 3 年：

(1) 辨識及評估高風險群。

(2) 安排醫師面談及健康指導。

(3) 調整或縮短工作時間及更換工作內容之措施。

(4) 實施健康檢查、管理及促進。

(5) 執行成效之評估及改善。

(6) 其他有關安全衛生事項。

前項疾病預防措施，事業單位依規定配置有醫護人員從事勞工健康服務者，雇主應依勞工作業環境特性、工作形態及身體狀況，參照中央主管機關公告之相關指引，訂定「異常工作負荷促發疾病預防計畫」，並據以執行；依規定免配置醫護人員者，得以執行紀錄或文件代替。

此外，本規則第三二四條之三亦規定，雇主為預防勞工於執行職務，因他人行為致遭受身體或精神上不法侵害，應採取下列暴力預防措施，作成執行紀錄並留存 3 年：

(1) 辨識及評估危害。

(2) 適當配置作業場所。

(3) 依工作適性適當調整人力。

(4) 建構行為規範。

(5) 辦理危害預防及溝通技巧訓練。

(6) 建立事件之處理程序。

(7) 執行成效之評估及改善。

(8) 其他有關安全衛生事項。

前項暴力預防措施，事業單位勞工人數達 100 人以上者，雇主應依勞工執行職務之風險特性，參照中央主管機關公告之相關指引，訂定「執行職務遭受不法侵害預防計畫」，並據以執行；於僱用勞工人數未達 100 人者，得以執行紀錄或文件代替。

9.7 結語

依「職業安全衛生法」第二十條二項規定：「(體格及健康)檢查紀錄雇主應予保存，並負擔健康檢查費用」；本條文第六項規定：「勞工對於體格檢查及健康檢查，有接受之義務。」依本法第四十五條規定，雇主未依規定為勞工實施體格檢查或健康檢查者，經通知限期改善，屆期未改善，處新臺幣三萬元以上十五萬元以下罰鍰；另本法第四十六條規定，勞工不接受體格檢查或健康檢查者，處新臺幣三千元以下之罰鍰。

本法第四十三條規定，雇主違反本法第三十一條第一項：「中央主管機關指定之事業，雇主應對有母性健康危害之虞之工作，採取危害評估、控制及分級管理措施；對於妊娠中或分娩後未滿一年之女性勞工，應依醫師適性評估建議，採取工作調整或更換等健康保護措施，並留存紀錄」者，處新臺幣三萬元以上三十萬元以下罰鍰。

另依本法第四十三條規定，違反第六條第二項之有關「勞工身心健康保護措施」，經通知限期改善，屆期未改善者，處新臺幣三萬元以上十五萬元以下罰鍰。

習 題

一、選擇題

(　　) 1. 依勞工健康保護規則規定，石綿作業，異常氣壓作業勞工，皆應接受下列何項特殊之檢？　(1) 聽力檢查　(2) 體適能檢查　(3) 肺功能檢查　(4) 工作壓力及疲勞判定。

(　　) 2. 依勞工健康保護規則規定，下列何種非屬特別危害健康作業？　(1) 正己烷有機溶劑作業　(2) 室內粉刷作業　(3) 潛水作業　(4) 粉塵作業。

(　　) 3. 在職勞工一般健康檢查，依勞工健康保護規則規定，年齡未滿 40 歲者，應每幾年定期檢查 1 次？　(1) 2　(2) 3　(3) 4　(4) 5。

(　　) 4. 勞工從事氯乙烯單體作業，其特殊健康檢查結果，部分或全部項目異常，經醫師綜合判定為異常，且可能與職業原因有關者為第幾級管理？　(1) 1　(2) 2　(3) 3　(4) 4。

(　　) 5. 某化學品製造業，其員工總人數為 350 人，依勞工健康保護規則規定，應至少僱用或特約醫師臨廠服務每月幾次？　(1) 1　(2) 2　(3) 3　(4) 4。

( ) 6. 依勞工健康保護規則規定下列之醫療衛生設備,何者不是事業單位法定必備之項目? (1) 血壓計 (2) 靜脈點滴注射器及注射台 (3) 救護車 (4) 氧氣及氧氣吸入器。

( ) 7. 一個好的勞工健康管理計畫應具備的條件,不包括下列何者? (1) 合法 (2) 完整 (3) 嚴苛 (4) 可行。

( ) 8. 一般人在正常下,心臟每分鐘跳動 75 次時,每一心臟收縮週期約為幾秒? (1) 0.8 (2) 1.6 (3) 2.4 (4) 3.6。

( ) 9. 事業單位委外辦理勞工體格、健康檢查時,下列應注意事項,何者錯誤? (1) 注意指定醫療機構之品質並應每年更換,俾能相互比較醫療機構之品質 (2) 要求醫療機構赴事業單位實施檢查之日,攜帶經衛生主管機關核准之公文及醫事人員執業執照與身分證 (3) 檢查項目以勞工健康保護規則所訂項目為限,但要求增加之項目由雇主負擔全部費用且經勞工同意者不在此限 (4) 檢查結果之研判最好由事業單位所設置之醫師負責。

( ) 10. 依勞工健康保護規則規定,特別危害健康作業勞工,其特殊健康檢查結果屬於第幾級管理者,應由醫師註明臨床診斷並經醫師評估現場仍有工作危害因子之暴露者,應採取危害控制及相關管理措施? (1) 1 (2) 2 (3) 3 (4) 4。

( ) 11. 某一食品製造業,其員工總人數為 350 人,特別危害健康作業勞工人數 50 人,應僱用專任健康服務護理人員至少幾人? (1) 1 (2) 2 (3) 3 (4) 4。

( ) 12. 體外出血時,一般都優先採用下列何種止血方法? (1) 直接壓迫法 (2) 間接壓迫法 (3) 止血點止血法 (4) 止血帶法。

( ) 13. 施行心肺復甦術時,胸外壓心必須使胸骨下陷至少約幾公分? (1) 1 (2) 3 (3) 5 (4) 10。

( ) 14. 依勞工健康保護規則規定,下列何者屬於特別危害健康之作業? (1) 高架作業 (2) 精密作業 (3) 異常氣壓作業 (4) 重體力勞動作業。

( ) 15. 有一半導體工廠僱用勞工 1,000 人,其健康服務醫師臨廠服務頻率每月應至少多少次? (1) 1 (2) 3 (3) 6 (4) 15。

( ) 16. 實務上,製程安全管理不包括下列何者? (1) 勞工參與 (2) 教育訓練 (3) 勞工健康保護 (4) 緊急應變。

( ) 17. 下列何者非健康促進的項目? (1) 有氧運動 (2) 八段錦 (3) 戒菸計畫 (4) 指認呼喚。

( ) 18. 重複性傷害之預防有 5 個步驟,以下何者不屬行政管理步驟之一? (1) 人員訓練 (2) 工作輪換 (3) 保持溫度 (4) 健康維護。

( ) 19. 職業安全衛生法所定之身體檢查,於僱用勞工從事新工作時,為識別其工作適性之檢查為下列何者? (1) 健康檢查 (2) 體格檢查 (3) 特殊健康檢查 (4) 特定健康檢查。

( ) 20. 下列有關勞工健康檢查結果資料之處理應用，何者有誤？ (1) 檢查紀錄應予保存 (2) 建立健康檢查手冊發給勞工 (3) 將每位勞工健康檢查之詳細資料公佈在顯明而易見之場所 (4) 配合勞工工作場所之設施、環境測定資料予以分析。

( ) 21. 呼吸系統根據生理作用之不同分為傳導氣道及呼吸單位，下列何者不屬於呼吸單位？ (1) 鼻腔 (2) 細支氣管 (3) 肺泡間通道 (4) 肺泡。

( ) 22. 依勞工健康保護規則規定，雇主僱用勞工時，應實施之一般體格檢查，不包括下列何種項目？ (1) 肺功能檢查 (2) 胸部 X 光 (大片) 攝影檢查 (3) 血糖、尿蛋白及尿潛血之檢查 (4) 血壓測量。

( ) 23. 當溺水患者被救起時已無呼吸，頸脈跳動可摸到但微弱，此時應施行何種急救較為正確？ (1) 做人工呼吸 (2) 做胸外心臟按摩術 (3) 實施心肺復甦法急救 (4) 立刻以車輛送醫。

( ) 24. 體質指數 (body mass index，BMI) 是指下列何者？ (1) 胸圍除以身高 (2) 體重除以身高 (3) 胸圍除以身高的平方 (4) 體重除以身高的平方。

( ) 25. 急救的主要目的為何？ (1) 預防疾病 (2) 維持生命 (3) 避免感染 (4) 促使早日康復。

( ) 26. 發生於左大腿前、內側面深度灼傷之描述及處理，下列何者錯誤？ (1) 傷到皮下組織 (2) 自行以冷水沖泡處理即可 (3) 灼傷面積占 4.5 % 體表面積 (4) 皮膚會變色。

( ) 27. 依勞工健康保護規則規定，勞工特殊健康檢查之 X 光照片，有明顯的圓形或不規則陰影，且有大陰影者屬於哪一型？ (1) 1 (2) 2 (3) 3 (4) 4。

( ) 28. 傷患意識喪失的程度，以下列何者最嚴重？ (1) 倦睡 (2) 木僵 (3) 昏迷 (4) 無聽覺反應。

( ) 29. 有一半導體工廠僱用勞工 5,000 人，其健康服務醫師臨廠服務頻率每月應至少多少次？ (1) 1 (2) 3 (3) 6 (4) 15。

( ) 30. 下列何者不屬於醫療衛生單位對勞工之健康促進及特殊保護方面應辦理事項？ (1) 勞工家庭計畫之服務 (2) 勞工之一般及特別危害健康作業之體格檢查 (3) 職前分配適性工作 (4) 作業環境監測。

( ) 31. 雇主使勞工從事夜間工作，長時間工作等作業，為避免勞工因異常工作負荷促發疾病，應採取疾病預防措施，作成執行紀錄並留存多少年？ (1) 1 (2) 3 (3) 5 (4) 20。

( ) 32. 固定用的護木，其長度必須超過骨折部位的何處？ (1) 上方關節 (2) 下方關節 (3) 上、下兩端關節 (4) 近心端的第二關節。

( ) 33. 以下何者為勞工健康保護規則規定所定之特別危害健康作業？ (1) 使用溴丙烷之作業 (2) 高空作業 (3) 局限空間作業 (4) 巴拉刈製造作業。

( ) 34. 勞工從事氯乙烯單體作業，其特殊健康檢查結果，部分或全部項目異常，經醫師綜合判定為異常，且可能與職業原因有關者為第幾級管理？ (1) 1 (2) 2 (3) 3 (2) 4。

( ) 35. 游離輻射及處置石綿作業勞工，其特殊健康檢查紀錄依法應保持多少年？ (1) 10 (2) 20 (3) 30 (4) 永久。

( ) 36. 下列何者非屬勞工健康保護規則所稱特別危害健康作業？ (1) 鉛作業 (2) 粉塵作業 (3) 噪音作業 (4) 重體力作業。

( ) 37. 下列何者非事業單位製作勞工健康管理計畫應先確認之事項？ (1) 事業單位作業環境有何種危害因子工 (2) 作場所使用之危險性機械設備種類及數量 (3) 勞工總人數，如為輪班者，每班次勞工人數 (4) 勞工之年齡分佈。

( ) 38. 依勞工健康保護規則規定，特殊健康檢查結果部分項目異常，經醫師綜合判定為異常，而與工作無關者，屬於下列何級健康管理？ (1) 第一級 (2) 第二級 (3) 第三級 (4) 第四級。

( ) 39. 某一長期執行苯作業勞工於健康檢查發現有貧血現象，為謹慎計，該公司的職業安全衛生人員建議將該勞工調至非苯作業的工作，此屬何種對策？ (1) 抑制、隔離危害物質避免勞工暴露 (2) 作業環境改善 (3) 健康管理 (4) 教育及訓練。

( ) 40. 依危害性化學品評估及分級管理辦法規定，評量或估算勞工暴露於化學品之健康危害情形之暴露評估方法，下列何者有誤？ (1) 定性 (2) 半定性 (3) 半定量 (4) 定量。

( ) 41. 鉛作業勞工特殊健康檢查結果為第一級管理者，應多久定期實施特殊健康檢查？ (1) 6 個月 (2) 1 年 (3) 2 年 (4) 3 年。

( ) 42. 依勞工健康保護規則規定，年滿 50 歲之在職勞工應每多少年實施一般健康檢查？ (1) 1 (2) 2 (3) 3 (4) 5。

( ) 43. 依勞工健康保護規則規定，雇主實施勞工特殊健康檢查，應將辦理期程、作業類別與辦理勞工體格及健康檢查之醫療機構等內容，登錄於下列何機關公告之系統？ (1) 縣市勞工局 (2) 衛生福利部 (3) 勞動檢查機構 (4) 勞動部。

( ) 44. 依勞工健康保護規則規定，第一類事業之事業單位勞工人數多少人以上時，應聘專任職業醫學科專科醫師 1 人？ (1) 3,000 (2) 5,000 (3) 6,000 (4) 8,000。

( ) 45. 特別危害健康作業勞工，於受僱時，應實施下列何種檢查？ (1) 一般體格檢查 (2) 特殊體格檢查 (3) 一般及特殊體格檢查 (4) 特殊健康檢查。

( ) 46. 雇主僱用勞工從事特別危害健康作業，應於其受僱或變更其作業時，依勞工健康保護規則之規定實施特殊體格檢查。但距上次檢查未逾多久者，得免實施該項作業之特殊體格檢查？ (1) 3 個月 (2) 半年 (3) 1 年 (4) 2 年。

( ) 47. 雇主僱用勞工時，對實施一般體格檢查，下列何者非規定之檢查項目？ (1) 既往病歷及作業經歷之調查 (2) 胸部 X 光 (大片) 攝影檢查 (3) 血色素及白血球數檢查 (4) 心電圖檢查。

( ) 48. 對於化學燒傷傷患的一般處理原則，下列何者正確？ (1) 立即用大量清水沖洗 (2) 傷患必須臥下，而且頭、胸部須高於身體其他部位 (3) 於燒傷處塗抹油膏、油脂或發酵粉 (4) 使用酸鹼中和。

( ) 49. 依勞工健康保護規則規定，粉塵危害預防標準所稱之粉塵作業勞工之健康管理分為多少級？ (1) 1 (2) 2 (3) 3 (4) 4。

( ) 50. 依勞工健康保護規則規定，勞工人數為 340 人之事業單位，至少應有多少位合格之急救人員？ (1) 3 (2) 4 (3) 5 (4) 6。

( ) 51. 世界衛生組織所提之健康促進行動綱領有幾大項？ (1) 2 (2) 3 (3) 4 (4) 5。

( ) 52. 45 歲在職勞工，其定期實施一般健康檢查之期限為每幾年檢查 1 次？ (1) 1 (2) 2 (3) 3 (4) 4。

( ) 53. 骨折急救時，下列何者不可充當副木使用？ (1) 木板 (2) 雨傘 (3) 枴杖 (4) 衣服。

( ) 54. 依勞工健康保護規則規定，雇主對 40 歲以上未滿 65 歲在勞工之一般健康檢查應多少年實施 1 次？ (1) 1 (2) 2 (3) 3 (4) 4。

( ) 55. 渥太華健康促進五大行動綱領通常以下列何者為其第一大項？ (1) 發展個人技巧 (2) 創造支持性環境 (3) 建立健康的公共政策 (4) 強化社區行動力。

( ) 56. 下列何種醫療機構可辦理勞工特殊體格 (健康) 檢查？ (1) 一般體格 (健康) 檢查醫療機構 (2) 特殊體格 (健康) 檢查醫療機構 (3) 巡迴體格 (健康) 檢查醫療機構 (4) 任何醫療機構。

( ) 57. 依勞工健康保護規則規定，某一事業單位勞工人數 1,200 名，應至少 1 雇用多少位從事勞工健康服務之護理人員？ (1) 0 (2) 1 (3) 2 (4) 3。

( ) 58. 雇主僱用勞工從事粉塵作業外之特別危害健康作業，應於其受僱或變更其作業時，依勞工健康保護規則之規定實施特殊體格檢查。但距上次檢查未逾多久者，得免實施該項作業之特殊體格檢查？ (1) 3 個月 (2) 半年 (3) 1 年 (4) 2 年。

( ) 59. 依勞工健康保護規則規定，特別危害健康作業勞工特殊健康檢查結果，健康管理屬於第三級管理者，其意義為何？ (1) 健康正常 (2) 部分或全部項目異常，經醫師綜合判定為異常，且與工作有關 (3) 部分或全部項目異常，經醫師綜合判定為異常，而無法確定此異常與工作之相關性，應進一步請職業醫學科專科醫師評估 (4) 部分或全部項目異常，經醫師綜合判定為異常，而與工作無關。

( ) 60. 依勞工健康保護規則規定，下列何者非屬特別危害健康作業？ (1) 苯作業 (2) 游離輻射作業 (3) 正己烷作業 (4) 氨作業。

( ) 61. 依一般灼傷面積佔體表面積之區分估算，生殖器佔多少 %.？ (1) 1 (2) 2 (3) 3 (4) 4。

( ) 62. 依職業安全衛生管理辦法規定，醫療保健服務業勞工人數多少人以上者，應設職業安全衛生管理單位？ (1) 50 (2) 100 (3) 300 (4) 500。

( ) 63. 依勞工健康保護規則規定，雇主對於勞工經健康檢查後應採取之措施，下列何者為非？ (1) 將檢查結果發給受檢勞工 (2) 將健康檢查紀錄彙整成健康檢查手冊 (3) 將檢查結果公告周知 (4) 參照醫師建議，適當配置勞工於工作場所作業。

( ) 64. 依高架作業勞工保護措施標準，於高度 5 公尺以上未滿 20 公尺之高架作業者，每連續作業 2 小時、至少應休息多少分鐘？ (1) 20 (2) 25 (3) 30 (4) 40。

( ) 65. 依勞工健康保護規則規定、勞工經過健康檢查後結果，發現某勞工有高血壓症狀，雇主應參採醫師建議配置勞工作業，下列何者不適合該勞工作業？ (1) 重體力勞動作業 (2) 振動作業 (3) 精密作業 (4) 粉塵作業。

( ) 66. 勞工體格檢查主要目的為下列何者？ (1) 決定薪資高低 (2) 達成勞工的要求 (3) 適當分配勞工工作 (4) 配合勞保業務。

( ) 67. 對於面部潮紅之休克患者進行急救時，應使患者採何種姿勢為宜？ (1) 使頭偏向一側 (2) 採用頭低位 (3) 抬高頭部 (4) 兩腳墊高約 30 度。

( ) 68. 為能依據勞工體能、健康狀況，適當選配勞工於適當之場所作業，雇主於僱用勞工時，應實施下列何種健康檢查？ (1) 一般健康檢查 (2) 一般體格檢查 (3) 特殊健康檢查 (4) 健康追蹤檢查。

( ) 69. 依勞工健康保護規則規定，勞工經過健康檢查後結果，發現某勞工有高血壓症狀，雇主應參採醫師建議配置勞工作業，下列何者不適合該勞工作業？ (1) 鉛作業 (2) 振動作業 (3) 精密作業 (4) 粉塵作業。

( ) 70. 依勞工健康保護規則規定，某工廠白天上班之勞工人數為 101 人，則應置合格急救人員至少多少人？ (1) 1 (2) 2 (3) 3 (4) 4。

( ) 71. 罹患有低血壓者不適合從事下列何種作業？ (1) 鉛 (2) 鉻酸 (3) 硝基乙二醇 (4) 硫化氫。

( ) 72. 下列何者不是急救的目的？ (1) 維持呼吸功能 (2) 維持血液循環功能 (3) 防止傷情惡化 (4) 施予治療。

( ) 73. 體外心臟按摩時，雙手應放在胸骨何處？ (1) 上半部 (2) 中間 (3) 下半部 (4) 側方。

( ) 74. 正常健康男性活動時，最大心跳率每分鐘約不超過幾下為正常？ (1) 150 (2) 200 (3) 250 (4) 300。

( ) 75. 依勞工健康保護規則規定，在職勞工健康檢查，未滿39歲者，應每幾年定期檢查一次？ (1) 2 (2) 3 (3) 4 (4) 5。

( ) 76. 勞工人數為 240 人之事業單位，依勞工健康保護規則規定，最少應有多少位合格之急救人員？ (1) 3 (2) 4 (3) 5 (4) 6。

( ) 77. 依勞工健康保護規則規定，某一事業單位僱用 200 名勞工，其中 100 名從事特別危害健康作業，應僱用多少位從事勞工健康服務之護理人員？ (1) 0 (2) 1 (3) 2 (4) 3。

( ) 78. 事業單位依勞工健康保護規則之規定，僱用或特約從事勞工健康服務之醫護人員辦理臨廠服務，下列敘述何者有誤？ (1) 醫師得為僱用或特約 (2) 護理人應為僱用 (3) 護理人員得外包由醫院派駐 (4) 護理人員應為專任。

( ) 79. 下列對於熱灼傷傷患之處理方式，何者爲正確？ (1) 立即切開水泡 (2) 24 小時內，使用熱敷可以止血和止痛 (3) 24 小時後，使用冷敷可以消腫 (4) 只有小塊皮膚發紅的輕度燒傷，可以不必送醫急救。

( ) 80. 依勞工健康保護規則規定，下列之醫療衛生設備，何者不是事業單位法定必備之項目？ (1) 血壓計 (2) 靜脈點滴注射器及注射台 (3) 救護車 (4) 氧氣及氧氣吸入器。

( ) 81. 職前體格檢查可作爲下列何者之參考？ (1) 環境改善 (2) 防護具類別選用 (3) 識別勞工工作適性 (4) 環境評估。

( ) 82. 雇主對擔任工作場所急救人員之勞工，除醫護人員外，應使其接受急救人員訓練，依職業安全衛生教育訓練規則規定，其訓練時數不得低於多少小時？ (1) 12 (2) 18 (3) 30 (4) 60。

( ) 83. 心肺復甦術 (CPR) 之胸外壓心速率，每分鐘幾次較佳？ (1) 1 (2) 12 (3) 30 (4) 80。

( ) 84. 下列何者不屬於勞工健康促進至最高程度，且須繼續維持者？ (1) 勞工生理 (2) 勞工精神 (3) 勞工福祉 (4) 產品品質。

( ) 85. 肺功能測定中之用力肺活量 (FVC)，係指最大吸氣至總肺量以後，再以最大努力最快速度呼吸至殘氣量的容量，至少需有 3 次滿意的測試結果，其 FVC 較高的兩次誤差需在多少百分比以內？ (1) 5 (2) 8 (3) 10 (4) 12。

( ) 86. 實施特殊健康檢查及健康追蹤檢查之檢查結果報告書，除報請事業單位所在地之勞工及衛生主管機關備查外，並應副知下列何機關？ (1) 稅捐主管機關 (2) 中央主管機關 (3) 當地勞動檢查機構 (4) 勞工保險局。

( ) 87. 事業單位規劃實施勞工健康檢查，下列何者不是考量的項目？ (1) 勞工之作業別 (2) 勞工之年齡 (3) 勞工之任職年資 (4) 薪資。

( ) 88. 鉛作業勞工特殊健康檢查結果爲第一級管理者，應多久定期實施特殊健康檢查？ (1) 6 個月 (2) 1 年 (3) 2 年 (4) 3 年。

( ) 89. 勞工定期健康檢查所需費用應由下列何者負擔？ (1) 勞工 (2) 雇主 (3) 勞工保險局 (4) 勞資雙方各半。

( ) 90. 依勞工健康保護規則規定，特別危害健康作業勞工之健康管理分爲多少級？ (1) 1 (2) 2 (3) 3 (4) 4。

( ) 91. 依勞工健康保護規則規定，雇主對在職勞工應定期實施一般健康檢查，下列敘述何者正確？ (1) 年滿 65 歲以上者每年 1 次 (2) 年滿 45 歲以上者每年 1 次 (3) 年滿 30 歲，未滿 45 歲者每年 1 次 (4) 未滿 30 歲者每 3 年 1 次。

( ) 92. 勞工一般或特殊體格檢查、健康檢查均應實施下列何項目之檢查？ (1) 肺功能檢查 (2) 作業經歷調查 (3) 心電圖檢查 (4) 肝功能檢查。

( ) 93. 下列何種作業勞工之特殊體格檢查、特殊健康檢查，及健康追蹤檢查紀錄不需保存三十年？ (1) 游離輻射 (2) 二氯乙烯 (3) 氯乙烯 (4) 苯。

( ) 94. 依勞工健康保護規則規定，罹患高血壓症者不得從事下列何種作業？ (1) 活線作業 (2) 起重機運轉作業 (3) 重體力勞動作業 (4) 非游離輻射作業。

( ) 95. 下列何者非勞工健康管理計畫之目的？ (1) 依勞工之身體及心理狀況，分配適當工作 (2) 早期偵知有害作業場所各種影響，評估安全衛生管理措施是否適當並提出改善措施 (3) 防止機械設備之捲夾危害 (4) 減少勞工因工傷病之缺工。

( ) 96. 依勞工健康保護規則規定，下列何種患者不宜從事高溫作業？ (1) 近視 (2) 心臟病 (3) 皮膚病 (4) 重聽。

( ) 97. 依勞工健康保護規則規定，石綿作業、異常氣壓作業勞工，皆應接受下列何項特殊檢查項目？ (1) 聽力檢查 (2) 體適能檢查 (3) 肺功能檢查 (4) 工作壓力及疲勞判定。

( ) 98. 目前民眾版簡易 CPR 口訣為叫叫壓，其主要施作內容不包括下列何者？ (1) 檢查意識 (2) 呼救 (3) 胸部按壓 (4) 人工呼吸。

( ) 99. 對休克症狀的描述，下列何者為非？ (1) 皮膚冷而潮 (2) 臉色蒼白 (3) 常併發意識不清 (4) 呼吸慢而深。

( )100. 對於中暑之急救步驟，下列敘述何者有誤？ (1) 立即將患者移到陰涼處 (2) 使患者仰臥 (3) 除去衣物覆以床單或大浴巾 (4) 以水沖濕儘快降低體溫至 38℃ 以下。

( )101. 職場內之傷病診治內容不包括下列何者？ (1) 急救 (2) 一般傷病診治 (3) 職業傷病診治 (4) 家庭計畫服務。

( )102. 事業單位之同一工作場所，從事特別危害健康作業勞工人數在多少人以上時，應聘專任護理人員 1 人以上？ (1) 100 (2) 200 (3) 300 (4) 400。

( )103. 未破皮的灼傷急救，下列何者為最正確的處理方式？ (1) 以乾淨的布類覆蓋灼傷處，儘快送醫 (2) 儘快施以沖、脫、泡、蓋、送處理 (3) 將傷側朝下，用大量水慢慢沖洗處理，再用敷料等包紮後送醫 (4) 於灼傷處暫時塗抹消炎粉等急救藥物，再送醫。

( )104. 依勞工健康保護規則規定，事業單位之同一工作場所，勞工人數在 300 人以上，並且在同一工作場所從事特別危害健康作業之勞工人數在 100 人以上者，應另僱用或特約職業醫學科專科醫師每月臨廠服務多少次？ (1) 1 (2) 2 (3) 3 (4) 4。

( )105. 下列何種醫療機構可辦理勞工特殊體格 (健康) 檢查？ (1) 醫事檢驗機構 (2) 任何辦理成人預防健康檢查之醫療機構 (3) 特殊體格 (健康) 檢查醫療機構 (4) 公立醫療機構。

( )106. 腐蝕性化學物質灼傷眼睛時，應用大量水至少沖洗多少時間以上再送醫？ (1) 5 分鐘 (2) 15 分鐘 (3) 1 小時 (4) 2 小時。

( )107. 依勞工健康保護規則規定，下列敘述何者有誤？ (1) 急救人員應無殘障、耳聾、色官、心臟病、兩眼裸視或矯正視力均在 0.6 以下等體能及健康不良足以妨礙急救事宜者 (2) 每一輪班次應至少設置急救人員一人 (3) 勞工人數超過 100 人者，每增加 100 人再設置急救人員一人 (4) 急救人員因故未能執行職務時，雇主應即指定合格代理人，代理其職務。

（　）108. 施行心肺復甦術，應先檢查何處之脈搏？　(1) 撓動脈　(2) 肱動脈　(3) 肺動脈　(4) 頸動脈。

（　）109. 事業單位委外辦理勞工體格、健康檢查時，下列應注意事項，何者錯誤？　(1) 注意指定醫療機構之品質並應每年更換，俾能相互比較醫療機構之品質　(2) 要求醫療機構赴事業單位實施檢查之日，攜帶經衛生主管機關核准之公文及醫事人員執業執照與身分證　(3) 檢查項目以勞工健康保護規則所訂項目為限，但要求增加之項目由雇主負擔全部費用且經勞工同意者不在此限　(4) 檢查結果之研判最好由事業單位所設置之醫師負責。

（　）110. 體適能檢查中，令受測者之慣用手臂支撐於桌上，當測試棒從受測者之指圈中落下時，令受測者儘快以手抓住，為測試下列何者？　(1) 肌力與肌耐力　(2) 柔軟度　(3) 心肺耐力　(4) 協調平衡反應。

（　）111. 依勞工健康保護規則規定，合格急救人員每一輪班次勞工人數未滿 50 人者設置 1 人，50 人以上每滿多少人增設 1 人？　(1) 50　(2) 100　(3) 150　(4) 200。

（　）112. 目前成人身體質量指數 (BMI) 正常範圍之上限為何？　(1) 24　(2) 27　(3) 30　(4) 35。

（　）113. 勞工體格檢查、特殊體格檢查之目的屬勞工衛生之下列何種原則？　(1) 預防原則　(2) 保護原則　(3) 適應原則　(4) 治療復健原則。

（　）114. 依勞工健康保護規則規定，從事粉塵危害預防標準所稱之粉塵作業，應每多久定期實施特殊健康檢查？　(1) 3 個月　(2) 6 個月　(3) 1 年　(4) 2 年。

（　）115. 對於脊柱或頸部受傷患者，下列何者非為適當處理原則？　(1) 不輕易移動傷患　(2) 速請醫師或與急救中心聯絡　(3) 如無合用的器材，需二人作徒手搬運　(4) 驅散圍觀群眾。

（　）116. 使用止血帶止血必須每間隔多少分鐘放鬆 10～15 秒，以免造成傷害？　(1) 1～5　(2) 5～10　(3) 15～20　(4) 25～30。

（　）117. 依勞工健康保護規則規定，下列何者非雇主應使醫護人員臨廠服務辦理之事項？　(1) 勞工之健康促進　(2) 勞工之家庭生育計畫　(3) 協助雇主選配勞工從事適當之工作　(4) 職業疾病紀錄之保存。

（　）118. 勞工健康管理計畫之「一般保健及健康促進」項目中不包括下列何者？　(1) 健康教育及衛生指導　(2) 傷病診治　(3) 家庭計畫指導　(4) 一般保健及預防注射。

（　）119. 勞工於室內從事金屬熔射 (thermal spray) 作業，係屬於下列何種作業？　(1) 有機溶劑作業　(2) 粉塵作業　(3) 噪音作業　(4) 重體力勞動作業。

（　）120. 依女性勞工母性健康保護實施辦法規定，有關母性健康保護措施，未包括下列何者？　(1) 危害評估與控制　(2) 醫師面談指導　(3) 風險分級管理　(4) 勞工代表參與。

二、問答題

1. 職業安全衛生法已規範許多母性健康保護措施，使女性勞工於保護期間工作更安全，並可預防職業疾病之發生，請依女性勞工母性健康保護實施辦法規定，回答下列問題：

   (1) 「母性健康保護」的定義為何？

   (2) 「母性健康保護期間」之定義為何？

2. 請列舉 6 種「易造成母性健康危害之工作」。

3. 雇主對於母性健康保護，應使職業安全衛生人員會同從事勞工健康服務醫護人員，辦理哪些事項？

4. 進行感染性微生物操作作業時，為預防及控制生物氣膠及病原體之暴露，可選擇使用安全且經檢測合格之生物安全櫃 (biological safety cabinet，BSC)，以進行生物安全控制，請說明 BSC 之基本保護原理。

5. 某工廠老闆使其員工從事特別危害健康作業，為維護勞工健康，應實施健康分級管理。請依勞工健康保護規則，回答下列問題：

   (1) 試列舉 2 項特別危害健康作業。

   (2) 試就「醫師綜合判定結果」及「與工作相關性」，說明第二、四級健康管理之差異。

6. 請說明雇主對於特別危害健康作業屬於第二級以上健康管理者應有之乍為。

7. 請針對畫底線之名詞作解釋：

   (1) 有關健康之<u>佛萊明漢危險預估評分表</u> (Frammgham Risk Score)

   (2) 人因工程之<u>關鍵指標法</u> (Key Indicator Method，KIM)

8. 試回答下列各題：

   (1) 近來國內勞工因工作時間過長造成過勞職業災害，屢見於報章媒體，勞工過勞問題已不容忽視。雇主依職業安全衛生設施規則規定，為預防輪班、夜間工作、長時間工作等異常工作負荷促發疾病應妥為規劃，其規劃內容應包含哪些事項，以避免過勞職業災害之發生？

   (2) 事業單位依規定配置有醫護人員從事勞工健康服務者，雇主應依哪些事項訂定異常工作負荷促發疾病預防計畫？

9. 依職業安全衛生法規定，雇主對在職勞工之健康照護有其應負之責任。若您為一勞工人數 80 人事業單位之職業衛生管理師，請問您應協助雇主執行哪些事項，以符合法令要求，並照護在職勞工之健康？

10. 母性健康保護已納入職業安全衛生法規，以維護女性勞工於保護期間之工作安全及免於罹患職業疾病。試回答下列問題：

    (1) 依女工勞工母性健康保護實施辦法，「母性健康保護期間」之定義為何？

    (2) 依據職業安全衛生法規，雇主不得使妊娠中之女性勞工從事某些具生物性危害之作業；然對於其中部分作業，若工作者已具免疫或不執行侵入性治療，則不在此限。請列舉 3 項符合上述所稱之生物危害作業，並說明其是否具有「不在此限」之條件限制。

(3) 對於上述作業，若雇主應依法實施母性健康保護措施，且您為該事業單位之職業安全衛生人員，請問您應會同從事勞工健康服務之醫護人員，辦理哪些事項？

11. 某事業單位係屬於應實施母性健康保護之工作場所(非屬鉛作業場所)，請回答下列問題：

(1) 何謂母性健康保護期間？

(2) 於母性健康保護期間，雇主應依風險等級，分三級管理，請說明這三級如何區分。

(3) 母性健康保護相關措施之文件紀錄，應至少保存多少年？

12. 依今年度健康職場認證推動方案，事業單位如欲取得健康啓動標章，其重點工作辦理情形中，健康需求評估為必辦類別。該方案中提供的評估及瞭解員工健康需求之方法為何？(請列出5項)

13. 某事業單位進行職場健康促進活動，其中勞工 A 身高 170 公分，體重 65 公斤。勞工 B 身高 160 公分，體重 62 公斤。

(1) 請計算此 2 位勞工之身體質量指數 (BMI)。(應列出計算過程)

(2) BMI 正常範圍在 18.5 至 24 之間。請問有哪位勞工需進行肥胖及體重控制？

14. 某未實施輪班制事業單位之勞工人數共 1,055 人，依勞工健康保護規則規定，請回答下述問題：

(1) 應至少置多少位急救人員？(2 分)

(2) 急救人員不得有哪些健康不良項目，以免妨礙急救事宜？(請列舉 4 項)

(3) 需備置哪些急救藥品及器材？(請列舉 4 項)

15. 因同仁面臨有績效壓力、工時過長、輪班、心理壓力等可能健康危害，為落實健康檢查、管理及促進等安全衛生管理工作，依勞工健康保護規則規定，您應會同公司醫護人員共同辦理哪些事項？

16. 甲公司員工達 1,200 人，依勞工健康保護規則規定(該公司屬第一類事業，且無特別危害健康作業)，須僱用或特約從事勞工健康服務之醫護人員為其員工辦理臨廠健康服務，試問：

(1) 醫護人員應具哪些資格？

(2) 醫師臨廠服務之頻率為何？

(3) 醫護人員臨廠服務辦理之事項為何？(至少列舉 5 項)

17. 為保護勞工健康，事業單位人數 300 人以上或從事特別危害健康作業勞工 100 人以上者，應僱用或特約從事勞工健康服務之醫護人員實施臨廠服務。請依據勞工健康保護規則規定，列舉 5 項醫護人員臨廠服務時應辦理之事項。

18. 依據勞工健康保護規則規定，雇主不宜使勞工從事不適合其健康狀況之作業。請從下列 6 項作業中，分別列舉不宜使患有骨骼肌肉系統疾病者與血液疾病(含貧血)者從事之作業。

噪音作業	鉛作業
游離輻射作業	苯及苯之衍生物之作業
重體力勞動作業	鉻酸及其鹽類之作業

19. 為促進勞工健康，我國勞工健康保護規則與職業安全衛生管理辦法，對於職場健康促進均有明確規範。請就此之法規，各說明一項與健康促進有關之規定。

20. 依據勞工健康保護規則規定，某工廠使員工從事特別危害健康作業，雇主依法應實施健康分級管理。請問：

    (1) 此健康管理共分為幾級？

    (2) 雇主對於二級以上管理者應有何作為？

21. 推動職場健康促進有許多優點，請依下列對象各提出 3 項益處：

    (1) 企業組織

    (2) 員工

22. 依勞工健康保護規則規定，試回答下列問題：

    (1) 健康檢查紀錄應至少保存多少年？

    (2) 雇主使勞工從事高溫作業，游離輻射作業、鉛作業等特別危害健康之作業，所建立健康管理資料庫，共分四級執行健康管理，請說明上述四級之定義。

23. 依據勞工健康保護規則規定，雇主使勞工從事 8 小時日時量平均音壓級在 85 分貝以上之噪音作業時，應對勞工實施特殊健康檢查並據以進行健康分級管理。請問雇主對於健康分級為第三級 (含) 以上之勞工，應有何作為？

24. 試回答下列問題：

    (1) 從事勞工健康服務之醫護人員，為協助雇主選配勞工與實施職業病預防及工作環境改善，依勞工健康保護規則規定，其職責為何？

    (2) 勞工經特殊健康檢查，其結果經醫師判定為第三級管理者，依勞工健康保護規則規定，雇主對其應採取之措施為何？

    (3) 試簡要說明職場母性健康保護之意涵。

25. 某一鑄造工廠有 60 位勞工從事粉塵作業，經特殊健康檢查結果，有 25 位勞工屬第一級管理、20 位勞工屬第二級管理、10 位勞工屬第三級管理、5 位勞工屬第四級管理。若您擔任勞工衛生管理師，如何依勞工健康保護規則之規定及檢查結果，協助雇主採取勞工健康分級管理措施？

26. 請依勞工健康保護規則規定，回答下列問題：

    (1) 事業單位應如何置急救人員？

    (2) 前項急救人員不得有哪些健康缺失項目，以免妨礙急救事宜。(請至少列出 4 項)

27. 依勞工健康保護規則規定，雇主僱用勞工時，應就哪些規定項目實施一般體格檢查？(請列舉 10 項)

28. 請依勞工健康保護規則規定，回答下列問題：

    (1) 若您是勞工人數 350 人之事業單位職業衛生管理師，為協助雇主選工、預防職業病及改善工作環境，您應會同醫護人員訪視工作現場，並辦理哪些事項？(至少列出 4 項)

    (2) 請列舉 6 項雇主應使醫護人員臨廠服務辦理事項。

職業災害調查與處理

10.1　前言

所謂「職業災害」，依「職業安全衛生法」第二條第五款之定義，係指指因勞動場所之建築物、機械、設備、原料、材料、化學品、氣體、蒸氣、粉塵等或作業活動及其他職業上原因引起之「工作者」疾病、傷害、失能或死亡。由於此定義只針對「工作者」而立，因此雇主在作業活動中受到傷亡，並不屬於本法所稱之「職業災害」的範圍內。

依「職業安全衛生法」第三十七條規定：

事業單位工作場所發生職業災害，雇主應即採取必要之「急救」、「搶救」等措施，並會同勞工代表實施「調查」、「分析」及「作成紀錄」。

事業單位勞動場所發生下列職業災害之一者，雇主應於「8小時內通報」勞動檢查機構：

(1)　發生死亡災害。

(2)　發生災害之罹災人數在3人以上。

(3)　發生災害之罹災人數在 1 人以上，且需住院治療。

(4)　其他經中央主管機關指定公告之災害。

勞動檢查機構接獲前項報告後，應就工作場所發生死亡或重傷之災害派員檢查。

事業單位發生第二項之災害，除必要之急救、搶救外，雇主非經司法機關或勞動檢查機構許可，不得移動或破壞現場。

10.2　災害調查與分析

實施職業災害調查之主要目的，並不在於馬上追究失職人員的責任，而在於蒐集事故發生的資料，加以分析整理，檢討造成事故之原因，藉此建立預防事故再次發生的對策，並且依規定向有關單位報告及填報災害統計資料。

10.2.1　災害發生的模式

對意外事故發生的前因後果予以有系統的研究者，首推美國的海尼克 (H.W.Heinrich)。他於1931年提出事故發生的「骨牌理論」(domino theory)，成為研究意外事故發生的先驅。在骨牌理論中，認為事故由五大因素組成：

1. 社會環境。
2. 個人的缺失。

3. 不安全狀況或行為。

4. 意外事故。

5. 傷害。

　　這五個因素就如排了順序的骨牌一樣，當中任何一張骨牌倒下，都有可能會引發事故而造成傷害，如圖 10.1。

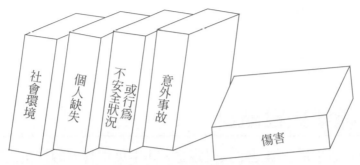

圖 10.1　事故發生的骨牌理論

　　要避免意外事故的發生及其造成的傷害，最重要且最關鍵的方法，就是要排除「不安全狀況或行為」這項因素，因為「不安全狀況或行為」是導致「意外事故」發生的「直接原因」，當「直接原因」被排除後，即使是存在「社會環境」及「個人的缺失」等因素，也只不過是「間接原因」而已，並不會直接引發意外事故，情形如圖 10.2 所示。

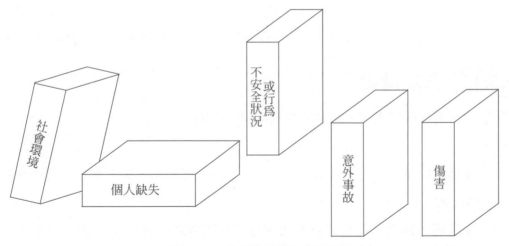

圖 10.2　防止事故發生的方法

　　由圖 10.2 可知，當「不安全狀況或行為」這張骨牌被抽走 (直接原因被排除) 後，即使是「社會環境」及「個人缺失」這兩張骨牌倒下 (間接原因出現)，也不會導致意外事故的發生。

　　因此，災害調查的目的，在於找出導致事故發生之不安全狀況或行為等相關資料，然後以有系統的方法找出這些事件的因果關係，從而建立預防事故發生的對策，將導致事故發生的直接原因予以排除。

10.2.2 事故的分析方法

事故分析的方法有很多種，最簡單的就是「魚骨圖分析法」，由於此方法在應用上非常簡便，因此很適合作為初步之調查分析，然而若要對事故的原因作更深入的分析，則需要採取更具系統化的分析方法，例如「失效型態與效應分析」(Failure Modes and Effects Analysis，簡稱 FMEA)、「事件樹分析」(Event Tree Analysis) 及「故障樹分析」(Fault Tree Analysis) 等。由於這些分析方法需使用比較複雜的布林代數及邏輯運算等，在此不作深入介紹。

10.3 職業災害統計

依「職業安全衛生法」第三十八條規定，「中央主管機關指定之事業」，雇主應依規定填載職業災害內容及統計，按月報請勞動檢查機構備查，並公布於工作場所。

職業安全衛生法施行細則第五十一條規定，本法第三十八條所稱「中央主管機關指定之事業」如下：

(1) 勞工人數在 50 人以上之事業。

(2) 勞工人數未滿 50 人之事業，經中央主管機關指定，並由勞動檢查機構函知者。

在雇主所填報之「職業災害統計月報表」中，主要是記載並計算職業災害所造成之「失能傷害」及其相關之失能傷害率，以作為檢查機構進行職業災害統計之基本資料。

10.3.1 失能傷害

職業災害所造成之傷害，依其嚴重程度可分成四種：

一、死亡

死亡係指由於職業災害，致使勞工喪失生命而言，不論罹難至死亡之時間長短。

二、永久全失能

永久全失能，係指除死亡之外的任何足使罹災者造成永久全失能，或在一次事故中損失下列各項之一，或失去其機能者：

1. 雙目。
2. 一隻眼睛及一隻手，或手臂或腿或足。
3. 不同肢中之任何下列兩種：手、臂、足或腿。

三、永久部分失能

　　永久部分失能，係指死亡及永久全失能以外之任何足以造成肢體之任何一部分完全失去，或失去其機能者。不論該受傷之肢體或損傷身體機能之事前有無任何失能，而下列各項則不能列為永久部分失能：

1. 可醫好的小腸疝氣。
2. 僅損失指尖，而不傷及骨節者。
3. 損失手指甲或足趾甲。
4. 損失牙齒。
5. 體形破相。
6. 不影響身體運動之扭傷或挫傷。
7. 手指及足趾之簡單破裂，及受傷部分之正常機能，不致因破裂傷害而造成機障或受到影響者。

四、暫時全失能

　　暫時全失能係指罹災人未死亡，亦未永久失能，但不能繼續其正常工作，必須休班離開工作場所，損失時間在一日以上(包含：星期日、休假日或事業單位停工日；但不包含受傷當日及復工當日)，暫時不能恢復工作者。

10.3.2　傷害損失日數

　　在進行災害統計之計算時，必須將失能傷害換算成「傷害損失日數」，換算方法依國家標準局所公布之「傷害損失日數換算表」(表10.1)及「永久失能損失日數換算圖」(圖10.3)為標準。

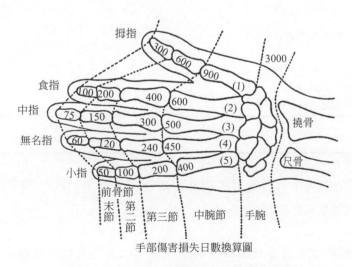

手部傷害損失日數換算圖

圖 10.3　永久失能傷害損失日數換算圖

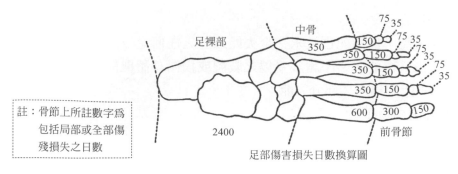

足部傷害損失日數換算圖

註：骨節上所註數字為包括局部或全部傷殘損失之日數

圖 10.3　永久失能傷害損失日數換算圖 (續)

表 10.1　傷害損失日數換算表

傷害損失日數換算表 (以日計) (依據 CNS 1467)							
死亡							6,000
永久全失能							6,000
骨節之全部或局部斷失	拇指	食指	中指	無名指	大指	大趾	其餘各足趾
末梢骨節	300	100	75	60	50	150	35
第二骨節	－	200	150	120	100	－	75
第三骨節	600	400	300	240	200	300	150
中腕節或中跗	900	600	500	450	400	600	350
手腕							3,000
足踝骨							2,400
腕部以上至肘部							3,600
腕部以上包括肩骨關節							4,500
膝部以上之任何部分							4,500
足踝以上至膝蓋							3,000
官能殘廢							
一眼失明 (無論另一眼有無視覺)							1,800
兩眼失明 (在一次事故中)							6,000
一耳全部失聽 (無論另一耳有無聽覺)							600
兩耳全部失聽 (在一次事故中)							3,000
不能治癒的疝氣 (能治癒者按實際損失日數計)							50

例一

某勞工在一次職業災害中導致兩眼失明且一耳全部失聽，請問該職業傷害屬哪一種失能，傷害損失日數為多少？

 該勞工因職業災害導致兩眼失明，已達「永久全失能」之標準，其損失日數為 6,000 日。

例二

某勞工在一次事故中導致一眼失明及一耳全部失聽，則該職業傷害屬哪一種失能，傷害損失日數爲多少？

 應屬「永久部分失能」，其損失日數爲：

1,800(一眼失明) ＋ 600(一耳全部失聽) ＝ 2,400 日。

傷害損失日數之計算，除了作爲職業災害統計之用外，也是勞工職業災害補償之依據。

至於其他屬於「非失能傷害」之事故包括下列四類：

1. 輕傷害事故：損失時間不足一天的傷害事故。
2. 無傷害事故：指發生未造成傷害的事故。
3. 財產損失事故：指造成財產損失，而無人員傷亡的事故。
4. 近似意外事故：指未造成傷害及財產損失的事故。

10.3.3 失能傷害統計指標

目前我國職業災害統計常用的指標有三，分別爲「失能傷害頻率」(disabling frequency rate，簡稱 F.R.)、「失能傷害嚴重率」(disabling severity rate，簡稱 S.R.)，以及「失能傷害平均損失日數」(average days charged for disabling injuries)。現分述如下：

一、失能傷害頻率 (F.R.)

定義： 每百萬「總經歷工時」之「失能傷害次數」。

(1) 「失能傷害次數」之定義爲：「指勞工因發生職業災害致死亡、永久全失能、永久部分失能、暫時全失能等傷害次數。」

(2) 「總經歷工時」之定義爲：「指當月全體勞工實際經歷之工作時數」；亦即當月工作人員數目與其工作時數相乘後之總和。

公式：

$$失能傷害頻率 (F.R.) = \frac{失能傷害次數 \times 10^6}{總經歷工時} \quad (單位：次 / 百萬工時)$$

二、失能傷害嚴重率 (S.R.)

定義： 每百萬總經歷工時之「失能傷害損失日數」。

(1) 「失能傷害損失日數」之定義為：「指單一個案所有傷害發生後之總損失日數。受傷害者暫時(或永久)不能恢復工作之日數(亦即受傷人員於二十四小時後仍不能返回崗位工作的事故，包括死亡、永久全失能、永久部分失能及暫時全失能所造成的日數損失)，不包括受傷當日及恢復工作當日，但應含中間所經過之日數(包括星期天、休假日或事業單位停工日)及復工後因該災害導致之任何不能工作之日數。」

(2) 「總經歷工時」之定義為：「指當月全體勞工實際經歷之工作時數」：亦即當月工作人員數目與其工作時數相乘後之總和。

公式：

$$失能傷害嚴重率(S.R.) = \frac{總損失日數 \times 10^6}{總經歷工時}（單位：日／百萬工時）$$

三、失能傷害平均損失日數

$$失能傷害平均損失日數 = \frac{總損失日數}{傷害總次} = \frac{S.R.}{F.R.}（單位：日／失能傷害）$$

說明：

(1) 失能傷害為受傷人員於二十四小時後仍不能返回崗位工作的事故，包括死亡、永久全失能、永久部分失能及暫時全失能，但不包括輕傷事故。

(2) 總經歷工時為工廠工作人員數目與其工作時數相乘後之總和。

例三

某工廠有工人 350 人，每日工作 8 小時，每月工作 26 日，其發生意外傷害事故 6 件，其中一人一眼失明，一人手腕截斷，一人死亡，三人輕傷，求傷害頻率、傷害嚴重率及失能傷害平均損失日數。

 總經歷工時 = 350×8×26 = 72,800 小時。

(1) 失能傷害頻率

失能傷害次數 = 3 次(輕傷不列入)

$$失能傷害頻率 = \frac{失能傷害次數 \times 10^6}{總經歷工時}$$

$$= \frac{3 \times 10^6}{72,800} = 41.209 次／百萬工時$$

(2) 失能傷害嚴重率

一人一眼失明之損失日數為 1,800 天

一人手腕截斷之損失日數為 3,000 天

一人死亡之損失日數為 6,000 天

失能傷害損失日數＝ 1,800 天＋ 3,000 天＋ 6,000 天＝ 10,800 天

$$失能傷害嚴重率 (S.R.) = \frac{失能傷害損失日數 \times 10^6}{總經歷工時}$$

$$= \frac{10,800 \times 10^6}{72,800} = 148,352 \text{ 日／百萬工時}$$

(3) 失能傷害平均損失日數

$$失能傷害平均損失日數 = \frac{總損失日數}{傷害總次}$$

$$= 10,800/3 = 3,600 \text{ 日／失能傷害}$$

例 四

某公司向檢查機構所填報之近三年職業災害統計月報表，綜合整理如下：

第一年總經歷工時為 613,840 小時，傷害頻率為 2.50，傷害嚴重率為 120。第二年總經歷工時為 405,600 小時，傷害頻率為 3.86，傷害嚴重率為 125。第三年總經歷工時為 758,890 小時，傷害頻率為 4.46，傷害嚴重率為 128。請問三年來傷害頻率及傷害嚴重率之平均值各為若干？

答 (1) 公式

$$失能傷害頻率 (F.R.) = \frac{失能傷害次數 \times 10^6}{總經歷工時} \cdots\cdots\cdots\cdots\cdots(1)$$

$$失能傷害嚴重率 (S.R.) = \frac{失能傷害損失日數 \times 10^6}{總經歷工時} \cdots\cdots\cdots(2)$$

(2) 已知

第一年：FR ＝ 2.50　SR ＝ 120　總經歷工時＝ 613,840

第二年：FR ＝ 3.86　SR ＝ 114　總經歷工時＝ 405,600

第三年：FR ＝ 4.46　SR ＝ 128　總經歷工時＝ 758,890

分別代入公式①、②得

第一年：

$$失能傷害次數 = \frac{2.50 \times 613,840}{10^6} = 1.535 \text{ 次}$$

$$失能傷害損失日數 = \frac{120 \times 613,840}{10^6} = 74 \ 日$$

第二年：

$$失能傷害次數 = \frac{3.86 \times 405,600}{10^6} = 1.463 \ 次$$

$$失能傷害損失日數 = \frac{114 \times 405,600}{10^6} = 46 \ 日$$

第三年：

$$失能傷害次數 = 4.46 \times \frac{758,890}{10^6} = 3.385 \ 次$$

$$失能傷害損失日數 = \frac{128 \times 758,890}{10^6} = 97 \ 日$$

(3) 三年累計之平均值

三年累計總經歷工時小時 = 613,840 + 405,600 + 758,890 = 1,778,330 小時

三年累計總失能傷害次數次 = 1.535 + 1.566 + 3.385 = 6.486 次

三年累計總失能傷害損失日數日 = 74 + 46 + 97 = 217 日

$$三年平均之 FR = \frac{三年累計總失能傷害次數 \times 10^6}{三年累計總經歷工時}$$

$$= \frac{6.486 \times 10^6}{1,778,330} = 3.647 \ 次／百萬工時$$

$$三年平均之 SR = \frac{三年累計總失能傷害損失日數}{三年累計總經歷工時}$$

$$= \frac{217 \times 10^6}{1,778,330} = 122 \ 日／百萬工時$$

例 五

由表已知條件，試求其失能傷害頻率及失能傷害嚴重率。

項目＼月份	1月	2月	3月	4月	5月	6月	7月	8月	9月	10月	11月	12月
經歷工時	60,100	59,210	63,110	58,300	61,310	59,330	60,140	59,350	62,340	60,140	63,010	50,160
傷亡人數	1死2傷	0	3傷	1死1傷	0	0	5傷	0	0	1傷	0	0
災害次數	3	0	3	2	0	0	4	0	0	1	0	0
損失工日數	10,550	0	6,000	9,550	0	0	11,300	0	0	1,200	0	0

 總經歷工時 = 60,100 + 59,210 + 63,110 + 58,300 + 61,310 + 59,300 + 60,140

　　　　　+ 5,935 + 62,340 + 60,140 + 63,010 + 50,160

　　　　= 716,470 小時

失能傷害次數＝ 3 ＋ 3 ＋ 2 ＋ 4 ＋ 1 ＝ 13 次

失能傷害損失日數：10,550 ＋ 6,000 ＋ 9,550 ＋ 11,300 ＋ 1,200 ＝ 38,600 日

$$失能傷害頻率 (FR) = \frac{失能傷害次數 \times 10^6}{總經歷工時}$$

$$= \frac{13 \times 10^6}{716,470} = 18.145 \ 次／百萬工時$$

$$失能傷害嚴重率 (SR) = \frac{失能傷害損失日數 \times 10^6}{總經歷工時}$$

$$= \frac{38,600 \times 10^6}{716,470} = 53.875 \ 日／百萬工時$$

例六

甲廠有工人 200 人，每週平均工作 44 小時，在 8 個月內，有 4 名工人發生失能傷害事故。乙廠有工人 350 人，每週平均工作 48 小時，在 9 個月內，有 4 名工人發生失能傷害事故，試比較哪一廠的安全較佳。

答

(1) 甲廠

$$總經歷工時 = 200 \times \frac{8}{12} \times 52 \times 44 = 305,067 \ 小時$$

失能傷害次數 ＝ 4 次

$$失能傷害頻率 = \frac{失能傷害次數 \times 10^6}{總經歷工時} = \frac{4 \times 10^6}{305,067}$$

$$= 13.112 \ 次 / 百萬工時$$

(2) 乙廠

$$總經歷工時 = 350 \times \frac{9}{12} \times 52 \times 48 = 655,200 \ 小時$$

失能傷害次數 ＝ 4 次

$$失能傷害頻率 = \frac{失能傷害次數 \times 10^6}{總經歷工時} = \frac{4 \times 10^6}{655,200}$$

$$= 6.105 \ 次 / 百萬工時$$

比較甲廠和乙廠之傷害頻率，可知每一百萬工時中，甲廠平均發生 13.112 次傷害事故，而乙廠平均發生 6.105 次傷害事故，因此乙廠較甲廠安全。

10.4　職業災害報告

　　職業災害經調查分析後，須撰寫完整的調查報告送有關主管單位，以作為改善其缺失及研議對策之參考。報告內容包括下列資料：

一、災害現場資料
　　1. 災害發生的地點、時間。
　　2. 災害所涉及之人員及財物。
　　3. 傷亡人員之姓名、年齡、性別。

二、災害發生經過
　　1. 事件發生之先後次序。
　　2. 人員傷亡及財物損失程度。
　　3. 災害類型。
　　4. 導致災害之媒介物。

三、災害原因分析
　　1. 直接原因 (媒介物、加害物)。
　　2. 間接原因 (不安全之動作及狀況)。
　　3. 基本原因 (不當之安全管理、個人因素或社會因素)。

四、建議改進事項
　　1. 災害調查人員之建議。
　　2. 檢查人員之建議。
　　3. 立即採取之補救措施。
　　4. 長程應採取之補救措施。

10.5　結語

　　依「職業安全衛生法」第四十三條規定，雇主違反第三十七條第一項、第二項之規定者，處新臺幣三萬元以上三十萬元以下罰鍰。本法第四十一條規定，雇主違反第三十七條第四項者，處一年以下有期徒刑、拘役或科或併科新臺幣十八萬元以下罰金。

　　本法第四十五條亦規定，雇主違反第三十八條之規定：「填載職業災害內容及統計，按月報請勞動檢查機構備查，並公布於工作場所」，經通知限期改善，屆期未改善者，處新臺幣三萬元以上十五萬元以下罰鍰。

習 題

一、選擇題

( ) 1. 危害評估之人員因素分析中，下列何者不屬於行為上因素？ (1) 抄捷徑 (2) 喜歡冒險 (3) 知識不足 (4) 缺乏警覺。

( ) 2. 下列何種作業可預測風險最高？ (1) 清潔 (2) 裁縫 (3) 自動化機械操作 (4) 鋼構組配作業。

( ) 3. 下列何者係屬永久部分失能？ (1) 體形破相 (2) 牙齒斷裂 (3) 斷右手拇指 (4) 腳擦傷破。

( ) 4. 下列何者非屬不安全行為？ (1) 操作者使安全裝置失效 (2) 通風、採光不良 (3) 未使用個人防護具 (4) 酗酒。

( ) 5. 下列何者應列入優先安全觀察的對象？ (1) 有經驗的人 (2) 擔任同一職位多年的人 (3) 長期生病後恢復工作的人 (4) 負責行政業務的人。

( ) 6. 調查分析離地 2 公尺以上之高處作業墜落死亡之職業災害時，下列要因何者不應歸類為「不安全狀態」？ (1) 施工架未設護欄 (2) 勞工有高血壓症狀 (3) 未有安全帶可使用 (4) 工作場所開口未防護。

( ) 7. 擬決定實施工作安全分析的工作項目時，下列哪項應最優先選擇？ (1) 傷害頻率高的工作 (2) 新工作 (3) 臨時性工作 (4) 經常性工作。

( ) 8. 下列何種情況不需修正安全作業標準？ (1) 作業流程改變時 (2) 僱用新人時 (3) 設備改變時 (4) 管理制度改變時。

( ) 9. 災害類型分類項目中「與有害物等接觸」不包括下列何種？ (1) 三氯甲烷 (2) 受帶電體電擊 (3) 一氧化碳中毒 (4) 缺氧。

( ) 10. 故障樹分析中邏輯演繹的末端事件，通常是設備或元件故障，或人為失誤，該末端事件表示的符號為下列何者？ (1) □ (2) ○ (3) △ (4) ▽。

( ) 11. 事業單位內員工於高架作業時有甚多人員未配掛安全帶，下列何項與可能的原因較不相關？ (1) 缺乏對墜落之危險意識 (2) 許多處所未有掛置安全帶之裝置 (3) 未規定作業中物料之置放場所 (4) 主管未嚴格執行墜落災害防止計畫。

( ) 12. 下列何者目前尚未規定應填載職業災害內容及統計，按月報請勞動檢查機構備查？ (1) 勞工 60 人之營造業 (2) 勞工 60 人之大眾傳播業 (3) 勞工 30 人之洗染業 (4) 勞工 80 人之運輸業。

( ) 13. 下列四個工作安全分析項目，何者應優先進行？ (1) 將工作分成幾個步驟 (2) 決定要分析的工作 (3) 發現潛在危險及可能的危害 (4) 決定安全的工作方法。

( ) 14. 假設某廠包括雇主 1 人在內共有 31 人，10 月份共工作 20 天，每人每天工作 8 小時，當月發生 1 件死亡事故，則 10 月份該廠之傷害嚴重率為多少？ (1) 1.00×10^6 (2) 1.21×10^6 (3) 1.25×10^6 (4) 1.30×10^6。

( ) 15. 職業災害調查之原因分析通常不包括下列何者？ (1) 直接原因 (2) 間接原因 (3) 基本原因 (4) 連鎖原因。

( ) 16. 因踏穿而墜落致傷害時，應歸類為下列何種職業災害類型？ (1) 踏穿 (2) 墜落 (3) 物體飛落 (4) 衝撞。

( ) 17. 研磨作業時，研磨機砂輪破裂所造成之職災應屬下列何種災害類型？ (1) 擦傷 (2) 物體破裂 (3) 爆炸 (4) 物體飛落。

( ) 18. 風險控制執行策略中，下列何者屬於工程控制法？ (1) 修改操作方法 (2) 修改操作條件 (3) 修改製程設計 (4) 修改操作步驟。

( ) 19. 財物損失事故費用不涵蓋下列何者？ (1) 機械費用 (2) 材料費用 (3) 設備費用 (4) 醫療費用。

( ) 20. 下列何者屬不安全的動作？ (1) 機械設備的防護因維修保養拆除 (2) 未遵守動火作業程序規定作業 (3) 開挖未作必要之擋土支撐 (4) 設置之機械不符人體測量要求。

( ) 21. 下列何者不屬職業災害間接原因的不安全情況或環境？ (1) 機械有缺陷 (2) 使用機具方法不當 (3) 工作場所擁擠 (4) 輻射暴露。

( ) 22. 依暫時全失能損失日數之計算，下列何者正確？ (1) 以 6,000 天計 (2) 以 1,800 天計 (3) 依損失機能百分率計 (4) 按受傷所經過之損失日數計，但不包括受傷當日及恢復工作當日。

( ) 23. 下列何者不屬職業災害直接原因中可能能源的來源？ (1) 壓縮氣體 (2) 高電壓 (3) 致病劑 (4) 放射性物質。

( ) 24. 在執行性錯誤中，當人員操作步驟顛倒，是屬以下何種錯誤？ (1) 時間錯誤 (2) 次序錯誤 (3) 選擇錯誤 (4) 定量錯誤。

( ) 25. 針對工廠內危害性較高的單元進行有系統的檢查，其方法包括逐管法 (Line by Line)、逐步法 (Step by Step)、假如結果法 (What If) 及如何才會法 (How Could)，此種危害評估技術，屬於下列何者？ (1) 初步危害分析 (2) 危害與可操作性分析 (3) 故障樹分析 (4) 影響分析。

( ) 26. 事件樹分析較不適用於製程的哪一個階段？ (1) 試驗工廠 (2) 基本設計 (3) 細部設計 (4) 試車。

( ) 27. F(事故發生頻率)= 0.04，Pc(個人傷亡機率) = 0.2，Pp(個人出現事故發生地點機率)= 0.085，試計算個人風險 (individual risk)？ (1) 6.8×10^{-5} (2) 4×10^{-2} (3) 0.085 (4) 0.145。

( ) 28. 因衝剪機械造成夾壓之挫傷，屬於下列何種職業災害類型？ (1) 被夾、被捲 (2) 感電 (3) 墜落 (4) 不當行為。

( ) 29. 職業災害按失能傷害分類方式為下列何種？ (1) 失能與非失能傷害兩種 (2) 死亡、永久全失能、永久部分失能、暫時全失能四種 (3) 過失與無過失兩種 (4) 重傷害與輕傷害兩種。

( ) 30. 失能傷害頻率之計算，至小數點以下幾位不計？ (1) 1 (2) 2 (3) 3 (4) 4。

( ) 31. 作業人員在一次衝床職災中失去食指與中指之第一個關節，這項職災屬於下列何者？ (1) 永久全失能 (2) 永久部分失能 (3) 暫時全失能 (4) 嚴重失能。

( ) 32. 針對工作場所內可能造成之各種重大災害，以演繹法推導出造成失誤之各個因子之方法，屬於下列何者？ (1) 檢核表 (checklist) (2) 如果 - 結果分析 (what-if) (3) 危害與可操作分析 (4) 故障樹分析。

( ) 33. 損失控制制度最大責任在於下列何者身上？ (1) 最高主管 (2) 安衛主管 (3) 作業主管 (4) 工作人員。

( ) 34. 不當的操作速度、未經授權即操作，均屬下列何者？ (1) 不安全的標準 (2) 不安全的設備 (3) 不安全的行為 (4) 不安全的環境。

( ) 35. 下列何者不是工作安全分析需考慮的因素？ (1) 人 (2) 機械 (3) 環境 (4) 成本。

( ) 36. 某一勞工在工作桌上以圓鋸鋸斷木材，手指不慎被鋸傷，則該災害的媒介物為下列何者？ (1) 工作桌 (2) 圓鋸 (3) 木材 (4) 傳動帶。

( ) 37. 暫時全失能係指罹災者未死亡，亦未永久失能，但不能繼續其正常工作，損失工作時間達多久以上者？ (1) 1 小時 (2) 1 日 (3) 1 星期 (4) 1 個月。

( ) 38. 事業單位發生勞工死亡職業災害時，除必要之急救、搶救外，雇主非經何機關或機構許可，不得移動或破壞現場？ (1) 警察人員 (2) 司法機關或勞動檢查機構 (3) 主管人員 (4) 地方主管機關。

( ) 39. 失能傷害頻率及嚴重率之計算，均以多少經歷工時為計算之基礎？ (1) 每千 (2) 每萬 (3) 每百萬 (4) 每億。

( ) 40. 實施工作安全分析時，領班宜擔任何種角色？ (1) 批准者 (2) 審核者 (3) 分析者 (4) 操作者。

( ) 41. 若安全作業標準表包含下列五要素：a. 安全措施；b. 工作方法；c. 事故處理；d. 工作步驟；e. 不安全因素，製作此表時應按下列何種順序說明探討此五要素？ (1) debca (2) dbeac (3) daecb (4) deabc。

( ) 42. 有關職業傷害雙目失明損失日數之計算，下列何者正確？ (1) 以 6,000 日計 (2) 以 1,800 日計 (3) 依機能佔全身比率計 (4) 按受傷經歷之總日數計。

( ) 43. 下列何者非屬我國勞工保險認定之失能傷害？ (1) 職業災害小指斷一截 (2) 氨氣中毒但未住院 (3) 職業災害死亡 (4) 工作中因碎屑飛入眼中經診療後回家休養 3 天。

( ) 44. 設某廠包括雇主 1 人在內共有 31 人，3 月份共工作 25 天，每人每天工作 8 小時，月底不幸發生 1 件死亡事故，則 3 月份該廠之傷害嚴重率為多少？ (1) 0.97×10^6 (2) 1.00×10^6 (3) 1.04×10^6 (4) 1.10×10^6。

(　　) 46. 依職業安全衛生法規定，勞工人數未滿多少人之事業，經中央主管機關指定，並由勞動檢查機構函知者，應按月依規定填載職業災害內容及統計，報請勞動檢查機構備查？ (1) 10　(2) 30　(3) 50　(4) 100。

(　　) 47. 事業單位擴充產能，下列何項較不可能引起潛在職業衛生危害？ (1) 新進人員訓練不足所致之危害　(2) 有害物增加逸散之危害　(3) 製品堆置場所不足所致之危害　(4) 工時縮短所致之危害。

(　　) 48. 災害發生時，有人昏迷，急救員的責任中下列何者錯誤？ (1) 評估整個現場情況　(2) 檢查傷情　(3) 急救處理並送醫　(4) 等待救護車來之前不做任何處理。

(　　) 49. 針對一特殊事故 (accident) 找出不同設備缺失、人員失誤之原因，再據以找出最基本之原因，讓安全工程師能針對此等基本原因找出可行之預防對策，以減少事故發生之可能率。此舉屬下列何者？ (1) HaZop(危害與可操作性分析)　(2) FTA(故障樹分析)　(3) ETA(事件樹分析)　(4) FMEA(失誤模式與影響分析)。

(　　) 50. 4 個工作安全分析項目：A. 將工作分成幾個步驟 B. 決定要分析的工作 C. 發現潛在危險及可能的危害 D. 決定安全的工作方法，何者應優先進行？ (1) A　(2) B　(3) C　(2) D。

(　　) 51. 下列何項紀錄較無法協助事業單位了解現場危害因素？ (1) 勞動檢查機構監督檢查結果通知書　(2) 工作安全分析單　(3) 教育訓練之課後測驗　(4) 安全觀察紀錄表。

(　　) 52. 下列何者不屬職業災害間接原因的不安全情況或環境？ (1) 機械有缺陷　(2) 使用機具方法不當　(3) 工作場所擁擠　(4) 輻射暴露

(　　) 53. 調查局限空間 (confined space) 缺氧引起之職業災害，下列要因何者通常與缺氧原因無「直接關係」？ (1) 氣體置換　(2) 化學性反應　(3) 動植物之生化作用　(4) 空氣溫濕度。

(　　) 54. 勞工每千人中，一年發生之死傷乃為年千人率，如以每年工作時間 2,400 小時計，則年千人率 (IR) 與失能傷害頻率 (FR) 之關係為下列何者？ (1) IR = FR×3.65　(2) IR = FR / 3.65　(3) IR = FR×2.4　(4) IR = FR / 2.4。

(　　) 55. 某工廠三月份發生勞工死亡及永久全失能各一人之災害，則該月份之總損失日數為下列何者？ (1) 6,000 日　(2) 12,000 日　(3) 6,000 日加永久全失能診療日數　(4) 12,000 日加永久全失能診療日數。

(　　) 56. 下列何者不會累積能量？ (1) 彈簧　(2) 高架作業　(3) 壓縮氣體　(4) 真空。

(　　) 57. 分析災害原因時，下列何者係屬直接原因？ (1) 高壓電　(2) 警報系統不良　(3) 未使用個人防護具　(4) 防護具未分發給勞工。

(　　) 58. 將工作方法或程序分解為各細項或步驟，以了解可能具有之危害，並訂出安全作業的需求，係指下列何者？ (1) 自動檢查　(2) 安全觀察　(3) 損失控制　(4) 工作安全分析。

(　　) 59. 事業單位未實施自動檢查，可能成為災害發生的何種原因？ (1) 直接原因　(2) 間接原因　(3) 基本原因　(4) 次要原因。

( ) 60. 下列何者不屬於個體風險的表示法之一？ (1) 最大個體風險 (2) 風險矩陣 (3) 總人口平均個體風險 (4) 個體風險等高線。

( ) 61. 僅具有減少財產損失的控制方法是下列何者？ (1) 醫療看護 (2) 緊急應變程序 (3) 廢物利用 (4) 保護。

( ) 62. 檢查可燃物儲槽的相關管線可能有洩漏情況之結果，檢查 50 條管線，發現有 8 條管線洩漏，則每條管線的洩漏率為多少？ (1) 0.16 (2) 0.19 (3) 0.54 (4) 0.84。

( ) 63. 災害類型分類項目中「與有害物等接觸」不包括下列何種？ (1) 高、低氣壓環境暴露 (2) 受帶電體電擊 (3) 一氧化碳中毒 (4) 缺氧。

( ) 64. 檢核表之使用，下列敘述何者不正確？ (1) 用來做為操作訓練之依據 (2) 不適合用來做為事故調查之依據 (3) 有效率達到各個操作階段評估的目的 (4) 使用快速容易、成本較低。

( ) 65. 作故障樹分析時，樹的發展應依下列何種方式？ (1) 由上而下 (2) 由下而上 (3) 上下交錯 (4) 由左而右。

( ) 66. 針對工作場所或系統內之設備失誤，以表格化方式，找出各種失效模式及可能造成影響之評估法屬於下列何者？ (1) 如果 - 結果分析 (2) 危害及可操作性分析 (3) 失誤模式及影響分析 (4) 故障樹分析。

( ) 67. 除飛來、落下、崩塌、倒塌外，以物體為主碰撞人體之職業災害類型為下列何者？ (1) 衝撞 (2) 被撞 (3) 被夾 (4) 物體飛落。

( ) 68. 截斷食指第二骨節之傷害損失日數為 200 日，某事故使一位勞工之食指的中骨節發生機能損失，經醫生證明有 25 % 的僵直，則其傷害損失日數為多少？ (1) 50 (2) 100 (3) 150 (4) 200。

( ) 69. 對故障樹 (fault tree) 分析符號的敘述，下列何者錯誤？ (1) 鐘罩形代表 "及" 閘 (2) 盔形代表 "或" 閘 (3) 長方形代表一特定的事件 (4) 菱形代表事件的是否判斷。

( ) 70. 工作安全分析與安全觀察的重點不包括下列何者？ (1) 是否有不清楚或被誤解的期望 (2) 是否有獎勵冒險行為及懲罰安全行為 (3) 是否有行為偏差的責任 (4) 是否有以行為為基準的回饋機制。

( ) 71. 事業單位內員工於高架作業時有甚多人員未配掛安全帶，下列何項與可能的原因較不相關？ (1) 缺乏對墜落之危險意識 (2) 許多處所未有掛置安全帶之裝置 (3) 未規定作業中物料之置放場所 (4) 主管未嚴格執行墜落災害防止計畫。

( ) 72. 總合傷害指數之計算公式為何？ (1) 傷害損失天數 $\times 10^6$/ 員工全部工時 (2) 失能傷害次數 $\times 10^6$/ 員工全部工時 (3) (失能傷害頻率 × 失能傷害嚴重率) /1,000 之值的平方根 (4) 失能傷害次數 $\times 10^6$/ (312× 員工全部工時)。

( ) 73. 損失牙齒之事故屬於下列何者？ (1) 輕傷害 (2) 永久全失能 (3) 永久部份失能 (4) 暫時全失能。

( ) 74. 下列何者不是檢核表分析法之限制？ (1) 品質會受到撰寫人經及專業知識之影響 (2) 無法進行事故模擬、頻率分析或嚴重度之排列 (3) 在設備設計的階段較難運用 (4) 分析成本較高。

( ) 75. 下列何者非屬失能傷害？ (1) 損失日數未滿 1 日 (2) 損失日數 1 日 (3) 損失日數 2 日 (4) 損失日數 3 日。

( ) 76. 將 1 組災害資料分成幾類，找出災害原因，統計其發生次數，研究出預防災害的對策，屬下列何種方法？ (1) 統計分析法 (2) 危害分析法 (3) 故障樹分析法 (4) 界面分析法。

( ) 77. 調查分析臥型爐筒式鍋爐水蒸汽爆炸之災害時，下列何者非屬可能之災害要因？ (1) 安全閥 (2) 水位計 (3) 水垢 (4) 空氣供給不足。

( ) 78. 藉由具經驗之專業人員，針對作業場所之危害特性訂定表格式之檢點項目，屬於下列何種方法？ (1) 檢核表 (2) 如果 - 結果分析 (3) 危害與可操作分析 (4) 失誤模式與影響分析。

( ) 79. 失能傷害頻率之計算式，係指下列何者？ (1) 失能傷害損失日數 $\times 10^6$/ 總工時 (2) 失能傷害次數 (人次) $\times 10^6$/ 總人數 (3) 失能傷害次數 (人次) $\times 10^6$/ 總工時 (4) 失能傷害次數 (人次) $\times 10^3$/ 總工時。

( ) 80. 鍋爐管線未有溫度隔離包覆而使勞工灼傷，屬於下列何項因素所引起之職業傷害？ (1) 人為 (2) 設備 (3) 管理 (4) 政策。

( ) 81. 職業災害統計，有關失能傷害頻率計算公式，下列何者正確？ (1) 失能害人次數乘以 10^6 乘以總經歷工時 (2) 失能傷害人次數乘以 10^6 除以總經歷工時 (3) 總損失日數乘以 10^6 乘以總經歷工時 (4) 總損失日數乘以 10^6 除以總經歷工時。

( ) 82. 勞工於高度 2 公尺以上場所工作，未有符合規定之工作台或防護網等措施，因此導致之災害，其原因應歸類為下列何者？ (1) 不安全狀態 (2) 不安全動作 (3) 不注意 (4) 無法歸類。

( ) 83. 因舉重而扭腰係由於身體動作不自然姿勢，動作之反彈，引起扭筋、扭腰及形成類似狀態造成職業災害，其災害類型為下列何者？ (1) 不當狀態 (2) 不當動作 (3) 不當方針 (4) 不當設備。

( ) 84. 下列何者可作為瞭解事業單位之職業災害關係全貌及安全衛生工作好壞之量度基準、保險公司釐定保險費率或政府擬定勞動檢查方針之依據？ (1) 失能傷害頻率 (2) 工廠生產率 (3) 員工出席率 (4) 員工高學歷比率。

( ) 85. 下列何者為實施工作場所風險評估之第一步？ (1) 決定控制方法 (2) 危害辨識 (3) 採取控制措施 (4) 計算風險等級。

( ) 86. 進行職業災害調查，下列何者為職業災害發生的基本原因？ (1) 不安全的動作 (2) 不安全的設備 (3) 欠缺良好的職業安全衛生管理制度 (4) 不安全的環境。

( ) 87. 一般安全鞋在鞋尖內墊鋼頭，其主要目的為何？ (1) 防止踏穿 (2) 防止滑倒 (3) 防止有害物危害皮膚 (4) 防止物體掉落傷害腳趾。

( ) 88. 下列工作安全分析中何者為最後一個程序？ (1) 尋求避免危害及可能發生事故的方法 (2) 決定要分析的工作 (3) 找出危害及可能發生的事故 (4) 將工作分解成若干步驟。

( ) 89. 勞工發生職業傷害在一次事故中，有一手指截斷，失去原有機能，依規定為下列何種職業傷害類型？ (1) 永久全失能 (2) 永久部分失能 (3) 暫時全失能 (4) 輕傷害事故。

( ) 90. 下列何者屬不安全行為？ (1) 未依作業標準規定，修理運轉中之機械 (2) 不當的開挖，未設必要之擋土支撐 (3) 設置防護不充分的防護設備 (4) 使用吊掛設備無防止吊掛物脫落裝置。

( ) 91. 將災害發生要素有系統地以一定之順序、型態分析各要素間之關係的方法，為下列何者？ (1) 檢核表 (2) 故障樹分析法 (3) 危害評估分析法 (4) 初步危害分析法。

( ) 92. 勞工因工作傷害雙目失明，依國家標準 (CNS) 其損失日數為多少日？ (1) 3,000 (2) 4,000 (3) 5,000 (4) 6,000。

( ) 93. 下列何種工作非為工作安全分析優先考慮的對象？ (1) 傷害頻率高者 (2) 新工作 (3) 臨時性工作 (4) 低風險性工作。

( ) 94. 下列何者屬不安全的行為？ (1) 不適當之支撐或防護 (2) 未使用防護具 (3) 不適當之警告裝置 (4) 有缺陷的設備。

( ) 95. 勞工與車輛機械一起翻落受傷之事故，屬下列何種災害類型？ (1) 墜落 (2) 物體飛落 (3) 跌倒 (4) 衝撞。

( ) 96. 下列何者非實施風險評估之步驟？ (1) 辨識危害及後果 (2) 評估危害之風險 (3) 績效審查 (4) 決定控制設施。

( ) 97. 下列何者非屬工作安全分析中「潛在的危險」？ (1) 不安全行為 (2) 不安全設備 (3) 不安全環境 (4) 天災。

( ) 98. 下列何者非屬工作安全分析的目的？ (1) 發現並杜絕工作危害 (2) 確立工作安全所需工具與設備 (3) 懲罰犯錯的員工 (4) 作為員工在職訓練的參考。

( ) 99. 失能傷害不包括下列何者？ (1) 死亡 (2) 永久部分失能 (3) 暫時全失能 (4) 輕傷害。

( )100. 人體墜落是屬於何種危害因子？ (1) 物理性 (2) 化學性 (3) 生物性 (4) 人因性。

( )101. 所謂失能傷害係指損失日數在多少日以上？ (1) 1 (2) 2 (3) 3 (4) 4。

( )102. 實施工作場所風險評估之方法，通常使用的方法不包括下列何者？ (1) 腦力激盪 (brain storming) (2) 甘特圖 (Gantt chart) (3) 故障樹分析 (fault tree analysis) (4) 初步危害分析 (preliminary hazard analysis)。

( )103. 職業災害調查處理，對於設備故障未修理及維修不良之不安全狀態，屬下列何者？ (1) 設備本身的缺陷 (2) 設備之防護措施的缺陷 (3) 設備之放置、作業場所的缺陷 (4) 防護具、服裝等的缺陷。

( )104. 研磨機之研磨輪破裂損害屬何種類型災害？ (1) 物體破裂 (2) 被撞 (3) 與有害物接觸 (4) 物體飛落。

（　）105. 工作安全分析的分析者通常爲下列何者？　(1) 事業經營負責人　(2) 廠長　(3) 急救人員　(4) 領班。

（　）106. 風險評估的基本方法以簡單的公式描述爲下列何者？　(1) 風險 × 暴露 ＝ 危害　(2) 風險 × 危害 ＝ 評估　(3) 危害 × 暴露 ＝ 風險　(4) 危害 × 風險 ＝ 暴露。

（　）107. 職業災害發生，係因不安全狀況與不安全行爲，屬下列何種原因？　(1) 基本原因　(2) 直接原因　(3) 間接原因　(4) 天災。

（　）108. 下列何者不屬於永久部分失能？　(1) 損失牙齒　(2) 一隻眼睛失能　(3) 一隻手臂失能　(4) 一隻小腿截斷。

（　）109. 職業災害預防工作中對於危害控制，首先應考慮的爲下列何者？　(1) 危害場所控制　(2) 危害源控制　(3) 勞工之控制　(4) 危害路徑控制。

（　）110. 調查分析起重機鋼索斷裂引起之職業災害時，下列何者通常非屬災害要因？　(1) 鋼索狀況　(2) 過捲揚預防裝置　(3) 吊鉤防脫裝置　(4) 操作員之訓練狀況。

（　）111. 下列何者非屬失能傷害？　(1) 損失日數未滿一日　(2) 損失日數一日　(3) 損失日數二日　(4) 損失日數三日。

（　）112. 實施職業災害調查分析時，應以下列何者爲著眼點？　(1) 如何防止災害　(2) 何人應負災害責任　(3) 如何應付勞動檢查機構　(4) 表示重視職業安全。

（　）113. 以下何者係屬永久部分失能？　(1) 體形破相　(2) 牙齒斷裂　(3) 斷右手拇指　(4) 斷一隻手臂。

（　）114. 檢討職業災害發生的原因時，下列何項較不屬於應檢討之重點？　(1) 發生之場所　(2) 作業狀態　(3) 當日氣候　(4) 教育訓練內容。

（　）115. 下列何者不屬於永久部分失能？　(1) 損失牙齒　(2) 一隻眼睛失能　(3) 一隻手臂失能　(4) 一隻小腿截斷。

（　）116. 事業單位洩漏何種氣體，導致一位勞工罹災須住院治療者稱爲重大職業災害？　(1) 氨氣　(2) 氫氣　(3) 硫酸蒸氣　(4) 氧化亞氮氣體。

（　）117. 下列何種作業較不需要列入工作安全分析？　(1) 臨時性的工作　(2) 低危害重複性的生產工作　(3) 傷害頻率高的工作　(4) 潛在高危害性的工作。

（　）118. 下列何者不屬於人爲可靠度分析 (HRA) 的量化分析方法？　(1) 維修人員執行模擬 (MAPPS)　(2) 成功或然率指數法 (SLIM)　(3) 檢核表法 (check list)　(4) 人爲錯誤率預測技術 (THERP)。

（　）119. 下列何者是最適合之風險評估的實施步驟 (A. 風險判定 B. 危害評估 C. 危害辨識 D. 擬定風險控制計畫)？　(1) A → B → C → D　(2) B → C → D → A　(3) C → B → A → D　(4) D → A → B → C。

（　）120. 職業災害調查處理，對於危險物品混合存放之不安全動作，屬下列何者？　(1) 使安全裝置失效　(2) 安全措施不履行　(3) 定點存放　(4) 製造危險之狀態。

( )121. 工作者的安全行為可能不受某些因素影響，其結果是知道危險，並不代表會去避開危險。請問下列何者最不可能成為此影響因素？ (1) 生產技術 (2) 組織技巧 (3) 組織管理 (4) 安全政策。

( )122. 下列何項通常非為工作安全分析表內應有之項目？ (1) 工作步驟 (2) 成本分析 (3) 潛在危險 (4) 安全工作方法。

( )123. 下列哪一項不可列為永久部分失能？ (1) 不可醫好的小腸氙氣 (2) 截斷無名指第二骨節 (3) 打斷門牙 (4) 截斷足趾末梢骨節。

( )124. 下列敘述何者錯誤？ (1) 失能傷害頻率＝(失能傷害人次數 × 百萬工時) / 總經歷工時 (2) 失能傷害千人率＝(失能傷害損失日數 × 百萬工時) / 總經歷工時 (3) 失能傷害每人次平均損失日數＝失能傷害損失總日數 / 失能傷害人次數 (4) 失能傷害每人次平均損失日數＝失能傷害嚴重率 / 失能傷害頻率。

( )125. 鍋爐爆炸而導致 30 公尺外之該廠勞工死亡時，災害類型屬下列何者？ (1) 物體飛落 (2) 爆炸 (3) 物體破裂 (4) 衝撞。

( )126. 下列何者較不必為接受安全觀察的對象？ (1) 無工作經驗之人 (2) 常發生事故的員工 (3) 安全衛生管理人員 (4) 長期離開工作崗位後，再恢復工作之員工。

( )127. 職業災害原因分析結果，罹災勞工未使用適當的工具，應歸為下列何者？ (1) 直接原因 (2) 間接原因 (3) 基本原因 (4) 次要原因。

( )128. 下列何者屬不安全狀態？ (1) 使安全裝置失效 (2) 通風、採光不良 (3) 未使用個人防護 (4) 酗酒。

( )129. 欲實施計畫性安全觀察，首先要決定最少需要觀察次數，下列何者是正確的計算最少觀察次數的公式？ (1) N = [2(1 － P)] / (Y2P) (2) N = [4(1 － P)] / (YP) (3) N = [4(l ＋ P)] / (YP2) (4) N = [4(1 － P)] / (Y2P)。(P：不安全動作發生率，Y：預期精確程度，N：隨機觀察最少需要次數)

( )130. 下列何者是主動監測之項目？ (1) 意外傷害報告 (2) 請假紀錄 (3) 現場訪查 (4) 勞保給付資料。

( )131. 下列何者屬於永久部分失能？ (1) 一眼、一手失能 (2) 一手、一腿失能 (3) 左手、右腳失能 (4) 左、右手斷指。

( )132. 如同一件職業災害有 1 人死亡、2 人重傷，計算失能傷害頻率時之失能傷害次數為多少人次？ (1) 1 (2) 2 (3) 3 (4) 4。

( )133. 失能傷害損失日數係指受傷人暫時不能恢復工作的日數，其日數之計算不包括下列何者？ (1) 受傷當日及復工當日 (2) 傷假期間之星期日 (3) 傷假期間之國定假日 (4) 復工後再度因該災害導致之結果所請傷假日。

( )134. 下列何項較不宜為事業單位職業災害調查分析之主要項目？ (1) 職業災害追悼會 (2) 歷年職業災害率 (3) 各部門職業災害率 (4) 職業災害類型。

( )135. 工廠員工以拉動手推車方式搬運貨品，當行經一路段時，有一小溝渠之蓋板覆蓋不完全，致使車輪陷入溝中而導致推車傾斜，人員頭部被掉落之貨品撞傷。請問該職業災害之媒介物為下列何者？ (1) 蓋板 (2) 車輪 (3) 貨品 (4) 手推車。

( )136. 勞工不當的負荷重物屬下列何者？ (1) 不安全的標準 (2) 不安全的設備 (3) 不安全的行為 (4) 不安全的環境。

( )137. 消除不安全的狀況及行為所採 4E 政策係指除工程、教育、執行外，還包括下列何者？ (1) 教養 (2) 永恆 (3) 熱心 (4) 宣傳。

( )138. 職業災害發生，係因不安全狀況與不安全行為，屬下列何種原因？ (1) 基本原因 (2) 直接原因 (3) 間接原因 (4) 天災。

( )139. 下列何者不屬危害辨識應辦理事項？ (1) 辦理勞工保險 (2) 辨識作業場所存在之危害因子 (3) 瞭解各危害因子具有之危害 (4) 確認是否有勞工暴露於危害因子。

( )140. 人體在梯子上因感電而墜落時，災害類型為下列何者？ (1) 墜落 (2) 跌倒 (3) 感電 (4) 不當動作。

( )141. 因噪音、換氣、高溫或寒冷條件、有害物暴露等造成勞動疲勞，屬於下列何種因素？ (1) 工作環境 (2) 工作時間 (3) 工作條件 (4) 適應能力。

( )142. 損失控制實務中，鑑定事故的基本原因是要找出下列何者？ (1) 危險的情況 (2) 不安全的方法 (3) 管理上的錯誤、疏漏 (4) 不安全的動作。

( )143. 風險矩陣圖由下列何者所構成？ (1) 道氏指數與蒙氏指數 (2) 火災爆炸指數與化學暴露指數 (3) 事件發生機率與人員傷亡或設備損失之嚴重性 (4) 故障樹與事件樹。

( )144. 虛驚事故報告較屬於下列何項職業安全衛生管理活動之內容？ (1) 緊急應變 (2) 事故調查 (3) 安全衛生政策 (4) 安全衛生管理責任。

( )145. 建立故障樹分析時，最終方程式 (TOPEquation) 為 AB ＋ ABC ＋ A，則依布林代數可化簡為下列何者？ (1) AB (2) ABC (3) AB ＋ ABC ＋ A (4) A。

( )146. 鋼構組配作業遇有勞工自鋼骨橫樑處墜落死亡，下列有關災害之處理，何者正確？ (1) 管制災害現場，並於 24 小時內向勞動檢查機構報告 (2) 該災害係因勞工個人不掛安全帶引起，即可免向勞動檢查機構報告 (3) 未經當地警察機關之指示，不得擅自向勞動檢查機構報告 (4) 經地方法院檢察署檢察官到場相驗後，即可免向勞動檢查機構報告。

( )147. 安企觀察所需最少次數與預期精確程度有何關係？ (1) 與其平方成正比 (2) 與其平方成反比 (3) 不相關 (4) 與其平方根成反比。

( )148. 故障樹分析的程序包括四個步驟，(a) 定性分析 (b) 尋找基本事件失誤率 (c) 定量分析 (d) 相對重要性分析，則其正確順序為下列何者？ (1) a → b → c → d (2) b → c → a → d (3) d → a → b → c (4) c → a → b → d。

( )149. 某勞工以手鏟鏟煤進鍋爐之燃燒室為火所灼傷，則該災害之媒介物為下列何者？ (1) 火 (2) 手鏟 (3) 手 (4) 鍋爐。

( )150. 下列何項危害因子係職業傷害發生之最主要原因？ (1) 物料因素 (2) 設備因素 (3) 環境因素 (4) 人的因素。

( )151. 事業單位工作場所發生職業災害時，由何人實施調查、分析及作成紀錄？ (1) 檢查機構 (2) 司法機關 (3) 雇主會同勞工代表 (4) 主管機關。

( )152. 下列何者不是職業災害調查的主要目的？ (1) 查明原因設法改善 (2) 追究責任，失職人員馬上予以處分 (3) 分析事故原因，以避免再發生 (4) 檢討災害之要因，找出因應對策。

( )153. 下列何者為不安全狀態？ (1) 使用指定外之機械 (2) 使安全裝置失效 (3) 機械本身有缺陷 (4) 錯誤的操作。

( )154. 下列何者不屬於職業安全衛生法所指之職業災害？ (1) 勞工於噴漆時發生有機溶劑中毒 (2) 化學工廠爆炸致附近居民死傷多人 (3) 勞工因工作罹患疾病 (4) 勞工因修理機器感電死亡。

( )155. 事業單位工作場所發生死亡災害時，下列敘述何者不正確？ (1) 8 小時內通報勞動檢查機構 (2) 施以必要之急救或搶救 (3) 於每個月填載職業災害統計報告時才報告檢查機構 (4) 雇主非經司法機關或檢查機構許可，不得移動或破壞現場。

二、問答題

1. 請回答下列職業災害之失能傷害相關問題：
   (1) 簡要說明職業災害引致非失能傷害與失能傷害之定義。
   (2) 請列出 4 種失能傷害種類。
   (3) 某公司全年之總經歷工時為 2,800,000 小時，該年度總共發生 4 件職業災害，分別為甲勞工自高處墜落身亡；乙勞工手部骨折，損失日數 20 日；丙勞工於 3 月 4 日下午 3 點受傷回家休養，於隔日 (3 月 5 日) 準時入廠上班；丁勞工則於 5 月 5 日上班時受傷住院治療，於 5 月 15 日恢復工作，請計算某公司此一年度之失能傷害頻率 (FR)、失能傷害嚴重率 (SR) 及失能傷害平均損失日數。

2. 某事業單位全年災害紀錄如下：

月份	1	2	3	4	5	6	7	8	9	10	11	12
總經歷工時	59,960	55,200	61,000	59,984	60,032	58,863	54,906	60,532	62,001	61,008	61,714	64,800
災害件數	0	1	0	0	0	0	0	0	1	0	0	2
罹災人數	0	1 死 2 傷	0	0	0	0	0	0	1 傷	0	0	5 傷
損失天數	0	6,325	0	0	0	0	0	0	15	0	0	260

依上述，總經歷工時為 720,000 小時。

試計算該年失能傷害頻率及嚴重率。(請列出計算式)

3. 依勞工健康保護規則規定，醫護人員於：

    (1) 臨廠服務 (請列舉 3 項) 及

    (2) 配合職業安全衛生及相關部門人員訪視現場時 (請列舉 2 項)，應辦理之事項。

4. 請依職業安全衛生法回答下列問題：

    (1) 事業單位勞動場所發生何種職業災害需要通報？(其他經中央主管機關指定公告之災害除外)。

    (2) 勞動檢查機構接獲前項報告後，應就工作場所發生之哪些災害派員檢查？

5. 事業單位為避免勞工因操作失誤而發生職業災害，應針對高風險作業製作安全作業標準，其製作程序可分成哪 5 項？

6. 請依職業安全衛生法令及勞動檢查法令說明下列名詞：

    (1) 勞動場所。

    (2) 職業災害嚴重度。

    (3) 職業災害傷害頻率。

7. 職業災害原因可分為 A：直接原因、B：間接原因、C：基本原因。請問下列原因分屬上述何者？請依序回答。(本題各小項均為單選，答題方式如 (1)A、 (2)A…)

    (1) 自動檢查未確實。

    (2) 鋼構上墜落致死。

    (3) 未於高架鋼樑作業處設置防墜設備。

    (4) 未採取協議連繫調整巡視等承攬管理。

    (5) 未實施勞工安全衛生教育訓練。

8. 事業單位如發生職業災害，請按雇主應依職業安全衛生法相關規定辦理之事項，回答下列問題：

    (1) 勞動場所發生哪些職業災害，雇主應於 8 小時內通報勞動檢查機構？

    (2) 工作場所如發生職業災害，雇主應會同勞工代表實施調查，此代表如何產出？

9. 某化學品製造業共有勞工 8,000 人，採日夜 3 班制作業，每年工作 300 天，每人每天工作 8 小時，當年發生勞工 1 人死亡，3 人殘廢，8 人受傷。請回答下列問題：

    (1) 失能傷害頻率為多少？

    (2) 死亡千人率為多少？

10. 某事業單位在一年內發生職業災害情形如下：

損失日數未滿 1 日之事件：25 件，共 30 人次。

暫時全失能事件：30 件，33 人次，損失日數共 1,000 天。

永久部份失能事件：5 件，5 人次，損失日數共 7,000 天。

永久全失能事件：1 件，1 人次，永久性傷殘。

死亡事件：1 人。

若該事業單位全部員工共 5,000 人，假設每人每年工作 250 天，每天 8 小時，試計算該事業單位全年失能傷害頻率 (F. R.)、失能傷害嚴重率 (S. R.)、失能傷害平均損失日數。

11. 某營造公司僱用勞工 100 人,一月份總經歷工時為 20,000 小時,其 1 月份全月災變之紀錄僅記載於 1 月 6 日上午 8 時發生事故,致甲勞工左手臂截肢 (損失日數 3,000 日);乙勞工受傷於事發當日住院,並於 1 月 13 日恢復工作;丙勞工受傷回家休養,翌日 8 時恢復上班工作,試計算該公司該月失能傷害頻率及失能傷害嚴重率? (計算時應列出公式)

12. 某工程公司在 1 年內發生職業災害情形如下:

損失日數未滿 1 日之事件:40 件,45 人次。

暫時全失能事件:30 件,35 人次,損失日數共 300 天。

永久部份失能事件:共 10 人受傷,損失日數共 10,000 天。

永久全失能事件:2 人,永久性傷殘。

死亡事件:1 人。

以上永久失能及死亡事件,在 2 次嚴重的意外事故中發生。若該公司全部員工共 250 人,週休 2 日,假設全勤且無延長工時情形 (1 年以 52 週計)。試計算:

(1) 該公司全年失能傷害頻率 (F.R.)。

(2) 失能傷害嚴重率 (S.R.)。

(3) 失能傷害平均損失日數。

(4) 年死亡千人率。

(5) 綜合傷害指數。

13. 由職業傷害嚴重率及傷害頻率所呈現之指標,可瞭解事業單位過去年度之安全衛生工作績效,請說明「失能傷害頻率」(FrequencyRate,FR) 及「失能傷害嚴重率」(SeverityRate,SR) 之定義為何。

14. 試依職業安全衛生法令解釋下列名詞:

(1) 車輛機械。

(2) 總和傷害指數。

(3) 特別危害健康之作業。

(4) 職業災害定義中所稱「職業上原因」。

15. 假如你是某事業單位之職業安全衛生管理人員,工廠發生勞工死亡職業災害,廠長指派你調查災害原因,並就災害原因加以分析提出報告。請以一流程圖表示災害之調查、原因分析及改善之步驟。

16. 由下表已知條件,試求其失能傷害頻率及失能傷害嚴重率。

月份＼項目	1 月	2 月	3 月	4 月	5 月	6 月	7 月	8 月	9 月	10 月	11 月	12 月
經歷工時	67,559	60,328	72,394	68,352	75,865	70,232	86,135	47,135	47,269	65,143	87,341	49,335
傷亡人數	0	0	1 死 1 傷	1 傷	0	1 傷	0	0	2 傷	0	1 傷	1 傷
災害次數	0	0	2	1	0	1	0	0	2	0	1	1
損失工日數	0	0	8,236	15	0	425	0	0	532	0	235	122

17. 有甲乙兩工廠，其工廠及意外事件的資料如下：

甲工廠共有 1,000 人，每週平均工作 42 小時

乙工廠共有 800 人，每週平均工作 40 小時 (一個月以 4 週計算)

甲工廠一年發生意外事件：

(1) 部分全失能事件：3 件，其中一人拇指全部切除，一人右眼失明，一人腳踝裁斷。

(2) 永久全失能事件：1 件，1 人。

(3) 死亡事件：1 件，1 人。

乙工廠十個月發生意外事件：

(1) 部分全失能事件：2 件，其中一人拇指全部切除，一人右腳全部切除。

(2) 死亡事件：2 件，2 人。

求甲乙兩工廠之傷害頻率 (FR) 及嚴重率 (SR)，並比較何工廠較安全？

18. 已知某工廠一年內損失日數為 6,630 日，災害件數 3 件，死亡 1 人，殘廢 2 人，暫時全失能 2 人，總經歷工時 480,000 小時，試求其失能傷害頻率 (FR) 及失能傷害嚴重率 (SR) 為何？

19. 已知某工廠一年內發生災害資料如後：災害件數 6 件，輕傷 1 人，死亡 1 人，暫時全失能 4 人，總損失工日 6,032 日，總經歷工時 240,500 小時，試求其失能傷害頻率 (FR) 及失能傷害嚴重率 (SR) 為何？

20. 某營造公司僱用勞工二百五十人，二月份總經歷工時為五萬個小時，其二月份職業災害統計月報表僅記載二月六日下午四時發生施工架倒塌，致甲勞工當場死亡，乙勞工受傷住院，二月二十二日恢復工作，丙勞工受傷回家休養，翌日八時恢復上班工作，試計算該公司該月之失能傷害頻率及失能傷害嚴重率。(計算時應列出公式)

Chapter 11

一般工作場所之
安全衛生設施及標示

11.1　前言

在「工廠佈置」或「設施規劃」的領域中，莫不以達到最有效率之生產為先決條件，來安排工廠之機械設備、物料、人力等之工作地方及關係位置；然而這種以生產效率為目標的安排方式，卻不見得是符合安全衛生的要求，因此這種一味追求生產效率而忽略安全的工作環境，一旦發生職業災害或災變，其所付出之損失代價或社會成本，往往比追求生產效率所得的利潤還高出好幾百倍。為此，本章根據行政院勞動部所訂定之「職業安全衛生設施規則」，整理出一般工廠在佈置或設施規劃中所應注意之事項及相關之法令規定。

「職業安全衛生設施規則」(以下簡稱本規則，最新修正日期為民國 103 年 7 月 1 日) 依「職業安全衛生法」第六條第三項規定訂定。本規則第二條明定：「本規則為雇主使勞工從事工作之安全衛生設備及措施之最低標準。」因此，一般工廠之安全衛生設備、措施之設置標準，不得低於本規則所定之標準。

11.2　廠房結構

廠房是用來保護機械設備、物料、及供給作業人員執行工作的場所。廠房的設計，除了要考慮生產的需要，如設備的安裝、生產程序的安排、物料的搬運，以及作業人員工作的方便之外，更重要是要考慮安全設計是否符合法令的標準，以保護人員及財產之安全。本規則對廠房結構有以下規定：

1. 建築構造物及其附置物，應保持安全穩固，以防止崩塌等危害。
2. 建築構造物之基礎及地面，應有足夠之強度，使用時不得超過其設計之荷重，以防止崩塌。
3. 建築物之工作室，其樓地板至天花板淨高應在 2.1m 以上。但建築法規另有規定者，從其規定。
4. 高煙囪及高度在 3m 以上並作為危險物品倉庫使用之建築物，均應裝設適當避雷裝置。
5. 建築物中熔融高熱物之處理設備，為避免引起水蒸汽爆炸，該建築物應有地板面不積水及可以防止雨水由屋頂、牆壁、窗戶等滲入之構造。
6. 建築物內設有化學設備，如反應器、蒸餾塔、吸收塔、析出器、混合器、沉澱分離器、熱交換器、計量槽、儲槽等容器本體及其閥、旋塞、配管等附屬設備時，該建築物之牆壁、柱、樓板、樑、樓梯等接近於化學設備周圍部分，為防止因危險物及輻射熱產生火災之虞，應使用不燃性材料構築。

7. 處理危險物之乾燥室，應為平房。但設置乾燥室建築物之樓層正上方無樓層或為耐火建築者，不在此限。

8. 乾燥設備之外面，應以不燃性材料構築。

9. 乙炔熔接裝置之乙炔發生器，應有專用之發生器室，並以置於屋外為原則，該室之開口部分應與其他建築物保持 1.5m 以上之距離；如置於屋內，該室之上方不得有樓層構造，並應遠離明火或有火花發生之虞之場所。

10. 乙炔發生器室之構造，應依下列規定：
    (1) 牆壁應以不燃性材料建造，且有相當之強度。
    (2) 屋頂應以薄鐵板或不燃性之輕質材料建造。
    (3) 應設置突出於屋頂上之排氣管，其截面積應為地板面積之 1/16 以上，且使排氣良好，並與出入口或其他類似開口保持 1.5m 以上之距離。
    (4) 門應以鐵板或不燃性之堅固材料建造。
    (5) 牆壁與乙炔發生器應有適當距離，以免妨礙發生器裝置之操作及添料作業。

11. 氣體裝置室之設置，應依下列規定：
    (1) 氣體漏洩時，應不致使其滯留於室內。
    (2) 室頂及天花板之材料，應使用輕質之不燃性材料建造。
    (3) 牆壁之材料，應使用不燃性材料建造，且有相當強度。

12. 雇主對於建築物內設有化學設備，如反應器、蒸餾塔、吸收塔、析出器、混合器、沉澱分離器、熱交換器、計量槽、儲槽等容器本體及其閥、旋塞、配管等附屬設備時，該建築物之牆壁、柱、樓板、樑、樓梯等接近於化學設備周圍部分，為防止因危險物及輻射熱產生火災之虞，應使用不燃性材料構築。

13. 雇主對於處理危險物之乾燥室，應為平房。但設置乾燥室建築物之樓層正上方無樓層或為耐火建築者，不在此限。

14. 乾燥設備之外面，應以不燃性材料構築。

15. 雇主對於乙炔熔接裝置之乙炔發生器，應有專用之發生器室，並以置於屋外為原則，該室之開口部分應與其他建築物保持 1.5 公尺以上之距離；如置於屋內，該室之上方不得有樓層構造，並應遠離明火或有火花發生之虞之場所。

16. 雇主對於乙炔發生器室之構造，應依下列規定：
    (1) 牆壁應以不燃性材料建造，且有相當之強度。
    (2) 屋頂應以薄鐵板或不燃性之輕質材料建造。
    (3) 應設置突出於屋頂上之排氣管，其截面積應為地板面積之 1/16 以上，且使排氣良好，並與出入口或其他類似開口保持 1.5 公尺以上之距離。
    (4) 門應以鐵板或不燃性之堅固材料建造。
    (5) 牆壁與乙炔發生器應有適當距離，以免妨礙發生器裝置之操作及添料作業。

17. 雇主對於氣體裝置室之設置，應依下列規定：

   (1) 氣體漏洩時，應不致使其滯留於室內。

   (2) 室頂及天花板之材料，應使用輕質之不燃性材料建造。

   (3) 牆壁之材料，應使用不燃性材料建造，且有相當強度。

11.3　通道

　　工廠內的通道，可能是物料搬運的途徑，也可能是人員工作活動的地方，因此通道的佈置，除了使物料搬運的距離最短之外，也要注意安全設計，以免人員通過時會發生跌倒、滑倒，或是在物料搬運時發生碰撞、跌落之危險。本規則對通道安全有下列之規定：

1. 勞工工作場所之通道、地板、階梯、應保持不致使勞工跌倒、滑倒、踩傷等之安全狀態，或採取必要之預防措施。

2. 有車輛出入、使用道路作業、鄰接道路作業或有導致交通事故之虞之工作場所，應依下列規定設置適當交通號誌、標示或柵欄：

   (1) 交通號誌、標示應能使受警告者清晰獲知。

   (2) 交通號誌、標示或柵欄之控制處，須指定專人負責管理。

   (3) 新設道路或施工道路，應於通車前設置號誌、標示、柵欄、反光器、照明或燈具等設施。

   (4) 道路因受條件限制，永久裝置改為臨時裝置時，應於限制條件終止後即時恢復。

   (5) 使用於夜間之柵欄，應設有照明或反光片等設施。

   (6) 信號燈應樹立在道路之右側，清晰明顯處。

   (7) 號誌、標示或柵欄之支架應有適當強度。

   (8) 設置號誌、標示或柵欄等設施，尚不足以警告防止交通事故時，應置交通引導人員。

前項交通號誌、標示或柵欄等設施，道路交通主管機關有規定者，從其規定。

3. 使用道路作業之工作場所，為防止車輛突入等引起之危害，應依下列規定辦理：

   (1) 從事挖掘公路施工作業，應依所在地直轄市、縣 (市) 政府審查同意之交通維持計畫，設置交通管制設施。

   (2) 作業人員應戴有反光帶之安全帽，及穿著顏色鮮明有反光帶之施工背心，以利辨識。

(3) 與作業無關之車輛禁止停入作業場所。但作業中必須使用之待用車輛，其駕駛常駐作業場所者，不在此限。

(4) 使用道路作業之工作場所，應於車流方向後面設置車輛出入口。但依周遭狀況設置有困難者，得於平行車流處設置車輛出入口，並置交通引導人員，使一般車輛優先通行，不得造成大眾通行之障礙。

(5) 於勞工從事道路挖掘、施工、工程材料吊運作業、道路或路樹養護等作業時，應於適當處所設置交通引導人員。

(6) 設置之交通引導人員如有被撞之虞時，應於該人員前方適當距離，另設置具有顏色鮮明施工背心、安全帽及指揮棒之電動旗手。

4. 室內工作場所之安全門及樓上工作場所之安全梯之設置，應依建築法規及消防法規規定辦理。

5. 安全門之設計應符合下列原則：

(1) 應用耐火材料構造。

(2) 應向外開。

(3) 應直達室外空地或太平梯。

(4) 應裝設由室內略加壓力推動即能自動向外開啟之自動安全門鎖，不得裝有門閂，工作時間不可上鎖。

(5) 每一層樓，至少有兩個出口。但工作人數超過 200 人以上，每超過 150 人應增設一處，並應均勻分布。

(6) 門的寬度不得小於 1.2m，高度不得低於 2m。

(7) 門與工作地點的距離，最遠不得超過 35m。

(8) 門的通道不得作為堆置物品處。

6. 室內工作場所，應依下列規定設置足夠勞工使用之通道：

(1) 應有適應其用途之寬度，其主要人行道不得小於 1m。

(2) 各機械間或其他設備間通道不得小於 80cm。

(3) 自路面起算 2m 高度之範圍內，不得有障礙物。但因工作之必要，經採防護措施者，不在此限。

(4) 主要人行道及有關安全門、安全梯應有明顯標示。

7. 工作場所之人行道、車行道與鐵道，應盡量避免交叉。但設置天橋或地下道，或派專人看守，或設自動信號器者，不在此限。

8. 車輛通行道寬度，應為最大車輛寬度之 2 倍加 1m，如係單行道則為最大車輛之寬度加 1m。車輛通行道上，並禁止放置物品。

9. 不經常使用之緊急避難用出口、通道或避難器具，應標示其目的，且維持隨時能應用之狀態。

10. 勞工於橫隔兩地之通行時，應設置扶手、踏板、梯等適當之通行設備。但已置有安全側踏者，不在此限。

11. 架設之通道 (包括機械防護跨橋)，應依下列規定：

(1) 具有堅固之構造。

(2) 傾斜應保持在 30 度以下。但設置樓梯者或其高度未滿 2m 而設置有扶手者，不在此限。

(3) 傾斜超過 15 度以上者，應設置踏條或採取防止溜滑之措施。

(4) 有墜落之虞之場所，應置備高度 75cm 以上之堅固扶手。在作業上認有必要時，得在必要之範圍內設置活動扶手。

(5) 設置於豎坑內之通道，長度超過 15m 者，每隔 10m 內應設置平台一處。

(6) 營建使用之高度超過 8m 以上之階梯，應於每隔 7m 內設置平台一處。

(7) 通道路如用漏空格條製成，其縫間隙不得超過 12mm，超過時，應裝置鐵絲網防護。

12. 工作用階梯之設置，應依下列之規定：

(1) 如在原動機與鍋爐房中，或在機械四周通往工作台之工作用階梯，其寬度不得小於 56cm。

(2) 斜度不得大於 60 度。

(3) 梯級面深度不得小於 15cm。

(4) 應有適當之扶手。

13. 固定梯子之設置應依下列規定：

(1) 具有堅固之構造。

(2) 應等間隔設置踏條。

(3) 踏條與牆壁間應保持 16.5cm 以上之淨距。

(4) 應有防止梯子移位之措施。

(5) 不得有妨礙工作人員通行之障礙物。

(6) 平台如用漏空格條製成，其縫間隙不得超過 12mm；超過時，應裝置鐵絲網防護。

(7) 梯子之頂端應突出板面 60cm 以上。

(8) 梯長連續超過 9m 時，應每隔 6m 以下設 1 平台，並應於距梯底 2m 以上部分，設置護籠或其他保護裝置。但符合下列規定之 1 者，不在此限：

① 未設置護籠或其他保護裝置，已於每隔 6m 以下設 1 平台者。

② 塔、槽、煙囪及其他高位建築之固定梯已設置符合需要之安全帶、安全索、摩擦制動裝置、滑動附屬裝置及其他安全裝置，以防止勞工墜落者。

14. 若設置傾斜路代替樓梯時，應依下列規定：

    (1) 傾斜路之斜度不得大於 20 度。

    (2) 傾斜路之表面應以粗糙不滑之材料製造。

15. 設置在坑內之通道或階梯，爲防止捲揚裝置與勞工有接觸危險之虞，應於各該場所設置隔板或隔牆等防護措施。

16. 升降機之升降路各樓出入口，應裝置構造堅固平滑之門，並應有安全裝置，使升降搬器及升降路出入口之任一門開啓時，升降機不能開動，及升降機在開動中任一門開啓時，能停止上下。

17. 升降機之升降路各樓出入口，應有連鎖裝置，使搬器地板與樓板相差 7.5cm 以上時，升降路出入口門不能開啓之。

18. 勞工工作場所之自設道路，應依下列規定辦理：

    (1) 應能承受擬行駛車輛機械之荷重。

    (2) 危險區應設有標誌杆或防禦物。

    (3) 道路 (包括橋樑及涵洞等) 應定期檢查，如發現有危害車輛機械行駛之情況，應予消除。

    (4) 坡度須適當，不得有使擬行駛車輛機械滑下可能之斜度。

    (5) 應妥予設置行車安全設備並注意其保養。

19. 勞工於高差超過 1.5m 以上之場所作業時，應設置能使勞工安全上下之設備。

20. 配電盤後面如裝設有高壓器具或電線時，應設適當之通路。

11.4　工作空間

適當的工作空間，不但對通風有重要的影響，而且能提高勞工的工作效率，降低意外的發生，本規則對工作空間有下列規定：

1. 勞工於機械操作、修理、調整及其他工作過程中，應有足夠之活動空間，不得因機械原料或產品等置放過擠致對勞工活動、避難、救難有不利因素。

2. 勞工於特高壓之充電電路或其支持子從事檢查、修理、清掃等作業時，應有下列設施之一：

    (1) 使勞工使用活線作業用器具，並對勞工身體或其使用中之金屬工具，材料等導電體，應保持表 11.1 所定接近界限距離。

表 11.1　高壓電接近界限距離

充電電路之使用電壓 (千伏特)	接近界限距離 (cm)
22 以下	20
超過 22，33 以下	30
超過 33，66 以下	50
超過 66，77 以下	60
超過 77，110 以下	90
超過 110，154 以下	120
超過 154，187 以下	140
超過 187，220 以下	160
超過 220，345 以下	200
超過 345	300

(2) 使作業勞工使用活線作業用裝置，並不得使勞工之身體或其使用中之金屬工具、材料等導電體接觸或接近於有使勞工感電之虞之電路或帶電體。

3. 600 伏特以下之電氣設備前方，至少應有 80cm 以上之水平工作空間。但於低壓帶電體前方，可能有檢修、調整、維護之活線作業時，不得低於表 11.2 規定。

表 11.2　低壓電氣最小工作空間

對地電壓 (伏特)	最小工作空間 (cm)		
	工作環境		
	甲	乙	丙
0 ～ 150	90	90	90
151 ～ 600	90	105	120

4. 600 伏特以上之電氣設備，如配電盤、控制盤、開關、斷路器、電動機操作、電驛及其他類似設備之前方工作空間，不得低於表 11.3 規定：

表 11.3　高壓電氣最小工作空間

對地電壓 (伏特)	最小工作空間 (cm)		
	工作環境		
	甲	乙	丙
601 ～ 2,500	90	120	150
2501 ～ 9,000	120	150	180
9,001 ～ 25,000	150	180	270
25,001 ～ 75,000	180	240	300
75,001 以上	240	300	360

5. 前兩條表中所指之「工作環境」，其類型及意義如下：

    (1) 工作環境甲：水平工作空間一邊有露出帶電部分，另一邊無露出帶電部分或亦無露出接地部分者，或兩邊為以合適之木材或絕緣材料隔離之露出帶電部分者。

    (2) 工作環境乙：水平工作空間一邊為露出帶電部分，另一邊為接地部分者。

    (3) 工作環境丙：操作人員所在之水平工作空間，其兩邊皆為露出帶電部分且無隔離之防護者。

    前兩條電氣設備為露出者，其工作空間之水平距離，應自帶電部分算起；如屬封閉型設備，應自封閉體前端或開口算起。

6. 雇主對於勞工經常作業之室內作業場所，除設備及自地面算起高度超過 4m 以上之空間不計外，每一勞工原則上應有 $10m^3$ 以上之空間。

11.5　局限空間

本規則所稱「局限空間」：「指非供勞工在其內部從事經常性作業，勞工進出方法受限制，無法以自然通風來維持充分、清淨空氣之空間。」本規則對局限空間之安全衛生設施有以下規定：

1. 勞工於局限空間從事作業前，應先確認該空間內有無可能引起勞工缺氧、中毒、感電、塌陷、被夾、被捲及火災、爆炸等危害，有危害之虞者，應訂定危害防止計畫，並使現場作業主管、監視人員、作業勞工及相關承攬人依循辦理。

    前項危害防止計畫，應依作業可能引起之危害訂定下列事項：

    (1) 局限空間內危害之確認。

    (2) 局限空間內氧氣、危險物、有害物濃度之測定。

    (3) 通風換氣實施方式。

    (4) 電能、高溫、低溫及危害物質之隔離措施及缺氧、中毒、感電、塌陷、被夾、被捲等危害防止措施。

    (5) 作業方法及安全管制作法。

    (6) 進入作業許可程序。

    (7) 提供之防護設備之檢點及維護方法。

    (8) 作業控制設施及作業安全檢點方法。

    (9) 緊急應變處置措施。

2. 勞工於局限空間從事作業，有危害勞工之虞時，應於作業場所入口顯而易見處所公告下列注意事項，使作業勞工周知：

(1) 作業有可能引起缺氧等危害時，應經許可始得進入之重要性。

(2) 進入該場所時應採取之措施。

(3) 事故發生時之緊急措施及緊急聯絡方式。

(4) 現場監視人員姓名。

(5) 其他作業安全應注意事項。

3. 應禁止作業無關人員進入局限空間之作業場所，並於入口顯而易見處所公告禁止進入之規定。

4. 勞工於局限空間從事作業時，因空間廣大或連續性流動，可能有缺氧空氣、危害物質流入致危害勞工者，應採取連續確認氧氣、危害物質濃度之措施。

5. 勞工於有危害勞工之虞之局限空間從事作業前，應指定專人檢點該作業場所，確認換氣裝置等設施無異常，該作業場所無缺氧及危害物質等造成勞工危害。
前項檢點結果應予記錄，並保存三年。

6. 勞工於有危害勞工之虞之局限空間從事作業時，其進入許可應由雇主、工作場所負責人或現場作業主管簽署後，始得使勞工進入作業。對勞工之進出，應予確認、點名登記，並作成紀錄保存一年。前項進入許可，應載明下列事項：

(1) 作業場所。

(2) 作業種類。

(3) 作業時間及期限。

(4) 作業場所氧氣、危害物質濃度測定結果及測定人員簽名。

(5) 作業場所可能之危害。

(6) 作業場所之能源隔離措施。

(7) 作業人員與外部連繫之設備及方法。

(8) 準備之防護設備、救援設備及使用方法。

(9) 其他維護作業人員之安全措施。

(10)許可進入之人員及其簽名。

(11)現場監視人員及其簽名。

勞工進入局限空間從事焊接、切割、燃燒及加熱等動火作業時，除應依第一項規定辦理外，應指定專人確認無發生危害之虞，並由雇主、工作場所負責人或現場作業主管確認安全，簽署動火許可後，始得作業。

7. 勞工從事局限空間作業，有致其缺氧或中毒之虞者，應依下列規定辦理：
   (1) 作業區域超出監視人員目視範圍者，應使勞工佩戴安全帶及可偵測人員活動情形之裝置。
   (2) 置備可以動力或機械輔助吊升之緊急救援設備。但現場設置確有困難，已採取其他適當緊急救援設施者，不在此限。

11.6 照明

工作場所有良好的照明，才能使操作人員的工作效率提高。因為操作人員在明朗適度的光線下操作機械，或應用工具、材料，會更容易、正確及迅速。

工廠照明的情況，也會影響到廠房的應用。光線不好，工廠裡往往有許多陰暗的死角，這些地方大都不被人注意，因而成為髒亂雜物的堆積場所，不僅可利用的空間被佔用，而且容易發生災害或意外事故。本規則對工作場所之照明有下列規定：

1. 工作場所出入口、樓梯、通道、安全門、安全梯等，應依規定設置適當之採光或照明。必要時並應視需要設置平常照明系統失效時使用之緊急照明系統。
2. 發電室、變電室或變電臺等場所應有適當之照明設備，以便於監視及確保操作之正確安全。
3. 勞工工作場所之採光照明，應依下列規定辦理：
   (1) 各工作場所須有充分之光線。但處理感光材料、坑內及其他特殊作業之工作場所不在此限。
   (2) 光線應分布均勻，明暗比對應適當。
   (3) 應避免光線之刺目、眩耀現象。
   (4) 各工作場所之窗面面積比率不得小於室內地面面積 1/10。
   (5) 採光以自然採光為原則。但必要時得使用窗簾或遮光物。
   (6) 作業場所面積過大、夜間或氣候因素自然採光不足時，可用人工照明，依表 11.4 規定予以補足。
   (7) 燈盞裝置應採用玻璃燈罩及日光燈為原則，燈泡須完全包蔽於玻璃罩中。
   (8) 窗面及照明器具之透光部分，均須保存清潔。
4. 下列場所之照明設備，應保持其適當照明，遇有損壞，應即修復：
   (1) 階梯、升降機及出入口。
   (2) 電氣機械器具操作部分。

表 11.4　人工照明標準

照度表		照明種類
場所或作業別	照明米燭光數	場所別採全面照明、作業別採局部照明。
室外走道、及室外一般照明。	20 米燭光以上	全面照明。
1. 走道、樓梯、倉庫、儲藏室堆置粗大物件處所。 2. 搬運粗大物件，如煤炭、泥土等。	50 米燭光以上	1. 全面照明。 2. 局部照明。
1. 機械及鍋爐房、升降機、裝箱、粗細物件儲藏室、更衣室、盥洗室、廁所等。 2. 須粗辨物體，如半完成之鋼鐵產品、配件組合、磨粉、粗紡棉布及其他初步處理之工業製造。	100 燭光以上	1. 全面照明。 2. 局部照明。
須細辨物體如零件組合、粗車床工作、普通檢查及產品試驗、淺色紡織及皮革品、製罐、防腐、肉類包裝、木材處理等。	200 燭光以上	局部照明。
1. 須精辨物體如細車床、較詳細檢查及精密試驗、分別等級、織布、淺色毛織等。 2. 一般辦公場所。	300 燭光以上	1. 全面照明。 2. 局部照明。
須極細辨物體，而有較佳之對襯，如精細組合、精細車床、精細檢查、玻璃磨光、精細木工、深色毛織等。	500 至 1,000 燭光以上	局部照明。
須極精辨物體而對襯不良，如極精細儀器組合、檢查、試驗、鐘錶珠寶之鑲製、菸葉分級、印刷品校對、深色織品、縫製等。	1,000 燭光以上	局部照明。

(3) 高壓電氣、配電盤處。

(4) 高度 2m 以上之勞工作業場所。

(5) 堆積或拆卸作業場所。

(6) 修護鋼軌或行於軌道上之車輛更換，連接作業場所。

(7) 其他易因光線不足引起勞工災害之場所。

11.7　通風及換氣

良好的通風及換氣，可避免職業病的發生，本規則對工作場所之通風及換氣有以下的規定：

1. 勞工經常作業之室內作業場所，除設備及自地面算起高度超過 4m 以上之空間不計外，每一勞工原則上應有 $10m^3$ 以上之空間。

2. 坑內或儲槽內部作業，應設置適當之機械通風設備。但坑內作業場所以自然換氣能充分供應必要之空氣量者，不在此限。

3. 勞工經常作業之室內作業場所，其窗戶及其他開口部分等可直接與大氣相通之開口部分面積，應為地板面積之 1/20 以上。但設置具有充分換氣能力之機械通風設備者，不在此限。

  前項室內作業場所之氣溫在攝氏 10 度以下換氣時，不得使勞工暴露於 1m/s 以上之氣流中。

4. 勞工工作場所應使空氣充分流通，必要時，應依下列規定以機械通風設備換氣：

  (1) 應足以調節新鮮空氣、溫度及降低有害物濃度。

  (2) 其換氣標準如表 11.5 所示。

表 11.5　工作場所換氣標準

工作場所每一勞工所佔立方公尺數 (m^3)	每一分鐘每一勞工所需之新鮮空氣之立方公尺數 (m^3)
未滿 5.7	0.6 以上
5.7 以上未滿 14.2	0.4 以上
14.2 以上未滿 28.3	0.3 以上
28.3 以上	0.14 以上

11.8　溫度及濕度

溫度及濕度，對勞工的健康及工作效率有密切影響，本規則對工作場所之溫度及濕度有以下規定：

1. 顯著濕熱、寒冷之室內作業場所，對勞工健康有危害之虞者，應設置冷氣、暖氣或採取通風等適當之空氣調節設施。

2. 室內作業場所設置有發散大量熱源之熔融爐、爐灶時，應將熱空氣直接排出室外，或採取隔離、屏障、換氣或其他防止勞工熱危害之適當措施。

3. 已加熱之窯爐，非在適當冷卻後不得使勞工進入其內部從事作業。

4. 作業上必須實施人工濕潤時，應使用清潔之水源噴霧，並避免噴霧器及其過濾裝置受細菌及其他化學物質之污染。

5. 人工濕潤工作場所濕球溫度超過攝氏 27 度，或濕球與乾球溫度相差攝氏 1.4 度以下時，應立即停止人工濕潤。

6. 中央空調系統採用噴霧處理時，噴霧器及其過濾裝置，應避免受細菌及其他化學物質之污染。

7. 坑內之溫度，應保持在攝氏 37 度以下，溫度在 37 度以上時，應使勞工停止作業。但已採取防止高溫危害人體之措施、從事救護或防止危害之搶救作業者，不在此限。

11.9　物料搬運

物料搬運是不能增加物料的價值，搬運越多毀損越多，而且浪費的人工、物力及時間等成本也越多，所以最理想的搬運就是沒有搬運。但這是不可能實現的理想，因此，在進行物料搬運時須注意下列原則，以達良好的搬運效果：

1. 安全原則：物料在搬運過程中，最容易造成工作人員受物料墜落等所造成之壓傷，所以物料搬運作業的安全措施很重要，工廠必須劃定物料搬運的路線，保持路線上的暢通與安全，設定搬運的方法，並且安排妥善的搬運設備等，以促進搬運的安全與迅速。

2. 機械化原則：利用機械、輸送帶等來搬運物料，可以獲取快速、大量、安全等搬運優點，而且物料、零件如果重量、體積大，也只有賴機械化搬運才方便。

3. 經濟原則：工廠物料搬運的作業很多，而且搬運越多成本的負擔也越大，故必須減少搬運次數、縮短搬運距離、決定最經濟搬運批量、選擇最有效的搬運設備等，如此才能有助於減少搬運成本。

4. 促進生產原則：物料搬運只是生產的輔助作業，其目的是促進生產的進行，因此搬運要平穩、快速、安全，及時供應機械、人工加工的需要，使機械、人工能發揮生產的效果。

良好之物料搬運，可達以下的效果：

1. 增進工廠安全：工廠人員或設備災害的發生，物料搬運是一個大原因，如能改進搬運，儘可能利用機械搬運，減少用人工進行的方法等，都可以使工廠的災害減少。

2. 減少人員的疲勞：操作人員出現疲勞的現象，很多是因為不必要的搬運所造成的，因此，改進物料搬運的方法及措施，消除不必要的搬運，可減少人員的體力及精神消耗，提高其工作效率。

3. 可充分應用廠房：妥善的搬運規劃，可使工廠無用的空間獲得充分之利用，使之成為物料搬運與儲存之場所。

4. 促進生產效率：物料搬運合理，則各項生產機械可充分利用，人工也不會浪費在非生產性的工作，可以使生產效率提高。

5. 減低生產成本：搬運工作之改進，可減少災害事故之發生、增進搬運之速度、減少搬運之次數、縮短搬運距離等，而使搬運成本降低。

11.9.1 搬運方式及規定

本規則對物料的搬運、處理,有以下之規定:

1. 物料搬運、處置,如以車輛機械作業時,應事先清除其通道、碼頭等之阻礙物及採取必要措施。

2. 物料之搬運,應儘量利用機械以代替人力,凡 40 公斤以上物品,以人力車輛或工具搬運爲原則,500 公斤以上物品,以機動車輛或其他機械搬運爲宜;運輸路線,應妥善規劃,並作標示。

3. 強酸、強鹼等有腐蝕性物質之搬運,應使用特別設計之車輛或工具。

4. 高壓氣體容器,不論盛裝或空容器,搬運時,應依下列規定辦理:
   (1) 溫度保持在攝氏 40 度以下。
   (2) 場內移動儘量使用專用手推車等,務求安穩直立。
   (3) 以手移動容器,應確知護蓋旋緊後,方直立移動。
   (4) 容器吊起搬運不得直接用電磁鐵、吊鏈、繩子等直接吊運。
   (5) 容器裝車或卸車,應確知護蓋旋緊後才進行,卸車時必須使用緩衝板或輪胎。
   (6) 儘量避免與其他氣體混載,非混載不可時,應將容器之頭尾反方向置放或隔置相當間隔。
   (7) 載運可燃性氣體時,要置備滅火器;載運毒性氣體時,要置備吸收劑、中和劑、防毒面具等。
   (8) 盛裝容器之載運車輛,應有警戒標誌。
   (9) 運送中遇有漏氣,應檢查漏出部位,給予適當處理。
   (10) 搬運中發現溫度異常高昇時,應立即灑水冷卻,必要時,並應通知原製造廠協助處理。

5. 搭載勞工於行駛中之貨車、垃圾車或資源回收車,應依下列規定:
   (1) 不得使勞工搭乘於因車輛搖動致有墜落之虞之位置。
   (2) 勞工身體之最高部分不得超過貨車駕駛室之頂部高度;載貨台之物料高度超過駕駛室頂部者,不得超過該物料之高度。
   (3) 其他維護搭載勞工乘坐安全之事項。

11.10 物料儲存

　　物料儲存，首重儲存空間的計畫與安排。儲存空間的規劃，需要了解倉儲空間的寬度與高度，所需存放物料的數量和種類，所用料架的形狀、厚度，以及搬運工具的種類，所需的通道等因素來考慮。存放的高度不宜太高，存放太高，對安全、光線及地板的負荷都有不良的影響。空間的安排，除了要注意取存的搬運方便外，更需考慮火災的預防及倒塌所產生之危險。

　　本規則對物料儲存有以下之規定：

1. 堆置物料，為防止倒塌、崩塌或掉落，應採取繩索捆綁、護網、擋樁、限制高度或變更堆積等必要措施，並規定禁止與作業無關人員進入該等場所。

2. 勞工進入供儲存大量物料之槽桶時，應依下列規定：
   (1) 應事先測定並確認無爆炸、中毒及缺氧等危險。
   (2) 應使勞工佩掛安全帶及安全索等防護具。
   (3) 應於進口處派人監視，以備發生危險時營救。
   (4) 規定工作人員以由槽桶上方進入為原則。

3. 物料儲存，為防止因氣候變化或自然發火發生危險者，應採取與外界隔離及溫濕控制等適當措施。

4. 物料之堆放，應依下列規定：
   (1) 不得超過堆放地最大安全負荷。
   (2) 不得影響照明。
   (3) 不得妨礙機械設備之操作。
   (4) 不得阻礙交通或出入口。
   (5) 不得減少自動灑水器及火警警報器有效功用。
   (6) 不得妨礙消防器具之緊急使用。
   (7) 以不倚靠牆壁或結構支柱堆放為原則。並不得超過其安全負荷。

5. 堆積於倉庫、露存場等之物料集合體之物料積垛作業，應依下列規定：
   (1) 如作業地點高差在 1.5m 以上時，應設置使從事作業之勞工能安全上下之設備。但如使用該積垛即能安全上下者，不在此限。
   (2) 作業地點高差在 2.5m 以上時，除前款規定外，並應指定專人採用下列措施：
       ① 決定作業方法及順序，並指揮作業。
       ② 檢點工具、器具，並除去不良品。
       ③ 應指示通行於該作業場所之勞工有關安全事項。

④ 從事拆垛時，應確認積垛確無倒塌之危險後，始得指示作業。

⑤ 其他監督作業情形。

6. 草袋、麻袋、塑膠袋等袋裝容器構成之積垛，高度在 2m 以上者，應規定其積垛與積垛間下端之距離在 10cm 以上。

7. 高度 2m 以上之積垛，使勞工從事拆垛作業時，應依下列規定：

(1) 不得自積垛物料中間抽出物料。

(2) 拆除袋裝容器構成之積垛，應使成階梯狀，除最底階外，其餘各階之高度應在 1.5m 以下。

8. 高壓氣體之貯存，應依下列規定辦理：

(1) 貯存場所應有適當之警戒標示，禁止煙火接近。

(2) 貯存周圍 2m 內不得放置有煙火及著火性、引火性物品。

(3) 盛裝容器和空容器應分區放置。

(4) 可燃性氣體、有毒性氣體及氧氣之鋼瓶，應分開貯存。

(5) 應安穩置放並加固定及裝妥護蓋。

(6) 容器應保持在攝氏 40 度以下。

(7) 貯存處應考慮於緊急時便於搬出。

(8) 通路面積以確保貯存處面積 20% 以上為原則。

(9) 貯存處附近，不得任意放置其他物品。

(10)貯存比空氣重之氣體，應注意低窪處之通風。

9. 毒性高壓氣體之儲存，應依下列規定辦理：

(1) 貯存處要置備吸收劑、中和劑及適用之防毒面罩或呼吸用防護具。

(2) 具有腐蝕性之毒性氣體，應充分換氣，保持通風良好。

(3) 不得在腐蝕化學藥品或煙囪附近貯藏。

(4) 預防異物之混入。

10. 金屬之熔接、熔斷或加熱等作業所須使用可燃性氣體及氧氣之容器，應依下列規定辦理：

(1) 容器不得設置、使用、儲藏或放置於下列場所：

① 通風或換氣不充分之場所。

② 使用煙火之場所或其附近。

③ 製造或處置火藥類、爆炸性物質、著火性物質或多量之易燃性物質之場所或其附近。

(2) 保持容器之溫度於攝氏 40 度以下。

(3) 容器應直立穩妥放置，防止傾倒危險，並不得撞擊。

(4) 容器使用時，應留置專用板手於容器閥柄上，以備緊急時遮斷氣源。

(5) 搬運容器時應裝妥護蓋。

(6) 容器閥、接頭、調整器、配管口應清除油類及塵埃。

(7) 應輕緩開閉容器閥。

(8) 應清楚分開使用中與非使用中之容器。

(9) 容器、閥及管線等不得接觸電焊器、電路、電源、火源。

(10) 搬運容器時，應禁止在地面滾動或撞擊。

(11) 自車上卸下容器時，應有防止衝擊之裝置。

(12) 自容器閥上卸下調整器前，應先關閉容器閥，並釋於調整器之氣體，且操作人員應避開容器閥出口。

11. 異類物品接觸有引起爆炸、火災、危險之虞者，應單獨儲放、搬運時應使用專用之運搬機械。但經採取防止接觸之設施者，不在此限。

11.11　墜落、飛落災害之預防

在工作場所最常發生之災害，就是墜落災害。墜落災害可分成兩類，一是人體自高處墜落至低處造成傷亡，至於人員在平地跌倒傷亡者，亦可包含在內。另一類是物體飛落所造成的人員傷亡，當中除物體自高處掉落擊傷人體者外，物體自他處飛來或堆積之物倒塌傷人所造成之災害，亦可包含在內。

11.11.1　人體墜落災害之預防

本規則對人體墜落之預防，在以下規定：

1. 高度在 2m 以上之工作場所邊緣及開口部分，勞工有遭受墜落危險之虞者，應設有適當強度之圍欄、握把、覆蓋等防護措施。

   前項措施顯有困難，或作業之需要臨時將圍欄等拆除，應採取使勞工使用安全帶等防止因墜落而致勞工遭受危險之措施。

2. 高度在 2m 以上之處所 (工作台之邊緣及開口部分等除外) 進行作業，勞工有墜落之虞者，以架設施工架等方法設置工作台。

   依前項規定設置工作台有困難時，應採取張掛安全網，使勞工使用安全帶等防止因墜落而致勞工遭受危險之措施。

3. 高度在 2m 以上之作業場所，有遇強風、大雨等惡劣氣候致勞工有墜落時，應使勞工停止作業。

4. 對勞工於以石綿板、鐵皮板、瓦、木板、茅草、塑膠等材料構築之屋頂或於以礦纖板、石膏板等材料構築之夾層天花板從事作業時，為防止勞工踏穿墜落，應採取下列設施：

   (1) 規劃安全通道，於屋架或天花板支架上設置適當強度且寬度在 30 公分以上之踏板。

   (2) 於屋架或天花板下方可能墜落之範圍，裝設堅固格柵或安全網等防墜設施。

   (3) 指定專人指揮或監督該作業。

   對前項作業已採其他安全工法或設置踏板面積已覆蓋全部易踏穿屋頂或天花板，致無墜落之虞者，得不受前項限制。

5. 對勞工於高差超過 1.5 公尺以上之場所作業時，應設置能使勞工安全上下之設備。

6. 移動梯之使用，應符合下列之規定：

   (1) 具有堅固之構造。

   (2) 其材質不得有顯著之損傷、腐蝕等現象。

   (3) 寬度應在 30m 以上。

   (4) 應採取防止滑溜或其他防止轉動之必要措施。

7. 合梯之使用，應符合下列之規定：

   (1) 具有堅固之構造。

   (2) 其材質不得有顯著之損傷、腐蝕等現象。

   (3) 梯腳與地面之角度應在 75 度以內，且兩梯腳間有繫材扣牢，腳部有防滑絕緣腳座套。

   (4) 有安全之防滑梯面。

   不得使勞工以合梯當作二工作面之上下設備使用，並應禁止勞工站立於頂板作業。

8. 對於使用之梯式施工架立木之梯，應符合下列之規定：

   (1) 具有適當之強度。

   (2) 置於座板或墊板之上，並視土壤之性質埋入地下至必要之深度，使每一梯子之二立木平穩落地，並將梯腳適當紮結。

   (3) 以一梯連接另一梯增加其長度時，該二梯至少應疊接 1.5m 以上，並紮結牢固。

9. 勞工有墜落危險之場所，應設置警告標示，並禁止與工作無關之人員進入。

11.11.2 物體飛落防止

本規則對物體飛落防止有以下規定：

1. 自高度在 3m 以上之場所投下物體有危害勞工之虞時，應設置適當之滑槽、承受設備，並派監視人員。
2. 工作場所有物體飛落之虞者，應設置防止物體飛落之設備，並供給安全帽等防護具，使勞工戴用。

11.12 爆炸及火災之防止

工廠發生火災或爆炸，輕則導致財物損失，嚴重的會造成人員傷亡。本規則對火災及爆炸之防止有以下規定：

1. 工作場所消防安全設備之設置，應依消防法規有關規定辦理。
2. 火爐、煙囪、加熱裝置及其他易引起火災之高熱設備，除應有必要之防火構造外，並應於與建築物或可燃性物體間採取必要之隔離。
3. 引起火災及爆炸危險之場所，應依下列規定：
   (1) 不得設置有火花、電弧或用高溫成為發火源之虞之機械、器具或設備等。
   (2) 標示嚴禁煙火及禁止無關人員進入，並規定勞工不得使用明火。
4. 工作中遇停電有導致超壓、爆炸或火災等危險之虞者，應裝置足夠容量並能於緊急時供電之發電設備。
5. 有危險物或有油類、可燃性粉塵等其他危險物存在之虞之配管、儲槽、油桶等容器，從事熔接、熔斷或使用明火之作業或有發生火花之虞之作業，應事先清除該等物質，並確認無危險之虞。
6. 從事熔接、熔斷、金屬之加熱及其他須使用明火之作業或有發生火花之虞之作業時，不得以氧氣供為通風或換氣之用。
7. 下列設備有因靜電引起爆炸或火災之虞者，應採取接地、使用除電劑、加濕，使用不致成為發火源之虞之除電裝置或其他去除靜電之裝置：
   (1) 灌注、卸收危險物於液槽車、儲槽、油桶等之設備。
   (2) 收存危險之液槽車、儲槽、油桶等設備。
   (3) 塗敷含有引火性液體之塗料、粘接劑等之設備。
   (4) 以乾燥設備中，從事加熱乾燥危險物或會生其他危險物之乾燥物及其附屬設備。

(5) 易燃粉狀固體輸送、篩分等之設備。

(6) 其他有因靜電引起爆炸、火災之虞之化學設備或其附屬設備。

8. 勞工吸菸、使用火爐或其他用火之場所，應設置預防火災所需之設備。

9. 作業場所有引火性液體之蒸氣或可燃性氣體滯留，而有爆炸、火災之虞者，應依下列規定：

(1) 指定專人對於前述蒸氣、氣體之濃度，於作業前測定之。

(2) 蒸氣或氣體之濃度達爆炸下限值之 30% 以上時，應即刻使勞工退避至安全場所，並停止使用煙火及其他為點火源之虞之機具，並應加強通風。

10. 有爆燃性粉塵存在，而有爆炸、火災之虞之場所，使用之電氣機械、器具或設備，應具有適合於其設置場所危險區域劃分使用之防爆性能構造。

11. 前二條所定應有防爆性能構造之電氣機械、器具、設備，於中央主管機關公告後新安裝或換裝者，應使用符合中央主管機關指定之國家標準、國際標準或團體標準規定之合格品。

前項合格品，指經中央主管機關認可公告之機構實施型式認證合格，並張貼認證合格標識者。

11.13 衛生及清潔設備

為保護勞工之健康及避免對環境造成污染，工廠之內應設置必要之衛生及清潔設備，以及合於法令標準之防護措施，本規則之規定如下：

1. 勞工工作場所，應經常保持清潔，並防止鼠類、蚊蟲及其他病媒等對勞工健康之危害。

2. 勞工工作場所之底板、周圍牆壁、容器等有被生物病原體污染之虞者，應予適當消毒。

3. 對於受有害物或具有惡臭物污染之場所，應予適當之清洗。

前項工作場所之地板及周圍牆壁，應採用排水良好之適當構造，或使用不浸透性材料塗布。

4. 勞工從事其身體或衣著有被污染之虞之特殊作業時，應置備該勞工洗眼、洗澡、漱口、更衣、洗濯等設備。

前項設備，應依下列規定設置：

(1) 刺激物、腐蝕性物質或毒性物質污染之工作場所，每 15 人應設置 1 個冷熱水沖淋設備。

(2) 刺激物、腐蝕性物質或毒性物質污染之工作場所，每 5 人應設置 1 個冷熱水盥洗設備。

5. 應依下列各款規定設置廁所及盥洗設備。但坑內等特殊作業場所，置有適當數目之便器者，不在此限：

(1) 男女廁所以分別設置為原則，並予以明顯標示。

(2) 男用廁所之便坑數，以同時作業男工每 25 人以內設置 1 個以上為原則，最少不得低於 60 人 1 個。

(3) 男用廁所之便池數，應以同時作業男工每 15 人以內設置 1 個以上為原則，最少不得低於 30 人 1 個。

(4) 女用廁所之便坑數目，應以同時作業女工每 15 人以內設置 1 個以上為原則，最少不得低於 20 人 1 個。

(5) 女用廁所應設加蓋桶。

(6) 便坑應為不使污染物浸透於土中之構造。

(7) 應設置充分供應清潔水質之洗手設備。

(8) 盥洗室內應備有適當之清潔劑，且不得盛放有機溶劑供勞工清潔皮膚。

(9) 浴室應男女分別設置。

(10) 廁所與便池不得與工作場所直接通連，廁所與廚房及食堂應距離 30m 以上。但衛生沖水式廁所不在此限。

(11) 廁所與便池每日至少應清洗 1 次，並每週消毒 1 次。

(12) 廁所應保持良好通風。

(13) 如僱有身心障礙者，應設置身心障礙者專用設備，並予以適當標示。

6. 應依下列規定於適當場所充分供應勞工所需之飲用水或其他飲料：

(1) 飲水處所及盛水容器應保持清潔，盛器須予加蓋，並應有不致於被有害物、污水污染等適當防止措施。

(2) 不得設置共用之杯具。

(3) 飲用水應符合飲用水水質衛生標準，其水源非自來水水源者，應定期檢驗合格。

(4) 非作為飲用水之水源，如工業用水、消防用水等，必須有明顯標誌以資識別。

7. 廚房及餐廳，應依下列規定辦理：

(1) 餐廳、廚房應隔離，並有充分之採光及照明，且易於清掃之構造。

(2) 餐廳面積，應以同時進餐之人數每人在 $1m^2$ 以上為原則。

(3) 餐廳應設有供勞工使用之餐桌、座椅及其他設備。

(4) 應保持清潔，門窗應裝紗網，應採用以三槽式洗滌暨餐具消毒設備及保存設備為原則。

(5) 通風窗之面積不得少於總面積 20%。

(6) 應設穩妥有蓋之垃圾容器及適當排水設備。

(7) 應設有防止蒼蠅等害蟲、鼠類及家禽等侵入之設備。

(8) 廚房之地板應採用不滲透性材料，且為易於排水及清洗之構造。

(9) 污水及廢物應置於廚房外並妥予處理。

(10) 廚房應設機械排氣裝置以排除煙氣及熱。

(11) 工作人員應穿著清潔工作衣。

8. 雇主對於供應勞工之餐食，應保持清潔並注意營養。

11.14　安全衛生標示之設置

工廠內設置適當的安全衛生標示，可提醒作業人員注意安全，避免職業災害的發生。有關工廠內安全衛生標示之設置，可參照行政院勞動部於民國 103 年 7 月 2 日最新修正之「職業安全衛生標示設置準則」；以下為本準則對安全衛生標示之分類及規定。

11.14.1　安全衛生標示之分類

本準則第三條規定，所稱安全衛生標示 (以下簡稱標示)，其用途種類及告知事項如下：

1. 防止危害：
   (1) 禁止標示：嚴格管制有發生危險之虞之行為，包括禁止煙火、禁止攀越、禁止通行等。
   (2) 警告標示：警告既存之危險或有害狀況，包括高壓電、墜落、高熱、輻射等危險。
   (3) 注意標示：提醒避免相對於人員行為而發生之危害，包括當心地面、注意頭頂等。

2. 一般說明或提示：
   (1) 用途或處所之標示，包括反應塔、鍋爐房、安全門、伐木區、急救箱、急救站、救護車、診所、消防栓、機房等。
   (2) 操作或儀控之標示，包括有一定順序之機具操作方法、儀表控制盤之說明、安全管控方法等。
   (3) 說明性質之標示，包括工作場所各種行動方向、管制信號意義等。

11.14.2 標示之圖形及設置規定

依本準則第四條規定，標示之圖形如下：

1. 「圓形」：用於「禁止標示」。
2. 「尖端向上之正三角形」：用於「警告標示」。
3. 「尖端向下之正三角形」：用於「注意標示」。
4. 「正方形」或「長方形」：用於「一般說明或提示性質用之標示」。

此外，本準則對標示之設置規定如下：

1. 標示視設置之久暫，分固定式及移動式，並應依下列規定設置之：
   (1) 大小及位置應力求醒目，安裝必須穩妥。
   (2) 材質應堅固耐久，所有尖角銳邊，應予適當處理，以免危險。
2. 標示應力求簡明，以文字及圖案並用為主。文字應以中文為主，不得採用難於辨識之字體。

   文字書寫方式如下：
   (1) 直式者由上而下，由右而左。
   (2) 橫式者由左而右。但有箭號指示方向者文字依箭號方向。
3. 標示之顏色，應依照中國國家標準 (CNS9328) 安全用顏色通則使用之，其底色與外廓、文字或圖案之用色，應力求對照顯明，以利識別。

圖 11.1 為各類安全衛生標示範例。

(a) 禁止標示　　　　　　　(b) 警告標示

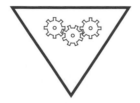

(c) 注意標示　　　(d) 一般說明或提示性標示

圖 11.1　各類安全衛生標示範例

11.15　危害性化學品標示

　　工廠內為了生產作業需要，難免會使用到一些化學原料；若這些化學原料是具有危險性或有害性，而且是在沒有明確標示的情況下，就很有可能讓勞工誤用而發生意外，甚至引起嚴重的災害事件。例如勞工誤將未標示的清潔劑當作開水飲用，或是誤觸未標示的強酸液體，使皮膚遭受化學性灼傷等，都是因這些「危害性化學物品」未予清楚標示，致經常引起的意外事故。

　　因此，「職業安全衛生法」第十條規定：「雇主對於具有危害性之化學品，應予標示、製備清單及揭示安全資料表，並採取必要之通識措施。

　　製造者、輸入者或供應者，提供前項化學品與事業單位或自營作業者前，應予標示及提供安全資料表；資料異動時，亦同。

　　前二項化學品之範圍、標示、清單格式、安全資料表、揭示、通識措施及其他應遵行事項之規則，由中央主管機關定之。」

　　有關危害性化學品之標示，其規範明定於勞動部發布之「危害性化學品標示及通識規則」中 (以下簡稱本規則，最新修正日期為民國 103 年 6 月 27 日)。

11.15.1　危害性化學品之定義及相關名詞

　　本規則第二條規定，具有危害性之化學品 (簡稱危害性化學品)，指下列危險物或有害物：

(1) 危險物：符合國家標準 CNS15030 分類，具有物理性危害者。

(2) 有害物：符合國家標準 CNS15030 分類，具有健康危害者。

依本規則第三條，其他相關名詞定義如下：

(1) 製成品：指在製造過程中，已形成特定形狀或依特定設計，而其最終用途全部或部分決定於該特定形狀或設計，且在正常使用狀況下不會釋放出危害性化學品之物品。

(2) 容器：指任何袋、筒、瓶、箱、罐、桶、反應器、儲槽、管路及其他可盛裝危害性化學品者。但不包含交通工具內之引擎、燃料槽或其他操作系統。

(3) 製造者：指製造危害性化學品供批發、零售、處置或使用之廠商。

(4) 輸入者：指從國外進口危害性化學品之廠商。

(5) 供應者：指批發或零售危害性化學品之廠商。

另本規則第四條規定，下列物品不適用本規則：

(1) 有害事業廢棄物。

(2) 菸草或菸草製品。

(3) 食品、飲料、藥物、化粧品。

(4) 製成品。

(5) 非工業用途之一般民生消費商品。

(6) 滅火器。

(7) 在反應槽或製程中正進行化學反應之中間產物。

(8) 其他經中央主管機關指定者。

11.15.2 危害性化學品之標示

一、本規則第五條規定，對裝有「危害性化學品之容器」，應依表 11.6 規定之分類及危害圖式，參照表 11.7 之格式明顯標示下列事項，所用文字以中文為主，必要時並輔以作業勞工所能瞭解之外文：

1. 危害圖式。

2. 內容：

    (1) 名稱。

    (2) 危害成分。

    (3) 警示語。

    (4) 危害警告訊息。

    (5) 危害防範措施。

    (6) 製造者、輸入者或供應者之名稱、地址及電話。

前項容器內之危害性化學品為混合物者，其應標示之危害成分指混合物之危害性中符合國家標準 CNS15030 分類，具有物理性危害或健康危害之所有危害物質成分。

第一項容器所裝之危害性化學品無法依表 11.6 規定之分類歸類者，得僅標示第一項第二款事項。

第一項容器之容積在 100 毫升以下者，得僅標示名稱、危害圖式及警示語。

表 11.6　危害性化學品之分類、標示要項

危害性化學品分類			標示要項			備註
危害性	危害分類	組別 (Division)、級別 (Category) 或型別 (Type)	危害圖式	警示語	危害警告訊息	
物理性危害	爆炸物	不穩定爆炸物		危險	不穩定爆炸物	依國家標準 CNS15030 分類之規定辦理。(各危害性依 CNS 15030-1 至 CNS 15030-26 標準分類及標示辦理)
		1.1 組　有整體爆炸危險之物質或物品。		危險	爆炸物；整體爆炸危害	
		1.2 組　有拋射危險，但無整體爆炸危險之物質或物品。		危險	爆炸物；嚴重拋射危害	
		1.3 組　會引起火災，並有輕微爆炸或拋射危險但無整體爆炸危險之物質或物品。		危險	爆炸物；引火、爆炸或拋射危害	
		1.4 組　無重大危險之物質或物品。		警告	引火或拋射危害	
		1.5 組　很不敏感，但有整體爆炸危險之物質或物品。	1.5(背景橘色)	危險	可能在火中整體爆炸	
		1.6 組　極不敏感，且無整體爆炸危險之物質或物品。	1.6(背景橘色)	無	無	
	易燃氣體	第 1 級		危險	極度易燃氣體	
		第 2 級	無	警告	易燃氣體	

表 11.6　危害性化學品之分類、標示要項 (續)

危害性化學品分類			標示要項			備註
物理性危害	易燃氣膠	第 1 級		危險	極度易燃氣膠	依 國 家 標 準 CNS15030 分 類 之規定辦理。(各 危 害 性 依 CNS 15030-1 至 CNS 15030-26 標準分 類及標示辦理)
		第 2 級		警告	易燃氣膠	
	氧化性氣體	第 1 級		危險	可能導致或加劇燃燒；氧化劑	
	加壓氣體	壓縮氣體		警告	內含加壓氣體；遇熱可能爆炸	
		液化氣體		警告	內含加壓氣體；遇熱可能爆炸	
		冷凍液化氣體		警告	內含冷凍氣體；可能造成低溫灼傷或損害	
		溶解氣體		警告	內含加壓氣體；遇熱可能爆炸	
	易燃液體	第 1 級		危險	極度易燃液體和蒸氣	

表 11.6 　危害性化學品之分類、標示要項 (續)

危害性化學品分類		標示要項			備註
物理性危害	易燃液體 第 2 級		危險	高度易燃液體和蒸氣	依國家標準 CNS15030 分類之規定辦理。(各危害性依 CNS 15030-1 至 CNS 15030-26 標準分類及標示辦理)
	第 3 級		警告	易燃液體和蒸氣	
	第 4 級	無	警告	可燃液體	
	易燃固體 第 1 級		危險	易燃固體	
	第 2 級		警告	易燃固體	
	自反應物質 A 型		危險	遇熱可能爆炸	
	B 型		危險	遇熱可能起火或爆炸	
	C 型和 D 型		危險	遇熱可能起火	
	E 型和 F 型		警告	遇熱可能起火	
	G 型	無	無	無	

表 11.6　危害性化學品之分類、標示要項 (續)

危害性化學品分類			標示要項			備註
物理性危害	發火性液體	第 1 級		危險	暴露在空氣中會自燃	依 國 家 標 準 CNS15030 分 類 之規定辦理。(各 危 害 性 依 CNS 15030-1 至 CNS 15030-26 標準分類及標示辦理)
	發火性固體	第 1 級		危險	暴露在空氣中會自燃	
	自熱物質	第 1 級		危險	自熱；可能燃燒	
		第 2 級		警告	量大時可自熱；可能燃燒	
	禁水性物質	第 1 級		危險	遇水放出可能自燃的易燃氣體	
		第 2 級		危險	遇水放出易燃氣體	
		第 3 級		警告	遇水放出易燃氣體	
	氧化性液體	第 1 級		危險	可能引起燃燒或爆炸；強氧化劑	

表 11.6　危害性化學品之分類、標示要項 (續)

危害性化學品分類			標示要項			備註
物理性危害	氧化性液體	第 2 級		危險	可能加劇燃燒；氧化劑	依國家標準 CNS15030 分類之規定辦理。(各危害性依 CNS 15030-1 至 CNS 15030-26 標準分類及標示辦理)
		第 3 級		警告	可能加劇燃燒；氧化劑	
	氧化性固體	第 1 級		危險	可能引起燃燒或爆炸；強氧化劑	
		第 2 級		危險	可能加劇燃燒；氧化劑	
		第 3 級		警告	可能加劇燃燒；氧化劑	
	有機過氧化物	A 型		危險	遇熱可能爆炸	
		B 型		危險	遇熱可能起火或爆炸	
		C 型和 D 型		危險	遇熱可能起火	

表 11.6　危害性化學品之分類、標示要項 (續)

危害性化學品分類			標示要項			備註
物理性危害	有機過氧化物	E 型和 F 型		警告	遇熱可能起火	
		G 型	無	無	無	
	金屬腐蝕物	第 1 級		警告	可能腐蝕金屬	
健康危害	急毒性物質：吞食	第 1 級		危險	吞食致命	依 國 家 標 準 CNS15030 分 類 之規定辦理。(各 危 害 性 依 CNS 15030-1 至 CNS 15030-26 標準分 類及標示辦理)
		第 2 級		危險	吞食致命	
		第 3 級		危險	吞食有毒	
		第 4 級		警告	吞食有害	
		第 5 級	無	警告	吞食可能有害	
	急毒性物質：皮膚	第 1 級		危險	皮膚接觸致命	
		第 2 級		危險	皮膚接觸致命	

表 11.6　危害性化學品之分類、標示要項 (續)

危害性化學品分類			標示要項			備註
健康危害	急毒性物質：皮膚	第 3 級	☠	危險	皮膚接觸有毒	依國家標準 CNS15030 分類之規定辦理。(各危害性依 CNS 15030-1 至 CNS 15030-26 標準分類及標示辦理)
		第 4 級	❗	警告	皮膚接觸有害	
		第 5 級	無	警告	皮膚接觸可能有害	
	急毒性物質：吸入	第 1 級	☠	危險	吸入致命	
		第 2 級	☠	危險	吸入致命	
		第 3 級	☠	危險	吸入有毒	
		第 4 級	❗	警告	吸入有害	
		第 5 級	無	警告	吸入可能有害	
	腐蝕／刺激皮膚物質	第 1A 級		危險	造成嚴重皮膚灼傷和眼睛損傷	
		第 1B 級				
		第 1C 級				

表 11.6　危害性化學品之分類、標示要項 (續)

危害性化學品分類			標示要項				備註
健康危害	腐蝕／刺激皮膚物質	第 2 級			警告	造成皮膚刺激	依國家標準 CNS15030 分類之規定辦理。(各危害性依 CNS 15030-1 至 CNS 15030-26 標準分類及標示辦理)
		第 3 級	無		警告	造成輕微皮膚刺激	
	嚴重損傷／刺激眼睛物質	第 1 級			危險	造成嚴重眼睛損傷	
		第 2A 級			警告	造成嚴重眼睛刺激	
		第 2B 級	無		警告	造成眼睛刺激	
	呼吸道過敏物質	第 1 級			危險	吸入可能導致過敏或哮喘病症狀或呼吸困難	
	皮膚過敏物質	第 1 級			警告	可能造成皮膚過敏	
	生殖細胞致突變性物質	第 1A 級			危險	可能造成遺傳性缺陷	
		第 1B 級					
		第 2 級			警告	懷疑造成遺傳性缺陷	

表 11.6　危害性化學品之分類、標示要項 (續)

危害性化學品分類			標示要項			備註
健康危害	致癌物質	第 1A 級		危險	可能致癌	依國家標準 CNS15030 分類之規定辦理。(各危害性依 CNS 15030-1 至 CNS 15030-26 標準分類及標示辦理)
		第 1B 級				
		第 2 級		警告	懷疑致癌	
	生殖毒性物質	第 1A 級		危險	可能對生育能力或對胎兒造成傷害	
		第 1B 級				
		第 2 級		警告	懷疑對生育能力或對胎兒造成傷害	
		影響哺乳期或透過哺乳期產生影響的附加級別	無	無	可能對母乳餵養的兒童造成傷害	
	特定標的器官系統毒性物質─單一暴露	第 1 級		危險	會對器官造成傷害	
		第 2 級		警告	可能會對器官造成傷害	
		第 3 級		警告	可能造成呼吸道刺激或者可能造成困倦或暈眩	

表 11.6　危害性化學品之分類、標示要項 (續)

危害性化學品分類			標示要項			備註
健康危害	特定標的器官系統毒性物質—重複暴露	第 1 級		危險	長期或重複暴露會對器官造成傷害	依國家標準 CNS15030 分類之規定辦理。(各危害性依 CNS 15030-1 至 CNS 15030-26 標準分類及標示辦理)
		第 2 級		警告	長期或重複暴露可能對器官造成傷害	
	吸入性危害物質	第 1 級		危險	如果吞食並進入呼吸道可能致命	
		第 2 級		警告	如果吞食並進入呼吸道可能有害	

表 11.7　標示之格式

名稱：

危害成分：

警示語：

危害警告訊息：

危害防範措施：

製造者、輸入者或供應者：

(1) 名稱

(2) 地址

(3) 電話

※ 更詳細的資料，請參考安全資料表

註：

1. 危害圖式、警示語、危害警告訊息依表 11.6 之規定。

2. 有 2 種以上危害圖式時，應全部排列出，其排列以辨識清楚為原則，視容器情況得有不同排列方式。

二、本規則第六條規定，對前條第二項之混合物，應依其混合後之危害性予以標示。

前項危害性之認定方式如下：

(1) 混合物已作整體測試者，依整體測試結果。

(2) 混合物未作整體測試者，其健康危害性，除有科學資料佐證外，應依國家標準 CNS15030 分類之混合物分類標準，對於燃燒、爆炸及反應性等物理性危害，使用有科學根據之資料評估。

三、本規則第七條規定，標示之危害圖式形狀為直立 45 度角之正方形，其大小需能辨識清楚。圖式符號應使用黑色，背景為白色，圖式之紅框有足夠警示作用之寬度。

四、本規則第八條規定，對裝有危害性化學品之容器屬下列情形之一者，得免標示：

(1) 外部容器已標示，僅供內襯且不再取出之內部容器。

(2) 內部容器已標示，由外部可見到標示之外部容器。

(3) 勞工使用之可攜帶容器，其危害性化學品取自有標示之容器，且僅供裝入之勞工當班立即使用。

(4) 危害性化學品取自有標示之容器，並供實驗室自行作實驗、研究之用。

五、本規則第九條規定，對裝有危害性化學品之容器有下列情形之一者，得於明顯之處，設置標示有第五條第一項規定事項之公告板，以代替容器標示。但屬於管系者，得掛使用牌或漆有規定識別顏色及記號替代之：

(1) 裝同一種危害性化學品之數個容器，置放於同一處所。

(2) 導管或配管系統。

(3) 反應器、蒸餾塔、吸收塔、析出器、混合器、沈澱分離器、熱交換器、計量槽或儲槽等化學設備。

(4) 冷卻裝置、攪拌裝置或壓縮裝置等設備。

(5) 輸送裝置。

前項第 (1) 款至第 (5) 款之容器有公告板者，其內容之製造者、輸入者或供應者之名稱、地址及電話經常變更，但備有安全資料表者，得免標示第五條第一項第二款第六目之事項。

六、本規則第十條規定，對裝有危害性化學品之容器，於運輸時已依交通法規有關運輸之規定設置標示者，該容器於工作場所內運輸時，得免再依表 11.6 標示。

勞工從事卸放、搬運、處置或使用危害性化學品作業時，應依本規則辦理。

七、本規則第十一條規定，製造者、輸入者或供應者提供危害性化學品與事業單位或自營作業者前，應於容器上予以標示。

前項標示，準用第五條至第九條之規定。

11.15.3 安全資料表、清單、揭示及通識措施

一、本規則第十二條規定，對含有危害性化學品或符合本規則附表三規定之每一化學品，應依本規則附表四提供勞工安全資料表。

前項安全資料表所用文字以中文為主，必要時並輔以作業勞工所能瞭解之外文。

二、本規則第十三條規定，製造者、輸入者或供應者提供前條之化學品與事業單位或自營作業者前，應提供安全資料表，該化學品為含有 2 種以上危害成分之混合物時，應依其混合後之危害性，製作安全資料表。

前項化學品，應列出其危害成分之化學名稱，其危害性之認定方式如下：

(1) 混合物已作整體測試者，依整體測試結果。

(2) 混合物未作整體測試者，其健康危害性，除有科學資料佐證外，依國家標準 CNS15030 分類之混合物分類標準；對於燃燒、爆炸及反應性等物理性危害，使用有科學根據之資料評估。

三、本規則第十四條規定，前條所定混合物屬同一種類之化學品，其濃度不同而危害成分、用途及危害性相同時，得使用同一份安全資料表，但應註明不同化學品名稱。

四、本規則第十五條規定，製造者、輸入者、供應者或雇主，應依實際狀況檢討安全資料表內容之正確性，適時更新，並至少每 3 年檢討一次。

前項安全資料表更新之內容、日期、版次等更新紀錄，應保存 3 年。

五、本規則第十六條規定，對於裝載危害性化學品之車輛進入工作場所後，應指定經相關訓練之人員，確認已有本規則規定之標示及安全資料表，始得進行卸放、搬運、處置或使用之作業。

前項相關訓練應包括製造、處置或使用危害性化學品之一般安全衛生教育訓練及中央交通主管機關所定危險物品運送人員專業訓練之相關課程。

六、本規則第十七條規定，為防止勞工未確實知悉危害性化學品之危害資訊，致引起之職業災害，應採取下列必要措施：

(1) 依實際狀況訂定危害通識計畫，適時檢討更新，並依計畫確實執行，其執行紀錄保存 3 年。

(2) 製作危害性化學品清單，其內容、格式參照本規則附表五。

(3) 將危害性化學品之安全資料表置於工作場所易取得之處。

(4) 使勞工接受製造、處置或使用危害性化學品之教育訓練，其課程內容及時數依職業安全衛生教育訓練規則之規定辦理。

(5) 其他使勞工確實知悉危害性化學品資訊之必要措施。

前項第一款危害通識計畫,應含危害性化學品清單、安全資料表、標示、危害通識教育訓練等必要項目之擬訂、執行、紀錄及修正措施。

七、 本規則第十八條規定,製造者、輸入者或供應者為維護國家安全或商品營業秘密之必要,而保留揭示安全資料表中之危害性化學品成分之名稱、含量或製造者、輸入者或供應者名稱時,應檢附下列文件,報中央主管機關核定:

(1) 認定為國家安全或商品營業秘密之證明。

(2) 為保護國家安全或商品營業秘密所採取之對策。

(3) 對申請者及其競爭者之經濟利益評估。

(4) 該商品中危害性化學品成分之危害性分類說明及證明。

前項危害性化學品成分屬於國家標準 CNS15030 分類之下列級別者,不得申請保留上開安全資料表內容之揭示:

(1) 急毒性物質第一級、第二級或第三級。

(2) 腐蝕 / 刺激皮膚物質第一級。

(3) 嚴重損傷 / 刺激眼睛物質第一級。

(4) 呼吸道或皮膚過敏物質。

(5) 生殖細胞致突變性物質。

(6) 致癌物質。

(7) 生殖毒性物質。

(8) 特定標的器官系統毒性物質－單一暴露第一級。

(9) 特定標的器官系統毒性物質－重複暴露第一級。

中央主管機關辦理第一項事務,於核定前得聘學者專家提供意見。

11.16 結語

行政院勞動部針對「職業安全衛生法」(以下簡稱本法) 第六條第三項規定,訂定「職業安全衛生設施規則」,作為雇主使勞工從事工作之安全衛生設備及措施之最低標準。依本法第四十條規定,違反第六條第一項,致發生「死亡災害」者,處三年以下有期徒刑、拘役或科或併科新臺幣三十萬元以下罰金;本法第四十一條規定,違反第六條第一項,致發生「災害之罹災人數在三人以上」者,處一年以下有期徒刑、拘役或科或併科新臺幣十八萬元以下罰金;本法第四十三條規定,雇主違反第六條第一項,未提供應有符合規定之必要安全衛生設備及措施,處新臺幣三萬元以上三十萬元以下罰鍰。

　　至於本法第十條所規定之「對於具有危害性之化學品，應予標示、製備清單及揭示安全資料表，並採取必要之通識措施」，違者依本法第四十三條處新臺幣三萬元以上三十萬元以下罰鍰。另製造者、輸入者或供應者，對提供本法第十條所定之危害性化學品與事業單位或自營作業者前，未予標示或未提供安全資料表，依本法第四十四條處新臺幣三萬元以上十五萬元以下罰鍰；經通知限期改善，屆期未改善者，並得按次處罰。

　　除了適用一般事業之「職業安全衛生設施規則」外，勞動部亦針對「從事營造作業之有關事業」，依本法第六條第三項規定，訂定「營造安全衛生設施標準」(最新修正日期為民國 103 年 6 月 26 日)，對營造作業之工作場所、物料之儲存、施工架、施工構臺、吊料平臺及工作臺、露天開挖隧道、坑道開挖沈箱、沈筒、井筒、圍堰及壓氣施工、基樁等施工設備、鋼筋混凝土作業、鋼構組配作業、構造物之拆除、油漆、瀝青工程作業、衛生等設施，有非常詳細的規範。

習 題

一、選擇題

( ) 1. 依職業安全衛生設施規則規定，雇主對於使用對地電壓超過多少伏特 (volt) 以上之移動式電動機具，應於各該連接電路設置合適之漏電斷路器？ (1) 50 (2) 110 (3) 125 (4) 150。

( ) 2. 依職業安全衛生設施規則規定，雇主對於物料之搬運，應盡量利用機械以代替人力，至少多少公斤以上物品，以人力車輛或工具搬運為原則？ (1) 30 (2) 35 (3) 40 (4) 50。

( ) 3. 勞工從事刺激物、腐蝕性物質或毒性物質污染之工作場所，每多少人應設置一個冷熱水沖淋設備？ (1) 5 (2) 10 (3) 15 (4) 30。

( ) 4. 氯酸鹽類、硝酸鹽類等物質所引發之爆炸屬於哪一類型？ (1) 擴散式爆炸 (2) 物理性爆炸 (3) 粉塵爆炸 (4) 分解爆炸。

( ) 5. 依高壓氣體勞工安全規則之規定，可燃性氣體、毒性氣體及下列何種之氣體設備 (除高壓氣體設備及空氣取氣口外) 應具氣密之構造？ (1) 氧氣 (2) 氮氣 (3) 鹵氣 (4) 氬氣。

( ) 6. 易燃性液體的蒸氣壓不受下列何者影響？ (1) 溫度 (2) 壓力 (3) 添加物 (4) 開口容器的形狀。

( ) 7. 依業安全衛生設施規則規定，勞工於良導體機器設備內從事檢修工作所用之手提式照明燈，其使用電壓不得超過多少伏特？ (1) 6 (2) 12 (3) 24 (4) 28。

( ) 8. 施工架上工作臺之活動與固定板板料之比較，依營造安全衛生設施標準規定，下列何者有所不同？ (1) 寬度 (2) 厚度 (3) 支撐點數目 (4) 放置高度。

( ) 9. 依職業安全衛生設施規則規定，雇主對於自高度在多少公尺以上之場所投下物體有危害勞工之虞時，應設置適當之滑槽、承受設備，並指派監視人員？ (1) 2 (2) 3 (3) 4 (4) 5。

( ) 10. 依高壓氣體勞工安全規則規定，埋設於地盤內之液化石油氣儲槽，其頂部至少應距離地面幾公分？ (1) 30 (2) 60 (3) 100 (4) 150。

( ) 11. 在系統化工廠佈置程序中，就物料流程和各活動之關係繪成相關圖後，須依下列何種條件繪製成空間關連圖？ (1) 人選佈置 (2) 事實限制 (3) 修正條件 (4) 所需及可用面積。

( ) 12. 化工儲槽的安全閥係屬下列何種減低危害的防護方式？ (1) 隔離 (2) 弱連接 (3) 閉鎖 (4) 連鎖。

( ) 13. 下列裝有危害物性化學品之容器、何者不適用危害性化學品標示及通識規則之規定？ (1) 袋 (2) 筒 (3) 汽機車燃料箱 (4) 化學儲槽。

( ) 14. 依營造安全衛生設施標準規定，爲防止屋頂作業人員墜落，下列何者非爲應考量之因素？ (1) 屋頂斜度 (2) 屋頂材料性質 (3) 屋頂材料價格 (4) 天候。

( ) 15. 依職業安全衛生設施規則規定，禁水性物質屬於下列何者？ (1) 爆炸性物質 (2) 氧化性物質 (3) 過氧化物質 (4) 著火性物質。

( ) 16. 依職業安全衛生設施規則規定，雇主對於良導體機器設備內之檢修工作所用之手提式照明燈，其使用電壓不得超過多少伏特？ (1) 12 (2) 24 (3) 110 (4) 220。

( ) 17. 含硫酸、硝酸之廢液收集桶不得與下列何種廢液混合？ (1) 鹽酸 (2) 磷酸 (3) 硫化物 (4) 水。

( ) 18. 依危害性化學品標示及通識規則規定，盛有危害物質之容器，其容積在多少公升以下者，得僅標示其名稱、危害圖式及警示語？ (1) 0.01 (2) 0.1 (3) 1 (4) 100。

( ) 19. 依職業安全衛生設施規則規定，作業前應測定可燃性氣體或易燃性液體蒸氣，其濃度達爆炸下限值之百分之幾以上時、應即刻使勞工退避至安全場所？ (1) 10 (2) 20 (3) 30 (4) 40。

( ) 20. 依營造安全衛生設施標準之規定，安全帶或安全母索繫固之錨錠，至少應能承受每人若干公斤以上之拉力？ (1) 1,200 (2) 1,300 (3) 2,200 (4) 2,300。

( ) 21. 下列何者單位或人員，非屬危害性化學品標示及通識規則所定，爲執行業務需要時，得要求事業單位提供危害物質成分之名稱、含量或製造、供應商之名稱事業單位不得拒絕？ (1) 主管機關 (2) 勞動檢查機構 (3) 警察 (4) 醫師。

( ) 22. 依職業安全衛生設施規則規定，室內工作場所各機械間或其他設備間通道寬度不得小於幾公尺？ (1) 0.8 (2) 1.0 (3) 1.2 (4) 1.5。

( ) 23. 過氧化丁酮爆炸係屬於下列何者？ (1) 物理性爆炸 (2) 化學性爆炸 (3) 物理化學性爆炸 (4) 核子反應。

( ) 24. 依職業安全衛生設施規則規定，起重機具之吊鉤或吊具之非爲直動式過捲預防裝置，應至少與吊架或捲揚胴保持多少公尺距離，以防止接觸碰接？ (1) 0.25 (2) 0.60 (3) 1.00 (4) 1.25。

( ) 25. 依營造安全衛生設施標準規定，使用圓竹或單管式之鋼管構築施工架時，其立柱之間距不得超過多少公尺？ (1) 1.8 (2) 2.2 (3) 2.8 (4) 3.2。

( ) 26. 依職業安全衛生設施規則規定，高壓活線作業時，作業人員對於活線接近作業，在距離頭上及身側及腳下幾公分以內，應於該電路設置絕線用防護裝備？ (1) 60 (2) 70 (3) 80 (4) 90。

( ) 27. 依職業安全衛生設施規則規定，吊鏈延伸長度超過百分之多少以上者，不得做爲起重升降機具之吊掛用具？ (1) 1 (2) 3 (3) 5 (4) 7。

( ) 28. 鋼構組配作業時，最高永久性樓板層上不得有超過幾層樓以上之鋼構未鉚接、熔接或螺栓栓緊者？ (1) 2 (2) 3 (3) 4 (4) 5。

( ) 29. 依職業安全衛生設施規則規定，金屬鋰、鈉屬下列何種危險物？ (1) 爆炸性物質 (2) 過氧化物質 (3) 氧化性物質 (4) 著火性物質。

( ) 30. 依職業安全衛生設施規則規定、高壓氣體容器之儲存，應維持在多少攝溫度以下？ (1) 40 (2) 50 (3) 60 (4) 70。

( ) 31. 依職業安全衛生設施規則規定，下列有關升降機之安全設施，何者不正確？ (1) 升降路各樓出入口，應裝置構造堅固平滑之門 (2) 升降搬器及升降路出入口之任一門開啟時，升降機不能開動 (3) 升降機在開動中任一門開時，能停止上下 (4) 搬器地板與樓板相差 10 公分以上時，升降路出入口門不能開。

( ) 32. 依職業安全衛生設施規則規定，進行研磨機研磨輪速率試驗時，應按最高使用周速度增加多少百分比為之？ (1) 10 (2) 25 (3) 50 (4) 100。

( ) 33. 高度 2 公尺以上作業遇強風大雨，勞工有墜落之虞時，應使勞工停止作業，所謂之強風係指 10 分鐘的平均風速達每秒多少公尺以上者？ (1) 10 (2) 20 (3) 30 (4) 40。

( ) 34. 在設備的佈置上，要儘量使物料成直線式流動，不要有逆行流動，此屬下列何種佈置原則？ (1) 綜合的原則 (2) 最短距離的原則 (3) 流動的原則 (4) 立體的原則。

( ) 35. 依職業安全衛生設施規則規定，離地幾公尺以內的傳動帶應設置適當的圍柵或護網？ (1) 1 (2) 1.5 (3) 2 (4) 2.5。

( ) 36. 對於從事鋼筋混凝土之作業時下列敘述何者不正確？ (1) 使從事搬運鋼筋作業之勞工戴用手套 (2) 禁止使用鋼筋作為拉索支持物、工作架或起重支持架 (3) 鋼筋不得散放於施工架上 (4) 不得使用吊車或索道運送鋼筋。

( ) 36. 下列何者不是暴露鋼筋危害的適當防止方法？ (1) 鋼筋尖端彎曲 (2) 鋼筋尖端漆以防鏽漆 (3) 鋼筋尖端套以塑膠套 (4) 鋼筋尖端加蓋。

( ) 37. 依職業安全衛生設施規則規定，雇主對於高壓氣體容器之搬運與儲存，下列敘述何者錯誤？ (1) 場內移動儘量使用專用手推車 (2) 容器吊運應以電磁鐵吊運鋼瓶 (3) 溫度保持在攝氏 40 度以下 (4) 盛裝容器之載運車輛應有警戒標誌。

( ) 38. 下列何種物品無需依危害性化學品標示及通識規則規定，辦理標示？ (1) 火藥 (2) 易燃液體 (3) 急毒性物質 (4) 有害事業廢棄物。

( ) 39. 為避免墜落撞擊及鐘擺效應，安全帶之吊掛繩長度不宜超過多少公尺？ (1) 1.5 (2) 3.0 (3) 4.5 (4) 6.0。

( ) 40. 對於橋樑工程採支撐先進工法、懸臂工法等以支撐架或工作車推進方式施工時，下列敘述何者不正確？ (1) 支撐架或工作車不得設置制動停止裝置，以避免推進時因制動而失控 (2) 支撐架或工作車之組立，應指派專人於現場直接指揮作業 (3) 支撐架或工作車推進或灌前，應確認支撐架或工作車連接構件之螺栓、插鞘等妥實設置 (4) 支撐架或工作車推進時，應設置防止人員進入推進路線下方之設施。

( ) 41. 依危害性化學品標示及通識規則規定，應依實際狀況檢討安全資料表內容正確性，並適時更新，其更新紀錄應保存多少年？ (1) 3 (2) 5 (3) 6 (4) 7。

( ) 42. 依營造安全衛生設施標準規定，雇主對於置放於高處，位能超過下列多少公斤•公尺之物件有飛落之虞者」應予以固定之？ (1) 6 (2) 8 (3) 10 (4) 12。

( ) 43. 依職業安全衛生設施規則規定，雇主對於架設之通道屬營建使用之階梯，其高度應在多少公尺以上時，每隔 7 公尺內設置平台一處？ (1) 8 (2) 9 (3) 10 (4) 12。

( ) 44. 將各生產活動、部門、設施或機械的相同動作，作有系統的分析而繪製成圖，為下列何者？ (1) 佈置圖 (2) 相關圖 (3) 空間關聯圖 (4) 位置平面圖。

( ) 45. 下列何種物質是危害性化學品標示及通識規則中指定之危險物？ (1) 致癌物質 (2) 毒性物質 (3) 氧化性物質 (4) 腐蝕性物質。

( ) 46. 依照職業安全衛生設施規則規定，作業前應測定可燃性氣體或易燃性液體蒸氣，其濃度達爆炸下限值之百分之幾以上時，應即刻使勞工退避至安全場所？ (1) 10 (2) 20 (3) 30 (4) 40。

( ) 47. 依職業安全衛生設施規則規定，雇主對於車輛通行道寬度，如係單行道，則為最大車輛之寬度加上下列何者？ (1) 50 公分 (2) 車寬之一半 (3) 1 公尺 (4) 車長之一半。

( ) 48. 依職業安全衛生設施規則規定，「其他可燃性氣體」是指在一大氣壓力下，攝氏幾度時具可燃性之氣體？ (1) 10 (2) 15 (3) 25 (4) 30。

( ) 49. 下列何者非屬使用道路作業之工作場所，為防止車輛突入等引起之危害，應辦理之事項？ (1) 作業人員應戴安全帽、穿著色鮮明之施工背心 (2) 不得於夜間作業 (3) 與作業無關之車輛禁止停入作業場所 (4) 不得造成大眾通行之障礙。

( ) 50. 依高壓氣體勞工安全規則規定，溫度在攝氏 35 度時，壓力超過每平方公分零公斤以上之液化氣體中，下列何者不屬於該項高壓氣體之氣體？ (1) 液化氰化氫 (2) 液化溴甲烷 (3) 液化環氧乙烷 (4) 液化環丙烷。

( ) 51. 依營造安全衛生設施標準規定，建築物之拆除應依下列何種順序，逐步拆除？ (1) 由下而上 (2) 由上而下 (3) 由左向右 (4) 由右向左。

( ) 52. 可燃性氣體或其混合蒸氣場所電氣防爆對策，下列何者不正確？ (1) 盡量避免使用電氣機具，而以空氣驅動之機械取代電動機具 (2) 使用行動電話是不影響安全的 (3) 電氣機具之金屬外箱、機架、保護罩、導線管應確實接地 (4) 應用防爆型電風扇。

( ) 53. 依危害性化學品標示及通識規則之規定，危害性化學品標示之危害圖式符號，應使用何種顏色？ (1) 黃色 (2) 綠色 (3) 黑色 (4) 藍色。

( ) 54. 下列何者不適合用於撲滅電氣火災？ (1) 二氧化碳 (2) BC 乾粉 (3) ABC 粉 (4) 水。

( ) 55. 對於使用高空工作車從事作業，下列敘述何者不正確？ (1) 指定專人指揮監督勞工依作業計畫從事作業 (2) 除行駛於道路上外，應將其外伸撐座完全伸出 (3) 高空工作車之駕駛應經危險性機械操作人員訓練合格 (4) 不得超過高空工作車之積載荷重及能力。

(　) 56. 依高壓氣體勞工安全規則規定，高壓氣體貯存區周圍在多少公尺內不得放置有煙火或放置危險物質？　(1) 2　(2) 3　(3) 4　(4) 5。

(　) 57. 下列何種工作性質之工廠佈置方式宜採用固定位置式？　(1) 技術性低者　(2) 機器人或工具簡單者　(3) 多量且速度快者　(4) 少量且速度慢者。

(　) 58. 依職業安全衛生設施規則規定，150 伏特以下之低壓帶電體前方，可能有檢修、調整、維護之活線作業時，其最小工作空間不得小於多少公分？　(1) 80　(2) 90　(3) 105　(4) 120。

(　) 59. 依職業安全衛生設施規則規定，一般工作場所平均每一勞工佔有 10 立方公尺，則該場所每分鐘每一勞工所需之新鮮空氣為多少立方公尺以上？　(1) 0.14　(2) 0.3　(3) 0.4　(4) 0.6。

(　) 60. 事業單位擴充產能時，下列何項較不可能引起潛在職業衛生危害？　(1) 新進人員訓練不足所致之危害　(2) 有害物增加逸散之危害　(3) 製品堆置場所不足所致之危害　(4) 工時縮短所致之危害。

(　) 61. 依營造安全衛生設施標準規定，雇主所設置之護欄，應包括上欄杆、中欄杆、腳趾板及杆柱等構材，上欄杆之高度應在多少公分以上？　(1) 60　(2) 75　(3) 90　(4) 120。

(　) 62. 依職業安全衛生設施規則規定，極精細儀器組合作業之人工照明，其照度至少為多少米燭光以上？　(1) 200　(2) 300　(3) 500　(4) 1,000。

(　) 63. 易燃液體係指閃火點未滿攝氏多少度之物質？　(1) 55　(2) 65　(3) 75　(4) 85。

(　) 64. 安全資料表 (SDS) 依規定應由下列何人製備？　(1) 勞工　(2) 醫護人員　(3) 運作者　(4) 顧客。

(　) 65. 依職業安全衛生設施規則規定，坑內於何狀況時，應使勞工停止作業？　(1) 溫度在 37℃ 以上　(2) 相對濕度在 80% 以上　(3) 溫度在 35℃ 以上　(4) 溫度在 30℃ 以上。

(　) 66. 下列何種類特定化學物質之作業場所應設置緊急沖淋設備？　(1) 乙類　(2) 丙類第二種　(3) 丙類第三種　(4) 丁類。

(　) 67. 下列何種物品適用危害性化學品標示及通識規則規定？　(1) 菸草　(2) 化粧品　(3) 可從製程中分離之中間物　(4) 滅火器。

(　) 68. 使用乙炔熔接裝置從事金屬熔接作業應注意事項，下列敘述何者有誤？　(1) 應先決定作業方法　(2) 發生器修繕前應完全除去乙炔　(3) 發生器有電石殘存時，亦可進行修繕　(4) 應由合格人員操作。

(　) 69. 依職業安全衛生設施規則規定，受生物病原體污染之物品，其儲存容器所應具備之特性，不包括下列何者？　(1) 容積達 5 公升　(2) 防止洩漏　(3) 不易穿透　(4) 足夠強度。

(　) 70. 依職業安全衛生設施規則規定，雇主對於勞工經常作業之室內作業場所，除設備及自地面算起高度超過多少公尺以上之空間不計外，每一勞工原則上應有 10 立方公尺以上之空間？　(1) 2.5　(2) 3　(3) 3.5　(4) 4。

( ) 71. 依危害性化學品標示及通識規則規定，裝有危害性化學品容器之標示不包括下列何者？ (1) 危害成分 (2) 危害警告訊息 (3) 客戶名稱、地址及電話 (4) 危害防範措施。

( ) 72. 依危害性化學品標示及通識規則規定，危害性化學品其主要成分，係指所含之危害物質成分，濃度重量比在百分之多少以上且佔前 3 位者？ (1) 1 (2) 2 (3) 3 (4) 4。

( ) 73. 依職業安全衛生設施規則規定，下列何者不屬於危險物？ (1) 易燃液體 (2) 可燃性氣體 (3) 致癌性物質 (4) 氧化性物質。

( ) 74. 依危害性化學品標示及通識規則規定，安全資料表應包含多少大項？ (1) 10 (2) 12 (3) 14 (4) 16。

( ) 75. 下列何種佈置方式是屬於搬運最少的設計？ (1) 固定式 (2) 功能式 (3) 製程式 (4) 混合式。

( ) 76. 電路為供應電燈、電具及插座用電，對地電壓超過多少伏特，應加裝漏電斷路器或採用一種有極性之接地極插頭及插座？ (1) 110 (2) 120 (3) 140 (4) 150。

( ) 77. 對於鋼材之儲存，下列敘述何者不正確？ (1) 儲存之場地應為堅固之地面 (2) 不得採用起重機吊運鋼材 (3) 各堆鋼材之間應有適當之距離 (4) 置放地點應避免在電線下方或上方。

( ) 78. 溫度在攝氏 35 度時，表壓力超過 kg/cm^2 以上之液化氣體中之液化氰化氫、液化溴甲烷、液化環氧乙烷或其他中央主管機關指定之液化氣體，係屬高壓氣體勞工安全規則所稱之高壓氣體？ (1) 0 (2) 1 (3) 1.5 (4) 2。

( ) 79. 依職業安全衛生設施規則規定，對於勞工 8 小時日時量平均音壓級超過 85 分貝或暴露劑量超過多少百分比時，雇主應使勞工戴用耳塞、耳罩等防護具？ (1) 30 (2) 40 (3) 50 (4) 60。

( ) 80. 下列何者適用危害性化學品標示及通識規則規定？ (1) 有害事業廢棄物 (2) 裝有危害物質之輸送裝置 (3) 菸草或菸草製品 (4) 製成品。

( ) 81. 依職業安全衛生設施規則規定，雇主對研磨機於更換研磨輪後，應先檢驗有無裂痕，並應在防護罩下試轉多少分鐘以上？ (1) 0.5 (2) 1 (3) 2 (3) 3。

( ) 82. 依營造安全衛生設施標準規定，雇主對於高度在多少公尺以上之施工架構築，應由專任工程人員事先以預期施工時之最大荷重，依結構力學原理妥為設計？ (1) 3 (2) 5 (3) 7 (4) 9。

( ) 83. 職業安全衛生設施規則所訂定，為事業單位一般工作場所安全衛生設施之何種標準？ (1) 最高標準 (2) 最低標準 (3) 特定標準 (4) 參考標準。

( ) 84. 過氧化丁酮為危害性化學品標示及通識規則中所稱之何種危險物？ (1) 爆炸性物質 (2) 易燃固體 (3) 自燃物質 (4) 禁水性物質。

( ) 85. 依營造安全衛生設施標準規定，為防止模板支撐之支柱的水平移動，應設置下列何種構件？ (1) 鋼製頂板 (2) 螺栓 (3) 水平繫條 (4) 牽引板。

(　) 86. 依職業安全衛生設施規則規定，雇主對於物料之搬運，應儘量利用機械以代替人力，凡多少公斤以上之物品，以機動車輛搬運為宜？　(1) 200　(2) 300　(3) 400　(4) 500。

(　) 87. 依危害性化學品標示及通識規則規定，危害物質應標示事項，除危害圖式外，其內容無需包括下列何項？　(1) 名稱及危害成分　(2) 危害警告訊息　(3) 製造者、輸入者或供應者之名稱、地址及電話　(4) 消防機關電話、地址。

(　) 88. 下列何者非屬局限空間作業場所應公告使作業勞工周知的事項？　(1) 進入該場所時應採取之措施　(2) 事故發生時之緊急措施及緊急聯絡方式　(3) 現場監視人員姓名　(4) 內部空間的大小。

(　) 89. 對於模板支撐，下列敘述何者不正確？　(1) 模板支撐應由專人事先妥為設計，以防止模板倒塌危害勞工　(2) 支柱之腳部應予以固定，以防止移動　(3) 鋼材與鋼材之接觸部分及搭接重疊部分，應以木材搭接妥為連結固定之　(4) 對曲面模板，應以繫桿控制模板之上移。

(　) 90. 依職業安全衛生設施規則規定，高壓活線作業時，作業人員對於活線接近作業，在距離頭上及身側及腳下幾公分以內，應於該電路設置絕緣用防護裝備？　(1) 60　(2) 70　(3) 80　(4) 90。

(　) 91. 依職業安全衛生設施規則規定，吊掛之鋼索一撚間有百分之多少以上素線截斷者，不得作為起重機及人字臂起重桿之吊掛用具？　(1) 1　(2) 5　(3) 10　(4) 15。

(　) 92. 依營造安全衛生設施標準規定，從事露天開挖作業，為防止地面之崩塌及損壞地下埋設物致有危害勞工之虞，應事前就作業地點及其附近，施以鑽探、試挖或其他適當方法從事調查，其調查內容，不包括下列哪一項？　(1) 地面有否龜裂、地下水位狀況及地層凍結狀況等　(2) 有無地下埋設物及其狀況　(3) 土壤污染狀況　(4) 地下有無高溫、危險或有害之氣體、蒸氣及其狀況。

(　) 93. 雇主使勞工進入供儲存大量物料之槽桶時，下列敘述何者錯誤？　(1) 應事先測定並確認無爆炸、中毒及缺氧等危險　(2) 應使勞工佩掛安全帶及安全索等防護具　(3) 工作人員應由槽底進入以防墜落　(4) 進口處派人監視以備發生危險時營救。

(　) 94. 依營造安全衛生設施標準之規定，雇主對於磚、瓦、木塊或同類材料之堆放，應置放於穩固、平坦之處，整齊緊靠堆置，其高度至少不得超過多少公尺？　(1) 1.6　(2) 1.8　(3) 2.1　(4) 2.3。

(　) 95. 下列何者非屬安全帶之正確使用方式？　(1) 應儘量繫於腰骨附近　(2) 使用 U 字型掛法，腰部繫著安全帶之位置應比掛繫點之位置稍高　(3) 掛繩應鉤掛於堅固之構造物上　(4) 掛繫之構造物有銳角時，勿使銳角與掛繩直接接觸。

(　) 96. 依職業安全衛生設施規則規定，室內工作場所主要人行道寬度不得小於幾公尺？　(1) 0.8　(2) 1.0　(3) 1.2　(4) 1.5。

( ) 97. 依營造安全衛生設施標準規定，雇主對打樁設備之捲揚鋼纜在下列何種情形下不可使用？ (1) 無接頭者 (2) 直徑減少達公稱直徑百分之五 (3) 無顯著變形者 (4) 鋼纜一撚間有八分之一以上素線截斷者。

( ) 98. 下列何種佈置方式幾乎沒有半成品庫存，大量減少搬運、人力和空間的浪費？ (1) 固定式 (2) 功能式 (3) 製程式 (4) 混合式。

( ) 99. 高壓氣體勞工安全規則所稱超低溫容器，係指可灌裝攝氏零下幾度以下之液化氣體，並使用絕熱材料被覆，使容器內氣體溫度不致上升至超過常用溫度之容器？ (1) 30 (2) 50 (3) 100 (4) 150。

( ) 100. 依職業安全衛生設施規則規定，亞氯酸鈉屬於下列何種物質？ (1) 可燃性 (2) 著火性 (3) 氧化性 (4) 爆炸性。

( ) 101. 苯為危害性化學品標示及通識規則中所稱之有害物及下列何種危害物質？ (1) 爆炸性物質 (2) 易燃液體 (3) 自燃物質 (4) 禁水性物質。

( ) 102. 依職業安全衛生設施規則規定，丙酮屬於下列何者？ (1) 爆炸性物質 (2) 著火性物質 (3) 易燃液體 (4) 氧化性物質。

( ) 103. 依危害性化學品標示及通識規則規定，裝有危害物質之容器，於下列何種條件可免標示？ (1) 容器體積在 500 毫升以下者 (2) 內部容器已進行標示之外部容器 (3) 外部容器已有標示之內部容器 (4) 危害性化學品取自有標示之容器，並僅供實驗室自行做研究之用者。

( ) 104. 依職業安全衛生設施規則規定，雇主對於室內工作場所，各機械間或其他設備間通道不得小於幾公分？ (1) 60 (2) 80 (3) 100 (4) 120。

( ) 105. 依職業安全衛生設施規則規定，裝卸貨物高差在多少公尺以上之作業場所，應設置能使勞工安全上下之設備？ (1) 1 (2) 1.5 (3) 2 (4) 3。

( ) 106. 依營造安全衛生設施標準規定，雇主以木材為模板支撐之支柱，木材以連接方式使用時，每一支柱最多僅能有幾處接頭？ (1) 1 (2) 2 (3) 3 (4) 4。

( ) 107. 避雷器接地電阻不得大於多少歐姆？ (1) 5 (2) 10 (3) 30 (4) 50。

( ) 108. 依職業安全衛生設施規則規定，有關固定梯之設置，下列何者有誤？ (1) 踏條等間隔 (2) 梯子頂端應突出板面 50cm 以上 (3) 不得有妨礙工作人員通行的障礙物 (4) 有防止梯子移位之措施。

( ) 109. 依職業安全衛生設施規則規定，勞工經常作業之室內作業場所，除設備及自地面算起高度超過 4 公尺以上之空間不計外，每一勞工原則上應有多少立方公尺以上之空間？ (1) 3 (2) 5 (3) 7 (4) 10。

( ) 110. 進出電梯時應以下列何者為宜？ (1) 裡面的人先出，外面的人再進入 (2) 外面的人先進去，裡面的人才出來 (3) 可同時進出 (4) 爭先恐後無妨。

( ) 111. 熔斷作業中為防止火苗或熔融金屬飛落引起燒傷，宜穿著下列何種防護具？ (1) 靜電服 (2) 圍裙 (3) 耐熱服 (4) 塑膠雨衣。

(   )112. 下列有關施工架之敘述，何者正確？ (1) 施工架組配作業遇強風、大雨時，未經雇主許可前不得擅自停止作業 (2) 組立施工架時，如設有寬度在 30 公分以上厚度 3.5 公分以上施工架板料，可免使勞工佩掛安全帶 (3) 以活動板料為工作臺，其板料長度小於 3.6 公尺時，其支撐點只需 2 處 (4) 構築施工架有鄰近或跨越車輛通道者，應於該通道設置護籠等安全設施。

(   )113. 對於維護工作環境的整潔與安全，較為正確的作法是？ (1) 選擇適當的機具及正確方法減少公害的發生 (2) 選擇低成本快速方法完成工作 (3) 將工作環境的整潔及安全只交付給安全管理人員負責 (4) 以達成工作任務優先，公共安全可以暫不考量。

(   )114, 依危害性化學品標示及通識規則規定，裝有危害性化學品之容器在多少毫升 (mL) 以下者，得僅標示名稱、危害圖示及警示語？ (1) 50 (2) 100 (3) 200 (4) 500。

(   )115. 依危害性化學品標示及通識規則規定，對裝有危害性化學品之容器，得於明顯之處，設置標示有規定事項之公告板，以代替容器標示，但不包括下列何者？ (1) 裝不同種類危害性化學品之數個容器，置放於同一處所 (2) 導管或配管系統 (3) 冷卻裝置 (4) 輸送裝置。

(   )116. 下列有關工作場所安全衛生之敘述何者有誤？ (1) 對於勞工從事其身體或衣著有被污染之虞之特殊作業時，應置備該勞工洗眼，洗澡、漱口、更衣、洗濯等設備 (2) 事業單位應備置足夠急救藥品及器材 (3) 事業單位應備置足夠的零食自動販賣機 (4) 勞工應定期接受健康檢查。

(   )117. 依營造安全衛生設施標準規定，為防止人員墜落所設置之護欄，下列何者錯誤？ (1) 上欄杆高度應在 90 公分以上 (2) 中欄杆高度應在 30 公分以上，45 公分以下 (3) 鋼管欄杆之杆柱相鄰間距不得超過 2.5 公尺 (4) 護欄前方 2 公尺內之地板不得堆放任何物件、設備。

(   )118. 某廠房準備從事鐵皮板構築之屋頂更換作業，為防止勞工踏穿墜落，雇主依職業安全衛生設施規則規定，應於屋架上設置適當強度之安全護網或寬度多少公分以上之踏板？ (1) 20 (2) 30 (3) 40 (4) 50。

(   )119. 雇主對於高壓氣體之貯存，下列敘述何者正確？ (1) 同成分之盛裝容器和空容器應同區放置 (2) 貯存周圍 1 公尺內得放置煙火 (3) 有毒氣體與氧氣應同區貯存，以提供緊急呼吸救援用途 (4) 貯存比空氣重之氣體應注意低窪處之通風。

(   )120. 依高架作業勞工保護措施標準規定，未設置平台、護欄等設備而已採取必要安全措施，其高度在至少幾公尺以上者是高架作業？ (1) 1.5 (2) 2 (3) 2.5 (4) 5。

(   )121. 依營造安全衛生設施標準規定，對於鋼管施工架之設置應符合何項國家標準？ (1) CNS 7534 (2) CNS 7535 (3) CNS 4750 (4) CNS 1425。

(   )122. 依危害性化學品標示及通識規則規定，裝有危害性化學品之容器標示事項包括圖式及內容，圖式形狀為何？ (1) 圓形 (2) 正三角形 (3) 沒有規定 (4) 直立 45 度角之正方形 (菱形)。

( )123. 依職業安全衛生設施規則規定，有關使用合梯作業，下列何者為非？ (1) 合梯須有堅固之構造 (2) 合梯材質不可有顯著損傷 (3) 梯角與地面應在 80 度以內，且兩梯腳間有繫材扣牢 (4) 有安全梯面。

( )124. 依職業安全衛生設施規則規定，為防止墜落災害發生，下列何種作業應採用符合國家標準之背負式安全帶及捲揚式防墜器？ (1) 合梯作業 (2) 高空工作車作業 (3) 高處管線維修作業 (4) 以吊籠從事外牆清洗作業。

( )125. 依危害性化學品標示及通識規則規定，液化氣體標示之圖式，其符號之顏色為何？ (1) 黃色 (2) 綠色 (3) 黑色 (4) 藍色。

( )126. 在高架作業中，若設置工作台有困難者，應使用下列何者來防止墜落？ (1) 安全網 (2) 安全帽 (3) 安全鞋 (4) 安全眼鏡。

( )127. 在道路施工時，為防止工作人員遭車輛撞擊之交通事故，對於出入口之防護措施，下列何者有誤？ (1) 設置警告標示 (2) 工地大門置交通引導人員 (3) 管制非工作人員不得進入 (4) 各包商之車輛一律停放於工地現場。

( )128. 有關批式反應製程有機過氧化物之儲存、使用，下列敘述何者不正確？ (1) 儲存室應獨立設於製程區外 (2) 有機過氧化物之儲存管理應採先進先出 (3) 每日應將當天各時段各批次所需之有機過氧化物一次提領，以降低儲存室之風險 (4) 使用抑制劑為防止失控反應常用方法之一。

( )129. 依營造安全衛生設施標準規定，有關露天開挖作業，下列敘述何者有誤？ (1) 大雨、四級以上地震後，應指定專人確認作業地點及其附近之地面有無龜裂，有無湧水、土壤含水狀況、地層凍結狀況及其地層變化等情形，並採取必要措施 (2) 開挖出之土石只可堆積於開挖面之上方或開挖面高度等值之坡肩寬度範圍內 (3) 爆破後，應指定專人檢查爆破地點及其附近有無浮石或龜裂等狀況，並採取必要之安全措施 (4) 應有勞工安全進出作業場所之施。

( )130. 電壓超過多少伏特，屬職業安全衛生設施規則所稱特高壓？ (1) 750 (2) 1,500 (3) 11,400 (4) 22,800。

( )131. 依職業安全衛生設施規則規定，雇主對於勞工從事其身體或衣著有被污染之虞之特殊作業時，刺激物、腐蝕性物質或毒性物質污染之工作場所，應每多少人設置一個冷熱水沖淋設備？ (1) 5 (2) 10 (3) 15 (4) 20。

( )132. 依危害性化學品標示及通識規則規定，危害圖示為「骷髏頭」有可能為下列何種危害性化學品？ (1) 致癌物質 (2) 生殖毒性物質 (3) 呼吸道過敏物質 (4) 急毒性物質。

( )133. 在高架作業中，若設置工作台有困難者，應使用下列何者來防止墜落？ (1) 安全網 (2) 安全帽 (3) 安全鞋 (4) 安全眼鏡。

( )134. 於拆除建築物或構造物時，為確保作業安全，下列何者有誤？ (1) 拆除順序應由下而上逐步拆除 (2) 不得同時在不同高度之位置從事拆除 (3) 有飛落、震落之物件，優先拆除 (4) 拆除進行中予以灑水，避免塵土飛揚。

( )135. 將要與不要的物品加以區分，是指 5S 中之哪一項？ (1) 整理 (2) 整頓 (3) 清掃 (4) 清潔。

( )136. 依營造安全衛生設施標準規定，在高架作業中，工作場所之通道路如用漏空格條製成，其間隙不得超過多少公分？ (1) 1 (2) 2 (3) 3 (4) 4。

( )137. 依職業安全衛生設施規則規定，使用梯式施工架立木之梯子，兩梯相互連接以增加長度時，至少應疊接多少公尺以上，並紮結牢固？ (1) 1 (2) 1.5 (3) 1.8 (4) 2。

( )138. 依職業安全衛生設施規則規定，移動梯寬度應在多少公分以上？ (1) 20 (2) 30 (3) 35 (4) 40。

( )139. 依職業安全衛生設施規則規定勞工於石綿瓦屋頂上作業，雇主提供適當強度之踏板寬度應為多少公分以上？ (1) 15 (2) 20 (3) 30 (4) 40。

( )140. 依職業安全衛生設施規則規定，磨床或龍門刨床之刨盤、牛頭刨床之滑板等之何處，應設置護罩、護圍等設備？ (1) 衝程部分 (2) 突出旋轉中加工物部分 (3) 具有捲一入點危險之捲胴 (4) 緊急制動裝置。

( )141. 一般作業勞工戴用之安全帽多採用何種材質？ (1) 鋼鐵 (2) 輕金屬 (3) 合成樹脂 (4) 橡膠。

( )142. 依職業安全衛生設施規則規定，刺激物、腐蝕性物質或毒性物質污染之工作場所，應每多少人設置 1 個冷熱水盥洗設備？ (1) 5 (2) 10 (3) 15 (4) 20。

( )143. 依職業安全衛生設施規則規定，高壓氣體鋼瓶貯存場所，下列何者非屬規定之事項？ (1) 標示嚴禁煙火 (2) 容器溫度保持攝氏 40 度以下 (3) 盛裝容器與空容器分區放 (4) 貯存比空氣輕之氣體，應注意低窪處之通風。

( )144. 依職業安全衛生設施規則規定，自高度在幾公尺以上之場所，投下物體有危害勞工之虞時，應設置適當之滑槽及承受設備？ (1) 2 (2) 3 (3) 4 (4) 5。

( )145. 依職業安全衛生設施規則規定，雇主對室內工作場所通道之設置，下列何者正確？ (1) 主要人行道寬度不得小於 1 公尺 (2) 機械間或其他設備通道寬度不得小於 60 公分 (3) 自路面算起 3 公尺範圍內不得有障礙物 (4) 主要人行道應設置緊急呼救設備。

( )146. 依職業安全衛生設施規則規定，雇主使勞工於載貨台從事單一物料裝卸物之重量超過多少公斤以上時，應指定專人決定作業方法及順序並指揮作業？ (1) 100 (2) 200 (3) 300 (4) 500。

( )147. 高壓氣體容器，搬運時之注意事項下列何者正確？ (1) 非與其他氣體混載不可時，應將容器之頭尾反方向置放或隔置相當間隔 (2) 以手移動容器，應確知護蓋旋緊後，方能橫置移動 (3) 載運可燃性氣體時，要置備吸收劑、中和劑、防毒面具 (4) 容器吊起搬運，使用子直接吊運。

( )148. 有關一般工地用安全帽及機車用安全帽之使用原則，下列何者正確？ (1) 僅乘機車時可戴工地用安全帽 (2) 僅在工地可戴機車用安全帽 (3) 兩者可互用 (4) 兩者不可互用。

( )149. 依職業安全衛生設施規則規定，雇主對於勞工經常作業之室內作業場所，採自然換氣時，其窗戶及其他開口部分等可直接與大氣相通之開口部分面積，應為地板面積之多少以上？　(1) 1/10　(2) 1/20　(3) 1/30　(4) 1/40。

( )150. 為防止墜落災害，使用移動式施工架作業之安全注意事項，下列何者錯誤？　(1) 人在架上，應以寸動方式移動施工架　(2) 作業時應使用安全帶　(3) 兩人不得同時於同側作業　(4) 使用時應將腳輪之止滑裝置予以固定。

( )151. 依職業安全衛生設施規則規定，下列何者非屬車輛系營建機械？　(1) 推土機　(2) 挖土斗　(3) 堆高機　(4) 鏟土機。

( )152. 有關堆高機搬運作業，下列何者為非？　(1) 載物行駛中可搭乘人員　(2) 作業前應實施檢點　(3) 作業完畢人員離開座位時，應關閉動力並拉上手煞車　(4) 載貨荷重不得超過該機械所能承受最大荷重。

( )153. 造成勞工危害之暴露劑量與下列何者有關？　(1) 濃度及作業面　(2) 濃度及暴露時間　(3) 濃度及作業高度　(4) 作業面積及作業高度。

( )154. 下列何者非屬防止搬運事故之一般原則？　(1) 以機械代替人力　(2) 以機動車輛搬運　(3) 採取適當之搬運方法　(4) 儘量增加搬運距離。

( )155. 依職業安全衛生設施規則規定，室內工作場所之通道，自路面起算多少公尺高度範圍內不得有障礙物？　(1) 1.8　(2) 2　(3) 2.1　(4) 3。

( )156. 雇主對坑內或儲槽內部作業之通風，下列何者不符職業安全衛生設施規則規定？　(1) 儲槽內部作業場所設置適當之機械通風設備　(2) 坑內作業場所設置適當之機械通風設備　(3) 儲槽內部作業場所以自然換氣能充分供應必要之空氣量即可　(4) 坑內作業場所以自然換氣能充分供應必要之空氣量即可。

( )157. 為防止墜落災害，有關使用移動梯子必須遵守事項，下列何者錯誤？　(1) 梯子寬度應在 20 公分以上　(2) 梯子與地面保時 75 度角　(3) 應有防止梯子滑溜、移位的措施　(4) 禁止於梯子上從事作業。

( )158. 依危害性化學品標示及通識規則規定，安全資料表中，不包括下列何者？　(1) 物品與廠商資料　(2) 危害物質存放處所及數量　(3) 安全處置與儲存方法　(4) 物理及化學性質。

( )159. 下列何者不適用危害性化學品標示及通識規則中容器之定義？　(1) 袋　(2) 反應器　(3) 管路　(4) 交通工具內之引擎、燃料槽。

( )160. 下列有關擋土支撐構築作業之敘述，何者正確？　(1) 垂直開挖深度 2 公尺且有崩塌之虞者，得不設擋土支撐　(2) 勞工於擋土支撐之構築作業，為方便在水平撐樑上走動，得不使用安全帶　(3) 應指派擋土支撐作業主管指揮勞工作業　(4) 規定每月應實施檢查支撐桿之鬆緊狀況，並記錄之。

( )161. 依職業安全衛生設施規則規定，雇主對於餐廳面積，應以同時進餐之人數每人在多少平方公尺以上為原則？　(1) 0.3　(2) 0.5　(3) 0.7　(4) 1。

( )162. 依職業安全衛生設施規則規定，以塑膠袋為袋裝容器構成之積垛，高度在 2 公尺以上者，積垛與積垛間下端之距離應保持多少公分以上？ (1) 10 (2) 15 (3) 20 (4) 25。

( )163. 依營造安全衛生設施標準規定，框式施工架 (高度未滿 5 公尺者除外) 設置與建築物連接之壁連座，其垂直方向之間距應為多少公尺？ (1) 2 (2) 5 (3) 8 (4) 9。

( )164. 灌注卸放危險物於儲槽時，下列何者有誤？ (1) 採取接地消除靜電措施 (2) 嚴禁煙火 (3) 禁止無關人員進入 (4) 管線加熱增加流速。

( )165. 依職業安全衛生設施規則規定，供勞工使用軌道手推車輛於下坡行駛，應保持幾公尺以上間距？ (1) 10 (2) 15 (3) 20 (4) 25。

( )166. 依職業安全衛生設施規則之規定，乙烷屬於下列何者？ (1) 爆炸性物質 (2) 著火性物質 (3) 易燃液體 (4) 可燃性氣體。

( )167. 依職業安全衛生設施規則規定，固定梯子梯長連續超過 6 公尺時，應於距梯底 2 公尺以上部分設下列何者？ (1) 護圍 (2) 護籠 (3) 斜籠 (4) 支撐。

( )168. 依危害性化學品標示及通識規則規定，致癌物質之危害圖式，為下列何者？ (1) 驚歎號 (2) 骷髏頭 (3) 癌細胞 (4) 人頭及胸腔。

( )169. 依職業安全衛生設施規則之規定，雇主對於建築物之工作室，除建築法規另有規定外，其樓地板至天花板淨高應在多少公尺以上？ (1) 1.8 (2) 2.1 (3) 2.5 (4) 3.0。

( )170. 下列何種作業須採用全面照明？ (1) 精細檢查 (2) 零件組合 (3) 檢查淺色毛織 (4) 裝箱。

( )171. 下列何者不是以視覺感官方法設計之警告方式？ (1) 高壓設備之請勿接近樣示 (2) 危險物運輸卡車上之易燃告示牌 (3) 以警鈴提示火警 (4) 夜間障礙物之紅色閃光燈。

( )172. 下列有關工作場所佈置之敘述，何者正確？ a. 高度危險性的作業需在面積小、作業員少、隔離的場所進行；b. 有堆高機行駛之工作道路寬度，應與堆高機寬度相同；c. 依安全顏色標準規定，黃色使用於消防設備、機器設備上的緊急按鈕裝置；d. 樓梯的斜度越大，其階梯深度應減小 (較窄)、階梯高度應增大 (1) a. b. (2) b. c. (3) c. d. (4) a. d.。

( )173. 有關氣體熔接作業使用可燃性氣體或氧氣之容器，下列何者為非？ (1) 保持容器之溫度於攝氏 40 度以下 (2) 應留置專用板手於容器開頸上 (3) 搬運容器可在地面滾動 (4) 應清楚分開使用中與非使用中容器。

( )174. 依危險物與有害物標示及通識規則規定，致癌物標示之圖式，其背景為何種顏色？ (1) 紅色 (2) 黃色 (3) 藍色 (4) 白色。

( )175. 佩戴安全帶主要目的為下列何者？ (1) 防止感電 (2) 防止人體墜落 (3) 防止中毒 (4) 幫助平衡。

( )176. 依職業安全衛生設施規則規定，對於電壓在 600 伏特以下之電氣設備前方，至少應有多少公分以上之水平工作空間？ (1) 70 (2) 80 (3) 90 (4) 100。

( )177. 下列何者不屬防止搬運事故之一般原則？ (1) 以機械代替人力 (2) 以機動車輛搬運 (3) 採取適當之搬運方法 (4) 儘量增加搬運距離。

( )178. 依職業安全衛生設施規則規定，作業場所夜間自然採光不足，以人工照明補足，鍋爐房、升降機、更衣室、廁所等照明應達多少米燭光以上？ (1) 20 (2) 50 (3) 100 (4) 300。

( )179. 依營造安全衛生設施標準規定，為防止人員墜落所設置之護欄，下列何者錯誤？ (1) 上欄杆高度應在 90 公分以上 (2) 中欄杆高度應在 30 公分以上，45 公分以下 (3) 鋼管欄杆之杆柱相鄰間距不得超過 2.5 公尺 (4) 護欄前方 2 公尺內之地板不得堆放任何物件、設備。

( )180. 對於視覺顯示而言，緊急逃生路線屬於下列何種靜態顯示？ (1) 文數字 (2) 象徵符號 (3) 圖畫與圖表 (4) 信號與警示燈。

( )181. 可燃性氣體作業場所其可燃性氣體之濃度依職業安全衛生設施規則規定，應維持在下列何濃度以下？ (1) 0.3LEL (2) 0.5LEL (3) 0.3UEL (4) 0.5UEL。

( )182. 依職業安全衛生設施規則規定，雇主對室內工作場所通道之設置，下列何者正確？ (1) 主要人行道不得小於 1 公尺 (2) 各機械間或其他設備通道不得小於 60 公分 (3) 自路面算起 3 公尺範圍內不得有障礙物 (4) 主要人行道應設置緊急呼救設備。

( )183. 雇主對物料之堆放方式，下列何者錯誤？ (1) 不得影響照明 (2) 不得使用自動灑水器以免造成物料水損 (3) 不得阻礙交通 (4) 以不倚靠牆壁或結構支柱堆放為原則。

( )184. 依高架作業勞工保護措施標準規定，勞工有一些情事者，雇主不得使其從事高架作業。請問下列何者未包括在內？ (1) 情緒不穩定，有安全顧慮者 (2) 酒醉或有酒醉之虞者 (3) 勞工自覺不適從事工作者 (4) 吸菸者。

( )185. 雇主對於高壓氣體容器之搬運與儲存，下列敘述何者錯誤？ (1) 場內移動儘量使用專用手推車等 (2) 容器吊運應以電磁鐵等以便吊運 (3) 溫度保持在攝氏 40 度以下 (4) 盛裝容器之載運車輛應有警戒標誌。

( )186. 依職業安全衛生設施規則規定，下列何種作業或場所人工照明方式應採用全面照明？ (1) 室外走道 (2) 零件組合 (3) 精細木工 (4) 菸葉分級。

( )187. 使勞工於高度 2 公尺以上施工架上從事作業時，下列敘述何者不正確？ (1) 應供給足夠強度之工作台 (2) 工作台寬度應在 40 公分以上並鋪滿密接之板料 (3) 活動式板料不得使用木板 (4) 工作台應低於施工架立柱頂點 1 公尺以上。

( )188. 工作場所佈置與設計之規定與要求，規定於下列何法令中？ (1) 職業安全衛生設施規則 (2) 工業用機器人危害預防標準 (3) 機械設備器具安全防護標準 (4) 危險物與有害物標示及通識規則。

( )189. 依職業安全衛生設施規則規定，升降機門須有搬器地板與樓板相差多少距離以上時，不能開啟之連鎖裝置？ (1) 7.5 公厘 (2) 15 公厘 (3) 7.5 公分 (4) 15 公分。

(　　)190. 隧道、坑道開挖中設置軌道設施，其相關安全規定依營造安全衛生設施標準及下列何種法規之相關規定辦理？　(1) 林場安全衛生設施標準　(2) 職業安全衛生設施規則　(3) 機械設備器具安全防護標準　(4) 鐵路法規。

(　　)191. 依職業安全衛生設施規則規定，通道傾斜度原則上應在多少度以下？　(1) 20　(2) 30　(3) 40　(4) 50。

(　　)192. 盛裝危害物質容器標示之圖式背景為何種顏色？　(1) 白色　(2) 紅色　(3) 綠色　(4) 黃色。

(　　)193. 有一室內作業場所 20 公尺長、10 公尺寬、5 公尺高，機械設備占有 5 公尺長、2 公尺寬、1 公尺高共 4 座，請問該場所最多能有多少作業員？　(1) 76　(2) 80　(3) 86　(4) 96。

(　　)194. 對於雇主設置之固定梯子 (非於沉箱內)，下列敘述何者錯誤？　(1) 應等間隔設置踏條　(2) 應有防止梯子移位之措施　(3) 梯子之頂端依規定應突出板面 50 公分　(4) 不得有妨礙工作人員通行之障礙物。

(　　)195. 為防止墜落災害，有關固定梯子應注意事項，下列何者正確？　(1) 踏條與牆壁間之淨距不得超過 15 公分　(2) 梯子之頂端應突出板面 60 公分以上　(3) 梯長連續超過 6 公尺時，應每隔 12 公尺以下設一平台　(4) 未設護籠或其他保護裝置，應每隔 9 公尺以下設一平台。

(　　)196. 依高架作業勞工保護措施標準規定，雇主使勞工於已設置平台、護欄之 10 公尺高處作業時，每連續作業 2 小時，應給予勞工多少分鐘之休息？　(1) 10　(2) 20　(3) 25　(4) 35。

(　　)197. 將倉庫和辦公室佈置一起，依產量變化，更動兩者空間的大小，此種方法是下列何種佈置原則的運用？　(1) 綜合的原則　(2) 流動的原則　(3) 彈性和開放的原則　(4) 立體的原則。

(　　)198. 職業安全衛生設施規則所稱高壓，下列敘述何者正確？　(1) 超過 600 伏特至 11400 伏特電壓之直流電　(2) 超過 600 伏特至 11400 伏特之交流電　(3) 超過 600 伏特至 22800 伏特之電壓　(4) 超過 750 伏特至 34500 伏特之交流電。

(　　)199. 以手推車搬運物料時，裝載之重心應儘量在何處？　(1) 上部　(2) 中部　(3) 下部　(4) 任意部位。

(　　)200. 依職業安全衛生設施規則規定，雇主對坑內之溫度應保持在攝氏多少度以下，超過時應使勞工停止作業？　(1) 28　(2) 30　(3) 35　(4) 37。

(　　)201. 依職業安全衛生設施規則規定，下列何者非屬雇主應於明顯易見之處所標明，並禁止非從事作業有關之人員進入之工作場所？　(1) 處置大量高熱物體或顯著濕熱之場所　(2) 氧氣濃度未滿百分之十八之場所　(3) 高架作業之場所　(4) 有害物超過容許濃度之場所。

(　　)202. 依工作場所佈置之彈性和開放原則，並考慮將來擴充之可能性，須事先考慮下列何者？　(1) 擴充以後的基本流程仍然不變　(2) 進行擴充時應立即停工，以免干擾　(3) 產品品質與設計要求後變更　(4) 機械設備不能隨時移動。

( )203. 依職業安全衛生設施規則規定，雇主對於工作用階梯之設置，下列敘述何者錯誤？ (1) 在原動機與鍋爐房中之工作用階梯之寬度不得小於 56 公分 (2) 斜度不得大於 75 度 (3) 梯級面深度不得小於 15 公分 (4) 應有適當之扶手。

( )204. 依職業安全衛生設施規則規定，雇主設置傾斜路代替樓梯時之規定，下列敘述何者錯誤？ (1) 傾斜路之斜度得大於 30 度 (2) 傾斜路之表面應以粗糙不滑之材料製造 (3) 不得有妨礙工作人員通行之障礙物 (4) 具有堅固之構造。

( )205. 依職業安全衛生設施規則規定，固定梯之踏條應與牆壁間保持多少公分以上淨距？ (1) 13.5 (2) 14.5 (3) 15.5 (4) 16.5。

( )206. 依職業安全衛生設施規則規定，下列有關固定梯使用應符合之條件，何者有誤？ (1) 踏條應等間隔 (2) 梯腳與地面之角度應在 75 度以上 (3) 不得有妨礙工作人員通行的障礙物 (4) 應有防止梯子移位之措施。

( )207. 安全帶之吊掛繩長度不宜超過多少公尺？ (1) 1.5 (2) 2.5 (3) 3.5 (4) 4.5。

( )208. 依「職業安全衛生設施規則」之規定，安全門之寬度不得小於 (1) 1.8 (2) 1.5 (3) 1.2 (4) 1.0 公尺。

( )209. 設置於豎坑內之通道，長度通過 15 公尺者，每隔多少公尺內應設置平台一處？ (1) 5 公尺 (2) 8 公尺 (3) 10 公尺 (4) 12 公尺。

( )210. 安全門與工作地點之距離，最遠不得超過 (1) 30 公尺 (2) 35 公尺 (3) 40 公尺 (4) 45 公尺。

( )211. 何種作業較少發生人體墜落災害？ (1) 利用施工架作業 (2) 作業時佩掛安全索 (3) 利用合梯作業 (4) 地面上作業。

( )212. 下列有關職業安全標示之敘述，何者正確？ (1) 三角形表說明 (2) 圓形表禁止 (3) 矩形表警告 (4) 正三角形，底在下者表注意。

( )213. 職業安全標示中，表示禁止者應使用 (1) 正三角形 (2) 圓形 (3) 矩形 (4) 菱形。

( )214. 為防止堆置物料倒塌、崩塌或掉落，下列防護措施何者有誤？ (1) 限制物料堆置高度 (2) 禁止人員進入該場所 (3) 採用繩索網綁 (4) 採用護網、擋樁等防護措施。

( )215. 雇主架設之通道，有墜落之虞之場所應置備高度多少公分之堅固扶手？ (1) 45 (2) 55 (3) 65 (4) 75。

( )216. 下列何者不是勞工於同平面跌倒之要因？ (1) 地板上有滑溜物 (2) 人的鞋底滑 (3) 樓板開口 (4) 地板磨光。

二、問答題

1. 某事業單位僱用勞工 150 人，勞工須從事重複性之作業，請依職業安全衛生設施規則規定，回答下列問題：

   (1) 為避免勞工促發肌肉骨骼疾病，應採取哪 4 項疾病預防措施？ (但「其他有關安全衛生事項」除外，寫出不計分)

(2) 前項預防措施之執行紀錄應保存多少年？

2. 以下項目 (1) 至 (10)，請列出與下列項目 A 至 E 相關性最大者。(本題各小項皆爲單選，答題方式如 (1)A、 (2)B、…等，複選不計分)

   (1) 鋁粉   A. 爆炸性物質

   (2) 過氯酸鉀   B. 著火性生物質

   (3) 過氧化丁酮   C. 易燃液體

   (4) 乙醚   D. 氧化性物質

   (5) 金屬鋰   E. 可燃性氣體

   (6) 苯

   (7) 汽油

   (8) 硝化乙二醇

   (9) 氯酸鉀

   (10) 氫

3. 依危害性化學品標示及通識規則規定，裝有危害性化學品之容器，其標示內容除名稱外，其他 5 項內容分別爲何？

4. 依職業安全衛生設施規則規定，雇主對於有車輛出人，易導致交通事故之虞之工作場所，應採取安全措施，請回答下列問題。

   (1) 已完工道路於通前應設置哪些設施？

   (2) 使用於夜間之柵欄，應設哪些設施？

   (3) 若所設置之設施，尚不足以防止交通事故，應如何再強化，以避免事故發生？

5. 依職業安全衛生設施規則規定，雇主供給勞工使用之呼吸防護具，其選擇與使用應依國家標準 CNS 14258Z3035 辦理。請回答在下表所列條件時，是否可使用列舉之呼吸防護具。可使用者請答○，不可使用者請答 X。(答題方式如： (1) ○、 (2) ○ …)

作業環境污染危害型態與程度	呼吸式防護具功能分類		
	無動力淨氣式呼吸防護具		供氣式呼吸防護具
	防塵面具	防毒面具	正壓壓縮空氣開放式自攜呼吸器
氧含量高於 18%，粒狀污染物濃度不致立即對生命健康造成危害	(1)	(1)	(3)
氧含量不明或低於 18%，且有害物濃度不明或可能立即對生命健康造成危害	(4)		(5)

6. 依職業安全衛生設施規則規定，雇主使勞工於局限空間從事作業前，如有引起勞工缺氧、中毒等相關危害之虞者，應訂定危害防止計畫，並使現場作業主管、監視人員、作業勞工及相關承攬人依循辦理，該計畫應包含哪些事項？(請列舉 5 項)

7. 依職業安全衛生設施規則規定，下列敘述分別屬於 A. 固定梯子或 B. 合梯之要求？請依序回答。(本題各小項均爲單選，答題方式如 (1)A、(2)B…)。

    (1) 雇主不得使勞工以此梯當作二工作面之上下設備。

    (2) 不得有妨礙工作人員通行之障礙物。

    (3) 應有防止梯子移位之措施。

    (4) 腳部有防滑絕緣腳座套。

    (5) 踏條與牆壁間應保持 16.5 公分以上之淨距。

8. 依職業安全衛生設施規則規定，對於灌注危險物於儲槽之設備有因靜電引起爆炸或火災之虞者，應採取哪些措施或裝置。

9. 勞工於工作場所 5 樓搭乘升降機，升降機門開啓時，因搬器 (車廂) 未在 5 樓，致發生勞工從升降機之升降路 5 樓開口墜落致死災害。爲避免發生類似災害，請依職業安全衛生設施規則規定，回答下列問題：

    (1) 雇主對於升降機之升降路各樓出入口，應有安全裝置，其設置規定爲何？

    (2) 雇主對於升降機之升降路各樓出入口門，應有連鎖裝置，其設置規定爲何？

10. 試列舉 4 種有發生勞工墜落之虞之場所或設備，並分別說明 2 種預防墜落之方法。

11. 高壓氣體多具可燃性，如貯存不當，可能有發生火災、爆炸之虞，爲防止前述災害，依職業安全衛生設施規則規定，雇主對於高壓氣體之貯存，請列舉 8 項應辦理事項？

12. 對於車輛流通頻繁之道路上從事臨時性、短期性作業，爲避免因車輛突入造成作業勞工被撞傷亡災害，應採取哪些安全措施？(至少列舉 5 項)。

13. 勞工於車輛出入、使用道路作業、鄰接道路作業而有導致交通事故被撞之危害，請依職業安全衛生設施規則規定回答下列問題：

    (1) 依規定應如何設置適當交通號誌、標示或柵欄，請列舉 5 項。

    (2) 爲防止車輛突入等引起之危害，請列舉 5 項應辦理事項

14. 某物流公司擬將物料儲存於鋼筋混凝土造之庫房內堆放，則其應注意不得有哪些不當的危險作爲請依職業安全衛生設施規則規定至少列出 5 項。

15. 請依職業安全衛生設施規則規定，回答下列問題：

    (1) 對勞工於石綿板等材料構築之屋頂從事作業，除使作業勞工使用個人防護具外，應於屋架上設置哪些防止勞工踏穿墜落之安全設備？

    (2) 勞工使用長度 2 公尺以下之移動梯作業，爲預防墜落災害，請列舉 3 項該移動梯應符合之規定？

    (3) 對於從事地面下或隧道工程等作業，有缺氧之虞者，應使作業勞工確實使用哪些防護器材？

    (4) 對於勞工以電焊、氣焊從事熔接、熔斷等作業時，應使作業勞工確實使用哪些防護器材？

16. 某一工作場所因作業需要，需將物料及人員運送到高處進行作業。依職業安全衛生設施規則規定，試回答下列問題：

    (1) 勞工以捲揚機吊運物料時，請分別針對安全裝置面及安全管理措施面，各列舉 3 項雇主應辦理事項。

(2) 勞工以高空工作車從事高處作業時,請列舉 5 項雇主應辦理事項。

17. 依職業安全衛生設施規則規定,哪些有害作業環境之工作場所,雇主應於明顯易見之處所標明,並禁止非從事作業有關人員進入?

18. 依職業安全衛生設施規則,對於毒性高壓氣體之儲存及使用,有哪些規定應辦理?

19. 依「職業安全衛生設施規則」之規定,於通風或換氣不充分之工作場所,使用可燃性氣體及氧氣從事熔接、熔斷或金屬之加熱作業時,為防止該等氣體之洩漏或排出引起爆炸、火災,試舉出五項雇主應辦理之事項。

20. 依「職業安全衛生設施規則」之規定,雇主使勞工於局限空間從事作業前:

(1) 應先確認的局限空間危害有哪些?

(2) 如有危害之虞應訂定危害防止計畫,其內涵應包括哪些事項?

21. 為防止強風吹襲施工架造成倒崩塌危害,試依營造安全衛生設施標準規定說明下列事項:

(1) 施工架之設計、查驗有何規定?

(2) 鋼管施工架之設置有何規定?

22. 請依營造安全衛生設施標準規定,回答下列問題:

(1) 於有發生水位暴漲或土石流之地區作業,應建立作業連絡系統,選任專責警戒人員,試列舉 4 項所選任專責警戒人員應辦理事項,以避免勞工有落水之

(2) 對於鋼材之儲存,試列舉 4 項應辦理事項,以防止鋼材倒塌及感電災害。

(3) 對於隧道、坑道作業,試列舉 4 項保護措施,以防止隧道、坑道進出口附近表土之崩塌或土石之飛落致危害勞工。

23. 試依營造安全衛生設施標準規定,回答下列問題:

(1) 四級以上地震後,雇主使勞工於施工構台上作業前,應確認支柱或構台梁等主要構材之狀況或變化情形,試列舉 4 項應確認之異常狀況或變化情形,以採取必要之改善措施。

(2) 四級以上地震後,雇主對於擋土支撐應指定專人實施檢查,發現異狀即補強、整修採取必要之設施。試列舉 2 項應檢查之異常狀況。

(3) 構造物於地震後傾斜須拆除,試列舉 4 項雇主於拆除構造物前應辦理事項,以防止倒塌或火災爆炸等災害。

24. 請依營造安全衛生設施標準及職業安全衛生設施規則規定,回答下列問題:

(1) 雇主對於高度 2 公尺以上之工作場所,勞工作業有墜落之虞者,應訂定墜落災害防止計畫,請依風險控制之先後順序,規劃 5 項應採取之墜落災害防止設施。

(2) 列舉 4 項應採用背負式安全帶及捲揚式防墜器之高處作業。

(3) 雇主進行鋼構組配作業前,為防止墜落、物體飛落或倒塌等災害,應擬訂鋼構組配作業計畫並使勞工遵循,列舉 3 項應規劃事項。

25. 請回答下列關於物料搬運、處置與吊運相關問題:

(1) 對於堆置物料,為防止倒塌、崩塌等災害,列舉 2 項應採設施。

(2) 使勞工進入供儲存大量物料之槽桶時,列舉 3 項應辦理事項,以防止勞工發生墜落及局限空間等危害。

(3) 使勞工以捲揚機等吊運物料時,列舉 6 項應辦理事項。

26. 請依營造安全衛生設施標準規定,回答下列問題:

(1) 自 104 年 7 月 3 日起,雇主使勞工於易踏穿材料構築之屋頂作業時,應指派屋頂作業主管,列舉 4 項屋頂作業主管於作業現場應辦理事項,以避免屋頂作業勞工發生墜落災害。

(2) 雇主對於工作場所人員及車輛機械出入口處,應置管制人員,列舉 2 項管制人員對於出入工作場所人員及車輛機械應辦理事項。

(3) 汛期將至,雇主使勞工於有發生水位暴漲或土石流之地區作業者,應選任專責警戒人員避免該區作業人員因水位暴漲或土石流之危害,列舉 4 項警戒人員應辦理事項。

27. 為防止發生模板倒塌災害,請依營造安全衛生設施標準規定,回答下列問題:

(1) 對於模板支撐支柱之基礎,依土質狀況,列舉 4 項應辦理事項。

(2) 若以可調鋼管支柱為模板支撐之支柱時,列舉 2 項應辦理事項。

(3) 對於混凝土澆置作業,列舉 4 項應辦理事項。

28. 依營造安全衛生設施標準規定,請回答下列問題:

(1) 護欄係由哪 4 項構件所組合而成?

(2) 護欄前方幾公尺內之樓地板,不得堆放任何物料、設備?

29. 颱風過後某工廠廠房鐵皮板屋頂(裝有塑膠採光罩)損壞須要整修,此屋頂有踏穿墜落之虞,為防止勞工於屋頂作業時,因踏穿屋頂而發生墜落災害,雇主應在屋頂上方及下方分別設置哪些安全設備?

30. 依危害性化學品標示及通識規則規定,裝有危害性化學品之容器,其標示內容除名稱外,其他 5 項內容分別為何?

31. 依營造安全衛生設施標準規定,雇主對於何種施工架及工作臺之構築及拆除,應事先就預期施工時之最大荷重,依結構力學原理妥為設計,置備施工圖說,並指派所雇之專任工程人員簽章確認強度計算書及施工圖說?(請列舉 5 種)

32. 依營造安全衛生設施標準規定,對於鋼構吊運、組配作業時,於吊運鋼材、安放鋼構時、設置鋼構時及吊索鬆放前,有何規定?(請列舉 2 項)

33. 依營造安全衛生設施標準規定,雇主對於高度 2 公尺以上之工作場所,勞工作業有墜落之虞者,應訂定墜落災害防止計畫,依風險控制之先後順序規劃,並採取適當墜落災害防止設施。請列舉 5 項風險控制項目。

鍋爐及壓力容器

12.1　前言

依「職業安全衛生法施行細則」第二十三條規定：「本法第十六條第一項所稱具有危險性之設備，指符合中央主管機關所定一定容量以上之下列設備：

(1) 鍋爐。

(2) 壓力容器。

(3) 高壓氣體特定設備。

(4) 高壓氣體容器。

(5) 其他經中央主管機關指定公告具有危險性之設備。

由於鍋爐及壓力容器乃屬危險性設備之範圍內，使用不當易發生「鍋爐爆炸」或「蒸汽外洩」之危險，因此本章依勞動部於民國 103 年 7 月 1 日最新修正之「鍋爐及壓力容器安全規則」之內容，對鍋爐及壓力容器之操作及安全管理加以介紹。

12.2　鍋爐

依「鍋爐及壓力容器安全規則」(以下簡稱本規則)之定義，鍋爐可分成「蒸汽鍋爐」及「熱水鍋爐」兩種：

一、蒸汽鍋爐

係指以火焰、燃燒氣體、其他高溫氣體或以電熱加熱於水或熱媒，「使發生超大氣壓之壓力蒸汽」，供給他用之裝置及其附屬過熱器與節煤器。

二、熱水鍋爐

係指以火焰、燃燒氣體、其他高溫氣體或以電熱加熱於「有壓力之水或熱媒」，供給他用之裝置。

除依本規則之定義外，鍋爐亦可依其型式分類，分成「煙管式」及「水管式」兩種：

(1) 煙管式鍋爐

　　如豎型、臥型、機車型、可尼西型、蘭開夏型等。

(2) 水管式鍋爐

　　如豎型橫管式、豎型水管式、貫流水管式、加貝爾水管式、熱媒鍋爐等。

此外，鍋爐若依其水流通循環方式，可分成「自然循環式」、「強制循環式」及「貫流式」等三種：

(1) 自然循環式

由於溫差之存在，致使水汽有比重差，使鍋爐內之水汽自然循環，一般之鍋爐都屬於此類。

(2) 強制循環式

除基本之給水泵外，在液態循環管路中間裝設強制循環泵，以促進鍋爐用水之循環，高壓高溫之大容量鍋爐多採用此設計。

(3) 貫流式

給水泵進口至蒸汽出口之間，僅以一支管連接，此管具有節煤器管、本體管及過熱管之作用。

12.2.1 鍋爐之構造

簡單而言，鍋爐之構造可分為三大部分：

一、本　體

鍋爐本體由鍋胴、端板、牽條、汽包等組件結合而成，本體內裝滿水及蒸汽，因此是一種可承受壓力之密閉容器。

二、燃燒室及燃燒裝置

燃料進行燃燒以產生熱能之空間稱為燃燒室。燃燒裝置包括燃燒器、點火裝置、空氣調節裝置及安全裝置 (燃料中斷閥、火焰感測器、爆炸門等)。

三、附屬裝置及附屬品

(1) 指示器

包括「壓力計」、「水面計」及「流量計」等。

(2) 安全閥

此為鍋爐「最重要之安全裝置」，若鍋內壓力超過其最高使用壓力，安全閥即自動打開，排放蒸汽以降低壓力。

(3) 水位高低警報器

鍋爐缺水會導致壓力急速上升，故水位的高低對鍋爐操作的安全有密切關係。一旦爐內水位過低，「水位高低警報器」即會鳴響，以警告操作員注意。

(4) 給水系統

包括「給水泵」，「給水閥」和「給水管」等。

(5) 吹洩裝置

爐水必須適時排放更換，去除水垢，以保存爐水純淨，因此在鍋底裝置「吹洩閥」和「旋塞」。

(6) 供汽系統

包括「主蒸汽閥」、「汽水分離器」、「汽水共騰防止管」及「減壓閥」等。

(7) 節煤器

利用送往煙窗前之煙氣熱量，預熱給水之裝置。其優點為可回收熱量，提高效率，縮少給水和爐水之溫差，減少爐體材質變形，缺點是節煤器會影響煙氣之排放。

(8) 空氣預熱器

利用煙氣熱量加熱燃燒所需之空氣，可增加燃燒效率。

(9) 過熱器

此裝置對飽和蒸汽予以加熱，使之成為過熱蒸汽，此舉可減少蒸汽流動之阻力和管內腐蝕的機會。

四、鍋爐之傳熱面積

鍋爐之危險性除與其「容積」及「壓力」大小有關外，鍋爐加熱時之「傳熱面積」亦是非常重要之評估參數。依「鍋爐及壓力容器安全規則」第七條規定，所稱「傳熱面積」，指按照「國家標準 2139 陸用鋼製鍋爐」規定方法計算，且依下列規定分別測計之面積。但不包括過熱器及節煤氣之傳熱面積：

1. 貫流鍋爐：以燃燒室入口至過熱器入口之水管，與火焰、燃燒氣體或其他高溫氣體 (以下簡稱燃燒氣體等) 接觸面之面積。

2. 電熱鍋爐：以電力設備容量 20 瓩相 (KW) 當 1 平方公尺，按最大輸入電力設備容量換算面積。

3. 貫流鍋爐以外之水管鍋爐，就水管及集管器部分按下列規定測計面積之總合：

   (1) 胴體、水管或集管器，其一部或全部接觸燃燒氣體等，另一接觸水、汽水混合物或熱媒之面，為期接觸燃燒氣體等面之面積。

   (2) 以縱向裝設鰭片之水管，其鰭片兩面均接觸燃燒氣體等者，依其熱傳遞種類，以鰭片之單面面積乘以下表相對應之係數所得之面積與水管外周面積相加之面積。

熱傳遞種類	係數
兩面受輻射熱時	1.0
一面受輻射熱，另一面接燃燒氣體等時	0.7
兩面均接觸燃燒氣體等時	0.4

(3) 以縱向裝設鰭片之水管，其單面接觸燃燒氣體者，依其熱傳遞種類，以鰭片之單面面積乘以下表相對應之係數所得之面積與水管外周接觸燃燒氣體等部分之面積相加之面積。

熱傳遞種類	係數
受輻射熱時	0.5
接觸燃燒氣體等時	0.2

(4) 以圓周方向或螺旋狀裝設鰭片之水管，以鰭片之單面面積 (螺旋狀鰭片者，以鰭片之捲數視同圓周方向之鰭片片數計算所得之面積) 之 20% 與水管外周面積相加之面積。

(5) 以耐火材 (含耐火磚) 包覆之水管者，為管外側對壁面之投影面積。

(6) 以耐火材包覆之植釘管而單面接觸燃燒氣體等，為管之半周面積；包覆物全周接觸燃燒氣體等者，為管之外周面積。

(7) 接觸燃燒氣體等植釘管者，為植釘管外側面面積總合之 15% 與水管外周面積相加之面積。

(8) 貝禮式水冷壁者，為接觸燃燒氣體等面之展開面積。

4. 水管鍋爐及電熱鍋爐以外之鍋爐：鍋爐本體中一面接觸燃燒氣體等，另一面接觸水、汽水混合物或熱媒之部分之面，為其接觸燃燒氣體等之面所測得之面積。

12.2.2 鍋爐之事故

　　了解鍋爐事故發生之各種現象，可使操作人員提高警覺而達操作安全之目的。鍋爐發生事故之原因及現象如下：

一、燃燒異常

(1) 逆火
火焰經燃燒室入口向外噴出，主要是點火時操作不當所致。

(2) 不完全燃燒
燃料燃燒不完全，導致燃燒效率低且造成空氣污染。

(3) 火焰偏流
火焰偏流使爐壁加熱不均而引起局部過熱。

(4) 不穩定燃燒
火焰時熄時燃，容易導致瓦斯爆炸或逆火產生。

二、熄火

燃燒中火焰突然熄滅，為避免發生瓦斯爆炸，必須立即關閉燃料供給閥，待查明並排除故障原因後，再依序點火操作。

三、碳渣

燃燒器之噴嘴、燃燒室之爐壁等，常有碳渣附著的情形發生，因而導致熄火、逆火現象，須加以清除。

四、鍋鳴

瓦斯通過燃燒中的煙道時，因出現渦流而引起震動現象。主要原因是燃料中的水分太多，或空氣燃燒比例不當而造成的。

五、蒸發異常

(1) 爐水發泡

爐水中因含有鹼性物質、油脂或不純雜質等，致使爐水之濃度增高，水之表面張力增大而形成汽泡，隨蒸汽送出。

(2) 汽水共騰

爐水水面急劇蒸發，水分未能與蒸汽完全分離，便會發生汽水共騰現象。原因可能是水位過高，蒸汽閥故障，或水中含有油脂、有機物所造成的。

六、水鎚

給水管或送汽管內之水流過急，與管內彎曲部位及管中各種開關閥發生強烈撞擊，導致水鎚現象的發生。

七、過熱或燒毀

(1) 過熱

鍋爐所使用之鋼料，在 200℃ 至 300℃ 的溫度時，有最強之抗張力。當溫度升至 500℃，強度只剩原來的一半。在 500℃ 至 750℃ 時，鋼料結晶粒變粗，但仍可施行熱處理以回復原來之性質。「鋼料結晶粒變粗，即為過熱之現象」。

(2) 燒毀

鋼料之溫度增為 750℃ 至 800℃ 時，「內部結晶粒發生不可逆之變化，即使予以熱處理，也無法回復原來之組織，此現象稱為燒毀」。燒毀多數是由於操作人員添加燃料過多，爐火過猛所造成。或由於鍋爐之容量不足，所需蒸汽量超過鍋爐的規定負荷，因此鍋爐壓力下降，為保持蒸汽壓力不降，遂多加燃料，造成火勢過猛。

八、膨出、縮扁及彎曲

(1) 膨出

鍋胴或水管因過熱，使其強度降低，繼而受到水壓形成往外膨脹突出狀，此現象稱為膨出。多數發生於鍋底有水垢滯積之傳熱面，或有汽泡滯留於水管導致傳熱不良而引起。

(2) 縮扁

由於鍋爐水位降低，鍋胴發生過熱，突然加進冷水而致使鍋內蒸汽凝結成水，蒸汽壓消失而變為真空，若支撐不良，承受不住外面大氣壓力而出現縮扁的現象。

(3) 彎曲

水管及過熱管等因過熱而強度降低，導致彎曲之現象。

九、裂縫

鍋爐鋼材長期受到蒸汽壓力及溫度改變之冷縮熱脹而產生金屬疲勞，應力減弱，造成裂縫之出現。

十、剝層及氣泡

(1) 剝層

鋼板因製造缺陷產生剝離形成兩層的現象。

(2) 氣泡

剝層部分受熱後因傳熱不良而產生泡狀膨脹或裂痕，此情形稱為氣泡。

十一、鹼性脆化

鍋爐水中所含之燒鹼 (NaOH) 過多，會形成白色沉澱，若其局部濃度超過75,000ppm，則燒鹼中的氧離子會滲透擴散進入鋼材之中，使之變脆造成裂痕，此現象稱為鹼性脆化。

十二、內部腐蝕

(1) 點蝕

與爐水接觸之鋼料出現粟粒、豆粒或米粒般大小之蝕痕。原因是爐水中含有氧氣及二氧化碳氣體，溶於水中和鐵離子產生化學反應，生成碳酸鐵及氧化鐵。在爐水流動較慢的地方，更容易發生點蝕。

(2) 全面腐蝕

鋼板及水管表面與蒸汽或爐水接觸之一面發生均勻之腐蝕，因而使厚度全面變薄，此現象稱為全面腐蝕。

(3) 溝蝕

由於鋼料出現溝狀裂痕，因而在裂痕中發生腐蝕，此現象稱為溝蝕。

十三、外部腐蝕

鍋爐外表發生腐蝕，主要是由於腐蝕性物質 (如釩) 或氣體 (如一氧化碳) 之化學作用所造成的。

十四、洩漏

鍋胴、端板或管板等鉚接處、擴管嵌合處以及附屬品安裝處，容易發生洩漏。

十五、爐膛爆炸

由於燃燒室或煙管內排氣不良，致使燃料與空氣混合後，其濃度比例達到氣體爆炸範圍，一經點火便導致爆炸。使用重油、天然氣、粉煤的鍋爐較易發生爐膛爆炸。

綜合以上各點，鍋爐發生事故的原因可歸納為「設計不當」、「製造不當」、「安裝不當」、「運轉不當」及「維護不當」。有鑑於此，勞動部針對鍋爐之熔接、構造等，訂定完善檢查制度，使此等危險性設備從製造至報廢皆能全程被列管，相關規範可參閱「危險性機械及設備安全檢查規則」(民國 105 年 11 月 21 日最新修正) 及「既有危險性機械及設備安全檢查規則」(民國 103 年 7 月 3 日最新修正) 等規章；至於鍋爐之安全操作及管理規範，則仍以「鍋爐及壓力容器安全規則」為依據。

12.2.3 小型鍋爐

依本規則第三條規定，本規則所稱「小型鍋爐」，指鍋爐合於下列規定之一者：

(1) 最高使用壓力 (表壓力，以下同) 在 $1kg/cm^2$ 以下或 0.1 百萬帕斯卡 (MPa) 以下，且傳熱面積在 $1m^2$ 以下之蒸汽鍋爐。

(2) 最高使用壓力在 $1kg/cm^2$ 以下或 0.1 百萬帕斯卡 (MPa) 以下，且胴體內徑在 300mm 以下，長度在 600mm 以下之蒸汽鍋爐。

(3) 傳熱面積在 $3.5m^2$ 以下，且裝有內徑 25mm 以上開放於大氣中之蒸汽管之蒸汽鍋爐。

(4) 傳熱面積在 $3.5m^2$ 以下，且在蒸汽部裝有內徑 25mm 以上之 U 字形豎立管，其水頭壓力在 5m 以下之蒸汽鍋爐。

(5) 水頭壓力在 10m 以下，且傳熱面積在 $8m^2$ 以下之熱水鍋爐。

(6) 最高使用壓力在 $10kg/cm^2$ 以下或 1 百萬帕斯卡 (MPa) 以下，(不包括具有內徑超過 150mm 之圓筒形集管器，或剖面積超過 $177cm^2$ 之方形集管器之多管式貫流鍋爐)，且傳熱面積在 $10m^2$ 以下之貫流鍋爐 (具有汽水分離器者，限其汽水分離器之內徑在 300mm 以下，且其內容積在 $0.07m^3$ 以下)。

12.2.4　鍋爐之安全管理

以下為本規則對鍋爐安全管理之相關規定：

1. 雇主應將鍋爐安裝於專用建築物內或安裝於建築物內以障壁分隔之場所 (以下稱為鍋爐房)。但移動式鍋爐、屋外式鍋爐或傳熱面積在 $3m^2$ 以下之鍋爐，不在此限。

2. 雇主對鍋爐之基礎及架構，應使鍋爐安裝維持穩固與防止發生基礎沉陷及構架扭曲，並妥為安全設計及維護。

3. 雇主應於鍋爐房設置 2 個以上之出入口。但無礙鍋爐操作人員緊急避難者，不在此限。

4. 雇主對於鍋爐最頂端至鍋爐房頂部之天花板、樑、配管或其他鍋爐上方構造物之間，應維持 1.2m 以上之淨距。但對於安全閥及其他附屬品之檢查、調整或操作等無礙者，不在此限。

5. 雇主對於豎型鍋爐或本體外側未加被覆物之鍋爐，由鍋爐外壁至牆壁、配管或其他鍋爐側方構造物等之間，應維持 45cm 以上之淨距。但胴體內徑在 500mm 以下，且長度在 1,000mm 以下之鍋爐，其淨距得維持 30cm 以上。

6. 雇主對於鍋爐及其附設之金屬製煙囪或煙道，如未裝設厚度 10cm 以上之非金屬不燃性材料被覆者，其外側 15cm 內，不得堆置可燃性物料。但可燃性物料以非金屬不燃性材料被覆者，不在此限。

7. 雇主於鍋爐房或鍋爐設置場所儲存燃料時，固體燃料應距離鍋爐外側 1.2m 以上，液體燃料或氣體燃料應距離鍋爐外側 2m 以上。但鍋爐與燃料或燃料容器之間，設有適當防火障壁或其他同等防火效能者，其距離得縮減之。

8. 雇主對於鍋爐之操作管理，應僱用專任操作人員，於鍋爐運轉中不得使其從事與鍋爐操作無關之工作。

   前項操作人員，應經相當等級以上之鍋爐操作人員訓練合格或鍋爐操作技能檢定合格。

9. 雇主對於同一鍋爐房內或同一鍋爐設置場所中，設有 2 座以上鍋爐者，應依下列規定指派鍋爐作業主管，負責指揮、監督鍋爐之操作、管理及異常處置等有關工作：

   (1) 各鍋爐之傳熱面積合計在 $500m^2$ 以上者，應指派具有甲級鍋爐操作人員資格者擔任鍋爐作業主管。但各鍋爐均屬貫流式者，得由具有乙級以上鍋爐操作人員資格者為之。

(2) 各鍋爐之傳熱面積合計在 50m² 以上未滿 500m² 者，應指派具有乙級以上鍋爐操作人員資格者擔任鍋爐作業主管。但各鍋爐均屬貫流式者，得由具有丙級以上鍋爐操作人員資格為之。

(3) 各鍋爐之傳熱面積合計未滿 50m² 者，應指派具有丙級以上鍋爐操作人員資格者擔任鍋爐作業主管。

前項鍋爐之傳熱面積合計方式，得依下列規定減列計算傳熱面積：

(1) 貫流鍋爐：為其傳熱面積乘 1/10 所得之值。

(2) 對於以火焰以外之高溫氣體為熱源之廢熱鍋爐：為其傳熱面積乘 1/2 所得之值。

(3) 具有自動控制裝置，其機能應具備於壓力、溫度、水位或燃燒狀態等發生異常時，確能使該鍋爐安全停止，或具有其他同等安全機能設計之鍋爐：為其傳熱面積乘 1/5 所得之值。

10. 雇主應使鍋爐操作人員實施下列事項：

(1) 監視壓力、水位、燃燒狀態等運轉動態。

(2) 避免發生急劇負荷變動之現象。

(3) 防止壓力上升超過最高使用壓力。

(4) 保持壓力表、安全閥及其他安全裝置之機能正常。

(5) 每日檢點水位測定裝置之機能一次以上。

(6) 確保鍋爐水質，適時化驗鍋爐用水，並適當實施沖放鍋爐水，防止鍋爐水之濃縮。

(7) 保持給水裝置機能正常。

(8) 檢點及適當調整低水位燃燒遮斷裝置、火焰檢出裝置及其他自動控制裝置，以保持機能正常。

(9) 發現鍋爐有異狀時，應即採取必要措施。

置有鍋爐作業主管者，雇主應使其指揮、監督操作人員實施前項規定。

第一項業務執行紀錄及簽認表單，應保存三年備查。

11. 雇主對於鍋爐之安全閥及其他附屬品，應依下列規定管理：

(1) 安全閥應調整於最高使用壓力以下吹洩。但設有二具以上安全閥者，其中至少一具應調整於最高使用壓力以下吹洩，其他安全閥可調整於超過最高使用壓力至最高使用壓力之 1.03 倍以下吹洩；具有釋壓裝置之貫流鍋爐，其安全閥得調整於最高使用壓力之 1.16 倍以下吹洩。經檢查後，應予固定設定壓力，不得變動。

(2) 過熱器使用之安全閥，應調整在鍋爐本體上之安全閥吹洩前吹洩。

(3) 釋放管有凍結之虞者，應有保溫設施。

(4) 壓力表或水高計應避免在使用中發生有礙機能之振動，且應採取防止其內部凍結或溫度超過 80℃之措施。

(5) 壓力表或水高計之刻度版上，應明顯標示最高使用壓力之位置。

(6) 在玻璃水位計上或與其接近之位置，應適當標示蒸汽鍋爐之常用水位。

(7) 有接觸燃燒氣體之給水管、沖放管及水位測定裝置之連絡管等，應用耐熱材料防護。

(8) 熱水鍋爐之回水管有凍結之虞者，應有保溫設施。

12. 雇主對於鍋爐房或鍋爐設置場所，應禁止無關人員擅自進入，並應依下列規定為安全管理：

(1) 在作業場所入口明顯處設置禁止進入之標示。

(2) 非有必要且無安全之虞時，禁止攜入與作業無關之危險物及易燃物品。

(3) 置備水位計之玻璃管或玻璃板、各種填料、修繕用工具及其他必備品，以備緊急修繕用。

(4) 應將鍋爐檢查合格證及鍋爐操作人員資格證件影本揭示於明顯處所；如屬移動式鍋爐，應將檢查合格證影本交給鍋爐操作人員隨身攜帶。

(5) 鍋爐之燃燒室、煙道等之砌磚發生裂縫時，或鍋爐與鄰接爐磚之間發生隙縫時，應儘速予以適當修補。

13. 雇主於鍋爐點火前，應使鍋爐操作人員確認節氣閘門確實開放，非經燃燒室及煙道內充分換氣後，不得點火。

14. 雇主應改善鍋爐之燃燒方法，避免鍋爐燃燒產生廢氣滯留室內，並應於鍋爐房設置必要之通風設備或採其他排除廢氣措施。但無廢氣滯留之虞者，不在此限。

前項鍋爐通風設備之排煙裝置、排煙風管、逆風檔及鍋爐房之防火區劃等，應依建築管理法規及消防法規之相關規定辦理。

15. 雇主於鍋爐操作人員沖放鍋爐水時，不得使其從事其他作業，並不得使單獨 1 人同時從事 2 座以上鍋爐之沖放工作。

雇主對於鍋爐用水，應合於國家標準 CNS10231 鍋爐給水與鍋爐水水質標準之規定，並應適時清洗胴體內部，以防止累積水垢。

16. 雇主對於勞工進入鍋爐或其燃燒室、煙道之內部，從事清掃、修繕、保養等作業時，應依下列規定辦理：

(1) 將鍋爐、燃燒室或煙道適當冷卻。

(2) 實施鍋爐、燃燒室或煙道內部之通風換氣。

(3) 鍋爐、燃燒室或煙道內部使用之移動電線，應為可撓性雙重絕緣電纜或具同等以上絕緣效力及強度者；移動電燈應裝設適當護罩。

(4) 與其他使用中之鍋爐或壓力容器有管連通者，應確實隔斷或阻斷。

(5) 置監視人員隨時保持連絡，如有災害發生之虞時，立即採取危害防止、通報、緊急應變及搶救等必要措施。

17. 雇主對於小型鍋爐之構造，應合於國家標準 CNS10897 小型鍋爐之規定。

18. 雇主對於小型鍋爐之安全閥，應調整於 $1kg/cm^2$ 以下或 0.1 百萬帕斯卡 (MPa) 以下之壓力吹洩。但小型貫流鍋爐應調整於最高使用壓力以下吹洩。

12.3　壓力容器

適用本規則之壓力容器可分為「第一種壓力容器」、「第二種壓力容器」、「小型壓力容器」等三種。壓力容器之分類，主要是依其「使用性質」、「最高使用壓力」、「內容積」等因素為參考依據。

一般而言，使用於化學反應之壓力容器，其危險性比純粹裝載壓力氣體或液體之容器高。容器所承受的使用壓力越大，其危險性也越大。此外，內容積越大的壓力容器，危險也相對的增加。所以，對於那些超大型的高壓化學反應容器，其構造、施工方法、材料選用及各種檢查，都有相關之法令規定。

至於一些體積小，壓力小的壓力容器，因其危險性較低，如一般家庭用液化瓦斯桶，即屬於「不適用本規則之壓力容器」，可免受本規則之限制。

依本規則所規定之「最高使用壓力」，乃是以「表壓力」(gauge pressure) 為測定值。「表壓力」與「大氣壓力」之關係如下：

表壓力＝容器內部之絕對壓力－大氣壓力

因此，當容器的「表壓力」等於零時，即表示「容器內部之絕對壓力」等於「大氣壓力」，而當「表壓力」大於零時，則表示「容器內部之壓力」超過「大氣壓力」。由此可知，本規則所稱之「壓力容器」，其「表壓力」必大於零，所以壓力容器之分類，可以「表壓力」及「內容積」兩參數為之。

12.3.1　第一種壓力容器

依本規則第四條規定，第一種壓力容器，係指下列各種之壓力容器：

(1) 接受外來之蒸汽或其他熱媒或使在容器內產生蒸氣加熱固體或液體之容器，且容器內之壓力超過大氣壓。

(2) 因容器內之化學反應、核子反應或其他反應而產生蒸氣之容器，且容器內之壓力超過大氣壓。

(3) 爲分離容器內之液體成分而加熱該液體，使產生蒸氣之容器，且容器內之壓力超過大氣壓。

(4) 除前三種外，保存溫度超過其在大氣壓下沸點之液體之容器。

12.3.2　第二種壓力容器

第二種壓力容器，指內存氣體之壓力在 $2kg/cm^2$ 以上或 0.02 百萬帕斯卡 (MPa) 以上之容器而合於下列規定之一者：

(1) 內容積在 $0.04m^3$ 以上之容器。

(2) 胴體內徑在 200mm 以上，長度在 1,000mm 以上之容器。

前項壓力容器如屬「高壓氣體特定設備」、「高壓氣體容器」或「高壓氣體設備」，應依高壓氣體安全相關法規辦理。

12.3.3　小型壓力容器

本規則第五條所稱小型壓力容器，指第一種壓力容器合於下列規定之一者：

(1) 最高使用壓力在 $1kg/cm^2$ 以下或 0.1 百萬帕斯卡 (MPa) 以下，且內容積在 $0.2m^3$ 以下。

(2) 最高使用壓力在 $1kg/cm^2$ 以下或 0.1 百萬帕斯卡 (MPa) 以下，且體內徑在 500mm 以下，長度在 1,000mm 以下。

(3) 以「kg/cm^2」單位所表示之最高使用壓力數值與以「m^3」單位所表示之內容積數值之乘積在 0.2 以下，或以「百萬帕斯卡 (MPa)」單位所表示之最高使用壓力數值與以「m^3」單位所表示之內容積數值之乘積在 0.02 以下。

12.3.4　壓力容器之安全管理

以下爲本規則對壓力容器之安全管理規定：

1. 雇主對於「第一種壓力容器」之操作管理，應僱用專任操作人員，於該容器運轉中，不得使其從事與「第一種壓力容器」操作無關之工作。

前項操作人員，應經「第一種壓力容器操作人員」訓練合格或壓力容器操作技能檢定合格。

2. 雇主對於同一作業場所中，設有 2 座以上「第一種壓力容器」者，應指派具有「第一種壓力容器操作人員」資格及相當專業知識經驗者，擔任「第一種壓力容器作業主管」，負責指揮、監督「第一種壓力容器」之操作、管理及異常處置等有關工作。

    前項業務執行紀錄及簽認表單，應保存 3 年備查。

3. 雇主應使「第一種壓力容器操作人員」實施下列事項：

    (1) 監視溫度、壓力等運轉動態。

    (2) 避免發生急劇負荷變動之現象。

    (3) 防止壓力上升超過最高使用壓力。

    (4) 保持壓力表、安全閥及其他安全裝置之機能正常。

    (5) 檢點及調整自動控制裝置，以保持機能正常。

    (6) 保持冷卻裝置之機能正常。

    (7) 發現「第一種壓力容器」及配管有異狀時，應即採取必要措施。

4. 雇主對於「第一種壓力容器」於初次使用、變更操作方法或變更內容物種類時，應事前將相關作業方法及操作必要注意事項告知操作勞工，使其遵循，並由「第一種壓力容器作業主管」或指派專人指揮、監督該作業。

5. 雇主對於壓力容器之安全閥及其他附屬品，應依下列規定管理：

    (1) 安全閥應調整於最高使用壓力以下吹洩。但設有 2 具以上安全閥者，其中至少一具應調整於最高使用壓力以下吹洩，其他安全閥可調整於超過最高使用壓力至最高使用壓力之 1.03 倍以下吹洩。經檢查後，應予固定設定壓力，不得變動。

    (2) 壓力表應避免在使用中發生有礙機能之振動，且應採取防止其內部凍結或溫度超過 80℃ 之措施。

    (3) 壓力表之刻度板上，應明顯標示最高使用壓力之位置。

6. 雇主對於勞工進入壓力容器內部，從事壓力容器之清掃、修繕、保養等作業時，應依下列規定辦理：

    (1) 將壓力容器適當冷卻。

    (2) 實施壓力容器內部之通風換氣。

    (3) 壓力容器內部使用之移動電線，應為可撓性雙重絕緣電纜或具同等以上絕緣效力及強度者；移動電燈應裝設適當護罩。

    (4) 與其他使用中之鍋爐或壓力容器有管連通者，應確實隔斷或阻斷。

    (5) 置監視人員隨時保持連絡，如有災害發生之虞時，立即採取危害防止、通報、緊急應變及搶救等必要措施。

7. 雇主對於「小型壓力容器」之構造，應合於國家標準 CNS14967 小型壓力容器之規定。

8. 雇主對於 12.3.3 節中之第 (1) 及第 (2) 款小型壓力容器之安全閥，應調整於 1kg/cm² 以下或 0.1 百萬帕斯卡 (MPa) 以下之壓力吹洩；第 (3) 款之小型壓力容器之安全閥，應調整於最高使用壓力以下吹洩。

12.4　不適用本規則之鍋爐或壓力容器

12.4.1　不適用本規則之鍋爐規格

以下為本規則第三十六條所定不適用本規則之「鍋爐」規格：

1. 最高使用壓力在 1kg/cm² 以下或 0.1 百萬帕斯卡 (MPa) 以下，且傳熱面積在 0.5m² 以下之蒸汽鍋爐。

2. 最高使用壓力在 1kg/cm² 以下或 0.1 百萬帕斯卡 (MPa) 以下，且胴體內徑在 200mm 以下，長度在 400mm 以下之蒸汽鍋爐。

3. 最高使用壓力在 3kg/cm² 以下或 0.3 百萬帕斯卡 (MPa) 以下，且內容積在 0.0003m³ 以下之蒸汽鍋爐。

4. 傳熱面積在 2m² 以下，且裝有內徑 25mm 以上開放於大氣中之蒸汽管之蒸汽鍋爐。

5. 傳熱面積在 2m² 以下，且在蒸汽部裝有內徑 25mm 以上之 U 字型豎立管，其水頭壓力在 5m 以下之蒸汽鍋爐。

6. 水頭壓力在 10m 以下，且傳熱面積在 4m² 以下之熱水鍋爐。

7. 最高使用壓力在 10kg/cm² 以下或 1 百萬帕斯卡 (MPa) 以下 (不包括具有內徑超過 150mm 之圓筒型集管器，或剖面積超過 177cm² 之方形集管器之多管式貫流鍋爐)，且傳熱面積在 5m² 以下之貫流鍋爐 (具有汽水分離器者，限其汽水分離器之內徑在 200mm 以下，且其內容積在 0.02m³ 以下)。

8. 內容積在 0.004m³ 以下，且未具集管器及汽水分離器之貫流鍋爐，其以「kg/cm²」單位所表示之最高使用壓力數值與以「m³」單位所表示之內容積數值之乘積在 0.2 以下，或以「百萬帕斯卡 (MPa)」單位所表示之最高使用壓力數值與以「m³」單位所表示之內容積數值之乘積在 0.02 以下者。

12.4.2　不適用本規則之壓力容器規格

以下為本規則第三十六條所定不適用本規則之「壓力容器」規格：

1. 最高使用壓力在 1kg/cm² 以下或 0.1 百萬帕斯卡 (MPa) 以下，且內容積在 0.04m³ 以下之第一種壓力容器。

2. 最高使用壓力在 1kg/cm² 以下或 0.1 百萬帕斯卡 (MPa) 以下，且胴體內徑在 200 mm 以下，長度在 1,000 mm 以下之第一種壓力容器。

3. 以「kg/cm²」單位所表示之最高使用壓力數值與以「m³」單位所表示之內容積數值之乘積在 0.04 以下，或以「百萬帕斯卡 (MPa)」單位所表示之最高使用壓力數值與以「m³」單位所表示之內容積數值之乘積在 0.004 以下之第一種壓力容器。

12.5　結語

本規則對於鍋爐或壓力容器之管理尚有以下規定：

1. 雇主對於鍋爐或壓力容器發生破裂、爆炸等事故，致其構造損傷、爐筒壓潰、胴體膨出等時，應迅即向檢查機構報告。

   檢查機構接獲前項報告後，應即派員調查，並將調查結果報請中央主管機關備查。

2. 鍋爐或壓力容器裝設於航空器、船舶、鐵公路交通工具者，應由交通主管機關依其相關規定管理。使用於核能設施之核子反應器壓力槽、壓水式反應槽之蒸汽發生器及調壓器者，由中央核能主管機關管理。國防軍事用途之鍋爐或壓力容器，由國防主管機關管理。

3. 有關鍋爐通風設備之排煙裝置、排煙風管、逆風檔及鍋爐房之防火區劃等，應依建築管理法規及消防法規之相關規定辦理。

4. 自營作業者，準用本規則有關雇主義務之規定。受工作場所負責人指揮或監督從事勞動之人員，於事業單位工作場所從事勞動，比照該事業單位之勞工，適用本規則之規定。

習 題

一、選擇題

(　　) 1. 以火焰、燃燒氣體、其他高溫氣體或以電熱加熱於有壓力之水或熱媒，供給他用之裝置為何？　(1) 蒸汽鍋爐　(2) 熱水鍋爐　(3) 第二種壓力容器　(4) 高壓氣體容器。

(　　) 2. 依職業安全衛生管理辦法規定，下列何種機械設備需實施重點檢查？　(1) 第一種壓力容器　(2) 第二種壓力容器　(3) 蒸汽鍋　(4) 小型鍋爐。

(　　) 3. 依高壓氣體勞工安全規則規定，埋設於地盤內之液化石油氣儲槽，其頂部至少應距離地面幾公分？　(1) 30　(2) 60　(3) 100　(4) 150。

(　　) 4. 依危險性機械及設備安全檢查規則規定，第一種壓力容器經大修改致其胴體或集管器變動多少以上、或端板、管板之全部修改或頂蓋板、補強支撐等有變動者，所有人或雇主應向所在地勞動檢機構申請變更檢查？　(1) 五分之一　(2) 四分之一　(3) 三分之一　(3) 二分之一。

(　　) 5. 依鍋爐及壓力容器安全規則規定，胴體內徑達 500 公厘以上之豎型鍋爐或鍋爐本體外側，未加被覆物之鍋爐外側與主牆壁之間，應保留多少公分以上之距離　(1) 15　(2) 30　(3) 45　(4) 100。

(　　) 6. 下列何種操作人員未規定雇主需使其接受危險性設備操作人員安全衛生教育訓練？　(1) 丙級鍋爐　(2) 高壓氣體特定設備　(3) 高壓氣體容器　(4) 第二種壓力容器。

(　　) 7. 依鍋爐及壓力容器安全規則規定，最高使用壓力在每平方公分 1 公斤以下，且內容積在 0.2 立方公尺以下之小型壓力容器之安全閥，應調整於下列何者以下壓力吹洩？　(1) 每平方公分 1 公斤　(2) 每平方公分 1.1 公斤　(3) 每平方公分 1.2 公斤　(4) 每平方公分 1.3 公斤。

(　　) 8. 依危險性機械及設備安全檢查規則規定，高壓氣體容器之定期檢查，自構造檢查合格日起算 20 年以上者，須每幾年檢查 1 次以上？　(1) 1　(2) 2　(3) 3　(4) 5。

(　　) 9. 依高壓氣體勞工安全規則規定，甲類製造事業單位係指從事高壓氣體之製造者，使用壓縮、液化或其他方法處理之氣體容積 (係指換算成溫度在攝氏零度、表壓力在每平方公分零公斤時之容積)1 日在幾立方公尺以上之設備？　(1) 10　(2) 30　(3) 50　(4) 100。

(　　) 10. 雇主於鍋爐竣工檢查合格後，第 1 次定期檢查時，應實施內、外部檢查，但對於發電容量 1 萬瓩以上之發電用鍋爐，得延長其期限最長為幾年，並與內部檢查同時辦理？　(1) 1　(2) 2　(3) 3　(4) 4。

(　　) 11. 對高壓氣體之製造，於其生成、分離、精煉、反應、混合、加壓或減壓過程中，附設於安全閥或釋放閥之停止閥，應維持在何種狀態？　(1) 全開放　(2) 半開放　(3) 三分之一開放　(4) 全關閉。

( ) 12. 下列何者非屬應用弱連結之安全設計？ (1) 電氣保險絲 (2) 鍋爐水位計 (3) 自動撒水滅火系統 (4) 化工儲槽之破裂盤。

( ) 13. 下列何者不適用新設鍋爐時所需之檢查？ (1) 構造檢查 (2) 使用檢查 (3) 重新檢查 (4) 竣工檢查。

( ) 14. 依危險性機械及設備安全檢查規則之規定，高壓氣體特定設備儲槽之材質為高強度鋼，熔接後於爐內實施退火時，其實施內部檢查之期限，除第一次檢查為竣工檢查後 2 年外，其後應為每幾年實施 1 次？ (1) 1 (2) 2 (3) 3 (4) 5。

( ) 15. 依高壓氣體勞工安全規則規定，第一種製造設備係指下列何種高壓氣體設有儲槽或導管之固定式製造設備？ (1) 液化石油氣 (2) 液化天然氣 (3) 液化氧氣 (4) 液化氫氣。

( ) 16. 下列何者非為貫流式鍋爐之組件？ (1) 給水泵 (2) 節媒器 (3) 汽鼓 (4) 過熱管。

( ) 17. 依危險性機械及設備安全檢查規則規定，高壓氣體特定設備係指供高壓氣體之下列何種行為之設備及其支持構造物？ (1) 製造 (2) 供應 (3) 運輸 (4) 消費。

( ) 18. 依危險性機械及設備安全檢查規則規定，鍋爐之製造人應實施品管、品保措施，其主任設計者，若為高工機械相關科組畢業，應具幾年以上型式檢查對象設備相關設計、製造或檢查實務經驗？ (1) 2 (2) 5 (3) 8 (4) 10。

( ) 19. 依職業安全衛生教育訓練規則規定，下列何者不屬於有害作業主管之教育訓練？ (1) 粉塵作業主管 (2) 鍋爐作業主管 (3) 有機溶劑作業主管 (4) 高壓室內作業主管。

( ) 20. 依鍋爐及壓力容器安全規則規定，鍋爐房應設至少幾個以上之出入口，但緊急時鍋爐操作人員可避難者，不在此限？ (1) 1 (2) 2 (3) 3 (4) 4。

( ) 21. 下列何者不為儲槽外壁檢查的方法？ (1) 液透探傷 (2) 內視鏡檢查 (3) 目視檢查 (4) 超音波探傷。

( ) 22. 依職業安全衛生管理辦法規定，下列有關應定期自動檢查期限之敘述何者有誤？ (1) 乾燥設備及附屬設備每年 1 次 (2) 小型鍋爐每月 1 次 (3) 乙炔熔接裝置每年 1 次 (4) 異常氣壓之再壓室每月 1 次。

( ) 23. 依危險性機械及設備安全檢查規則規定，高壓氣體特定設備係指供高壓氣體之下列何種行為之設備及其支持構造物？ (1) 製造 (2) 供應 (3) 運輸 (4) 消費。

( ) 24. 依鍋爐及壓力容器安全規則規定，應安裝於專用建築物內 (移動式及屋外式者除外) 或在建築物內以障壁分隔之場所中，係指下列何種機械或設備？ (1) 壓力容器 (2) 鍋爐 (3) 高壓氣體容器 (4) 起重機。

( ) 25. 高壓氣體勞工安全規則適用於下列何種高壓氣體？ (1) 船舶設備內使用之高壓氣體 (2) 原子能設施內使用之高壓氣體 (3) 高壓鍋爐及其導管內之高壓蒸氣 (4) 冷凍能力在 3 公噸以上之冷凍設備內之高壓氣體。

( ) 26. 蒸汽鍋爐或壓力容器在指定溫度下，其構造上最高容許使用之壓力，稱為下列何者？ (1) 最高設計壓力 (2) 最高使用壓力 (3) 最高操作壓力 (4) 最高設定壓力。

( ) 27. 依危險性機械及設備安全檢查規則規定，鍋爐之施工負責人若為高工機械相關科組畢業，應具幾年以上型式檢查對象設備相關設計、製造或檢查實務經驗？ (1) 2 (2) 5 (3) 8 (4) 10。

( ) 28. 依高壓氣體職業安全規則規定，高壓氣體設備之儲存能力在幾立方公尺或 1 公噸以上之儲槽之支柱 (未置支柱之儲槽者為其底座) 應置於同一基礎，並緊密結合？ (1) 10 (2) 50 (3) 100 (4) 300。

( ) 29. 依鍋爐及壓力容器安全規則規定，電熱鍋爐之傳熱面積係以電力設備容量，每多少千瓦(kW)相等於一平方公尺之傳熱面積，按最大輸入電力設備容量來換算？ (1) 20 (2) 40 (3) 60 (4) 80。

( ) 30. 依鍋爐及壓力容器安全規則規定，水管式鍋爐如為接觸燃燒氣體等之植釘管者，其傳熱面積之計算，為植釘管外側面面積總和之百分之幾與水管外周面積相加之面積？ (1) 5 (2) 10 (3) 15 (4) 20。

( ) 31. 依鍋爐及壓力容器安全規則規定，壓力容器設有 2 具以上安全閥者，其中至少 1 具應調整最高使用壓力以下吹洩，其他安全閥最大可調整至最高使用壓力之幾倍以下吹洩？ (1) 1.00 (2) 1.01 (3) 1.02 (4) 1.03。

( ) 32. 危險性機械及設備安全檢查規則中所適用之第一種壓力容器，係指以「每平方公分之公斤數」單位所表示之最高使用壓力數值與以「立方公尺」單位所表示之內容積數值，兩者乘積值多少以上？ (1) 0.2 (2) 0.4 (3) 0.6 (4) 1.0。

( ) 33. 依危險性機械及設備安全檢查規則規定，高壓氣體容器在下列何種檢查程序檢查合格後，即可發檢查合格證？ (1) 型式檢查 (2) 熔接檢查 (3) 構造檢查 (4) 使用檢查。

( ) 34. 依職業安全衛生管理辦法規定，下列何者應於初次使用前實施重點檢查？ (1) 第二種壓力容器 (2) 低壓電氣設備 (3) 鍋爐 (4) 吊籠。

( ) 35. 於鍋爐胴內等導電性高場所作業所用電氣設備電壓應為下列何者？ (1) 須使用 110 伏特電壓 (2) 須使用單相三線 220 伏特電壓 (3) 須使用 24 伏特以下電壓 (4) 須使用直流電，電壓不拘。

( ) 36. 依職業安全衛生管理辦法規定，下列何者應每月實施自動檢查之定期檢查 1 次？ (1) 第一種壓力容器 (2) 高壓電氣設備 (3) 第二種壓力容器 (4) 局部排氣裝置。

( ) 37. 依高壓氣體勞工安全規則規定，在常用溫度下，壓力達每平方公分多少公斤以上之壓縮乙炔氣，即是高壓氣體？ (1) 1 (2) 2 (3) 5 (4) 10。

( ) 38. 依危險性機械及設備安全檢查規則規定，國內新製完成之高壓氣體容器，應先經下列何種檢查合格？ (1) 重新檢查 (2) 定期檢查 (3) 竣工檢查 (4) 構造檢查。

( ) 39. 以火燄加熱於水，使發生超過大氣壓力蒸汽之裝置為下列何者？ (1) 電熱鍋爐 (2) 熱水鍋爐 (3) 蒸汽鍋爐 (4) 熱媒鍋爐。

( ) 40. 依鍋爐及壓力容器安全規則規定，不必設置「鍋爐房」之鍋爐，為移動式鍋爐、屋外式鍋爐或傳熱面積多少平方公尺以下鍋爐者？ (1) 2 (2) 3 (3) 4 (4) 5。

( ) 41. 依鍋爐及壓力容器安全規則規定，使用於壓力容器之壓力表其內部溫度不得超過多少℃？ (1) 70 (2) 80 (3) 90 (4) 100。

(　　) 42. 鍋爐及第一種壓力容器在下列何種情況應申請重新檢查？　(1) 水位計損壞者　(2) 本體修補　(3) 由外國進口者　(4) 實施定期保養者。

(　　) 43. 鍋爐由於水位過低，造成失水過熱，突然加進冷水，易造成下列何者？　(1) 爆裂　(2) 脹大　(3) 縮扁　(4) 挫曲。

(　　) 44. 加氣站液化石油氣之灌裝，應採取防止氣體漏洩或爆炸之措施，並應至少添加當液化石油氣漏洩於空氣中之含量達多少比例即可察覺臭味之臭劑？　(1) 千分之一　(2) 二千分之一　(3) 三千分之一　(4) 五千分之一。

(　　) 45. 依鍋爐及壓力容器安全規則規定，雇主於鍋爐房儲存固體燃料應距離鍋爐外側多少公尺以上？　(1) 1　(2) 1.2　(3) 1.5　(4) 2。

(　　) 46. 依高壓氣體勞工安全規則之規定，下列何者為同時具有毒性與可燃性？　(1) 甲烷　(2) 氟　(3) 二甲醚　(4) 硫化氫。

(　　) 47. 依職業安全衛生設施規則規定，高壓氣體容器之儲存，應維持在下列多少溫度下？　(1) 40℃　(2) 50℃　(3) 60℃　(4) 70℃。

(　　) 48. 以燃燒室入口至過熱器入口之水管，與火焰、燃燒氣體接觸面之面積計算傳熱面積者，係屬下列何種型式之鍋爐？　(1) 電熱鍋爐　(2) 火管式　(3) 混合式　(4) 貫流式。

(　　) 49. 下列何者非屬高壓氣體勞工安全規則所稱之高壓氣體？　(1) 於 20℃ 時，保存壓力為 9.9kg/cm^2 之氮氣　(2) 保存壓力達 10kg/cm^2 之氮氣　(3) 常溫下，保存壓力為 2kg/cm^2 之天然氣　(4) 保存壓力達 3kg/cm^2 之液化石油氣。

(　　) 50. 依高壓氣體勞工安全規則規定，灌氣容器應常保持其溫度於攝氏幾度以下？　(1) 30　(2) 40　(3) 45　(4) 50。

(　　) 51. 高壓氣體勞工安全規則所稱特定液化石油氣消費事業單位，係指設置之液化石油氣儲存設備之儲存能力，其質量在幾公斤以上？　(1) 1,000　(2) 2,000　(3) 3,000　(4) 5,000。

(　　) 52. 高壓氣體勞工安全規則適用於下列何種高壓氣體？　(1) 船舶設備內使用之高壓氣體　(2) 原子能設施內使用之高壓氣體　(3) 高壓鍋爐及其導管內之高壓蒸氣　(4) 冷凍能力在 3 公噸以上之冷凍設備內之高壓氣體。

(　　) 53. 依鍋爐及壓力容器安全規則規定，鍋爐之傳熱面積在 500 平方公尺以上者，雇主應指派下列何種資格者擔任鍋爐作業主管？　(1) 甲種職業安全衛生業務主管　(2) 甲級鍋爐操作人員　(3) 乙級鍋爐操作人員　(4) 丙級鍋爐操作人員。

(　　) 54. 依危險性機械及設備安全檢查規則規定，危險性設備中之第一種壓力容器係指最高使用壓力 (kg/cm^2) 與內容積 (m^3) 之乘積，超過下列何者？　(1) 0.03　(2) 0.04　(3) 0.05　(4) 0.2。

(　　) 55. 有一槽車，內容積 10 立方公尺灌裝有比重 0.67 之液氮 0.5 噸，依高壓氣體勞工安全規則規定，下列敘述何者正確？　(1) 該槽車為高壓氣體容器　(2) 該槽車為第一種壓力容器　(3) 該容器為灌氣容器　(4) 該容器為殘氣容器。

( ) 56. 第二種壓力容器於初次使用前應實施下列何種檢查？ (1) 重點檢查 (2) 作業檢點 (3) 機械設備之作業檢點 (4) 定期檢查。

( ) 57. 雇主對於第二種壓力容器、小型鍋爐及小型壓力容器應每年實施定期檢查，並將紀錄保存多久以上？ (1) 6 個月 (2) 1 年 (3) 2 年 (4) 3 年。

( ) 58. 雇主對於第一種壓力容器如無法依規定期限實施內部檢查時，得於內部檢查有效期限屆滿前幾個月，檢附所有規定資料，報經檢查機構核定後，延長其內部檢查期限或以其他檢查方式替代？ (1) 1 (2) 2 (3) 3 (4) 6。

( ) 59. 依高壓氣體勞工安全衛生規則規定，為防止灌裝後氣體之漏洩或爆炸，氰化氫之灌裝，應在下列何種純度百分比以上之氰化氫中添加穩定劑？ (1) 75 (2) 85 (3) 95 (4) 98。

( ) 60. 下列有關高壓氣體勞工安全規則所稱處理設備之敘述何者正確？ (1) 將壓縮天然氣由 250kg/cm^2 減壓為 150kg/cm^2 之減壓閥為處理設備 (2) 將容器內液化石油氣高壓氣體調減壓為 200 毫米水柱之液化石油氣氣體之經調壓器為處理設備 (3) 將液氯加入污水處理殺菌之滴氯機 (加氯機) 為處理設備 (4) 處理設備係指將高壓氣體經人為處理為非高壓氣體之設備。

( ) 61. 依鍋爐及壓力容器安全規則規定，最高使用壓力在 1kg/cm^2 以下或 0.1 百萬帕斯卡 (MPa) 以下，且傳熱面積在 1m^2 以下之蒸汽鍋爐，稱之為何者？ (1) 中型鍋爐 (2) 電熱鍋爐 (3) 殺菌鍋 (4) 小型鍋爐。

( ) 62. 下述何者非為水管式鍋爐之缺點？ (1) 水管易損 (2) 汽水易生共騰或汽泡 (3) 鍋爐水質要求較高 (4) 蒸汽產生效率較低。

( ) 63. 依高壓氣體勞工安全規則規定，氰化氫之灌氣容器，應於灌裝後靜置幾小時以上，確認無氣體之漏洩後，於其容器外面張貼載明有製造年月日之貼籤？ (1) 10 (2) 15 (3) 24 (4) 48。

( ) 64. 事業單位設有鍋爐乙座，而該座鍋爐檢查合格證之有效期限至六月期滿，則於釐訂自動檢查計畫中，明訂應於六月前完成定期檢查，是為該計畫內容中下列哪一項？ (1) 工作項目 (2) 計畫項目 (3) 計畫目標 (4) 工作進度。

( ) 65. 裝配鍋爐的佈置形式，以下列何者為宜？ (1) 固定式 (2) 功能式 (3) 製程式 (4) 混合式。

( ) 66. 由國外進口之高壓氣體特定設備，未經下列何種檢查合格不得使用？ (1) 重新檢查 (2) 使用檢查 (3) 竣工檢查 (4) 構造檢查。

( ) 67. 依高壓氣體勞工安全規則規定，將乙炔灌注於容器時，應維持其最高灌裝壓力在每平方公分幾公斤以下？ (1) 20 (2) 25 (3) 30 (4) 35。

( ) 68. 依高壓氣體勞工安全規則規定，在容器放置場未以厚度 9 公分以上鋼筋混凝土造或未有與其同等以上強度構築防設牆時，高壓氣體容器放置場四周幾公尺內不得有煙火或放置危險性物質？ (1) 1 (2) 2 (3) 5 (4) 10。

( ) 69. 依高壓氣體勞工安全規則規定，W(儲存設備之儲存能力) ＝ V₂(儲存設備之內容積值)/ C(中央主管機關指定之值) 係為下列何種能力？ (1) 液化氣體儲存設備之儲存能力 (2) 液化氣體容器之儲存能力 (3) 高壓氣體之處理能力 (4) 冷凍設備之冷凍能力。

( ) 70. 鍋爐之進水閥通常應用下列何種安全設計方式？ (1) 被動式失誤安全設計 (2) 主動式失誤安全設計 (3) 調節式失誤安全設計 (4) 多重安全設計。

( ) 71. 依職業安全衛生管理辦法規定，小型鍋爐、小型壓力容器每年應實施定期檢查一次以上，由下列何者辦理？ (1) 勞動檢查機構 (2) 代行檢查機構 (3) 製造廠 (4) 雇主。

( ) 72. 依高壓氣體勞工安全規則規定，乙炔、乙烯及氫氣中含氧容量，佔全容量之百分之幾以上者不得予以壓縮？ (1) 1 (2) 2 (3) 3 (4) 4。

( ) 73. 溫度在攝氏 35 度時，表壓力超過每平方公分幾公斤以上之液化氣體中之液化氰化氫、液化溴甲烷、液化環氧乙烷或其他中央主管機關指定之液化氣體，係屬高壓氣體勞工安全規則所稱之高壓氣體？ (1) 0 (2) 1 (3) 1.5 (4) 2。

( ) 74. 調查分析臥型爐筒式鍋爐水蒸汽爆炸之職業災害時，下列何者非屬災害要因？ (1) 安全閥 (2) 水位計 (3) 水垢 (4) 爐膛內油氣。

( ) 75. 依高壓氣體勞工安全規則規定，高壓氣體製造設施處理設備之處理能力係指在何溫度及壓力下可處理氣體之體積？ (1) 0℃、0kg/cm² (2) 15℃、0kg/cm² (3) 20℃、1kg/cm² (4) 25℃、1kg/cm²。

( ) 76. 下列何者為職業安全衛生法施行細則所稱具有危險性之設備？ (1) 固定式起重機 (2) 鍋爐 (3) 升降機 (4) 移動式起重機。

( ) 77. 高壓氣體甲類製造事業單位於製造開始之日，製造事業單位實際負責人應指派下列何種安全人員，綜理高壓氣體之製造安全業務，並向勞動檢查機構報備？ (1) 高壓氣體製造安企負責人 (2) 高壓氣體製造安全主任 (3) 高壓氣體製造安全作業主管 (4) 高壓氣體製造安全規劃人員。

( ) 78. 依職業安全衛生教育訓練規則規定，下列何項機械或設備之操作人員，雇主應僱用經技術士技能檢定或訓練合格人員充任之？ (1) 升降機 (2) 簡易提升機 (3) 圓盤鋸 (4) 鍋爐。

( ) 79. 依危險性機械及設備安全檢查規則之規定，高壓氣體特定設備儲槽之材質為高強度鋼，熔接後於爐內實施退火時，其實施內部檢查之期限，除第一次檢查為竣工檢查後 2 年外，其後應為每幾年實施 1 次？ (1) 1 (2) 2 (3) 3 (4) 5。

( ) 80. 下列有關高壓氣體製造中對於灌裝作業之敘述何者正確？ (1) 將壓縮氣體灌注於儲槽時，應控制該壓縮氣體之容量不得超過在常用溫度下該槽內容積之百分之九十五 (2) 將壓縮氣體灌注於無縫容器時，應於事前對該容器實施音響檢查 (3) 將環氧乙烷灌注於儲槽或灌注於容器時，應在事前使用氧氣置換該儲槽或容器內部原有之氣體，以確保安全 (4) 將高壓氣體灌注於固定在車輛上內容積在 5,000 公升以上之容器，應在該車輛設置擋車裝置予以固定，但自該容器抽出 (卸收) 高壓氣體時，則不需要擋車裝置。

( ) 81. 雇主對於高壓氣體之財存,下列何者正確? (1) 同成分之盛裝容器和空容器應同區放置 (2) 貯存周圍 1 公尺內得放置煙火 (3) 有毒氣體與氧氣應同區貯存,以提供緊急呼吸救援用途 (4) 貯存比空氣重之氣體應注意低窪處之通風。

( ) 82. 鍋爐發生汽水共騰 (沸) 乃由於水中含有 (1) 碳酸鹽 (2) 苛性鈉 (3) 硫酸鹽 (4) 油脂、有機物。

( ) 83. 鍋爐經檢查合格後,因故未予使用,一年後須再使用時應向檢查機構申請何項檢查? (1) 變更檢查 (2) 竣工檢查 (3) 重新檢查 (4) 定期檢查。

( ) 84. 鍋爐產生裂痕之原因,是由於 (1) 水位過高 (2) 水低太低 (3) 水中含有過多的雜質 (4) 爐火過猛。

( ) 85. 鍋爐之竣工檢查是由何人申請? (1) 製造人 (2) 雇主 (3) 使用者 (4) 販賣人。

( ) 86. 下列何者為鍋爐本體事故? (1) 爆裂 (2) 煙箱氣體爆炸 (3) 燃燒氣體爆炸 (4) 煙道氣體爆炸。

( ) 87. 鍋爐之安全裝置,不包括下列何者? (1) 安全閥 (2) 易熔塞 (3) 破裂板 (4) 水位高低警報器。

( ) 88. 鍋爐只有一個安全閥時,其吹洩壓力為 (1) 最高使用壓力 (2) 超過最高使用壓力 3% 以下 (3) 超過最高使用壓力 6% 以下 (4) 超過最高使用壓力 10% 以下。

( ) 89. 鍋爐內因水垢附著於鍋板或鋼管使熱量無法傳遞而導致局部過熱,鋼板材料應力減退變軟而造成 (1) 裂痕 (2) 脹大 (3) 縮扁 (4) 爆裂 現象。

( ) 90. 燃燒氣體或其他高溫氣體流通於管外,而加熱於管內或鼓胴內之水,此種鍋爐稱為 (1) 水管式 (2) 煙管式 (3) 機車型 (4) 可尼西型 鍋爐。

( ) 91. 鍋爐及第一種壓力器在下列何種情況應申請重新檢查? (1) 水位計損壞者 (2) 本體修補 (3) 由外國進口者 (4) 實施定期保養者。

( ) 92. 國內新製完成之高壓氣體容器,未經下列何種檢查合格不得使用? (1) 重新檢查 (2) 定期檢查 (3) 竣工檢查 (4) 構造檢查。

( ) 93. 雇主於鍋爐房設置固體燃料應距離鍋爐外側多少以上? (1) 1 公尺 (2) 1.2 公尺 (3) 1.5 公尺 (4) 2 公尺。

( ) 94. 最高使用壓力在每平方公分 1 公斤以下,且內容積在 0.2 立方公尺以下之小型壓力容器之安全閥,應調整於下列何者以下壓力吹洩? (1) 每平方公分 1 公斤 (2) 每平方公分 1.1 公斤 (3) 每平方公分 1.2 公斤 (4) 每平方公分 1.3 公斤。

( ) 95. 危險性機械及設備安全檢查規則中所適用之高壓氣體容器,係指供灌裝高壓氣體之容器中,相對於地面可移動,其內容積在幾公升以上者? (1) 200 (2) 300 (3) 400 (4) 500。

( ) 96. 依法令規定,第一種壓力容器經大修改致其胴體或集管器變動多少以上,所有人或雇主應向所在地檢查機構申請變更檢查? (1) 五分之一 (2) 四分之一 (3) 三分之一 (4) 二分之一。

( ) 97. 蒸汽鍋爐或壓力容器在指定溫度下,其構造上最高容許使用之壓力,稱爲下列何者?
(1) 最高設計壓力 (2) 最高使用壓力 (3) 最高操作壓力 (4) 最高設定壓力。

二、問答題

1. 爲預防鍋爐安全管理不當,致發生火災、爆炸等災害,試依鍋爐及壓力容器安全規則與職業安全衛生管理辦法規定回答下列問題:

(1) 雇主對於同一鍋爐房內或同一鍋爐設置場所中,設有二座以上鍋爐者,應指派鍋爐作業主管,負責指揮、監督鍋爐之操作,管理及異常處置等相關工作,其資格之規定爲何?

(2) 雇主應使鍋爐操作人員實施之事項爲何?試列舉 6 項。

(3) 小型鍋爐每年定期實施檢查項目之內容爲何?

2. 依鍋爐及壓力容器安全規則規定,勞工從事壓力容器之清掃、修繕、保養等作業時,雇主應辦理事項爲何?

3. 依危險性機械及設備安全檢查規則規定,鍋爐有哪些情事者,應由所有人或雇主向檢查機構申請重新檢查?(請列出 5 項)

4. 某化工廠內設有殺菌鍋(容器內壓力已超過 1 大氣壓)及蒸汽鍋爐(傳熱面積爲 350cm²) 各 1 台,依職業安全衛生教育訓練規則規定,其操作人員應分別經何種安全衛生教育訓練合格始得擔任?

5. 某化學工廠擬於廠內增設汽電共生用鍋爐一座,若該鍋爐屬職業安全衛生法所列之「具有危險性之設備」請回答下列問題:

(1) 請列出該鍋爐於設計至使用前需申請之檢查項目,並簡要說明申請該檢查之時機。

(2) 該鍋爐檢查合格證之最長有效期限幾年?該合格證未到有效期限前應申請何項檢查?

(3) 該鍋爐使用 2 年後,爲提高其蒸汽產出量,修改鍋爐之燃燒裝置,該鍋爐應申請何項檢查?

(4) 若因爲市場需求不佳,停用該鍋爐超過 1 年,日後若欲使用該鍋爐,應申請何項檢查?

6. 試述第一種及第二種壓力容器的種類。

7. 鍋爐之操作人員應接受哪些訓練?

8. 鍋爐之操作人員應經常注意哪些事項,以預防鍋爐事故之發生?

Chapter

13

起重升降機具

13.1　前言

　　依「職業安全衛生法施行細則」第二十二條規定：「本法第十六條第一項所稱具有危險性之機械，指符合中央主管機關所定一定容量以上之下列機械：

(1) 固定式起重機。

(2) 移動式起重機。

(3) 人字臂起重桿。

(4) 營建用升降機。

(5) 營建用提升機。

(6) 吊籠。

(7) 其他經中央主管機關指定公告具有危險性之機械。」

　　行政院勞動部所訂定之「起重升降機具安全規則」(以下簡稱本規則，民國 103 年 6 月 25 日最新修正)，對指定為「危險性機械」之「起重升降機具」，其荷重定義、作業安全及安全檢查等，皆有明文規定，現就以上各「起重升降機具」之種類及安全管理等予以介紹。

13.2　起重升降機具之定義

一、固定式起重機

　　本規則第二條對「固定式起重機」之定義：「係指在特定場所使用動力將貨物吊升並將其作水平搬運為目的之機械裝置。」常見的固定式起重機有下列數種：

(1) 塔式起重機。

(2) 橋式起重機。

(3) 爬升式起重機。

(4) 圓柱式起重機。

(5) 斯達卡式起重機。

　　圖 13.1 與圖 13.2 為「固定式起重機」中常見的「塔式起重機」與「橋式起重機」。

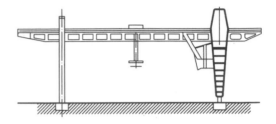

<table>
<tr><td>圖 13.1　塔式起重機</td><td>圖 13.2　橋式起重機</td></tr>
</table>

圖 13.1　塔式起重機　　　　　　　　圖 13.2　橋式起重機

二、移動式起重機

　　本規則第二條對「移動式起重機」之定義：「係指能自行移動於非特定場所並具有起重動力之起重機。」

　　圖 13.3 為常見以輪式車輛為底盤之「移動式起重機」。

圖 13.3　具伸臂之移動式起重機　　　　圖 13.4　移動式起重機各部機構

三、人字臂起重桿

本規則第二條對「人字臂起重桿」之定義：「係指以動力吊升貨物為目的，具有主柱、吊桿，另行裝置原動機，並以鋼索操作升降之機械裝置。」

圖 13.5 為「人字臂起重桿」及其各部機構。

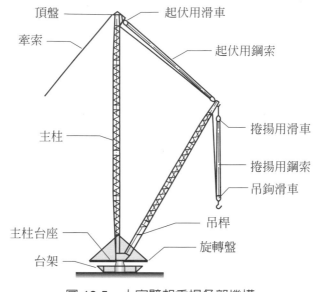

圖 13.5　人字臂起重桿各部機構

四、升降機

本規則第二條對「升降機」之定義：「係指乘載人員及 (或) 貨物於搬器上，而該搬器順沿軌道鉛直升降，並以動力從事搬運之機械裝置。但營建用提升機、簡易提升機及吊籠，不包括之。」

五、營建用提升機

本規則第二條對「營建用提升機」之定義：「係指於土木、建築等工程作業中，僅以搬運貨物為目的之升降機。但導軌與水平之角度未滿80度之吊斗捲揚機，不包括之。」

六、吊籠

本規則第二條對「吊籠」之定義：「係指由懸吊式施工架、升降裝置、支撐裝置、工作台及其附屬裝置所構成，專供勞工升降施工之設備。」

七、簡易升降機

本規則第二條對「簡易升降機」之定義：「係指僅以搬運貨物為目的之升降機，其搬器之底面積在 1 平方公尺以下或頂高在 1.2 公尺以下者。但營建用提升機，不包括之。」

13.3　大、中、小型及既有起重升降機具

　　一般而言，上述起重升降機具之安全管理，原則上皆適用本「起重升降機具安全規則」，然而由於起重機之荷重、升降機之升降高度各有不同，故一些荷重較小及升降路較短的「小型」起重升降機具，因其危險性較低，可「不適用」本規則之規範，但仍需依「職業安全衛生設施規則」辦理。對於一些荷重較高、升降路較長的「大型」起重升降機具，因其危險性較高，除適用本規則外，其安全檢查更需依「危險性機械及設備安全檢查規則」(最新修正日期民國 105 年 11 月 21 日) 以加強管理。此外，對於一些「既有危險性機械及設備」(最新修正日期民國 103 年 7 月 3 日)，其安全檢查悉依「既有危險性機械及設備安全檢查規則」辦理。

一、不適用本規則之起重升降機具

　　承如前述，一些荷重較小及升降路較短的「小型」起重升降機具，因其危險性較低，可不適用於本規則，但仍需依「職業安全衛生設施規則」辦理。

　　依「起重升降機具安全規則」第四條規定，下列起重升降機具不適用本規則：

(1) 吊升荷重未滿 0.5 公噸之起重機、移動式起重機及人字臂起重桿。

(2) 積載荷重未滿 0.25 公噸之升降機、營建用提升機及簡易升降機。

(3) 升降路或導軌之高度未滿 10 公尺之營建用提升機。

　　前項所訂起重升降機具依「職業安全衛生設施規則」辦理。

二、中型起重升降機具

　　依「起重升降機具安全規則」第三條，所稱「中型」起重升降機具如下：

(1) 中型固定式起重機

　　指吊升荷重在 0.5 公噸以上未滿 3 公噸之固定式起重機或未滿 1 公噸之斯達卡式起重機。

(2) 中型移動式起重機

　　指吊升荷重在 0.5 公噸以上未滿 3 公噸之移動式起重機。

(3) 中型人字臂起重桿

　　指吊升荷重在 0.5 公噸以上未滿 3 公噸之人字臂起重桿。

(4) 中型升降機

　　指積載荷重在 0.25 公噸以上未滿 1 公噸之升降機。

(5) 中型營建用提升機

　　指導軌或升降路之高度在 10 公尺以上未滿 20 公尺之營建用提升機。

　　前項第 (1) 款所稱斯達卡式起重機，指以鋼索或吊鏈懸吊起重機之駕駛室 (台)，且能與貨物同時升降之起重機。

三、適用危險性機械及設備安全檢查規則之起重升降機具

如前所述，一些荷重較高、升降路較長的「大型」起重升降機具，因其危險性較高，除適用「起重升降機具安全規則」外，其安全檢查亦需依「危險性機械及設備安全檢查規則」加強管理。

依「危險性機械及設備安全檢查規則」第三條規定：「本規則適用於下列容量之危險性機械：

(1) 固定式起重機

　　吊升荷重在 3 公噸以上之固定式起重機或 1 公噸以上之斯達卡式起重機。

(2) 移動式起重機

　　吊升荷重在 3 公噸以上之移動式起重機。

(3) 人字臂起重桿

　　吊升荷重在 3 公噸以上之人字臂起重桿。

(4) 營建用升降機

　　設置於營建工地，供營造施工使用之升降機。

(5) 營建用提升機：導軌或升降路高度在 20 公尺以上之營建用提升機。

(6) 吊籠：載人用吊籠。」

四、既有危險性機械及設備

依「既有危險性機械及設備安全檢查規則」第二條規定：「本規則所稱既有危險性機械及設備如下：

(1) 職業安全衛生法施行前，已設置且目前未經檢查合格者。

(2) 危險性機械及設備安全檢查規則施行前，已設置且目前未經檢查合格者。

(3) 國家標準或危險性機械及設備法規規範相關構造規格前，已設置且目前未經檢查合格者。

(4) 中央主管機關指定適用國外檢查標準前，已設置且目前未經檢查合格者。

本規則未規定者，適用「危險性機械及設備安全檢查規則」之規定。」

13.4　起重升降機具之荷重及移動速度

起重升降機具之危險性，與其荷重及移動速度有密切之關係，而且在安全檢查必須進行荷重試驗及安定性試驗，「起重升降機具安全規則」對各種荷重及速度定義如下：

一、吊升荷重

(1) 吊升荷重，係指依固定式起重機、移動式起重機、人字臂起重桿等之機造及材質，所能吊升之最大荷重。

(2) 具有伸臂之起重機之吊升荷重，應依其伸臂於最大傾斜角、最短長度及於伸臂之支點與吊運車位置為最接近時計算之。

(3) 具有吊桿之人字臂起重桿之吊升荷重，應依吊桿於最大傾斜角時計算之。

二、額定荷重

(1) 額定荷重，在未具伸臂之固定式起重機或未具吊桿之人字臂起重桿，係指自吊升荷重扣除吊鉤、抓斗等吊具之重量所得之荷重。

(2) 具有伸臂之固定式起重機、移動式起重機之額定荷重，應依其構造、材質、伸臂之傾斜角及長度、吊運車之位置，決定其足以承受之最大荷重後，扣除吊鉤、抓斗等吊具之重量所得之荷重。

(3) 具有吊桿之人字臂起重桿之額定荷重，應依其構造、材質及吊桿之傾斜角，決定其足以承受之最大荷重後，扣除吊鉤、抓斗等吊具之重量所得之荷重。

三、積載荷重

(1) 積載荷重，在升降機、簡易升降機、營建用提升機或未具吊臂之吊籠，係指依其構造及材質，於搬器上乘載人員或荷物上升之最大荷重。

(2) 具有吊臂之吊籠之積載荷重，係指於其最小傾角狀態下，依其構造、材質，於其工作台上乘載人員或荷物之吊升最大荷重。

(3) 僅供下降使用之吊籠之積載荷重，係指依其構造、材質，於其工作台上乘載人員或荷物所能承受之最大荷重。

四、額定速率

(1) 額定速率，在固定式起重機、移動式起重機或人字臂起重桿，係指在額定荷重下使其上升、直行、迴轉或橫行時具有之各該最高速率。

(2) 升降機、簡易升降機、營建用提升機或吊籠之額定速率，係指搬器在積載荷重下，使其上升之最高速率。

五、容許下降速率

係指於吊籠工作台上加予相當於積載荷重之重量，使其下降之最高容許速率。

13.5 固定式起重機之安全管理

以下為固定式起重機之安全管理規定：

1. 固定式起重機之使用，不得超過「額定荷重」。但必要時，經採取下列各項措施者，得報經檢查機構放寬至實施之「荷重試驗之值」：

   (1) 事先實施荷重試驗，確認無異狀。

   (2) 指定作業監督人員，從事監督指揮工作。

   「荷重試驗之值」，指將相當於該起重機額定荷重 1.25 倍之荷重 (額定荷重超過 200 公噸者，為額定荷重加上 50 公噸之荷重) 置於吊具上實施吊升、直行、旋轉及吊運車之橫行等動作試驗之荷重值。荷重試驗紀錄應保存 3 年。

2. 中型固定式起重機設置完成時，應實施「荷重試驗」及「安定性試驗」，確認安全後，方得使用。但該起重機如屬架空式、橋型式等無翻覆之虞者，得免實施安定性試驗。

   荷重試驗，指將相當於該起重機額定荷重 1.25 倍之荷重置於吊具上，實施吊升、直行、旋轉及吊運車之橫行等動作之試驗。

   安定性試驗，指在逸走防止裝置、軌夾裝置等停止作用狀態中，且使該起重機於最不利於安定性之條件下，將相當於額定荷重 1.27 倍之荷重置於吊具上所實施之試驗。試驗紀錄應保存 3 年。

3. 固定式起重機之設置，其有關結構空間應依下列規定：

   (1) 除不具有起重機桁架及未於起重機桁架上設置人行道者外，凡設置於建築物內之走行固定式起重機，其最高部 (集電裝置除外) 與建築物之水平支撐、樑、橫樑、配管、其他起重機或其他設備之置於該走行起重機上方者，其間隔應在 0.4m 以上。其桁架之人行道與建築物之水平支撐、樑、橫樑、配管、其他起重機或其他設備之置於該人行道之上方者，其間隔應在 1.8m 以上。

   (2) 走行固定式起重機或旋轉固定式起重機與建築物間設置之人行道寬度，應在 0.6m 以上。但該人行道與建築物支柱接觸部分之寬度，應在 0.4m 以上。

   (3) 固定式起重機之駕駛室 (台) 之端邊與通往該駕駛室 (台) 之人行道端邊，或起重機桁架之人行道端邊與通往該人行道端邊之間隔，應在 0.3m 以下。但勞工無墜落之虞者，不在此限。

4. 固定式起重機之構造，應符合固定式起重機安全檢查構造標準。

5. 應注意固定式起重機之使用，其負荷次數及吊升荷物之重量，不得超過該起重機設計時之負荷條件，並應防止起重機構造部分之鋼材、接合處或銲接處等，有發生變形、折損或破斷等情形。

6. 固定式起重機之過捲預防裝置，其吊鉤、抓斗等吊具或該吊具之捲揚用槽輪上方與捲胴、槽輪及桁架等 (傾斜伸臂除外) 有碰撞之虞之物體下方間，應調整其間距，使其符合法定值。

7. 使用液壓為動力之固定式起重機，應裝置防止該液壓過度升高之安全閥，此安全閥應調整在額定荷重 (伸臂起重機為額定荷重之最大值) 以下之壓力即能作用。但實施荷重試驗及安定性試驗時，不在此限。

8. 伸臂固定式起重機之使用，伸臂之傾斜角不得超過該起重機明細表內記載之範圍。但吊升荷重未滿 3 公噸者，以製造者指定之伸臂傾斜角為準。

9. 固定式起重機，應於其機身明顯易見處標示其額定荷重，並使操作人員及吊掛作業者周知。額定荷重隨作業半徑而改變具伸臂功能之起重機，得標示最大作業半徑之額定荷重，並採取於操作室張貼荷重表及置備攜帶式荷重表等措施。

10. 固定式起重機之使用，以吊物為限，不得乘載或吊升勞工從事作業。但從事貨櫃裝卸、船舶維修、高煙囪施工等尚無其他安全作業替代方法，或臨時性、小規模、短時間、作業性質特殊，經採取防止墜落等措施者，不在此限。

    前項但書所定防止墜落措施，應辦理事項如下：

    (1) 以搭乘設備乘載或吊升勞工，並防止其翻轉及脫落。

    (2) 使勞工佩戴安全帶或安全索。

    (3) 搭乘設備自重加上搭乘者、積載物等之最大荷重，不得超過該起重機作業半徑所對應之額定荷重之 50%。

    (4) 搭乘設備下降時，採動力下降之方法。

11. 用以乘載或吊升勞工之搭乘設備，應依下列規定辦理：

    (1) 搭乘設備應有足夠強度，其使用之材料不得有影響構造強度之損傷、變形或腐蝕等瑕疵。

    (2) 搭乘設備周圍設置高度 90cm 以上之扶手，並設中欄杆及腳趾板。

    (3) 搭乘設備之懸吊用鋼索或鋼線之安全係數應在 10 以上；吊鏈、吊帶及其支點之安全係數應在 5 以上。

    (4) 依搭乘設備之構造及材質，計算積載之最大荷重，並於搭乘設備之明顯易見處，標示自重及最大荷重。

12. 固定式起重機作業時，應採取防止人員進入吊舉物下方及吊舉物通過人員上方之設備或措施。但吊舉物之下方已有安全支撐設施、其他安全設施或使吊舉物不致掉落，而無危害勞工之虞者，不在此限。

    纜索固定式起重機作業時，為防止捲上用鋼索、橫行用鋼索通過槽輪或其他安裝部分而發破損飛落或鋼索震脫彈出等危險，應禁止人員進入有發生危害之虞之鋼索內角側。

13. 固定式起重機之檢修、調整、操作、組配或拆卸等,應依下列規定辦理:

   (1) 設置於屋外之走行起重機,應設有固定基礎與軌夾等防止逸走裝置,其原動機馬力應能在風速 16m/s 時,仍能安全駛至防止逸走裝置之處;瞬間風速有超過 30m/s 之虞時,應採取使防止逸走裝置作用之措施。

   (2) 從事檢修、調整作業時,應指定作業監督人員,從事監督指揮工作。但無虞危險或採其他安全措施,確無危險之虞者,不在此限。

   (3) 操作人員於起重機吊有荷重時,不得擅離操作位置。

   (4) 組配、拆卸或爬升高度時,應選派適當人員從事該作業,作業區內禁止無關人員進入,必要時並設置警告標示。

   (5) 以塔式起重機進行高層建築工程等作業,於該起重機爬升樓層及安裝基座等時,應事前擬妥安全作業方法及標準作業程序,使勞工遵循,並採穩固該起重機等必要措施,以防止倒塌。

   (6) 因強風、大雨、大雪等惡劣氣候,致作業有危險之虞時,應禁止工作。

   (7) 設置於室外之伸臂起重機,因強風來襲而有起重機伸臂受損之虞者,應採取必要防範措施。

   (8) 起重機之操作,應依原設計之操作方法吊升荷物,不得以伸臂搖撼或拖拉物件等不當方式從事起重作業。

13.6 移動式起重機之安全管理

移動式起重機之安全管理,大致與固定式起重機相同:

1. 移動式起重機之使用,不得超過額定荷重。

2. 中型移動式起重機設置完成時,應實施荷重試驗及安定性試驗,確認安全後,方得使用。

   前項荷重試驗,指將相當於該起重機額定荷重 1.25 倍之荷重置於吊具上,實施吊升、直行、旋轉或必要之走行等動作之試驗。

   安定性試驗,指使該起重機於最不利於安定性之條件下,將相當於額定荷重 1.27 倍之荷重置於吊具上所實施之試驗。試驗紀錄應保存 3 年。

3. 移動式起重機之構造,應符合「移動式起重機安全檢查構造標準」。

4. 應注意移動式起重機使用時,其負荷次數及吊升荷物之重量,不得超過該起重機設計時之負荷條件,並應防止起重機構造部分之鋼材、接合處或銲接處等,有發生變形、折損或破斷等情形。

5. 移動式起重機之過捲預防裝置及過捲警報裝置，其吊鉤、抓斗等吊具或該吊具之捲揚用槽輪之上方與伸臂前端槽輪及其他有碰撞之虞之物體(傾斜之伸臂除外)之下方間，應調整其間距，使其符合法定值。

6. 使用液壓為動力之移動式起重機，應裝置防止該液壓過度升高用之安全閥，此安全閥應調整在額定荷重之最大值以下之壓力即能作用。但實施荷重試驗及安定性試驗時，不在此限。

7. 移動式起重機，為防止其作業中發生翻倒、被夾、感電等危害，應事前調查該起重機作業範圍之地形、地質狀況、作業空間、運搬物重量與所用起重機種類、型式及性能等，並適當決定下列事項及採必要措施：
   (1) 移動式起重機之作業方法、吊掛方法及運搬路徑等。
   (2) 對軟弱地盤等承載力不足之場所採取地面舖設鐵板、墊料及使用外伸撐座等補強方法，以防止移動式起重機翻倒。
   (3) 配置移動式起重機之操作者、吊掛作業者、指揮者及其他相關作業者之職務與作業指揮體系。

8. 移動式起重機之作業，應採取下列各款措施：
   (1) 決定前項各款事項後，於作業開始前告知相關勞工，使其遵行。
   (2) 確認移動式起重機之種類、型式，符合作業之需求。
   (3) 查核前項措施執行情形，認有未符安全條件者，於改善前不得從事起重吊掛作業。

9. 移動式起重機之作業，應辦理事項如下：
   (1) 事前調查現場危害因素、使用條件限制及作業需求等情況，或要求委託施工者告知，並以檢點表逐項確認。
   (2) 對於現場危害因素等調查結果，採取必要之預防或改善措施。
   (3) 相關檢點表、派車文件及其他相關紀錄表單，於施工結束前，留存備查。

10. 移動式起重機，在其作業範圍有地盤軟弱、埋設脆弱地下物或路肩崩塌等情形，致其有翻倒之虞者，不得使用移動式起重機從事作業。但在該起重機下方舖設具有充分強度及足夠面積之鐵板或墊料等，可防止其翻倒者，不在此限。

11. 使用外伸撐座之移動式起重機，其下方舖有鐵板或墊料時，應先確認該外伸撐座之支撐，已置放於鐵板或墊料之中央範圍或位於不致造成該起重機有翻倒之虞之位置。

12. 使用具有外伸撐座之移動式起重機，或擴寬式履帶起重機作業時，應將其外伸撐座或履帶伸至最大極限位置。但因作業場所狹窄或有障礙物等限制，致其外伸撐座或履帶無法伸至最大極限位置時，具有下列各款之一，且能確認其吊掛之荷重較作業半徑所對應之額定荷重為輕者，不在此限：

  (1) 過負荷預防裝置有因應外伸撐座之外伸寬度，自動降低設定額定荷重之機能者。

  (2) 過負荷預防裝置有可輸入外伸撐座之外伸寬度演算要素，以降低設定額定荷重狀態之機能者。

  (3) 移動式起重機之明細表或使用說明書等已明確記載外伸撐座無法最大外伸時，具有額定荷重表或性能曲線表提供外伸撐座未全伸時之對應外伸寬度之較低額定荷重者。

13. 具有伸臂之移動式起重機之使用，伸臂之傾斜角不得超過該起重機明細表內記載之範圍。但吊升荷重未滿三公噸者，以製造者指定之伸臂傾斜角為準。

14. 移動式起重機，應於其機身明顯易見處標示其額定荷重，並使操作人員及吊掛作業者周知。

  額定荷重隨作業半徑而改變之移動式起重機，得標示最大作業半徑之額定荷重，並採取於操作室張貼荷重表及置備攜帶式荷重表等措施。

15. 移動式起重機之使用，以吊物為限，不得乘載或吊升勞工從事作業。但從事貨櫃裝卸、船舶維修、高煙囪施工等尚無其他安全作業替代方法，或臨時性、小規模、短時間、作業性質特殊，經採取防止墜落等措施者，不在此限。前項但書所定防止墜落措施，應辦理事項如下：

  (1) 以搭乘設備乘載或吊升勞工，並防止其翻轉及脫落。

  (2) 使勞工佩戴安全帶或安全索。

  (3) 搭乘設備自重加上搭乘者、積載物等之最大荷重，不得超過該起重機作業半徑所對應之額定荷重之 50%。

  (4) 搭乘設備下降時，採動力下降之方法。

16. 乘載或吊升勞工搭乘設備，應依下列規定辦理：

  (1) 搭乘設備應有足夠強度，其使用之材料不得有影響構造強度之損傷、變形或腐蝕等瑕疵。

  (2) 搭乘設備周圍設置高度 90cm 公分以上之扶手，並設中欄杆及腳趾板。

  (3) 搭乘設備之懸吊用鋼索或鋼線之安全係數應在 10 以上；吊鏈、吊帶及其支點之安全係數應在 5 以上。

  (4) 依搭乘設備之構造及材質，計算積載之最大荷重，並於搭乘設備之明顯易見處，標示自重及最大荷重。

17. 使用移動式起重機吊掛搭乘設備搭載或吊升人員作業時，應依下列規定辦理：

  (1) 搭乘設備及懸掛裝置(含熔接、鉚接、鉸鏈等部分之施工)，應妥予安全設計，並事前將其構造設計圖、強度計算書及施工圖說等，委託中央主管機關認可之專業機構簽認，其簽認效期最長 2 年；效期屆滿或構造有變更者，應重新簽認之。

(2) 起重機載人作業前，應先以預期最大荷重之荷物，進行試吊測試，將測試荷物置於搭乘設備上，吊升至最大作業高度，保持五分鐘以上，確認其平衡性及安全性無異常。該起重機移動設置位置者，應重新辦理試吊測試。

(3) 確認起重機所有之操作裝置、防脫裝置、安全裝置及制動裝置等，均保持功能正常；搭乘設備之本體、連接處及配件等，均無構成有害結構安全之損傷；吊索等，無變形、損傷及扭結情形。

(4) 起重機作業時，應置於水平堅硬之地盤面；具有外伸撐座者，應全部伸出。

(5) 起重機載人作業進行期間，不得走行。進行升降動作時，勞工位於搭乘設備內者，身體不得伸出箱外。

(6) 起重機載人作業時，應採低速及穩定方式運轉，不得有急速、突然等動作。當搭載人員到達工作位置時，該起重機之吊升、起伏、旋轉、走行等裝置，應使用制動裝置確實制動。

(7) 起重機載人作業時，應指派指揮人員負責指揮。無法派指揮人員者，得採無線電通訊聯絡等方式替代。

18. 起重機之載人作業，應依據作業風險因素，事前擬訂作業方法、作業程序、安全作業標準及作業安全檢核表，使作業勞工遵行。雇主應指派適當人員實施作業前檢點、作業中查核及自動檢查等措施，隨時注意作業安全，相關表單紀錄於作業完成前，並應妥存備查。

19. 移動式起重機作業時，應採取防止人員進入吊舉物下方及吊舉物通過人員上方之設備或措施。但吊舉物之下方已有安全支撐設施、其他安全設施或使吊舉物不致掉落，而無危害勞工之虞者，不在此限。移動式起重機作業時，為防止移動式起重機上部旋轉體之旋轉動作引起碰撞危害，應禁止人員進入有發生碰撞危害之虞之起重機作業範圍內。

20. 移動式起重機之檢修、調整、操作、組配或拆卸等，應依下列規定：

(1) 從事檢修、調整作業時，應指定作業監督人員，從事監督指揮工作。但無虞危險或採其他安全措施，確無危險之虞者，不在此限。

(2) 操作人員或駕駛人員於起重機吊有荷重時，不得擅離操作位置或駕駛室。

(3) 組配、拆卸時，應選用適當人員擔任，作業區內禁止無關人員進入，必要時並設置警告標示。

(4) 因強風、大雨、大雪等惡劣氣候，致作業有危險之虞時，應禁止工作。

(5) 移動式起重機之操作，應依原設計功能之操作方法吊升荷物，不得以搖撼伸臂或拖拉物件等不當方式從事起重作業。

(6) 移動式起重機行駛時，應將其吊桿長度縮至最短、傾斜角降為最小及固定其吊鉤。必要時，積載型卡車起重機得採用吊桿定位警示裝置，提醒注意。

13.7　人字臂起重桿之安全管理

有關於人字臂起重桿操作之安全規定如下：

1. 人字臂起重桿之使用，不得超過額定荷重。但必要時，經採取下列各款措施者，得報經檢查機構放寬至實施荷重試驗之值：

   (1) 事先實施荷重試驗，確認無異狀。

   (2) 指定作業監督人員，從事監督指揮工作。

   前項荷重試驗之值，指將相當於該人字臂起重桿額定荷重 1.25 倍之荷重 (額定荷重超過 200 公噸者，為額定荷重加上 50 公噸之荷重) 置於吊具上實施吊升、旋轉及吊桿之起伏等動作試驗之荷重值。荷重試驗紀錄應保存 3 年。

2. 中型人字臂起重桿設置完成時，應實施荷重試驗，確認安全後，方得使用。

   前項荷重試驗，指將相當於該人字臂起重桿額定荷重 1.25 倍之荷重置於吊具上，實施吊升、旋轉及吊桿之起伏等動作之試驗。試驗紀錄應保存 3 年。

3. 人字臂起重桿之吊升裝置及起伏裝置，應設過捲預防裝置。但使用絞車為動力之吊升裝置及起伏裝置者，不在此限。

4. 調整人字臂起重桿之過捲預防裝置時，應使吊鉤、抓斗等吊具或該吊具之捲揚用槽輪之上方與吊桿前端槽輪 (除吊桿外) 下方間之間距在 0.25m 以上。但直動式過捲預防裝置之間距為 0.05m 以上。

5. 具有吊桿之人字臂起重桿之使用，吊桿傾斜角不得超過該人字臂起重桿明細表內記載之範圍。但吊升荷重未滿 3 公噸者，以製造者指定之傾斜角為準。

6. 人字臂起重桿，應於其機身明顯易見處標示其額定荷重，並使操作人員及吊掛作業者周知。

   前項起重桿應以銘牌等標示下列事項：

   (1) 製造者名稱。

   (2) 製造年月。

   (3) 吊升荷重。

7. 人字臂起重桿之使用，以吊物為限，不得乘載或吊升勞工從事作業。

8. 人字臂起重桿作業時，應採取防止人員進入吊舉物下方及吊舉物通過人員上方之設備或措施。雇主於人字臂起重桿作業時，為防止鋼索震脫，槽輪或其他安裝部分飛落等危險，應禁止人員進入有發生危害之虞之鋼索內角側。

9. 人字臂起重桿之檢修、調整、操作、組配或拆卸等，應依下列規定辦理：

   (1) 設置於屋外之人字臂起重桿，瞬間風速有超過每秒 30m/s 之虞時，為預防吊桿動搖，致人字臂起重桿破損，應採取吊桿固定緊縛於主桿或地面固定物等必要措施。

(2) 操作人員於起重桿吊有荷重時，不得擅離操作位置。

(3) 組配、拆卸時，應選用適當人員擔任，作業區內禁止無關人員進入，必要時並設置警告標示。

(4) 因強風、大雨、大雪等惡劣氣候，致作業有危險之虞時，應禁止工作。

10. 人字臂起重桿之拉條，應依下列規定辦理：

(1) 牽索人字臂起重桿之拉條數，為 6 條以上；單索人字臂起重桿之拉條數，為 3 條以上。

(2) 不得接近架空電路。

(3) 以鋼索為拉條時，以鋏、鬆緊螺旋扣、套管等金屬具緊結於支柱、牽索用固定錨或具有同等以上效能之堅固物。

(4) 以鬆緊螺旋扣等金屬具拉緊，並有防止螺旋扣扭轉鬆脫之措施。

11. 主柱長度超過 20m 之人字臂起重桿，應設攀登梯；並應依下列規定辦理：

(1) 踏板應等距離設置，其間隔應在 25cm 以上 35cm 以下。

(2) 踏板與吊桿及其他最近固定物間之水平距離，應在 15cm 以上。

(3) 踏板未設置側木者，應有防止足部橫滑之構造。

12. 人字臂起重桿之吊升裝置及起伏裝置，應設控制荷重或吊桿下降所必要之制動裝置。

前項制動裝置，應設起重桿動力被遮斷時，能自行制動之設備。但以人力操作者，不在此限。

13. 人字臂起重桿之鋼索與吊升裝置之捲胴、吊桿、有鉤滑車等之連結，應以灌注合金或使用銷、壓夾、栓銷等方法緊結之。

14. 人字臂起重桿捲揚用鋼索，當吊具置於最低位置時，應有 2 捲以上鋼索留置於吊升裝置之捲胴上；對於吊桿起伏用鋼索，當吊桿置於最低位置時，應有 2 捲以上鋼索留置於起伏裝置之捲胴上。

15. 具有起伏動作之人字臂起重桿，應於操作人員易見處，設置吊桿傾斜角之指示裝置，以防止過負荷操作。

16. 人字臂起重桿結構部分之材料，除使用耐蝕鋁合金等材料經中央主管機關認可者外，應符合下列國家標準，或具有同等以上化學成分及機械性質之鋼材：

(1) 國家標準 CNS575 鉚釘用鋼棒規定之鋼材。

(2) 國家標準 CNS2473 一般結構用軋鋼料規定之 SS400 鋼材。

(3) 國家標準 CNS2947 銲接結構用軋鋼料規定之鋼材。

(4) 國家標準 CNS4269 銲接結構用耐候性熱軋鋼料規定之鋼材。

(5) 國家標準 CNS4435 一般結構用碳鋼鋼管規定之 STK400、STK490 或 STK540 鋼材。

(6) 國家標準 CNS4437 機械結構用碳鋼鋼管規定之 13 種、18 種、19 種或 20 種之鋼材。

(7) 國家標準 CNS7141 一般結構用矩形碳鋼鋼管規定之鋼材。

(8) 國家標準 CNS11109 銲接結構用高降伏強度鋼板規定之鋼材。

(9) 國家標準 CNS13812 建築結構用軋鋼料規定之鋼材。

前項結構部分不包括階梯、駕駛室、護圍、覆蓋、鋼索、機械部分及其他非供支撐吊升荷物之部分。

17. 吊升荷重未滿 5 公噸或主柱、吊桿長度未滿 12m 之人字臂起重桿，其結構部分之材料，得使用木材。前項木材不得有顯著之蛀蝕、裂隙、節或傾斜纖維等強度上之缺陷。

18. 人字臂起重桿結構部分，應使其具有充分強度，並保持防止板材挫曲、變形等有礙安全使用之剛性。

19. 人字臂起重桿結構部分之鉚釘孔或螺釘孔，應使用鑽孔機鑽孔，且該孔不得有迴紋或裂紋等瑕疵。

20. 人字臂起重桿結構部分之螺栓、螺帽、螺釘等，應有防止鬆脫之措施。但使用強力螺栓接合者，不在此限。

21. 人字臂起重桿，應設置駕駛室或駕駛台。駕駛室或駕駛台，應符合下列規定：

(1) 不妨礙操作人員視界。但操作人員與吊掛作業者能保持確實連絡者，不在此限。

(2) 開關器、控制器、制動器及警報裝置等操作部分，應設於操作人員易於操作之位置。

(3) 有物體飛落危害操作人員安全之虞之場所，其駕駛台，應設有防護網或其他防止物體飛落危害之設施。

13.8 升降機作業之安全管理

升降機操作安全規定如下：

1. 升降機之使用，不得超過積載荷重。

2. 營建用升降機之構造，應符合「升降機安全檢查構造標準」或「國家標準 CNS13627 規定」。

3. 升降機之終點極限開關、緊急停止裝置及其他安全裝置，應維持其效能。

4. 勞工不得擅自使用鎖匙,自外面開啓升降機之出入門扉。但升降機維修人員實施搶救、維護、保養或檢查者,不在此限。應於前項鎖匙上,懸掛標示牌,以文字載明警語,告知開啓者有墜落之危險。

5. 設計上專供載貨用之升降機,不得搭載人員。

6. 升降機之操作方法及故障時之處置方法等,揭示於使用該升降機有關人員易見處。

7. 設置於室外之升降機,瞬間風速有超過 30m/s 之虞時,應增設拉索以防止升降機倒塌。

8. 從事室外升降機之升降路塔或導軌支持塔之檢修、調整、組配或拆卸等時,應依下列規定辦理:

   (1) 選任作業監督人員,從事指揮作業方法、配置勞工、檢點材料、器具及監督勞工作業。

   (2) 禁止無關人員進入作業區,並設置警告標示。

   (3) 因強風、大雨、大雪等惡劣氣候,致作業有危險之虞時,應禁止工作。

9. 設置室外之升降機,發生瞬間風速達 30m/s 或於四級以上地震後,應於再使用前,就該升降機之終點極限開關、緊急停止裝置、制動裝置、控制裝置及其他安全裝置、鋼索或吊鏈、導軌、導索結頭等部分,確認無異狀後,方得使用。

13.9　營建用提升機之安全管理

營建用提升機之操作安全規定如下:

1. 營建用提升機之使用,不得超過積載荷重。

2. 中型營建用提升機設置完成時,應實施荷重試驗,確認安全後,方得使用。
   前項荷重試驗,指將相當於該提升機積載荷重 1.2 倍之荷重置於搬器上,實施升降動作之試驗。試驗紀錄應保存 3 年。

3. 營建用提升機之構造,應符合「國家標準 CNS13628 營建用提升機」規定。

4. 營建用提升機,應於捲揚用鋼索上加註標識或設警報裝置等,以預防鋼索過捲。

5. 營建用提升機之使用,不得乘載人員。但實施檢修或調整等作業時,經採取足以防範人員墜落或物體飛落等措施者,不在此限。

6. 營建用提升機之使用,應禁止勞工進入下列工作場所:

   (1) 因營建用提升機搬器之升降而可能危及勞工之場所。

   (2) 捲揚用鋼索之內角側及鋼索通過之槽輪而可能危及勞工之場所。

    (3) 因安裝部分破裂引起鋼索之震脫、槽輪或其他安裝部分之飛落，致可能危及勞工之場所。

7. 實施營建用提升機之豎坑或基底部分打掃作業時，應於搬器下方橫置足以承受搬器重量之角材、原木等，並使用制動裝置確實防止搬器之落下。

8. 營建用提升機，瞬間風速有超過 30m/s 之虞時，應增設拉索以預防其倒塌。

9. 營建用提升機之檢修、調整、操作、組配或拆卸等，應依下列規定辦理：

    (1) 從事檢修、調整、組配、拆卸作業時，應選任作業監督人員，從事指揮作業方法、配置勞工、檢點材料、器具及監督勞工作業。

    (2) 操作人員於運轉中，不得擅離操作位置。

    (3) 禁止無關人員進入作業區，並設置警告標示。

    (4) 因強風、大雨、大雪等惡劣氣候，致作業有危險之虞時，應禁止工作。

10. 營建用提升機，遭受瞬間風速達 30m/s 以上或於四級以上地震後，應於再使用前就其制動裝置、離合器、鋼索通過部分狀況等，確認無異狀後，方得使用。

13.10　簡易提升機之安全管理

簡易升降機操作安全規定如下：

1. 簡易提升機之使用，不得超過積載荷重。

2. 簡易提升機設置完成時，應實施荷重試驗，確認安全後，方得使用。
   前項荷重試驗，係將相當於該提升機積載荷重 1.2 倍之荷重置於搬器上，實施升降動作之試驗。試驗紀錄應保存 3 年。

3. 簡易提升機之過捲預防裝置及其他安全裝置，應維持其效能。

4. 簡易提升機之使用，不得搭乘人員。但實施檢修或調整等作業時，經採取足以防範人員墜落或物體飛落等措施者，不在此限。

13.11　吊籠之安全管理

吊籠之操作安全規定如下：

1. 吊籠之使用，不得超過積載荷重。

2. 吊籠之構造，應符合「吊籠安全檢查構造標準」。

3. 可搬式吊籠懸吊於建築物或構造物等時，應考量吊籠自重、積載荷重及風力等受力情形，妥為固定於具有足夠支撐強度之處。固定處之支撐強度，應事前確認該建築物或構造物相關結構圖面資料。無圖面資料可查者，得以其他同等方式確認之。

4. 吊籠之工作台上，不得設置或放置腳墊、梯子等供勞工使用。

5. 吊籠運轉中，應禁止操作人員擅離操作位置。

6. 勞工於吊籠工作台上作業時，應使勞工佩戴安全帽及符合國家標準 CNS14253 規定之背負式安全帶。

7. 吊籠使用時，應禁止無關人員進入作業場所下方之危險區域，並設置警告標示。

8. 吊籠於強風、大雨、大雪等惡劣氣候，勞工作業有發生危險之虞時，應禁止工作。

9. 使用吊籠作業時，於夜間或光線不良之場所，應提供安全作業所必要之照度。

13.12 起重吊掛作業安全管理

有關「吊掛作業」及「吊掛用具」之安全管理，本規則規定如下：

1. 「吊掛作業」，指用鋼索、吊鏈、鉤環等，使荷物懸掛於起重機具之吊鉤等吊具上，引導起重機具吊升荷物，並移動至預定位置後，再將荷物卸放、堆置等一連串相關作業。

2. 使用固定式起重機、移動式起重機或人字臂起重桿(以下簡稱起重機具)從事「吊掛作業」之勞工，應僱用曾受吊掛作業訓練合格者擔任。但已受「吊升荷重在3公噸以上之起重機具操作人員」訓練合格或具有「起重機具操作技能檢定技術士」資格者，不在此限。

3. 起重機具操作及吊掛作業，應分別指派具法定資格之勞工擔任之。但於地面以按鍵方式操作之固定式起重機，或積載型卡車起重機，其起重及吊掛作業，得由起重機操作者 1 人兼任之。

4. 使用起重機具從事吊掛作業之勞工，應使其辦理下列事項：
   (1) 確認起重機具之額定荷重，使所吊荷物之重量在額定荷重值以下。
   (2) 檢視荷物之形狀、大小及材質等特性，以估算荷物重量，或查明其實際重量，並選用適當吊掛用具及採取正確吊掛方法。
   (3) 估測荷物重心位置，以決定吊具懸掛荷物之適當位置。
   (4) 起吊作業前，先行確認其使用之鋼索、吊鏈等吊掛用具之強度、規格、安全率等之符合性；並檢點吊掛用具，汰換不良品，將堪用品與廢棄品隔離放置，避免混用。

(5) 起吊作業時，以鋼索、吊鏈等穩妥固定荷物，懸掛於吊具後，再通知起重機具操作者開始進行起吊作業。

(6) 當荷物起吊離地後，不得以手碰觸荷物，並於荷物剛離地面時，引導起重機具暫停動作，以確認荷物之懸掛有無傾斜、鬆脫等異狀。

(7) 確認吊運路線，並警示、清空擅入吊運路線範圍內之無關人員。

(8) 與起重機具操作者確認指揮手勢，引導起重機具吊升荷物及水平運行。

(9) 確認荷物之放置場所，決定其排列、放置及堆疊方法。

(10) 引導荷物下降至地面。確認荷物之排列、放置安定後，將吊掛用具卸離荷物。

(11) 其他有關起重吊掛作業安全事項。

5. 起重機具之作業，應規定一定之運轉指揮信號，並指派專人負責指揮。但起重機具操作者單獨作業時，不在此限。

6. 起重機具之吊掛用鋼索，其「安全係數」應在 6 以上。「安全係數」為鋼索之斷裂荷重值除以鋼索所受最大荷重值所得之值。

7. 起重機具之吊鏈，其「安全係數」(吊鏈之斷裂荷重值除以該吊鏈所受最大荷重值所得之值) 應依下列各款規定辦理：

(1) 符合下列各目之一者：4 以上。

① 以斷裂荷重之 1/2 拉伸時，其伸長率為 0.5% 以下者。

② 抗拉強度值為 400N/mm^2 以上，且其伸長率為表 13.1 所列抗拉強度值分別對應之值以上者。

(2) 前款以外者：5 以上。

表 13.1　抗拉強度與伸長率

抗拉強度 (單位：N/mm^2)	伸長率 (單位：%)
400 以上 630 未滿	20
630 以上 1,000 未滿	17
1,000 以上	15

8. 起重機具之吊鉤，其「安全係數」應在 4 以上。馬鞍環之安全係數應在 5 以上。前項安全係數為吊鉤或馬鞍環之斷裂荷重值除以吊鉤或馬鞍環個別所受最大荷重值所得之值。

9. 不得以有下列各款情形之一之鋼索，供起重吊掛作業使用：

(1) 鋼索一撚間有 10% 以上素線截斷者。

(2) 直徑減少達公稱直徑 7% 以上者。

(3) 有顯著變形或腐蝕者。

(4) 已扭結者。

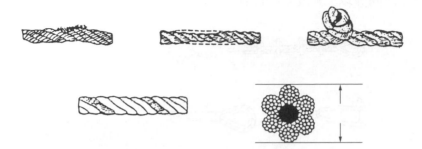

圖 13.6　禁止使用之鋼索

10. 不得以有下列各款情形之一之吊鏈，供起重吊掛作業使用：

(1) 延伸長度超過製造時長度 5% 以上者。

(2) 斷面直徑減少超過製造時之 10% 者。

(3) 有龜裂者。

11. 不得使用已變形或龜裂之吊鉤、馬鞍環、鉤環、鏈環等吊掛用具，供起重吊掛作業使用。

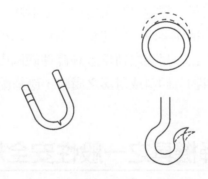

圖 13.7　禁止使用變形、龜裂之鉤環

12. 不得以有下列各款情形之一之纖維索或纖維帶，供起重吊掛作業使用：

(1) 已斷一股子索者。

(2) 有顯著之損傷或腐蝕者。

圖 13.8　已斷一股子索之纖維索

13. 吊鏈或未設環結之鋼索，其兩端非設有吊鉤、鉤環、鏈環、編結環首、壓縮環首或可保持同等以上強度之物件者，不得供起重吊掛作業使用。

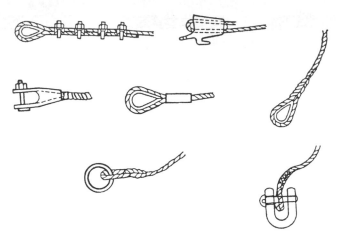

圖 13.9　設有環結之鋼索

14. 使用鏈條吊升裝置、鏈條拉桿吊升裝置或以電磁、真空吸著方式之吊掛用具等，進行吊掛作業時，應確認在各該吊掛用具之荷重容許範圍內使用。使用以電磁或真空吸著方式之吊掛用具，應適於其吊掛荷物之形狀及表面狀態等。

15. 使用吊鉗、吊夾從事吊掛作業時，應注意該吊鉗、吊夾，為橫吊用或直吊用等之用途限制，並應在該吊鉗、吊夾之荷重容許條件範圍內使用。使用吊鉗、吊夾從事吊掛作業時，如吊舉物有傾斜或滑落之虞時，應搭配使用副索及安全夾具。

13.13　起重升降機具之一般性安全規定

「職業安全衛生設施規則」對起重升降機具，亦訂定一般性之安全管理規定如下：

1. 起重升降機具之設備及有關措施，應依起重升降機具有關安全規則辦理。

2. 起重機具之作業，應規定一定之運轉指揮信號，並指派專人負責辦理。

3. 各種起重機具，應標示最高負荷，並規定使用時不得超過此項限制。

4. 起重機具之吊鉤或吊具，應有防止吊舉中所吊物體脫落之裝置。

5. 起重機具之吊鉤或吊具，為防止與吊架或捲揚胴接觸、碰撞，應有至少保持 0.25m 距離之過捲預防裝置，如為直動式過捲預防裝置者，應保持 0.05m 以上距離；並於鋼索上作顯著標示或設警報裝置，以防止過度捲揚所引起之損傷。

6. 起重機具之運轉，應於運轉時採取防止吊掛物通過人員上方及人員進入吊掛物下方之設備或措施。

7. 從事起重機具運轉作業時，為防止吊掛物掉落，應依下列規定辦理：

   (1) 吊掛物使用吊耳時，吊耳設置位置及數量，應能確保吊掛物之平衡。

   (2) 吊耳與吊掛物之結合方式，應能承受所吊物體之整體重量，使其不致脫落。

   (3) 使用吊索 (繩)、吊籃等吊掛用具或載具時，應有足夠強度。

8. 升降機之升降路各樓出入口，應裝置構造堅固平滑之門，並應有安全裝置，使升降搬器及升降路出入口之任一門開啟時，升降機不能開動，及升降機在開動中任一門開啟時，能停止上下。

9. 升降機各樓出入口及搬器內，應明顯標示其積載荷重或乘載之最高人數，並規定使用時不得超過限制。

10. 升降機之升降路各樓出入口門，應有連鎖裝置，使搬器地板與樓板相差 7.5cm 以上時，升降路出入口門不能開啟之。

11. 升降機，應設置終點極限開關、緊急刹車及其他安全裝置。

12. 起重機具所使用之吊掛構件，應使其具足夠強度，使用之吊鉤或鉤環及附屬零件，其斷裂荷重與所承受之最大荷重比之安全係數，應在 4 以上。但相關法規另有規定者，從其規定。

13. 不得以下列任何一種情況之吊鏈作為起重升降機具之吊掛用具：

    (1) 延伸長度超過 5% 以上者。

    (2) 斷面直徑減少 10% 以上者。

    (3) 有龜裂者。

14. 不得以下列任何一種情況之吊掛之鋼索作為起重升降機具之吊掛用具：

    (1) 鋼索一撚間有 10% 以上素線截斷者。

    (2) 直徑減少達公稱直徑 7% 以上者。

    (3) 有顯著變形或腐蝕者。

    (4) 已扭結者。

15. 不得使用已變形或已龜裂之吊鉤、鉤環、鏈環，作為起重升降機具之吊掛用具。

16. 不得使用下列任何一種情況之纖維索、帶，作為起重升降機具之吊掛用具：

    (1) 已斷一股子索者。

    (2) 有顯著之損傷或腐蝕者。

17. 吊鏈或未設環結之鋼索，其兩端非設有吊鉤、鉤環、鏈環或編結環首、壓縮環首者，不能作為起重機具之吊掛用具。

18. 起重升降機具設備及有關措施，除依以上規定外，並應依其他相關職業安全衛生法規規定辦理。

13.14 其他相關規定

依「起重升降機具安全規則」第一百零六條規定，下列起重升降機具之管理權責分工，應由目的事業主管機關依其主管法規或權責辦理：

(1) 敷設於建築物之升降機，依建築法規定由建築主管機關檢查及管理。

(2) 設於客貨船舶，並固定於船上之貨物裝卸機具等之起重升降機具，依船舶法規定由航政主管機關檢查及管理。

(3) 前二款以外，涉及國防軍事作戰範圍之起重升降機具，由國防主管機關檢查及管理。

另本規則第一百零六條之一規定，自營作業者，準用本規則有關雇主義務之規定。受工作場所負責人指揮或監督從事勞動之人員，於事業單位工作場所從事勞動，比照該事業單位之勞工，適用本規則之規定。

13.15 危險性機械操作人員安全訓練

依「職業安全衛生教育訓練規則」(民國 105 年 9 月 22 日最新修正) 第十二條規定，雇主對擔任下列具有危險性之機械操作之勞工，應於事前使其接受具有危險性之機械操作人員之安全衛生教育訓練：

(1) 吊升荷重在 3 公噸以上之固定式起重機或吊升荷重在 1 公噸以上之斯達卡式起重機操作人員。

(2) 吊升荷重在 3 公噸以上之移動式起重機操作人員。

(3) 吊升荷重在 3 公噸以上之人字臂起重桿操作人員。

(4) 導軌或升降路之高度在 20 公尺以上之營建用提升機操作人員。

(5) 吊籠操作人員。

前項人員，係指須經具有危險性之機械操作人員訓練或技能檢定取得資格者。

該規則第十四條亦規定，雇主對下列勞工，應使其接受特殊作業安全衛生教育訓練：

(1) 荷重在 1 公噸以上之堆高機操作人員。

(2) 吊升荷重在 0.5 公噸以上未滿 3 公噸之固定式起重機操作人員或吊升荷重未滿 1 公噸之斯達卡式起重機操作人員。

(3) 吊升荷重在 0.5 公噸以上未滿 3 公噸之移動式起重機操作人員。

(4) 吊升荷重在 0.5 公噸以上未滿 3 公噸之人字臂起重桿操作人員。

(5) 使用起重機具從事吊掛作業人員。

有關以上人員之安全衛生教育訓練課程及時數，請參閱本書第 8 章。

13.16 結語

依「職業安全衛生法」第六條第一項第一款規定：「雇主對防止機械、設備或器具等引起之危害應有符合規定之必要安全衛生設備及措施」；本法第十六條亦規定：「雇主對於經中央主管機關指定具有危險性之機械或設備，非經勞動檢查機構或中央主管機關指定之代行檢查機構檢查合格，不得使用；其使用超過規定期間者，非經再檢查合格，不得繼續使用。」

本法第四十條規定：「違反第六條第一項或第十六條第一項之規定，致發生第三十七條第二項第一款之死亡災害者，處三年以下有期徒刑、拘役或科或併科新臺幣三十萬元以下罰金。」

另本法第四十一條規定：「違反第六條第一項或第十六條第一項之規定，致發生第三十七條第二項第二款之罹災人數在三人以上災害者，處一年以下有期徒刑、拘役或科或併科新臺幣十八萬元以下罰金。」

本法第四十三條亦規定：「違反第六條第一項、第十六條第一項者，處新臺幣三萬元以上三十萬元以下罰鍰。」

習 題

一、選擇題

( ) 1. 以動力吊升貨物為目的,具有主柱、吊桿,另行裝置原動機,並以鋼索操作升降之機械裝置,為下列何者? (1) 移動式起重機 (2) 升降機 (3) 人字臂起重桿 (4) 簡易提升機。

( ) 2. 依吊籠安全檢查構造標準規定,雇主對於吊籠工作台之下降速率超過容許下降速率而未達容許下降速率之多少倍時,應設能自動控制其速率之裝置? (1) 1.2 (2) 3 (3) 1.4 (4) 1.5。

( ) 3. 依危險性機械及設備安全檢查規則規定,國內製造之危險性機械或設備之檢查應依中央主管機關指定之相關標準之全部或部分內容規定辦理。下列何種標準未列入指定之範圍? (1) 國家標準 (2) 工廠標準 (3) 國際標準 (4) 團體標準。

( ) 4. 依危險性機械及設備安全檢查規則規定,固定式起重機之製造人應實施品管、品保措施,其主任設計者,若為大專機械相關科系畢業,應具幾年以上型式檢查對象機具相關設計、製造或檢查實務經驗? (1) 3 (2) 5 (3) 8 (4) 10。

( ) 5. 依起重升降機具安全規則規定,固定式起重機使用檢查中之荷重試驗,若其額定荷重超過 200 公噸者,須於額定荷重加上多少公噸之荷重置於吊具上實施吊升、旋轉及必要之走行等動作試驗? (1) 20 (2) 30 (3) 40 (4) 50。

( ) 6. 依起重升降機具安全規則之規定,升降機具實施荷重試驗時,係使用下列何種荷重? (1) 積載荷重 (2) 額定荷重 (3) 吊升荷重 (4) 假荷重。

( ) 7. 下列對於升降機的敘述,何者不正確? (1) 結構部分應具有充分之強度,不致因變形而妨礙升降機安全使用 (2) 終點極限開關應具有能自動遮斷動力並引發制動之機能 (3) 支承樑應為鋼樑或鋼筋混凝土樑 (4) 運轉用迴路與緊急信號用迴路或電話用迴路應併集於同一電纜。

( ) 8. 依起重升降機具安全規則規定,雇主於中型移動式起重機設置完成時,應自行實施荷重試驗及安定性試驗,確認安全後方得使用,此安定性試驗係指該起重機於最不利於安定性之條件下,將相當於額定荷重幾倍之荷重置於吊具上所實施之試驗? (1) 1.25 (2) 1.27 (3) 1.30 (4) 1.32。

( ) 9. 依危險性機械及設備安全檢查規則規定,雇主於移動式起重機檢查合格證有效期限屆滿前幾個月,應填具移動式起重機定期檢查申請書申請定期檢查;逾期未申請檢查或檢查不合格者,不得繼續使用? (1) 1 (2) 2 (3) 3 (4) 4。

( ) 10. 依起重升降機具安全規則規定,升降機依其構造及材質,於搬器上乘載人員或貨物上升之最大荷重,為下列何者? (1) 吊升荷重 (2) 額定荷重 (3) 額定總荷重 (4) 積載荷重。

( ) 11. 對於營建用提升機,下列敘述何者不正確? (1) 雇主於中型營建用提升機設置完成時,應自行實施荷重試驗,試驗紀錄應保存 3 年 (2) 應於捲揚用鋼索上加註標識或設置警報裝置等,以預防鋼索過捲 (3) 如瞬間風速有超過每秒 20 公尺之虞時應增設拉索,以預防其倒塌 (4) 使用應不得超過積載荷重。

( ) 12. 危險性機械及設備安全檢查規則中所適用之固定式起重機,係指吊升荷重在幾公噸以上? (1) 1 (2) 2 (3) 3 (4) 4。

( ) 13. 依職業安全衛生管理辦法規定,雇主對固定式起重機於瞬間風速可能超過每秒多少公尺以上時,應實施各部安全狀況之檢點? (1) 25 (2) 30 (3) 35 (4) 40。

( ) 14. 依職業安全衛生教育訓練規則規定,下列何者應接受危險性機械操作人員安全衛生教育訓練? (1) 營建用升降機操作人員 (2) 高壓氣體容器操作人員 (3) 堆高機操作人員 (4) 吊籠操作人員。

( ) 15. 雇主以鋼索作為起重升降機具之吊掛用具,依職業安全衛生設施規則規定,下列何者尚可使用? (1) 鋼索一撚間有百分之七素線截斷者 (2) 直徑減少達公稱直徑百分之七 (3) 有顯著變形或腐蝕者 (4) 已扭結者。

( ) 16. 依危險性機械及設備安全檢查規則規定,雇主對於停用超過檢查合格證有效期限幾個月以上之營建用提升機,如擬恢復使用時,應填具重新檢查申請書,向勞動檢查機構申請重新檢查? (1) 6 (2) 8 (3) 10 (4) 12。

( ) 17. 依升降機安全檢查構造標準規定,對於長跨度工程用升降機以外之升降機,當升降機之額定速率為超過 60 公尺 / 分鐘,且在 90 公尺 / 分鐘以下,其搬器抵達最高停止位置時,該搬器之上樑或搬器之最高部分至升降路頂部天花板下端之垂直距離應為多少公尺以上? (1) 1.6 (2) 1.8 (3) 2.0 (4) 2.3。

( ) 18. 依起重升降機具安全規則規定,設置於屋外之人字臂起重桿,為預防吊桿動搖引起人字臂起重桿之破損,瞬間風速超過每秒多少公尺時,應採取吊桿固定緊縛於主桿或地面之固定物等必要措施? (1) 25 (2) 30 (3) 35 (4) 40。

( ) 19. 依職業安全衛生設施規則規定,吊掛之鋼索直徑減少達公稱直徑百分之多少以上者,不得作為起重機及人字臂起重桿之吊掛用具? (1) 3 (2) 5 (3) 7 (4) 9。

( ) 20. 依危險性機械及設備安全檢查規則規定,下列何者非屬固定式起重機之檢查程序? (1) 型式檢查 (2) 竣工檢查 (3) 使用檢查 (4) 重新檢查。

( ) 21. 依職業安全衛生管理辦法規定,移動式起重機之過捲預防裝置、過負荷警報裝置、制動器、離合器及控制裝置,其性能檢點週期為下列何者? (1) 每日 (2) 每週 (3) 每月 (4) 每季。

( ) 22. 對於固定式起重機設置之階梯,下列敘述何者不符固定式起重機安全檢查構造標準規定? (1) 對水平之傾斜度應在 75 度以下 (2) 每一階之高度應在 30 公分以下,且各階梯間距離應相等 (3) 階面之寬度應在 10 公分以上,且各階面應相等 (4) 設置之堅固扶手高度至少應在 60 公分以上。

( ) 23. 依職業安全衛生設施規則規定，起重升降機具所使用之吊鉤或鉤環及附屬零件，其斷裂荷重與所承受之最大荷重比之安全係數，應在多少以上？ (1) 2 (2) 3 (3) 4 (4) 5。

( ) 24. 雇主依職業安全衛生管理辦法規定，對吊籠應每月定期實施自動檢查一次，下列何者非屬規定之檢查項目？ (1) 過捲預防裝置等安全裝置有無異常 (2) 鋼索通過部分狀況 (3) 吊臂、伸臂及工作台有無損傷 (4) 升降裝置等有無異常。

( ) 25. 由國外進口之移動式起重機，未經下列何種檢查合格不得使用？ (1) 重新檢查 (2) 使用檢查 (3) 竣工檢查 (4) 構造檢查。

( ) 26. 從事吊掛作業吊掛物之重心應在何處？ (1) 起重機重心處 (2) 起重機吊桿之中心 (3) 吊鉤正下方 (4) 吊鉤下方 15 度角。

( ) 27. 為防止油壓式起重機油壓缸內油壓過高發生危險，應有下列何種安全裝置？ (1) 警報裝置 (2) 安全閥 (3) 過捲預防裝置 (4) 緊急刹車。

( ) 28. 依職業安全衛生設施規則規定，起重機具所使用之鉤環，其安全係數應在多少以上？ (1) 2 (2) 3 (3) 4 (4) 5。

( ) 29. 依起重升降機具安全規則規定，對於吊籠之使用，下列何者有誤？ (1) 不得超過積載荷重 (2) 放置腳墊供勞工使用 (3) 運轉中禁止操作人員擅離操作位置 (4) 在強風、大雨等惡劣氣候有發生危險之虞，應禁止工作。

( ) 30. 依起重升降機具安全規則規定，起重機在額定荷重下使其上升，直行、迴轉或橫行時之各該最高速率稱為下列何者？ (1) 吊升速率 (2) 額定速率 (3) 容許下降速率 (4) 運行速率。

( ) 31. 吊掛用鋼索之張角愈大，則下列何者亦愈大？ (1) 張力 (2) 浮力 (3) 扭力 (4) 重力。

( ) 32. 下列何種危險性機械之操作人員，雇主應僱用經中央主管機關認可之訓練或經技能檢定之合格人員充任之？ (1) 吊升荷重在 3 公噸以上之固定式起重機 (2) 荷重在 1 公噸以上之堆高機 (3) 衝床 (4) 鍋爐。

( ) 33. 依起重升降機具安全規則規定，雇主對於移動起重機之搭乘設備其懸吊用鋼索或鋼線之安全係數至少應在多少以上？ (1) 5 (2) 10 (3) 15 (4) 20。

( ) 34. 一般工廠俗稱之「天車」，屬下列何種機械？ (1) 移動式起重機 (2) 自走式吊車 (3) 高空工作車 (4) 固定式起重機。

( ) 35. 依職業安全衛生管理辦法規定，對升降機之整體定期檢查 (含荷重試驗)，應多久實施 1 次？ (1) 每週 (2) 每月 (3) 每半年 (4) 每年。

( ) 36. 依職業安全衛生設施規則規定，吊掛之鋼索一撚間有百分之多少以上素線截斷者，不得作為起重機及人字臂起重桿之吊掛用具？ (1) 1 (2) 5 (3) 10 (4) 15。

( ) 37. 固定式起重機竣工檢查中之安定性試驗，係將相當於額定荷重多少倍之荷重置於吊具上，且使該起重機於前方操作之最不利安定之條件下實施，並停止其逸走防止裝置、軌夾裝置等之使用？ (1) 1.2 (2) 1.25 (3) 1.27 (4) 1.3。

( ) 38. 依職業安全衛生設施規則規定，固定式起重機應設置使吊鉤、抓斗等吊具或該吊具之
捲揚用槽輪之上方與捲胴、槽輪、吊運桁架等之下方間之間隔保持 0.25 公尺以上之下
列何種裝置？ (1) 遮斷裝置 (2) 過負荷裝置 (3) 緩衝裝置 (4) 過捲預防裝置。

( ) 39. 固定式起重機變更設置位置時，需申請下列何種檢查？ (1) 重新檢查 (2) 使用檢查
(3) 竣工檢查 (4) 構造檢查。

( ) 40. 依起重升降機具安全規則之規定，走行固定式起重機與建築物間設置之人行道寬度應
在多少公尺以上？ (1) 0.2 (2) 0.3 (3) 0.4 (4) 0.6。

( ) 41. 移動式起重機之使用安全，若採直動式過捲預防裝置，其吊具與伸臂前端槽輪下方
之間隔，應採保持在多少公尺以上？ (1) 0.025 (2) 0.05 (3) 0.075 (4) 0.1。

( ) 42. 下列何者非為起重機的安全裝置？ (1) 過負荷預防裝置 (2) 過捲預防裝置 (3) 防滑
舌片 (4) 破裂板。

( ) 43. 雇主變更吊籠之升降、制動或控制裝置時，應填具吊籠變更檢查申請書及變更部分
之圖件，向檢查機構申請何種檢查？ (1) 型式 (2) 使用 (3) 竣工 (4) 變更。

( ) 44. 依職業安全衛生管理辦法規定，下列何種安全裝置非為固定式起重機每日應實施定期
檢查之項目？ (1) 過捲預防裝置 (2) 警報裝置 (3) 制動器 (4) 離合器。

( ) 45. 依職業安全衛生管理辦法規定，下列何項機械應每年及每月定期實施自動檢查一次？
(1) 升降機 (2) 營建用提升機 (3) 衝剪機械 (4) 離心機械。

( ) 46. 檢查機構對定期檢查合格之人字臂起重桿，應於原檢查合格證上簽署，註明使用有效
期限，最長為幾年？ (1) 1 (2) 2 (3) 3 (4) 4。

( ) 47. 依職業安全衛生法規定，具有危險性之機械設備，下列敘述何者有誤？ (1) 經勞動檢
查機構檢查合格後即可使用 (2) 經行政院勞動部指定之代行檢查機構檢查合格後即可
使用 (3) 經地方主管機關指定之代行檢查機構檢查合格後即可使用 (4) 超過使用有效
期限者，應經再檢查合格後才可使用。

( ) 48. 依職業安全衛生設施規則規定，為防止捲揚機吊運物料時，發生物料飛落而傷害勞工，
下列何者非為法令規定之設施？ (1) 設置信號指揮聯絡人員 (2) 設有防止過捲裝置
(3) 吊掛用鋼索等吊具若有異狀應即修換 (4) 需經檢查機構檢查合格始准使用。

( ) 49. 危險性機械或設備之操作人員，雇主僱用未經中央主管機關認可之訓練或經技能檢定
合格人員充任時，依職業安全衛生法規定，可處以下列何種行政處分？ (1) 有期徒刑
(2) 拘役 (3) 罰金 (4) 罰鍰。

( ) 50. 在特定場所使用動力將貨物吊升，並做水平搬運為目的之機械裝置稱為下列何者？
(1) 移動式起重機 (2) 升降機 (3) 固定式起重機 (4) 營建用提升機。

( ) 51. 雇主依職業安全衛生管理辦法規定，對吊籠應每月定期實施自動檢查一次，下列何者
非屬規定之檢查項目？ (1) 過捲預防裝置等安全裝置有無異常 (2) 鋼索通過部分狀況
(3) 吊臂、伸臂及工作台有無損傷 (4) 升降裝置等有無異常。

( ) 52. 下列何者不屬於危險性機械設備為取得合格證必要之檢查？ (1) 熔接檢查 (2) 重新
檢查 (3) 自動檢查 (4) 竣工檢查。

( ) 53. 下列對於升降機的敘述，何者不正確？ (1) 結構部分應具有充分之強度，不致因變形而妨礙升降機安全使用 (2) 終點極限開關應具有能自動遮斷動力並引發制動之機能 (3) 支承樑應為鋼樑或鋼筋混凝土樑 (4) 運轉用迴路與緊急信號用迴路或電話用迴路應併集於同一電纜。

( ) 54. 依職業安全衛生設施規則規定，當搬器地板與樓板相差多少距離以上時，應有使升降機門不能開啟之連鎖裝置？ (1) 7.5 公厘 (2) 15 公厘 (3) 7.5 公分 (4) 15 公分。

( ) 55. 對於升降機之升降路塔或導軌支持塔，下列敘述何者錯誤？ (1) 基礎不得發生有不同程度之沉降現象 (2) 設置於地上之機坑以外之機坑其周圍應設有堅固擋土 (3) 支持塔周圍應設置圍柵或其他能防止無關人員接近之設施 (4) 攀登梯不可設置至頂部。

( ) 56. 新製造之固定式起重機，其竣工檢查合格設有效期限為多少年？ (1) 1 (2) 2 (3) 3 (4) 4。

( ) 57. 對於使用高空工作車從事作業，下列敘述何者不正確？ (1) 指定專人指揮監督勞工依作業計畫從事作業 (2) 除行駛於道路上外，應將其外伸撐座完全伸出 (3) 高空工作車之駕駛應經危險性機械操作人員訓練合格始得操作 (4) 不得超過高空工作車之積載荷重及能力。

( ) 58. 下列何項操作人員，雇主毋需使其受危險性設備操作人員安全訓練？ (1) 鍋爐 (小型鍋爐除外) (2) 第一種壓力容器 (3) 吊升荷重未滿 5 公噸之固定式起重機 (4) 高壓氣體特定設備。

( ) 59. 依危險性機械及設備安全檢查規則規定，升降機之合格證有效期限最長為幾年？ (1) 1 (2) 2 (3) 3 (4) 4。

( ) 60. 危險性機械及設備安全檢查規則所稱之移動式起重機，係指吊升荷重在幾公噸以上？ (1) 2 (2) 3 (3) 4 (4) 5。

( ) 61. 固定式起重機竣工檢查時之荷重試驗，係將相當於該起重機額定荷重幾倍之荷重，置於吊具上實施吊升、直行、橫行及旋轉等動作試驗？ (1) 1 (2) 1.2 (3) 1.25 (4) 1.27。

( ) 62. 吊升荷重在 3 公噸以上之固定式起重機申請定期檢查，經勞動檢查機構定期檢查合格者，其使用期限，最長以幾年為限？ (1) 1 (2) 2 (3) 3 (4) 4。

( ) 63. 有關勞工於吊籠之工作台上作業時，下列敘述何者為非？ (1) 應佩戴安全帶及安全帽 (2) 禁止無關人員進入作業場所下方 (3) 必要時，得設置腳墊 (4) 作業場所下方危險區域，應設警告標示。

( ) 64. 依職業安全衛生法規定，下列何者不屬危險性機械？ (1) 堆高機 (2) 吊籠 (3) 升降機 (4) 固定式起重機。

( ) 65. 依職業安全衛生設施規則規定，吊鏈斷面直徑減少百分之多少以上者，不得做為起重機及人字臂起重桿之吊掛用具？ (1) 1 (2) 5 (3) 10 (4) 15。

( ) 66. 未具伸臂之固定式起重機或未具吊桿之人字臂起重桿，自吊升荷重扣除吊鉤、抓斗等吊具重量所得之荷重，稱為下列何者？ (1) 額定荷重 (2) 安全荷重 (3) 積載荷重 (4) 容許荷重。

( ) 67. 依起重升降機具安全規則規定，對於主柱長度超過多少公尺之人字臂起重桿應設置攀登梯？ (1) 10 (2) 15 (3) 20 (4) 25。

( ) 68. 依職業安全衛生設施規則規定，下列何者不得作為起重升降機具之吊掛用具？ (1) 延伸長度超過百分之六之吊鏈 (2) 直徑減少達公稱直徑百分之六之鋼索 (3) 斷面直徑減少百分之九之吊鏈 (4) 鋼索一撚間有百分之九素線截斷。

( ) 69. 使用起重機具從事吊掛作業人員訓練時間為 (1) 18 小時以上 (2) 24 小時以上 (3) 36 小時以上 (4) 48 小時以上。

( ) 70. 起重機吊升貨物移動時，下列敘述何者正確？ (1) 應離地 50cm (2) 人員不得從下面經過 (3) 駕駛員可暫時離開駕駛座 (4) 操作人員不一定要領有證照。

( ) 71. 簡易提升機係指下列何者？ (1) 搬器之底面積在一平方公尺以下或頂高一點二公尺以下 (2) 搬器之底面積在一平方公尺以下，頂高一點二公尺以上 (3) 吊升荷重在一公噸以下 (4) 搬器之底面積在二點四平方公尺以下。

( ) 72. 依法令規定，固定式起重機應以銘牌標示相關事項，其中不包括下列何者？ (1) 製造者名稱 (2) 製造年月 (3) 荷重試驗年月 (4) 吊升荷重。

( ) 73. 對於營建用提升機，下列敘述何者不正確？ (1) 雇主於中型營建用提升機設置完成時，應自行實施荷重試驗，試驗紀錄應保存 3 年 (2) 應於捲揚用鋼索上加註標示或設置警報裝置等，以預防鋼索過捲 (3) 如瞬間風速有超過每秒 40 公尺之虞時應增設拉索，以預防其倒塌 (4) 使用應不得超過積載荷重。

( ) 74. 對於升降機，下列敘述何者不正確？ (1) 結構部分應具有充分之強度，不致因變形而妨礙升降機安全使用 (2) 終點極限開關應具有能自動遮斷動力並引發制動之機能 (3) 支承樑應為鋼樑或鋼筋混凝土樑 (4) 運轉用回路與緊急信號用回路或電話用回路應併集中於同一電纜。

( ) 75. 營建用提升機，依法在瞬間風速超過多少時，應增設拉索，預防其倒塌？ (1) 25 公尺／秒 (2) 35 公尺／秒 (3) 45 公尺／秒 (4) 55 公尺／秒。

( ) 76. 危險性機械及設備安全檢查規則中所適用之營建用提升機，係指導軌或升降路之高度在多少公尺以上之營建用提升機？ (1) 5 (2) 10 (3) 15 (4) 20。

( ) 77. 依法令規定，對於長跨度工程用升降機以外之升降機，當升降機之額定速率為超過 60 公尺／分鐘，且在 90 公尺／分鐘以下，其搬器抵達最高停止位置時，該搬器之上樑或搬器之最高部分至升降路頂部天花板下端之垂直距離應為多少公尺以上？ (1) 1.6 (2) 1.8 (3) 2.0 (4) 2.3。

二、問答題

1. 某鐵工廠設置吊升荷重 3 公噸之固定式起重機 1 座，未經檢查合格，即行使用。某日雇主指示勞工操作，因鋼索斷裂致吊舉物掉落，撞擊該勞工致死，試問：

   (1) 依職業安全衛生法所定罰則，發生此種職業災害，得對公司負責人處何種刑事處分？

   (2) 發生事故之固定式起重機吊掛作業場所經勞動檢查機構予以停工處分，雇主仍繼續使用該起重機從事吊掛作業，除處罰其負責人外，並得對公司法人處以何種刑事處分？

   (3) 雇主應申請何種檢查合格後始可使用？

2. 試回答下列問題：

   (1) 某營造工地設置吊升荷重 4 公噸之固定式起重機 1 座，雇主應依規定實施定期檢查，除檢查年月日外，請另列舉 3 項定期檢查應記錄之事項。

   (2) 上述固定式起重機，設置完成後，請問：

   ① 應向所在地何種機構申請竣工檢查？

   ② 往後應向何種中央主管機關所指定之機構申請定期檢查？

3. 依起重升降機具安全規則規定，對於移動式起重機之使用，以吊物為限，不得乘載或吊升勞工從事作業，若在特殊條件下，得以搭乘設備乘載或吊升勞工時，該搭乘設備應符合哪些規定？(請列舉 2 項)

4. 某鋼鐵廠擬新設吊運車架空移動式起重機一座，其吊升荷重為 230 公噸，吊具重 20 公噸。試回答下列問題：

   (1) 該固定式起重機之額定荷重為多少公噸？

   (2) 該吊運車架空移動式起重機於設計、製造及使用前，應向檢查機構申請哪些檢查？

   (3) 應以多少公噸之荷重實施荷重試驗？

   (4) 該吊運車架空移動式超重機取得合格證之最長有效期限為幾年？合格證有效期限屆滿前，應向檢查機構申請何種檢查？

   (5) 起重機作業常發生物體飛落災害，請列出至少 4 種該作業易發生物體飛落之原因。

5. 丙工廠因業務需要，擬於廠內新設一座吊升荷重為 20 公噸之架空式起重機，請回答與該架空式起重機之相關問題：

   (1) 簡要說明架空式起重機吊升荷重與額定荷重之定義。

   (2) 該事業單位須向檢查機構申請何種檢查？

6. 雇主對於固定式起重機之使用，以吊物為限，不得乘載或吊升勞工從事作業。但所從事之作業尚無其他安全作業替代方法，或臨時性、小規模、短時間、作業性質特殊，經採取防止墜落等措施，不在此限。依起重升降機具安全規則規定，有關此防止墜落措施，請至少列出 4 項搭乘設備應規定或辦理之事項。

7. 對於移動式起重機之使用，以吊物為限，不得乘載或吊升勞工從事作業。為避免勞工有墜落危害，試回答下列問題：

(1) 請依起重升降機具安全規則規定，說明何種情形，經採取防止墜落措施者，則可使用移動式起重機乘載或吊升勞工從事垂直高度 20 公尺以上之高處作業？

(2) 依前述規定，雇主應辦理之防止墜落措施為何？

8. 某事業單位使勞工從事桿上變壓器更換作業（停電中），採取由積載型吊卡車（移動式起重機）配合使用高空工作車從事作業，請問對於使用高空工作車作業應辦理哪些事項？（至少列舉 5 項）

9. 請列出 5 項移動式起重機作業常發生之危害與其防止對策。

10. 請列出 5 種移動式起重機之安全裝置名稱，並簡要說明其功用。

11. 使用移動式起重機從事作業中，常易發生翻倒、被夾、感電等危害，為防止上述危害，依起重升降機具安全規則規定，雇主應於事前調查哪些事項，以採取相關必要措施？（請列舉 5 項）

12. 一移動式起重機之吊升荷重能力為 4 公噸，為確保該移動式起重機作業安全，試回答下列問題：

(1) 若該起重機吊鉤之斷裂荷重為 20 公噸，承受之最大荷重為 4 公噸，試說明該吊鉤強度是否符合移動式起重機安全檢查構造標準規定？

(2) 若該起重機捲揚用鋼索之斷裂荷重為 15 公噸，承受之最大荷重為 4 公噸，試說明該鋼索強度是否符合移動式起重機安全檢查構造標準規定？

(3) 為防護鋼索強度折減而發生意外事故，依移動式起重機安全檢查構造標準規定，請列舉 3 種鋼索需予以更換之情形。

(4) 為保護勞工使用該起重機從事吊掛作業之安全，依起重升降機具安全規則規定，在進行吊掛作業時，請列舉 5 項應辦理事項。

13. 危險性機械及設備安全檢查規則所稱既有危險性機械及設備之適用範圍為何？

14. 某一工程公司欲使用中型移動式起重機吊升人員從事電線拆除作業，試依起重升降機具安全規則規定，回答下列問題：

(1) 何謂中型移動式起重機？

(2) 對於移動式起重機之使用，應以吊物為限，不得乘載或吊升勞工從事作業。但在垂直高度 20 公尺以上之高處，從事性質特殊的作業及採取相關防護措施情形下，允許得乘載或吊升勞工從事作業，請問該但書規定為何？

15. 請依危險性機械及設備安全檢查規則規定，回答下列問題：

(1) 於吊籠檢查合格證有效期限屆滿前多久，應填具吊籠定期檢查申請書，向檢查機構申請定期檢查？

(2) 於變更吊籠哪些裝置或構造時，需填具吊籠變更檢查申請書及變更之圖件，向檢查機構申請變更檢查？（請列舉 4 項）

16. 台北市捷運系統某工地之下列危險性機械設備，若遇到下述各種情況時，該如何處理？

    (1) 鎚頭式起重機：檢查合格證有效期限屆滿前一個月。

    (2) 數部移動式起重機：其中一部遺失檢查合格證。

    (3) 吊籠：變更載具。

    (4) 營建用提升機：拆除。

    (5) 工程用升降機：變更制動裝置、捲揚機。

17. 解釋名詞：

    (1) 吊升荷重。

    (2) 積載荷重。

    (3) 額定荷重。

    (4) 額定速率。

    (5) 容許下降速率。

Chapter

14

機械危害與安全防護

14.1 前言

在製造或生產作業中，難免會使用機械器具對工件進行加工，因此在工廠內發生的意外事故，多數是由機械器具所造成。根據資料顯示，在製造業中對勞工所造成的傷害，有百分之七十以上是由機械器具所導致(包括被夾、被捲、被切、割、被撞等)。

依據「職業安全衛生法」(以下簡稱本法)第六條第一項規定，雇主對「防止機械、設備或器具等引起之危害」，應有符合規定之必要安全衛生設備及措施。因此，行政院勞動部依本條文之需求發布「機械設備器具安全標準」(最新修正日期民國105年8月5日)，針對「職業安全衛生法施行細則」第十二條所指定，一些經常造成操作人員傷害的機械、設備、器具，如動力衝剪機械、動力堆高機等，訂定其構造、性能及安全防護之最低標準。

另一方面，為了建立「源頭管理制度」，以減少上述指定機械、設備或器具所引起之危害，「職業安全衛生法」第七條規定：

「製造者、輸入者、供應者或雇主，對於中央主管機關指定之機械、設備或器具，其構造、性能及防護非符合安全標準者，不得產製運出廠場、輸入、租賃、供應或設置。

前項之安全標準，由中央主管機關定之。

製造者或輸入者對於第一項指定之機械、設備或器具，符合前項安全標準者，應於中央主管機關指定之資訊申報網站登錄，並於其產製或輸入之產品明顯處張貼安全標示，以供識別。但屬於公告列入型式驗證之產品，應依第八條及第九條規定辦理。

前項資訊登錄方式、標示及其他應遵行事項之辦法，由中央主管機關定之。」

勞動部除依本法第七條訂定「機械設備器具安全資訊申報登錄辦法」(民國106年9月22日最新修正)，亦依本法第八條訂定「機械類產品型式驗證實施及監督管理辦法」(民國103年11月28日最新修正)，以及「安全標示與驗證合格標章使用及管理辦法」(民國106年9月30日最新修正)。

本章就機械器具之傷害種類、安全標準、資訊申報、型式驗證及合格標章等預防管理措施予以介紹。

14.2 機械傷害種類

工業技術一日千里，隨著工業技術的進步，機械設備不但種類繁多，而且在構造上也越來越複雜，因此不同種類的機械設備，對人體所造成的傷害亦各有不同，然而一般作業場所常見的機械傷害，大概可分為「刺割傷害」、「磨擦傷害」、「夾壓傷害」、「剪切傷害」、「撞擊傷害」及「肌肉扭傷」等，茲分述如下：

一、刺割傷害

係指尖銳或鋒利的刀具及物料對人體所造成的傷害。輕微的割傷或刺傷可能僅傷及皮膚或肌肉的表層，嚴重的話則可能傷及人體的內臟與骨骼，導致死亡或殘廢。

二、磨擦傷害

人體與轉動中的機件或物料接觸時，常會造成皮膚的磨擦傷害，在機械工廠中操作砂輪研磨機容易發生磨擦傷害。

三、夾壓傷害

當身體的任何部位被夾軋在兩個運動物體之間，該部位受到夾壓而造成傷害。常見的夾壓傷害如手被轉動中的齒輪或皮帶夾傷，將工件放進衝壓成型機加工時手指被夾壓受傷等。嚴重的夾壓傷害不但會造成殘廢，也可能會因傷重而導致死亡。

四、剪切傷害

操作切割機械如動力裁紙機、衝剪機等，若操作不當或疏忽的話，會導致身體某些部位受到剪切傷害。機械的剪切傷害經常會造成手部的殘廢。

五、撞擊傷害

當身體受到重物的撞擊，可能會造成內臟受傷或骨頭裂碎的傷害，嚴重的話會導致殘廢或死亡。常見的意外如堆高機將人員撞傷、機件往復運動時突出部位撞及旁邊經過的人員等。

六、肌肉扭傷

機械操作人員在瞬間舉起或扳動某一機件時，常因估計錯誤而用力過度，導致肌肉扭傷或關節移位。

由以上各點可知，機械傷害輕則需要休息相當時日才能恢復工作，嚴重者會導致殘廢或死亡。此外，機械設備若因未做好安全防護而經常發生傷害，不但對操作者造成心理威脅，而且也會影響工作效率。

14.3 機械危害部位

一般而言，機械對人體造成傷害的部位，主要發生在機械的「操作點」、「動力傳動裝置」及「移動機件」等地方。現分述如下：

一、操作點

大多數的機械傷害都是發生在「操作點」。操作點又稱「工作點」，係指機械對工件加工的接觸部位，如圖 14.1 所示。

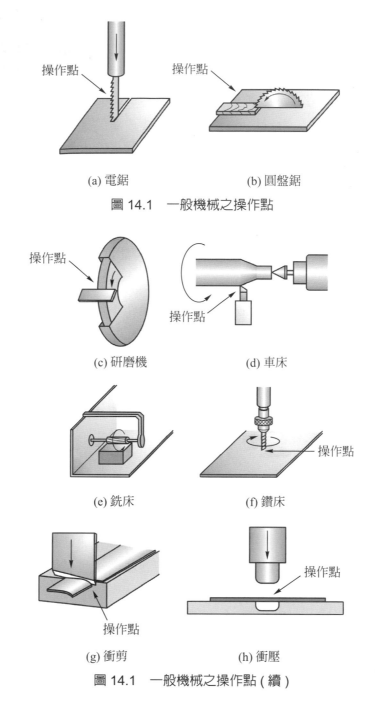

(a) 電鋸   (b) 圓盤鋸

圖 14.1　一般機械之操作點

(c) 研磨機   (d) 車床

(e) 銑床   (f) 鑽床

(g) 衝剪   (h) 衝壓

圖 14.1　一般機械之操作點 (續)

二、動力傳動裝置

　　凡將動力傳至機械各部分以完成整個動作的各種機件，都屬於動力傳動裝置，如傳動輪、齒輪、鏈條、皮帶、連桿、聯軸器等。這些旋轉或相對運動的機件，均會形成捲入點，極容易夾進寬鬆的衣物或其他配件，而造成人體的傷害。一般機械的捲入點如圖 14.2 所示。

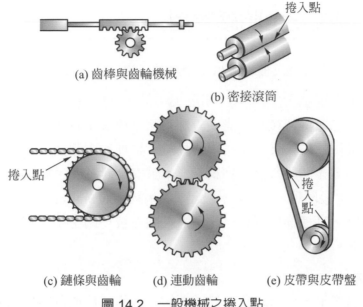

圖 14.2　一般機械之捲入點

三、移動機件

　　有些機件或機台在進行工件加工時，必須以機件本身之「旋轉」，「往復」動作才能達成，像一些刨床作業或機械手臂的抓取作業便是其中的例子。這些進行間歇性運動的機件最為危險，因為當它們停止不動時，常常會使操作人員忽略了它的活動範圍而發生撞擊傷害。

　　此外，堆高機為了能於狹窄的空間內對貨物進行抬舉、搬運、堆疊等作業，因此在駕駛操控上不但可作原地 360 度之「轉向」，亦可從原來的「前進」狀態中，瞬間停止後改為「後退」倒車；具備如此快速的「旋轉」，「往復」操控性能，使堆高機於作業時，常常對誤入作業範圍的人員造成撞擊傷害。

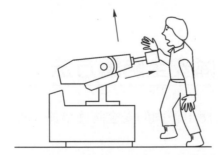

圖 14.3　機械手臂移動時所發生之撞擊傷害

14.4　機械安全防護類型

機械的安全防護可分為三種：機械安全設計、機械安全護罩及機械安全裝置。

一、機械安全設計

機械設計人員於設計機械時，應在設計上賦予機械本身相當之安全性，以避免使用者再為機械之危險部位加裝安全防護或措施；這種從工程面去著手改善機械的安全觀念，是最基本的安全防護設計，亦稱為「本質安全設計」。與機械安全設計相關的技術包羅甚廣，其中最理想的安全設計就是「防呆設計」(fool-proof)，在這種又稱為「萬無一失」的設計下，即使操作者是一位毫無經驗與技巧的生手，在操作該機械時也不會發生任何的危害。

二、機械安全護罩

所謂「安全護罩」，係指防止人體與機械危害的部位或危險地區直接接觸而設置的各種障礙物，如護欄、柵門和各類提醒注意的障礙物等。

三、機械安全裝置

利用感測裝置、機械原理、自動進出料等裝置，來確保機械的安全，這些裝置稱為安全裝置。安全裝置之作用原理如下：

(1) 當人體的任何部分進入危險區或機械電氣失效時，感應式的安全裝置可控制機械使其無法操作或立即自動停止。

(2) 機械式安全裝置的作用在於限制人體的任何部位進入危險區，或將已進入危險區的身體部位迅速撥開或拉回。

(3) 以自動進出料等方法取代人工進料，以避免人體的任何部分有進入危險區域的情形發生。

14.5　機械設備安全防護方法

雖然不同的機械設備會使用不同的安全防護措施，但一般常見的防護方法大致可歸納如下：

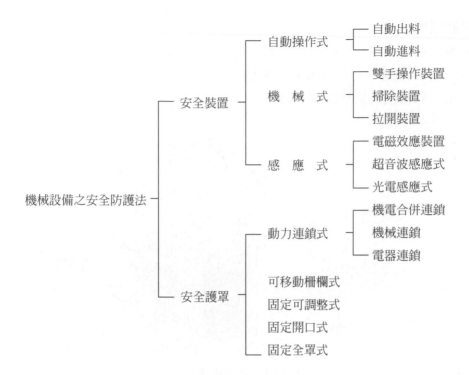

```
                          ┌─ 自動操作式 ──┬─ 自動出料
                          │              └─ 自動進料
                          │              ┌─ 雙手操作裝置
              ┌─ 安全裝置 ─┼─ 機 械 式 ──┼─ 掃除裝置
              │           │              └─ 拉開裝置
              │           │              ┌─ 電磁效應裝置
              │           └─ 感 應 式 ──┼─ 超音波感應式
機械設備之安全防護法 ─┤                    └─ 光電感應式
              │           ┌─ 動力連鎖式 ──┬─ 機電合併連鎖
              │           │              ├─ 機械連鎖
              │           │              └─ 電器連鎖
              └─ 安全護罩 ─┤ 可移動柵欄式
                          │ 固定可調整式
                          │ 固定開口式
                          └ 固定全罩式
```

一、安全護罩

　　安全護罩或護圍的使用，主要是蓋住機械設備的危險部位，以防止人體進入機械危險部位而發生接觸傷害。安全護罩的型式如圖 14.4。

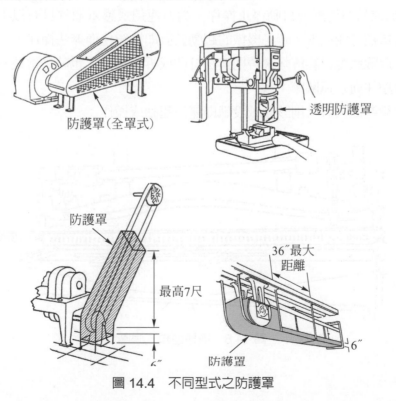

防護罩(全罩式)

透明防護罩

防護罩

最高7尺

36″最大距離

防護罩

圖 14.4　不同型式之防護罩

二、可移動柵欄

　　當機械設備停止操作或危險狀態解除後，柵欄即自動移開，以方便進出料的工作，當機械開始操作或進入危險狀態時，柵欄即自動關閉，以防止人體和機械危害部位發生接觸。常見的移動式柵欄如圖 14.5。

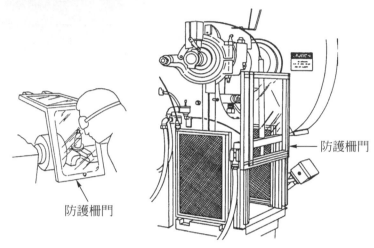

防護柵門

防護柵門

圖 14.5　移動柵欄 (門)

三、動力連鎖式護罩或護圍

　　此種護罩一旦被打開或取下時，機械設備本身即以電氣、機械或兩者合併的連鎖原理，使電源或動力切斷而自動停止操作。動力連鎖式護罩通常具有以下特性：

1. 當護罩被打開或取下時，機械的起動裝置即被鎖住而無法操作。
2. 除非危險狀態已經解除，否則無法打開或拆除護罩，也就是當機械運轉時，護罩即被鎖住而永遠關閉。
3. 若連鎖裝置失敗，則該機械設備即無法起動或操作。

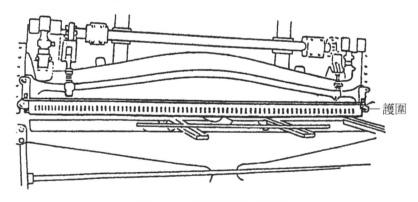

護圍

圖 14.6　機械連鎖式護圍

四、感應式安全裝置

感應式安全裝置可分為「光電感應器」、「超音波感應器」及「電磁效應裝置」三種。這些感應器裝置在機械設備的危險區域，當人體進入危險區域或危險界限時，感應器即發生作用，使機械立即停止操作或無法起動。圖 14.7 及 14.8 分別為光學式感應裝置及電磁效應裝置。

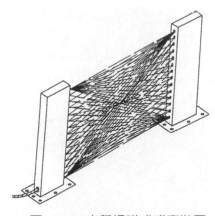

圖 14.7　光學掃瞄式感應裝置

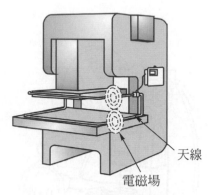

天線

電磁場

圖 14.8　電磁效應感測裝置

五、機械式安全裝置

機械式安全裝置，是以機械連桿的原理，把操作人員的雙手拉開或掃開，或是利用雙手同時按鈕才能起動機械的操作方式，以防止操作人員的手部進入危險區域。

圖 14.9 係一種利用手腕套來控制操作人員雙手不得進入機械危險區的拉開裝置。

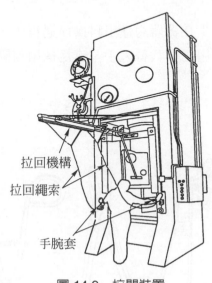

拉回機構

拉回繩索

手腕套

圖 14.9　拉開裝置

　　圖 14.10 係一種利用連桿作用的掃除裝置，當機械開始操作時會將操作人員的手從危險中撥開。由於撥開過程中可能會使操作人員失去平衡或因而受傷，因此此種裝置並不符合目前機械防護的安全標準，已很少被採用。

　　圖 14.11 係一種雙手同時操作裝置，操作人員必須雙手同時按下兩個分開的按鈕，才能起動機械；因此可避免雙手在操作機械時誤入危險區。

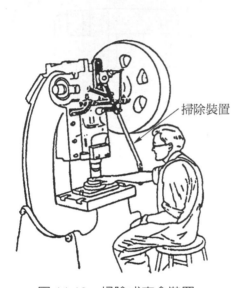

掃除裝置

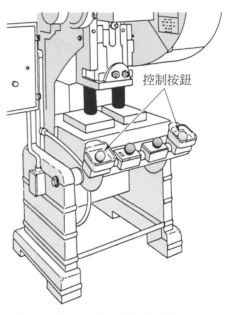

控制按鈕

圖 14.10　掃除式安全裝置　　　　圖 14.11　雙手操作式安全裝置

六、進出料操作改善

　　手部的傷害事故最常發生在機器的進出料操作過程中，特別是以人手直接對機械進出料的作業。因此若能改用工具代替人手，或是採用自動進出料的裝置，即可減少手部傷害事故的發生。

1. 以鉗、鋏、吸嘴等工具代替雙手進料，進料手工具如圖 14.12。

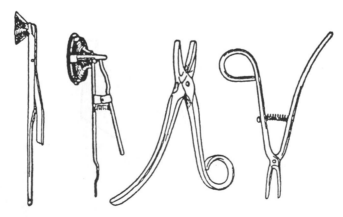

圖 14.12　各式手鉗及真空吸料器

2. 以全自動進料裝置取代人工作業，使操作人員完全離開機械的操作點，而僅需在旁監督並且在適當時間補充進料即可。全自動進料裝置如轉盤、斜坡斗、捲送帶等。

出料的改善方法如下：

(1) 利用機械震動出物料。

(2) 利用壓縮空氣將物料吹出。

(3) 利用斜坡及地心重力使物料自動滑出。

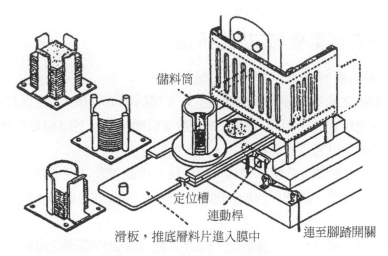

圖 14.13　堆板進料及儲料器

14.6　機械設備器具安全標準

依「職業安全衛生法施行細則」第十二條規定，本法第七條第一項所稱中央主管機關指定之機械、設備或器具如下：

(1) 動力衝剪機械。

(2) 手推刨床。

(3) 木材加工用圓盤鋸。

(4) 動力堆高機。

(5) 研磨機。

(6) 研磨輪。

(7) 防爆電氣設備。

(8) 動力衝剪機械之光電式安全裝置。

(9) 手推刨床之刃部接觸預防裝置。

(10) 木材加工用圓盤鋸之反撥預防裝置及鋸齒接觸預防裝置。

(11) 其他經中央主管機關指定公告者。

另依「機械設備器具安全標準」(以下簡稱本標準) 第二條規定，本標準適用之機械、設備、器具，指本法施行細則第十二條所定者。前項機械、設備、器具之構造、性能及安全防護，不得低於本標準之規定。

以下本標準對上述機械、設備或器具之安全規範。

14.6.1 動力衝剪機械之安全防護

本標準對「動力衝剪機械」之安全防護規定如下：

1. 以動力驅動之衝壓機械及剪斷機械 (以下簡稱衝剪機械)，應具有安全護圍、安全模、特定用途之專用衝剪機械或自動衝剪機械 (以下簡稱安全護圍等)。但具有防止滑塊等引起危害之機構者，不在此限。

2. 衝剪機械之原動機、齒輪、轉軸、傳動輪、傳動帶及其他構件，有引起危害之虞者，應設置護罩、護圍、套胴、圍柵、護網、遮板或其他防止接觸危險點之適當防護物。

3. 安全護圍等，應具有防止身體之一部介入滑塊等動作範圍之危險界限之性能，並符合下列規定：

   (1) 安全護圍：具有使手指不致通過該護圍或自外側觸及危險界限之構造。

   (2) 安全模：下列各構件間之間隙應在 8 毫米 (mm) 以下：

      ① 上死點之上模與下模之間。

      ② 使用脫料板者，上死點之上模與下模脫料板之間。

      ③ 導柱與軸襯之間。

   (3) 特定用途之專用衝剪機械：具有不致使身體介入危險界限之構造。

   (4) 自動衝剪機械：具有可自動輸送材料、加工及排出成品之構造。

4. 衝剪機械之安全裝置，應具有下列機能之一：

   (1) 連鎖防護式安全裝置：滑塊等在閉合動作中，能使身體之一部無介入危險界限之虞。

   (2) 雙手操作式安全裝置：

      ① 安全一行程式安全裝置：在手指按下起動按鈕、操作控制桿或操作其他控制裝置 (以下簡稱操作部)，脫手後至該手達到危險界限前，能使滑塊等停止動作。

② 雙手起動式安全裝置：以雙手作動操作部，於滑塊等閉合動作中，手離開操作部時使手無法達到危險界限。

(3) 感應式安全設置：滑塊等在閉合動作中，遇身體之一部接近危險界限時，能使滑塊等停止動作。

(4) 拉開式或掃除式安全裝置：滑塊等在閉合動作中，遇身體之一部介入危險界限時，能隨滑塊等之動作使其脫離危險界限。

前項各款之安全裝置，應具有安全機能不易減損及變更之構造。

5. 衝剪機械之安全裝置，應符合下列規定：

(1) 具有適應各該衝剪機械之種類、衝剪能力、每分鐘行程數、行程長度及作業方法之性能。

(2) 雙手操作式安全裝置及感應式安全裝置，具有適應各該衝剪機械之停止性能。

6. 雙手操作式安全裝置或感應式安全裝置之停止性能，其作動滑塊等之操作部至危險界限間，或其感應域至危險界限間之距離，應分別超過下列計算之值：

(1) 安全一行程雙手操作式安全裝置：

$D = 1.6 (T_1 + T_s)$

式中

D：安全距離，以毫米 (mm) 表示。

T_1：手指離開安全一行程雙手操作式安全裝置之操作部至快速停止機構開始動作之時間，以毫秒 (ms) 表示。

T_s：快速停止機構開始動作至滑塊等停止之時間，以毫秒表示。

(2) 雙手起動式安全裝置：

$D = 1.6T_m$

式中

D：安全距離，以毫米 (mm) 表示。

T_m：手指離開操作部至滑塊等抵達下死點之最大時間，以毫秒表示，並以下列公式計算：

$T_m = (1 / 2 + 1 / 離合器之嚙合處之數目) \times 曲柄軸旋轉一周所需時間)$

(3) 光電式安全裝置：

$D = 1.6 (T_1 + T_s) + C$

D：安全距離，以毫米 (mm) 表示。

T_1：手指介入光電式安全裝置之感應域至快速停止機構開始動作之時間，以毫秒表示。

T_s：快速停止機構開始動作至滑塊等停止之時間，以毫秒表示。

C：追加距離，以毫米表示，並採表 14.1 所列數值：

表 14.1　連續遮光幅與追加距離

連續遮光幅：mm 追加距離	C：mm
30 以下	0
超過 30，35 以下	200
超過 35，45 以下	300
超過 45，50 以下	400

7. 連鎖防護式安全裝置應符合下列規定：
   (1) 除寸動時外，具有防護裝置未閉合前，滑塊等無法閉合動作之構造及於滑塊等閉合動作中，防護裝置無法開啓之構造。
   (2) 滑塊等之動作用極限開關，具有防止身體、材料及其他防護裝置以外物件接觸之措置。

8. 雙手操作式安全裝置應符合下列規定：
   (1) 具有安全一行程式安全裝置。但具有一行程一停止機構之衝剪機械，使用雙手起動式安全裝置者，不在此限。
   (2) 安全一行程式安全裝置在滑塊等閉合動作中，當手離開操作部，有達到危險界限之虞時，具有使滑塊等停止動作之構造。
   (3) 雙手起動式安全裝置在手指自離開該安全裝置之操作部時至該手抵達危險界限前，具有該滑塊等可達下死點之構造。
   (4) 以雙手操控作動滑塊等之操作部，具有其左右手之動作時間差非在 0.5 秒以內，滑塊等無法動作之構造。
   (5) 具有雙手未離開一行程操作部時，備有無法再起動操作之構造。
   (6) 其一按鈕之外側與其他按鈕之外側，至少距離 300mm 以上。但按鈕設有護蓋、擋板或障礙物等，具有防止以單手及人體其他部位操作之同等安全性能者，其距離得酌減之。
   (7) 按鈕採用按鈕盒安裝者，該按鈕不得凸出按鈕盒表面。
   (8) 按鈕內建於衝剪機械本體者，該按鈕不得凸出衝剪機械表面。

9. 感應式安全裝置，應爲光電式安全裝置、具起動控制功能之光電式安全裝置、雷射感應式安全裝置或其他具有同等感應性能以上之安全裝置。

10. 光電式安全裝置應符合下列規定：
    (1) 衝剪機械之光電式安全裝置，應具有身體之一部將光線遮斷時能檢出，並使滑塊等停止動作之構造。
    (2) 衝壓機械之光電式安全裝置，其投光器及受光器須有在滑塊等動作中防止危險之必要長度範圍有效作動，且須能跨越在滑塊等調節量及行程長度之合計長度 (以下簡稱防護高度)。

(3) 投光器及受光器之光軸數須具二個以上，且將遮光棒放在前款之防護高度範圍內之任意位置時，檢出機構能感應遮光棒之最小直徑 (以下簡稱連續遮光幅) 在 50mm 以下。但具啟動控制功能之光電式安全裝置，其連續遮光幅為 30mm 以下。

(4) 剪斷機械之光電式安全裝置，其投光器及受光器之光軸，從剪斷機械之桌面起算之高度，應為該光軸所含鉛直面和危險界限之水平距離之 0.67 倍以下。但其值超過 180mm 時，視為 180mm。

(5) 前款之投光器及受光器，其光軸所含鉛直面與危險界限之水平距離超過 270mm 時，該光軸及刀具間須設有一個以上之光軸。

(6) 衝剪機械之光電式安全裝置之構造，自投光器照射之光線，僅能達到其對應之受光器或反射器，且受光器不受其對應之投光器或反射器以外之其他光線感應。但具有感應其他光線時亦不影響滑塊等之停止動作之構造者，不在此限。

11. 具有光電式安全裝置之衝剪機械，其檢出機構之光軸與台盤前端之距離，有足使身體之一部侵入之虞者，應設置防止侵入之安全圍柵或中間光軸等設施。

12. 具起動控制功能之光電式安全裝置，應具有身體之一部將光線遮斷時能檢出，並使滑塊等停止動作之構造。

13. 衝剪機械使用具起動控制功能之光電式安全裝置者，應符合下列規定：

(1) 台盤之水平面須距離地面七百五十毫米以上。但台盤面至投光器及受光器下端間設有安全圍柵者，不在此限。

(2) 台盤深度須在 1,000mm 以下。

(3) 衝程在 600mm 以下。但衝剪機械已設安全圍柵等，且投光器及受光器之防護高度在 600mm 以下者，不在此限。

(4) 曲軸衝床之過定點停止監視裝置之停止點設定，須在 15 度以內。具起動控制功能之光電式安全裝置，其投光器及受光器，應具不易拆卸或變更安裝位置之構造。

14. 使用具起動控制功能之光電式安全裝置，應能防止滑塊等意外動作，且應符合下列規定：

(1) 具起動控制功能之光電式安全裝置之構造，須使用鑰匙選擇其危險防止之機能。

(2) 使滑塊等作動前，須具起動準備必要操作之構造。

(3) 在 30 秒內未完成滑塊等作動者，須具重新執行前款所定起動之準備作業之構造。

15. 摺床用雷射感應式安全裝置，應具有下列性能：

(1) 具有檢出機構，且於身體有被夾之虞者，遇身體之一部將光線遮斷時能檢出，並使滑塊等停止作動之構造。

(2) 滑塊等在閉合動作中，檢知身體之一部或加工物遮斷光線，或滑塊等到達設定位置仍須使滑塊等繼續動作者，具有能將滑塊等之移動速度降爲 10mm/s 以下 (以下簡稱低閉合速度) 之構造。

16. 雷射感應式安全裝置，適用於符合下列規定之摺床：

(1) 滑塊等在閉合動作時，具有可將滑塊等之速度調至低閉合速度之構造。

(2) 使滑塊等在低閉合速度動作時，具有非在操作部操控，無法作動滑塊等之構造。

17. 摺床用雷射感應式安全裝置之檢出機構，應具有下列性能：

(1) 投光器及受光器須設置在能檢知身體之一部可能受滑塊等夾壓之位置；摺床採滑塊等下降動作者，其檢出機構具有與滑塊等動作連動之構造。

(2) 滑塊等在閉合動作中，且在低閉合速度時，具有得使檢知機能無效化之構造。

18. 拉開式安全裝置應符合下列規定：

(1) 設有牽引帶者，其牽引量須能調節，且牽引量爲盤床深度 1/2 以上。

(2) 牽引帶之材料爲合成纖維；其直徑爲 4mm 以上；已安裝調節配件者，其切斷荷重爲 150kg 以上。

(3) 肘節傳送帶之材料爲皮革或其他同等材質之材料；且其牽引帶之連接部能耐 50kg 以上之靜荷重。

19. 掃除式安全裝置應符合下列規定：

(1) 具有掃臂長度及振幅能調節之構造。

(2) 掃臂設置當滑塊等動作中能確保手部安全之防護板。

(3) 前款防護板之尺寸如下：

① 寬度：在金屬模寬度 1/2 以上。但金屬模寬度在 200mm 以下者，其防護板寬度爲一 100mm。

② 高度：在行程長度以上。但行程長度超過 300mm 者，其防護板高度爲 300mm。

③ 掃臂振幅：在金屬模寬度以上。

(4) 掃臂及防護板具有與手部或人體其他部位接觸時能緩和衝擊之性能。

20. 衝壓機械非符合下列所定規格者，不得設置掃除式安全裝置：

(1) 構造屬使用確動式離合器者，且操作滑塊等起動之操作部，須用雙手爲之。

(2) 行程長度須在 40mm 以上，且在防護板寬度以下。

(3) 每分鐘行程數須在 120 以下。

衝壓機械採腳踏式快速停止機構者，不得使用掃除式安全裝置。

21. 衝剪機械之安全裝置，其機械零件、電氣零件、鋼索、切換開關及其他零配件，應符合下列規定：

(1) 本體、連接環、構材、控制桿及其他主要機械零件，具有充分之強度。

(2) 承受作用力之金屬零配件：

　① 材料符合國家標準 CNS 3828「機械構造用碳鋼鋼料」規定之 S45C 規格之鋼材或具有同等以上之機械性能。

　② 金屬零配件承受作用力之部分，其表面實施淬火或回火，且其硬度值為洛氏 C 硬度值 45 以上 50 以下。

(3) 鋼索：

　① 符合國家標準 CNS 10,000「機械控制用鋼纜」規定之規格或具有同等以上之機械性能。

　② 滑塊、控制桿及其他類似機件使用之鋼索，須以線夾、夾鉗等緊結具確實安裝。

(4) 安全裝置使用之螺栓、螺帽等，有因鬆弛致該安全裝置發生誤動作或零配件脫落之虞者，具有防止鬆脫之性能；對絞鏈部所用之銷等，具有防止脫落之性能。

(5) 繼電器、極限開關及其他主要電氣零件，具有充分之強度及耐久性，以確保安全裝置之機能。

(6) 具有電氣回路者，設置能顯示該安全裝置之動作、繼電器開閉不良及其他電氣回路故障之指示燈。

(7) 繼電器、電晶體、電容器、電阻等電氣零件安裝部分，具有防振性能。

(8) 電氣回路於該安全裝置之繼電器、極限開關等電氣零件故障，或停電時，具有使滑塊等不致發生意外動作之性能。

(9) 操作用電氣回路之電壓，在 160 伏特以下。

(10) 外部電線符合國家標準 CNS 6556「600V 聚氯乙烯絕緣及被覆輕便電纜」規格或具有同等以上之絕緣效力、耐油性、強度及耐久性。

(11) 切換開關：

　① 以按鍵切換者，具有使該按鍵分別選取切換位置之裝置。

　② 具有確實保持各自切換位置之裝置。

　③ 於各自切換位置，具有安全裝置狀態之明顯標示。

14.6.2 手推刨床之安全防護

本標準對手推刨床之安全防護訂定標準如下：

1. 攜帶用以外之手推刨床，應具有符合下列規定之刃部接觸預防裝置。但經檢查機構認可具有同等以上性能者，得免適用其之一部或全部：

   (1) 覆蓋應遮蓋刨削工材以外部分。

   (2) 具有不致產生撓曲、扭曲等變形之強度。

   (3) 可動式接觸預防裝置之鉸鏈部分，其螺栓、插銷等，具有防止鬆脫之性能。

   (4) 除將多數加工材料固定其刨削寬度從事刨削者外，所使用之刃部接觸預防裝置，應使用可動式接觸預防裝置。但直角刨削用手推刨床型刀軸之刃部接觸預防裝置，不在此限。

   手推刨床之刃部接觸預防裝置，其覆蓋之安裝，應使覆蓋下方與加工材之進給側平台面間之間隙在 8mm 以下。

2. 手推刨床應設置遮斷動力時，可使旋轉中刀軸停止之制動裝置。但遮斷動力時，可使其於 10 秒內停止刀軸旋轉者，或使用單相線繞轉子型串激電動機之攜帶用手推刨床，不在此限。

3. 手推刨床應設可固定刀軸之裝置。

4. 手推刨床應設置不離開作業位置即可操作之動力遮斷裝置。

   前項動力遮斷裝置應易於操作，且具有不因意外接觸、振動等，致手推刨床有意外起動之虞之構造。

5. 攜帶用以外之手推刨床，其加工材進給側平台，應具有可調整與刃部前端之間隙在 3mm 以下之構造。

6. 手推刨床之刀軸，其帶輪、皮帶及其他旋轉部分，於旋轉中有接觸致生危險之虞者，應設置覆蓋。但刀軸為刨削所必要之部分者，不在此限。

7. 手推刨床之刃部，其材料應符合下列規定之規格或具有同等以上之機械性質：

   (1) 刀刃：符合國家標準 CNS2904「高速工具鋼鋼料」規定之 SKH2 規格之鋼料。

   (2) 刀身：符合國家標準 CNS2473「一般結構用軋鋼料」或國家標準 CNS3828「機械構造用碳鋼鋼料」規定之鋼料。

8. 手推刨床之刃部，應依下列方法安裝於刀軸：

   (1) 國家標準 CNS4813「木工機械用平刨刀」規定之 A 型 (厚刀) 刃部，並至少取其安裝孔之一個承窩孔之方法。

   (2) 國家標準 CNS4813「木工機械用平刨刀」規定之 B 型 (薄刀) 刃部，其分軸之安裝隙槽或壓刀板之斷面，使其成為尖劈形或與其類似之方法。

9. 手推刨床之刀軸，應採用圓胴。

14.6.3 木材加工用圓盤鋸之安全防護

本標準對木材加工用圓盤鋸之安全防護標準規定如下：

1. 木材加工用圓盤鋸 (以下簡稱圓盤鋸) 之材料、安裝方法及緣盤，應符合下列規定：

    (1) 材料：依圓鋸片種類及圓鋸片構成部分，符合附表五規定之材料規格或具有同等以上之機械性質。

    (2) 安裝方法：

    ① 使用第 3 款規定之緣盤。但多片圓盤鋸或複式圓盤鋸等圓盤鋸於使用專用裝配具者，不在此限。

    ② 固定側緣盤以收縮配合、壓入等方法，或使用銷、螺栓等方式固定於圓鋸軸。

    ③ 圓鋸軸之夾緊螺栓，具有不可任意旋動之性能。

    ④ 使用於緣盤之固定用螺栓、螺帽等，具有防止鬆脫之性能，以防止制動裝置制動時引起鬆脫。

    (3) 圓盤鋸之緣盤：

    ① 使用具有國家標準 CNS2472「灰口鐵鑄件」規定之二號鑄鐵品之抗拉強度之材料，且不致變形者。

    ② 緣盤直徑在固定側與移動側均應等值。

2. 圓盤鋸應設置下列安全裝置：

    (1) 圓盤鋸之反撥預防裝置 (以下簡稱反撥預防裝置)。但橫鋸用圓盤鋸或因反撥不致引起危害者，不在此限。

    (2) 圓盤鋸之鋸齒接觸預防裝置 (以下簡稱鋸齒接觸預防裝置)。但製材用圓盤鋸及設有自動輸送裝置者，不在此限。

3. 反撥預防裝置之撐縫片 (以下簡稱撐縫片) 及鋸齒接觸預防裝置之安裝，應符合下列規定：

    (1) 撐縫片及鋸齒接觸預防裝置經常使包含其縱斷面之縱向中心線而和其側面平行之面，與包含圓鋸片縱斷面之縱向中心線而和其側面平行之面，位於同一平面上。

    (2) 木材加工用圓盤鋸，使撐縫片與其面對之圓鋸片鋸齒前端之間隙在 12mm 以下。

4. 圓盤鋸應設置遮斷動力時可使旋轉中圓鋸軸停止之制動裝置。但下列圓盤鋸，不在此限：

    (1) 圓盤鋸於遮斷動力時，可於 10 秒內停止圓鋸軸旋轉者。

(2) 攜帶用圓盤鋸使用單相串激電動機者。

(3) 設有自動輸送裝置之圓盤鋸，其本體內藏圓鋸片或其他不因接觸致引起危險之虞者。

(4) 製榫機及多軸製榫機。

5. 圓盤鋸應設置可固定圓鋸軸之裝置，以防止更換圓鋸片時，因圓鋸軸之旋轉引起之危害。

6. 圓盤鋸之動力遮斷裝置，應符合下列規定：

(1) 設置於操作者不離開作業位置即可操作之處。

(2) 須易於操作，且具有不因意外接觸、振動等致圓盤鋸有意外起動之虞之構造。

7. 圓盤鋸之圓鋸片、齒輪、帶輪、皮帶及其他旋轉部分，於旋轉中有接觸致生危險之虞者，應設置覆蓋。但圓鋸片之鋸切所必要部分者，不在此限。

8. 傾斜式萬能圓盤鋸之鋸台傾斜裝置，應為螺旋式或不致使鋸台意外傾斜之構造。

9. 攜帶式圓盤鋸應設置平板。加工材鋸切側平板之外側端與圓鋸片鋸齒之距離，應在 12mm 以上。

10. 撐縫片應符合下列規定：

(1) 材料：符合國家標準 CNS2964「碳工具鋼鋼料」規定之五號規格或具有同等以上之機械性質。

(2) 形狀：

① 使其符合標準鋸台位置沿圓鋸片斜齒 2/3 以上部分與圓鋸片鋸齒前端之間隙在 12mm 米以內之形狀。

② 撐縫片橫剖面之刀形，具有輸送加工材時阻力較少之形狀。

(3) 一端固定之撐縫片 (以下簡稱鐮刀式撐縫片)，標準鋸台位置之寬度值應依圓鋸片直徑，不得低於表 14.2 所定之值。

表 14.2　撐縫片與標準鋸台位置之寬度值

圓鋸片直徑 (單位：mm)	值 (單位：mm)
152 以下	30
203	35
255	45
305	50
355	55
405	60
455	70
510	75
560	80
610	85

備註：圓鋸片直徑介於表列值之中間時，以比例法求出。

(4) 所列標準鋸台位置沿圓鋸片斜齒 2/3 之位置處之鐮刀式撐縫片寬度，不得低於表 14.2 所定之值之 1/3。

(5) 兩端固定之撐縫片 (以下簡稱懸垂式撐縫片)，其寬度值應依圓鋸片直徑，不得低於表 14.3 所定之值。

表 14.3　撐縫片寬度值

圓鋸片直徑 (單位：mm)	值 (單位：mm)
810 以下	40
超過 810，965 以下	50
超過 965，1120 以下	60
超過 1120 者	70

(6) 厚度為圓鋸片厚度之 1.1 倍以上。

(7) 安裝部具有可調整圓鋸片鋸齒與撐縫片間之間隙之構造。

(8) 安裝用螺栓：

① 安裝用螺栓之材料為鋼材，其螺栓直徑應依其撐縫片種類及圓鋸片直徑，不得低於表 14.4 所定之值。

表 14.4　撐縫片安裝用螺栓直徑

撐縫片種類	圓鋸片直徑 (單位：mm)	螺栓直徑 (單位：mm)
鐮刀式撐縫片	203 以下	5
	超過 203，355 以下	6
	超過 355，560 以下	8
	超過 560，610 以下	10
懸垂式撐縫片	910 以下	6
	超過 915 者	8

② 安裝螺栓數在二個以上。

③ 安裝螺栓具有盤形簧墊圈等防止鬆脫之性能。

11. 支持配件之材料為鋼材或鑄鐵件，且具有充分支撐撐縫片之強度。

12. 圓鋸片直徑超過 610mm 者，該圓盤鋸所使用之撐縫片為懸垂式者。

13. 供反撥預防裝置所設之反撥防止爪 (以下簡稱反撥防止爪) 及反撥防止輥 (以下簡稱反撥防止輥)，應符合下列規定：

(1) 材料：符合國家標準 CNS 2473「一般結構用軋鋼料」規定二號規格或具有同等以上機械性質之鋼料。

    (2) 構造：

        ① 反撥防止爪及反撥防止輥，應依加工材厚度，具有可防止加工材於圓鋸片斜齒側撥升之機能及充分強度。但具有自動輸送裝置之圓盤鋸之反撥防止爪，不在此限。

        ② 具有自動輸送裝置之圓盤鋸反撥防止爪，應依加工材厚度，具有防止加工材反彈之機能及充分強度。

        ③ 反撥防止爪及反撥防止輥之支撐部，具有可充分承受加工材反彈時之強度。

        ④ 除自動輸送裝置之圓盤鋸外，圓鋸片直徑超過 450mm 之圓盤鋸，使用反撥防止爪及反撥防止輥等以外型式之反撥預防裝置。

14. 圓盤鋸之鋸齒接觸預防裝置，應符合下列規定：

    (1) 構造：

        ① 鋸齒接觸預防裝置使用於攜帶式圓盤鋸以外者，其覆蓋下端與輸送加工材可經常接觸之方式者 (以下簡稱可動式)，覆蓋須具有可將相對於鋸齒撐縫片部分與加工材鋸切中部分以外之其他部分充分圍護之構造。

        ② 可動式鋸齒接觸預防裝置以外之鋸齒接觸預防裝置，其使用之覆蓋具有將相對於鋸齒撐縫片部分與輸送中之加工材頂面 8mm 以外之其他部分充分圍護，且無法自其下端鋸台面調整升高 25mm 以上之構造。

        ③ 前二目之覆蓋，具有使輸送加工材之操作者視線可見鋸齒鋸斷部分之構造。

    (2) 前款覆蓋之鉸鏈部螺栓、銷等，具有防止鬆脫之性能。

    (3) 支撐部分具有可調整覆蓋位置之構造；其強度可充分支撐覆蓋；支撐有關之軸及螺栓具有防止鬆脫之性能。

    (4) 攜帶式圓盤鋸之鋸齒接觸預防裝置：

        ① 覆蓋：可充分將鋸齒鋸切所需部分以外之部分圍護之構造。且鋸齒於鋸切所需部分之尺寸，具有將平板調整至圓鋸片最大切入深度之位置，圓鋸片與平板所成角度置於 90 度時，其值不得超過圖 14.4 所定之值。

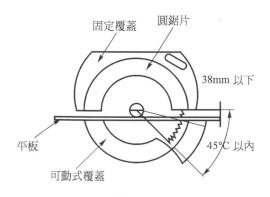

固定覆蓋　圓鋸片

38mm 以下

平板

45℃ 以內

可動式覆蓋

圖 14.14

② 固定覆蓋：具有使操作者視線可見鋸齒鋸斷部分之構造。

③ 可動式覆蓋：

    A. 鋸斷作業終了，可自動回復至閉止點之型式。

    B. 可動範圍內之任何位置無法固定之型式。

④ 支撐部：具有充分支撐覆蓋之強度。

⑤ 支撐部之螺栓及可動覆蓋自動回復機構用彈簧之固定配件用螺栓等，具有防止鬆脫之性能。

14.6.4 研磨機、研磨輪之安全防護

本標準對研磨機、研磨輪之安全防護規定如下：

1. 平直形研磨輪、盤形研磨輪、彈性研磨輪及切割研磨輪，其最高使用周速度，以製成該研磨輪之結合劑製成之樣品，經由研磨輪破壞旋轉試驗定之。

2. 研磨輪樣品之研磨砂粒，為鋁氧 (礬土) 質系。

3. 平直形研磨輪及盤形研磨輪之尺寸，依表 14.5 所定之值。

表 14.5　平直形研磨輪及盤形研磨輪之尺寸

研磨輪種類	尺寸 (單位：mm)		
	直徑	厚度	孔徑
平直形研磨輪	205 以上，305 以下	19 以上，25 以下	直徑之二分之一
盤形研磨輪	180	6	22

4. 破壞旋轉試驗，以 3 個以上之研磨輪樣品為之。以各該破壞旋轉周速度值之最低值，為該研磨輪樣品之破壞旋轉周速度值。

5. 使用於粗磨之平直形研磨輪以外之研磨輪，以表 14.6 所定普通使用周速度限度以內之速度 (以下簡稱普通速度)，供機械研磨使用者，其最高使用周速度值，應在前款破壞旋轉周速度值除以 1.8 所得之值以下。但超過表 14.6 所列普通速度之限度值者，為該限度值。

表 14.6　研磨輪之普通使用周速度限度

研磨輪種類			研磨輪之普通使用周速度限度（單位：公尺／秒）(m/min)	
			結合劑為無機物時	結合劑為有機物時
平直形	未補強者	一般用者	33	50
		超重研磨用者	−	63
		螺絲研磨用及溝槽之研磨用者	63	63
		曲柄軸及凸輪軸之研磨用者	45	50
	經補強者	直徑 100mm 以下，厚度 25mm 以下者	−	80
		直徑 205mm 以下，大於 100mm；厚度 13mm 以下者	−	72
		其他尺寸者	−	50
單斜形研磨輪、雙斜形研磨輪、單凹形研磨輪、雙凹形研磨輪、安全形研磨輪、皿形研磨輪及鋸用研磨輪			33	50
契形研磨輪		一般用者	33	50
		螺絲研磨用及溝槽之研磨用者	63	63
留空形研磨輪		一般用者	33	50
		曲柄軸及凸輪軸之研磨用者	45	50
環形研磨輪及環形之環片式研磨輪			30	35
直杯形研磨輪及斜杯形研磨輪			30	40
鋸齒形研磨輪及鋸齒形之環片式研磨輪			33	45
盤形研磨輪 (直徑 230 公厘以下，厚度 10 公厘以下者)		未補強者	−	57
		經補強者	−	72
切割研磨機		未補強者	−	63
		經補強者	−	80

備註：自國外輸入之研磨輪最高使用周速度依下表換算

輸入研磨輪之最高使用周速度 (英尺／分)	換算 (公尺／秒)
6,500	33
8,500	45
9,500	50
12,000	60
16,000	80
20,000	100

6. 平直形研磨輪、盤形研磨輪、彈性研磨輪及切割研磨輪最高使用周速度值，應在破壞旋轉周速度值除以 2 所得之值以下。但於普通速度下使用者，其值超過表 14.6 所定普通速度之限度值時，為該限度值。

7. 研磨輪之最高使用周速度值，應依表 14.7 所列之研磨輪種類及結合劑種類，依前二款規定之平直形研磨輪所得之最高使用周速度值乘以表 14.7 所定數值所得之值以下。

表 14.7　研磨輪依結合劑種類最高使用周速度乘值

研磨輪種類	結合劑種類	數值
單斜形研磨輪、雙斜形研磨輪、單凹形研磨輪、雙凹形研磨輪、契形研磨輪、安全形研磨輪、皿形研磨輪、鋸用研磨輪、留空形研磨輪	無機物	1.0
	有機物	
環形研磨輪	無機物	0.9
	有機物	0.7
直杯形研磨輪、斜杯形研磨輪	無機物	0.9
	有機物	0.8
鋸齒形研磨輪	無機物	1.0
	有機物	0.87

8. 直徑在 100mm 以上之研磨輪，每批製品應具有就該研磨輪以最高使用周速度值乘以 1.5 倍之速度實施旋轉試驗合格之性能。

9. 研磨輪應使用符合定規格之緣盤。固定側之緣盤，應使用鍵或螺絲，並以燒嵌、壓入等方法固定於研磨輪軸上，且研磨輪軸之固定螺絲，應易於栓旋。以平直形研磨輪用之安全緣盤，將研磨輪安裝於研磨機時，應使用橡膠製墊片。

10. 緣盤應使用具有相當於國家標準 CNS2472「灰口鐵鑄件」所定第二號鐵鑄件之抗拉強度之材料，且不致變形者。

11. 直式緣盤之直徑，應在擬安裝之研磨輪直徑之 1/3 以上；間隙值應在 1.5mm 以上。

12. 安全式緣盤之直徑，於供平直形研磨輪使用者，應在所裝研磨輪直徑之 2/3 以上；供雙斜形研磨輪使用者，應在所裝研磨輪直徑之 1.2 以上。緣盤之間隙值，應在 1.5mm 以上；接觸寬度應在該緣盤直徑之 1/6 以上。雙斜形研磨輪用緣盤與研磨輪之接觸面，應有 1/16 以上之斜度。

13. 研磨輪護罩之材料，應使用具有下列所定機械性質之壓延鋼板：
    (1) 抗拉強度值在每 $28kg/mm^2$ 以上，且延伸值在 14% 以上。
    (2) 抗拉強度值 (單位：kg/mm^2) 與延伸值 (單位：%) 之兩倍之和，在 76 以上。

14. 切割研磨輪最高使用周速度在 4,800m/min 以下者，其使用之護罩材料，得使用抗拉強度在 $18kg/mm^2$ 以下，且延伸值在 2% 以上之鋁，不受前二項規定之限制。

15. 護罩不得有降低其強度之虞之孔穴、溝槽等。

16. 桌上用研磨機及床式研磨機使用之護罩，應以設置舌板或其他方法，使研磨之必要部分之研磨輪周邊與護罩間之間隙可調整在 10mm 毫米以下。

17. 研磨機應設置不離開作業位置即可操作之動力遮斷裝置；動力遮斷裝置，應易於操作，且具有不致因接觸、振動等而使研磨機有意外起動之虞之構造。

18. 使用電力驅動之攜帶用研磨機、桌上用研磨機或床式研磨機，應符合下列規定：

    (1) 電氣回路部分之螺絲，具有防止鬆脫之性能。

    (2) 充電部分與非充電金屬部分間之絕緣部分，其絕緣效力具有國家標準 CNS3265「手提電磨機」規定之絕緣性能。

    (3) 設有專用接地端子等可供接地之構造。

19. 桌上用研磨機或床式研磨機，應具有可調整研磨輪與工作物支架之間隙在 3mm 以下之工作物支架。

20. 攜帶用空氣式研磨機，應設置調速機。但研磨機之公稱尺寸未滿 65mm 米者，不在此限。

21. 直徑未滿 50mm 之研磨輪及其護罩，不適用本標準之規定。

14.6.5　堆高機之安全防護

本標準對堆高機之安全防護規定如下：

1. 以動力驅動、行駛之堆高機 (以下簡稱堆高機)，應依堆高機負荷狀態，具有在規定之坡度地面而不致翻覆之前後安定度及左右安定度。但屬配衡型堆高機以外型式之堆高機者，不在此限。

2. 側舉型堆高機應依堆高機負荷狀態，具有在規定之坡度地面而不致翻覆之前後安定度及左右安定度。

3. 伸臂式堆高機及跨提型堆高機，應依堆高機負荷狀態，具有在規定之坡度地面而不致翻覆之前後安定度及左右安定度。

4. 窄道式堆高機應依堆高機負荷狀態，具有在規定之坡度地面而不致翻覆之前後安定度及左右安定度。

5. 堆高機應具有制止運行及保持停止之制動裝置。

6. 堆高機應於其左右各設一個方向指示器。但最高時速未達 20 公里之堆高機，其操控方向盤之中心至堆高機最外側未達 65cm，且機內無駕駛座者，得免設方向指示器。

7. 堆高機應設置警報裝置。

8. 堆高機應設置前照燈及後照燈。但堆高機已註明限照度良好場所使用者，不在此限。

9. 堆高機應設置符合下列規定之頂蓬。但堆高機已註明限使用於裝載貨物掉落時無危害駕駛者之虞者，不在此限：

    (1) 頂蓬強度足以承受堆高機最大荷重之 2 倍之值等分布靜荷重。其值逾 4 公噸者為 4 公噸。

    (2) 上框各開口之寬度或長度不得超過 16cm。

    (3) 駕駛者以座式操作之堆高機，自駕駛座上面至頂蓬下端之距離，在 95cm 以上。

    (4) 駕駛者以立式操作之堆高機，自駕駛座底板至頂蓬上框下端之距離，在 1.8m 以上。

10. 堆高機應設置後扶架。但堆高機已註明限使用於將桅桿後傾之際貨物掉落時無引起危害之虞者，不在此限。

11. 堆高機之液壓裝置，應設置防止液壓超壓之安全閥。

12. 堆高機之貨叉、柱棒等裝載貨物之裝置 (以下簡稱貨叉等)，應符合下列規定：

    (1) 材料為鋼材，且無顯著損傷、變形及腐蝕者。

    (2) 在貨叉之基準承重中心加以最大荷重之重物時，貨叉所生應力值在該貨叉鋼材降伏強度值之 1/3 以下。

13. 堆高機裝卸裝置使用之鏈條，其安全係數應在 5 以上。安全係數為鏈條之斷裂荷重值除以加諸於鏈條荷重之最大值所得之值。

14. 駕駛座採用升降方式之堆高機，應於其駕駛座設置扶手及防止墜落危險之設備。使用座式操作之堆高機，駕駛座應使用緩衝材料，使其於走行時，具有不致造成駕駛者身體顯著振動之構造。

14.6.6 防爆電氣設備之安全防護

本標準對防爆電氣設備之安全防護規定如下：

1. 用於氣體類之防爆電氣設備，其性能、構造、試驗、標示及危險區域劃分等，應符合國家標準 CNS 3376 系列、國際標準 IEC 60079 系列或與其同等之標準規定。前項國家標準 CNS 3376 系列與國際標準 IEC 60079 系列有不一致者，以國際標準 IEC 60079 系列規定為準。

2. 用於粉塵類之防爆電氣設備，其性能、構造、試驗、標示及塵爆場所區域劃分等，應符合國家標準 CNS 3376、CNS 15591 系列、國際標準 IEC60079、IEC 61241 系列或與其同等之標準相關規定。

   前項國家標準 CNS 3376、CNS 15591 系列與國際標準 IEC 60079、IEC61241 系列有不一致者，以國際標準 IEC 60079、IEC 61241 系列規定為準。

14.7　機械設備器具安全資訊申報

　　為了建立機械設備器具之源頭管理制度，「職業安全衛生法」(以下簡稱本法)第七條規定，製造者或輸入者對於第一項指定之機械、設備或器具，符合前項安全標準者，應於中央主管機關指定之資訊申報網站登錄，並於其產製或輸入之產品明顯處張貼安全標示，以供識別。有關「機械設備器具安全資訊申報」之規範，明定於「機械設備器具安全資訊申報登錄辦法」中。

14.7.1　機械設備器具安全資訊申報登錄相關規定

以下為「機械設備器具安全資訊申報登錄辦法」之相關規定：

1. 本法第七條第一項所定中央主管機關指定之機械、設備或器具(以下簡稱產品)，有下列情形之一者，得免申報登錄：

   (1) 依其他法律有實施檢查、檢驗、驗證、認可或管理之規定。

   (2) 供國防軍事用途使用，並有國防部或其直屬機關出具證明。

   (3) 限量製造或輸入僅供科技研發、測試用途之專用機型，並經中央主管機關核准。

   (4) 非供實際使用或作業用途之商業樣品或展覽品，並經中央主管機關核准。

   (5) 輸入供加工、組裝後輸出或原件再輸出，並經中央主管機關核准。

   (6) 其他特殊情形，有免申報登錄之必要，並經中央主管機關核准。

2. 製造者或輸入者(以下簡稱申報者)，於國內生產、製造、加工、修改(以下簡稱產製)或自國外輸入前條產品，認其構造、性能及防護符合中央主管機關所定安全標準者，應於中央主管機關指定之資訊申報網站(以下簡稱資訊網站)登錄該產品之安全資訊，完成自我宣告(以下簡稱宣告安全產品)。

3. 申報者依本法第七條第三項規定，宣告其產品符合安全標準者，應採下列方式之一佐證，以網路傳輸相關測試合格文件，並自行妥為保存備查：

   (1) 委託經中央主管機關認可之檢定機構實施型式檢定合格。

   (2) 委託經國內外認證組織認證之產品驗證機構審驗合格。

   (3) 製造者完成自主檢測及產品製程一致性查核，確認符合安全標準。

   防爆燈具、防爆電動機、防爆開關箱、動力衝剪機械、木材加工用圓盤鋸及研磨機，以採前項第一款規定之方式為限。

   第一項第(3)款應符合下列規定：

   (1) 自主檢測，由經認證組織認證之檢測實驗室實施。

(2) 產品製程一致性查核，由經認證組織認證之機構實施。

(3) 檢測實驗室之檢測人員資格條件，依表 14.8 之規定。

單品申報登錄者，免實施第一項第 (3) 款之產品製程一致性查核。

表 14.8　檢測人員之資格條件

人員類別	資格條件
檢測人員	應符合下列規定之一： (1) 大學校院機械或電機相關學系碩士以上畢業，並具實際從事檢測對象產品相關之研究、設計、製造、安全檢查、安全測試實務經驗 1 年以上而有證明文件者。 (2) 大專校院機械或電機相關科系以上畢業，並具實際從事檢測對象產品相關之研究、設計、製造、安全檢查或安全測試實務經驗 2 年以上而有證明文件者。 (3) 高級工業職業學校機械或電機相關科組畢業，並具實際從事檢測對象產品相關之研究、設計、製造、安全檢查或安全測試實務經驗 3 年以上而有證明文件者。 (4) 其他經中央主管機關認定具有同等資格條件者。

4. 申報者宣告產品安全時，應於下列資料加蓋承辦者及其負責人印章，並以中央主管機關所定電子檔格式傳輸至資訊網站：

(1) 符合性聲明書：簽署該產品符合安全標準之聲明。

(2) 設立登記文件：工廠登記、公司登記、商業登記或其他相當設立登記證明文件。但依法無須設立登記，或申報者之設立登記資料已於資訊網站登錄有案，且該資料記載事項無變更者，不在此限。

(3) 能佐證具有 3 個月以上效期符合安全標準之下列測試證明文件。但為單品申報登錄者，其測試證明文件之效期，不在此限，並免附產品製程符合一致性證明：

① 型式檢定合格證明書、審驗合格證明或產品自主檢測報告。

② 產品製程符合一致性證明。

(4) 產品基本資料：

① 型式名稱說明書：包括型錄、產品名稱、產品外觀圖說、商品分類號列、主機台及控制台基本規格等資訊。但產品型式無法以型號辨識者，得以同型式之認定說明替代之。

② 產品安裝、操作、保養與維修之說明書及危險對策：包括產品安全裝置位置及功能示意圖。

(5) 產品安全裝置及配備之基本資料：

① 品名、規格、安全構造、性能與防護及符合性說明。

② 重要零組件驗證測試報告及相關強度計算。但產品為經加工、修改後再銷售之單品，致取得相關資料有困難者，得以足供佐證之檢測合格文件替代之。

(6) 其他中央主管機關要求交付之符合性評鑑程序資料及技術文件。

5. 輸入者因其輸入之產品被列入邊境管理受輸入限制，而有下列情形之一者，得向中央主管機關申請先行放行：

(1) 已向國內檢定機構或驗證機構申請輸入產品符合安全標準之檢測試驗，尚未取得合格證明。

(2) 其他特殊情形，有先行放行之必要，並經向中央主管機關申請核准。

前項先行放行之申請、追蹤、查核及監督管理，準用機械類產品申請先行放行辦法相關規定。

6. 輸入者對於 1. 各款所列產品因被列入邊境管理受輸入限制，而有解除通關限制之必要者，應備具產品用途聲明書，向中央主管機關申請專用通關證號代碼，並於進口報單填報該代碼。

輸入者以詐欺、虛偽不實方法取得前項之通關證號代碼者，中央主管機關應撤銷該代碼，並按情節輕重停止受理其後續通關證號代碼之申請 1 年至 3 年；其有涉及刑責者，另移送司法機關依法處理。

輸入者之產品有違反第一項所定通關證號代碼之聲明用途者，中央主管機關應廢止該產品之通關證號代碼，並停止受理其後續專用通關證號代碼申請 6 個月。

第一項專用通關證號代碼之申請、准駁、證號代碼之指定及監督管理，準用機械類產品申請免驗證辦法相關規定。

7. 資訊申報登錄未符前條規定者，中央主管機關得限期通知其補正；屆期未補正者，不予受理。

前項補正總日數不得超過 30 日。但有特殊情形經中央主管機關核准者，不在此限。

8. 申報者辦理資訊申報登錄時，應使用可證明其身分之電子憑證，以網際網路方式申報登載之。

本法第七條第三項所定申報，其申請文件所載申報代理人有 2 人以上者，均得單獨代理申報。

9. 申報者應指定專責人員，負責資訊申報之登錄及資料更新等相關事項。

10. 申報者完成登錄後，登錄內容有變更者，應自事實發生日起 30 日內，申請變更登錄。

前項申請變更登錄，準用 4. 之規定辦理。

11. 產製者對於宣告安全產品，應於其製程中採取管制措施，確保其同一型式產品符合技術文件所載之內容，並與技術文件所附試驗報告之測試樣品具有一致安全規格。

產品經登載於資訊網站者，申報者應確保其產品符合所聲明之內容，其申報資訊內容有異動或變更時，應敘明事由重新申報登錄，以確保其符合性。

12. 申報者應保存所登錄之產品符合性聲明書及相關技術文件，至該產品停產後至少10年。

13. 申報登錄之資訊，有保密或限閱之必要者，得不公開；經篩選整理後之資訊，中央主管機關得提供外界查詢或運用之方式如下：

(1) 網路查詢或下載。

(2) 以重製或複製方式提供。

前項之網路查詢或下載，免收查詢費用；申請重製或複製資訊，依中央主管機關所定收費標準收取規費。但經授權於網路下載一定範圍之資訊者，得免收費用。

14. 資訊申報登錄所附文件資料，應以中文為主，得輔以英文或其他外文。

前項資料為外文者，除供工作者使用之安裝、操作、保養、維修及危險預防對策等技術文件資料，應有中文正體字譯本外，文件為英文以外之外文者，並須附具英譯本對照。

申報者未依前二項規定辦理者，中央主管機關得限期通知其補正；屆期未補正者，不予受理。

15. 申報者完成產品安全資訊申報登錄作業時，中央主管機關應給予登錄字號及核發登錄完成通知書。

前項登錄完成通知書，應包括申報者資訊、產品基本資料、產品規格、產製廠場資料、依據之安全標準條款、登錄字號、登錄日期、效期及其他必要事項。

前項登錄效期，由中央主管機關依產品之種類別，於3年以上7年以下之期限範圍內分別規定之。申報者所附測試驗證之證明文件效期屆滿者，其登錄失其效力。

16. 經宣告安全產品登錄完成通知書之申報名義人與輸入者不同時，得經該申報名義人之授權，向中央主管機關申請核發授權放行通知書，辦理通關。

前項授權放行通知書之授權範圍，及於登錄完成通知書所列全部型號產品。

第一項授權，經登錄完成通知書之申報名義人通知中央主管機關終止者，中央主管機關應廢止第一項同意授權放行通知書；產品安全資訊登錄經撤銷或廢止者，亦同。

17. 經完成登錄之產品，有下列情形之一者，申報者應自事實發生日起30日內重新申報登錄：

(1) 安全標準有修正，致原登錄事項不符規定。

(2) 登錄之產品設計有變更，致原申報資訊內容須更新。

產品登錄效期屆滿前 3 個月內，申報者得依 4. 之規定，申請登錄效期之展延。逾效期申請者，應重新申報登錄。

18. 同一申報者就同一型式產品，不得重複申報。但依前條規定重新申報登錄者，不在此限。

19. 申報登錄產品之型式，申報者應依製造者之產品型號定之。但產品無型號資料者，得以規格、文字或編碼組合為之。

    前項型號、規格、文字或編碼，應具有顯著識別性，並由申報者於申報資訊登錄時定之。

20. 宣告安全產品之品名，應依下列規定辦理：

    (1) 不得使用他人之產品商標或廠商名稱。但經授權使用者，不在此限。

    (2) 不得與其他廠商之宣告安全產品品名相同，或涉有仿冒、暗示或影射情事。

    (3) 不得有虛偽、誇大或使人對宣告安全產品之安全效能產生不當聯想或混淆。

    (4) 不得夾雜外文或數字。但具直接意義者，不在此限。

    (5) 不得有其他不適合為宣告安全產品名稱之情形。

    宣告安全產品品名相同或近似者，中央主管機關應依商標、廠商名稱或其他可資辨別名稱之順位認定之。

    已登錄之宣告安全產品違反第一項規定者，除應自負法律責任外，中央主管機關並得通知其補正或重新審查核定之。

21. 依 4. 之規定傳送至資訊網站之資料內容，應依下列規定辦理：

    (1) 不得與其他廠商之產品資料專門技術、專利內容相同。但已公眾周知或取得授權者，不在此限。

    (2) 不得涉及仿冒、暗示或影射情事。

    (3) 不得有虛偽、誇大或使人對宣告安全產品之安全效能產生不當聯想或混淆。

    (4) 不得有其他不適合為宣告安全產品構造、性能及防護效能陳述之情形。

    已登錄之宣告安全產品違反前項規定者，除應自負法律責任外，中央主管機關並得通知其補正或重新審查核定其傳送產品資料。

22. 完成登錄之產品，申報者應維持其與登錄資料所載之範圍、型式及功能相符，且實體不得與登錄事項相異。

    中央主管機關於必要時，得要求申報者準備樣品，並就特定項目實施複測、抽驗或赴生產廠場實地查核。

23. 有下列情形之一者，中央主管機關應註銷產品安全資訊登錄：

    (1) 自行申請註銷。

    (2) 申報者設立登記文件經依法撤銷、廢止或註銷。

(3) 申報者之事業體經依法解散、歇業或撤回認許。

(4) 中央主管機關查核發現有其他不合規定之重大情事。

前項註銷登錄者，其相關授權輸入放行通知書隨同喪失效力。

24. 以詐欺或虛偽不實方法取得資訊登錄者，中央主管機關應撤銷其登錄；其有涉及刑責者，並應移送司法機關依法處理。

25. 宣告安全產品有下列情形之一者，中央主管機關應廢止產品安全資訊登錄：

(1) 經購、取樣檢驗結果不符合安全標準。

(2) 通知限期提供檢驗報告、符合性佐證文件或樣品，屆期無正當理由仍未提供。

(3) 因瑕疵造成重大傷害或危害。

(4) 產品未符合標示規定，經通知限期改正，屆期未改正。

(5) 未依 12. 之規定期限保存產品符合性聲明書及技術文件。

(6) 未依 17. 之規定重新登錄。

(7) 產品之型式違反 18. 或 19. 之規定，經通知限期改正，屆期未改正。

(8) 產品之品名違反 20. 第一項規定，或其資料內容違反 21. 第一項規定。

(9) 未依 22. 之規定維持產品實體與登錄事項相同，經通知限期改正，屆期未改正。

(10) 申報項目經公告廢止應實施安全資訊申報網站登錄作業。

(11) 其他違反本辦法規定情節重大。

26. 經撤銷登錄或因產品與申報資訊不符而經廢止登錄者，其原申報文件不得再供申報之用。

14.7.2　機械設備器具應辦理資訊申報網站登錄產品範圍

有關「職業安全衛生法」第七條所定機械、設備及器具應辦理資訊申報網站登錄產品範圍，如表 14.9 所列。

表 14.9　應依法辦理資訊申報網站登錄及列屬輸入規定代號「375」之產品範圍

產品名稱	產品範圍說明	屬「375」代號納管之貨品稅則
動力衝剪	1. 適用對象： (1) 非以人力或獸力為機械運作動力，且符合以下所有條件之衝剪機械： A. 衝程 > 6mm。 B. 滑塊移動速度 > 30ms。 C. 常態作業為人工上下料。 D. 金屬材料冷作加工用。 (2) 金屬冷作加工係指利用上下滑塊之模具或刃具，使用動力移動滑塊，藉由滑塊間的模具或刃具重擊放置於其間之常溫狀態金屬料件，進行衝壓、剪切、折彎、壓製或塑造成模具所預期的成品形狀與尺寸。 2. 排除對象(以下例舉之排除對象名稱僅供參考)： (1) 常態加工之工件非為金屬材料者，例如橡膠、塑膠、紙質、木材、石材、皮革、食品等非金屬材料之動力衝剪機械。 (2) 常態加工須加熱待加工物至設定溫度，始執行衝剪加工者，例如熱鍛機械。 (3) 常態加工為使用人力或獸力作為機械運作動力者，例如人工轉輪式衝壓台。 (4) 常態加工為使用機械手臂或自動輸送裝置投放工件或取出已完成之工件之自動上下料模式，例如全自動化生產風管設備之板件剪切或折彎機械、電路板壓合機、半導體生產設備、須使用起重機吊取待加工物之鋼樑或型材捲彎成型設備或廢車輛/五金壓擠打包設備、自動化生產之粉末冶金燒製設備、導光板切斷機。 (5) 已具有於加工過程(含上下料作業)可免除身體之一部介入滑塊等動作範圍之危險界限之特性的機械，例如 CNC 端子機 (punch machine)、鉚接機、腳踏車架或運動器材管架矯直加工機。 (6) 常態加工非為衝壓、剪切、折彎、壓製或塑造成模具所規範或預期的成品形狀與尺寸之作業者，例如採用輥軋或輥製型態者之水槽或車斗等產品輥邊機械及法蘭成型機，利用氣壓推射成型之橡膠或塑膠料件射出成型或加壓成型機械、半導體封裝設備，利用鑄造成型之機械，運用車、搪、鋸、磨、銑、鉋、鑽、鎚等加工模式之機械。型之機械，運用車、搪、鋸、磨、銑、鉋、鑽、鎚等加工模式之機械。	8462.10.10.00.1， 8462.10.20.00.9， 8462.21.00.00.0， 8462.29.00.00.2， 8462.31.00.00.8， 8462.39.00.00.0， 8462.41.00.00.6， 8462.49.00.00.8， 8462.91.00.00.5， 8462.99.00.00.7
手推刨床	1. 適用對象：非以人力或獸力為機械運作動力，且採用人工上下料，符合以下任一條件之本工用手推刨床。 (1) 刀具固定者，以人工進退料者為限。 (2) 工件固定者，以刀具採取人工導引者為限。	1. 床式或座式或桌上型：8465.92.00.00.1

表 14.9　應依法辦理資訊申報網站登錄及列屬輸入規定代號「375」之產品範圍 (續)

產品名稱	產品範圍說明	屬「375」代號納管之貨品稅則
手推刨床	2. 排除對象 (以下例舉之排除對象名稱僅供參考)： (1) 常態加工之工件非為木質材料者，例如金屬材料之鉋床機械。 (2) 常態加工為使用人力或獸力作為機械運作動力者，例如手推刨。 (3) 常態加工為使用自動輸送裝置投放工件或取出已完成之工件之自動上下料模式，例如全自動化生產之雙面刨或四面刨機械。 (4) 常態加工非為刨削作業者，例如採用衝壓、剪，切、折彎、壓製、輥軋或輥製、車、搪、鋸、磨、銑、鑽、鏟或塑造成模具所規範或預期的成品形狀與尺寸型態等加工模式之機械、竹筷加工機。 (5) 非為完整成品之零組件或配件。	2. 手提式或攜帶型： 8467.29.90.00.8， 8467.99.00.00.2
木材加工用圓盤鋸	1. 適用對象： (1) 非以人力或獸力為機械運作動力，且符合以下所有條件之鋸機： 　A. 具有木材加工功能。 　B. 常態作業為人工上下料。 　C. 鋸切刃具為具鋸齒之圓盤。 (2) 圓盤鋸刀固定者，以人工進退料者為限；倘工件固定者，以圓盤鋸刀採取人工導引者為限，含製榫機、多軸製榫機及手持式圓盤鋸。 2. 排除對象 (以下例舉之排除對象名稱僅供參考)： (1) 常態加工之工件非為木質材料者，例如金屬材料之鋸切機械。 (2) 常態加工之鋸刀形狀非為圓盤型者，例如帶鋸或線鋸機械、軍刀鋸。 (3) 常態加工為使用人力或獸力作為機械運作動力者，例如手工鋸。 (4) 常態加工為使用自動輸送裝置投放工件或取出已完成之工件之自動上下料模式，例如全自動化生產之鋸切機械。 (5) 常態加工非為圓盤鋸切作業者，例如採用衝壓、剪切、折彎、壓製、輥軋或輥製、車、搪、刨、磨、銑、鑽、鏟或塑造成模具所規範或預期的成品形狀與尺寸型態等加工模式之機械，或組裝作業用起子或扳手機械、竹筷加工機。 (6) 非為完整成品之零組件或配件。	1. 床式或座式或桌上型： 8465.10.00.00.0， 8465.91.00.00.2， 8465.96.00.00.7， 8465.99.90.00.5 2. 手提式或攜帶型： 8467.22.00.00.4， 8467.29.90.00.9， 8467.99.00.00.2
研磨機	1. 適用對象： (1) 非以人力或獸力為機械運作動力，且符合以下所有條件之研磨機： 　A. 適用之圓盤形或輪形研磨工具 (簡稱研磨輪) 為以結合劑膠結鋁氧質系研磨砂粒所製成。 　B. 研磨輪直徑在 50mm 以上 (含)。 　C. 人工上下料。 (2) 圓盤研磨輪固定者，以人工進退料者為限；倘工件固定者，以圓盤研磨輪採取人工導引者為限，含手持式研磨機。	1. 床式或座式或桌上型： 8460.12.00.00.3， 8460.19.00.00.6， 8460.22.00.00.1， 8460.23.00.00.0， 8460.24.00.00.9， 8460.29.00.00.4， 8460.31.00.00.0， 8460.39.00.00.2， 8460.40.00.00.9， 8460.90.10.00.6， 8460.90.90.10.7， 8460.90.90.90.0， 8464.20.00.00.9， 8465.93.00.00.0

表 14.9　應依法辦理資訊申報網站登錄及列屬輸入規定代號「375」之產品範圍 (續)

產品名稱	產品範圍說明	屬「375」代號納管之貨品稅則
研磨機	2.　排除對象 (以下例舉之排除對象名稱僅供參考)： (1) 常態加工非使用鋁氧質系研磨輪者，例如晶圓生產之鑽石研磨盤設備、僅適用氮化硼 (CBN) 研磨輪之研磨機、切管機械。 (2) 常態加工之研磨輪非為以結合劑膠結鋁氧質系研磨砂粒所製成圓盤形或輪形研磨工具者，例如手提式角磨機、使用磨料塗敷或壓嵌於圓盤形或輪型金屬基板之齒輪研磨機械、球磨機、打蠟或拋光機械、搪磨機、使用砂紙或砂布之研磨機、地板研磨機、自動瓷磚切割機。 (3) 常態加工為使用人力或獸力作為機械運作動力者，例如手動磨台。 (4) 常態加工模式為使用自動輸送裝置投放工件或取出已完成之工件之自動上下料模式，或自動進給之專用研磨設備，自動進料之鑽頭或針尖研磨設備、高鐵或鐵路軌道研磨設備、溜冰鞋溜刀磨銳設備、全自動化生產之研磨機械、數值控制刀具磨床。 (5) 吊加工僅能使用直徑未滿 50mm 之研磨輪者，例如符合國際標準 ＩSO11148-9：2011 規範之內孔研磨用刻磨機 (die grinder)。 (6) 常態加工非為圓盤旋轉研磨或磨切作業者，例如採用衝壓、剪切、折彎、壓製、輥軋或輥製、車、搪、刨、鋸、銑、鑽、鎚或塑造成模具所規範或預期的成品形狀與尺寸型態等加工模式之機械，或組裝作業用起子或扳手機械、法蘭成型機、竹筷加工機。 (7) 非為完整成品之零組件或配件。	2.　手提式或攜帶型： 8467.11.90.00.8， 8467.29.00.00.5， 8467.29.90.00.8， 8467.99.00.00.2
研磨輪	1.　適用對象： (1) 限以結合劑膠結鋁氧質系之研磨砂粒，所製成圓盤形或輪形研磨工具。 (2) 限以研磨輪材質證明資料或物質安全資料表 (MSDS) 內容顯示磨料成份中鋁氧物料佔比最高者。 2.　排除對象 (以下例舉之排除對象名稱僅供參考)： (1) 研磨工具非為圓盤形或輪形者，例如球形、長條形、圓棒形、三角形、紙帶式、片狀、布條式或不規則形狀、大理石拋光磨料。 (2) 將磨料顆粒利用塗敷或壓嵌在圓盤形或輪型金屬或非金屬基板者，例如不織布砂輪、磨料塗敷或壓嵌於輪型金屬基板圓周之齒輪研磨用砂輪。 (3) 研磨工具非為鋁氧質系者，例如研磨輪材質證明資料或物質安全資料表 (MSDS) 內容顯示鋁氧物料佔比非為最高者、研磨墊鑽石整理盤。 (4) 排除直徑未滿 50mm 者，例如符合國際標準 ISO11148-9：2011 規範之內孔研磨用刻磨機 (die gfinder) 用之帶柄砂輪。	6804.21.00.00.1， 6804.22.00.00.0， 6804.23.00.00.9

表 14.9　應依法辦理資訊申報網站登錄及列屬輸入規定代號「375」之產品範圍 (續)

產品名稱	產品範圍說明	屬「375」代號納管之貨品稅則
防爆電氣設備	1. 適用對象： (1) 於有易燃液體之蒸氣、可燃性氣體或爆燃性粉塵或可燃性粉塵滯留，有爆炸、火災發生之虞之作業場所，所使用具有適合於其設置場所危險區域劃分使用之防爆性能構造之電氣機械、設備或器具。 (2) 國家標準 CNS3376 系列、CNS 15591 系列、國際標準Ⅰ EC60079 系列、Ⅰ EC61241 系列或與其同等標準所定須完成防爆驗證測試合格始能搭配組裝，以具完整有效防爆功能之防爆電設備。 2. 排除對象 (以下例舉之排除對象名稱僅供參考)： (1) 非適用國家標準 CNS3376 系列、CNS 15591 系列、國際標準Ⅰ EC60079 系列、Ⅰ EC61241 系列或與其同等標準所定須完成防爆驗證測試合格始能搭配組裝，以具完整有效防爆功能之防爆電氣設備，或國內已有專法管轄之防爆電氣設備，例如船舶或航空器上所使用之防爆電設備。	8501.10.10.00.4， 8501.20.10.00.2， 8501.31.11.00.8， 8501.32.11.00.7， 8501.33.11.00.6， 8501.34.11.00.5， 8501.40.10.00.8， 8501.51.10.00.4， 8501.52.10.00.3， 8501.53.10.00.2， 8535.30.20.00.8， 8536.50.30.00.0， 9405.40.40.00.7 (暫僅防爆燈具、防爆電動機及防爆開關 (箱) 等 3 項)
動力堆高機	1. 適用對象： (1) 限使用非人力或非獸力為行駛動力，且利用貨叉或替代工具舉升或堆疊或堆棧貨物之堆高機。 (2) 限於機械設備器具安全標準附表九、十、十一及十二所列 10 噸以下 (含) 之堆高機種類。 2. 排除對象 (以下例舉之排除對象名稱僅供參考)： (1) 常態作業為使用人力或獸力作為行駛動力者，例如手推自走式堆高機。 (2) 常態作業時，貨叉或替代工具無法舉升達可堆疊或堆棧貨物之高度，例如托板車。 (3) 常態作業之重物舉升可超過 10 噸以上者，例如貨櫃堆積機械。 (4) 常態作業使用中央遙控及感應偵測系統運作者，例如無人化自動運搬車輛。 (5) 非屬機械設備器具安全標準附表九、十、十一及十二所列堆高機種類者，例如人隨貨物舉升之檢料機、高空作業車。	
動力衝剪機械之光電式安全裝置	1. 適用對象：限適用於動力衝剪機械之光電式安全裝置。 2. 排除對象 (以下例舉之排除對象名稱僅供參考)： (1) 非用於動力衝剪機械者，例如防盜用途之光電適應裝置。 (2) 非應用光線或光軸遮蔽之感應原理者，例如鐳射感應式安全裝置。	
手推刨床之刃部接觸預防裝置	限適用於手推刨床之刃部接觸預防裝置。	
木材加工用圓盤鋸之反撥預防裝置及鋸齒接觸預防裝置	限適用於木材加工用圓盤鋸之反撥預防裝置及鋸齒接觸預防裝置。	

14.8 機械類產品型式驗證

「職業安全衛生法」(以下簡稱本法) 第八條第一項規定，製造者或輸入者對於中央主管機關公告列入型式驗證之機械、設備或器具，非經中央主管機關認可之驗證機構實施型式驗證合格及張貼合格標章，不得產製運出廠場或輸入。有關機械類產品型式驗證相關規範，明定於「機械類產品型式驗證實施及監督管理辦法」中。

14.8.1 機械類產品型式驗證相關規定

以下為「機械類產品型式驗證實施及監督管理辦法」之相關規定：

1. 本辦法用詞，定義如下：

   (1) 機械類產品：指輸入或國內產製之機械、設備或器具產品，依本法第八條第一項規定，經中央主管機關公告應實施型式驗證者。

   (2) 產製：指生產、製造、加工或修改，包括將機械類產品由個別零組件予以組裝銷售，及於進入市場前，為銷售目的而修改。

   (3) 驗證實施程序：指技術性貿易障礙協定所稱符合性評鑑程序，包括直接或間接用以判定與技術性法規或安全標準是否相符之下列任何相關程序：

   ① 取樣、試驗及檢查。

   ② 評估、證明及符合性保證。

   ③ 登錄及認可。

   ④ 前三款之合併程序。

   (4) 驗證機構：指依本法第八條第一項規定，經中央主管機關認可辦理型式驗證之機構。

2. 機械類產品 (以下簡稱產品) 之報驗義務人如下：

   (1) 產品在國內產製，為該產品之產製者。但產品委託他人產製，而以在國內有住所或營業所之委託者名義，於國內銷售時，為委託者。

   (2) 產品在國外產製，為該產品之輸入者。但產品委託他人輸入，而以在國內有住所或營業所之委託者名義，於國內銷售時，為委託者。

   (3) 產品之產製、輸入、委託產製或委託輸入者不明，或不能追查時，為銷售者。

3. 依本法第八條第一項規定應實施型式驗證之產品，未經驗證機構實施型式驗證合格，並取得型式驗證合格證明書 (圖 14.17) 及張貼合格標章者，不得運出廠場或輸入。但依本法第八條第四項規定申請核准先行放行者，不在此限。

4. 驗證之實施程序、項目及標準，中央主管機關得依國際經貿或勞工公約有關規定，並參酌相關國家標準、國際標準或其他技術性法規，另行公告之。

5. 報驗義務人申請產品型式驗證時，應填具申請書，並檢附載明下列事項書件，向驗證機構提出：

   (1) 符合性聲明書：製造者或輸入者簽署該產品符合型式驗證之實施程序及標準之聲明書。

   (2) 產品基本資料：

   ① 型式名稱說明書：包括產品之型錄、名稱、外觀圖、商品分類號列、主機台及控制台基本規格等說明資訊。

   ② 歸類為同一型式之理由說明書。

   ③ 主型式及系列型式清單。

   ④ 構造圖說，包括產品安全裝置之性能示意圖及安裝位置。

   ⑤ 有電氣、氣壓或液壓迴路者，其各該相關迴路圖。

   ⑥ 性能說明書。

   ⑦ 產品之安裝、操作、保養、維修說明書及危險對策。

   ⑧ 產品安全裝置及安全配備清單：包括相關裝置之品名、規格、安全性能與符合性說明、重要零組件驗證測試報告及相關強度計算。

   ⑨ 其他中央主管機關認有必要之技術文件資料。

   (3) 設立登記文件：工廠登記、公司登記、商業登記或其他相當於設立登記之證明文件影本。但依法無須設立登記或相關資料已於中央主管機關指定之資訊網站登錄有案，且其記載事項無變更者，不在此限。

   (4) 符合性評鑑證明文件：依型式驗證之實施程序及標準核發之符合性評鑑合格文件。但取得其他驗證證明文件報經中央主管機關同意者，得以該驗證證明文件替代符合性評鑑證明。

   前項申請書件未符規定者，驗證機構得通知報驗義務人限期補正，屆期未補正者，不予受理。

   驗證機構為辦理第一項文件資料之數位保存及管理，得要求報驗義務人提供相關資料之電子檔。

   報驗義務人提供之第一項所定文件為影本者，應註明與正本相符字樣並簽章，必要時，驗證機構得要求提出正本供查對。

6. 產品驗證合格證明文件經撤銷或產品不符安全標準而經廢止者，其原附符合性評鑑合格文件，不得再供申報符合性評鑑之用。

7. 依雙邊或多邊相互承認協議，對方國核發之驗證合格證明文件，得視同 5.(4) 之符合性評鑑證明文件。

8. 報驗義務人檢附之技術文件資料，應以中文為主，並得輔以英文或其他外文。

   前項資料為外文者，除供工作者使用之安裝、操作、保養、維修及危險對策等，應有中文正體字譯本外，文件為英文以外之外文者，應附具英譯本對照。

   報驗義務人未依前二項規定辦理者，驗證機構得通知限期補正，屆期未補正或補正後仍不符規定者，不予受理。

9. 驗證機構受理產品驗證申請時，應依中央主管機關指定之型式驗證實施程序及標準辦理。

   前項型式驗證實施程序，應包括產品設計及製造階段之符合性評鑑程序，並應依產品之型式及製造技術能力分別為之。

10. 驗證機構實施產品型式驗證，經審驗合格者，應發給附字號之型式驗證合格證明書。

    前項型式驗證合格證明書之有效期間，為 3 年。

11. 型式驗證合格證明書有效期間屆滿前 3 個月內，除有 17. 及 19. 規定之情形外，報驗義務人得檢附展延申請書及相關書件向驗證機構申請展延 3 年。逾期申請展延者，應重新申請型式驗證。

    前項展延之申請，經驗證機構審查核可者，收繳舊證換發新證。

12. 驗證機構實施前條型式驗證之審驗，必要時，得要求生產廠場提供試驗用樣品，並就特定項目執行複測、抽樣、監督試驗或赴生產廠場實地就品管及製程查核。

    驗證機構執行前項監督試驗時，應報請中央主管機關同意，始得為之。

13. 報驗義務人應保存型式驗證合格產品之符合性聲明書及技術文件，至該產品停產後至少 10 年。

14. 同一報驗義務人就同一型式之產品，不得重複申請型式驗證。但有 11. 之情形者，不在此限。

15. 報驗義務人申請型式驗證，其產品之型式應依產品型號定之。但產品無型號者，得以規格、文字或編碼為之。

    前項產品之型號、規格、文字或編碼，應具有顯著識別性，並由報驗義務人於申請型式驗證時定之。

    基本設計相同之產品，得歸類為系列型式。

16. 經型式驗證合格之產品，報驗義務人應維持其與型式驗證合格證明書所載之名稱、型式、規格及功能特性相符，且實體不得與型式驗證合格證明書記載事項相異。

有變更型式驗證合格證明書所載之名稱、型式、規格或功能特性者，應重新申請驗證。

17. 已取得型式驗證合格之產品，於中央主管機關修正型式驗證實施標準時，其型式驗證合格證明書之名義人，應於規定期限內依修正後之標準，申請換發型式驗證合格證明書。

18. 型式驗證合格產品之輸入者與型式驗證合格證明書之名義人非相同者，得經該證明書名義人之授權，向驗證機構申請核發授權放行通知書，辦理通關。

前項授權放行通知書之授權範圍，及於證明書所列全部型號產品。

第一項授權，經證明書名義人通知驗證機構終止者，驗證機構應廢止第一項同意授權放行通知書；其型式驗證合格經撤銷或廢止，或型式驗證合格證明書經註銷者，亦同。

19. 報驗義務人對於取得型式驗證合格證明書之產品，有變更設計時，應依下列規定辦理：

(1) 基本設計變更者，重新申請型式驗證。

(2) 基本設計未變更而其系列產品變更者，申請系列型式驗證。

(3) 前款變更不影響證明書登載事項及產品識別者，報請驗證機構備查。

前項情形驗證機構認有必要時，得要求報驗義務人提出相關證明文件、技術文件或測試報告。

20. 報驗義務人對於取得型式驗證合格證明書之產品，其生產廠場有增加、變更或遷移者，應報請驗證機構變更記載，並申請重新換發證明書。

21. 型式驗證合格證明書有遺失或毀損者，應申請補發或換發。

因申請登載系列產品致其證明書原登載事項有變更者，報驗義務人應重新申請換發證明書，增列登載項目。

22. 行政機關、學術機構或公益法人符合下列資格條件者，得向中央主管機關申請認可為驗證機構：

(1) 具有從事型式驗證業務能力與公正性、固定辦公處所、組織健全且財務基礎良好。

(2) 已建立符合國際標準 ISO/IEC17065 或其他同等標準要求之產品驗證制度，並取得經中央主管機關認可之我國認證機構相關領域之認證資格。

(3) 設有與型式驗證業務相關之專業檢測試驗室，並取得國際標準 ISO/IEC17025 相關領域認證。

(4) 擬驗證之各項產品均置有 1 名以上之專業專職之驗證人員。

(5) 其他經中央主管機關公告之資格條件。

23. 驗證人員如表 14.10 所列：

表 14.10 驗證人員之資格條件

人員類別	資格條件
驗證人員	應符合下列規定之一： (1) 國內公立或立案之私立大學校院或教育部承認之國外大學校院機械或電機相關學系碩士以上，並具實際從事型式驗證相關產品之研究、設計、製造、安全檢查、安全測試或型式檢定實務經驗 2 年以上而有證明文件者。 (2) 國內公立或立案之私立大專校院或經教育部承認之國外大專校院機械或電機相關科系畢業，並具實際從事型式驗證相關產品之研究、設計、製造、安全檢查、安全測試或型式檢定實務經驗 5 年以上而有證明文件者。 (3) 國內公立或立案之私立高級工業職業學校或教育部承認之國外高級工業職業學校機械或電機相關科組畢業，並具實際從事型式驗證相關產品之研究、設計、製造、安全檢查、安全測試或型式檢定實務經驗 7 年以上而有證明文件者。 (4) 其他受中央主管機關承認之資格者。

24. 驗證人員應熟諳型式驗證之相關法規及技術規範，並由中央主管機關或其認可專業團體訓練合格登錄後，始得從事型式驗證業務。

25. 經依前條登錄之驗證人員，不得兼任型式驗證之檢驗工作。

26. 具有 23. 資格條件之機構 (以下簡稱申請人) 申請認可為驗證機構時，應填具申請書，並檢附下列文件：

(1) 註明擬申請之產品驗證項目之文件。

(2) 符合 22. 資格條件之證書影本及相關佐證文件。

(3) 驗證人員名冊及其擬任之產品驗證項目。

(4) 組織架構圖及業務功能說明表。

(5) 機構之辦公與工作區佈置圖及地理位置簡圖。

(6) 品質手冊、品質文件系統架構及一覽表。

(7) 其他經中央主管機關認有必要之文件。

前項申請文件不完備者，中央主管機關得通知限期補正；屆期不補正或補正後仍不符規定者，不予受理。

27. 申請人檢具申請文件符合前條規定者，中央主管機關得邀請學者專家組成評鑑小組，進行實地評核。

前項實地評核應就下列事項為之，並提出評核報告：

(1) 產品驗證制度符合國際標準 ISO/IEC17065 或其他同等標準規範之要求。

(2) 具有產品型式驗證業務所需技術性法規、實施程序、安全標準、國家標準或國際標準規定之執行能力。

(3) 具有執行產品型式驗證業務所需國家標準、國際標準或其他相關標準所定之風險管理能力。

(4) 具有對驗證人員之任免、培訓、認可、監督、考核及管理所需之相關內部規範文件及執行能力。

(5) 具有推動產品型式驗證業務之內外部符合性評鑑機構之資格認可、監督、考核、維護及管理所需之相關內部規範文件及執行能力。

(6) 具有擬訂驗證產品之監督計畫及執行能力。

(7) 其他經中央主管機關認有必要事項。

實地評核未符規定者，中央主管機關應將不符事項通知申請人限期改善。

屆期未完成改善者，不予認可。

28. 前條實地評核認可後，中央主管機關應核發認可文件，公告認可辦理產品型式驗證業務。

驗證機構辦理產品型式驗證業務時，應以驗證機構名義為之。但與型式驗證相關之符合性評鑑工作，得由驗證機構依其專業及技術需求，另委由報經中央主管機關核准之符合性評鑑機構辦理。

前項符合性評鑑工作，因情況特殊，擬採監督試驗或臨場試驗者，驗證機構應擬具評估分析報告，報經中央主管機關核准後始得為之。

29. 中央主管機關對驗證機構之認可期限為 3 年，期限屆滿前 60 日內，驗證機構得申請展延。

中央主管機關核准前項展延時，準用 28. 之公告認可規定。

30. 驗證機構辦理產品型式驗證及相關符合性評鑑工作，非有正當理由，不得拒絕受理或為差別待遇。

31. 驗證機構應將各該型式驗證之相關資料、執行情形及結果之電子檔，傳送至中央主管機關指定之資訊申報網站備查。

32. 驗證機構擬增列驗證類別或項目者，應檢具申請書及相關資料向中央主管機關申請核准，並重新核發認可文件。

認證範圍經我國認證機構減列時，驗證機構應即停止辦理型式驗證範圍內受影響之符合性評鑑業務，並於三個月內檢具申請書向中央主管機關申請變更業務範圍及重新核發認可文件。

33. 驗證機構遷移地址或變更其他基本資料者，應檢附相關文件向中央主管機關申請變更記載；未經審查核准前，不得執行型式驗證。

34. 驗證機構之驗證人員有出缺、增補或任免之異動者，應於異動發生之日起 15 日內，檢附異動人員資料報請中央主管機關備查。

35. 驗證人員出缺未補實,致不符合 22.(4) 規定者,中央主管機關得令該驗證機構暫停辦理有關型式驗證工作。

    前項情形驗證機構應於驗證人員補實後,檢附驗證人員基本資料,報請中央主管機關准予恢復辦理型式驗證工作。

36. 驗證機構未經中央主管機關核准展延認可期限者,於原認可期限屆滿前 30 日內,不得受理驗證案件。

37. 中央主管機關應對驗證機構每年辦理業務定期查核及不定期督導;驗證機構無正當理由者,不得規避、妨礙或拒絕。

38. 驗證機構有下列情形之一者,中央主管機關得令其暫停辦理型式驗證,並限期改善:

    (1) 經國內認證機構暫停其認證資格。

    (2) 驗證機構所採用之符合性評鑑機構,未有中央主管機關核准。

    (3) 經通知限期提供資料,無正當理由屆期未提供。

    (4) 中央主管機關辦理查核,無正當理由未配合辦理。

    (5) 有申訴、陳情或爭議案件時,應配合辦理而未配合。

    前項情形經改善,並經中央主管機關認定符合者,始予恢復辦理型式驗證。

39. 驗證機構有下列情形之一者,中央主管機關得撤銷或廢止其認可:

    (1) 主動申請終止認可。

    (2) 經國內認證機構撤銷或廢止其認證資格。

    (3) 驗證機構採用之符合性評鑑機構,皆經中央主管機關撤銷或廢止核准。

    (4) 驗證機構喪失執行型式驗證業務能力,或有礙公正有效執行型式驗證業務。

    (5) 違反利益迴避或保密義務原則。

    (6) 逾越授權範圍或怠於辦理型式驗證及相關符合性評鑑業務。

    (7) 違反 30. 之規定。

    (8) 未依 32. 之規定辦理申請核准或變更,或未經核准前,擅自執行型式驗證業務。

    (9) 違反 37. 之規定。

    (10) 未於 38. 之規定期間內完成改善,並經中央主管機關認定符合者,逕自恢復型式驗證業務。

    (11) 核發之驗證合格證明書有虛偽不實之情事。

    (12) 未依規定繳納規費,經通知限期繳納,屆期仍未繳納。

    (13) 接受利害關係者餽贈財物、飲宴應酬或請託關說,或假借職務上之權力、方法、機會圖本人或第三人不正利益,情節重大。

    (14) 其他違反法令規定,情節重大。

40. 有 36. 及前條情形時，驗證機構應將未完成之驗證案件交由中央主管機關指定之其他驗證機構辦理。

    驗證機構之認可經撤銷或廢止者，自認可終止日起 3 年內，不得重新申請認可為驗證機構。但依前條第 (1) 款主動申請終止認可者，不在此限。

41. 驗證機構應於認可終止後 7 日內，將所有型式驗證相關符合性評鑑業務案件之完整資料移交中央主管機關指定之機構。

42. 中央主管機關對於驗證機構之能力評鑑、技術一致性確認、人力培訓與資格審定及登錄管理等，依本法第五十二條規定，得委託國內專業團體辦理之。

43. 報驗義務人有下列情事之一者，中央主管機關應註銷其型式驗證合格證明書：
    (1) 自行申請註銷。
    (2) 設立登記文件經依法撤銷、廢止或註銷。
    (3) 事業體經依法解散、歇業或撤回認許。
    (4) 經中央主管機關查核發現有不合規定情事。

44. 以詐欺或虛偽不實之方法取得型式驗證合格者，應撤銷其資格，並限期繳回證明書；其有涉及刑責者，另移送司法機關依法處理。

    構造規格特殊之機械類產品有前項情事，經中央主管機關撤銷核准其採用適當檢驗方式者，型式驗證合格標章亦應一併撤銷，並由驗證機構通知限期繳回型式驗證合格證明書。

45. 報驗義務人有下列情事之一者，中央主管機關應廢止型式驗證合格證明書：
    (1) 經購樣、取樣檢驗結果不符合型式驗證實施標準。
    (2) 經限期提供型式驗證合格證明書、技術文件或樣品，無正當理由拒絕提供或屆期仍未提供。
    (3) 驗證合格產品因瑕疵造成重大傷害或危害。
    (4) 產品未符合標示規定，經通知限期改正，屆期未改正。
    (5) 未依 13. 之規定期限保存經型式驗證之產品符合性聲明書及技術文件。
    (6) 違反 16. 之規定，產品與型式驗證合格證明書所載不符，經通知限期改正，屆期未改正完成。
    (7) 經依 17. 之規定，限期依修正後驗證標準換發型式驗證合格證明書，屆期未完成。
    (8) 驗證合格產品生產廠場不符合製造階段之符合性評鑑程序。
    (9) 未繳納驗證規費，經通知限期繳納，屆期未繳納。
    (10)產品經公告廢止實施型式驗證。
    (11)其他經中央主管機關認定違規情節重大者。

46. 我國與他國、區域組織或國際組織簽定雙邊或多邊相互承認協定或協約者,中央主管機關得依該協定或協約所負義務,承認依該協定或協約規定所簽發之試驗報告、檢驗證明及其他相關驗證證明。

對於國外輸入之產品,其報驗義務人所附經中央主管機關依前項規定承認之國外試驗報告、檢驗證明及其他相關驗證證明,驗證機構得承認其效力,並據以免除 3. 所定全部或部分之驗證或測試。但因未簽定協定、協約或其他特殊原因致執行有困難者,驗證機構得報經中央主管機關核准,以實驗室對實驗室方式相互承認試驗報告。

14.8.2 機械類產品型式驗證機構

目前經勞動部認可之機械類產品型式驗證機構如表 14.11 所列:

表 14.11 機械類產品型式驗證機構

機構名稱	認可範圍	機構住址	電話	傳真
財團法人台灣電子檢驗中心 (ETC)	(1) 手持式木材加工用圓盤鋸 (電動手工具) (2) 手持式研磨機 (電動手工具)	桃園縣龜山鄉樂善村文明路 29 巷 8 號	(03)3280026 分機 281	(03)3276187
財團法人金屬工業研究發展中心 (MIRDC)	(1) 動力衝剪機械。 (2) 木材加工用圓盤鋸。 (3) 研磨機。	高雄市 811 楠梓區高楠公路 1001 號	(07)3513121 轉 2406	(07)3533911
財團法人精密機械研究發展中心 (PMC)	(1) 動力衝剪機械。 (2) 木材加工用圓盤鋸。 (3) 研磨機。	台中市 407 台中工業區 37 路 27 號	(04)23599009 轉 341	(04)23598847
財團法人工業技術研究院 (ITRI)	(1) 動力衝剪機械。 (2) 手推刨床。 (3) 木材加工用圓盤鋸。 (4) 動力堆高機。 (5) 研磨機。 (6) 研磨輪。 (7) 防爆電氣設備。	新竹縣竹東鎮中興路 4 段 195 之 10 號 51 館 11 樓	(03)5914918 (03)5914364 (03)5914923	(03)5834405

14.9　安全標示與驗證合格標章

「職業安全衛生法」(以下簡稱本法) 第七條第二項規定，製造者或輸入者對於指定之機械、設備或器具，符合安全標準者，應於中央主管機關指定之資訊申報網站登錄，並於其產製或輸入之產品明顯處張貼「安全標示」，以供識別。本法第八條規定，製造者或輸入者對於中央主管機關公告列入型式驗證之機械、設備或器具，非經中央主管機關認可之驗證機構實施「型式驗證合格」及張貼「合格標章」，不得產製運出廠場或輸入。

簡言之，符合安全標準之機械、設備或器具，且已於安全資訊申報網站登錄完成者，需在這些機械設備器具貼上「安全標示」，以資識別。另一方面，對於已通過型式驗證之機械類產品，除取得「型式驗證合格證明書」外，亦需在這些產品貼上「驗證合格標章」，以供辨別。有關「安全標示」與「驗證合格標章」之使用及管理規範，明定於「安全標示與驗證合格標章使用及管理辦法」中。

14.9.1　安全標示與驗證合格標章相關規定

以下為「安全標示與驗證合格標章使用及管理辦法」之規定：

1. 製造者、輸入者、供應者或雇主非依本法第七條或第八條之規定，不得張貼安全標示或驗證合格標章。
2. 本法第七條第三項所定安全標示，其格式由圖式及識別號碼組成；識別號碼應緊鄰圖式之右方或下方，且由字軌 TD 及指定代碼組成。

   指定代碼，應向中央主管機關申請核發。

   安全標示之格式如圖 14.15。

TD000000　　(代碼)

圖 14.15　安全標示格式

   (1) 安全標示顏色：黑色 K0，或為配合製造者或輸入者自行製作安全標示之實務需求，經向中央主管機關申請同意使用之其他顏色。
   (2) 安全標示由圖式及識別號碼組成，識別號碼應註明於圖式之右方或下方。
   (3) 安全標示尺寸配合機械、設備或器具本體大小及其他需要，得按比例縮放。

3. 本法第八條第一項所定驗證合格標章，其格式由圖式及識別號碼組成；識別號碼應緊鄰圖式之右方或下方，且由字軌 TC、指定代碼及發證機構代號組成。

指定代碼，由中央主管機關認可之驗證機構於核發驗證合格證明書時指定。

驗證合格標章之格式如圖 14.16。

TC000000-XXX 　(代碼+機構代號)

圖 14.16　驗證合格標章格式

4. 製造者或輸入者自行製作安全標示或驗證合格標章，應依前二條所定格式，並依規定張貼於各該產品。

5. 安全標示及驗證合格標章之製作，應使用不易變質之材料、字體內容清晰可辨且不易磨滅，並以牢固之方式標示。

6. 安全標示及驗證合格標章，應張貼於機械、設備或器具之本體明顯處。

前項所稱明顯處，指於銘版上或鄰近商標、廠牌等易於辨認之位置。

7. 依本法第七條第三項規定完成安全資訊申報網站登錄，或依本法第八條第一項規定實施型式驗證合格者，製造者或輸入者應於各該產品本體及相關說明書件，載明其產品名稱、申報者或報驗義務人之名稱、地址、電子郵件信箱及電話等聯絡資訊。

前項資訊不能標示於產品之本體者，應標示於其包裝、標貼、掛牌或其他足資識別之處。

8. 機械、設備或器具有其他標示者，其外觀、圖式、樣式及其他表徵，不得與安全標示或驗證合格標章有混淆、誤導或不易辨別之情況。

9. 機械、設備或器具因本體太小或其他特殊原因致不能標示者，得依下列方式處理：

(1) 有包裝者，於最小單位包裝標示。

(2) 無包裝或其包裝不適宜標示者，以繫掛方式標示。

(3) 以其他經中央主管機關核准之方式標示。

10. 安全標示或驗證合格標章專屬，依法完成資訊申報網站登錄或取得型式驗證合格證明書者所有。但專屬權人同意由他人於同廠牌同型號產品使用，並經檢具下列文件報請中央主管機關核准者，不在此限：

(1) 申報資訊網站登錄核准文件或型式驗證合格證明書影本。

(2) 被授權人之工廠登記或商業登記證明文件影本。

11. 對本法第七條或第八條所定應張貼安全標示或驗證合格標章之產品，製造者或輸入者至遲應於提供該產品予供應者或雇主前，完成張貼標示或標章。
12. 以詐欺、虛僞不實或不當方式取得資訊申報網站登錄或型式驗證合格者，中央主管機關應按情節輕重公告註銷或撤銷其標示或標章；其有涉及刑責者，另移送司法機關依法處理。

14.9.2 型式驗證合格證明書格式

機械類產品通過「型式驗證」，取得由驗證機構核發之「型式驗證合格證明書」，其格式如圖 14.17 所示。

(驗證機構名稱)

○○○

型式驗證合格證明書

Certificate of Conformity to the Type-Certification scheme
Ofthe regulated machinery, equipment and tools

證明書字號：
Certificate No.

茲據 ________________申請型式驗證，經審驗結果符合安全標準，准予使用合格標章及識別號碼：________。其登載事項如下：

The application made under the Type-Certification scheme has been reviewed and found to be in compliance with related safety standards. Therefore, the following product is granted with the Conformity Mark and the Identification No. Details of the certificate are as follows:

名義人： 統一編號：
Holder Uniform No.
地　址：
Address
生產廠場：
Factory
廠　址：
Factory address
產品種類名稱
Type/ name of product
貨品分類號列：
C.C.C. Code
中文名稱：
Chinese name
英文名稱：
English name
型　式：
Type
系列型式：
Series of the type
依據標準：
Specified standards

驗證機構核發戳記
(本證書經勞動部認可之機構用印後生效)
This certificate is issued by the certification body designated by MOL.
(This certificate will become effective only when stamped with the seal of the certification body designated by the Ministry of Labor.)

本證明書有效期限自______年______月______日至______年______月______日
Valid period from (year) (month) (day) to (year) (month) (day)
發證日期：中華民國______年______月______日
Date of issue (year) (month) (day)
註1：持本證明書輸入型式驗證產品時，輸入者須與本證明書之名義人相同。

第○頁，共○頁

(驗證機構名稱)

○○○

型式驗證合格證明書(附頁)

Attachment for Certificate of Conformity to the Type-Certification scheme
Ofthe regulated machinery, equipment and tools

證明書字號：
Certificate No.

產品名稱 name of product	型式 Type	規格 Specification	功能特性 Character	備註 Remark

圖 14.17　型式驗證合格證明書

14.10　結語

依「職業安全衛生法」第四十四條第一項規定，未依本法第七條第三項規定登錄者，處新臺幣三萬元以上十五萬元以下罰鍰；經通知限期改善，屆期未改善者，並得按次處罰。

第四十四條第二項規定，違反第七條第一項或第八條第一項者，處新臺幣二十萬元以上二百萬元以下罰鍰，並得限期停止輸入、產製、製造或供應；屆期不停止者，並得按次處罰。

第四十四條第三項規定，未依第七條第三項規定標示或違反第九條第一項之規定者，處新臺幣三萬元以上三十萬元以下罰鍰，並得令限期回收或改正。

第四十四條第四項規定，未依前項規定限期回收或改正者，處新臺幣十萬元以上一百萬元以下罰鍰，並得按次處罰。

第四十四條第五項規定，違反第七條第一項、第八條第一項、第九條第一項規定之產品者，得沒入、銷燬或採取其他必要措施，其執行所需之費用，由行為人負擔。

習　題

一、選擇題

（　　）1. 機械上的壓與夾危害消除之最好方法是什麼？　(1) 裝設固定式護罩　(2) 加強維修保養與檢查　(3) 訂定標準作業規範　(4) 減少相對運動機件間的間隙。

（　　）2. 下列何者非「失誤最小化」(fail minimization) 之設計？　(1) 安全因子及界限　(2) 計量監測 (monitoring)　(3) 互護系統 (buddy system)　(4) 失誤安全設計。

（　　）3. 在執行性錯誤中，當人員操作步驟顛倒，是屬以下何種錯誤？　(1) 時間錯誤　(2) 次序錯誤　(3) 選擇錯誤　(4) 定量錯誤。

（　　）4. 某員工使用新機器，由於此機器之控制裝置與舊機器之控制裝置未有標準化設計，致發生錯誤，可歸因於下列何項人為失誤？　(1) 遺忘失誤　(2) 調整失誤　(3) 顛倒失誤　(4) 取代失誤。

（　　）5. 依機械設備器具安全標準規定，下列何者不是衝剪機械？　(1) 橡膠滾輾機　(2) 油壓衝床　(3) 動力衝床　(4) 衝孔機。

（　　）6. 依機械設備器具安全標準規定，衝剪機械安全裝置操作用電氣回路之電壓，應在多少伏特以下？　(1) 50　(2) 100　(3) 160　(4) 200。

（　　）7. 下列何者不是反撥預防裝置？　(1) 反撥防止爪　(2) 反撥防止滾輪　(3) 撐縫片　(4) 護罩。

( ) 8. 下列何種機械、零件無捲入之危害？ (1) 轉軸 (2) 飛輪 (3) 齒輪 (4) 衝頭。

( ) 9. 下列何者非屬連鎖裝置？ (1) 極限開關 (2) 光電連鎖裝置 (3) 信號數據連鎖裝置 (4) 防爆型開關。

( ) 10. 依機械設備器具安全資訊申報登錄辦法規定，申報者有因登錄產品瑕疵造成重大傷害 或危害者，中央主管機關應對產品安全資訊登錄，採取下列何種處置？ (1) 註銷 (2) 退回 (3) 通知改善及補件 (4) 廢止。

( ) 11. 下列何者未經中央主管機關指定適用機械設備器具安全標準？ (1) 推土機 (2) 動力 衝剪機械 (3) 手推刨床 (4) 動力堆高機。

( ) 12. 皮帶與帶輪間會產生下列何種傷害？ (1) 剪切 (2) 捲夾 (3) 衝壓 (4) 鋸切。

( ) 13. 為了滿足機能性安全需求，除了可在設計階段即採用複數 (並聯) 系統之外，在使用階 段也應注意檢點與維修保養，此即下列何者？ (1) 防呆措施 (2) 本質安全 (3) 高可 靠度技術 (4) 失效安全。

( ) 14. 當事故發生時，在設計條件下，會使作業中斷以減少或控制任何可能會導致更嚴重的 失誤或災害，此為下列何種防護方式？ (1) 弱連結 (weak links) (2) 互護系統 (buddy system) (3) 警告 (4) 偵測。

( ) 15. 依職業安全衛生法規定，對於中央主管機關指定之機械、設備或器具，其構造、性能 及防護非符合安全標準者，不得產製運出廠場、輸入、租賃、供應或設置。此規定不 適用於下列何者？ (1) 製造者 (2) 輸入者 (3) 供應者 (4) 勞工。

( ) 16. 勞工修理混合機時，未將電源開關上鎖，而不知情之第三者將該開關打開，造成災害， 此為沒有做好下列何者？ (1) 隔離 (2) 阻卻 (3) 閉鎖 (4) 連鎖。

( ) 17. 依機械設備器具安全資訊申報登錄辦法規定，資訊申報登錄未符規定者，補正總日數 不得超過幾日 (1) 15 (2) 30 (3) 45 (4) 60。

( ) 18. 下列何者非「本質安全」設計？ (1) 隔離 (2) 阻卻 (3) 連鎖 (4) 安全程序。

( ) 19. 下列何者為安全化構造中，防止人、物、能量或其他因素進入非期望區域之方法？ (1) 閉鎖中之 lock-in (2) 閉鎖中之 lock-out (3) 連鎖 (interlock) (4) 弱連結 (weak link)。

( ) 20. 操作銑床時之手部安全防護措施，下列何者敘述正確？ (1) 佩戴棉紗手套 (2) 佩戴 板件手套 (3) 佩戴金屬材質手套 (4) 不可戴手套。

( ) 21. 當機械發生異常或操作錯誤，也不致造成危害，則該機械具有下列何種設計？ (1) 零 機械狀態 (2) 本質安全 (3) 開關之上鎖 (4) 雙手啟動按鈕。

( ) 22. 依機械類產品型式驗證實施及監督管理辦法規定，型式驗證合格證明書之有效期為多 少年？ (1) 3 (2) 5 (3) 10 (4) 15。

( ) 23. 採用濕式撒水火災防護系統，此舉屬於下列何種防護措施？ (1) 主動式安全防護 (2) 被動式安全防護 (3) 本質安全 (4) 防護綜合式防護。

( ) 24. 下列何者不屬機械設備器具安全標準所稱，應有符合標準之安全防護設備之機械、器 具？ (1) 動力衝剪機械 (2) 手推刨床 (3) 研磨機 (4) 電焊機。

（　）25. 機械可能造成之職業災害類型較不包括下列何者？　(1) 被切　(2) 感電　(3) 爆炸　(4) 衝撞。

（　）26. 下列何者非屬避免動力衝剪機械引起危害之預防方法？　(1) 設置護圍　(2) 使用光電連鎖裝置　(3) 使用撐縫片　(4) 使用連鎖掃除裝置。

（　）27. 下列關於「本質安全」之敘述，何者為誤？　(1) 防護具之使用為主要的本質安全　(2) 系統設備一旦人為失誤時，仍可保持其安全性　(3) 適用於機械、裝置可設置安全防護之領域　(4) 在防止人體電擊時，漏電斷路器是本質安全的設計。

（　）28. 在設計階段或規劃初期階段，最適合使用何種系統分析方法？　(1) 失誤樹分析　(2) 查核表　(3) 初步危害分析　(4) 危害與可操作性分析。

（　）29. 依機械設備器具安全標準規定，下列何者為動力衝剪機械雙手操作式安全裝置？　(1) 安全一行程　(2) 連續行程　(3) 一行程　(4) 寸動行程。

（　）30. 依機械設備器具安全標準規定，衝剪機械之雙手操作式安全裝置，其一按鈕之外側與其他按鈕之外側，至少應距離多少公厘以上？　(1) 100　(2) 200　(3) 300　(4) 400。

（　）31. 人機系統工作分配的設計，下列何種工作適合以機器來操作？　(1) 歸納性的推理　(2) 當事件不是很清晰時下判斷　(3) 在背景雜訊很強烈時，仍需偵測資訊　(4) 需正確地執行重複且迅速的計算。

（　）32. 依機械設備器具安全資訊申報登錄辦法規定，申報者應保存所登錄之產品符合性聲明書及相關技術文件，至該產品停產後至少幾年？　(1) 5　(2) 8　(3) 10　(4) 12。

（　）33. 依機械設備器具安全標準，衝剪機械使用安全模者，在上死點之上模與下模之間隙及導柱與軸襯間之間隙應在多少公厘以下？　(1) 4　(2) 8　(3) 12　(4) 16。

（　）34. 依職業安全衛生設施規則規定，離地幾公尺以內的傳動帶應設置適當的圍柵或護網？　(1) 1　(2) 1.5　(3) 2　(4) 2.5。

（　）35. 系統失誤發生時，可將系統維持在一安全操作狀態，直到狀況解除，此為下列何種失誤安全設計？　(1) 被動式　(2) 主動式　(3) 調節式　(4) 功能式。

（　）36. 在安全改善之優先順序上，當由設計方法消除危害及設計安全防護裝置為不可行時，下列何者應優先採行？　(1) 辦理人員安全訓練　(2) 裝設警報裝置　(3) 辦理員工健康檢查　(4) 使用個人防護具。

（　）37. 緊急制動裝置應裝在何處操作？　(1) 總開關處　(2) 機器之起動開關處　(3) 操作勞工隨手可及之位置　(4) 任何地方。

（　）38. 依安全標示與驗證合格標章使用及管理辦法規定，驗證合格標章格式由圖式及識別號碼組成，其字軌為下列何者？　(1) TD　(2) TC　(3) TS　(4) TL。

（　）39. 依機械產品型式驗證實施及監督管理辦法規定，報驗義務人申請產品型式驗證時，不需檢附下列事項書件，向驗證機構提出　(1) 符合性聲明書　(2) 產品基本資料　(3) 設立登記文件　(4) 職業安全衛生人員資料。

（　）40. 依機械設備器具安全標準規定，堆高機頂蓬上框開口處寬度或長度，應不得超過多少公分？　(1) 12　(2) 14　(3) 16　(4) 18。

( ) 41. 從事車床頭座外部之長件工件加工時，應預防下列何種危害？ (1) 墜落危險 (2) 高熱潤滑油 (3) 因離心力導致工件彎曲的危害 (4) 冷卻不足。

( ) 42. 消除或降低危害最優先應予以考慮的方法為下列何者？ (1) 健康管理 (2) 工程改善 (3) 教育訓練 (4) 使用防護具。

( ) 43. 機械裝置失靈、失效的故障，應視為整台機械安全失效，其應採用之措施，下列何者不適當？ (1) 斷電 (2) 停用 (3) 減速 (4) 標示。

( ) 44. 依職業安全衛生法規定，雇主於 104 年 1 月 1 日以後設置之動力衝剪機械，其構造、性能及防護不符合安全標準者，應處以新台幣多少萬元之罰鍰？ (1) 3 ～ 15 (2) 3 ～ 30 (3) 20 ～ 200 (4) 30 ～ 300。

( ) 45. 具有捲入危害之滾軋機，應設置何種操作者於災害發生時，可以自己操控的裝置？ (1) 掃除物件裝置 (2) 緊急制動裝置 (3) 急救裝置 (4) 兩手觸控裝置。

( ) 46. 下列有關機械防護原理之敘述，何者正確？ a. 為採取機械安全措施，難免使勞動量超過生理正常負荷；b. 人工易引起災害之作業，應改以機械或自動化；c. 機械啟動裝置應與安全裝置結合，就是安全裝置發生效用後，機械始可動作；d. 機械安全裝置會阻礙工作或增加工時。 (1) a. b. (2) b. c. (3) a. c. (4) a. d.。

( ) 47. 下列何者不是輸送帶最常用之安全防護裝置或措施？ (1) 緊急停止開關 (2) 頭、尾輪護圍 (3) 啟動前警示裝置 (4) 灑水加濕。

( ) 48. 依機械設備器具安全標準規定，荷重 1 公噸堆高機之頂篷，至少應足以承受多少公噸之靜荷重？ (1) 0.5 (2) 1 (3) 2 (4) 3。

( ) 49. 下列何種機械、器具設置時，應符合職業安全衛生法之中央主管機所定之安全標準？ (1) 動力衝剪機械 (2) 車床 (3) 鑽床 (4) 牛頭鉋床。

( ) 50. 有關工作場所作業安全，下列敘述何者有誤？ (1) 毒性及腐蝕性物質應存放在安全處所 (2) 有害揮發性物質應隨時加蓋 (3) 機械運轉中從事上油作業 (4) 佩戴適合之防護具。

( ) 51. 依職業安全衛生管理辦法規定，機械設備之作業前檢點應於下列何時實施？ (1) 每日 (2) 每週 (3) 每半個月 (4) 每月。

( ) 52. 依職業安全衛生管理辦法規定，有關自動檢查之紀錄，目前未規定保存 3 年以上係下列何者？ (1) 機械車輛之定期檢查 (2) 設備定期檢查 (3) 機械設備之重點檢查 (4) 機械設備之作業檢點。

( ) 53. 為防止脫水機中物料從缸口飛出傷人，下列敘述何者正確？ (1) 有爬升作用，必須將蓋子打開 (2) 有下降作用，必須將蓋子打開 (3) 有爬升作用，必須將蓋子關閉 (4) 有下降作用，必須將蓋子關閉。

( ) 54. 滾輾紙、布等之滾軋機裝設的導輪，有何功能？ (1) 裝潢 (2) 防止人體、物體進入滾輪 (3) 有制動作用 (4) 有配重作用。

( ) 55. 下列有關機械之連鎖式防護之敘述何者正確？ (1) 防護未裝上，機械仍可起動 (2) 防護失效時，機械不可起動 (3) 要有光電裝置才有用 (4) 要用人工配合，其效果才顯著。

( ) 56. 下列何者屬不安全的設備？ (1) 操作非本身得操控之機器設備 (2) 使安全裝置失效 (3) 不適當之防護裝置 (4) 於不適當位置操作機械設備。

( ) 57. 下列何者非為防止動力衝剪機械安裝、拆模、調整及試模時，防止滑塊突降之裝置？ (1) 安全塊 (2) 安全模 (3) 安全插鞘 (4) 安全開關鎖匙。

( ) 58. 當事件 A 發生時，事件 B 將作動，以使不慎的偶發事故不致發生，此為下列何種安全設計？ (1) 隔離 (2) 阻卻 (3) 互護系統 (4) 連鎖。

( ) 59. 下列何者為任何機械上都必須要有的裝置 (1) 緊急按鈕 (2) 能源切斷裝置 (3) 護罩 (4) 漏電斷路器。

( ) 60. 下列何者非機械本質安全化之作為或裝置？ (1) 連鎖裝置 (2) 安全係數之考量 (3) 安全閥 (4) 安全護具。

( ) 61. 操作車床時，其主要危險為下列何者？ (1) 火災爆炸 (2) 粉塵危害 (3) 被夾、被捲 (4) 墜落。

( ) 62. 衝剪機械之感應式安全裝置，為下列何種型式？ (1) 光電式 (2) 機械式 (3) 防護式 (4) 寸動式。

( ) 63. 雇主於施行轉軸之重量超越 1 公噸，且轉軸之週邊速率在每秒多少公尺以上之高速自轉體之試驗時，應於事先就與該輪材質、形狀等施行非破壞檢查，確認其無破壞原因存在時，始以遙控操作等方法控制為之？ (1) 80 (2) 90 (3) 100 (4) 120。

( ) 64. 下列何者非為木材加工用圓盤鋸之安全防護裝置？ (1) 護罩 (2) 護圍 (3) 墊圈 (4) 撐縫片。

( ) 65. 皮帶與帶輪間會產生下列何種傷害？ (1) 剪切 (2) 捲夾 (3) 衝壓 (4) 鋸切。

( ) 66. 在作業人員身高範圍內，有接觸機械之虞的危險點，應以下列何者加以防護？ (1) 電器 (2) 護罩 (3) 空間 (4) 氣罩。

( ) 67. 依職業安全衛生設施規則規定，雇主對於研磨機的使用，在更換研磨輪時應先檢驗有無裂痕，並應在防護罩下試轉多少時間以上？ (1) 30 秒 (2) 1 分鐘 (3) 2 分鐘 (4) 3 分鐘。

( ) 68. 有關堆高機搬運作業，下列何者為非？ (1) 載物行駛中可搭乘人員 (2) 作業前應實施檢點 (3) 作業完畢人員離開座位時應關閉動力並拉上手煞車 (4) 載貨荷重不得超過該機械所能承受最大荷重。

( ) 69. 因身體被擦傷之情況及以被擦之狀態而被切割等造成職業災害，其災害類型，為下列何者？ (1) 被捲 (2) 被切 (3) 被撞 (4) 被夾。

( ) 70. 依職業安全衛生設施規則規定，研磨機研磨輪速率試驗，按最高使用周速度增加多少百分比為之？ (1) 10 (2) 25 (3) 50 (4) 100。

( ) 71. 依機械器具安全防護標準規定，木材加工用圓盤鋸應設置何種安全裝置？ (1) 套胸 (2) 圍柵 (3) 鋸齒接觸預防裝置 (4) 雙手按鈕閉關。

( ) 72. 下列何者非機械本質安全化之作為或裝置？ (1) 連鎖裝置 (2) 安全係數之考量 (3) 安全閥 (4) 安全護具。

( ) 73. 有關動力衝剪機械作業，下列何者為非？ (1) 作業前應實施檢點 (2) 發現喪失效能時應通知主管 (3) 依照安全作業標準實施 (4) 為增加效率可拆除其安全裝置。

( ) 74. 下列何者非屬機械器具安全防護標準規範之機械、器具？ (1) 離心機 (2) 動力堆高機 (3) 手推刨床 (4) 動力衝剪機械。

( ) 75. 為確保安全績效，下列何種措施應優先採用？ (1) 安全教育訓練 (2) 縮短工作時間 (3) 提供使用個人防護具 (4) 採用工程控制。

( ) 76. 衝剪機械之滑塊在動作中，遇身體之一部接近危險界限時，能使滑塊等停止動作者，為下列何種型式之安全裝置？ (1) 防護式 (2) 感應式 (3) 拉開式 (4) 雙手操作式。

( ) 77. 以下所列舉之機械，何者未有型式檢定制度？ (1) 動力衝剪機械 (2) 木材加工用鑽孔機 (3) 動力堆高機 (4) 研磨機。

( ) 78. 依職業安全衛生管理辦法規定，以動力驅動之衝剪機械，其制動裝置定期自動檢查應多久實施一次？ (1) 1 個月 (2) 3 個月 (3) 6 個月 (4) 1 年。

( ) 79. 反撥預防裝置係使用在下列何種機械上？ (1) 圓盤鋸 (2) 手推刨床 (3) 帶鋸 (4) 立軸機。

( ) 80. 下列何項設計，可使系統故障後將能量降低到最低範圍，使系統無法再作業，除非採取改善措施，但也不致由於危害造成作動而有進一步之損壞發生？ (1) 故障 - 被動 (2) 故障 - 主動 (3) 故障 - 操作 (4) 故障 - 使用。

( ) 81. 依機械器具安全防護標準規定，動力衝剪機械之拉開式安全裝置之牽引帶，已安裝調節配件者，其切斷荷重在多少公斤以上？ (1) 100 (2) 150 (3) 200 (4) 250。

( ) 82. 依機械器具安全防護標準規定，下列何者不是衝剪機械的安全防護裝置？ (1) 防護式安全裝置 (2) 掃除式安全裝置 (3) 感應式安全裝置 (4) 警告標示。

( ) 83. 研磨機起動時，操作員應站在砂輪之何方較為安全？ (1) 前面 (2) 後面 (3) 側面 (4) 任何地點。

( ) 84. 事業單位之動力衝剪機械經勞動檢查機構檢查違反機械器具安全防護標準規定，經通知限期改善而不如期改善時，雇主可能遭受何種處分？ (1) 處 1 年以下有期徒刑 (2) 處新台幣 3 萬元以上 15 萬元以下罰鍰 (3) 處新台幣 3 萬元以上 9 萬元以下罰鍰 (4) 處新台幣 3 萬元以上 6 萬元以下罰鍰。

( ) 85. 依機械器具安全防護標準規定，撐縫片之厚度應為圓鋸片厚度之幾倍以上？ (1) 1 (2) 1.1 (3) 1.2 (4) 1.3。

( ) 86. 機械在轉動、銳邊及帶電部分加以防護，屬於下列何種防護方法？ (1) 隔離 (2) 閉鎖 (3) 連鎖 (4) 對應。

（　）87. 人體計測中，下列何者適用於最小母群體值的設計（極小設計）？　(1) 大門　(2) 觸控距離　(3) 電梯　(4) 鞦韆。

（　）88. 一個系統之安全改善有其優先順序原則，下列何者應為最優先？　(1) 設置安全防護裝置　(2) 由設計開始來消除危害　(3) 裝設警報裝置　(4) 配置個人防護具。

（　）89. 機械器具安全防護標準所稱衝剪機械雙手操作式安全裝置之機能包括下列何者？　(1) 雙手起動　(2) 連續行程　(3) 一行程　(4) 寸動行程。

（　）90. a. 肢體傷害 b. 碎料飛擊 c. 飛落時反彈 d. 外伸材之彎曲等因素中，哪些為剪切工作中主要之危險因子？　(1) bc　(2) bcd　(3) acd　(4) abcd。

（　）91. 下列何者非屬連鎖裝置？　(1) 極限開關　(2) 光電連鎖裝置　(3) 信號數據連鎖裝置　(4) 防爆型開關。

（　）92. 機械防護之安全管理的最基本原理，為下列何者？　(1) 截果斷因　(2) 源頭管理　(3) 品質管理　(4) 管末管理。

（　）93. 車床頭座外部之長件工件加工時，應預防下列何者？　(1) 墜落危險　(2) 高熱潤滑油　(3) 因離心力彎曲的危害　(4) 精密度不足。

（　）94. 依機械器具安全防護標準規定，下列何種機械、器具不必實施型式檢定？　(1) 動力衝剪機械　(2) 手推刨床　(3) 動力堆高機　(4) 鑽床。

（　）95. 依職業安全衛生設施規則規定，磨床或龍門刨床之刨盤、牛頭刨床之滑板等之何處，應設置護罩、護圍等設備？　(1) 衝程部分　(2) 突出旋轉中加工物部分　(3) 其有捲入點危險之捲胴　(4) 緊急制動裝置。

（　）96. 機械安全防護中，下列何種安全裝置其有發生異常時，可迅即停止其動作並維持安全之功能？　(1) 一行程一停止裝置　(2) 緊急停止裝置　(3) 自動吹洩安全裝置　(4) 自動電擊防止裝置。

（　）97. 往復運動機械，會形成夾點或衝撞危險，應　(1) 穿安全鞋　(2) 勿靠近通道、牆壁或其他機具設備，視需要設置護圍　(3) 穿著防撞衣服　(4) 穿著防熱衣。

（　）98. 下列有關離心力過大之高速迴轉體之敘述，何者正確？　(1) 危險性不高　(2) 可靠度很高　(3) 應於隔離場所試驗確認無處後方可正式使用　(4) 如無安全護罩，仍可繼續使用。

（　）99. 以下何者不是動力遮斷裝置？　(1) 開關　(2) 離合器　(3) 變速器　(4) 移動裝置。

（　）100. 金屬、塑膠等加工用之圓盤鋸應設置　(1) 套胴　(2) 圍柵　(3) 鋸齒接觸預防裝置　(4) 雙手按鈕開關。

（　）101. 保險絲因回路開關電流過載時熔斷，使系統保持安全狀態，欲重新啟動需先將保險絲修復才能作業，此安全設計為下列何者？　(1) 被動式失誤安全設計　(2) 主動式失誤安全設計　(3) 調節式失誤安全設計　(4) 功能式失誤安全設計。

（　）102. 人類行為複雜多變，其信賴遠不如機械，故防止職業傷害之優先選擇應以下列何者為優先？　(1) 本質安全化　(2) 作業自動化　(3) 設備裝設防護具　(4) 採用個人防護具。

( )103. 衝剪機械之雙手操作式安全裝置，其一按鈕之外側與其他按鈕之外側，至少應距離多少公厘以上？ (1) 100 (2) 200 (3) 300 (4) 400。

二、問答題

1. 試回答下列有關堆高機安全問題：
   (1) 職場中跟堆高機有關之職業災害類型，可分爲：被撞(人員被堆高機撞擊)、墜落或滾落(人員自堆高機上墜落或滾落)、倒崩塌(堆高機造成物件倒崩塌)、翻覆(堆高機翻覆)及被捲被夾(人員遭受堆高機夾壓)等5種災害類型。簡述前述5種堆高機職業災害類型之發生原因。
   (2) 簡要列舉5項堆高機在行進間，勞工應注意之安全事項。

2. 動力衝剪機械廣泛應用於金屬加工製造業，若未提供適當之安全裝置，易對操作者造成傷害，請依「職業安全衛生設施規則」與「機械設備器具安全標準」回答下列問題：
   (1) 雇主對勞工從事動力衝剪機械金屬模之安裝、拆模、調整及試模時，爲防止滑塊等突降之危害，列出雇主應確實提供之安全裝置種類。
   (2) 除雙手操作式安全裝置外，請列出衝剪機械應具備之安全裝置種類並簡要說明之。
   (3) 若一動力衝剪機械採用雙手啓動式安全裝置，其離合器之嚙合處數目爲20，曲柄軸旋轉1周所需時間爲500毫秒，請計算該安全裝置所需之最小安全距離爲多少毫米？

3. 機械本身不安全、缺乏妥善的安全防護裝置，以及人爲疏忽或缺乏安全意識是發生捲夾職業災害之主要因素。試就預防機械捲夾職業災害，回答下列問題：
   (1) 列舉2項勞工自身頭髮、穿著及衣飾等應注意之安全事項。
   (2) 列舉5項勞工於操作機械前或操作機器中，應使勞工落實之安全事項。
   (3) 列舉6項雇主應設置之安全裝置或實施之安全措施。

4. 依機械設備器具安全標準之相關規定，回答與計算下列問題：
   (1) 除雙手操作式安全裝置外，請列出3種動力衝剪機械之安全裝置，並簡要說明應具備之機能。
   (2) 雙手操作式安全裝置可分爲安全一行程式與雙手起動式，請簡要說明該兩種安全裝置應具備之機能。
   (3) 若某一動力衝剪機械裝設安全一行程式安全裝置，其操作部至快速停止機構之開始動作時間爲140毫秒；快速停止機構開始動作至滑塊等之停止時間爲160毫秒，請計算其安全距離(請列出計算式並以毫米單位表示)。

5. 試列舉5種防止動力衝剪機械危害常用之安全裝置。

6. 試問答下列機械防護之相關問題：
   (1) 理想的機械安全設計之目的爲何？
   (2) 機械防護之目的爲何？
   (3) 良好的機械防護物需具備哪些條件？

7. 請敘明下列衝剪機械安全裝置之機能：
   (1) 安全護圍
   (2) 安全一行程式安全裝置
   (3) 感應式安全裝置
   (4) 拉開式安全裝置
   (5) 雙手起動式安全裝置

8. 動力衝剪機械於本體明顯處貼有 (TS mark)，係表示何種標章？其代表意義為何？

9. 請列舉堆高機導致勞工發生職業災害之 5 種災害類型及其發生原因與預防對策。

10. 依職業安全衛生管理辦法規定，試回答下列問題：
    (1) 事業單位以其事業之全部或部分交付承攬時，如該承攬人使用之堆高機係由原事業單位提供者，如無書面約定，該堆高機應由何者實施定期檢查？
    (2) 事業單位承借堆高機供勞工使用者，如無書面約定，應由何者對該堆高機實施自動檢查？
    (3) 依機械器具安全防護標準規定，堆高機應於其左右各設一個方向指示器，但在何種情況下得免設方向指示器？

11. 某工廠所使用之機械設備包括：
    (1) 具有捲入點之滾軋機
    (2) 研磨機
    (3) 離心機械
    依職業安全衛生設施規則規定，其各應裝設何種安全防護裝置？

12. 雇主對於滾輾橡膠之滾輾機，應設置何種裝置，當災害發生時，使被害者能自行易於操縱，以降低災害程度？

13. 依機械器具安全防護標準規定，動力衝剪機械應具有安全護圍或安全裝置，其中安全裝置包括哪 5 種型式？

14. 依機械器具安全防護標準規定，研磨機應設置不離開作業位置即可操作之動力遮斷裝置，該裝置應具之性能為何？

15. 依機械器具安全防護標準規定，請列出研磨機於明顯易見處應標示之事項。

16. 若研磨機使用之研磨輪最高速度為 2,800(公尺 / 分鐘)，研磨輪之直徑為 200 公厘，當轉速為每分鐘 3,000 轉，試問此研磨輪之速度 (公尺 / 分鐘) 為何？此一研磨輪之速度是否合乎安全要求？

17. 某勞工需使用研磨機研磨車刀時，依職業安全衛生設施規則規定，對研磨機之使用，雇主應遵守哪些安全規定？該勞工要清除研磨機上之鐵屑，除停機外，為防止其他人誤起動，雇主應採取何種措施？

18. 依「機械器具防護標準」之規定，試回答下列問題：
    (1) 雙手操作安全裝置中，安全一行程式安全裝置應具有之機能為何？
    (2) 雙手起動式安全裝置應具有之機能為何？
    (3) 安全一行程式安全裝置，其按鈕與危險界限間之距離如何計算？
    (4) 雙手起動式安全裝置之按鈕與危險界限間之距離如何計算？

輕便手工具及動力工具的使用

15.1　前言

　　不論工作場所的機械化或自動化如何，還是會使用到輕便的手工具或電動工具。然而一般勞工常輕忽了手工具的安全防護或正確的使用方法，導致傷害發生。手工具引起的傷害，可分下列四種：

(1) 衝撞傷害：手腳肌肉為鐵錘擊傷，或由鐵鉗等工具造成扭傷或骨折。
(2) 割切傷害：手部為螺絲起子、鑽、衝頭或銼刀造成的割傷或刺傷。
(3) 飛濺傷害：由於打擊、切割、研磨產生的碎屑，或工具震飛，而使眼睛受到傷害。
(4) 電擊傷害：因電動手工具的外殼絕緣欠佳而造成使用者發生電擊傷害。

15.2　輕便工具的使用原則及管理

　　不論是那類輕便工具，其使用原則及管理方法如下：

(1) 選擇合於工作所需的適當工具。
(2) 工具要保持良好的使用狀態。
(3) 以正確的方法使用工具。
(4) 工具要儲存於安全處所。
(5) 由專人負責存放、借發、檢查、送修或更換，使工具保持正常狀態。
(6) 定期施行檢修與保養，發現缺點或損壞時，應做適當的修理、調整。
(7) 借發危險工具予勞工使用時，應同時配發防護用具。
(8) 若工具損壞，應找出損壞的原因，以防止其再度發生。
(9) 工具應存放在固定的工具間或工具箱、架。
(10) 必須隨身攜帶工具時，應將工具排放在工具帶或套內。
(11) 工具的傳遞，不可互相拋擲或自高處向低處丟下。

15.3　各種手工具使用要領

　　常用的手工具如螺絲起子、鉗剪、鑿子、扳手、鋸、鑿子、銼刀、鐵錘、手搖鑽及噴燈等，都有其使用方法及要領，現介紹如下。

15.3.1 螺絲起子的使用

(1) 不可將螺絲起子當作撬棒使用，其尖端須與凹槽配合且不應尖斜成刀口，如圖 15.1、15.2。

(2) 不可用螺絲起子來檢驗電路。

(3) 為防止螺絲起子刀口從螺釘槽滑出可能對手部造成割傷，工作時應穿戴安全手套。

(4) 旋轉螺絲時起子與螺釘應保持垂直。

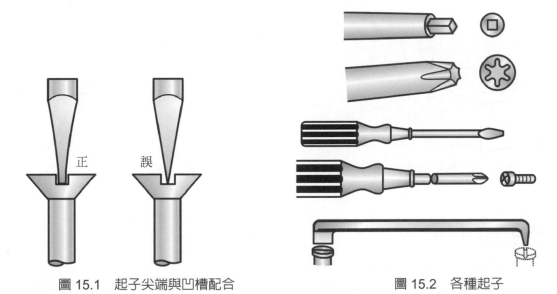

正　　誤

圖 15.1　起子尖端與凹槽配合　　　　圖 15.2　各種起子

15.3.2 手鉗

(1) 除鉗剪作業外，不可將手鉗用於其他不適當之作業上。

(2) 勿將手鉗暴露於高熱環境中，因高溫會造成退火現象，減低手鉗的金屬硬度。

(3) 剪電線或鐵絲時，應與鐵絲垂直旋轉，而不應推拉鐵絲，如圖 15.3。

(4) 若在鉗口上裝一彈簧夾，可防止鐵絲頭飛出傷人。

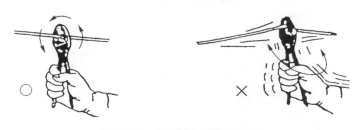

圖 15.3　剪鐵絲應垂直旋轉

15.3.3 鑿子

(1) 使用鑿子鑿切工作物時，應注意碎片飛濺而傷及對面的工作人員，使用時須戴護目鏡。

(2) 鑿子的敲擊端不可留有毛頭。

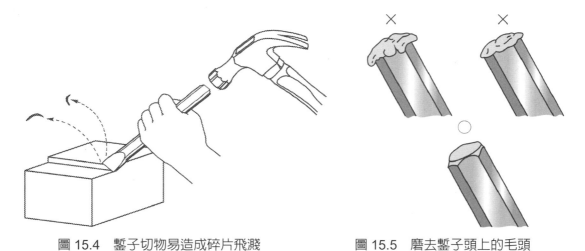

圖 15.4　鑿子切物易造成碎片飛濺　　　　圖 15.5　磨去鑿子頭上的毛頭

15.3.4 扳手

(1) 儘量使用固定開口扳手，或套筒扳手。

(2) 扳手開口尺寸應與螺釘頭配合，以免打滑而使人受傷及破壞螺釘頭的稜角。

(3) 使用扳手時應拉向自己，不可向外推，以免手指撞及他物或跌倒。

(4) 如使用活動扳手，注意其活動部分應受向內推的壓力，不可受向外推的拉，以免易斷而傷人，如圖 15.8。

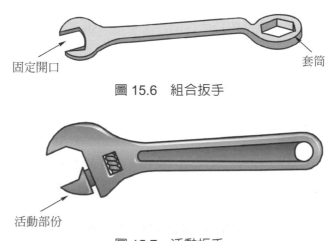

固定開口　　　　　　　　　　　　　　套筒

圖 15.6　組合扳手

活動部份

圖 15.7　活動扳手

夾緊螺帽

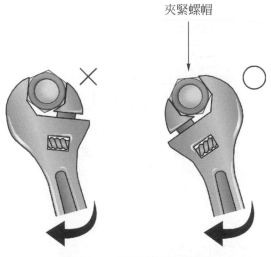

圖 15.8　活動扳手的使用

15.3.5　木工用鋸

　　木工用鋸可分為縱斷鋸與橫斷鋸兩種，使用者應根據工件的性質選用不同形式及尺寸的手鋸，並注意下列事項：

(1) 開始鋸切時，速度要慢衝程要小。

(2) 鋸切時，用力必須平穩而均勻，壓力過大使鋸片扭曲，或是鋸速太快，都會使鋸片折斷，使手部或臂部受傷。

(3) 鋸子應依功能使用，並須明辨是拉鋸或推鋸。

15.3.6　金工用手弓鋸

　　裝置手弓鋸的鋸條不可過緊或過鬆，並且要保持適當的張力，鋸齒要銳利。鋸切時之注意事項為：

(1) 鋸條的選用要與工件配合，鋸切不同的金屬要選用合適的鋸齒密度。

(2) 鋸切時只有推鋸用力，拉回時無須用力，以免損害鋸齒。

(3) 鋸切時切勿用力過猛，以免鋸條折斷傷及手臂。

(4) 衝程速度應避免太快，否則鋸條會因高速摩擦發熱而退火，降低其硬度。

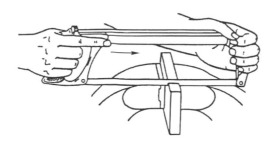

圖 15.9　手弓鋸的使用方法

15.3.7　鑿子

(1) 作業時，鑿子要朝向身體外方。

(2) 敲擊鑿子要使用木槌、橡皮槌或皮槌。

(3) 切用將鑿子作為撬物之用，因鑿子的鋼材軟碎，容易斷裂。

(4) 鑿子不用時，須放置在工作台或工具架上，刃口不可外露，以免傷人。

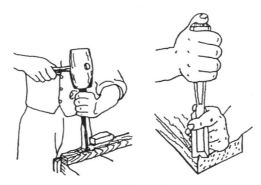

圖 15.10　鑿子的使用方法

15.3.8　鐵錘

(1) 開始釘鐵釘時，鐵錘的敲擊力量要小，等鐵釘穩立後，再加大敲擊力。

(2) 鐵錘回舉時，揮擺動作不宜過猛，以免鐵錘飛脫傷人。

(3) 鐵錘的打擊面應與被打擊面平行，如圖 15.11。

(4) 使用拔釘錘拔釘時，應墊放一塊廢木片在工作物上，以免傷及表面，如圖 15.12。

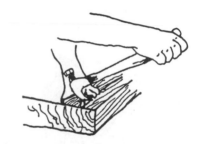

圖 15.11　鐵錘的使用方法　　　　　圖 15.12　拔釘錘的使用方法

錯誤　　　　正確

15.3.9　銼刀

(1) 銼刀必須有柄，否則手部易遭受刺傷。

(2) 切勿使用銼刀來敲打或撬物，因銼刀鋼質硬碎，易斷裂為兩片。

(3) 銼刀不用時，應放在工具箱用紙或布包好。

(4) 切勿吹銼屑，以免飛濺傷害眼睛，銼屑應以刷子清除，如圖 15.13。

(5) 銼刀柄的正確裝入方法如圖 15.14。

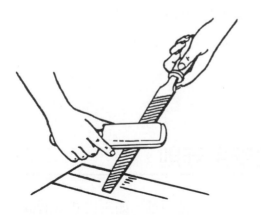
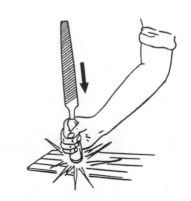

圖 15.13　以刷子清除銼屑　　　　　圖 15.14　銼刀柄的裝入方法

15.3.10　手搖鑽

　　手搖鑽可分為胸鑽式與直柄式兩類；孔徑小於 6mm 者多用直柄式，孔徑大於 6mm 者多用胸鑽。使用手搖鑽時應注意下列事項：

(1) 先用中心沖定出中心孔，以防止鑽頭游移傷及工作人員或工件表面。

(2) 選用適當之鑽頭，將之對正中心，並用角尺檢查鑽頭與工件表面是否垂直。

(3) 依順時鐘方向轉動齒輪盤或曲柄，待快要鑽穿前退出鑽頭。

(4) 翻轉工件，將鑽頭對準原孔鑽通工件，如圖 15.15。

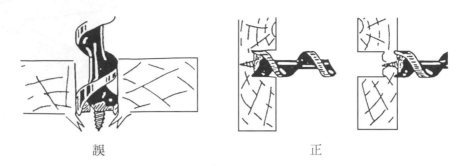

誤　　　　　　　　正

圖 15.15　手搖鑽的操作

15.3.11　噴燈

(1) 加注燃油時，約 3/4 滿處即可。

(2) 在承杯內注入燃油時，如有漏出，須拭淨後始能點火。

(3) 打氣時壓力不宜太大。

(4) 若使用前發現燃油噴出情況不佳，應使用探針插入噴孔內清理積碳。

(5) 使用完畢時，噴孔螺旋必須稍為旋鬆，以避免熱漲冷縮作用。

(6) 點火時不可有人站在噴口前面。

(7) 注意周圍安全，要遠離易燃物。

15.4　輕便動力工具之安全守則

　　輕便動力工具大多為手提式，可分為電動或氣動兩種，如手提式研磨機、電鑽、手提電動圓盤鋸等。使用動力工具，應注意下列安全守則：

(1) 若不了解動力工具的操作方法，則切勿使用，以免發生危害。

(2) 使用電動工具時要注意是否已接上地線。

(3) 接上電源與壓縮空氣前，必須先將工具的開關調至「關」的位置，以防止工具突然轉動引起危害。

(4) 不可卸下工具上的護罩，必要時要配戴個人防護裝備。

(5) 清潔或換裝組件時，一定要先拔除動力。

(6) 操作前要檢查空氣軟管或電線是否有裂縫或其他毛病，如有問題應予更換。

(7) 在通道上使用動力工具時，要注意工具的電線或空氣軟管是否會絆倒行人，導致意外發生。

15.4.1 手提式研磨機的安全守則

使用手提式研磨機應注意下列事項：

(1) 採用經速率試驗合格且有明確記載最高使用速率者。

(2) 使用研磨機時應設置護罩。

(3) 研磨機之使用不得超過規定最高轉速。

(4) 除非研磨機為側用外，不得使用側面。

(5) 每日作業開始前應試驗一分鐘以上。

(6) 磨輪更換時應先檢驗有無裂痕，並在防護罩下試轉 3 分鐘以上。

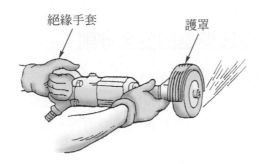

絕緣手套　　　　　　　護罩

圖 15.16　研磨機護罩及操作

15.4.2 電鑽的安全守則

電鑽的大小依及鑽頭的尺寸而定，尺寸越大，轉速越小，鑽較硬的材料。電鑽的安全守則如下：

(1) 平時應經常檢查外電線是否折裂或磨損，內部絕緣部分是否漏電。

(2) 在潮濕地區使用時，外殼宜接一地線，若本身即有第三線供接地線用，其插頭應有三個插腳，否則須配戴絕緣手套，或在手柄處包以橡皮等物，使其絕緣，如圖 15.17。

(3) 使用夾頭鑰旋緊夾頭後，不可用手鉗或板鉗施以更大的壓力。

(4) 啟動電鑽前要將夾頭鑰取下，以免電鑽轉動時夾頭鑰飛出，導致擊傷危害。

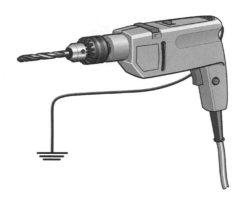

圖 15.17　電鑽接地線

15.4.3　手提電動圓盤鋸的安全守則

(1) 圓盤鋸必須裝上護罩，如圖 15.18。

(2) 更換鋸片時，應先把電源插頭拔掉，以免誤觸開關造成傷害。

(3) 鋸切時要放置平穩，以免其滑動造成傷害；鋸切後要待鋸片完全停止轉動，才將電鋸放下。

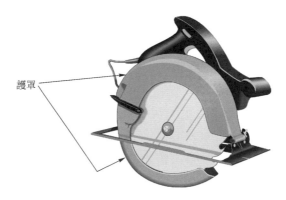

護罩

圖 15.18　手提電動圓盤鋸的護罩

15.5　結語

　　研磨機與木材加工用圓盤鋸皆屬用途廣泛之電動工具，由於使用量大，造成人員傷害事故之機率亦較高。因此，勞動部除訂定「機械設備器具安全標準」，以規範其構造、性能及安全防護之最低標準外，亦訂定「機械設備器具安全資訊申報登錄辦法」、「機械類產品型式驗證實施及監督管理辦法」，從器具型式實施「源頭管理」，以減少此類器具所引起之危害。

習 題

一、選擇題

( ) 1. 下列何者非為木材加工用圓盤鋸之安全防護裝置？ (1) 護罩 (2) 護圍 (3) 墊圈 (4) 撐縫片。

( ) 2. 依機械設備器具安全標準規定，撐縫片之厚度應為圓鋸片厚度之幾倍以上？ (1) 1 (2) 1.1 (3) 1.2 (4) 1.3。

( ) 3. 研磨機於更換研磨輪後，依職業安全衛生設施規則規定，應先檢驗有無裂痕，並在防護罩下試轉幾分鐘以上？ (1) 1 (2) 2 (3) 3 (4) 5。

( ) 4. 木材加工用圓盤鋸防護通常不包括下列何者？ (1) 護罩 (2) 撐縫片 (3) 鋼爪 (4) 光電連鎖裝置。

( ) 5. 反撥預防裝置係使用在下列何種機上？ (1) 圓盤鋸 (2) 手推刨床 (3) 帶鋸 (4) 立軸機。

( ) 6. 依職業安全衛生設施規則規定，進行研磨機研磨輪速率試驗時，應按最高使用周速度增加多少百分比為之？ (1) 10 (2) 25 (3) 50 (4) 100。

( ) 7. 研磨機起動時，操作員應站在砂輪之何方較為安全？ (1) 前面 (2) 後面 (3) 側面 (4) 任何地點。

( ) 8. 依職業安全衛生設施規則規定，雇主對於研磨機之使用，下列敘述何者錯誤？ (1) 應採用經速率試驗合格且有明確記載最高使用周速度者 (2) 規定研磨機之使用不得超過規定最高使用周速度 (3) 除該研磨輪為側用外，不得使用側面 (4) 研磨輪更換時應先檢驗有無裂痕，並在防護罩下試轉一分鐘。

( ) 9. 依機械設備器具安全資訊申報登錄辦法規定，申報者有因登錄產品瑕疵造成重大傷害或危害者，中央主管機關應對產品安全資訊登錄，採取下列何種處置？ (1) 註銷 (2) 退回 (3) 通知改善及補件 (4) 廢止。

( ) 10. 下列何者非為不良工作姿勢的預防方法？ (1) 改進工作站佈置 (2) 手工具握把設計 (3) 手工具速度保持在限值內 (4) 使用動力手工具。

( ) 11. 下列何者非屬個人防護具？ (1) 耳罩 (2) 研磨機防護罩 (3) 防護衣 (4) 靜電鞋。

( ) 12. 下列何種裝置可以預防木材加工用圓盤鋸切木條時反撥？ (1) 撐縫片 (2) 自動護罩 (3) 手工具送料 (4) 光電監視。

( ) 13. 以下所列舉之機械，何者未有型式檢定制度？ (1) 動力衝剪機械 (2) 木材加工用鑽孔機 (3) 動力堆高機 (4) 研磨機。

( ) 14. 電氣接地之目的與下列何者無關？ (1) 防止因絕緣不良感電 (2) 避免高低壓混觸高壓經接地迴路而危害人畜 (3) 避雷 (4) 在配電線接地故障時使繼電器不動作。

( ) 15. 使用漏電測定器時，下列何者非屬應注意之事項？ (1) 不可靠近強力磁場 (2) 避免振動及高溫 (3) 使用後不可置於 mA 之測量範圍 (4) 不可接近接地線。

(　) 16. 使用水力來取代電力以避免感電危險，是屬於下列何種災害預防理論方法？ (1) 消除危害 (2) 減少危害 (3) 失誤安全設計 (4) 安全程序。

(　) 17. 雇主對於研磨機之使用，依職業安全衛生設施規則規定，應於每日作業開始前試轉多少分鐘以上？ (1) 1 (2) 2 (3) 3 (4) 4。

(　) 18. 使用防塵眼鏡應優先確認下列何者？ (1) 鏡片有否裂傷、破損 (2) 遮光度是否適當 (3) 可否防止氣體侵入 (4) 可否遮斷輻射熱。

(　) 19. 個人防護具不宜存放在下列何種狀況之場所？ (1) 日曬 (2) 乾燥 (3) 通風良好 (4) 潔淨。

(　) 20. 保管個人防護具，下列敘述何者錯誤？ (1) 保持乾淨 (2) 保持有效性能 (3) 通風良好場所 (4) 隨意擺放，方便取用。

(　) 21. 打擊用鑿子或銜頭，其頭部金屬易於破裂，為防止鐵屑飛濺傷人，可在打擊面上 (1) 焊鋁 (2) 焊銀 (3) 鍍鋅 (4) 焊銅。

(　) 22. 在潮濕工作場所使用電動手工具時應該先注意防止 (1) 撞傷 (2) 扭傷 (3) 刺傷 (4) 感電 的災害。

(　) 23. 以活動扳手扭旋螺帽時，為避免傷及手腳，應使用 (1) 拉力 (2) 重力 (3) 推力 (4) 剪力。

(　) 24. 對尖銳工具的傳遞方式，下列敘述何者正確？ (1) 刀口向外 (2) 可互相拋擲 (3) 可由高處丟下 (4) 以工具袋裝妥。

(　) 25. 使用電動研磨機時，何者正確？ (1) 轉速越快越好 (2) 戴墨鏡 (3) 戴手套 (4) 設置護罩。

(　) 26. 以銼刀銼金屬物件時，銼刀常佈滿細屑，宜用下列何者清除？ (1) 手指 (2) 抹布 (3) 敲擊 (4) 軟刷。

(　) 27. 下列何者可以防止電焊機電源側 (一次側) 的感電？ (1) 自動電擊防止裝置 (2) 感電防止用漏電斷路器 (3) 接地 (4) 混觸防止板。

(　) 28. 依法令規定，下列何著無強制規定要裝設感電防止用漏電斷路器？ (1) 營造工地之臨時用電設備 (2) 使用對地電壓 220 伏特之手提電鑽 (3) 於濕潤場所使用電焊機 (4) 使用單相三線 220 伏特之冷氣機。

二、問答題

1. 研磨機使用上應注意之安全事項為何？如該研磨機之研磨最高使用速率 (周速度) 為 3,000 公尺 / 分，其直徑為 250 公厘，研磨輪之每分鐘轉速為 3,600 轉，此研磨輪轉速是否合乎安全要求，試計算之？

2. 防止手工具及輕便動力工具災害的措施有哪些？

3. 手工具應如何攜帶，請說明之。

4. 研磨機使用上應注意之安全事項為何？如該研磨機之研磨最高使用速率 (周速度) 為 3,600 公尺 / 分，其直徑為 125 公厘，研磨輪之每分鐘轉速為 3,600 轉，此研磨輪轉速是否合乎安全要求，試計算之？

Chapter **16**

工業用機器人危害預防

16.1 前言

在自動化生產工廠中，最常使用的自動化設備包括工業用機器人、無人駕駛搬運車、自動倉儲、數值控制車床及銑床、自動裝配設備及彈性製造系統等。自動化生產的最終目的，就是完全以自動化設備取代人力進行生產。然而在引進自動化設備的過程中，也就是在半自動化的生產當中，勞工或自動化設備的操作人員與自動化生產設備混處的環境下，將面對新的職業安全問題。特別是工業機器人、無人駕駛搬運車這兩種有別於傳統機械的自動化設備，其安全性更值得重視。本章以行政院勞動部於民國 107 年 2 月 14 日最新修正之「工業用機器人危害預防標準」為架構，介紹機器人的種類、操作方法、工業上的應用、危害與防護。

16.2 機器人的種類

自 1961 年第一部工業用機器人在美國誕生後，經過快六十年的發展，至今機器人在工業上的使用已相當普遍。

以下是國際標準協會 (ISO) 對工業機器人的定義：

「機器人應用於工業自動化，是一種自動控制、可再程式化，多功能的操縱機器，並且具有多個可再程式化的軸，可以是固定式或移動式。」

另根據美國機器人工業協會 (RIA)，對工業機器人有如下的定義：

「一種可以重複設計程式且具有多功能的操縱器，可經由事先設計好的各種可變動作來搬運物料、零件、機具或其他特殊裝置，應執行各種不同的工作。」

由以上定義可知，目前工業上所使用的機器人，只是在生產製造的功能上與人相似，而不是在生物功能上與人相似。因此目前工業用機器人的結構及功能多以模仿人類的手臂活動結構來設計，所以「工業用機器人」，也常俗稱為「機器手臂」。

對於機器人的分類，由於製造商及使用者的需求不同，因此沒有一致或最好的分類方法，但通常是以機器手臂的幾何構造、動力來源、應用領域、控制技術、路徑控制及 ISO 標準等六種方法來予以分類。

16.2.1 依機器手臂的幾何構造分類

工業機器手臂約有 5 種基本結構，此 5 種結構為：

一、極座標式結構

此結構有一滑動的手臂，並且可對垂直軸與水平軸轉動，圖 16.1 即為極座標式機器手臂。

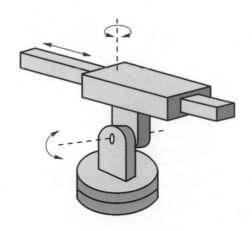

極座標式結構

圖 16.1　極座標式結構

二、圓柱式結構

此結構由一垂直圓柱所構成，手臂可沿圓柱上下移動，手臂的末端可移進與移出圓柱軸，其結構如圖 16.2 所示。

三、直角座標式結構

此結構亦稱為笛卡爾座標式結構或 *x-y-z*。此結構由 3 個滑桿組成，其中兩個互相垂直，如圖 16.3 所示。

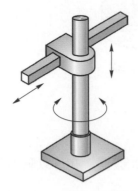

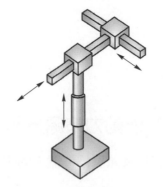

圖 16.2　圓柱式結構　　　　圖 16.3　直角座標式結構

四、關節手臂式結構

此結構與人類手臂的結構相似其手臂上有一肩膀關節與一手肘關節,而且手臂可繞著基座轉動,如圖 16.4 所示。

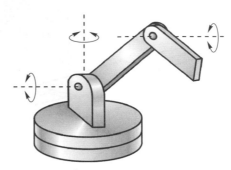

圖 16.4　關節手臂式結構

五、選擇性順從關節式結構

此結構除了肩膀與手肘之轉軸為垂直外,其餘部分很類似關節手臂式結構,此結構很適合垂直方向插入的裝配工作,如圖 16.5 所示。

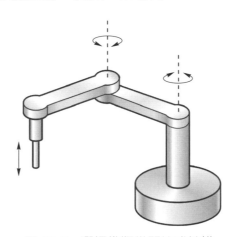

圖 16.5　選擇性順從關節式結構

16.2.2 依動力來源分類

電力、液壓及氣壓為機器人的主要動力來源,因此機器人亦可以動力分類如下:

一、電力驅動

電力系統包括電源和電動馬達,電動馬達以伺服馬達為主,但亦有使用步進馬達。電力驅動機器人有以下之優點:

(1) 不需要液壓或氣壓設備。

(2) 不會污染工作環境。

(3) 操作時噪音小。

(4) 機器手臂運動快速而且反應靈活。

但其缺點為舉重或載重能力有限。

二、液壓驅動

液壓驅動機器人需要泵和貯槽提供所需的高壓油，其優點為承載負荷大，能搬運較重的工作，而其缺點則為：

(1) 液壓系統會有漏油的情況發生。

(2) 在電弧銲接的作業中，液壓油有著火的危險。

(3) 額外設備如馬達、泵、貯槽和控制器等，增加了維修、能源及機器人本身的成本。

(4) 液壓系統噪音大。

(5) 修護工作需要電機和機械兩方面的技術。

(6) 對於驅動器的磨耗情形，必須做週期性測試。

由於電力驅動機器人的有效載重逐漸增加，液壓機器人的使用數量越來越少。

三、氣壓驅動

氣壓系統的基本組件和液壓系統相同，主要差別在於以氣體代替液體作為動力傳遞。其優點為：

(1) 大部分工作場所已有壓縮空氣可供使用。

(2) 氣壓便宜，而且技術已非常成熟。

(3) 系統漏氣時不致污染工作場所。

(4) 動作迅速。

其主要缺點為無法以回饋控制的方式來進行類比操作和多重停止的動作。雖然如此，定位缺點並未限制氣壓機器人在工業上的應用。事實上，全世界製造業所使用的氣壓驅動機器人比其他動力機器人的數目更多。

16.2.3　依應用領域來分類

依工業上的應用而言，機器人可分為裝配及非裝配機器人兩大類：

一、裝配類機器人

裝配類機器人的工作是將產品的零組件組裝一起，因此裝配類機器人最適合小批量生產、工件尺寸變化大及高度重複性的裝配工作。

二、非裝配類機器人

非裝配類機器人主要應用在銲接、噴漆、塗裝、材料搬運，以及機械的上下料等。

16.2.4 依控制技術分類

依自動控制的控制技術，可將機器人分爲閉路系統機器人及開路系統機器人兩類：

一、閉路系統機器人

在閉路控制系統中，機器手臂關節上的位置及速度感測器不斷偵測機器手臂的活動情形，然後將訊號與期望值作比較及修正，最後再改變驅動器的動力，以調整機器手臂的動作。

閉路控制系統應用在多種需要控制路徑的作業，如銲接、塗裝及裝配等。這類系統需要比較精巧的控制設備，如電腦、顯示器、鍵盤、程式盒、輸入輸出埠等。閉路控制系統的優點爲：

(1) 程式控制具備彈性，可使機器應用於不同的製造作業。

(2) 機器人能執行更複雜的工作。

(3) 機器人能執行不同的程式以適應不同的製造工作。

其主要缺點如下：

(1) 投資成本高。

(2) 工作單元技術層次較高，保養人員需要高度的技術能力。

二、開路系統機器人

開路控制系統並沒有位置及速率感測器，因此當機器人由一點移至另一點的過程中，控制器無法得知手臂的位置，但在行程終端均有固定停止點或極限，使其準確定位。

開路系統機器人的優點是系統簡單且可靠性高；其缺點是其極限點是固定而且數目有限，不能處理複雜的工作。

16.2.5 依路徑控制分類

所謂路徑控制，就是控制機器手臂沿著一特定路徑到達指定位置所使用的控制方式。路徑控制方式依複雜程度可分爲固定順序型機器人、點到點控制機器人及連續路徑控制機器人三類。

一、固定順序型機器人

此種機器人所採用的控制系統為開路系統，移動時控制器不知軸的位置及速度，直到驅動器到達極限位置才能確定，因此記憶體內儲存的資料只是一連串控制驅動器開或關的指令。

二、點到點控制機器人

在點到點控制過程中，程式人員將機器人的移動路徑分成若干點，並以教導和控制機器手臂到達這些定點，然後按下記錄鍵，將這些定點的坐標位置輸入機器人的記憶體內。由於機器手臂經過這些定點即可移動到最終的位置，因此點到點之間所經的路徑雖有差異但並不會影響最終操作的結果。

點到點控制在不要求固定路徑的應用上已獲得肯定，但機器手臂從一點到另一點卻缺乏直線控制的能力，為最主要的缺點。

三、連續路徑控制機器人

點到點控制與連續路徑控制的差異，在於點的數目及儲存方式。在連續路徑控制中，把路徑分割為更多數目的位置點。輸入資料時，程式人員以教導或直接移動機器人的方式來輸入路徑，連續路徑控制器會以每秒六個位置點的速率將路徑記錄於記憶體內。

16.2.6　依國際標準協會分類

國際標準協會 (ISO) 將機器人分成四類：順序式、軌跡式、自適式和電傳操作式，其主要差別在於機器人控制器的操作方式。

一、順序式機器人

此類機器人所使用的控制器為可程式控制器 (PLC)，利用「開 / 關」或二進位輸出使各軸依序到達預定的終點，但對路徑並沒有回饋控制，因此開路系統機器人為其中的一種。

二、軌跡式機器人

此類機器人操作用閉路控制系統，而且具有路徑控制，最大的特徵是能夠多軸同時動作，而且由控制器產生直線運動。

三、自適式機器人

此類機器人屬於智慧型機器人之一種，具有自動調節或學習控制的功能。

四、電傳操作式機器人

電傳操作機器人採用遙控方式由程式人員在遠處操作，此類機器人早已應用於處理輻射物質及爆裂物，新的電傳操作機器人甚至能依照操作員的動作而反應。

16.3 機器人在工業上的應用

機器人在工業上的應用，主要為代替勞工從事危險性的工作，對保護勞工的安全與健康具有相當大的貢獻。以下的工作環境及工作性質適合以機器人來取代勞工：

一、人類無法忍受的惡劣工作環境

一些高溫、高噪音、蒸氣、煙霧、灰塵、火焰與爆炸性的工作，以及有輻射威脅的環境，都適合採用機器人代替勞工作業。

二、重複性的工作

如果工作週期中，一再單調地重複而沒有變化的工作，最適合由機器人來做，因為機器人比人類具有更高的一致性與重複性，所製造出來的產品會有更高的品質。

三、人類無法勝任之重體力勞動工作

若工件或工具太重，或操作起來很不順手，則可考慮使用機器人來工作，因為機器人可依用途設計成具有搬運重物的能力。

事實上，機器人能應用的作業領域相當廣泛，茲簡述如下：

(1) 在農林業方面：如播種、栽培、收割、裝運等。

(2) 在運輸倉儲方面：如搬運、自動駕駛系統、鐵路的養護、自動倉儲、及收費站的無人化等。

(3) 在清潔作業方面：如擦窗、垃圾的蒐集、處理、消毒，不燃物之分類、工廠的除鏽與清潔。

(4) 礦油氣業方面：如抽汲、鑽取、救難及程序操作等。

(5) 在防災方面：如火災現場的資料蒐集、滅火、巡邏、通報、救火、森林火災滅火、危險地區作業等。

(6) 公共事業方面：電力、瓦斯、自來水管的保養與修理、電錶、水錶的用量檢查、電線的架設、電線桿、鐵路的維護、圖書管理等。

(7) 工廠方面：製造業如焊接、加工、塗裝、模造等，輕工業方面如組合、裝載包裝等。

(8) 土木方面：有挖掘、建築物的拆除、隧道的修築、路面修理、畫線、鐵鏽的清除等。

(9) 建築方面：鋼筋的架設、混凝土的攪拌、現場搬運構造物之興建、拆除等。

(10) 醫療方面：如義手、義腳、幫助身體殘障者，協助復健、配藥、視覺的輔助、文字的讀取、協助手術等。

(11) 在核能工業方面：如定期檢查核能廠之各項設備、危險的探測與通知、燃料的製造及更換、污染的清除、放射性廢棄物的處理、廢核料桶的回收等。

(12) 在水產業方面有吊舉重物、探勘漁場、防波堤的修葺、養殖魚類的管理、魚群的探測、養殖場污泥之清除、養殖漁場的監督等。

16.4　機器人的危害

依分析統計，機器人導致意外事故的原因如下：

(1) 由於機器人的安裝與工廠佈置的不當，或未設置機器人單獨工作區，致使附近之工作人員受到夾捲、推倒或撞擊的危害。

(2) 由於人為操作的錯誤，導致電腦送出不當的指令，致使機器人有突然的動作，造成意外事故或傷害。

(3) 勞工未停止機器人運轉之前，即突然進入機器人的工作範圍以安放物料或清除廢屑，因而導致傷害。

(4) 在高溫環境下工作的機器人，可能由於可燃性氣體的產生，因而有發生火災甚至爆炸的危險。

(5) 由於平時的保養不足，致使機器人的電氣絕緣失效，或由於電路接地不良，引致靠近的工作人員有觸電的危險。

(6) 技術人員從事維修時，由於機器人本身殘留氣壓，或因其他工作人員誤觸開關，致使機器人有意外的動作而造成人員的傷害。

16.5　工業用機器人危害預防標準

行政院勞動部針對工業用機器人可能對作業人員引起之危害，訂定「工業用機器人危害預防標準」(以下簡稱本標準)，以下是本標準對預防工業用機器人危害之相關規定。

16.5.1 法令對機器人的定義

在「工業用機器人危害預防標準」中，對機器人及一些相關名詞定義如下：

一、工業用機器人 (以下簡稱機器人)

指具有操作機及記憶裝置 (含可變順序控制裝置及固定順序控制裝置)，並依記憶裝置之訊息，操作機可以自動作伸縮、屈伸、移動、旋轉或為前述動作之複合動作之機器。

二、操作機

指具有類似人體上肢之功能，可以自動作伸縮、屈伸、移動、旋轉或為前述動作之複合動作，以從事下列作業之一者：

(1) 使用設置於其前端之機器手或藉吸盤等握持物件，並使之作空間性移動之作業。

(2) 使用裝設於具前端之噴布用噴槍、熔接用焊槍等工具，實施噴布、噴膠或熔接等作業。

三、可動範圍

指依記憶裝置之訊息、操作機及該機器人之各部 (含設於操作機前端之工具) 在構造上可動之最大範圍。

四、教導相關作業

指機器人操作機之動作程序、位置或速度之設定、變更或確認。

五、檢查相關作業

指從事機器人之檢查、修理、調整、清掃、上油及其結果之確認。

六、協同作業

指使工作者與固定或移動操作之機器人，共同合作之作業。

七、協同作業空間：

指使工作者與固定或移動操作之機器人，共同作業之安全防護特定範圍。

16.5.2 機器人之選用

本標準對雇主選用機器人，有以下之規定：

1. 雇主選用機器人時，應採取避免下列危害之措施：

   (1) 錯誤操作、錯誤動作及故障時引起之危害。

   (2) 動力源異常引起之危害。

(3) 因人、物之進入可動範圍引起之危害。

(4) 關連機器故障引起之危害。

2. 機器人應具有發生異常時可立即停止動作並維持安全之緊急停止裝置。

3. 為防止勞工與機器人接觸引起之危害,機器人應具備下列機能:

(1) 從運轉狀態變換為教導狀態時,可自動降低操作機之動作速度。但使用固定順序型之機器人,不在此限。

(2) 如操作機可調整者,從運轉狀態變換為教導狀態時,可自動降低其輸出。

(3) 遇下列狀態時,可自動停止動作,並設置指示燈:

    ① 因油壓、氣壓或電壓之變動,有發生錯誤動作之虞時。

    ② 因停電等致動力源被遮斷時。

    ③ 因關連機器發生故障時。

    ④ 因控制裝置發生異常時。

(4) 機器人因緊急停止裝置或因前款機能停止後,非經人為再啟動之操作,不能開始動作。

(5) 因工作者碰觸致對操作機產生衝擊力時,能自動停止運轉。

4. 機器人遇緊急狀況停止運轉時,其握持部應仍能繼續穩定握持其所握持之物件。

5. 機器人之控制面盤應依下列規定:

(1) 控制面盤具有下列機能者,其開關之位置及使用狀態等應明確標示:

    ① 電源之開、關。

    ② 油壓或氣壓之開、關。

    ③ 起動、停止。

    ④ 自動、手動、教導或確認等動作之變換。

    ⑤ 操作機動作速度之設定。

    ⑥ 操作機之動作。

    ⑦ 緊急停止裝置之動作。

(2) 緊急停止裝置用開關,應為易操作之構造,且應設在易操作之位置,並應設置紅色標示。

(3) 緊急停止裝置用開關,其四周不得設置可能發生錯誤操作之其他開關。

6. 機器人之固定式控制面盤,應依下列規定:

(1) 設置可作自動、手動動作狀態變換之開關。但使用固定順序型之機器人,不在此限。

(2) 於手動動作狀態時,應設置可顯示動作狀態之指示燈。但使用固定順序型之機器人,不在此限。

(3) 設置可顯示自動動作狀態之指示燈。

(4) 設置接地用端子。

(5) 緊急停止裝置用開關以外開關，應設置護圈或爲埋頭型。

7. 機器人之移動式控制面盤，應依下列規定：

(1) 使用控制面盤操作機器人時，除操作停止裝置外，無法再以該控制面盤以外之其他裝置使該機器人發生動作。

(2) 在教導狀態下，控制面盤動作之開關放手時可自動使該機器人立即停止動作之構造。

(3) 連接於控制面盤之移動電纜線、應有必要之強度及耐磨性。

8. 機器人應設置下列端子：

(1) 可將緊急停止裝置動作或自動停止之顯示訊號，以及停止關連機器之訊號輸出之端子。

(2) 當關連機器發生故障時，可輸入停止機器人運轉所需訊號之端子。

(3) 輸入使緊急停止裝置動作所需訊號之端子。

9. 機器人應具有易於安全實施教導相關作業及檢查相關作業之性能。

10. 機器人除在使用上有必要之部分外，不得有凸出、銳角或齒輪之露出等危險部分。

11. 使用氣壓驅動之機器人，具有使驅動用汽缸內之殘壓易於安全排放之構造。

12. 機器人其操作機關節部分等可標示動作方向者，其標示之動作方向應與控制面盤上該操作機動作開關之標示一致。

13. 機器人應具有適應下列環境之性能：

(1) 不受設置場所溫度、濕度、粉塵、振動等之影響。

(2) 於易燃液體之蒸氣、可燃性氣體、可燃性粉塵等滯留或爆燃性粉塵積存之場所，而有火災爆炸之虞者，其使用之電氣設備，應依危險區域劃分，具有適合該區域之防爆性能構造。

16.5.3 機器人之設置

本標準對機器人之設置或安裝，有以下規定：

1. 應於機器人顯明易見之位置標示下列事項：

(1) 製造者名稱。

(2) 製造年月。

(3) 型式。

(4) 驅動用原動機之額定輸出。

2. 設置機器人，應就下列事項依說明書確實查對：

(1) 型式。

(2) 構造 (包括主要部分之名稱) 及動作原理 (控制方式、驅動方式等)。

(3) 驅動用原動機之額定輸出。

(4) 額定搬運重量。

(5) 於自動運轉中操作機前端部之最大動作速度及教導運轉中操作機前端部之動作速度。

(6) 操作機最大之力或力矩，以及教導運轉中操作機之力或力矩。

(7) 可動範圍。

(8) 油壓、氣壓及電壓之容許變動範圍。

(9) 噪音音壓級。

(10) 安全機能之種類及性能。

(11) 設置方法及設置時安全上應注意事項。

(12) 搬運方法及搬運時安全上應注意事項。

(13) 自動運轉時 (包括起動及發生異常時) 安全上應注意事項。

(14) 教導相關作業方法及實施該作業時應注意事項。

(15) 檢查相關作業方法及實施該作業時應注意事項，以及確保安全所應保留之作業空間。

(16) 作業前之檢點及定期檢查項目、方法、判定基準及實施時期。

(17) 其他與設置機器人有關之事項。

3. 對機器人之配置，依下列規定：

(1) 應確保能安全實施作業之必要空間。

(2) 固定式控制面盤應設於可動範圍之外，且使操作勞工可泛視機器人全部動作之位置。

(3) 壓力表、油壓表及其他計測儀器應設於顯明易見之位置，並標示安全作業範圍。

(4) 電氣配線及油壓配管、氣壓配管應設於不致受到操作機、工具等損傷之處所。

(5) 緊急停止裝置用開關，設置於控制面盤以外之適當之處所。

(6) 於機器人顯明易見之位置，設置緊急停止裝置及指示燈等。

4. 設置機器人之阻擋裝置，依下列規定：

(1) 機械性阻擋裝置，應有充分之強度。

(2) 電氣性阻擋裝置之動作迴路，應與控制機器人之程式迴路分別設置。

5. 機器人於設置後，應確認該機器人之動作與關連機器間之運動狀態及阻擋裝置之機能，無異常後始得使用。

6. 機器人可動範圍之外側，依下列規定設置圍柵或護圍：

   (1) 出入口以外之處所，應使工作者不易進入可動範圍內。

   (2) 設置之出入口應標示並告知工作者於運轉中禁止進入，並應採取下列措施之一：

   　① 出入口應設置光電或安全裝置或安全墊。

   　② 在出入口應設置門扉或張設支柱穩定，從其四周容易識別之繩索、鏈條等，且於開啓門扉或繩索、鏈條脫開時，其緊急停止裝置應具有可立即發生動作之機能。

   使用協同作業之機器人時，應符合國家標準 CNS 14490 系列、國際標準 ISO 10218 系列或與其同等標準之規定，並就下列事項實施評估，製作安全評估報告留存後，得不受前項規定之限制：

   (1) 從事協同作業之機器人運作或製程簡介。

   (2) 安全管理計畫。

   (3) 安全驗證報告書或符合聲明書。

   (4) 試運轉試驗安全程序書及報告書。

   (5) 啓始起動安全程序書及報告書。

   (6) 自動檢查計畫及執行紀錄表。

   (7) 緊急應變處置計畫。

   使用協同作業之機器人，應於其設計變更時及至少每 5 年，重新評估前項資料，並記錄、保存相關報告等資料 5 年。

   前二項所定評估，雇主應召集下列各款人員，組成評估小組實施之：

   (1) 工作場所負責人。

   (2) 機器人之設計、製造或安裝之專業人員。但實施前項所定至少每 5 年之重新評估時，得由雇主指定熟稔協同作業機器人製程之人員擔任之。

   (3) 依職業安全衛生管理辦法設置之職業安全衛生人員。

   (4) 工作場所作業主管。

   (5) 熟悉該場所作業之工作者。

7. 光電式安全裝置依下列規定：

   (1) 檢知有工作者接近可動範圍時，應可使緊急停止裝置立即動作。

   (2) 應具有可檢知工作者進入可動範圍內所必要之光軸數目。

   (3) 應採取使受光器不致受到非來自投光器之其他光線感應之措施。

16.5.4 機器人之使用

本標準對機器人之使用或操作，有以下規定：

1. 對運轉中之機器人，應於可動範圍外可泛視機器人動作之位置設置監視人員，並禁止工作者任意進入機器人可動範圍內。

   應禁止非協同作業之相關工作者，進入協同作業空間。

2. 應就下列事項訂定安全作業標準，並使工作者依該標準實施作業：

   (1) 機器人之操作方法及步驟，包括起動方法及開關操作方法等作業之必要事項。

   (2) 實施教導相關作業時，該作業中操作機之速度。

   (3) 工作者 2 人以上共同作業時之聯絡信號。

   (4) 發生異常狀況時，工作者應採取之應變措施。

   (5) 因緊急停止裝置動作致機器人停止運轉後再起動前，確認異常狀況解除及確認安全之方法。

3. 使工作者從事機器人操作作業時，為防止從事作業工作者以外人員誤觸或擅自操作起動開關、切換開關等，應在各開關處標示「作業中」或在控制面盤蓋上鎖。

4. 使工作者於機器人可動範圍內實施作業時，應採取下列之一或具有相同作用之措施，以便發生異常狀況時能立即停止該機器人運轉：

   (1) 於可動範圍外可泛視機器人全部動作之位置設置監視人員從事下列事項：

   ① 於發生異常狀況時，立即使緊急停止裝置發生動作。

   ② 嚴禁從事作業以外之人員進入可動範圍內。

   (2) 將緊急停止裝置用開關交付在可動範圍內從事作業之工作者自行操作。

   (3) 使用具有本標準所規定構造之移動式控制面盤實施作業。

   從事操作機器人之工作者如無法掌握機器人可動部分之全部動作狀態者，應採取前項第 (1) 款之措施。

5. 使工作者從事教導相關作業前，應確認下列事項，如發現有異常時，應即改善並採取必要措施：

   (1) 外部電纜線之被覆或外套管有無損傷。

   (2) 操作機之動作有無異常。

   (3) 控制裝置及緊急停止裝置之機能是否正常。

   (4) 空氣或油有無由配管漏洩。

   前項第 (1) 款之確認作業應於停止運轉後實施；第 (2) 款及第 (3) 款之確認作業應於可動範圍外側實施。

6. 在操作機前端設置桿槍、噴布用噴槍等作業工具之機器人，如須對其工具加以清理時，應採用自動清理之方式，以避免工作者進入可動範圍。但作業有困難者，不在此限。

7. 使工作者從事氣壓系統部分之分解、零配件之更換等作業時，應於事前排放驅動用汽缸內之殘壓。

8. 使工作者從事機器人之運轉狀況確認作業時，應在可動範圍外實施。但作業有困難者，不在此限。

9. 使工作者於可動範圍內從事教導相關作業或檢查相關作業時，應採取 2. 至 8. 之必要措施。但關閉驅動源從事教導相關作業或停止運轉實施檢查相關作業時，則不適用 2. 及 4. 之規定。

10. 使工作者起動機器人前，應先確認下列事項，並規定一定之聯絡信號：

    (1) 在可動範圍內無任何人存在。

    (2) 移動式控制面盤、工具等均已置於規定位置。

    (3) 機器人或關連機器之異常指示燈均未顯示有異常。

11. 對自動運轉之機器人，在其起動後應確認指示燈等顯示在自動運轉中。因機器人關連機器發生異常而必須進入可動範圍內搶修時，於人員進入前，以緊急停止裝置動作方式停止機器人之運轉，除使工作者攜帶安全栓外，應在啓動開關處作禁止觸動之標示。

12. 為防止機器人握持物件、加工物件之飛落、掉落引起危害，應依該握持物件之重量、溫度、化學性質等，採取適當防護措施。

16.5.5　磁帶等管理

1. 對儲存機器人作業程式之磁帶、磁片、磁碟、光碟或穿孔帶等及其容器應標示該程式之內容，以防止選用錯誤。

2. 應有防止粉塵、溫度、濕度、磁力等影響磁帶、磁片、磁碟、光碟或穿孔帶等造成機器人錯誤動作之措施。

16.6 結語

　　隨著「物聯網」與「人工智慧」之科技發展，未來的機器人也不會只是類似人類手臂結構，只單純應用於工業裝配之「機器手臂」，而是具有人類外觀，能與人類用語言溝通的「人型機器人」。這些人型機器人不但可協同人類從事工業上的生產製造，亦可與參與人類有思考性的服務業工作。這種與人類有更高度互動性的工作模式，其對人類工作者可能產生的「危害」，以及其「預防」之道，可能已超越「職業安全衛生」的範疇，而是人類整個文化與社會的層面。

習 題

一、選擇題

(　　) 1. 自動化系統中，需求人力最多的部分為下列何者？　(1) 程序設定　(2) 操作　(3) 運輸工作　(4) 維護工作。

(　　) 2. 人機系統工作分配的設計，下列何種工作適合以機器來操作？　(1) 歸納性的推理　(2) 當事件不是很清晰時下判斷　(3) 在背景雜訊很強烈時，仍需偵測資訊　(4) 需正確地執行重複且迅速的計算。

(　　) 3. 下列工業用機器人中，何者應具有該區域防爆之性能？　(1) 以空氣驅動之檢驗機器人　(2) 以電力驅動之裝配用機器人　(3) 以電力驅動之噴漆機器人　(4) 以油壓驅動之搬運用機器人。

(　　) 4. 訂定自動檢查計畫時，對於工業用機器人，應於每日作業前依規定項目實施檢點，屬下列何種自動檢查？　(1) 作業檢點　(2) 機械之作業檢點　(3) 設備之定期檢查　(4) 機械之定期檢查。

(　　) 5. 下列何者為工業用機器人最常引起之職業災害類型？　(1) 火災　(2) 被撞　(3) 切割　(4) 感電。

(　　) 6. 人機互動及訊息交流的地方，一是顯示器，另一為下列何者？　(1) 控制器　(2) 監視器　(3) 資料處理器　(4) 照明系統。

(　　) 7. 下列有關工業用機器人危害預防之敘述何者正確？　(1) 不需使用安全防護材料　(2) 不需裝設圍欄、護罩　(3) 不知道其程式亦有辦法改進缺失　(4) 需要訂定預防之安全守則。

(　　) 8. 雇主對其所使用之機器人之檢點、檢查後認有異常時應即改善並採取必要措施，其紀錄應保存　(1) 一年　(2) 二年　(3) 三年　(4) 四年。

( ) 9. 目前現行之「工業用機器人危害預防標準」法令，是由哪一個主管機關發布？ (1) 行政院勞動部 (2) 經濟部及能源部 (3) 內政部 (4) 中華民國國家標準局。

二、問答題

1. 為預防操作工業用機器人不當，致發生捲夾、被撞等災害，請依工業用機器人危害預防標準回答下列問題：

   (1) 用詞定義：

   　　① 可動範圍。

   　　② 教導相關作業。

   (2) 雇主使勞工從事教導相關作業前，應確認哪些事項？

   (3) 雇主使勞工起動機器人前，應確認哪些事項？

2. 近年來工業用機器人逐漸被使用而取代部分人力，通常應用於重複性或工作環境惡劣之工作場所，試回答下列工業用機器人之相關問題：

   (1) 依工業用機器人危害預防標準之規定，列出 5 項雇主對機器人配置之規定。

   (2) 依職業安全衛生管理辦法之規定，列出 5 項雇主對工業用機器人於每日作業前，應實施檢點之項目。

3. 機器人的動力來源有哪些，其優缺點為何？

4. 機器人的危害包括哪些？請說明之。

5. 依「工業用機器人危害預防標準」規定，雇主應就哪些事項訂定安全作業標準，並使勞工依該標準實施作業？

Chapter 17

噪音之危害及預防

17.1 前言

　　噪音，係指令人不悅的聲音，凡是足以引起人們生理上或心理上不愉快的聲音，都可稱之為噪音。例如火車、飛機、汽車等所產生的聲音、工廠機器的操作聲、婚、喪、喜、慶、遊行及建築工地機械的撞擊聲，皆能夠使人煩悶緊張，精神不集中而影響工作效率。

　　在討論噪音之危害及其預防之前，先要了解噪音的一些物理特性及其測量方法。

17.2 噪音之物理特性

　　聲音是由物體振動所產生的。當物體振動時，其「機械能」藉著周圍的介質將能量傳播出去，介質可以是空氣、水、結構等由原子或分子所組成的物質，而「機械能」的傳導是以一種波動的方式傳遞，因此聲音也稱為聲波。聲波有以下的物理特性：

(1) 聲波是「機械波」的一種，與光波 (電磁波) 不同，因此聲波的傳遞一定要經由介質，聲波在真空中無法傳遞。

(2) 聲波是「縱波」，也就是分子擺動的方向與傳遞方向一致，因此聲波在空氣中傳遞時，會使空氣產生疏密相間的壓力擾動，如圖 17.1 所示。這種空氣壓力的變化傳抵人耳之後，會推動耳膜而將振動的訊號傳抵大腦而引發聽覺。

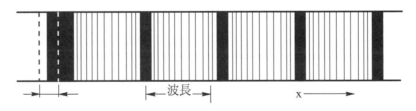

圖 17.1　聲波 (縱波) 的擾動

(3) 聲波在不同的介質中有不同的傳播速率，聲波在空氣中傳播時，其速率會受到空氣的溫度及大氣壓力等影響而改變，在一般的室溫及大氣壓力下，聲波在空氣中的傳播速率約為每秒鐘 330 公尺。

(4) 聲波是振波的一種，因此會有振動的週期(T)、振動的頻率(f)、振幅(A)及波長(λ)等波動現象。週期 (T) 的單位為秒 (s)，頻率 (f) 的單位為「赫茲」(Hertz)，或簡稱為「赫」(Hz)。其數學關係為

$$f = \frac{1}{T}$$

$$v = f \cdot \lambda$$

或 $v = \frac{\lambda}{T}$

其中 v 為傳播速率

由於縱波的圖示方式不容易表達波動的關係，因此本章以「橫波」(即分子擺動的方向與傳遞方向互相垂直) 的圖示來表達聲波的波動關係，如圖 17.2。

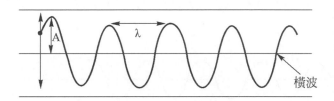

圖 17.2　橫波示意圖

(5) 聲波所傳送的機械能與其振幅成平方正比的關係，也就是雖然不同的聲波可以有相同的頻率、波長及速率，但若振幅不同的話，它們仍算是不同的聲波，而且振幅較大者具有較大的「振動能」(機械能)，如圖 17.3 所示，因波 (一) 的振幅 A_1 比波 (二) 的振幅 A_2 大，故波 (一) 比波 (二) 具有更大的「振動能」。

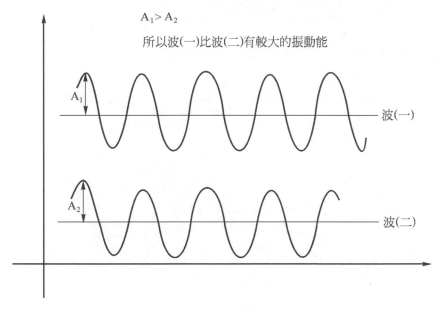

圖 17.3　不同振幅的聲波

此外，當兩個聲波的振幅相同時，有較高頻率的聲波，其每秒所傳送的機械能也較多，如圖 17.4 所示，因波（三）的頻率 f_1 比波（四）的頻率 f_2 大，故波（三）每秒所傳送的機械能比波（四）多。

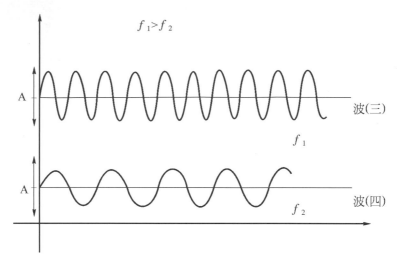

圖 17.4　不同頻率的聲波有不同的振動能

17.3　人耳對聲音的感測

耳朵為人類的聽覺器官，其構造如圖 17.5 所示。

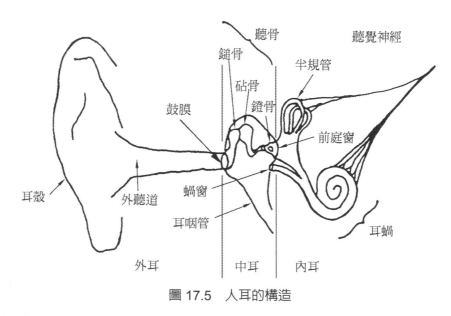

圖 17.5　人耳的構造

　　耳朵分成外耳、中耳及內耳三個部分，外耳包括耳殼及外聽道。耳殼用來蒐集聲音，外聽道則為聲音的通道。中耳包括三塊互相銜接的小聽骨，分別為鎚骨、砧骨及鐙骨。外聽道底端與中耳相連處為一薄膜，叫做鼓膜。當聲音傳抵鼓膜，聲音的壓力會推動鼓膜，鼓膜的振動於是帶動了中耳的三塊小聽骨。三塊小聽骨利用槓桿原理把鼓膜的振動放大並經前庭窗傳至內耳。由於前庭窗薄膜的振動使得內耳的淋巴液也受到擾動，這些淋巴液的擾動壓力再傳至耳蝸內部，耳蝸內部有稱為柯氏體的組織，組織內的毛細胞會接收淋巴液的擾動，並將聲音的訊號經神經纖維傳達給大腦，使大腦感覺到聲音的存在。圖 17.6 為耳蝸的橫切面圖。

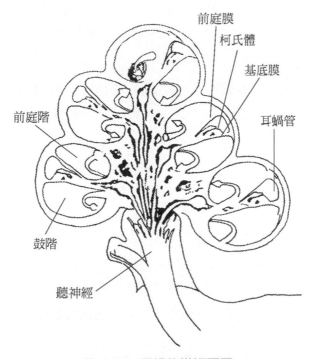

圖 17.6　耳蝸的橫切面圖

　　耳蝸的形狀構造就像蝸牛殼一樣，其內部如同一圓形通道做螺旋狀上升，而此圓形通道被兩屨薄膜 (前庭膜及基底膜) 隔分成三條管道，這三條管道分別稱為前庭階、耳蝸管和鼓階，上述的柯氏體即著生於基底膜上。

17.4 噪音對人的影響

噪音對人體產生的各種效應如下：

一、心理效應

噪音會使人感到擾亂、影響集中力、睡眠、或休閒等，而突發的噪音會使人感到「吃驚」，這種驚嚇的反應是無法控制的，即使是預先知道噪音將會發生也無法避免。

二、遮蔽效應

由於噪音的存在而降低了耳朵對於接收另一聲音的敏感度，這種遮蔽效應會干擾語言的傳達，對工作之執行及操作時之安全會產生不良影響。

三、生理效應

長期暴露於噪音之中，會導致內分泌失調，對於突發性的噪音，會使心跳加速、血管收縮、瞳孔放大、肌肉緊張，甚至會令人有頭暈嘔心等強烈效應。

四、聽力損失

噪音對勞工所造成的「聽力損失」，是職業衛生最關心的課題，因此，主管機關對噪音的管制及其評估的標準，皆以防止勞工之聽力損失為主。聽力損失可分兩方面：

1. 傳音性聽力損失

   這是由突發性噪音對中耳所造成的外傷所致。例如強烈的爆炸聲音會產生強大的空氣壓力，在壓力衝擊下可造成鼓膜破裂、鼓室內三聽骨受損等傷害。假如鼓膜的破裂不嚴重，且其他內耳薄膜沒有被震破時，一般可經由外科手術或藥物治療而恢復。在治療中若未進一步感染中耳炎，通常傳音性聽力不致有所損失。

2. 感音性聽力損失

   長期暴露於某種程度的噪音中會引起感音性聽力損失，感音性聽力損失也可分為暫時性及永久性兩種。暫時性聽力損失乃由於聽力疲乏所致，只要離開噪音場所一段時間便可獲得改善。而永久性聽力損失則是由於耳蝸內的柯氏器受到傷害所造成的結果。圖 17.7 為正常的與受損的柯氏器的比較。

   圖 17.7(a) 為正常的柯氏器，在毛細胞旁的是其支持細胞。由圖 17.7(b) 可發現，當耳朵長期遭受噪音的傷害時，部分的外毛細胞剝落，其支持細胞亦腫脹變形。圖 17.7(c) 為嚴重受損的柯氏器，細胞腫大變形擠在一起，且神經纖維的數目也越來越少。圖 17.7(d) 為神經細胞已完全退化消失之柯氏器。

   一般來說，感音性聽力損失通常發生在 3,000 至 6,000 赫茲頻率的聲音，也就是說其他頻率的聲音都可聽到，但在 3,000 至 6,000 赫茲範圍的聲音卻聽不見，其中尤以 4,000 赫茲最為明顯。

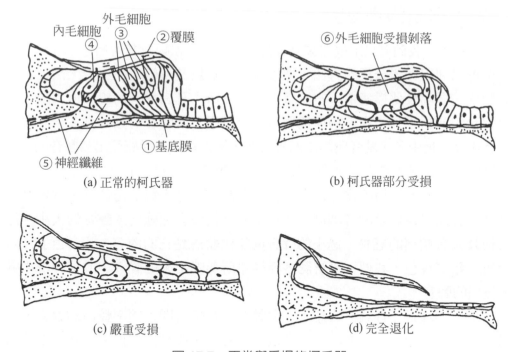

圖 17.7 正常與受損的柯氏器

17.5 噪音之測定

要測定噪音，先要對純音及複合音、聲音的物理量、人耳對聲音的感覺，以及噪音的種類等，才能對噪音之測定導入數學公式。

17.5.1 純音與複合音

所謂純音，是指單一頻率的聲音，在一般的生活環境中要找到只有單一頻率的聲音似乎並不容易，因為一般的生活環境中所出現的聲音，都是由各種不同頻率與不同振幅的聲波所組成的，這種聲音稱為複合音。

C 調的音叉振動時，其所發出的聲音是一種純音，因為它的頻率只有一個，也就是 $f = 262\text{Hz}$。然而當一部機器轉動所發出的噪音，卻包含各種不同頻率的聲波在內，這些聲波的頻率範圍可能在 60 赫至 8,000 赫都有可能，因此噪音是屬於複合音。

由於複合音是由眾多不同頻率的純音所組成，因此在測定噪音時，基本上是對不同頻率的聲音作個別測量，然後再以數學方法將個別聲音的測量值加以處理後得出一個總值。

17.5.2 聲音的物理量

在實驗室中，我們可以用儀器來測量聲波的頻率、振幅及其傳播速率等物理量等，我們甚至可以利用頻譜分析的方法，把複合音分解為其所組成的純音，然後再把個別純音的頻率、振幅及傳播速率一一測量出來。然而人耳對聲音的感受與判斷，與物理儀器對聲音的分析不大一樣；物理儀器可以分析出一個聲音的頻率是多少、振幅有多大，以及該聲音是由多少純音所組成的複合音，但人耳卻只能感受出該聲音的「音調」是高或是低，「音量」是大或是小，以及判斷該聲音的「音色」等。

所謂「音調」，是指該聲音在人耳聽起來的感覺是尖銳或是低沉，例如女性說話的音調通常會比男性說話的音調高。「音量」是指聲音的強度或聲音的大小，過強的聲音會使耳朵有刺痛的感覺，過小的聲音則無法聽清楚它的內容。「音色」，是指聲音的特質，藉著音色，我們可以辨認各種樂器所奏鳴出來的聲音，或是分辨由哪一種物體所發出的聲音。

事實上，人耳對「音調」的感受，與聲波的頻率有關；頻率較高的聲音，人耳聽起來就有較高之音調，反之亦然。「音量」的強度，與聲波的振幅有關；聲波的振幅越大，其所傳送之能量也越大，所產生的空氣壓力擾動也越大，因此人耳聽到的音量也隨之增大。「音色」與複合音有關，由於複合音由不同的純音組合而成，因此不同的組合會產生不同的音色。

由於高音量噪音所產生的強大空氣壓力會傷害人耳內部組織，造成永久性聽力損失，因此在評估噪音對人的危害，一般皆以測量聲音的「能量」及「音壓」為基礎，然後轉換成不同的評估指標。

一、音壓

聲音在空氣中傳播時，因波動現象而使空氣形成濃淡分布，濃處為空氣被壓縮，氣壓比平均值高；淡處的空氣稀薄，氣壓比平均值低。聲波以大氣壓為中心值所產生的高低壓力變化，稱為「聲壓」或「音壓」(sound pressure)。音壓的單位為稱「巴」(Pa, Pascal)，一「巴」相當於每平方公尺面積上有一牛頓的作用力，也就是 $1Pa = 1N/m^2$ (與大氣壓力 $10^5 N/m^2$ 比起來要小很多)。人耳所能聽到最微弱之聲音，其音壓約為 $20\mu Pa(\mu = 10^{-6})$，此音壓值稱為「基準音壓」(reference pressure)，以 P_0 表示。

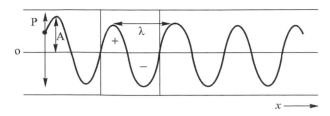

圖 17.8　聲波的壓力變化

如圖 17.8 所示，聲音為一連續的正弦波，因此音壓也呈正弦波的波形。若以計算面積的方法來計算音壓的「平均值」P_{ave}，則積分一週期之值會等於 0，如下式所示：

平均音壓：

$$P_{ave} = \frac{1}{T}\int_0^T P\,dt = 0$$

因此在測量「音壓值」時，不能用平均值，而要採用「均方根」(root-mean-square) 的方式來計算其「有效值」，其公式如下：

有效音壓：

$$P_{r.m.s} = \frac{1}{T}\sqrt{\int_0^T P\,dt = 0}$$

$P_{r.m.s}$ 亦稱為「有效音壓」(effective sound pressure)，一般的噪音測定儀器，都是以測定噪音的 $P_{r.m.s}$ 為音壓值。

二、聲音能量與聲音功率

空氣因受聲波的波動影響，會蓄積「動能」，被壓縮時會蓄存「位能」，這兩種因聲音而蓄積的能量，稱為「聲音能量」。聲音之強弱可用聲波的能量表示之，能量的單位為焦耳 (J)，而聲音源每秒鐘所傳送的能量，則稱為「聲音功率」(sound power)，單位為瓦特 (W)。

三、聲音強度

「聲音強度」(sound intensity) 之定義為：

每單位時間內，通過垂直於行進方向上每單位面積的聲波能量；其公式為：

$$I = \frac{W}{A} \quad (\text{單位：Wm}^{-2})$$

其中　I：聲音強度
　　　W：聲音功率 (單位：W)
　　　A：單位面積 (單位：m^2)

為何要考慮單位面積所接受的功率作為聲音強度的定義呢？因為聲波是以球面波的方式從聲音源往四面八方擴散，如圖 17.9 所示，故耳朵所接受的聲音能量，只是聲波波面上部分面積所傳送的能量而已。

人耳可聽到的最弱聲波之聲音強度約為 10^{-12}Wm^{-2}，以 I_0 表示，並稱之為「基準聲音強度」；而令耳朵感到刺痛的聲音強度約為 10Wm^{-2}。

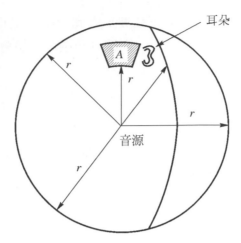

圖 17.9　聲波的擴散

在評估噪音對人的影響，我們是以聲音強度為標準，然而直接以聲音強度來評估噪音，在實務上有兩大問題：第一，人耳所能聽到最小的聲音強度，$I_0 = 10^{-12}$ Wm^{-2}，而所能忍受的最大聲音強度達 10Wm^{-2}，兩者差異甚大，在測定上範圍太廣，儀器設計困難。因此，美國貝爾實驗室提出以「對數」的方式來比較聲音強度，並稱之為「聲音強度位準」或「聲音強度級」(Sound Intensity Level, SIL)，公式如下：

$$\text{SIL} = 10 \log \frac{I}{I_0} \tag{17.1}$$

其中　I：所測定之聲音強度

　　　I_0：基準聲音強度 = 10^{-12} W/m^{-2}

　　　SIL 的單位為「分貝」(dB, decibel)，1 貝爾 (Bel) = 10 分貝。

由於 $I = \dfrac{W}{A}$，I 與 I_0 的有相同的垂直面積 A，所以有另一種比較法，稱為「聲音功率位準」或「聲音功率級」(Sound Power Level, SWL)，公式如下：

$$\text{SWL} = 10 \log \frac{W}{W_0} \tag{17.2}$$

其中　W：所測定之聲音功率

　　　W_0：基準聲音功率 = 10^{-12} W

　　　SWL 的單位為「分貝」(dB)

以上以公式 (17.1) 及 (17.2) 的對數比較法，的確能解決原先測定範圍太廣的困難；將 $I_0 = 10^{-12}$ Wm^{-2} 代入式 (17.1)，可計算出一般人耳可聽到的最小「聲音強度級」為 $\text{SIL}_0 = 0\text{dB}$，若將 $I = 10\text{Wm}^{-2}$ 代入式 (17.1)，則可算出人耳能忍受的最大「聲音強度級」為 $\text{SIL}_M = 130\text{dB}$。因此，經對數轉換後，儀器測定範圍可從原先的 $10^{-12} < I < 10$ 簡化為 $0 < \text{SIL} < 130$，令儀器在設計上變得更為容易。

第二個問題是：目前沒有感測器可直接測量空氣中聲波的能量或功率；而只能感測空氣的壓力變化。幸好聲音強度與音壓有以下之關係：

$$I = \frac{P_{r.m.s}^2}{\rho C}$$

其中　$P_{r.m.s}$：有效音壓

ρ：介質密度

（在一個大氣壓下，溫度約 $15^{\circ}C$ 的乾燥空氣，其 $\rho_{air} = 1.226 kgm^{-3}$）

C：音速（在 $15^{\circ}C$ 溫度，$C = 337.3 ms^{-1}$）

ρC 在一般常溫下約為 $400 Pa \cdot sm^{-1}$，因此公式 (17.1) 可轉換為以音壓為計算量，並稱之為「音壓位準」或「音壓級」(Sound Pressure Level, SPL)，公式如下：

$$SPL = 10 \log \frac{P_{r.m.s}^2}{P_0^2} = 20 \log \frac{P_{r.m.s}}{P_0} \tag{17.3}$$

其中　$P_{r.m.s}$：所測定之有效音壓

P_0：基準音壓 $20 \mu Pa$

SPL 的單位為「分貝」(dB)

當測定之有效音壓 $P_{r.m.s}$ 為基準音壓 P_0 之兩倍時，即 $P_{r.m.s} = 2P_0$ 時：

$$SPL = 20 \log (2 \frac{P_0}{P_0}) = 20 \log (2) = 6.02 dB$$

換言之，當測得的音壓級增加 6dB，其相對之聲音強度亦增加為原來的兩倍。理論上當 $P_{r.m.s}$ 小於 P_0 時，音壓級會出現負值，然而在實務上，低於 0dB 的聲音已很難為人耳所感測。

以音壓級來評估噪音強度，不但在理論上或技術上都符合要求，而且也是很方便的指標，目前測量噪音的儀器，都是以「有效音壓」及「音壓級」的觀念為設計基礎。

17.5.3　噪音的類型

雖然「有效音壓」及「音壓級」的觀念已很清楚，但由於噪音有不同的類型，因此在測定不同類型的噪音時，需採用不同的測定策略。噪音的類型可分為四類，分別為「連續性噪音」、「變動性噪音」、「衝擊性噪音」及「單一噪音」等，如圖 17.10 所示。

一、連續性噪音

如圖 17.10(a) 所示,「連續性噪音」隨時間的變化小,測定時可視為「規律的噪音」或「穩定性噪音」。像渦輪機、送風機、排風機轉動時的噪音即屬之。由於噪音的變化小,有效音壓 $P_{r.m.s}$ 可視為固定值,因此可用 SPL 測定之。

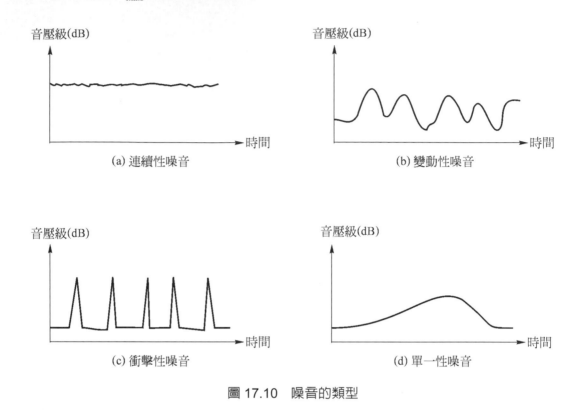

圖 17.10　噪音的類型

二、變動性噪音

如圖 17.10(b) 所示,變動性噪音隨時間而變化,因此又可分為「週期規律性噪音」或「間歇性噪音」(如壓縮機),或「無週期規律性噪音」(如交通噪音)。由於變動性噪音的強度隨時間而改變,因此其有效音壓 $P_{r.m.s}$ 也隨時間而變,可視為時間的函數如圖 17.11。

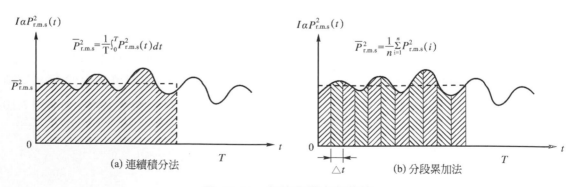

圖 17.11　有效音壓之有效值

對於變動性噪音，需要以「積分噪音計」測定其「均能音量」(L_{eq})，單位為 (dB)，其公式如下：

$$L_{eq} = 10 \log \left(\frac{\frac{1}{T} \int_0^T I(t)dt}{I_0} \right)$$

$$= 10 \log \left(\frac{\frac{1}{T} \int_0^T W(t)dt}{W_0} \right)$$

$$= 10 \log \left(\frac{\frac{1}{T} \int_0^T P_{\text{r.m.s}}^2(t)dt}{P_0^2} \right) \tag{17.4}$$

若令

$$\overline{P}_{\text{r.m.s}}^2 = \frac{1}{T} \int_0^T P_{\text{r.m.s}}^2(t)dt$$

則 $\overline{P}_{\text{r.m.s}}^2$ 為有效音壓之有效值 (如圖 17.11(a) 所示)

公式 (17.4) 可改寫成

$$L_{eq} = 10 \log \left(\frac{\overline{P}_{\text{r.m.s}}^2}{P_0^2} \right) \tag{17.5}$$

在測量變動性噪音時，測量時間 T 最好是 8 小時或更長之時間。

如無積分噪音計，則可使用普通噪音計作分段抽樣，讀取瞬間值利用公式予以計算。如圖 17.11(b) 所示，分段抽樣時：

$$\overline{P}_{\text{r.m.s}}^2 = \frac{1}{n} \sum_{i=1}^n P_{\text{r.m.s}}^2(i) \ , \ n = \frac{T}{\Delta t}$$

代入公式 (17.5)，得

$$L_{eq} = 10 \log \left(\frac{1}{n} \sum_{i=1}^n \frac{P_{\text{r.m.s}}^2(i)}{P_0^2} \right) \tag{17.5a}$$

因為

$$\mathrm{SPL}(i) = 10\log\frac{P_{\mathrm{r.m.s}}^2(i)}{P_0^2}$$

所以

$$\frac{\mathrm{SPL}(i)}{10} = \log\frac{P_{\mathrm{r.m.s}}^2(i)}{P_0^2}$$

取反對數得

$$\frac{P_{\mathrm{r.m.s}}^2(i)}{P_0^2} = 10^{\frac{\mathrm{SPL}(i)}{10}} \tag{17.5b}$$

將公式 (17.5b) 代入公式 (17.5a)，得

$$L_{eq} = 10\log\left(\frac{1}{n}\sum_{i=1}^{n}10^{\frac{\mathrm{SPL}(i)}{10}}\right)$$

或

$$L_{eq} = 10\log\left[\frac{1}{n}(10^{\frac{\mathrm{SPL}_1}{10}} + 10^{\frac{\mathrm{SPL}_2}{10}} + 10^{\frac{\mathrm{SPL}_3}{10}} + \cdots + 10^{\frac{\mathrm{SPL}_n}{10}})\right] \tag{17.6}$$

例一

新竹工業區有一機械工廠噪音上午 8 時至 10 時為 85dB，10 時至 12 時為 90dB，12 時至 16 時為 100dB，試計算該廠噪音的均能音量 (L_{eq})。

SPL：

| 85 | 85 | 90 | 90 | 100 | 100 | 100 | 100 | dB |

8:00　9:00　10:00 11:00 12:00 13:00 14:00 15:00 16:00

該工廠各時段所測定之 SPL 如上圖所示。

$\mathrm{SPL}_1 = 85$，$\mathrm{SPL}_2 = 85$，$\mathrm{SPL}_3 = 90$，$\mathrm{SPL}_4 = 90$，$\mathrm{SPL}_5 = 100$，$\mathrm{SPL}_6 = 100$，$\mathrm{SPL}_7 = 100$，$\mathrm{SPL}_8 = 100$，$n = 8$，代入公式 (17.6)

$$L_{eq} = 10\log\left[\frac{1}{8}(10^{\frac{85}{10}} + 10^{\frac{85}{10}} + 10^{\frac{90}{10}} + 10^{\frac{90}{10}} + 10^{\frac{100}{10}} + 10^{\frac{100}{10}} + 10^{\frac{100}{10}})\right]$$

$$= 10\log\left[\frac{1}{8}(2\times10^{8.5} + 2\times10^{9} + 4\times10^{10})\right] = 97.267 \text{ (dB)}$$

三、衝擊性噪音

「衝擊性噪音」(impulsive noise) 又稱為「脈衝性噪音」，例如衝剪機械、氣鑽等發出之噪音即屬之。美國國家標準局 (ANSI) 對衝擊性噪音之定義如下：

「衝擊性噪音到達其峰值所需之時間須少於 0.035 秒，且其起始經峰值至下降 30dB 所需之時間須少於 0.5 秒，而兩次衝擊尖峰之間隔不得少於 1 秒，否則即視為變動性噪音。」

衝擊性噪音之定義可以圖 17.12 表示。

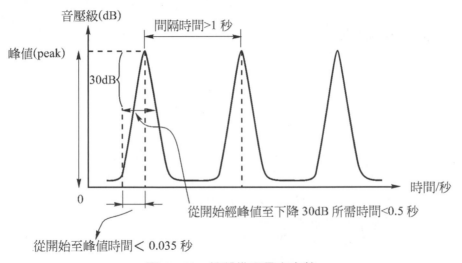

圖 17.12　衝擊性噪音之定義

雖然衝擊性噪音之出現時間少於 1 秒，但其對聽力之傷害仍不容忽視，衝擊性噪音之測定以其峰值 (peak) 代表之，依法令規定，勞工於任何時間皆不得暴露於峰值超過 140dB 之衝擊性噪音。

四、單一噪音

飛機飛過或是汽車經過的聲音，都屬於「單一噪音」。單一噪音可以積分噪音計測定其 L_{eq}，但通常以「音壓暴露位準」(Sound Exposure Level, SEL) 來表示。SEL 的觀念是把單一噪音的能量，換算為 1 秒的累積能量，然後計算其音壓級，如圖 17.13 所示。

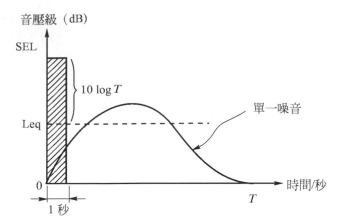

圖 17.13　單一噪音之 L_{eq} 與 SEL

依定義，

$$SBL = 10\log\left(\frac{\int_0^T I(t)dt}{I_0}\right)$$

因為

$$L_{eq} = 10\log\left(\frac{\frac{1}{T}\int_0^T I(t)dt}{I_0}\right)$$

$$= 10\log\frac{1}{T} + 10\log\frac{\int_0^T I(t)dt}{I_0}$$

$$= 10\log\left(\frac{\int_0^T I(t)dt}{I_0}\right) - 10\log T$$

故

$$L_{eq} = SEL - 10\,\log T$$

或

$$SEL = L_{eq} + 10\,\log T$$

SEL 的單位為 (dB)。使用 SEL 作為單一噪音之評估指標，可以用來比較不同的單一噪音，因 SEL 把能量分佈時間標準化為 1 秒。

例二

一部機車以 3 秒時間快速通過學校門口，所測得之 L_{eq} 為 85.2dB；一部汽車以 10 秒時間慢速通過學校門口，所測得之 L_{eq} 為 80dB，試比較這兩個噪音事件。

答 機車：$\text{SEL} = L_{eq} + 10\log T = 85.2 + 10\log 3 = 85.2 + 4.8 = 90\text{dB}$

汽車：$\text{SEL} = L_{eq} + 10\log T = 80 + 10\log 10 = 80 + 10 = 90\text{dB}$

經計算後，這兩個噪音事件有相同之 SEL，皆為 90dB。

17.5.4　人耳感測聲音之範圍及靈敏度

　　一個健康人耳所能感覺的最小音壓約為 20μPa (SPL = 0dB)，而所能忍受的最大音壓約為 200Pa (SPL = 140 dB)。低於 20μPa 的音壓，很難為人耳所感覺，因此 20μPa 或 SPL = 0dB 稱為「聽覺閾」。當音壓達到 100Pa (SPL = 134dB)，耳朵便會出現不舒服或疼痛的感覺，此音壓稱為「痛覺閾」。圖 17.14 為不同音壓級的噪音示例。

　　此外，由於人耳受限於其構造，因此並不是各種頻率的聲波都能接聽到。聽力健全的耳朵，其能接聽之頻率範圍約在 20 至 20kHz 之間，如圖 17.15 所示。

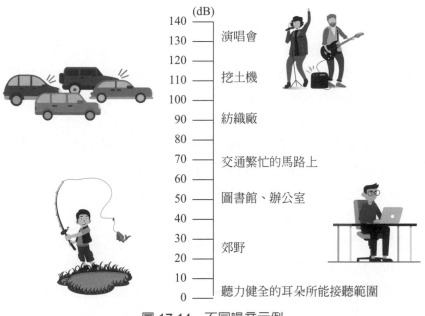

圖 17.14　不同噪音示例

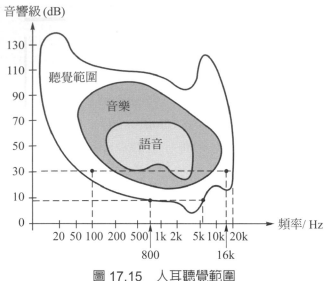

圖 17.15　人耳聽覺範圍

　　對一個 20 歲聽力正常的人而言，頻率在 800 Hz 至 6kHz 之間的聲音，其音壓級不需 10dB 就可聽到，而低於 100Hz 或高於 15kHz 的聲音，則要達 30dB 以上才聽得到。

　　而且隨年齡增加，聽覺閥值會相對提高。因此，此物理儀器測出的音壓級，與人耳所真正能接聽到的音量會因頻率的改變而產生差距。

一、等音曲線

　　由於人耳對聲音之感覺會受到頻率的影響，故人耳對聲音強度的感覺，稱為「聲響強度」(loudness)，此乃為一種主觀的感覺；而人耳對聲音之大小程度判定，稱為「聲響級」(loudness level)，單位為 phon。圖 17.16 為「等音曲線圖」(equal loudness contours)。

　　在等音曲線圖中，只有在 1k(Hz) 頻率時，聲音的聲響級會與其音壓級相等，而其他頻率的音壓級則需與 1k(Hz) 的音壓級來相比較，以獲得相同之聲響級。

　　例如，聲音頻率為 50(Hz) 時，其音壓級需高達 70(dB)，才能使人耳產生 50phon 的感覺，若該聲音頻率增為 1k(Hz) 時，則該聲音只需 50(dB) 的音壓級，就能使人耳產生 50phon 的感覺。若該聲音頻率再增為 3.5k(Hz) 時，則只需 43(dB) 的音壓級，便可使人耳產生 50phon 的感覺。然而當該聲音的頻率再增為 9k(Hz) 時，則其音壓級又要提高至 57dB，才能使人耳同樣產生 50phon 的感覺。為了要反映人耳對噪音強度之真正感受，因此以物理儀器測定噪音音壓級時，其所得之測量值需經加權處理。

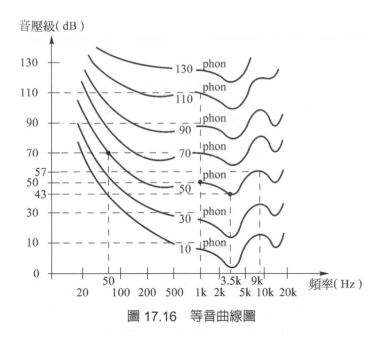

圖 17.16　等音曲線圖

二、權衡電網

為了補償人耳因頻率之改變而對聲音有不同之強度感覺，因此在噪音計內加上「權衡網路」(weighting network)，予以頻率補正，即噪音特定頻率經由權衡電網加以補正，使所得之測量結果更接近人耳之特性。目前有 A、B、C 三種國際標準規格，另外還有一種專為測定飛機噪音之 D 加權曲線，如圖 17.17 所示。

此外，一些噪音計尚有提供「線性權衡電網」，以 L_{in} 表示；所謂線性加權，也就是對所測定的噪音不作加權處理，重現噪音之本來音壓級。由圖中可看出，A 權衡曲線最接近人耳之真實感覺，因此廣為採用於測定個人噪音暴露量，而 B、C 權衡曲線雖然也是為補償人耳而設定的，但由於其補償值是以純音實驗基礎求得的，與真正的聲音相差甚遠 (因一般噪音都是複合音)，因此很少採用於測定個人噪音暴露量之加權處理；然而由於 C 權衡曲線在 30Hz 至 8kHz 極為平坦，與前述之相似，因此當噪音的頻率集中於此範圍內時，可測定真實的物理量，所以 C 權衡曲線亦會被當作 L_{in} 使用，以測量機械設備之噪音特性，作為噪音控制改善工程之參考。

由於噪音計提供 5 種的加權處理，因此噪音的測定值除了要標示單位外，還尚需標明是採何種加權。例如以 A 權衡測定的音壓級為 50dB 時，則應清楚寫成 50dB(A)。

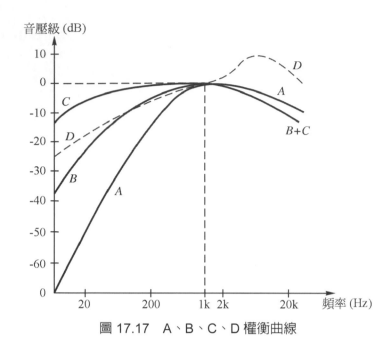

圖 17.17　A、B、C、D 權衡曲線

17.6　職業安全衛生法令對噪音管制及測定之規範

以下為相關之職業安全衛生法令對噪音之管制規定：

一、職業安全衛生法（民國 102 年 7 月 3 日最新修正）

本法第六條第一項第八款規定，雇主對防止輻射線、高溫、低溫、超音波、「噪音」、振動、異常氣壓等引起之危害，應有符合標準之必要安全衛生設備。

二、職業安全衛生法施行細則（民國 103 年 6 月 26 日最新修正）

本細則第十七第一項第三款條規定，有「顯著發生噪音之作業場所」應訂定作業環境監測計畫及實施監測。

三、勞工作業環境監測實施辦法（民國 105 年 11 月 2 日最新修正）

本辦法第七條第三款規定，勞工噪音暴露工作日 8 小時日時量平均音壓級 85 分貝以上之作業場所，應每 6 個月監測噪音 1 次以上。

四、職業安全衛生設施規則（民國 103 年 7 月 1 日最新修正）

依本規則第二百九十八條規定，雇主對於處理有害物、或勞工暴露於「強烈噪音」、振動、超音波及紅外線、紫外線、微波、雷射、射頻波等非游離輻射或因生物病原體污染等之有害作業場所，應去除該危害因素，採取使用代替物、改善作業方法或工程控制等有效之設施。

本規則第三百條規定，雇主對於發生噪音之工作場所，應依下列規定辦理：

(1) 勞工工作場所因機械設備所發生之聲音超過 90 分貝時，雇主應採取工程控制，減少勞工噪音暴露時間，使勞工噪音暴露工作日 8 小時日時量平均不超過表 17.1 所列之規定值或相當之劑量值，且任何時間不得暴露於「峰值超過 140 分貝之衝擊性噪音」或「115 分貝之連續性噪音」；對於勞工 8 小時日時量平均音壓級超過 85 分貝或暴露劑量超過百分之五十時，雇主應使勞工戴用有效之耳塞、耳罩等防音防護具。

① 勞工暴露之噪音音壓級及其工作日容許暴露時間如下列對照表：

表 17.1 噪音容許暴露時間對照表

工作日容許暴露時間(小時)	A權噪音音壓級dB(A)
8	90
6	92
4	95
3	97
2	10
1	105
1/2	110
1/4	115

② 勞工工作日暴露於二種以上之連續性或間歇性音壓級之噪音時，其暴露劑量之計算方法為：

$$\frac{第一種噪音音壓級之暴露時間}{該噪音音壓級對應容許暴露時間} + \frac{第二種噪音音壓級之暴露時間}{該噪音音壓級對應容許暴露時間} + \cdots 1 \gtreqless$$

其和大於 1 時，即屬超出容許暴露劑量。

③ 測定勞工 8 小時日時量平均音壓級時，應將 80 分貝以上之噪音以增加 5 分貝降低容許暴露時間一半之方式納入計算。

(2) 工作場所之傳動馬達、球磨機、空氣鑽等產生強烈噪音之機械，應予以適當隔離，並與一般工作場所分開為原則。

(3) 發生強烈振動及噪音之機械應採消音、密閉、振動隔離或使用緩衝阻尼、慣性塊、吸音材料等，以降低噪音之發生。

(4) 噪音超過 90 分貝之工作場所，應標示並公告噪音危害之預防事項，使勞工周知。
本規則第三百條之一規定，雇主對於勞工 8 小時日時量平均音壓級超過 85 分貝或暴露劑量超過 50% 之工作場所，應採取下列聽力保護措施，作成執行紀錄並留存 3 年：

① 噪音監測及暴露評估。

② 噪音危害控制。

③ 防音防護具之選用及佩戴。

④ 聽力保護教育訓練。

⑤ 健康檢查及管理。

⑥ 成效評估及改善。

前項聽力保護措施，事業單位勞工人數達 100 人以上者，雇主應依作業環境特性，訂定聽力保護計畫據以執行；於勞工人數未滿 100 人者，得以執行紀錄或文件代替。

五、勞工健康保護規則 (民國 106 年 11 月 13 日最新修正)

依本規則第二條規定，「勞工噪音暴露工作日 8 小時日時量平均音壓級在 85 分貝以上之噪音作業」，為特別危害健康作業之一。另依本規則第十六條規定，雇主使勞工從事第二條規定之特別危害健康作業，應定期或於變更其作業時，依本規則附表九所定項目，實施特殊健康檢查。

雇主使勞工接受定期特殊健康檢查時，應將勞工作業內容、最近一次之作業環境監測紀錄及危害暴露情形等作業經歷資料交予醫師。

從事噪音暴露工作日 8 小時日時量平均音壓級在 85 分貝以上作業之勞工，其特殊體格檢查、特殊健康檢項目為：

(1) 作業經歷、生活習慣及自覺症狀之調查。

(2) 服用傷害聽覺神經藥物 (如水楊酸或鏈黴素類)、外傷、耳部感染及遺傳所引起之聽力障礙等既往病史之調查。

(3) 耳道理學檢查。

(4) 聽力檢查 (audiometry)(測試頻率至少為 500、1,000、2,000、3,000、4,000、6,000 及 8,000 赫之純音，並建立聽力圖)。

17.7　噪音容許暴露時間及噪音劑量

在表 17.1 中，可看到若工作場所之噪音音壓級為 90dB(A)，則勞工在此場所工作，每天暴露於此噪音之時間不得超過 8 小時。若該噪音增為 95dB(A)，則勞工暴露於此噪音之時間縮短為 4 小時，此種每升高 5dB(A) 縮減暴露時間一半的規定，稱之為「5 分貝減半暴露時間律」。5 分貝減半暴露時間律中的暴露時間 T，可以下列公式計算：

$$T = \frac{8}{2^{\frac{SPL-90}{5}}}$$

其中　　T：容許暴露時間 (單位：小時)

　　　　SPL：測定之噪音音壓級

事實上，國際標準組織 (ISO) 為更嚴格的保護勞工聽力，採用「3 分貝減半暴露時間律」，其暴露時間可以下式計算：

$$T = \frac{8}{2^{\frac{SPL-90}{3}}}$$

其中　　T：容許暴露時間 (單位：小時)

　　　　SPL：測定之噪音音壓級

圖 17.18 為 5 分貝減半與 3 分貝減半暴露時間之比較。

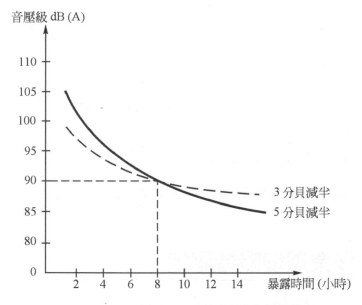

圖 17.18　5 分貝減半與 3 分貝減半之暴露時間

「噪音暴露劑量」可以「噪音劑量計」(dosimeter) 直接測量，但要選用具有 5 分貝減半暴露時間之噪音劑量計，以符合我國之法令規定。噪音暴露劑量以百分比顯示，大於 100% 為超出容許標準。

若使用一般噪音計時，可量取各測定點之音壓級及測定時間，並依表 17.1 查出各音壓級之對應容許時間，以公式計算之：

$$噪音暴露劑量 = \frac{第一種噪音音壓級之暴露時間}{該噪音音壓級對應容許暴露時間} + \frac{第二種噪音音壓級之暴露時間}{該噪音音壓級對應容許暴露時間} + \cdots$$

例三

有一勞工在下列噪音環境下工作，未配戴噪音防護具，請問是否符合「職業安全設施規則」之標準？

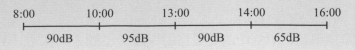

8:00	10:00	13:00	14:00	16:00
90dB	95dB	90dB	65dB	

答 依表 17.1 規定：

90dB 之容許暴露時間為 8 小時，

95dB 之容許暴露時間為 4 小時，

低於 75dB 者不列入計算。

時間	SPL (dB)	t (小時)	T (小時)
8：00～10：00	90	2	8
10：00～13：00	95	3	4
13：00～14：00	90	1	8
14：00～16：00	65	不予計算	

以法定公式計算「噪音暴露劑量」(Noise Dose, ND)：

$$\text{ND} = \frac{t_1}{T_1} + \frac{t_2}{T_2} + \frac{t_3}{T_3} = \frac{2}{8} + \frac{3}{4} + \frac{1}{8} = \frac{9}{8} = 1.125 > 1$$

因此，不符合「職業安全設施規則」所定之標準。

17.8 作業環境噪音測定

有關工廠、辦公場所等作業環境測定噪音時，其目的有二，一為測定勞工暴露是否超過規定，二為測定機械設備是否超過標準，以進行工程改善。

一、測定位置

量測人員暴露時，以人耳高度為原則，距離耳邊處約 20cm。量測機械設備時，可依以下標準：

(1) 小型機器 (對角線或最大邊邊長少於 20cm)，離表面起 15cm。

(2) 中型機器 (對角線或最大邊邊長少於 25cm)，離表面起 30cm。

(3) 大型機器 (對角線或最大邊邊長少於 50cm)，離表面起 100cm。

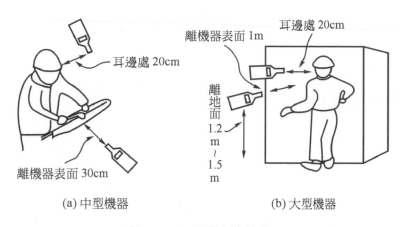

(a) 中型機器　　　　　　　　　　(b) 大型機器

圖 17.19　噪音測定位置

二、人員噪音暴露

採用 A 權衡電網測定，依測定需要使用積分噪音計或噪音劑量計，以下為法令規定之噪音測定項目及標準：

(1) 連續性噪音：SPL 不得超過 115dB(A)。

(2) 衝擊性噪音：Peak 不得超過 140dB(A)。

(3) 噪音暴露劑量：Noise Dose 不得超過 1。

(4) 8 小時日時量平均：TWA 不得超過表 17.1 之規定。

三、機械設備之噪音分析

依法規定，工作場所機械設備所產生噪音超過 90dB(A) 時，應採取工程控制予以改善。因此，對機械設備作噪音測定，其目的在了解音源之噪音特性，以進行遮音、吸音或反射效果之改善。為了達到此目的，除了使用一般的噪音計測定 SPL 外，尚需對不同頻率作頻譜分析，也就是測定噪音中各組成純音 (不同頻率) 之音壓級。由於頻率是連續變化的物理量，因此必須以分段的方式選定中心頻率及頻帶來測定之。最常使用的分段方法為「八音幅頻帶 (octave band)」及「1/3 八音幅頻帶 (1/3-octave band)」。

1. 八音幅頻帶及其中心頻率

圖 17.20 為分析音源頻率常用之八音幅頻帶及其中心頻率。

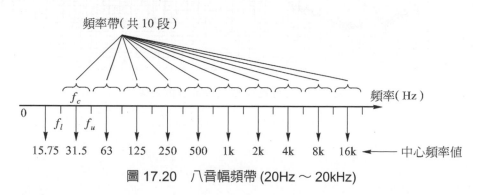

圖 17.20　八音幅頻帶 (20Hz ～ 20kHz)

「八音幅頻帶」又稱為「倍音程頻帶」，頻帶的上截頻率 f_u 為下截頻率 f_l 的兩倍，其關係式如下：

$$f_u = 2f_l$$

中心頻率：

$$f_c = \frac{f_u}{\sqrt{2}} = \sqrt{2}\,f_l$$

2. 1/3 八音幅頻帶

若上截頻率 f_u 為下截頻率 f_l 的 $2^{1/3}$ 倍，則稱為 1/3 八音幅頻帶或 1/3 倍音程，其關係式如下：

$$f_u = 2^{1/3}f_l = 1.260\,f_l$$

中心頻率：

$$f_c = \sqrt{2^{1/3}}\,f_l = 2^{1/6}\,f_l = \frac{f_u}{\sqrt{2^{1/3}}} = \frac{f_u}{2^{1/6}}$$

圖 17.21 為分析音源頻率常用之 1/3 八音幅頻帶及其中心頻率。

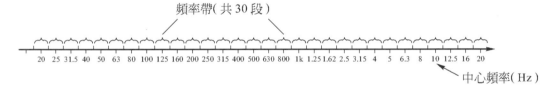

圖 17.21　1/3 八音幅頻帶 (20Hz ～ 20kHz)

圖 17.22 為採用濾波器及噪音計對某機器測定其噪音之頻譜分析輸出。

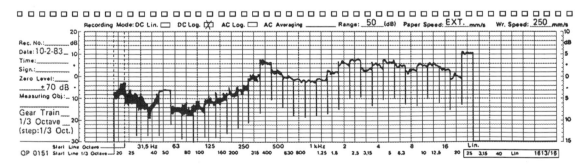

圖 17.22　機器噪音之頻帶分析結果

17.9　噪音計算

在機械設備之噪音分析中，最常遇到的問題是：

(1) 1 部機器開動時之音壓級為 85dB(A)，兩部機器同時開動時之音壓級為多少？3 部機器同時開動又為若干 dB(A)？

(2) 距離機器 1 公尺所測得之音壓值為 90dB(A)，則距離 5 公尺所測得之音壓值為多少 dB(A)？

(3) 1 部機器經八音幅頻譜分析得圖 17.22 之結果，那麼所有頻率的音壓級合共多少 dB(A)？

要回答以上之問題，需要對噪音的計算有進一步的了解。

一、音壓級加法

音壓級 (SPL) 不能直接相加，計算兩個或多個噪音的 SPL 總和要從基本定義著手。設 SPL_1、SPL_2 及 P_1、P_2 分別代表兩個不同噪音之測定音壓級及有效音壓，依定義，「總聲音強度級」(Total Sound Intensity Level, SIL_T) 為：

$$SIL_T = 10\log\left(\frac{I_1 + I_2}{I_0}\right)$$

以音壓計算，則「總音壓級」(Total Sound Pressure Level, SPL_T) 為：

$$SPL_T = 10\log\left(\frac{P_1^2 + P_2^2}{P_0^2}\right)$$

因

$$SPL_1 = 10\log\frac{P_1^2}{P_0^2} \quad , \quad SPL_2 = 10\log\frac{P_2^2}{P_0^2}$$

取反對數

$$\frac{P_1^2}{P_0^2} = 10^{\frac{SPL_1}{10}} \quad , \quad \frac{P_2^2}{P_0^2} = 10^{\frac{SPL_2}{10}}$$

代入 SPL_T 公式，可得

$$SPL_T = 10\log(10^{\frac{SPL_1}{10}} + 10^{\frac{SPL_2}{10}}) \quad ,$$

若有 n 個音壓值，其總和爲

$$SPL_T = 10\log(10^{\frac{SPL_1}{10}} + 10^{\frac{SPL_2}{10}} + \cdots + 10^{\frac{SPL_n}{10}})$$

例 四

某工廠內安裝四部機器，其噪音均爲 85dB，問四部機器同時開動時，總噪音爲多少dB？

 因 $SPL_1 = SPL_2 = SPL_3 = SPL_4 = 85dB$，

故得：

$$SPL_T = 10\log(10^{\frac{SPL_1}{10}} + 10^{\frac{SPL_2}{10}} + 10^{\frac{SPL_3}{10}} + 10^{\frac{SPL_4}{10}}) = 10\log(4 \times 10^{\frac{85}{10}})$$

$$= 91.021dB$$

二、查表法

除了公式計算外，亦可以查表或查圖的方法求得。假設 SPL_2 比 SPL_1 大，即 $SPL_2 > SPL_1$，則 $SPL_2 - SPL_1$ 爲正值。故「總音壓級」：

$$SPL_T = 10\log\left(\frac{P_1^2 + P_2^2}{P_0^2}\right)$$

$$= 10\log\left[\frac{P_2^2}{P_0^2}\left(1 + \frac{P_1^2}{P_2^2}\right)\right]$$

$$= 10\log\frac{P_2^2}{P_0^2} + 10\log\left(1 + \frac{P_1^2}{P_2^2}\right)$$

亦可寫成

$$SPL_T = SPL_2 + \Delta SPL$$

其中

$$SPL_2 = 10\log\frac{P_2^2}{P_0^2} \quad , \quad \Delta SPL = 10\log\left(1 + \frac{P_1^2}{P_2^2}\right)$$

因

$$\frac{P_1^2}{P_0^2} = 10^{\frac{SPL_1}{10}} \quad , \quad \frac{P_2^2}{P_0^2} = 10^{\frac{SPL_2}{10}}$$

所以

$$\frac{P_1^2}{P_2^2} = \frac{10^{\frac{SPL_1}{10}}}{10^{\frac{SPL_2}{10}}} = 10^{\frac{SPL_1 - SPL_2}{10}} = \frac{1}{10^{\frac{SPL_2 - SPL_1}{10}}}$$

代入 ΔSPL 之公式，得

$$\Delta SPL = 10\log\left(1 + \frac{1}{10^{\frac{SPL_2 - SPL_1}{10}}}\right)$$

以 $SPL_2 - SPL_1$ 對 Δ SPL 作圖，可得圖 17.23，若或以表列方式，則可得表 17.2。

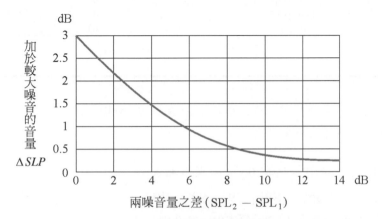

圖 17.23　噪音增量對照圖

表 17.2　噪音增量對照表

SPL₂ − SPL₁ (dB)	Δ SPL
0.0～0.1	3.0
0.2～0.3	2.9
0.4～0.5	2.8
0.6～0.7	2.7
0.8～0.9	2.6
1.0～1.2	2.5
1.3～1.4	2.4
1.5～1.6	2.3
1.7～1.9	2.2
2.0～2.1	2.1
2.2～2.4	2.0
2.5～2.7	1.9
2.8～3.0	1.8
3.1～3.3	1.7
3.4～3.6	1.6

表 17.2　噪音增量對照表 (續)

SPL$_2$ − SPL$_1$ (dB)	Δ SPL
3.7～4.0	1.5
4.1～4.3	1.4
4.4～4.7	1.3
4.8～5.1	1.2
5.2～5.6	1.1
5.7～6.1	1.0
6.2～6.6	0.9
6.7～7.2	0.8
7.3～7.9	0.7
8.0～8.6	0.6
8.7～9.6	0.5
9.7～10.7	0.4
10.8～12.2	0.3
12.3～14.5	0.2
14.6～19.3	0.1
19.4～	0.0

例 五

有兩個噪音源其噪音分別為 93dB，95dB，欲安裝在 90dB 之作業場所，問該二部機器安裝後作業場所之總噪音為若干？

 (1) 先以 93 分貝機械與 90 分貝環境相加：

　　第一步：SPL$_2$ − SPL$_1$ = 93 − 90 = 3dB

　　第二步：查表 17.2，得 SPL = 1.8dB

　　第三步：SPL = SPL$_2$ + ΔSPL = 93 + 1.8 = 94.8dB

(2) 再將此 SPL 與 95 分貝機械計算：

　　第一步：SPL$_2$ − SPL$_1$= 95 − 94.8 = 0.2dB

　　第二步：查表 17.2，得 ΔSPL= 2.9dB

　　第三步：SPL$_T$ = SPL$_2$ + ΔSPL = 95 + 2.9 = 97.9dB

註：直接以公式計算：

$$SPL_T =10\log(10^{\frac{SPL_1}{10}} +10^{\frac{SPL_2}{10}} +10^{\frac{SPL_3}{10}})$$

$$=10\log(10^{\frac{93}{10}} +10^{\frac{95}{10}} +10^{\frac{90}{10}}) = 97.9 = 97.9dB$$

答案相符。

三、噪音平均值

設 P_1、P_2、$\cdots$、P_n 代表 n 個不同噪音之有效音壓級，則此 n 個噪音之「平均音壓級」(Average Sound Pressure Level, SPLave) 為：

$$\text{SPL}_{\text{ave}} = 10\log\left(\frac{\dfrac{P_1^2 + P_1^2 + \cdots + P_n^2}{n}}{P_0^2}\right)$$

$$= 10\log\left[\frac{1}{n}\left(\frac{P_1^2 + P_1^2 + \cdots + P_n^2}{P_0^2}\right)\right]$$

$$= 10\log\left(\frac{P_1^2 + P_1^2 + \cdots + P_n^2}{P_0^2}\right) + 10\log\frac{1}{n}$$

最後得

$$\text{SPL}_{\text{ave}} = 10\log(10^{\frac{\text{SPL}_1}{10}} + 10^{\frac{\text{SPL}_2}{10}} + \cdots + 10^{\frac{\text{SPL}_n}{10}}) - 10\log n$$

例六

三部機器之噪音分別為 93dB，95dB 及 90dB，其平均值為若干？

答　$\text{SPL}_{\text{ave}} = 10\log(10^{\frac{93}{10}} + 10^{\frac{95}{10}} + 10^{\frac{90}{10}}) - 10\log 3 = 93.123\,\text{dB}$

三、音壓級與距離之關係

一自由場之點音源，其功率 W 與距離音源 R 處之聲音強度 I 之間之關係為：

$$I = \frac{W}{4\pi R^2}$$

另有效音壓 $P_{\text{r.m.s}}$ 與 I 之關係為：

$$I = \frac{P_{\text{r.m.s.}}^2}{\rho C}$$

合併以上兩式可以得

$$P_{\text{r.m.s.}}^2 = \frac{\rho W C}{4\pi R^2}$$

假設測量點、工作點與噪音源的距離分別為 r 及 R，且 $R > r$，如圖 17.24 所示：

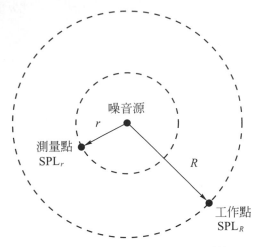

圖 17.24　不同距離的音壓級計算

若已於測量點測得噪音的音壓級為 SPL_r，則工作點的噪音音壓級 SPL_R 可用下式計算：

$$\mathrm{SPL}_R = 10\log\left(\frac{P_{\mathrm{r.m.s}}^2}{P_0^2}\right) = 10\log\left(\frac{\dfrac{\rho WC}{4\pi R^2}}{P_0^2}\right) = 10\log\left(\frac{\dfrac{\rho WC \cdot r^2}{4\pi R^2 \cdot r^2}}{P_0^2}\right)$$

$$= 10\log\left[\left(\frac{\dfrac{\rho WC}{4\pi R^2}}{P_0^2}\right)\left(\frac{r^2}{R^2}\right)\right] = 10\log\left(\frac{\dfrac{\rho WC}{4\pi R^2}}{P_0^2}\right) + 10\log\left(\frac{r^2}{R^2}\right)$$

因

$$\mathrm{SPL}_r = 10\log\left(\frac{\dfrac{\rho WC}{4\pi R^2}}{P_0^2}\right)$$

最後得

$$\mathrm{SPL}_R = \mathrm{SPL}_r + 10\log\left(\frac{r^2}{R^2}\right)$$

或

$$\mathrm{SPL}_R = \mathrm{SPL}_r + 20\log r - 20\log R$$

例七

一部機器之噪音量為 85dB，在 5m 處所測得噪音音壓級為何？

(1) 設該機器為小型機器，測定距離 $r = 15\text{cm} = 0.15\text{m}$，$\text{SPL}_r = 85\text{dB}$，
所以在 5m 處，即 $R = 5\text{m}$ 之音壓級為
$$\text{SPL}_R = 85 + 20 \log 0.15 - 20 \log 5 = 54.54\text{dB}$$

(2) 設該機器為中型機器，測定距離 $r = 30\text{cm} = 0.3\text{m}$，$\text{SPL}_r = 85\text{dB}$，
所以在 5m 處，$R = 5\text{m}$ 之音壓級為
$$\text{SPL}_R = 85 + 20 \log 0.3 - 20 \log 5 = 60.56\text{dB}$$

(3) 設該機器為大型機器，測定距離 $r = 100\text{cm} = 1\text{m}$，$\text{SPL}_r = 85\text{dB}$，
所以在 5m 處，$R = 5\text{m}$ 之音壓級為
$$\text{SPL}_R = 85 + 20 \log 1 - 20 \log 5 = 71.02\text{dB}$$

四、音壓級減法

(1) 由於測量機器之音壓級時，常會連同背景噪音 (backgroundnoise) 一併測量在內，因此需要將背景噪音減除。

設機器未開動時之背景噪音音壓級為 SPL_{bn}，機器開動後測得之總噪音音壓級為 SPL_T，且 P_m，P_{bn} 分別為機器及背景噪音本身之有效音壓。依定義

$$\text{SPL}_T = 10 \log \left(\frac{P_m^2 + P_{bn}^2}{P_0^2} \right)$$

取反對數，得

$$10^{\frac{\text{SPL}_T}{10}} = \frac{P_m^2 + P_{bn}^2}{P_0^2}$$

移項後

$$\frac{P_m^2}{P_0^2} = 10^{\frac{\text{SPL}_T}{10}} - \frac{P_{bn}^2}{P_0^2}$$

由上式可導出單由機器本身所產生之噪音音壓級 SPL_m 為

$$\text{SPL}_m = 10 \log \frac{P_m^2}{P_0^2} = 10 \log \left(10^{\frac{\text{SPL}_T}{10}} - \frac{P_{bm}^2}{P_0^2} \right)$$

又因

$$\frac{P_{bm}^2}{P_0^2} = 10^{\frac{SPL_{bn}}{10}}$$

最後得

$$SPL_m = 10\log(10^{\frac{SPL_T}{10}} - 10^{\frac{SPL_{bn}}{10}})$$

例八

某工廠之背景噪音為 53dB，現開動一機器，測出該機器之噪音為 60dB，試將背景噪音之影響加以考慮並修正該機器之音壓級。

 依題意，$SPL_{bn} = 53dB$，$SPL_T = 60dB$，利用公式計算該機器本身之真正音壓級：

$$SPL_m = 10\log(10^{\frac{SPL_T}{10}} - 10^{\frac{SPL_N}{10}})$$
$$= 10\log(10^{\frac{60}{10}} - 10^{\frac{53}{10}})$$

(2) 修正背景噪音，亦可以查圖的方法求得。因

$$SPL_T = 10\log\left(\frac{P_m^2 + P_{bn}^2}{P_0^2}\right)$$

$$= 10\log\left[\frac{P_m^2}{P_0^2}\left(1 + \frac{P_{bn}^2}{P_m^2}\right)\right]$$

$$= 10\log\frac{P_m^2}{P_0^2} + 10\log\left(1 + \frac{P_{bn}^2}{P_m^2}\right)$$

所以

$$10\log\frac{P_m^2}{P_0^2} = SPL_T - 10\log\left(1 + \frac{P_{bn}^2}{P_m^2}\right)$$

亦即

$$SPL_m = SPL_T - 10\log\left(1 + \frac{P_{bn}^2}{P_m^2}\right)$$

令

$$\Delta L_n = 10\log\left(1 + \frac{P_{bn}^2}{P_m^2}\right)$$

最後得

$$\mathrm{SPL}_m = \mathrm{SPL}_T - \Delta L_n$$

由於

$$\frac{P_{bn}^2}{P_0^2} = 10^{\frac{\mathrm{SPL}_{bn}}{10}} \quad , \quad \frac{P_m^2}{P_0^2} = 10^{\frac{\mathrm{SPL}_T}{10}} - \frac{P_{bn}^2}{P_0^2} = 10^{\frac{\mathrm{SPL}_T}{10}} - 10^{\frac{\mathrm{SPL}_{bn}}{10}}$$

所以

$$\frac{P_{bn}^2}{P_m^2} = \frac{10^{\frac{\mathrm{SPL}_{bn}}{10}}}{10^{\frac{\mathrm{SPL}_T}{10}} - 10^{\frac{\mathrm{SPL}_{bn}}{10}}} = \frac{1}{10^{\frac{\mathrm{SPL}_T - \mathrm{SPL}_{bn}}{10}} - 1}$$

將上式代入 ΔL_n，可得

$$\Delta L_n = 10\log\left(1 + \frac{1}{10^{\frac{\mathrm{SPL}_T - \mathrm{SPL}_{bn}}{10}} - 1}\right)$$

以 $\mathrm{SPL}_T - \mathrm{SPL}_{bn}$ 對 ΔL_n 作圖，得圖 17.25。

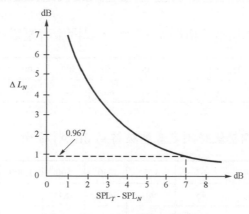

圖 17.25　噪音級差量對照圖

總噪音音壓：$\text{SPL}_T = 60\text{dB}$

背景噪音：$\text{SPL}_{bn} = 53\text{dB}$

差量：$\text{SPL}_T - \text{SPL}_{bn} = 60 - 53 = 7\text{dB}$

由圖 17.24 得 $\Delta L_n = 0.967\text{dB}$

機器噪音：$\text{SPL}_m = \text{SPL}_T - \Delta L_n = 60 = 0.967 = 59.033\text{dB}$，答案相符。

五、權衡電網之調整

在對機械設備進行頻譜分析時，通常是採用 C 權衡電網或 L_{in} 進行測定，然而在考慮對人的影響時，則需要將之轉換成 A 權衡電網之測定值。表 17.3 為將 dB(C) 轉為 dB(A) 之調整表。

表 17.3　權衡電網調整表

中央頻率 (Hz)	調整值 (由 dB(C) 調整為 dB(A))
10	－ 70.4
31.5	＋ 39.4
63	－ 26.2
125	－ 16.1
250	－ 8.6
500	－ 3.2
1,000	0.0
2,000	＋ 1.2
4,000	＋ 1.0
8,000	－ 1.1
16,000	－ 6.6

例九

某機械運轉時，以八音幅頻譜分析得如下資料，試問全音壓級為多少 dB(A)？

八音幅頻帶之中心頻率 (Hz)	63	125	250	500	1,000	2,000	4,000	8,000
測定音壓級 dB(C)	75	90	82	84	86	78	70	55

 先依表 17.3 之調整值將測定音壓級轉為 dB(A) 權衡

中心頻率 (Hz)	63	125	250	500	1,000	2,000	4,000	8,000
測定音壓級 dB(C)	75	90	82	84	86	78	70	75
表 17.3 之調整值	－ 26.2	－ 16.1	－ 8.6	－ 3.2	0	＋1.2	＋1.0	－ 1.1
調整後之音壓級 dB(A)	48.8	73.9	73.4	80.8	86	79.2	71.0	53.9

$$\text{全音壓級 } SPL = 10\log(10^{\frac{SPL_1}{10}} + 10^{\frac{SPL_2}{10}} + \cdots + 10^{\frac{SPL_8}{10}})$$

$$= 10\log(10^{\frac{48.8}{10}} + 10^{\frac{73.9}{10}} + 10^{\frac{73.4}{10}} + 10^{\frac{80.8}{10}} + 10^{\frac{86}{10}} + 10^{\frac{79.2}{10}} + 10^{\frac{71.0}{10}} + 10^{\frac{53.9}{10}})$$

$$= 88.201 dB(A)$$

17.10　噪音控制

工業噪音的控制非常複雜，控制方法需依現場因素而定，但其控制重點為：

(1) 工廠設計

在建廠前要考慮設廠地點、廠房建築是否會產生共鳴回音，並且選用合適的隔音或吸音建材。此外，工廠內部佈置對噪音的混合效應亦有一定的影響。噪音量大的機械可安置在隔音室內獨立操作，以減少噪音之外揚。

(2) 取代作業

選擇適當作業方法，以較低噪音之作業取代高噪音之作業，並且採用可降低噪音之設備、流程及材料等。

(3) 噪音源控制

消除機械之鬆動，減少摩擦及衝擊之發生。

17.11　結語

依「職業安全衛生法」第四十三條規定，雇主違反本法第六條第一項，未提供符合規定之必要安全衛生設備及措施以防止噪音引起之危害者，或未依本法第十二條規定，對工作日 8 小時日時量平均音壓級 85 分貝以上之作業場所實施噪音監測者，處新臺幣三萬元以上三十萬元以下罰鍰。

習　題

一、選擇題

(　　) 1. 下列有關噪音危害之敘述何者錯誤？　(1) 超過噪管制標準即會造成嚴重聽力損失　(2) 噪音會造成心理影響　(3) 長期處於噪音場所能對聽力造成影響　(4) 高頻噪音較易導致聽力損失。

(　　) 2. 離點音源之距離加倍時，音級減少 6 分貝之音場爲下列何者？　(1) 反射音場　(2) 遠音場　(3) 近音場　(4) 自由音場。

(　　) 3. 依職業安全衛生設施規則規定，下列有關噪音暴露標準規定之敘述何者錯誤？　(1) 勞工 8 小時日時量平均音壓級暴露不得超過 90 分貝　(2) 工作日任何時間不得暴露於峰值超過 140 分貝之衝擊性噪音　(3) 工作日任何時間不得暴露於超過 115 分貝之連續性噪音　(4) 測定 8 小時日時量平均音壓級時應將 75 分貝以上噪音納入計算。

(　　) 4. 勞工經聽力檢查所得之結果，下列何種聽力損失具有較佳之聽力？　(1) 0 分貝　(2) 5 分貝　(3) 10 分貝　(4) 15 分貝。

(　　) 5. 單一正弦波聲音音壓的均方根值 ($P_{r.m.s}$) 爲其聲音音壓峰值的多少倍？　(1) 0.707　(2) 0.866　(3) 1.414　(4) 1.732。

(　　) 6. 如距離音源 5 公尺處測定單一音源之音壓級爲 81 分貝，如有 8 個相同之音源放置在一起，在相同位置測定時，理論上合成後之音壓級應爲多少分貝？　(1) 84　(2) 87　(3) 90　(4) 93。

(　　) 7. 吸音材料之吸音係數爲 0 到 1，下列哪一項吸音係數之材料吸音效果較佳？　(1) 0　(2) 0.2　(3) 0.5　(4) 0.8。

(　　) 8. 對於同一噪音源，dBA = 65，dBB = 83，dBC = 90，則此噪音之主要頻率爲下列何者？　(1) 20 ～ 600Hz　(2) 600 ～ 1,200Hz　(3) 1,200 ～ 2,400Hz　(4) 2,400 ～ 4,800Hz。

(　　) 9. 噪音引起之聽力損失，在聽力圖上最先顯示有聽力損失的頻率爲下列何者？　(1) 低頻部分 (250 ～ 1,000Hz)　(2) 高頻部分 (3,000 ～ 6,000Hz)　(3) 高低頻同等分佈 (250 ～ 8,000Hz)　(4) 超音波 (20,000Hz) 以上。

(　　) 10. 對於防音防護具之性能，應使用下列何種權衡電網測試？　(1) A　(2) B　(3) C　(4) D。

(　　) 11. 正常人耳朵對頻率爲 1,000 赫的聲音，可聽到的最小音壓級是多少分貝？　(1) 0　(2) 30　(3) 60　(4) 90。

(　　) 12. 噪音對人體所引起的聽力損失在初期經常不易被發覺、因爲於噪音所造成的聽力損失是從高頻率開始，一般在多少赫 (Hz) 左右？　(1) 1,000　(2) 2,000　(3) 4,000　(4) 8,000。

(　　) 13. 室內作業場所之勞工噪音曝露工作 8 小時日時量平均音壓級超過 85 分貝，應每多少個月測定 1 次以上？　(1) 1　(2) 3　(3) 6　(4) 8。

( ) 14. 容許偏差在主要聲音頻率範圍內為 0.7 分貝的噪音計屬第幾型 (type) 噪音計？ (1) 0 (2) 1 (3) 2 (4) 3。

( ) 15. 下列何者是運用聽覺顯示的適當時機？ (1) 訊息複雜 (2) 訊息很長 (3) 訊息不要求立即回應 (4) 訊自要求立即回應。

( ) 16. 某一事業單位作業場所之噪音為 95 分貝，依職業安全衛生設施規則規定，其勞工一日之容許暴露時間為多少小時？ (1) 2 (2) 4 (3) 6 (4) 8。

( ) 17. 63.5 赫之純音，以噪音計測定時，下列哪一種權衡電網之讀數為最大？ (1) A (2) B (3) C (4) F。

( ) 18. 依職業安全衛生設施規則規定，勞工暴露於連續穩定性噪音音壓級為 95 分貝時，其對應之工作日暴露容許時間為多少小時？ (1) 3 (2) 4 (3) 6 (4) 8。

( ) 19. 在緊急通報場合，聽覺警笛比視覺警燈更具催促大家採取行動的作用，這是屬於下列何種相容性？ (1) 概念 (2) 移動 (3) 空間 (4) 感覺型式。

( ) 20. 勞工噪音暴露工作日時量平均音壓級為 88 分貝時，下列何者非法令規定應辦理之事項？ (1) 應使勞工戴用有效之耳塞、耳罩等防音防護具 (2) 應標示並公告噪音危害之預防事項，使勞工周知 (3) 應實施作業環境監測 (4) 應對暴露勞工實施特殊體格檢查、健康檢查及健康管理。

( ) 21. 與噪音源之距離每增加 1 倍時，其噪音音壓級衰減多少分貝？ (1) 3 (2) 6 (3) 9 (4) 12。

( ) 22. 下列何者會影響噪音測定結果？ (1) 磁場 (2) 照明 (3) 氧氣濃度 (4) 二氧化碳濃度。

( ) 23. 正常人耳朵的痛覺閾值為多少分貝？ (1) 90 (2) 100 (3) 115 (4) 140。

( ) 24. 測定衝擊性噪音儀器，其衝擊回應特性之時間常為多少秒？ (1) 0.010 (2) 0.035 (3) 0.125 (4) 1.000。

( ) 25. 評估勞工噪音暴露以下列何者表示最適當？ (1) L_{eq} (2) L_{50} (3) L_{TWA} (4) L_{dn}。

( ) 26. 某勞工暴露於 85 分貝 4 小時，95 分貝 1 小時，100 分貝 1 小時，75 分貝 2 小時，請問該勞工八小時日時量平均音壓級為多少分貝？ (1) 88 (2) 90 (3) 92 (4) 95。

( ) 27. 依職業安全衛生設施規則規定，勞工作業任何時間皆不可暴露於超過幾分貝之連續性噪音？ (1) 115 (2) 120 (3) 130 (4) 140。

( ) 28. 下列何者為選擇耳塞最主要的考慮因素？ (1) 價格便宜 (2) 外形美觀 (3) 遮音效果高 (4) 輕便。

( ) 29. 下列何者非屬噪音工程改善之原理？ (1) 減少振動 (2) 隔離振動 (3) 以吸音棉減少噪音傳遞 (4) 使用防護具。

( ) 30. 距某機械 4 公尺處測得噪音為 95 分貝，若另有一噪音量相同之機械併置一起，於原測量處測量噪音量約為多少分貝？ (1) 95 (2) 96 (3) 98 (4) 190。

( ) 31. 防止噪音危害之治本對策為何？ (1) 使用耳塞、耳罩 (2) 實施職業安全衛生教育訓練 (3) 消除發生源 (4) 實施特殊健康檢查。

( ) 32. 作業場所測得之噪音音壓級為 97dBA，依職業安全衛生設施規則規定，勞工工作日容許暴露時間為多少小時？ (1) 2 (2) 3 (3) 4 (4) 5。

( ) 33. 距某機械 4 公尺處測得噪音為 90 分貝，若另有一噪音量相同之機械併置一起，於原測量處測量噪音量約為多少分貝？ (1) 90 (2) 93 (3) 122 (4) 180。

( ) 34. 依職業安全衛生設施規則規定，勞工暴露衝擊性噪音峰值不得超過多少分貝？ (1) 85 (2) 90 (3) 115 (4) 140。

( ) 35. 某勞工每日作業時間 8 小時暴露於穩定性噪音，戴用劑量計測定 2 小時，其劑量為 25%，該勞工工作 8 小時日時量平均音壓級為多少分貝？ (1) 86 (2) 90 (3) 94 (4) 98。

( ) 36. 依職業安全衛生設施規則規定，噪音每增加多少分貝，容許暴露時間即須減半？ (1) 2 (2) 4 (3) 5 (4) 6。

( ) 37. 依職業安全衛生設施規則規定，噪音超過多少分貝之工作場所，應標示並公告噪音危害之預防事項，使勞工周知？ (1) 80 (2) 85 (3) 90 (4) 95。

( ) 38. 作業場所高頻率噪音較易導致下列何種症狀？ (1) 失眠 (2) 聽力損失 (3) 肺部疾病 (4) 腕道症候群。

( ) 39. 下列何者非為選用防音防護具之要件？ (1) 使用舒適 (2) 不易脫落 (3) 密著於耳朵 (4) 顏色亮麗。

( ) 40. 對於勞工八小時日時量平均音壓級超過 85 分貝或暴露劑量超過多少時，雇主應使勞工戴用耳塞、耳罩等防護具？ (1) 30% (2) 40% (3) 50% (4) 60%。

( ) 41. 感音性聽力損失以哪一頻率最明顯？ (1) 500Hz (2) 1,000Hz (3) 2,000Hz (4) 4,000Hz。

( ) 42. 就特定的強度而言，噪音在下列何頻率範圍內最容易造成永久性的聽力損失？ (1) 3.75～500Hz (2) 800～1,600Hz (3) 1,000～4,000Hz (4) 6,000～8,000Hz。

( ) 43. 一直結式傳動之排氣機，每分鐘 3,600 轉，輸送量每秒 68 立方公尺，此排氣機有 60 個後屈弧型葉片，其所生之噪音之主要頻率為多少 Hz？ (1) 1,200 (2) 2,400 (3) 3,600 (4) 4,800。

( ) 44. 噪音儀器上有 A. B. D. F 四個權衡電網供做選擇，若要評估噪音之物理量以做為作業環境改善時，應使用何種權衡電網？ (1) A (2) B (3) D (4) F。

( ) 45. 一作業場所戴用耳塞可降低 10 分貝，戴用耳罩可降低 15 分貝，如該作業場所作業勞工同時戴用耳罩及耳塞，其可能降低之音量為多少分貝？ (1) 20 (2) 30 (3) 35 (4) 40。

( ) 46. 評估勞工噪音暴露測定時，噪音計採用下列何種權衡電網？ (1) A (2) B (3) C (4) F。

( ) 47. 評估勞工 8 小時日時量平均音壓級時,依規定應將多少分貝以上之噪音納入計算? (1) 75 (2) 80 (3) 85 (4) 90。

( ) 48. 下列何者為聽力測試隔音室必要的評估儀器? (1) 可連接耳機之劑量計 (2) 具有八音幅頻帶分析力之噪音計 (3) 一般調查用之噪音計 (4) 示波器。

( ) 49. 聲音在下列何種介質中的傳送速度最快? (1) 固體 (2) 液體 (3) 氣體 (4) 蒸氣。

( ) 50. 勞工暴露於變動週期為 1 小時之週期性變動噪音,其 1 天噪音暴露 8 小時,如以噪音劑量計測定 4 小時,劑量為 100%,則該勞工工作日 8 小時日時量平均音壓級為多少分貝? (1) 85 (2) 90 (3) 95 (4) 100。

( ) 51. 某一機器產生 96 分貝的噪音,同一位置若再裝置一產生 96 分貝之機器,可能噪音音壓級最大為多少分貝? (1) 93 (2) 95 (3) 99 (4) 102。

( ) 52. 勞工噪音暴露工作日 8 小時日時量平均音壓級 90 分貝之劑量為 100%,如採用 5 分貝規則測定結果工作日暴露總劑量為 200%,則其 8 小時日時量平均音壓級為多少分貝? (1) 93 (2) 95 (3) 98 (4) 100。

( ) 53. 勞工工作日相當 8 小時之時量平均音壓級相當之劑量為 25% 時,如其暴露時間為 10 小時,則其相當 8 小時之時量平均音壓級為多少分貝? (1) 80 (2) 85 (3) 90 (4) 95。

( ) 54. 依勞工健康保護規則規定,勞工於噪音 8 小時日時量平均音壓級在多少分貝以上之作業場所工作,應定期實施特殊健康檢查? (1) 65 (2) 75 (3) 85 (4) 90。

( ) 55. 在噪音計構成系統中,下列哪一單元將音壓訊號轉變為電氣訊號? (1) 放大器 (2) 微音器 (3) 整流器 (4) 濾波器。

( ) 56. 噪音測定儀器上有 A、B、C、D 四個權衡電網供做選擇,若要評估噪音對人耳之危害,應使用何種權衡電網? (1) A (2) B (3) C (4) D。

( ) 57. 噪音計慢速 (slow) 回應之時間常數為多少秒? (1) 0.035 (2) 0.125 (3) 1 (4) 5。

( ) 58. 某勞工每日作業時間 8 小時暴露於穩定性噪音,戴用劑量計測定 2 小時,其劑量為 44.5%,則該勞工工作日 8 小時日時量平均音壓級為多少分貝? (1) 86 (2) 90 (3) 94 (4) 98。

( ) 59. 在自由音場某一音功率級為 117 分貝之點音源,距離 20 公尺處測得之音壓級為多少分貝? (1) 60 (2) 70 (3) 80 (4) 90。

( ) 60. 下列何者為聽力測試隔音室必要的評估儀器? (1) 可連接耳機之劑量計 (2) 具有八音幅頻帶分析力之噪音計 (3) 一般調查用之噪音計 (4) 示波器。

( ) 61. 音壓 1.8 毫巴約等於多少分貝? (1) 65 (2) 70 (3) 85 (4) 95。

( ) 62. 一般而言以下哪一種頻率範圍之噪音環境較易對人之聽力產生危害 (1) 超低頻 (2) 低頻 (3) 高頻 (4) 超音波。

( ) 63. 從事噪音超過 85 分貝之勞工,應每隔多久實施特殊健康檢查一次? (1) 半年 (2) 一年 (3) 二年 (4) 三年。

( ) 64. 下列何者是聲音頻率的單位？ (1) 秒 (2) 赫茲 (3) 公厘 (4) 分貝。

( ) 65. 何謂 PSIL(Preferred Speech Interference Level)？ (1) 八音幅頻帶中心頻率置於 500、1,000、2,000Hz (2) 八音幅頻帶 600～1,200、1,200～2,400、2,400～4,800Hz 之噪音音壓級之音量平均值 (3) 分貝值，相對於一參考功率取 log 後的 10 倍 (4) 一種噪音，其功率隨頻率帶之中心頻率增加而遞減。

二、問答題

1. 一工作場所只有 3 個 95 分貝之噪音源，此 3 個噪音源緊密接於工作場所 A 區域，P 點位於 A 區域距離噪音源直線距離 5 公尺，B 場所距離噪音源 50 公尺 (P 點位於噪音源與 B 區域之間，且不考慮 B 區域周界範圍大小，採點計)，場所配置如下圖所示：

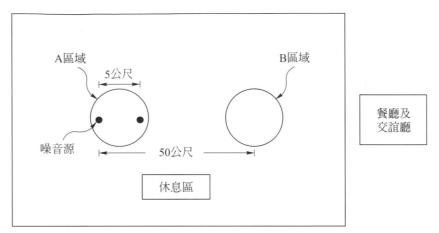

某勞工工作時間分配如下表：

勞工作業活動區域	工作起迄時間	量測音壓
A 區	8：00am～9：00am	未實施噪音測試，假設此 3 個噪音音源於工作場所 A 區域造成均勻之音場，採 3 個噪音源之合成音壓計算評估
休息室休息	9：00am～9：15am	85 分貝
B 區	9：15am～12：15pm	未實施噪音測試，採 P 點與 B 區噪音傳播距離衰減方式計算評估
餐廳用餐及交誼廳午休	12：15pm～1：15pm	60 分貝
B 區	1：15pm～3：15pm	未實施噪音測試，採 P 點與 B 區噪音傳播距離衰減方式計算評估
休息室休息	3：15pm～3：30pm	85 分貝
A 區	3：30pm～5：00pm	未實施噪音測試，假設此 3 個噪音音源於工作場所 A 區域造成均勻之音場，採 3 個噪音源之合成音壓計算評估
下班	5：00pm～	

試計算：

(1) 3 個 95 分貝噪音源之合成音壓級 (可利用參考表格計算)。

(2) 勞工一天工作 8 小時之暴露劑量。(有效位數計算至小數點後 2 位)

(3) 勞工一天工作 8 小時之日時量平均音壓級。(有效位數計算至小數點後 2 位)

參考表格

2 個音源差異	為計算合成音量之較高音源增加量
0～1 分貝	3 分貝
2～4 分貝	2 分貝
5～9 分貝	1 分貝
10 分貝	0 分貝

參考公式：

$Lp_{d2} = Lp_{d1} + 20 \log(d1/d2)$

$TWA = 16.61 \log(D) + 90$

$T = 8/[2^{(L-90)/5}]$

2. 何謂衝擊性噪音？

3. 某公司部分場所為噪音作業場所，今您為該公司的職業衛生管理師，為保護勞工免受聽力危害，應訂定聽力保護計畫據以執行。請依據作業環境監測結果，列出聽力保護計畫之具體內容。

4. 設某一半自由音場所有一穩定性噪音源 (為點音源)，經測得其輸出之功率為 0.1 瓦 (watt)。試回答下列問題：

(1) 該音源之音功率級 (Sound power level，L_w) 為多少分貝？(請列出計算過程)

(2) 有一勞工在距離音源 4 公尺處作業，則在常溫常壓下，理論上的音壓級 (Sound pressure level，L_w) 為多少分貝？(請列出計算過程)

(3) 若該勞工每日在該處作業 8 小時，則其暴露劑量為多少？(請列出計算過程)

(4) 承上題，依相關法令規定，雇主應採取哪些管理措施？

提示：

$\log 2 = 0.3$；基準音功率為 10^{-12} 瓦 (watt)

$L_w = 10 \cdot \log(W/W_o)$

$L_p = L_w - 8 - 20 \cdot \log(r)$

$T = 8/[2^{(L-90)/5}]$

5. 耳塞與耳罩各有其優缺點，相較於耳塞，試列舉 3 項耳罩之優點。

6. 某勞工每日工作 8 小時，經環境監測所得之噪音暴露如下：

時間	噪音類別	測定值
08：00～12：00	變動性穩定性	40%
13：30～15：30		95dBA
15：30～17：30		無暴露

試回答下列問題：

(1) 若噪音源為移動式音源，則其測定點為何？

(2) 在監測穩定性噪音及變動噪音時，請說明你選用之儀器種類及其設定為何？

(3) 請由題意所得之測定值評估：

① 該勞工全程工作日之噪音暴露劑量。

② 該勞工噪音暴露之 8 小時日時量平均音壓級。

(4) 對上述評估之結果，依法令規定，雇主是否應提供防音防護具給勞工佩戴？（請說明理由）

7. 某勞工之噪音暴露經監測結果如下：

08：00～10：00　穩定性噪音 95 分貝

10：00～12：00　變動性噪音 D＝10%

13：00～15：00　穩定性噪音 90 分貝

15：00～17：00　變動性噪音 D＝20%

請計算其噪音暴露劑量。（應列出計算式）

8. 某勞工在鐵工廠工作，該作業場所連續噪音量 8 時至 10 時為 90 分貝，10 時至 12 時為 95 分貝，12 時至 13 時為休息時間，13 時至 14 將為 100 分貝，14 時至 17 時為 90 分貝，請問該勞工之噪音暴露是否符合法令規定？（請列出計算公式）

9. 試述作業環境中穩定性噪音、變動性噪音和衝擊性噪音的測定方法及其測定時應注意事項。

10. 試從作業環境工程管理與作業管理等面向，說明預防噪音危害之基本原則或方法。

11. 某工作場所噪音經頻譜分析儀測定結果如下：

八頻帶中心頻率 (Hz)	31.5	63	125	250	500	1,000	2,000	4,000	8,000	16,000
音壓級 (dB)	90	90	93	95	100	102	105	105	70	80
A 權衡校正	－ 39	－ 26	－ 16	－ 9	－ 3	0	＋ 1	＋ 1	－ 1	－ 7

試概算該場所之 A 權衡音壓級。提示：

聲音級合成概算表

$L_1 － L_2$	0～1	2～4	5～9	10
加值	3	2	1	0

12. 某場所屬於噪音作業場所，勞工 8 小時間時量平均音壓級為 95dBA。試問該事業單位應採取之管理對策為何？

13. 某工作場所有機械 1 台，經於 4 公尺遠處測定噪音為 85 分貝，如另 1 台相同之機械噪音於 4 公尺處測定亦為 85 分貝，假設各機械皆視為點音源，請回答下列問題：（請列出計算過程）

(1) 如二機械置於同一處，於 4 公尺遠處測定之音壓級應為多少？

(2) 又若共有 4 台同樣之機械置於該處時,測定結果應爲若干?

    (提示:噪音值 $L_1 - L_2 = 0$ 分貝時,修正值 $L = 3$ 分貝)

14. 設某作業場所有一穩定性噪音源(爲點音源)。該場所爲半自由音場,且音源發出之功率爲 0.1 瓦 (watt)。試回答下列問題:

    (1) 該音源之音功率級 (Sound power level, L_w) 爲多少分貝?(請列出計算過程)

    (2) 有一勞工在距離音源 4 公尺處作業?則在常溫常壓下,理論上的音壓級 (Sound power level, L_p) 爲多少分貝?(請列出計算過程)

    (3) 若該勞工每日在該處作業 8 小時,則其暴露劑量爲多少?(請列出計算過程)

    (4) 承上題,依相關法令規定,雇主應採取哪些管理措施?

    提示:$\log 2 = 0.3$;基準音功率爲 10^{-12} 瓦 (watt)

15. 某工廠之生產線配置有空壓機、傳動馬達、傳動鏈條等,屬於會產生噪音之工作場所。請依職業安全衛生設施規則規定,回答下述問題:

    (1) 若勞工 8 小時日時量平均音壓級超過 85 分貝,雇主應採取何種措施?

    (2) 若噪音超過 90 分貝,雇主應採取何種措拖?

16. 某勞工工作場所,經測定其噪音之暴露如下:

時間	噪音類別	測定值
08:00～12:00	穩定性	90dBA
13:00～16:00	變動性	噪音劑量:40%
16:00～18:00	穩定性	65dBA

試回答下列問題:

    (1) 全程工作日之時量平均音壓級爲何?

    (2) 暴露之 8 小時日時量平均音壓級爲多少分貝?

    (3) 該勞工之噪音暴露是否符合法令之規定?(請說明判定之理由)

17. 勞工使用適當的耳塞或耳罩,可降低噪音暴露。相較於耳塞,在選用上,耳罩具有哪些優點?(請列舉 5 項)

18. 某工廠內所安裝之機器,其一部機器之噪音量爲 83 分貝,若安裝二部相同之機器並同時開動,在五米處所測得噪音音壓級爲何?若安裝四部相同之機器並同時開動,其值爲何?設噪音源爲點音源。

19. 有一勞工在下列噪音環境下工作,未戴噪音防護具,請問是否符合「職業安全衛生設施規則」之標準?

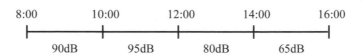

20. 如何防止作業場所噪音危害？請就工程改善及行政管理寫出可採取的措施。

21. 室內作業場所機械設備所發生之噪音超過 90 分貝時，依據職業安全衛生法令，事業單位應採取哪些措施以預防噪音危害勞工健康？

Chapter

18

振動之危害及控制

18.1 前言

在工作場所中，由於使用機械代替人力，因此很難避免振動的產生，例如當機械轉動時，由於機件的摩擦、碰撞，而導致振動的產生，有時候雖然只是輕微的振動，但卻可能引起其他機件的共振而使振動加劇，此外，機件的振動也會導致噪音的產生。

有時候，為了作業的需要，不得不使用振動來完成工作。例如自動化生產設備中所使用的零件供給器 (component feeder)、壓水泥機、鑿岩機等，都是以振動的原理來工作。因此，要先了解振動之物理特性、振動之危害，才能對振動加以控制。

18.2 振動之危害

振動之危害，可分為對人體的影響及對機器的影響兩方面來探討。

18.2.1 振動對人的影響

很早以前，已有研究指出直接對人體振動會產生嚴重的不良影響。在振動的環境下工作，勞工會產生視線模糊、無法平衡及無法集中注意力等現象，而且在某些頻率及振動程度下，會對人體的內部器官造成永久性傷害。

依過去數十年的資料顯示，使用振動手工具 (如釘鉚機、壓氣鑿、氣鎚、鏈鎚、磨輪等) 工作之勞工，容易罹患亞雷諾氏症。患者因手部長期處於振動狀態，而導致手部神經及血管退化，繼而手指蒼白，感覺遲鈍及無法靈活動作。因此亞雷諾氏症又被稱為「白手病」。

此外，勞工在振動的環境下工作，容易感到疲勞、頭痛及胃腸不適等症狀，更嚴重者會造成關節部分之變形。

18.2.2 振動對機器的影響

機器發生振動，不但會產生噪音，而且會產生金屬疲勞和磨損，引起零件的損壞。此外，機器的猛烈振動使地基及廠房也會發生振動或共振，導致崩塌或破裂之危險。在精密的加工作業中，機器振動會導致加工不良，使成品的品質降低。

18.3　振動之物理特性

　　振動屬於振動力學或機械振動學的研究範圍，振動與聲音相似的地方，就是它們都屬於週期性的和諧運動，因此討論振動時同樣需要考慮其振幅及頻率等物理特性。最簡單的振動例子就是音叉的振動。當音叉以其自然頻率振動時，只有單一振動頻率，其振幅與頻率的關係可以圖 18.1 來表示。

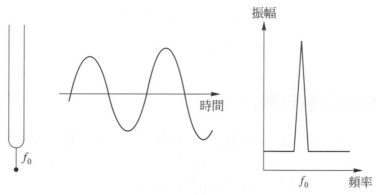

圖 18.1　音叉之振動

　　在圖 18.1 中，若音叉的振動頻率為 f_0 時，所有的振動都集中在 f_0 這頻率上。

　　事實上，一般的振動不可能只有單一的振動頻率，就像聲音不可能全都是純音一樣。例如在壓縮機的往復動作中，就可能同時出現兩個不同的振動頻率，如圖 18.2 所示。

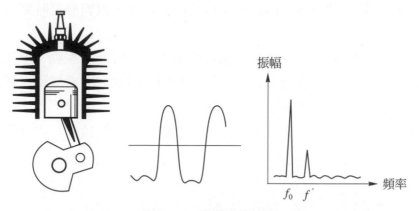

圖 18.2　壓縮機之振動

　　當一部機器運轉，由於包含了各種不同大小的機件，如各種齒輪及轉軸等，因此機器的振動頻率所涵蓋的範圍廣泛，而且在不同頻率會有不同的振幅大小，如圖 18.3 所示。

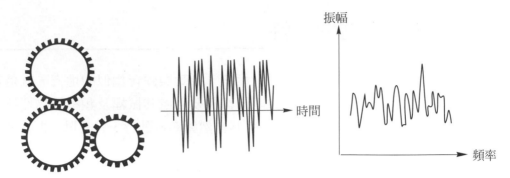

圖 18.3　複雜機器之振動

了解振動的現象後，需要對振動加以量化才能比較其危害性。

18.3.1　振幅之數學表示

　　由上述的例子我們可看到，測量振動的物理量，主要為振幅及其振動頻率，在不考慮共振所造成的影響下，振動的嚴重性都是以測量其振幅大小來表示及比較。物體振動時的振幅，係指該物體在振動時所發生相對於靜止時之位移 (displacement)，位移越大，其破壞性也越大。如圖 18.4 所示，計算振幅的大小可有四種方法，分別為「峰值」(peak level)、「峰對峰值」(peak-to-peak level)、「均方根值」(RMS level) 及「平均值」(average level)，其中由於平均值無法反映真實的物理現象，所以很少被採用作為振幅之計算。

　　「峰值」的計算方式只適合用於表示短時間的振動，但對於長時間且連續性的振動卻不適合。

　　「峰對峰值」跟「峰值」一樣，不適合用來表示長時間的振動，但「峰對峰值」比較佔優勢的地方，就是它能表示位移的最大範圍，因此在考慮機件在振動中所能承受最大的應力或機件間的距隙時有其參考價值。

　　而最能表達「振幅」的計算方法，就是「振幅的均方根值」。均方根值的計算公式如下：

$$y_{\text{r.m.s}} = \sqrt{\frac{1}{T} \int_0^T y^2(t)dt}$$

　　就像噪音一樣，振幅的均方根值之平方與振動能量成正比關係，很適合作為振動嚴重性的指標。

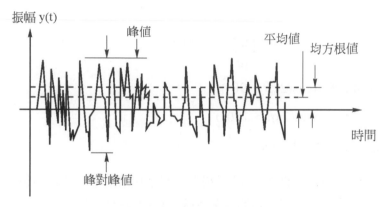

圖 18.4　振幅之計算方式

18.4　量測振動所使用之參數

　　在理論上，我們是以振幅或位移的均方根值作爲振動的測量指標，然而在實務上，要直接測量振動所引起的位移並不容易，部分原因是因爲振動所引起的位移，其大小範圍約在 μm ～ mm 之間，因此測定之準確性要相當高才能符合要求，而另外的原因，是因爲目前所用的感測器，其設計是以測定振動力的大小爲基礎，因此，除了以位移表示振動的程度外，尚可以振動速度、振動加速度等參數來表示，其間之關係可以音叉的振動加以說明。

　　從圖 18.5 可看到，音叉腳在振動時的位移屬簡諧運動，因此位移 $y(t)$ 與時間 t 的變化關係可寫成：

$$y(t) = A \sin(2\pi ft)$$

其中　A：振幅峰值

　　　f：振動頻率

位移 $y(t)$ 的單位爲 m

那麼音叉腳的位移速度 $v(t)$ 與位移 $y(t)$ 之關係爲：

$$v(t) = \frac{dy(t)}{dt} = \frac{d[A\sin(2\pi ft)]}{dt}$$
$$= 2\pi fA\cos(2\pi ft) = 2\pi fA\sin(2\pi ft + 90°)$$

位移速度 $v(t)$ 的單位爲 ms^{-1}。

同理，音叉腳的位移加速度 $a(t)$ 可以下式表示：

$$a(t) = \frac{dv(t)}{dt} = \frac{d[2\pi f \, A \sin(2\pi f t + 90°)]}{dt}$$

$$= 4\pi^2 f^2 A \cos(2\pi f t + 90°)$$

$$= 4\pi^2 f^2 A \sin(2\pi f t + 180°)$$

位移加速度 $a(t)$ 的單位為 ms^{-2}。

比較 $y(t)$，$v(t)$ 及 $a(t)$ 的波形，可發現三者的頻率相同，只是相位不同而已，而速度的峰值為位移的 $2\pi f$ 倍，而加速度的峰值為位移之 $4\pi^2 f^2$ 倍。

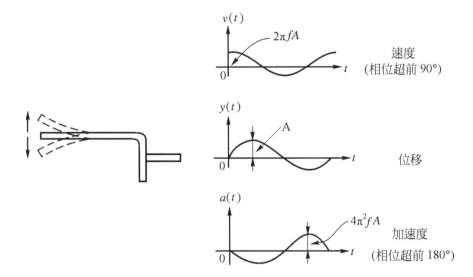

圖 18.5　位移、速度及加速度之關係

因此若能以感測器測出振動加速度的均方根值 $a_{\text{r.m.s}}$，則速度之均方根值 $v_{\text{r.m.s}}$ 及位移之均方根值 $y_{\text{r.m.s}}$ 可以下列式子計算：

$$v_{\text{r.m.s}} = \frac{a_{\text{r.m.s}}}{2\pi f}$$

$$y_{\text{r.m.s}} = \frac{a_{\text{r.m.s}}}{4\pi^2 f^2}$$

我們都知道振動是由於不平衡的力對物體所造成的結果，因此振動力 F 與加速度 a 之關係為：

$$F = ma$$

其中，m 為物體的質量。

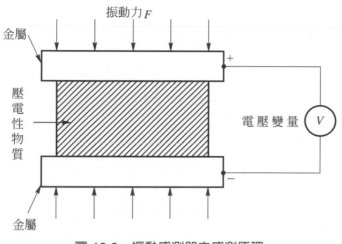

圖 18.6　振動感測器之感測原理

　　測定振動所使用的感測器，主要是以「壓電性材料」(piezoelectric material) 製造，如圖 18.6 所示。當振動力 (F) 施壓於感測器上，感測器即會輸出相對應之電壓變量，再經電路放大並轉換為振動加速度 a，並且可轉換為速度 v 或位移 y 等參數，視測量之需要而定。

18.4.1　振動位準

　　「振動位準」(vibration level) 與聲壓級或聲壓位準一樣，都是以對數尺度來定義，單位為「分貝」(dB)。振動位準因參數不同，可以分成五種位準表示法。就像聲音一樣，最基本的振動位準是以能量定義如下：

1. 振動能量位準

$$L_E = 10\log\frac{E}{E_0}$$

其中，$E_0 = 10^{-12}\text{J} = 1\text{pJ}$ 為參考振動能量。

2. 振動位移位準

由於振動能量與位移成正比關係，即

$$E \propto d^2$$

所以振動位移位準的定義如下：

$$L_d = 10\log\frac{d^2}{d_0^2} = 20\log\frac{d}{d_0}$$

其中，$d_0 = 10^{-12}\text{m} = 1\text{pm}$ 為參考振動位移。

3. 振動速度位準

同理，振動速度與振動位移成正比關係，

即

$$v \propto d$$

所以振動速度位準之定義如下：

$$L_v = 10\log\frac{v^2}{v_0^2} = 20\log\frac{v}{v_0}$$

其中，$v_0 = 10^{-9}\text{ms}^{-1} = 1\text{n ms}^{-1}$ 為參考振動速度。

4. 振動加速度位準

振動加速度與振動位移成正比關係，

即

$$a \propto d$$

所以振動加速度位準之定義如下：

$$L_a = 10\log\frac{a^2}{a_0^2} = 20\log\frac{a}{a_0}$$

其中，$a_0 = 10^{-6}\text{ms}^{-2} = 1\mu\text{ms}^{-2}$ 為參考振動加速度。

5. 振動力位準

振動加速度與振動力有 $F = ma$ 之關係，所以振動力位準的定義為：

$$L_F = 10\log\frac{F^2}{F_0^2} = 20\log\frac{F}{F_0}$$

其中，$F_0 = 10^{-6}\text{N} = 1\mu\text{N}$ 為參考振動力。

例一

某一振動手工具之振動加速度為 12ms^{-2}，試問其振動位準為多少 dB？

 $a = 12\text{ms}^{-2}$，$a_0 = 10^{-6}\text{ms}^{-2}$，依定義：

振動加速度位準

$$L_a = 20\log\frac{a}{a_0} = 20\log\frac{12}{10^{-6}} = 141.584\text{dB}$$

18.5 振動頻率分析及振動方向

正如前述，當振動發生時，振動頻率通常不只一個，而是呈連續分布。因此測定振動時，除了測定振動的總值外，還會對振動進行頻率分析，以了解振動發生時的頻率分布情形，作爲控制振動之參考。

振動的頻率分析與噪音的頻率分析一樣，可使用「八音幅頻帶」(octave band) 或「1/3 八音幅頻帶」(1/3 octave band) 作爲頻率的分段分析。不論是八音幅頻帶或 1/3 八音幅頻帶，其中心頻率或中央頻率通常是由 1Hz 開始。

(1) 八音幅中心頻率 (Hz) 如下：

　　1、2、4、8、16、32、64、128、256、512、1k、2k、4k

(2) 1/3 八音幅中心頻率 (Hz) 如下：

　　1.0、1.25、1.6、2.0、2.5、3.15、4.0、5.0、6.3、8.0、10.0、、16.0、20.0、25.0、31.5、40.0、50.0、63.0、80.0

圖 18.7 爲某電動手鑽之振動速度頻譜分析結果。

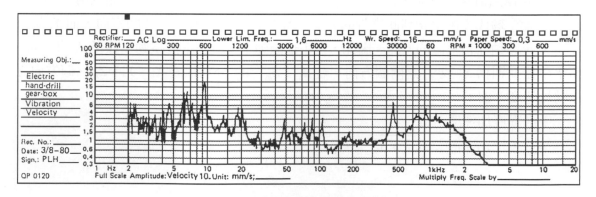

圖 18.7　振動速度之頻譜分析結果

除了振動頻率需要考慮外，振動的方向也需加以考慮。依方向而言，振動可分爲垂直振動及水平振動。若是一般機器設備，垂直振動係指振動方向和地面垂直者；水平振動係指振幅的方向和地面成水平者。而討論人體的振動方向時，需以圖 18.8 的座標系統爲參考。

一、全身振動的方向

在圖 18.8 可看到，不論人身是站著、坐著或躺著，其振動之座標原點都是以心臟位置爲準。所謂垂直振動的方向，是指 Z 軸的方向，也就是由腳到頭的方向。至於水平振動的方向有兩個，一是由胸部到背部的 X 軸，另一是由右到左之 Y 軸。若 a_x，a_y 及 a_z 分別代表 X、Y、Z 三個方向之振動加速度，則：

全身垂直振動加速度 $= a_z$

全身水平振動加速度 $= \sqrt{a_x^2 + a_y^2}$

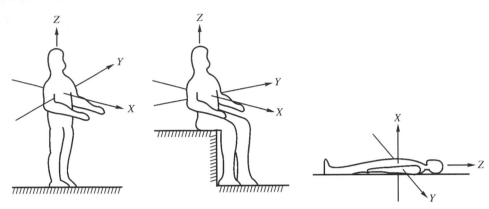

圖 18.8 全身振動的座標系統

二、手部振動的方向

由於手部振動會導致白手病，因此手部振動的座標系統需以圖 18.9 為參考。

如圖 18.9(a) 所示，X_h，Y_h 及 Z_h 分別代表手部的三個座標軸，其原點以第三掌骨的頭為準。Z_h 軸代表由手腕到此掌骨的方向，X_h 軸代表由手心到手背的方向，而 Y_h 軸代表與 X_h、Z_h 軸互相垂直的方向。因此，在手部振動中，所謂垂直振動，係指 Z_h 的方向，而水平振動則指 X_h 或 Y_h 這兩個方向。若 a_{hx}、a_{hy}、a_{hz} 分別代表 X_h、Y_h、Z_h 三個方向之振動加速度，則：

手部垂直加速度 $= a_{hz}$

手部水平加速度 $= \sqrt{a_{hx}^2 + a_{hy}^2}$

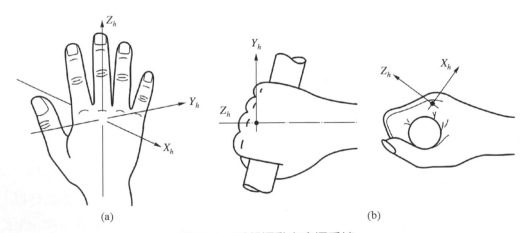

(a)　　　　　　　　　　　　　　(b)

圖 18.9 手部振動之座標系統

經研究顯示，人體對水平振動較垂直振動為敏感。因此應儘量避免暴露於水平振動中。

18.6 相關法令對振動控制之規定

依「職業安全衛生設施規則」(民國 103 年 7 月 1 日最新修正) 第三百零一條之規定，雇主僱用勞工從事振動作業，應使勞工每天全身振動暴露時間不超過下列之規定：

1. 垂直振動 1/3 八音幅頻帶中心頻率 (單位為赫茲，Hz) 之加速度 (單位為每平方秒公尺，m/s^2)，不得超過表 18.1 規定之容許時間。

表 18.1　垂直方向全身振動暴露最大加速度值

加速度 ms^3 / 容許時間 / 1/3 八音幅 頻帶中心頻率 Hz	8 小時	4 小時	2.5 小時	1 小時	25 分	16 分	1 分
1.0	1.26	2.12	2.80	4.72	7.10	8.50	11.2
1.25	1.12	1.90	2.52	4.24	6.30	7.50	10.00
1.6	1.00	1.70	2.24	3.80	5.60	6.70	9.00
2.0	0.90	1.50	2.00	3.40	5.00	6.00	8.00
2.5	0.80	1.34	1.80	3.00	4.48	5.28	7.10
3.15	0.710	1.20	1.60	2.64	4.00	4.70	6.30
4.0	0.630	1.06	1.42	2.36	3.60	4.24	5.60
5.0	0.630	1.06	1.42	2.36	3.60	4.24	5.60
6.3	0.630	1.06	1.42	2.36	3.60	4.24	5.60
8.0	0.630	1.06	1.42	2.36	3.60	4.24	5.60
10.0	0.80	1.34	1.80	3.00	4.48	5.30	7.10
12.5	1.00	1.70	2.24	3.80	5.60	6.70	9.00
16.0	1.26	2.12	2.80	4.72	7.10	8.50	11.20
20.0	1.60	2.64	3.60	6.00	9.00	10.60	14.20
25.0	2.00	3.40	4.48	7.50	11.20	13.40	18.00
31.5	2.50	4.24	5.60	9.50	14.20	17.00	22.4
40.0	3.20	5.30	7.10	12.00	18.00	21.2	28.0
50.0	4.00	6.70	9.00	15.00	22.4	26.4	36.0
62.0	5.00	8.50	11.20	19.00	28.0	34.0	44.8
80.0	6.30	10.60	14.20	22.16	36.0	42.4	54.0

2. 水平振動 1/3 八音幅頻帶中心頻率之加速度，不得超過表 18.2 規定之容許時間。

表 18.2　水平方向全身振動暴露最大加速度值

加速度 ms³　　　容許時間 1/3 八音幅 頻帶中心頻率 Hz	8 小時	4 小時	2.5 小時	1 小時	25 分	16 分	1 分
1.0	0.448	0.710	1.00	1.70	2.50	3.00	4.0
1.25	0.448	0.710	1.00	1.70	2.50	3.00	4.0
1.6	0.448	0.710	1.00	1.70	2.50	3.00	4.0
2.0	0.448	0.710	1.00	1.70	2.50	3.00	4.0
2.5	0.560	0.900	1.26	2.12	3.2	3.8	2.0
3.15	0.710	1.120	1.6	2.64	4.0	4.72	6.30
4.0	0.900	1.420	2.0	3.40	5.0	6.0	8.0
5.0	1.120	1.800	2.50	4.24	6.30	7.50	10.0
6.3	1.420	2.24	3.2	5.2	8.0	9.50	12.6
8.0	1.800	2.80	4.0	6.70	10.0	12.0	16.6
10.0	2.24	3.60	5.0	8.50	12.6	15.0	20
12.5	2.80	4.48	6.30	10.60	16.0	19.0	25.0
16.0	3.60	5.60	8.0	13.40	20	23.6	32
20.0	4.48	7.10	10.0	17.0	25.0	30	40
25.0	5.60	9.00	12.6	21.2	32	38	50
31.5	7.10	11.20	16.0	26.4	40	47.2	63.0
40.0	9.00	14.20	20.0	34.0	50	60	80
50.0	11.20	18.0	25.0	42.4	63.0	75	100
62.0	14.20	22.4	32.0	53.0	80	91.4	126
80.0	18.00	28.0	40.0	67.0	100	120	160

　　依「職業安全衛生設施規則」第三百零二條規定，雇主僱用勞工從事局部振動作業，應使勞工使用防振把手等之防振設備外，並應使勞工每日振動暴露時間不超過表 18.3 規定之時間：

表 18.3　局部振動每日容許暴露時間表

每日容許暴露時間	水平及垂直各方向局部振動最大加速度值 (m/s²)
4 小時以上，未滿 8 小時	4
2 小時以上，未滿 4 小時	6
1 小時以上，未滿 2 小時	8
未滿 1 小時	12

18.7 振動控制

振動控制,可分機器的振動控制及人體的振動控制來加以討論。

一、機器振動控制

機器發生振動的原因及改善方法:

原因一:需要以振動力達到工作效果者,如打樁機、鑿岩機。

改善方法:改變作業方式來減少振動,例如將大的衝擊改為許多小衝擊。

原因二:由於機械本身的慣性作用而引起的振動,如鑽床、車床在加工時所引起的振動。

改善方法:除了在機械設計上將機械作業所引起的振幅降至最低點外,尚可採用制振材料如金屬或高分子複合材料等吸收振動的能量,以減少振動發生。

原因三:裝置不良所引起的振動,例如機器經長期使用後,因自然損耗而導致零件裝置鬆動引起振動,又或者因裝置場地不平,使機器發生重心不穩而搖動。

改善方法:通常是由於機械缺乏保養所造成的;添加潤滑油、更換零件或鎖緊鬆動的機件,都可減少此種振動。

二、人員振動控制

人員振動控制可分全身性振動及局部性振動兩方面加以討論:

1. 全身性振動
   (1) 依「職業安全衛生設施規則」第三百零一條之規定,減少勞工暴露於振動環境的時間。
   (2) 依機器振動控制所建議之方法減少機械所引起之振動。
   (3) 將振動源予以隔離。

2. 局部性振動
   (1) 依「職業安全衛生設施規則」第三百零二條規定,減少局部振動之暴露時間。
   (2) 使用較輕的振動工具。
   (3) 改善操作振動工具的作業姿勢。
   (4) 實施健康檢查以預防振動所引起之病變。

18.8 結語

依「職業安全衛生法」第六條第一項規定,雇主應有符合規定之必要安全衛生設備及措施,以防止「振動」引起之危害。另依本法第四十三條規定,違反第六條第一項者,處新臺幣三萬元以上三十萬元以下罰鍰。

習 題

一、選擇題

( ) 1. 在測量手‑臂振動量時，檢波器的安裝位置應置於下列何處？ (1) 手腕上方 (2) 手背中央 (3) 第二掌骨 (4) 第三掌骨。

( ) 2. 危害預防與控制的目的在於使工作、工具及工作環境適合員工，下列何者不為避免「振動」危害因子所造成傷害的預防之道？ (1) 裝設自動遮蔽裝置 (2) 使用防護設備 (3) 座位與振動源分離 (4) 使用非黏滯性包裝材料。

( ) 3. 振動具有方向性，分為 X、Y、Z 軸，則全身振動時，不論姿勢，均以下列何器官為原點？ (1) 頸部 (2) 心臟 (3) 腹部 (4) 接觸部位。

( ) 4. 操作下列何種機具設備不會產生局部振動源？ (1) 鏈鋸操作 (2) 破碎機操作 (3) 簡易型捲揚機操作 (4) 氣動手工具操作。

( ) 5. 下列有關振動危害之敘述何者錯誤？ (1) 振動能與人體不同之部位產生共振現象而造成對人體健康影響 (2) 暈車暈船常為高頻振動所引起 (3) 長時間操作破碎機、鏈鋸等振動手工具會對手部神經及血管造成傷害 (4) 當振動由手掌傳至手臂時會導致臂部肌肉、骨骼、神經之健康影響。

( ) 6. 全身振動危害係以頻率及加速度量化，頻率之測定係採取幾分之 1 之八音度頻帶中心頻率之加速度作為量化標準？ (1) 1 (2) 2 (3) 3 (4) 5。

( ) 7. 勞工從事局部振動作業，其水平及垂直各方向局部振動最大加速度為 $6m/s^2$，其每日容許暴露時間為下列何者？ (1) 未滿 1 小時 (2) 1 小時以上，未滿 2 小時 (3) 2 小時以上，未滿 4 小時 (4) 4 小時以上，未滿 8 小時。

( ) 8. 依職業安全衛生設施規則規定，全身振動危害係以頻率及加速度量化，頻率之測定係採取幾分之幾的八音度頻帶中心頻率之加速度作為量化標準？ (1) 1/5 (2) 1/3 (3) 1/2 (4) 2/3。

( ) 9. 患有骨骼肌肉系統疾病者，不宜從事下列何種作業？ (1) 振動作業 (2) 有機溶劑作業 (3) 特定化學物質作業 (4) 粉塵作業。

( ) 10. 依職業安全衛生設施規則規定，勞工局部振動作業，其水平及垂直各方向局部振動最大加速度為 $8m/s^2$，其每日容許暴露時間為下列何者？ (1) 4 小時以上，未滿 8 小時 (2) 2 小時以上，未滿 4 小時 (3) 1 小時以上，未滿 2 小時 (4) 未滿 1 小時。

( ) 11. 長期與振動過大之機械、設備或工具接觸，可能較會危及人體之何器官或系統？ (1) 脊椎骨及末梢神經系統 (2) 肺部 (3) 眼睛 (4) 大腿。

二、問答題

1. 勞工若長期暴露於職場噪音與振動危害，可影響人體健康。請分別就噪音與振動兩項危害，各列舉 3 項健康影響並說明之。

2. 減少振動危害，可採取哪些預防措施？

Chapter

19

採光與照明

19.1 前言

在工作環境中，良好的照明是非常重要的，因為勞工在作業時，除了要動手做之外，最重要就是要用「眼睛」去看，才能把工作做好。一個採光或照明欠佳的工作環境，勞工在當中工作猶如「瞎子摸象」，怎麼會做出好的產品呢？根據資料顯示，目前臺灣地區除了較有規模之新工廠、外資工廠、加工區工廠、大電子工廠等以外，大多數工廠的照明都不合標準，其中尤以中小型與獨資小工廠之情形至為嚴重，極需改善。

以目前臺灣地區的生活水準及科技發展來看，要改善照明狀況是很容易的事，然而最大的障礙在於一般人對照明的原理及重要性不了解，因而等閒視之，不是不願意花錢去改善，就是隨便裝置燈具，造成明暗對比過於強烈，使眼睛視力受到傷害。

事實上，除了工廠需要有適當之照明外，一般的學校教室、家庭環境等場所之照明也非常重要。因此，要對照明建立以下的理念，才能提升工作及生活環境：

1. 人的五官感覺，以視覺最為重要，因此在設計上，需以符合視覺之需求為優先。
2. 採光與照明應著重效率及經濟性。
3. 良好的照明可帶給工作者或經營者難以估計的利益效果：
   (1) 節省作業時間。
   (2) 減少不良品。
   (3) 減少疲勞，提高生產力。
   (4) 防止事故或傷害發生。
   (5) 提高工作情緒。
   (6) 改善工廠管理。
   (7) 提高作業之精密度。

19.2 光的物理特性及測量

在討論如何獲得良好照明環境之前，應先對光的特性及測量方式加以了解。

19.2.1 光的物理性質

光是電磁波的一種，在整個電磁波頻譜中，光只是其中的一小部分而已。由圖19.1可知，絕大部分的電磁波都是眼睛所無法感知的，只有很小部分可為人眼所感測，因此這一部分稱為「可見光譜」。

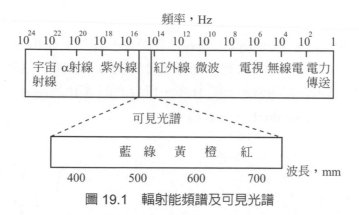

圖 19.1　輻射能頻譜及可見光譜

　　當原子被激動而從高位能回跳至低位能時，所釋放出的能量，是以輻射的方式藉電磁波傳遞至外界空間，因此光是一種輻射能，具有波動的特性，而且光的傳遞不需要媒介，也就是可以在眞空中傳遞。光波的傳播速度以 C 表示，在眞空中 $C = 3 \times 10^8 \ \mathrm{ms^{-1}}$。光波頻率 f 與其波長 λ 有以下之關係：

$$\lambda = \frac{C}{f}$$

　　而人眼所能感測的可見光之波長範圍約在 380nm 至 700nm 之間 (1nm = 10^{-9} m)。此外，不同的光波波長會使人眼產生不同的顏色知覺。例如紫色光的波長約爲 400nm，紅色光的波長約爲 700nm。

　　由於光是電磁波的一種，因此在物理學上的研究，多以波動現象或量子力學的理論予以探討；然而在採光及照明的應用上，則是以「測光學」(photometry) 的觀念加以討論。

　　在測光學中，光源所釋放出來的能量稱爲「光通量」(luminous flux) 或「光束」，如圖 19.2 所示。光通量的單位爲「流明」(lumen，符號 lm)。以下是相關之名詞定義及測量單位。

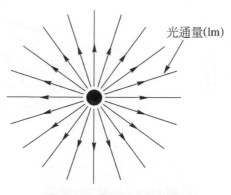

圖 19.2　點光源之光通量

一、光強度

「光強度」(luminous intensity) 之定義為光源每一單位立體角 (solid angle) 所放射出來的流明數，因此光強度是用來比較光源之發光能力，如圖 19.3 所示，很顯然光源 A 每單位立體角所射出之流明數比光源 B 多，所以光源 A 比光源 B 有更大的光強度。光強度的單位為「燭光」(candela，符號為 cd)。

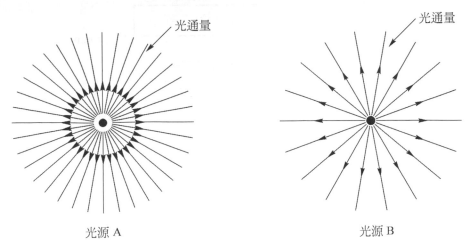

圖 19.3　光強度之比較

二、照度

單是光源有很大的光強度，也不一定能提供很好的照明，因為還要考慮光通量的集中度。在圖 19.4 中，可看到雖然光源 a 的光強度比光源 b 大，但被光源 a 所照射的平面面積 A，卻只有少數的光通量通過，而被光源 b 所照射的平面面積 A，卻有較多的光通量通過。因此要定義出物體的「照度」(illuminance)，以比較物體表面所接受之光通量。照度越高，代表其表面所接受之光通量越多，所獲得的照明效果也越強。

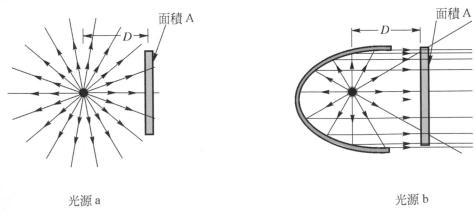

圖 19.4　照度之比較

依定義：

照度＝通過一單位面積之光通量

照度的單位有兩種，在美國習用系統 (USCS) 中，面積是以平方英呎來計算，而在 SI 系統中，面積是以平方公尺計算，所以其單位為：

USCS制：lm/ft^2 或 foot-candle(簡寫 fc，中文稱「呎燭光」)

SI制：lm/m^2 或 lux(簡寫 lx，中文稱「米燭光」)

由於 1 英呎 = 0.3048 公尺，1 平方英呎 = 0.0929 平方公尺，所以 1fc = (1/0.0929) lux，亦即 1 呎燭光 = 10.764 米燭光。目前我國之照度單位採用米燭光或 lux 為標準。

三、亮度

單是考慮光源的光強度及物體表面被照射的照度，還不能作為照明好壞的準則，因為人眼之所以能看到物體的存在，是由於物體把照射在其表面的光束反射到人眼，才能讓人眼知覺到該物體之外形及顏色等。因此物體表面上每單位面積所反射出來的光通量，稱為「亮度」(luminance)。圖 19.5 為光強度、照度及亮度三者之關係。

亮度的 SI 單位為「平方米燭光 (candelas per square meter，符號為 cd/m^2)」。而亮度的 USCS 單位為「平方呎流明」，稱為「呎－朗伯 (foot-lambert，符號為 fL)」。要計算一物體表面之亮度，可依下列公式由照度求得：

$$SI制：亮度(cd/m^2) = \frac{照度\,(lx)\times 反射率}{\pi}$$

$$USCS制：亮度\,照度(fL)\times 反射率$$

要注意的是，在 SI 制中，因亮度是以 cd/m^2 為單位，所以照度與反射率之乘積要除以 π 才能符合定義，而 USCS 制則不需要。「反射率」(reflectance) 是一個沒有單位的比例係數，也稱為「亮度係數」(luminance factor)。SI 與 USCS 之換算為 1fL = 3.426cd/m^2。

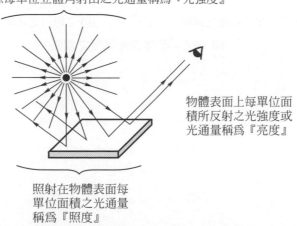

光源每單位立體角射出之光通量稱為『光強度』

物體表面上每單位面積所反射之光強度或光通量稱為『亮度』

照射在物體表面每單位面積之光通量稱為『照度』

圖 19.5　光強度、照度及亮度之關係

例一

若點光源之光強度爲 X (cd)，試證明距離該光源 r (m) 處之「照度」，計算公式爲：X / r^2

答 如圖 19.6(a) 所示，點光源的光通量，是以點光源爲中心點往四面八方發散，在距離 r (m) 處形成一個以 r 爲半徑之球體。光強度之定義爲每單位「立體角」Ω 所射出之光通量，現點光源之強度爲 X (cd)，所以該點光源每單位立體角之流明數爲 X (lm)。如圖 19.6(b) 所示，立體角之定義爲面積 A' 投影於單位球體(半徑 $a = 1$) 上之面積 A 與 a^2 之比值，即

$\quad\quad \Omega = A / a^2 = A$ （因 $a = 1$）

由於單位球體之總表面積爲 $S = 4\pi a^2$，所以單位球體之全部立體角爲 $\Omega = S / a^2 = 4\pi a^2 / a^2 = 4\pi$。事實上不論球體的半徑爲多少，其全部之立體角都等於 4π。因此，X (cd) 光強度之點光源所射出之光通量總數 L $= 4\pi X$ (lm)。在距離 r (m) 處，球體之表面積 $A = 4\pi r^2$，依照度之定義爲每單位面積所接受的光通量，所以在 r(m) 處之照度 I_r 等於總光通量除以總面積，即

$$I_r = \frac{4\pi X}{4\pi r^2} = \frac{X}{r^2} (\text{lx})$$

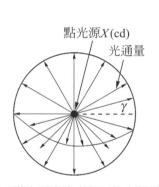

(a) 點光源光強度與距離之關係

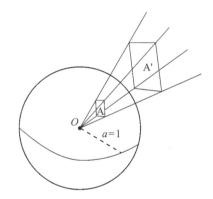

(b) 立體角之定義

圖 19.6 照度與光強度之關係

例二

一點光源之光強度為 200cd，在距離 2m 處之照度為多少？在距離 6m 處之「照度」又為多少？

答 依公式，在距離 r 處之照度 X/r^2，所以

(1) $r = 2$ (m) 時，照度 $= 200/2^2 = 200/4 = 50$

(2) $r = 6$ (m) 時，照度 $= 200/6^2 = 200/36 = 5.556$

例三

1cd 之點光源在 1m 處產生 1 lx 之照度，試問該光源所發射之「總光通量」為多少 lm？

答 在 $r = 1$m 處，球體之總表面積 $= 4\pi(1)^2 = 4\pi\text{m}^2$，因為 1 lx = 1 lm/m^2，所以總光通量 $= 1$ lm/m$^2 \times 4\pi\text{m}^2 = 4\pi$ lm $= 12.566$ lm。

例四

一物體之表面積為 2m^2，反射率為 0.75。在距離該物體 1.5m 處有一 500cd 之點光源，試問該物體之「亮度」為多少？

答 在 $r = 5$ m 處，該物體之照度 $= 500/(1.5)^2 = 222.222$ (lx)，依公式：
亮度 $=$ (照度 $\times$ 反射率) $/\pi = 222.222 \times 0.75/\pi = 53.052$ cd/m^2

19.3 人眼之視覺能力

由於採光與照明都是以滿足人眼的需要而設計，因此要對人眼之視覺特性加以了解，才能符合人眼的需要。

一、視野

「視野」係指人眼觀看眼前景物之範圍。如圖 19.7(a) 所示，人眼向前直視時，水平視野全域約 200 度，左右眼重覆視野約 120 度，眼睛左右轉動可達 230 度，如圖 19.7(b) 所示，水平域上方靜視野約 50 度，動視野約 60 度，而下方動靜視野皆約為 75 度。當照度增加 5 度，視野會增大 20%，但在 2,000 lx 以上時反而縮小。

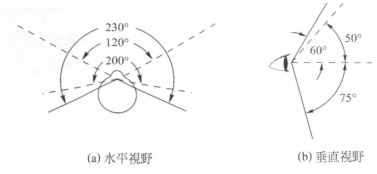

(a) 水平視野   (b) 垂直視野

圖 19.7　人眼之視野範圍

二、視力

所謂「視力」，係指「視覺敏銳度 (visual acuity)」，量測視覺敏銳度最普遍採用之方法為「最小可分度」，如圖 19.8 所示，受測者的視力是以標的物的大小及判讀距離來計算對眼睛所形成的「視角」(visual angle)，再取其倒數而得之。計算公式如下：

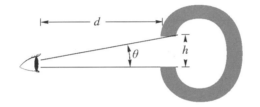

圖 19.8　視力之測量

若以弳度 (radian) 計算「視角」θ^c，則 $\theta^c = h / d$

若以弧度 (degree) 計算「視角」θ^0，則因 1 弳度 = $180/\pi$ 弧度，且 1 弧度 = 60 分，故

$$\theta^0 = (180/\pi) \times (60h / d) = 3438\,h / d \quad (單位：分)$$

視力 = 1 / 視角 = $d / 3438h$

例五

一受測者可在距離 5m 處清楚辨別高度為 0.5in 之標的物，試計算該受測者之視力。

答　$d = 5m$，$h = 0.5in = 0.5 \times 0.0254m = 0.0127m$

所以受測者之視力為 $5 / (3438 \times 0.0127) = 0.11$

視力會受標的物之亮度影響，當標的物的亮度增加時，視力也會隨之增加，但當標的物的亮度太強而產生眩光時，視力反而會降低。

三、明適應與暗適應

　　人眼的網膜係由兩種可以感受光波刺激的細胞所組成：一種為圓錐狀的細胞，稱為「錐狀體」；另一種為長桿狀，稱為「桿狀體」的細胞。在白晝或光線明亮的情況下，人眼的視覺是以錐狀體為主，所產生的視覺包括「無色視覺」如白、黑、灰等，和「有色視覺」如紅、黃、藍等；在黃昏或微弱的照明情況下，視覺是以桿狀體為主，且只能產生無色視覺。

　　錐狀體對介於綠色和黃色之間的光譜感應較為敏銳；而桿狀體雖只有無色視覺，但卻對波長介於藍色和綠色之間的光譜有較敏銳的感應，如圖 19.9 所示。

1. 明適應期

　　「明適應期」(light adaptation) 係指人眼從黑暗進入明亮的環境中，回復正常視覺所需之時間。一般而言只需幾秒即可，頂多一兩分鐘就已足夠。

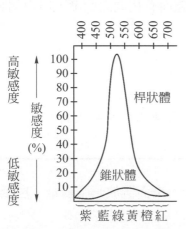

圖 19.9　視覺細胞對光之敏感度

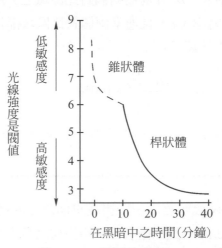

圖 19.10　暗適應曲線

2. 暗適應期

　　「暗適應期」(dark adaption) 係指人眼從明亮進入黑暗的環境中，回復視覺所需之時間。暗適應期比較複雜，因錐狀體與桿狀體對黑暗有不同的暗適應範圍，如圖 19.10 所示。

　　在圖 19.9 中可看到，在進入黑暗環境中，只需 4 至 5 分鐘的時間，錐狀體的敏感度已調適至極限，但對光線強度之需求仍相當高；接著桿狀體繼續調適，雖然調適時間長，但卻可對光線強度之需求降到最低。

　　由圖 19.10 中可知，桿狀體對紅光的敏感度極低，因此在暗室採用紅光照明，只刺激錐狀體而桿狀體仍停留在暗適應狀態，即使關掉紅光進入黑暗中工作，桿狀體仍能夠馬上提供高敏感度之視覺。

19.4 影響視覺能力之因素

人眼之視覺能力，除了個別差異之外，尚受一些外在的因素影響，茲分別討論如下：

一、明暗對比

「明暗對比」(brightness contrast)，亦即「亮度對比」(luminance contrast)，係指被觀察的物體所反射之光通量與其背景所反射的光通量之對比。「明暗對比」C_b 可以下式計算：

$$C_b = \frac{B_1 - B_2}{B_1} \times 100\%$$

其中 B_1、B_2 分別為兩個對比區域之「亮度」，B_1 為兩者中之較大者。由於亮度 = (照度 × 反射率)/π，且通常兩個對比區域都是鄰近一起而有相同之照度，所以明暗對比也可以下式計算：

$$C_b = \frac{\alpha_1 - \alpha_2}{\alpha_1} \times 100\%$$

其中 α_1、α_2 分別為兩個對比區域之反射率，α_1 為兩者中之較大者。

例六

在 200 lx 之照度下，一書桌桌面之亮度為 23 cd/m^2，桌面置放一張白紙，白紙之亮度為 51 cd/m^2，試問兩者之明暗對比為多少？

 令 $B_1 = 51$ cd/m^2，$B_2 = 23$ cd/m^2，依公式

$$C_b = \frac{B_1 - B_2}{B_1} \times 100\% = \frac{51 - 23}{51} \times 100\% = 54.902\%$$

例七

黑板板面之反射率為 15.30%，白粉筆字之反射率為 80%，試問兩者之明暗對比為若干？

 令 $\alpha_1 = 80\%$，$\alpha_2 = 15.30\%$，依公式

$$C_b = \frac{\alpha_1 - \alpha_2}{\alpha_1} \times 100\% = \frac{80 - 15.30}{80} \times 100\% = 80.875\%$$

依實驗結果顯示，被觀察的物體與其背景的明暗對比偏低時，辨別該物體的可能性也較低。

二、眩光

「眩光」(glare)，是由於視野內的光通量超出眼睛所能適應的範圍，而產生刺眼的不舒服感覺。眩光會使人感到煩擾，減低視覺績效或視力損失。

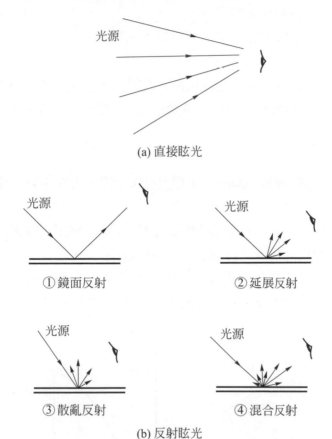

圖 19.11　直接眩光與反射眩光之比較

眩光可依其光源照射方向分為直接眩光及反射眩光兩類：

1. 直接眩光

　是由於視野內的強烈光源直接照射眼睛所引起的。

2. 反射眩光

　是由於視野內的物體表面反射而來的強光所引起。反射眩光又可分為以下四類：

　(1) 鏡面反射 (specular reflection)

　　　來自平滑、光亮如鏡的表面。

　(2) 延展反射 (spread reflection)

　　　來自粗糙表面，如磨砂、蝕刻面。

(3) 散亂反射 (diffuse reflection)

來自褪光的暗色表面，如油漆表面。

(4) 混合反射 (compound reflection)

由以上三類反射所合成。

依眩光對觀測者的影響，眩光又可分為以下三類：

1. 不適眩光

「不適眩光」(discomfort glare) 係指在視野內由於亮度或光線分布不均而對眼睛造成煩擾或不舒服感覺之強光。不適眩光會使眼睛產生不舒服感，但不一定會干擾視力。

2. 失能眩光

「失能眩光」(disability glare)，係指會直接干擾視力和視覺工作績效的強光。

3. 目盲眩光

當眩光的強度太強，以致眼睛移離眩光源一段時間後仍感到眼前白茫茫看不到任何東西，這類眩光稱為「目盲眩光」(blinding glare)。

經實驗證明，眩光源越接近眼睛視線，視覺效率越低，因此眩光源在上視野 30° 之內時，應設遮光物減少眩光對視力之影響，如圖 19.12 所示。

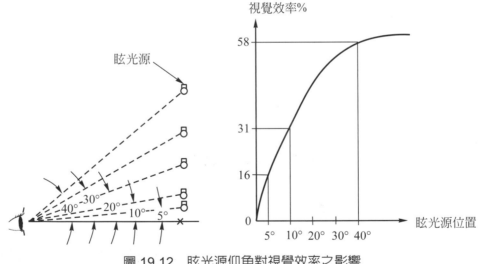

圖 19.12　眩光源仰角對視覺效率之影響

三、移動

當物體快速在眼前經過，或是觀察者與被觀察物之間有相對運動時，視覺之辨別能力會隨之降低。當物體移動的速度每秒鐘超過 60° 視角時，很難看得清楚該物體。然而移動物體與其背景之關係的明暗對比，對觀看者的視覺辨別能力有複雜的影響關係。

四、大小

觀察物的體積大小對視力有很大的影響，細小的物體在眼睛所形成的視角會很狹小，因此需要具有很好的視力才能看得清楚，然而對細小物體加強照明，將有助於視覺的辨別能力。

五、照明水準

在一般的情況下，加強照明可提高視覺的辨別能力，但過多的照明卻會帶來不良後果，如產生眩光或造成視力傷害，而且也會浪費能源，因此在選擇照明方式及照明水準時需特別注意。

19.5　工作場所之照明光源

一般的工作場所，其所採用的照明光源，最經濟的就是來自日光之自然光源，但由於晝光受氣候之影響，不同時間有很大的變化，因此需要以人工照明相互輔助，以達最佳之照明效果。

19.5.1　天然光源

「晝光」來自太陽之直射光與天空之反射光，是工廠照明中最經濟、照度最強的光源。據資料顯示，利用晝光照明之作業，其績效會比利用人工光線照明者高，而且日照時間越長，工作效率越高。然而日光的照度變化大，如表 19.1 的數據顯示，晴天室內靠窗下的照度可高達 2,000 lx，因此在利用天然光源時，要注意以下幾點：

1. 不可有妨礙工作之眩光產生。
2. 照度需均勻。
3. 一天中應無劇烈的照度變化。
4. 利用日光時，不可有熱之侵入。
5. 要配合室內之色彩調整亮度分布。

表 19.1　天然光源之照度

天然光源	照度
晴天太陽下	100,000 lx
晴天陰影下	10,000 lx
晴天室內靠窗下	100 ～ 2,000 lx
晴天室內內角	20 lx
晴天月照夜晚	0.0003 lx

一、採光方法

若要採用天然光源，則在工廠計畫時，須考慮廠房的形狀及窗戶之位置，才能獲得良好的採光效果，圖 19.13 是各種採光窗的安裝位置。

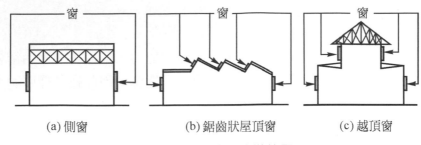

(a) 側窗　　　　　　　(b) 鋸齒狀屋頂窗　　　　　　(c) 越頂窗

圖 19.13　採光窗安裝位置

只安裝「側窗」而沒有安裝屋頂窗，這種採光方法對深度大的廠房不適合，因廠房中央地方的照度不及靠窗的照度高，形成照度分布不均，而且當太陽隨時間而改變位置時，廠房內的照度也有很大的變化。

「越頂窗」的採光方法會比只安裝「側窗」好，而最好的採光方法是裝設「鋸齒狀屋頂窗」。

二、影響屋內照度之因素

除了上述之採光方法會影響屋內之照度外，下列之因素也需予以考慮：

1. 窗之大小

   窗戶面積越大，進入屋內之光線也越多，照度也越高，因此窗戶的總面積與地板之面積相比，應在十分之一以上。

2. 窗玻璃

   窗玻璃的材質會影響日光的穿透情形，例如磨砂玻璃可避免日光所產生的眩光，使照度分布均勻。

3. 窗之方位

   窗之裝設方位應考慮日光之照射方向及移動軌跡，以便獲得最好之採光效果。

4. 日光調節裝置

   窗戶應裝置百葉窗簾或窗簾布等調節日光的裝置，在必要時可在窗玻璃上貼上隔熱紙，以減少日光的熱輻射。

5. 天花板與牆壁

   天花板與牆壁有反射日光的效果，因此要考慮其反射率及色彩之配合，以獲得良好的亮度分布。

19.5.2 人工光源

當無法以天然光源進行照明，或是天然光源無法符合作業要求時，就需要以人工光源來補助天然光源之不足。由於發光的方式不同，因此人工光源分為兩大類，分別為：

1. 白熱燈絲燈

   其發光原理是以電流通過一根金屬絲，使其發熱 (溫度在 1,500k 以上) 而產生光亮。

2. 氣體放電燈

   當電流通過一些特殊氣體時，這些氣體會在兩電極之間發生放電而產生輻射光能，由於這種發光是藉放電作用而發生，所以又稱為電氣非熱光。氣體放電燈又可分為三類：

   (1) 日光燈或螢光燈：依封入氣體之不同而產生不同顏色之燈光。

   (2) 高強度放電燈：如金屬鹵素燈、水銀燈。

   (3) 鈉氣燈：分高壓和低壓兩種。

一、發光效率

由於各種人工光源採用不同的發光原理，因此它們的能量消耗也各有不同。各種光源之發光效率可以用每一單位能量消耗所產生的光通量來比較。圖 19.14 為各種光源的燈效值。在選擇光源時要考慮燈泡的能源成本及發光效率。

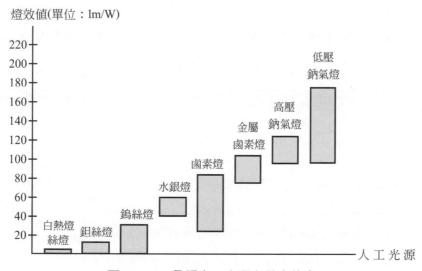

圖 19.14　各種人工光源之發光效率

二、人工光源之演色性

由於某些人工光源所產生的輻射光能只集中於某些波長的光波，因此這些人工光源的燈光會帶有顏色，例如電燈泡的燈光會偏紅、鈉氣燈的燈光會偏黃，水銀燈的燈光會帶有紫色；而由於螢光燈的輻射能分布比較均勻，所以螢光燈的燈光比較接近日光，因此也稱為日光燈。圖 19.15 為二種氣體放電燈之光譜分布情形。

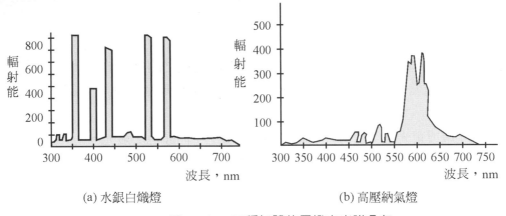

(a) 水銀白熾燈　　　　　　　　　　(b) 高壓鈉氣燈

圖 19.15　二種氣體放電燈之光譜分布

在作業上如需要進行物料之顏色比對或分色工作，則需要注意人工光源之「演色性」，所謂「演色性」，是指在光源之照明下，物體是否能呈現本身之真正顏色。例如白色物體與黃色物體在鈉氣燈的照射下，就很難分辨物體本身是白色或是黃色。一般而言，日光燈的演色性最好，其次是水銀燈，最差的是鈉氣燈，因此在選擇人工光源時，要注意其演色性是否合於作業之要求。表 19.2 為各種人工光源之特點及適用場所。

表 19.2　人工光源之特點及適用場所

	種類	功率 (W)	特點	適用場所
白熱燈泡	一般照明用	5 ～ 1,000	價廉、使用方便、體積小	局部照明用
	耐震型	20 ～ 500	具耐震特性	產生震動之場所
	光柱燈泡	40 ～ 250	效率高、光度降低少	屋內、屋外投光用、高天花板、局部照明、塵埃多之場所、工業全面照明
	反射型燈泡	40 ～ 1,000	光度高，提供簡便之投光照明	屋內、屋外投光用、高天花板、局部照明、塵埃多之場所
	鹵素燈泡	100 ～ 1,500	體積小、效率高、壽命長、無光束降低	投光器用、高天花板用

表 19.2　人工光源之特點及適用場所 (續)

種類		功率 (W)	特點	適用場所
日光燈	一般用	4～40	效率高、輝度低、壽命長、演色性佳、具耐震性	工業全面照明 (低天花板)
	反射型	20～40	同上、光度高、光度降低少	工業全面照明、塵埃多之場所
	高輸出型	60～220	效率高、壽命長、單燈之光束大	工業全面照明 (中天花板)
水銀燈	透明型	40～2,000	效率高、壽命長、單燈之光束大	工業全面照明 (5m 以上中、高天花板)
	免用穩定器型	160～750	不需使用穩定器、演色性好、起動時間短、設備費用較低	工業全面照明
	鹵素金屬型	250～2,000	效率高、演色性佳、光束大、價格高	工業全面照明 (中、高天花板)
鈉氣燈	低壓	35～180	效率高、壽命長、演色性差、橙色光	特殊檢查、煙霧多之場所
	高壓	100～1,000	效率高、壽命長、金黃色燈	工業全面照明 (中、高天花板)

19.6　燈具

　　單是一個燈泡是無法提供良好照明的，因為還需燈具來保護燈泡及分配光線，以達到照明所需之效果。燈具的種類可依其配置法及光線之路徑而予以區分。

一、依燈具之配置法而分類

1. 全面照明：使屋內各處皆能獲得均勻的照度。
2. 局部照明：僅照明特定之工作範圍或標的物。
3. 全面局部併用照明：上述兩者之併用。
4. 局部範圍之全面照明：對屋內之特定部分予以全面照明。

表 19.3　燈具的種類及其性質

照明方式	燈具名稱		光學原理	主要材料	用途	安裝方法
間接	反射皿	(不透明)	反射	玻璃鏡、金屬面半透明玻璃	屋內	屋內： 嵌入天花板 吸頂 吊燈 (吊管、吊鏈) 壁燈 花燈 建築化照明 發光天花板 移動用 (檯燈)
半間接		(半透明)	反射、透射			
全漫射	燈罩	漫射罩	漫射	半透明玻璃、合成樹脂、紙、稜鏡	屋內、道路	
		曲折罩	折射			
半直接	燈傘	漫射罩	漫射			
		曲折罩	折射			

表 19.3　燈具的種類及其性質（續）

照明方式	燈具名稱		光學原理	主要材料	用途	安裝方法
直接	反射罩	漫反射罩 正反射罩	漫反射 正反射	金屬(塗裝、電鍍)玻璃 鏡、金屬鏡	工場等 屋內、屋外	屋外： 柱頭式 懸臂式
		柵格單獨或 成為燈具一 部分	主要為 漫反射	金屬板塗裝合成樹脂等	屋內	
	投射器	投光器 前照燈 照燈 攜帶電燈 聚光燈 照下燈 燈塔 放映機	正反射 正反射 正反射 正反射 反射、折射 反射、折射 折射、反射 折射、反射	玻璃鏡 金屬鏡 有時併用透鏡 鏡、透鏡 鏡、透鏡 稜鏡、透鏡、鏡 透鏡、鏡	投光、信號 車輛、船舶 船舶、軍用 攜帶用 演劇、商店 屋內 標識 放映、實驗	固定或移動 固定於車船 固定或移動 攜帶用 固定或移動 固定、移動、嵌入固定 固定或攜帶用

二、依光線之路徑而分類

　　依光線之路徑可分為直接照明、間接照明、半直接照明、半間接照明及全面擴散照明五種，其光線分配如圖 19.16 所示。

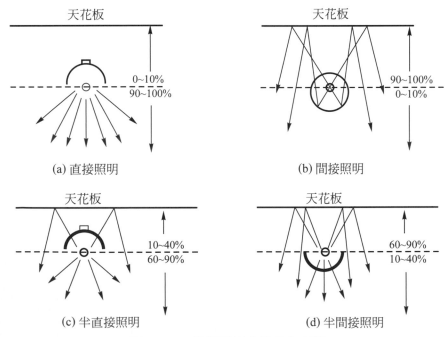

圖 19.16　各種燈具光線分布型態

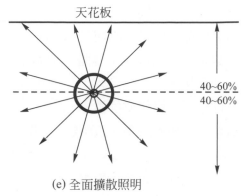

(e) 全面擴散照明

圖 19.16　各種燈具光線分布型態 (續)

19.7　光線引起之傷害

良好的照明對於生產效率及防止災害事故的發生皆有莫大的貢獻，但照明所使用之光線或其伴隨之紫外線、紅外線等，有時會傷害眼睛，以下是光線可能引起之病症：

1. 可見光線：弱視、礦工眼球震盪症、網膜炎及日射病等。
2. 紅外線：白內障、熱射病 (中暑) 及濕熱性紅斑等。
3. 紫外線：結膜炎、角膜炎、雪眼炎、電氣性眼炎及紫外線紅斑等。

19.8　有關照明及視力保護之法令規定

在行政院勞動部於民國 103 年 7 月 1 日最新修正之「職業安全衛生設施規則」中，對工作場所之採光照明已有明確之規定 (見本書第十一章)。此外，為保護勞工視力機能，勞動部亦訂定「精密作業勞工視機能保護設施標準」(民國 103 年 6 月 30 日最新修正)，以下為本標準對勞工視力保護之規定：

1. 所稱精密作業，係指從事下列凝視作業，且每日凝視作業時間合計 2 小時以上者：
   (1) 小型收發機用天線及信號耦合器等之線徑在 0.16 毫米以下非自動繞線機之線圈繞線。
   (2) 精密零件之切削、加工、量測、組合、檢試。
   (3) 鐘、錶、珠寶之鑲製、組合、修理。
   (4) 製圖、印刷之繪製及文字、圖案之校對。
   (5) 紡織之穿針。

(6) 織物之瑕疵檢驗、縫製、刺繡。

(7) 自動或半自動瓶裝藥品、飲料、酒類等之浮游物檢查。

(8) 以放大鏡或顯微鏡從事記憶盤、半導體、積體電路元件、光纖等之檢驗、判片、製造、組合、熔接。

(9) 電腦或電視影像顯示器之操作或檢視。

(10)以放大鏡或顯微鏡從事組織培養、微生物、細胞、礦物等之檢驗或判片。

(11)記憶盤製造過程中，從事磁蕊之穿線、檢試、修理。

(12)印刷電路板上以人工插件、焊接、檢視、修補。

(13)從事硬式磁碟片 (鋁基板) 拋光後之檢視。

(14)隱形眼鏡之拋光、切削鏡片後之檢視。

(15)蒸鍍鏡片等物品之檢視。

2. 從事精密作業時，應依其作業實際需要施予適當之照明，除從事上列第 (8) 至 (11) 款之作業時，其照明得酌減外，其作業台面局部照明不得低於 1,000 米燭光。

3. 上列第 (1) 至 (3) 及第 (11) 至 (15) 款規定之作業台面不得產生反射耀眼光線，其採色並應與處理物件有較佳對比之顏色。

4. 上列第 (6) 及 (7) 款規定之作業，如採用發光背景時，應使光度均勻。

5. 從事精密作業時，其工作台面照明與其半徑 1 公尺以內接鄰地區照明之比率不得低於 1：1/5，與鄰近地區照明之比率不得低於 1：1/20。

6. 採用輔助局部照明時，眼睛與光源之連線和眼睛與注視工作點之連線所成之角度，在 30 度以上。如在 30 度以內應設置適當之遮光裝置，不得產生眩目之大面積光源。

7. 從事精密作業，應縮短工作時間，於連續作業 2 小時，給予至少 15 分鐘之休息。

8. 從事精密作業時，應注意作業姿態，使眼球與工作點之距離保持在明視距離約 30 公分。但使用放大鏡或顯微鏡等器具作業者，不在此限。

9. 應採取保護眼睛之必要措施。

19.9　結語

依「職業安全衛生法」第六條第一項規定，雇主應有符合規定之必要安全衛生設備及措施，以防止未採取充足採光、照明等引起之危害。另依本法第四十三條規定，違反第六條第一項者，處新臺幣三萬元以上三十萬元以下罰鍰。

一、選擇題

(　　) 1. 人類接收外界訊息時，使用最多的知覺輸入為下列何者？ (1) 視覺 (2) 聽覺 (3) 觸覺 (4) 嗅覺。

(　　) 2. 下列何種作業須採用全面照明？ (1) 精細檢查 (2) 零件組合 (3) 檢查淺色毛織 (4) 裝箱。

(　　) 3. 減少間接眩光 (glare) 方法中下列何者正確？ (1) 降低直接眩光源面積 (2) 增加光源周圍區輝度 (3) 降低反射面之反射率 (4) 增加視角。

(　　) 4. 光游離偵檢器激發分子的能量範圍是在何波長範圍？ (1) X 光 (2) 紫外光 (3) 紅外光 (4) 微波。

(　　) 5. 利用人類感官作為安全警告方式，下列何者應為最優先？ (1) 視覺 (2) 聽覺 (3) 嗅覺 (4) 對振動及溫度之感覺。

(　　) 6. 燈具之演色性，下列何者最差？ (1) 白色高壓鈉燈 (2) 白色螢光燈 (3) 低壓鈉燈 (4) 鎢絲燈。

(　　) 7. 依職業安全衛生設施規則規定，一般辦公場所於自然採光不足，採人工照明時，其照度應在多少米燭光以上？ (1) 50 (2) 100 (3) 200 (4) 300。

(　　) 8. 依職業安全衛生設施規則採光照明規定，各工作場所之窗面面積不得小於室內地面面積多少百分比？ (1) 10 (2) 15 (3) 20 (4) 25。

(　　) 9. 有關採光照明之影響，下列敘述何者不正確？ (1) 照明不當不致造成眼睛慢性傷害 (2) 良好之採光照明條件可增進工作效率、減少失誤率、亦可降低事故發生機會 (3) 採光照明問題在品質管制及職業安全衛生二方面，均具有同等之重要性 (4) 照明不當可能導致精神疲勞。

(　　) 10. 利用人類感官來設計安全警告裝置，其優先順序下列何者為正確？ (1) 聽覺、視覺、嗅覺 (2) 視覺、聽覺、嗅覺 (3) 嗅覺、聽覺、視覺 (4) 視覺、嗅覺、聽覺。

(　　) 11. 依職業安全衛生設施規則規定，可採人工照明之作業場所，何者應採用局部照明？ (1) 精密儀器組合 (2) 一般辦公場所 (3) 鍋爐房 (4) 精細物件儲藏室。

(　　) 12. 下列何者可能為木製品工廠或機械工廠使用螢光燈具照明的缺點之一？ (1) 光色影響某些需要配色的設備 (2) 工具操作之飛出物易擊破螢光燈 (3) 與運轉中之設備產生同步效果 (4) 因需高度照明效果而產生部分紫外線。

(　　) 13. 依營造安全衛生設施標準規定，隧道、坑道內之照明設施，其設置為下列何者？ (1) 沿隧道兩壁上方交互設置 (2) 沿隧道頂設置 (3) 沿人員通路同側之隧道壁上方裝置 (4) 沿人員通路另側之隧道壁上方設置。

( ) 14. 單位面積所接受之流明量為下列何者？ (1) 光度 (2) 光束 (3) 照度 (4) 光年度。

( ) 15. 依職業安全衛生設施規則規定，作業場所夜間自然採光不足，以人工照明補足，鍋爐房升降機、更衣室、廁所等照明應達多少米燭光以上？ (1) 20 (2) 50 (3) 100 (4) 300。

( ) 16. 依精密作業勞工視機能保護措施標準規定，雇主使勞工從事何種精密作業時，其作業台面局部照明可低於 1,000 米燭光？ (1) 精密零件之切削 (2) 隱形眼鏡之拋光 (3) 印刷電路板上以人工檢視 (4) 以顯微鏡從事半導體之檢驗。

( ) 17. 精密作業照度分佈以均勻為宜，其工作台面、半徑 1 公尺以內接鄰地區、鄰近地區之照度比不得低於下列何者？ (1) 1:1/5:1/20 (2) 1:1/10:1/30 (3) 1:1/15:1/40 (4) 1:1/20:1/50。

( ) 18. 對於須極精辨物體之凝視，如印刷品校對、極精細儀器組合等作業，其採光照明應達 1,000 米燭光以上，該照明種類係指下列何者？ (1) 全面照明 (2) 局部照明 (3) 特殊照明 (4) 一般照明。

( ) 19. 依職業安全衛生設施規則規定，極精細儀器組合作業之人工照明，其照度至少為多少米燭光？ (1) 200 (2) 300 (3) 500 (4) 1,000。

( ) 20. 依精密作業勞工視機能保護設施標準規定，雇主使勞工從事精密作業，於連續作業多少小時，應給予作業勞工至少 15 分鐘之休息？ (1) 1 (2) 2 (3) 3 (4) 4。

( ) 21. 在濕熱及蒸汽場所，下列何種燈具照明效果最佳？ (1) 白熾燈 (2) 日光燈 (3) 水銀燈 (4) 鈉氣燈。

( ) 22. 下列何者為良好採光照明設計中較少考量之要素？ (1) 照度 (2) 亮度分佈 (3) 眩輝度 (4) 氣氛。

( ) 23. 良好採光照明設計之要素中，下列何者所占比重最大？ (1) 照度 (2) 經濟性 (3) 氣氛 (4) 美的效果。

( ) 24. 單位面積所接受之流明量為下列何者？ (1) 光度 (2) 光束 (3) 照度 (4) 光年度。

( ) 25. 採光利用係數的參考作業平面，是指地板上方約多少公分之水平面？ (1) 60 (2) 80 (3) 100 (4) 120。

( ) 26. 以紅光作為儀表板之照明，其主要原因為下列何者？ (1) 眼睛對紅光最為敏感 (2) 紅光對電子設備之能量消耗最小 (3) 紅光對暗適應之干擾最小 (4) 對有眼疾的人，紅光所造成的刺激要比其他色光所造成的刺激小。

( ) 27. 下列何者非為危害眼睛之因素？ (1) 飛濺之粒子 (2) 熔融金屬 (3) 有害光線 (4) 噪音。

( ) 28. 測定照度時，因測定方向所生之照度差異甚大，故在垂直光及一般情況下，應採用測定場所之下列何者照度為準？ (1) 水平面 (2) 垂直面 (3) 傾斜 40° (4) 傾斜 60°。

( ) 29. 近點矯正視力在下列何者以下者，不得從事精密作業？ (1) 0.4 (2) 0.6 (3) 0.8 (4) 1.0。

( ) 30. 依職業安全衛生設施規則規定，有關走道、樓梯、倉庫之人工照明，應至少達多少米燭光？ (1) 50 (2) 100 (3) 200 (4) 300。

( ) 31. 依精密作業勞工視機能保護設施標準規定，從事精密作業之勞工，於連續作業 2 小時，應給予至少幾分鐘之休息？ (1) 5 (2) 10 (3) 15 (4) 20。

( ) 32. 我國採用照明的照度單位是 (1) 度 (2) 燭呎 (3) 米燭光 (4) 光度。

( ) 33. 照明之高度以視角 (1) 45 度 (2) 35 度 (3) 30 度 (4) 25 度 為原則。

( ) 34. 自然採光依法規定窗戶之大小應佔地面積之 (1) 五分之一 (2) 十分之一 (3) 十五分之一 (4) 二十分之一。

( ) 35. 作業場所夜間自然採光不足，以人工照明補足，鍋爐房、升降機、更衣室、廁所等照明應達多少米燭光以上？ (1) 20 (2) 50 (3) 100 (4) 300。

( ) 36. 依法令規定，極精細儀器組合作業之人工照明，其照度至少為多少米光燭？ (1) 200 (2) 300 (3) 500 (4) 1,000。

二、問答題

1. 試說明眩光的種類以及其對人類視覺的影響。

2. 光線會引起哪些傷害？

3. 工作場所良好採光照明要件，在「質」與「量」的要求各為何？

溫濕作業環境之危害及測定

20.1　前言

作業環境中的「溫濕四要素」，係指該作業環境中的「氣溫」、「濕度」、「氣動」及「輻射熱」等四項要素。勞工在溫濕環境中工作，其生理功能及精神注意力會降低，因而使傷害頻率增高，嚴重者更會導致急性的生理疾病如失水、熱痙攣、熱衰竭及中暑等。為了避免溫濕作業環境所造成之危害，因此要對溫濕環境實施「綜合溫度熱指數」之測定，以作為改善溫濕條件及勞工休息時間之依據。

20.2　人體對溫濕環境之反應

工作環境出現高溫條件，主要原因是由於氣溫及熱源所產生的輻射熱所造成的。例如勞工於炎夏季節在熔鑄爐旁邊工作時，不但要忍受夏天的高溫，而且還要承受熔鑄爐的輻射熱，因此該勞工處於一個高溫的作業環境。人體在高溫的環境下，會擴張皮下血管，增加脈博，使中樞內臟之血液移至皮下，將體內多餘的熱量帶至體表，以輻射及對流的方式加速體熱的散發。此時若環境中有良好的通風或氣動，將有助於體熱的散發；倘若此體熱的散發速度仍未能降低體溫，人體的汗腺會開始排汗，以蒸發的方式協助額外的熱量散發，一公升汗水的蒸發，可帶走 580kcal 的熱量，足以使體溫降低 12℃。然而汗水的蒸發與濕度有關，在高濕度的環境下，汗水無法蒸發而使降溫效能降低。

因此在高溫、高濕、氣動欠佳的工作環境下，人體的溫度調節機能無法發揮作用，就會產生急性的生理症狀，這些症狀包括：

(1) 失水

出汗量過多時，會導致體內水分大量喪失，體內廢物及體熱無法排出，影響細胞功能，嚴重時會死亡。

(2) 熱痙攣

出汗過多時，也會導致體內之電解質如氯化鈉之流失，因而引發肌肉痙攣。因此補充水份時，應喝鹽水或運動飲料。

(3) 熱衰竭

皮下血管擴張之結果，會使大腦皮質血量供應不足，如出汗多時將使血量減少，加重症狀。熱衰竭時會發生頭痛、暈眩、噁心或昏倒。

(4) 中暑

體內溫度過高時會影響身體的生理功能，一旦體溫調節功能失效，體溫即迅速上升，出現昏迷以及高燒現象，嚴重時會死亡，必須儘快降低體溫，並交由醫護人員處理。

20.3 高溫作業場所及綜合溫度熱指數之測定

為保護高溫作業勞工的健康，行政院勞動部於其訂定之「高溫作業勞工作息時間標準」(以下簡稱本標準，民國 103 年 7 月 1 日最新修正)，對在高溫作業場所工作之勞工，明確規範其工作及休息時間之分配比例，以防止勞工因長時間在高溫環境下作業，會產生失水、熱痙攣、熱衰竭、中暑等急性危害。

依本標準第二條規定，「高溫作業」係指「勞工工作日時量平均綜合溫度熱指數」達本標準第五條連續作業規定值以上之下列作業：

(1) 於鍋爐房或鍋爐間從事之作業。

(2) 灼熱鋼鐵或其他金屬塊壓軋及鍛造之作業。

(3) 於鑄造間處理融熔鋼鐵或其他金屬之作業。

(4) 鋼鐵或其他金屬類物料加熱或熔煉之作業。

(5) 處理搪瓷、玻璃、電石及熔爐高溫熔料之作業。

(6) 於蒸汽火車、輪船機房從事之作業。

(7) 從事蒸汽操作、燒窯等作業。

(8) 其他經中央主管機關指定之高溫作業。

前項作業，不包括已採取自動化操作方式且勞工無暴露熱危害之虞者。

有關高溫作業環境對人體的危害，需以「綜合溫度熱指數」(Wet Bulb Globe Temperature Index，簡寫 WBGT) 來評估。綜合溫度熱指數之測得方法簡便，不須測風速，且計算容易。計算綜合溫度指數時，須測出「自然濕球溫度」(nature wet bulb temperature) 及「黑球溫度」(globe temperature)，如在戶外測定時，還須加測「乾球溫度」(dry bulb temperature)。

一、自然濕球溫度

將溫度計之感測部分以濕棉心包覆，置在自然通風的狀況下，其所測得的溫度稱為濕球溫度。濕球溫度是用來評估濕度及空氣流動對散熱效率的影響。在乾燥、風速大的環境下測定時，由於水份容易蒸發且帶走大量的熱能，因此所測出之濕球溫度會相對地降低。

二、黑球溫度

　　黑球溫度是用來評估「輻射熱」的測量指標。自然界所產生的太陽輻射熱，以及作業場所熱源所產生之紅外線熱，是造成熱危害的兩大因素。測量輻射熱之儀器為黑球溫度計，其構造為一中空的銅球，銅球表面塗上黑漆來吸收輻射熱。銅球內裝溫度計，測量時應避免使黑球受到遮蔽。

三、乾球溫度

　　乾球空氣溫度，以溫度計測量周圍空氣之溫度即可得之。

　　依「高溫作業勞工作息時間標準」第三條規定，「綜合溫度熱指數」計算方法如下：

1. 戶外有日曬情形者：

　　綜合溫度熱指數 = 0.7×(自然濕球溫度) + 0.2×(黑球溫度) + 0.1×(乾球溫度)

2. 戶內或戶外無日曬情形者：

　　綜合溫度熱指數 = 0.7×(自然濕球溫度) + 0.3×(黑球溫度)

3. 「時量平均綜合溫度熱指數」(Time-weighted Average WBGT，簡寫 WBGT$_{TWA}$)
計算方法如下：

$$\frac{第一次綜合溫度熱指數 \times 第一次工作時間 + 第二次綜合溫度熱指數 \times 第二次工作時間 + \cdots + 第 n 次綜合溫度熱指數 \times 第 n 次工作時間}{第一次工作時間 + 第二次工作時間 + \cdots + 第 n 次工作時間}$$

換以數學符號表示之計算式為：

$$WBGT_{TWA} = \frac{(WBGT_1) \times t_1 + (WBGT_2) \times t_2 + \cdots + (WBGT_N) \times t_N}{t_1 + t_2 + \cdots + t_N}$$

4. 以上各測得之溫度值及綜合溫度熱指數值均以攝氏刻度表示之。

例 一

某一工廠為室外有日曬作業，實測其作業環境溫度為乾球溫度 32℃，濕球溫度 28℃，黑球溫度 33℃試計算其綜合溫度熱指數。

 戶外有日曬時

綜合溫度熱指數 = 0.7×(自然濕球溫度) + 0.2×(黑球溫度) + 0.1×(乾球溫度)

= 0.7×28 + 0.2×33 + 0.1×32 = 29.4℃

例二

新竹湖口工業區某一工廠之作業環境中，測得綜合溫度熱指數如下：

WBGT$_1$ = 29℃，t_1 = 15 分鐘

WBGT$_2$ = 31℃，t_2 = 20 分鐘

WBGT$_3$ = 33℃，t_3 = 30 分鐘

試求其時量平均之綜合溫度熱指數為多少？

 依公式，

$$WBGT_{TWA} = \frac{(WBGT_1) \times t_1 + (WBGT_2) \times t_2 + (WBGT_3) \times t_3}{t_1 + t_2 + \cdots + t_N}$$

$$WBGT_{TWA} = \frac{29 \times 15 + 31 \times 20 + 33 \times 30}{15 + 20 + 30} = 31.642 \text{ ℃}$$

20.4 高溫作業場所勞工作息標準

本標準第五條規定，高溫作業勞工如為連續暴露達 1 小時以上者，以每小時計算其暴露時量平均綜合溫度熱指數；間歇暴露者，以 2 小時計算其暴露時量平均綜合溫度熱指數，並依表 20.1 規定，分配作業及休息時間：

表 20.1 高溫作業場所勞工作業及休息時間分配

時量平均綜合溫度熱指數值 ℃	輕工作	30.6	31.4	32.2	33.0
	中度工作	28.0	29.4	31.1	32.6
	重工作	25.9	27.9	30.0	32.1
時間比例每小時作息		連續作業	25% 休息 75% 作業	50% 休息 50% 作業	75% 休息 25% 作業

依本標準第四條規定：

(1) 輕工作：指僅以坐姿或立姿進行手臂部動作以操縱機器者。

(2) 中度工作：指於走動中提舉或推動一般重量物體者。

(3) 重工作：指鏟、掘、推等全身運動之工作者。

例三

某高溫作業環境中，一勞工的工作為烘烤爐添加原料及監視控制台，該勞工之綜合溫度熱指數值如下，試問該勞工之作息是否合於法令規定？

08：30～09：00(開爐)，WBGT = 32.5℃

09：00～09：30(休息)，WBGT = 26.0℃

09：30～10：00(監視)，WBGT = 33.5℃

10：00～10：30(休息)，WBGT = 27.5℃

10：30～11：00(監視)，WBGT = 35.1℃

11：00～11：30(監視)，WBGT = 35.5℃

11：30～12：00(休息)，WBGT = 28.5℃

 (1) 計算時量平均綜合溫度熱指數：

$$WBGT_{TWA} = \frac{(32.5 + 26 + 33.5 + 27.5 + 35.1 + 35.5 + 28.5)}{30 \times 7}$$
$$= (218.6) / 7 = 31.229℃$$

(2) 計算休息比例：

該勞工之工作時間由 8：30 至 12：00 共 3.5 小時，其中休息三次，每次半小時，共計 1.5 小時，其休息比例為 (1.5 / 3.5)×100% = 42.857%。

(3) 該勞工之工作屬於輕工作，依表 20.1 規定，輕工作之 WBGT 高於 30.6℃ 且未超過 31.4℃ 者，工作時間中應有 25% 為休息時間。

由於該勞工所暴露之 WBGT_{TWA} = 31.229℃ 低於 31.4℃，且休息比例達 42.857% 優於法定之 25%，故該勞工之作息符合法令規定。

例四

某工作場所其戶內作業環境測得之濕球溫度為 30℃，黑球溫度為 40℃，若使從事中度工作之勞工每小時有 30 分鐘之休息時間，則休息時間之綜合溫度熱指數為多少？

 (1) 計算工作時間之綜合溫度熱指數：

WBGT_{工作} = 0.7×30℃ + 0.3×40℃ = 33℃

(2) 該勞工一小時工作中有 30 分鐘休息，即休息比例為 50%，由表 20.1 可知，中度工作且有 50% 休息者，其 WBGT_{TWA} = 31.1℃。

(3) 因

$$WBGT_{TWA} = \frac{(WBGT_{工作}) \times 30 + (WBGT_{休息}) \times 30}{30 + 30} = \frac{WBGT_{工作} + WBGT_{休息}}{2}$$

故休息時間之綜合溫度熱指數為

$$WBGT_{休息} = WBGT_{TWA} \times 2 - WBGT_{工作} = 31.1 \times 2 - 33 = 29.2℃$$

20.5 結語

「高溫作業勞工作息時間標準」對勞工之保護尚有以下規定：

(1) 勞工於操作中須接近黑球溫度 50℃ 以上高溫灼熱物體者，應供給身體熱防護設備並使勞工確實使用。黑球溫度之測定位置為勞工工作時之位置。

(2) 對於首次從事高溫作業之勞工，應規劃適當之熱適應期間，並採取必要措施，以增加其生理機能調適能力。

(3) 實施本標準後降低工作時間之勞工，其原有工資不得減少。

(4) 原訂高溫作業勞工之工作條件優於本標準者，從其規定。

(5) 勞工從事高溫作業時，應充分供應飲用水及食鹽，並採取指導勞工避免高溫作業危害之必要措施。

習 題

一、選擇題

( ) 1. 高溫灼熱物體所傳遞出之輻射熱與其物體表面之絕對溫度幾次方成正比？ (1) 1 (2) 2 (3) 3 (4) 4。

( ) 2. 用以測定熱對人體的壓力最好的指標為何？ (1) 脈博 (2) 口腔溫度 (3) 血壓 (4) 肛溫。

( ) 3. 計算綜合溫度熱指數 (WBGT) 時，其中一項變項為濕球溫度，請問一般係利用下列哪一種量計來量測濕球溫度？ (1) 阿司曼溫度計 (Assman thermometer) (2) 自然濕球溫度計 (natural wet bulb thermometer) (3) 普通溫度計 (thermometer) (4) 卡達溫度計 (Kata thermometer)。

( ) 4. 下列何者可作為測定作業場所之熱輻射效應用途 (1) 乾球溫度計 (2) 水銀溫度計 (3) 酒精溫度計 (4) 黑球溫度計。

( ) 5. 下列何者不是高溫或低溫所造成之可能危害？ (1) 中暑 (2) 神經衰弱 (3) 熱痙攣 (4) 凍傷。

( ) 6. 由於大腦皮質血液供應不足而造成的虛脫狀態，係為下列何種熱危害症狀？ (1) 熱衰竭 (2) 失水 (3) 熱痙攣 (4) 熱中暑。

( ) 7. 離開熱環境工作超過多少天者，於復工時即應再進行熱適應？ (1) 9 (2) 18 (3) 27 (4) 36。

( ) 8. 下列何者不屬於加速體熱散失的方法？ (1) 血液循環加快，血管擴張 (2) 出汗 (3) 呼吸頻率加快 (4) 避免肌肉活動。

( ) 9. 用以計算 WBGT(室外有日曬) 的公式為下列何者？ (1) WBGT = 0.7(WBT) + 0.3(GBT) (2) WBGT = 0.7(WBT) + 0.2(GBT) + 0.1(DBT) (3) WBGT = 0.6(WBT) + 0.2(GBT) + 0.2(DBT) (4) WBGT = 0.7(WBT) + 0.1(GBT) + 0.2 (DBT)。(WBT：自然濕球溫度，GBT：黑球溫度，DBT：乾球溫度)

( ) 10. 成人在重體力勞動下，每小時產生的熱量約為休閒狀態下的多少倍？ (1) 1～2 (2) 3～4 (3) 5～7 (4) 8～10。

( ) 11. 熱危害指數 (Heat Stress Index，HSI) 數值為下列何者時，代表無熱危害？ (1) 0 (2) 50 (3) 100 (4) 200。

( ) 12. 熱適應所須之時間一般為多久？ (1) 5 至 21 天 (2) 1 個月 (3) 2 個月 (4) 半年。

( ) 13. 輻射熱屬電磁波，其能量之敘述下列何者正確？ (1) 與熱應力 (heat stress) 無關 (2) 最好的控制方法是以適當的物質吸收 (3) 在輻射的過程中不會使空氣的溫度升高 (4) 可用冷空氣吹送的方式來控制。

(　　) 14. 有效溫度 (effective temperature) 指數未考慮下列何項參數？　(1) 空氣溫度　(2) 濕度　(3) 空氣流動速度　(4) 輻射熱。

(　　) 15. 下列何參數影響綜合溫度熱指數 (WBGT) 之值最大？　(1) 黑球溫度　(2) 乾球溫度　(3) 濕球溫度　(4) 自然濕球溫度。

(　　) 16. 依勞工作業環境監測實施辦法規定，高溫作業場所應測定下列何者？　(1) 通風量　(2) 綜合溫度熱指數　(3) 輻射線　(4) 氧氣含量。

(　　) 17. 黑球溫度代表下列何者之效應？　(1) 空氣溫度　(2) 空氣濕度　(3) 輻射熱　(4) 空氣流動。

(　　) 18. 依職業安全衛生法規定，在高溫場所工作之勞工，雇主不得其每日工作時間超過多少小時？　(1) 4　(2) 5　(3) 6　(2) 7。

(　　) 19. 黑球溫度計用於測定下列何者？　(1) 壓力　(2) 熱輻射　(3) 溫度　(4) 照度。

(　　) 20. 高溫作業流汗導致人體血液內之電解質不足時，可能導致下列何種症狀？　(1) 失水　(2) 中暑　(3) 熱痙攣　(4) 熱衰竭。

(　　) 21. 阿斯曼通風濕度計測定時，測定時間應為多少分鐘？　(1) 3 ～ 5　(2) 10 ～ 25　(3) 30 ～ 40　(4) 50 ～ 60。

(　　) 22. 依高溫作業勞工作息時間標準規定，勞工於接近黑球溫度達攝氏多少度以上高溫灼熱物體時，雇主應供給身體熱防護設備？　(1) 30　(2) 40　(3) 50　(4) 60。

(　　) 23. 依勞工健康保護規則規定，下列何種患者不宜從事高溫作業？　(1) 近視　(2) 心臟病　(3) 皮膚病　(4) 重聽。

(　　) 24. 以直徑 15 公分之黑球 (銅球) 溫度計進行作業環境監測時，須多少分鐘後才能讀取？　(1) 5　(2) 10　(3) 15　(4) 25。

(　　) 25. 乾球溫度計所量得之溫度為下列何者？　(1) 空氣溫度　(2) 空氣濕度　(3) 輻射熱　(4) 水溫。

(　　) 26. 高溫重體力勞動時，血液流向體表而使腦部缺血，可能導致下列何者？　(1) 熱衰竭　(2) 熱痙攣　(3) 熱紅疹　(4) 失水。

(　　) 27. 依重體力勞動作業勞工保護措施標準規定，雇主使勞工從事重體力勞動作業時，應充分供應飲用水及下列何種物質？　(1) 食鹽　(2) 糖　(3) 運動飲料　(4) 提神飲料。

(　　) 28. 依職業安全衛生設施規則規定，雇主對坑內之溫度應保持在攝氏多少度以下，超過時應使勞工停止作業？　(1) 28　(2) 30　(3) 35　(4) 37。

(　　) 29. 高溫爐前作業，為防止輻射熱及保護手部，宜使用下列何者？　(1) 棉紗手套　(2) 石綿手套　(3) 橡膠手套　(4) 塑膠手套。

(　　) 30. 乾濕球溫度相同，且濕球溫度在 27℃時，空氣之相對濕度為多少 %？　(1) 85　(2) 90　(3) 95　(4) 100。

(　　) 31. 雇主對於室內作業場所設置有發散大量熱源之熔融爐、爐灶時，應採取防止勞工熱危害之適當措施，下列何者不適當？　(1) 將熱空氣直接排出室外　(2) 隔離　(3) 換氣　(4) 灑水加濕。

( ) 32. 依職業安全衛生設施規則規定，雇主以人工濕潤工作場所濕球溫度超過攝氏多少度時，應立即停止濕潤？ (1) 20 (2) 24 (3) 25 (4) 27。

( ) 33. 依勞工作業環境監測實施辦法規定，對熱環境評估採用下列何者？ (1) 熱危害指數 (2) 有效溫度 (3) 綜合溫度熱指數 (4) 排汗量。

( ) 34. 依重體力勞動作業勞工保護措施標準規定，鏟、掘、推等全身運動之工作屬下列何者？ (1) 低度工作 (2) 輕工作 (3) 中度工作 (4) 重工作。

( ) 35. 下列何者為供給高溫作業勞工之最佳飲用水？ (1) 含 0.1% 食鹽約 15℃ 之涼飲用水 (2) 含 1% 食鹽約 15℃ 之涼飲用水 (3) 含 0.1% 食鹽約 25℃ 之涼飲用水 (4) 含 1% 食鹽 18℃ 之涼飲用水。

( ) 36. 高溫作業勞工休息區之溫度，建議不宜低於多少℃？ (1) 18 (2) 20 (3) 22 (4) 24。

( ) 37. 人體對低溫環境可能之反應，下列敘述何者錯誤？ (1) 毛髮豎立，使體表外保存空氣以阻止熱量之散發 (2) 身體捲曲，使散熱之體表面積增加 (3) 發抖以增加肌肉之活動力 (4) 分泌甲狀腺增加代謝率。

( ) 38. 下列哪一種表示熱壓力 (heatstress) 的指數，不必測量環境中之風速即可求算？ (1) 感覺溫度 (effective temperature) (2) 綜合溫度熱指數 (WBGT) (3) 四小時排汗量 (P4SR) (4) 風寒指數。

( ) 39. 設作業場所溫度均勻，測定綜合溫度熱指數 (WBGT) 時，係以勞工工作時姿勢之何部位為裝設溫度計球部之高度？ (1) 頭 (2) 胸 (3) 腹 (4) 腳踝。

( ) 40. 下列何種因素較不會使一個人想喝水？ (1) 小量流汗 (2) 體溫升高 (3) 吃了鹹食物 (4) 連續大量腹瀉。

( ) 41. 下列何者非屬評估熱環境所用之生理指標？ (1) 心跳速率 (2) 皮膚溫度 (3) 綜合溫度熱指數 (4) 4 小持排汗量。

( ) 42. 依職業安全衛生設施規則規定，人工濕潤工作場所，濕球與乾球溫度相差攝氏多少度以下時，應立即停止人工濕潤？ (1) 1.4 (2) 2.4 (3) 3.4 (4) 4.4。

( ) 43. 熱不均勻之高溫作業場所，實施綜合溫度熱指數測定時，需分別測量頭部、腹部、腳踝三處不同之溫度，再以下列何種比率計算之？ (1) 1：2：1 (2) 1：3：1 (3) 1：1：2 (4) 2：1：1。

( ) 44. 一般分類中，心搏速率在下列何種情形以上屬重工作 (heavy work)？ (1) 80 次／分 (2) 90 次／分 (3) 100 次／分 (4) 110 次／分。

( ) 45. 勞工之新陳代謝熱小於多少者，稱為輕工作？ (1) 200kcal/h (2) 300kcal/h (3) 400kcal/h (4) 500kcal/h。

( ) 46. 依職業安全衛生設施規則規定，下列何狀況應停止人工濕潤？ (1) 濕球溫度超過 27℃ (2) 黑球溫度超過 50℃ (3) 乾球溫度超過 37℃ (4) 濕球與乾球溫度差在 1.4℃ 以上時。

( ) 47. 有效溫度 (effective temperature) 指數未考慮下列何項參數？ (1) 空氣溫度 (2) 濕度 (3) 空氣流動速度 (4) 輻射熱。

( ) 48. 下列熱應力指數 (Heat Stress Index, HSI) 數值，何者代表已熱適應之勞工，每天工作能容忍之熱應力？ (1) 0 (2) 50 (3) 100 (4) 200。

( ) 49. 從事高溫作業勞工作息時間標準所稱高溫作業之勞工，依勞工健康保護規則之規定，下列何者非屬應實施特殊健康檢查項目之一？ (1) 作業經歷之調查 (2) 胸部 X 光攝影檢查 (3) 肺功能檢查 (4) 心電圖檢查。

( ) 50. 如經判定屬高溫作業勞工作息時間標準之高溫作業勞工，其每日工作時間不得超過幾個小時？ (1) 4 (2) 5 (3) 6 (4) 8。

( ) 51. 熱痙攣主要原因為下列何者？ (1) 大腦皮質血液供應量不足所導致的虛脫現象 (2) 出汗過多致電解質不足 (3) 熱調節機能失常 (4) 汗腺阻塞無法排汗。

( ) 52. 黑球溫度計用於測定下列何者？ (1) 壓力 (2) 熱輻射 (3) 溫度 (4) 照度。

( ) 53. 高溫作業是屬於 (1) 化學性 (2) 人因工程 (3) 物理性 (4) 生物性 危害。

( ) 54. 高溫作業場所之環境測定項目中，綜合溫度熱指數 (1) 一個月 (2) 三個月 (3) 四個月 (4) 六個月 測定一次。

( ) 55. 熔爐作業較嚴重的輻射危害為 (1) 粒子 (2) 微波 (3) X 光 (4) 紅外線。

( ) 56. 高溫下作業的新進勞工應給予熱適應，其時間原則上為 (1) 一週 (2) 十天 (3) 兩週 (4) 二十天。

( ) 57. 自然濕球溫度係由一般溫度計之球部以紗布裹住，測定時將紗布用 (1) 自來水 (2) 蒸餾水 (3) 沸水 (4) 井水 濕潤。

( ) 58. 黑球溫度計測定，第一次讀數至少需經 (1) 5 (2) 15 (3) 25 (4) 35 分鐘以上。

( ) 59. 空氣流動使人感覺空氣之溫度與實際溫度之比如何？ (1) 較高 (2) 較低 (3) 無影響 (4) 濕冷。

二、問答題

1. 何謂熱適應？

2. 試回答下列問題：

   (1) 計算綜合溫度熱指數 (WBGT) 時需量測乾球溫度、自然濕球溫度及黑球溫度，試分別說明其量測設備及組裝。

   (2) 對熱中暑者應如何進行急救及處理？

3. 某一戶外燒窯作業，在有日曬工作環境中，測得乾球溫度 31℃、自然濕球溫度 28℃、黑球溫度為 34℃，請回答下列問題：

   (1) 該環境之綜合溫度熱指數為幾℃？ (請列出計算公式)

   (2) 依您計算結果並依下表所定，如勞工作業為中度工作，則該勞工每小時休息比例應為多少 % ？

時量平均綜合溫度熱指數值℃	輕工作	30.6	31.4	32.2	33.0
	中度工作	28.0	29.4	31.1	32.6
	重工作	25.9	27.9	30.0	32.1
時間比例每小時作息		連續作業	25% 休息 75% 作業	50% 休息 50% 作業	75% 休息 25% 作業

4. 依高溫作業勞工作息時間標準規定，回答下列問題：

   (1) 高溫作業為勞工工作日時量平均綜合溫度熱指數達該標準連續作業規定值以上之作業。請列舉 3 項該標準所定之高溫作業。

   (2) 請說明 (1) 之作業中，不適用之操作方式。

   (3) 請說明 (2) 情況不適用之原因。

5. 有關高溫作業熱危害預防，以綜合溫度熱指數 (WBGT) 作為熱危害評估之指標。試問：

   (1) 其考量之氣候因素有哪些？

   (2) 計算公式為何？

6. 某熱處理公司工作場所為室內無日曬環境，勞工作業時間上午 8 時至 12 時，測得乾球溫度 30℃，濕球溫度 27℃，黑球溫度為 33℃；下午 13 時至 17 時測得乾球溫度 32℃，濕球溫度 30℃，黑球溫度 35℃。請問該作業之工作日時量平均綜合溫度熱指數為若干？(請列出計算公式)

7. 高溫作業勞工熱危害之預防，除優先採取工程改善對策外，可採取哪些行政管理措施？

8. 有關工作場所熱危害之預防，除透過工程控制及作業環境管理手段外，試問在行政管理對策上，可針對哪些項目採取因應措施，請列舉 5 種項目，並略述其因應措施。

9. 某一工作環境中測得乾球溫度 31℃，濕球溫度 28℃，黑球溫度 35℃，為室內無日曬環境，請問該環境之綜合溫度熱指數為多少℃？(請列出計算公式)

10. 某一工廠為室外有日曬作業，實測其作業環境溫度為黑球溫度 28℃，乾球溫度 34℃，濕球溫度 30℃，試計算其綜合溫度熱指數。

11. 人體於高溫環境中會出現哪些由熱引起之症狀？

12. 對於會產生熱危害的環境，其預防措施有哪些？

13. 某一作業環境測得乾球溫度為 31℃，自然濕球溫度為 28℃，黑球溫度為 35℃，若該作業環境為室內無日曬時，試計算綜合溫度熱指數。

14. 試簡答下列各題：

    (1) 維持作業場所舒適之溫濕四要素。

    (2) 綜合溫度熱指數單位及 $WBGT = 0.7t_{nwb} + 0.2t_g + 0.1t_d$ 式中，t_{nwb}、t_g、t_d 等參數之意義。

非游離電磁波之危害與測量

21.1 前言

由於近二十多年來無線電通訊技術之長足進步，因此不論是工作場所或是一般之住家環境，都可能因為無線電設備之使用而導致人員暴露於電磁波之危害中。雖然短時間暴露於低能量之電磁波環境對人體並不致造成明顯之傷害，但當長時間暴露於電磁波環境中時，其對人員所產生之生理與心理危害卻不容忽視。

有鑑於此，本章就電磁波之種類、物理特性、對人體可能產生之危害、測量方法及安全標準值等觀念作介紹，期使讀者能對電磁波所引起之健康危害能有正確之認知與理解。

21.2 電磁波的物理性質

「電磁波」(electromagnetic wave) 乃是「能量」於自由空間中藉由「電場」與「磁場」的波動而傳遞播送的一種物理現象，就如同聲波在空氣中傳播能量的方式一樣，而兩者不同之處乃在於聲波是由物體振動而產生的機械能波動現象，故聲波的傳導必須藉由空氣、水及固體等物質為媒介；相反的，由於電場與磁場可存在於真空中，故電磁波的傳導不但可在真空進行，而且只要可被電場或磁場穿透的物質，該物質即可傳導電磁波。圖 21.1 為電磁波傳導示意。

由於電磁波可在真空中傳導，故電磁波本身即為「輻射」(radiation) 之一種；其傳播的能量稱為「輻射能」(radiation energy)。

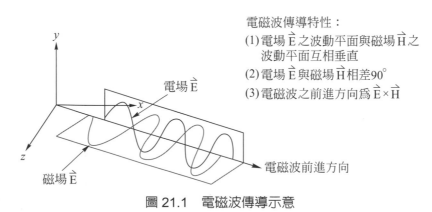

電磁波傳導特性：
(1) 電場 $\vec{E}$ 之波動平面與磁場 $\vec{H}$ 之波動平面互相垂直
(2) 電場 $\vec{E}$ 與磁場 $\vec{H}$ 相差90°
(3) 電磁波之前進方向為 $\vec{E} \times \vec{H}$

電場 $\vec{E}$

磁場 $\vec{E}$

電磁波前進方向

圖 21.1　電磁波傳導示意

當「輻射」所傳送之「輻射能」強度足以使水分子發生「游離現象」(ionization)，即一個水分子吸收輻射能後分解成「氫」陽離子及「氫氧」陰離子，則稱之為「游離輻射」(ionizing radiation)。

$$H_2O \xrightarrow{\text{強輻射能}} H^+(陽離子) + OH^-(陰離子)$$

反之，若「輻射能」之強度並不足以使水分子發生「游離現象」，則稱之為「非游離輻射」(non-ionizing radiation)。

21.2.1 電磁波的產生方式

電磁波產生的方式主要分為兩種，第一種為「電子激發」式，當原子內的電子吸收能量後被激發，從低能階軌域跳至高能階軌域，然後再從高能階軌域跳回低能階軌域時，則該電子所吸收之能量會以電磁波輻射的方式釋放出來，因而產生電磁波。例如 X 光、γ 射線的產生，就是利用高速的電子束射擊金屬，使金屬原子內的電子被激發至高能階軌域，再從高能階跳回低能階軌域而釋放出的一種特殊電磁波輻射。由於這種激發方式可導致激烈之能量轉換，故用這種方式可產生高輻射能之電磁波；也因此利用電子激發式所產生的 X 光、γ 射線，不但具有非常強大之穿透力，而且其所傳送的能量亦足以使水分子產生游離現象，所以 X 光、γ 射線一般被歸類為「游離輻射」。當然，我們亦可以控制電子激發過程中所吸收的能量，而減低其產生的電磁波輻射強度，例如日光燈管所產生之可見光、醫療使用之雷射光、刷條碼所用之紅外線、殺菌機器所使用之紫外線，都屬於低能量的電磁波，故一般歸類為「非游離輻射」。

另一種產生電磁波的方式，乃根據「電磁感應」(electromagnetic induction)」之原理而來；有電場變化的地方，就會感應產生磁場，反之亦然。因電場變化而產生磁場，此現象最早被法國科學家安培 (Ampere) 於 1802 年提出，並且成為物理學中著名的「安培定律」，故凡有電流通過的電導體，其鄰近空間皆會有磁場產生，而且電流越大，所產生之磁場強度亦越強。另一方面，英國物理學家法拉第 (Faraday) 亦於 1831 年證明磁場變化可在電導體上產生電場，而成為物理學中著名之「法拉第電磁感應定律」。因此，以電場與磁場相互感應而產生的電磁波，如無線電通訊所使用的高低頻電波、電磁爐、微波爐、電馬達轉動、高壓電纜鄰近所發散的電磁波，基本上就是電磁輻射的一種，而且普通存在於工作及生活環境中。

由於這些形式的電磁波通常用來傳遞較低的能量，故一般將之歸類為「非游離輻射」。事實上某些軍事用途的偵察雷達，其所發送的電磁波強度在短距離內可造成人體細胞之大量死亡，故用於微波通訊的電磁波亦可以是一種能量極強之「游離輻射」。

電磁波在眞空中之傳播速度爲固定值 $C_0 = 3 \times 10^8$ ms^{-1}，又因爲波的傳播速度等於其「頻率」(frequency) f 乘以「波長」(wavelength) λ，即 $C_0 = f\lambda$，所以電磁波的波長與其頻率成反比，亦即波長越長者，其頻率越低；相反波長越短者，其頻率則越高。一般而言，頻率較高 (波長較短) 的電磁波比頻率較低 (波長較長) 者更能傳送較多的輻射能，故高頻率 (短波長) 的電磁波通常具有「游離輻射」的特性。由於不同波長的電磁波具有不同的物理特性，因此電磁波亦可依其波長範圍分爲「射頻」(RF, Radiofrequency)、「微波」(MW, Microwave frequency)、「紅外線」(IR, Infrared)、「可見光」(Visible light)、「紫外線」(UV, Ultraviolet)、「X- 光」(x-ray) 等波譜，如圖 21.2 所示。

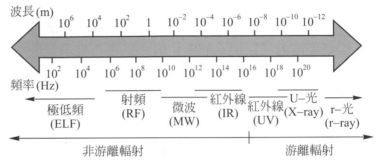

圖 21.2　電磁波波長與頻率波譜

近年來由於行動電話的普及，暴露於射頻及微波等波段的非游離電磁波危害引起了大眾的關注與疑慮，歐美各國亦開始投入於相關研究並訂定非游離電磁波危害之防護標準。由圖 21.2 可知，射頻及微波的頻率範圍主要集中於 105Hz ～ 1011Hz 之間 (相當於 0.1MHz ～ 100GHz，1M = 10^6，1G = 10^9)，表 21.1 爲射頻與微波的應用範圍。有關無線電射頻各波段的命名，可參考表 21.2。

表 21.1　多波段射頻及微波之應用範圍

頻率	應用
高頻 (HF)：3 ～ 30MHz	AM 廣播、手術用電熱刀、警用雷達
特高頻 (VHF)：30 ～ 300MHz	FM 廣播
超高頻 (UHF)：300MHz ～ 3GHz	電視廣播、電子防盜設備
800 ～ 900MHz	個人通訊
1.8 ～ 2.2GHz	行動電話
900 ～ 950MHz	RFID 條碼感應器、微波爐
極高頻 (SHF)：1 ～ 10GMHz	自動門感應器

表 21.2　國際電聯會 (ITU) 頻帶劃分與命名

頻帶號碼 (N)	頻帶命名	頻率範圍	波長劃分
4	特低頻 (VLF)	3～30kHz(千赫)	104m
5	低　頻 (LF)	30～300kHz(千赫)	103m
6	中　頻 (MF)	300～3,000kHz(千赫)	102m
7	高　頻 (HF)	3～30MHz(兆赫)	10m
8	特高頻 (VHF)	30～300MHz(兆赫)	1m
9	超高頻 (UHF)	300～3,000MHz(兆赫)	10^{-1}m
10	極高頻 (SHF)	3～30GHz(秭赫)	10^{-2}m
11	至高頻 (EHF)	30～300GHz(秭赫)	10^{-3}m
12	—	300～3,000GHz(秭赫)	10^{-4}m

21.2.2　電磁波對物質之作用效應

　　電磁波所產生的物質效應，主要為「游離作用」、「加熱作用」及「感應電磁場作用」三種：

(1) 游離作用

　　係指物質內的分子因吸收電磁波的輻射能而出現游離現象，使不帶電性的分子，分離成帶正電荷的正離子及帶負電荷的負離子。例如水分子可因吸收電磁波能量而游離成 H^+ 及 OH^-，一些高分子量聚合物，亦可能因吸收電磁波能量後被游離裂解為低分子單體。

(2) 加熱作用

　　係指物質分子吸收電磁波所傳送之輻射能，轉換成分子本身之內部能量，而使分子溫度增加之物理現象。像電磁爐、微波爐對食物加熱，就是利用電磁波之「加熱作用」。

(3) 感應電磁場作用

　　由於電磁波可藉電場與磁場之交互變化感應而產生，因此當電磁波經過某些介電物質時，亦可反過來使這些介電物質產生極化或磁化現象，而使這些物質出現電場與磁場，此現象稱為「感應電磁場作用」。強大的感應電場可能會導致電暈放電現象。

21.3　電磁波對人體可能產生之危害

在宇宙間存在三種非常重要的作用力：一為物質與物質間的相互吸引力，稱為「萬有引力」；另一為存在於電荷與電荷之間的「電力」，同性相拒，異性相吸；第三種則為存在於磁荷與磁荷之間的「磁力」，同極相斥，異極相吸。雖然科學家至今仍未能解釋何以宇宙間會有此三種作用力存在，但此三種作用力於維持物質特有的物理與化學特性中扮演非常重要的角色。此外，生物學家亦認為此三種作用力對生物內的細胞活動有相當程度的影響。因此，在討論電磁波對人體可能產生的危害時，除要考慮人體短時間暴露於高強度電磁波所造成的立即危害，亦應考慮人體長時間暴露於低強度電磁波環境中，經由電磁波感應產生電磁場，其電力與磁力對體內細胞活動干擾而造成的慢性病變。

21.3.1　高強度電磁波對人體之危害

高強度電磁波對人體的危害，亦可從「游離作用」、「加熱作用」及「感應電磁場作用」三方面予以說明。

一、游離作用

能產生「游離作用」的電磁波，其輻射量至少約在 10 電子伏特 (eV) 以上，故其頻率集中於紫外線以外的頻帶，如圖 21.2 所示。在「游離作用」中，電磁波進入人體後，其所傳送的輻射能可使體內的分子 (如水分子) 解離成不穩定之離子或自由基，這些不穩定之離子或自由基，可進一步與體內組織的蛋白質結合，改變其化學特性，引發組織病變，如癌症等。

能量較強的電磁波，如 X 光、γ 射線，更可直接使人體細胞內的 DNA 分子產生解離，成為一段一段的碎斷；當這些細胞進行增生分裂時，必須將碎斷的 DNA 分子重新組合，因而產生錯誤的基因編碼排序，其結果為可導致新分裂產生的細胞發生突變，成為異常的癌細胞，誘發惡性腫瘤。

能量更強之電磁波輻射，可對人體的細胞及組織產生強大的「游離作用」，導致體內細胞於瞬間大量死亡，器官衰竭等致命傷害。

二、加熱作用

高強度電磁波通過人體組織時，可藉由電磁共振原理而產生加熱作用，使組織內的蛋白質發生變質，如手術用電熱刀，就是利用高頻電磁波對人體組織產生燒結效果。此外，由脈衝雷射所產生的遠紅外線，以及由電焊電弧所產生的紫外線，若進入眼球會使前房液及玻璃液內的蛋白質變質變白，形成白內障病變。

三、感應電磁場作用

由高壓電線所產生之電磁波，可在空間中產生感應電場及磁場，當人體暴露於低強度的感應電場中，毛髮可因電場作用而產生顫動；若電場強度增加且空間中有導電物質如金屬存在，則人體碰觸該導電物質可能會因火花放電而有觸電的痛楚感覺。

由電磁波所產生的感應磁場，對心臟疾病患者的植入式心律調整器可產生電磁干擾，使其功能失常。另一方面，美國從過去的太空實驗中，已發現受精卵細胞無法在無重力與無地球磁場的環境下正常分裂成為胚胎，故認為宇宙間所存在之三種作用力，萬有引力、電力及磁力，對細胞的正常發展及生理行為有若干之影響作用，只是目前尚無法確認其作用機制；也因此懷疑長期暴露於電磁干擾的環境中，可能會令婦女流產的風險提高。此外，在一些體外進行的細胞實驗中，尚發現白血球細胞在電磁波的干擾下，無法辨別及吞噬癌細胞，故亦懷疑人體長期暴露於電磁波的感應電磁場中，體內的白血球細胞會因電磁干擾而失去吞噬癌細胞的自我防禦能力，導致癌細胞的存活能力增加，使人體罹患癌症的風險提高。

近年來國內外已有相當多的個案顯示，長期居住或工作於電磁波環境中出現較多的流產與罹癌案例，但至今仍缺乏直接證據以證明這些案例係由電磁波所造成。而上述的體外細胞實驗因在試管中進行，其實驗環境無法與人體內的環境相比，故仍無法直接證明電磁波對人體內的白血球細胞有相同的影響效應。雖然如此，人們對長期暴露於電磁波環境中可能誘發較高流產與罹癌機率的恐懼感，卻因為案例的增加而與日俱增；因此，如何有效測定電磁波強度，以及訂定安全之暴露標準，已成為電磁波危害的重要議題。

21.4　非游離電磁波強度之測定

由於電磁波是一種「能量」藉由「電場」與「磁場」的交互作用而於空間中傳播的物理現象，因此若要評估電磁波的強度，可由測定其所傳送能量的「功率密度」、「電場強度」、「磁場強度」以及「磁通密度」等物理參數著手。

21.4.1　電磁波之功率密度及其測量單位

電磁波每秒鐘於空間所傳送的能量稱為「功率」P，其單位為「瓦特」(W，$1W = 1Js^{-1}$)。一般而言，對具有相同振幅的電磁波，其頻率越高者所傳送的功率越高；反之，頻率相同，則振幅越大者其所傳送的功率亦較大。此外，由於電磁波的波平面與其前進方向垂直，故量測電磁波的傳送功率需考量每單位波平面面積的功率分布密度，如圖 21.3 所示。

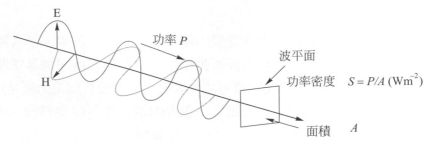

圖 21.3　電磁波之功率密度

電磁波「功率密度」S 之定義爲每單位波平面面積 A 所傳送的功率 P，即：

$$S = \frac{F}{A}$$

「功率密度」S 的單位爲 W/m^2 或 Wm^{-2} (瓦特 / 平方公尺)。

21.4.2 ## 電磁波之電場強度及其測量單位

對相同頻率之電磁波而言，其電場之振幅越大者，所傳送的電磁波能量亦越大，故測量電磁波的「電場強度」E 可作爲評估該電磁波危害的參考指標。依物理定義，每單位「電荷」Q 於電場中所感受的「作用力」F 即爲電場強度，故其定義式爲：

$$E = \frac{F}{Q}$$

以上定義式所得的「電場強度」E，其單位爲 N/C 或 NC^{-1} (牛頓 / 庫侖)。

然而在電場強度之實際測量中，則以每單位「距離」d 所產生的「電位差」V 爲依據，其定義式爲：

$$E = \frac{V}{d}$$

由以上定義式所得的「電場強度」E，其單位爲 V/m 或 Vm^{-1} (伏特 / 公尺)。

21.4.3 ## 電磁波之磁場強度及其測量單位

由於安培定律中已證明「電流」I 流經導體會在鄰近感應出磁場，而測定點的「磁場強度」H 會跟導體與該測定點的「距離」d 成平方反比，如圖 21.4 所示。

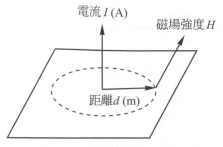

圖 21.4 磁場強度之測量定義

故測量「磁場強度」H 之定義式為：

$$H = \frac{I}{d}$$

由以上定義式所得的「磁場強度」H，其單位為 A/m 或 Am^{-1}（安培／公尺）。

21.4.4 電磁波之磁通密度及其測量單位

所謂「磁通量」(magnetic flux) 者，在物理學中係指形成磁場之「磁力線」於空間中之通過量而言，故對相同的導磁物質來說，其通過之磁通量越多者，所形成之「磁場強度」也越強，故「磁通量密度」B 與「磁場強度」H 之關係可表示為

$$B = \mu_m H$$

其中，μ_m 代表該導磁物質的「導磁係數」。

由上式可知，電磁波的「磁通量密度」B 可作為評估電磁波強弱的指標。

然而在磁通密度的實際測量中，則以每單位「截面面積」A 所通過的「磁通量」Φ 為依據。測量「磁通量密度」B 之定義式為：

$$B = \frac{\Phi}{A}$$

「磁通量」Φ 的國際單位稱為「韋伯」(Wb)，「截面面積」A 的單位為「平方公尺」，故「磁通量密度」的單位可用 Wb/m^2 表示；但其專用的國際單位稱為「特士拉」(Tesla)，且 1T = 1Wb/m^2。一般而言，1T 的磁通量密度為非常龐大的數值，故測量上的實用單位為 μT「微特士拉」($\mu = 10^{-6}$) 或 nT ($n = 10^{-9}$)。此外，測量磁通量密度的另一個常用單位為「高斯」(Guass，簡寫 G) 或「毫高斯」(mG)，其與「特士拉」之換算公式為

$$1T = 10^4 G$$

或

$$1\mu T = 10mG$$

21.5　電磁波之暴露限值

　　瞭解非游離電磁波 (輻射) 之強度測量指標及其單位後，讀者會想知道電磁波是否存在一「暴露限值」(Exposure limit)，只要環境中的電磁波強度低於此限值，則人員暴露於該環境中不致對健康產生短期或長期的危害影響。嚴格來說，對「游離輻射」如 X 光、γ 光等高強度電磁波而言，並沒有所謂絕對安全的「暴露限值」，人體只要暴露於 X 光、γ 光輻射下，皆有可能導致相當程度誘發癌症的風險，其差別只在於誘發癌症的機率高低而已。

　　對於「非游離電磁波」的「暴露限值」訂定，也是近十多年來，由於民眾廣泛使用無線電通訊器材，使得環境中充斥各種頻率電磁波，導致眾多疑似由電磁波暴露所引起的病例發生，因而引起大眾對電磁波暴露限值的重視。由於非游離電磁波屬於輻射一種，有關電磁波的「暴露限值」，主要由「國際輻射保護協會」(IRPA) 所屬之「國際非游離輻射委員會」(INIRC) 研究訂定。1992 年 5 月，INIRC 脫離 IRPA 成為獨立團體，改名為「國際非游離輻射防護委員會」(International Commission on Non-Ionizing Radiation Protection，縮寫 ICNIRP)。ICNIRP 於 1998 年提出有關暴露於 0 ～ 300GHz 電磁場之「暴露限值」建議標準，而成為各會員國依循之標準。

　　ICNIRP(1998) 對電磁場暴露建議值分「環境」及「職場」兩種，所謂「環境建議值」，乃針對民眾生活環境中所容許暴露之「暴露限值」作出規範；而所謂「職場建議值」，則以勞工於工作場所容許暴露之限值為規範標準。目前 ICNIRP(1998) 之「環境曝露參考位準值」(如表 21.3) 已為我國行政院環境資源部所採用，並訂定「限制時變電場、磁場及電磁場曝露指引」，且於民國 101 年 11 月 30 日公告施行。在本指引中，明定「環境曝露參考位準值」指的是「短期曝露」限值，並非「長期曝露的安全值」：

1. 為防制所有科學上已確定機制之人為時變電場、磁場及電磁場所引起「短期曝露」造成之急性效應及長期曝露影響，特訂定本指引。

2. 本指引用詞，定義如下：

   (1) 時變 (Time-varying)：隨時間變動，包含固定周期及非固定周期之訊號。

   (2) 電場 (Electric field)：向量場 E，以伏特每米為單位。

   (3) 磁場 (Magnetic field)：向量 H，以安培 / 公尺為單位。

   (4) 向量 (Vector)：具有特定方向與大小的量 (如作用力與速度)，其大小與方向可隨空間位置及 (或) 時間改變。

   (5) 電磁場 (Electromagnetic field)：環境中電場和磁場的總稱。

(6) 已確定機制 (Established mechanism)：指具有以下特性之生物電機制：

① 能用於預測人體的生物效應。

② 通過方程式或參數關係可以建立具體的模型。

③ 已經在人體中得到證實或者動物數據能可信地外推到人體上。

④ 有強烈證據支持。

⑤ 被科學界專家廣泛接受。

(7) 曝露 (Exposure)：指人體受電場、磁場及電磁場影響之過程。

(8) 急性效應 (Acute effect)：當曝露在物質或媒介時，短期致生之生物效應或健康效應症狀。

(9) 長期曝露 (Long-term exposure)：指在所涉及之生物系統壽命期大部分時間內的曝露，持續期可能從幾星期至幾年。

(10) 公眾 (General public)：係指全部人口，包括所有年齡和不同健康狀況的人，也包括特定脆弱群體或個人，如體弱者、老人、孕婦、嬰兒和幼童。

(11) 公眾曝露 (Public exposure)：公眾所承受之所有電場、磁場及電磁場曝露，不包括職業曝露和醫療曝露。

(12) 參考位準值 (Reference level)：係從基本限制值 (Basic restriction) 藉由測量與電腦數學模式計算技術所導出的物理量，即按照場對人體曝露最大耦合條件計算得到，因而可提供最大保護，同時考慮了頻率相關性和劑量不確定性，並可做為判別基本限制值之替代指標。而所謂之基本限制值係為符合所有已知及可能導致人體組織有害健康影響之生物作用機制限值。

(13) 頻率 (Frequency)：一秒鐘內電磁波完成之正弦週期數量，單位通常以赫茲 (Hz) 表示。

(14) 頻段 (Frequency bands)：指特定之頻率範圍。

(15) 低頻 (Low frequency, LF)：介於 1Hz 至 100kHz 頻段間之頻率。

(16) 極低頻 (Extremely low frequency, ELF)：低於 300Hz 之頻率。

(17) 射頻 (Radiofrequency, RF)：適用於電信之電磁曝露的任何頻率。在本指引中，射頻指介於 3kHz 至 300GHz 頻段間之頻率。

(18) 電場強度 (Electric field strength)：體積無窮小的單位正電荷所感受到的電性作用力，以向量 E 表示，公制單位為牛頓 / 庫侖 (N/C) 或伏特 / 公尺 (V/m)。

(19) 磁場強度 (Magnetic field strength)：磁場向量的大小，以單位長度之安培數 (A/m) 表示。

(20) 磁通量密度 (Magnetic flux density)：由通電的導體所產生的一個向量，以向量 B 表示，公制單位為特斯拉 (Tesla 或 T) 或韋伯 / 平方公尺 (Wb/m^2)，可對運動中的電荷施加磁性作用力而改變其運動特性 (1μT = 10 mG)。

(21)功率密度 (Power density)：在無線電波傳播中，經過垂直於波傳播方向單位面積之能量，以單位面積之瓦特數 (W/m²) 表示。

(22)電刺激 (Electro stimulation)：由外部電場或磁場在生物介質內感應電流所產生的刺激。

(23)熱效應 (Thermal considerations)：曝露於頻率超過 100kHz 的電磁場會導致身體產生明顯的能量吸收和溫度升高。

(24)醫療器材 (Medical equipment)：係包括診斷、治療、減輕或直接預防人類疾病，或足以影響人類身體結構及機能之儀器、器械、用具及其附件、配件、零件。

(25)醫療曝露 (Medical exposure)：指在醫療過程中病人及其協助者所接受之曝露。

(26)職業曝露 (Occupational exposure)：個人因從事定期或指定職業活動而受到之所有曝露。

3. 本指引係參採國際非游離輻射防護委員會建議之「公眾曝露參考位準值」做為訂定依據。

遵循前項參考位準值可保護公眾免於遭受極低頻、低頻與射頻「短期曝露」時產生之急性效應。

4. 非職業場所之公眾於環境中曝露各頻段之限制時變電場、磁場及電磁場曝露參考位準值如下：

表 21.3　我國非職業場所環境中限制時變電場、磁場及電磁場曝露參考位準值

頻段	電場強度 (V/m)	磁場強度 (A/m)	磁通量密度 (μT)(註 4)	功率密度 S_{eq}(W/m²)
< 1Hz	—	3.2×10^4	4×10^4	—
1-8Hz (註 1)	10,000	$3.2 \times 10^4/f^2$	$4 \times 10^4/f^2$	—
8-25Hz	10,000	4,000/f	5,000/f	—
0.025-0.8kHz (註 2)	250/f	4/f	5/f	—
0.8-3kHz	250/f	5	6.25	—
3-150kHz	87	5	6.25	—
0.15-1MHz	87	0.73/f	0.92/f	—
1-10MHz (註 3)	$87/f^{1/2}$	0.73/f	0.92/f	—
10-400MHz	28	0.73	0.092	2
400-2,000MHz	$1.375f^{1/2}$	$0.0037f^{1/2}$	$0.0046f^{1/2}$	F/200
2-300GHz	61	0.16	0.2	10

註 1：f 為頻率，其單位為規範頻段的頻率單位；如規範頻段為 1-8Hz，f 單位則為 Hz。

註 2：規範頻段為 0.025-0.05kHz，f 單位為 kHz，以此類推。

註 3：f^2、$f^{1/2}$ 中之 2 及 1/2 為指數，$f^2 = f \times f$，以此類推。

註 4：1μT =10mG

5. 針對多個不同頻率場域同時曝露之情況，應符合下列場強度參考位準值：

   (1) 針對感應電流密度和電刺激效應，在低於 10MHz 之頻率，其參考位準值如下：

   $$\sum_{i=1Hz}^{10MHz} \frac{E_i}{E_{R,i}} \le 1 \ , \ \sum_{j=1Hz}^{10MHz} \frac{H_j}{H_{R,j}} \le 1$$

   (2) 針對熱效應，在超過 100kHz 之頻率其參考位準值如下：

   $$\sum_{i=100kHz}^{10MHz} \left(\frac{E_i}{c}\right)^2 + \sum_{i=1MHz}^{300GHz} \left(\frac{E_i}{E_{R,i}}\right)^2 + \le 1 \ , \ \sum_{j=100kHz}^{1MHz} \left(\frac{H_j}{d}\right)^2 + \sum_{j=100kHz}^{1MHz} \left(\frac{H_j}{H_{R,j}}\right)^2 + \le 1$$

   其中：

   E_i 為頻率為 i 的曝露電場強度

   $E_{R,i}$ 為第四點中對應頻率之電場強度參考位準值

   H_j 為頻率為 j 的曝露磁場強度

   $H_{R,j}$ 為第 4. 點中對應頻率之磁場強度參考位準值

   $c = 87/f^{1/2} \ Vm^{-1}$(f 單位為 MHz)

   $d = 0.73/f \ Am^{-1}$(f 單位為 MHz)

6. 為有效管制 (理) 相關電場、磁場及電磁場發射源，建議各目的事業主管機關應將本指引納入所管相關法規或規範中進行管制。

7. 本指引不適用於相關電信及電器消費商品、醫療器材、醫療曝露及職業曝露。

8. 有關長期曝露之影響，依據國際非游離輻射防護委員會審慎評估流行病學和生物學研究數據之結論，截至目前為止並無足夠之證據顯示與時變電場、磁場及電磁場具有因果關係，尚無法成為訂定本指引的基礎。爰此，世界衛生組織已依循預警原則精神，提出相關預防措施之風險管理建議供各國參考，相關建議說明如下：

   (1) 為確保電力帶來之健康、社會和經濟利益不受損害的情形下，應採取符合成本效益的預防措施來減少曝露。

   (2) 各目的事業主管機關、各目的事業、社區規劃者和製造商在建造新設施和設計新設備時，應採取適當且合理成本之防護措施，並保持適當之空間距離。

   (3) 針對現有電磁場發射源設備進行更新改造時，電磁場之抑低應與安全性、可靠性和經濟性一併考慮。

   (4) 當建造新設施或對現有設施進行重新佈線時，目的事業主管機關和各目的事業應加強佈線管理來減少接地電流。

   (5) 如果改變工程程序可同時獲得更加安全或減少陳情事件等額外效益時，應考慮改變工程程序以減少來自設置或裝置所產生之電磁場曝露量。

(6) 各目的事業主管機關和各目的事業應採取有效和公開的諮詢及溝通策略，提供個人如何減少其自身曝露之訊息，並使所有利益相關者能夠確實了解。

(7) 各目的事業主管機關、各目的事業和社區規劃者在提出會產生電磁場之設備規劃案時，直轄市、縣(市)政府應審視設置位址確認符合土地使用相關規定，並協助產業與民眾進行溝通。

(8) 各目的事業主管機關、各目的事業和產業應主動執行或贊助相關研究項目，以減少電磁場曝露對健康影響在科學證據上之不確定性。

9. 本指引之量測方法如下：

(1) 低頻電磁場之量測方法

① 依據行政院環境保護署環境檢驗所 92 年 4 月 4 日環署檢字第 0920024406 號公告，環境中架空高壓線路、變電所、落地型變壓器電場與磁場檢測方法。

② IEEE Standard Procedures for Measurement of Power Frequency Electric and Magnetic Fields From AC Power Lines, IEEE Std 644-1994(R2008).

(2) 射頻電磁場之量測方法

① 依據行政院環境保護署環境檢驗所 92 年 7 月 2 日環署檢字第 0920047566 號公告，環境中電磁波檢測方法－調頻調幅廣播電臺、無線電視臺、行動電話基地臺。

Measuring Non-Ionizing Electromagnetic Radiation(9 kHz - 300 GHz), ECC/REC/(02)04, Electronic Communications Committee(ECC)within the European Conference of Postal and Telecommunications Administrations(CEPT), 2003.

10. 本指引應配合世界衛生組織等國際機構最新現況適時修正。

ICNIRP(1998) 所提之「職場建議值」目前雖未被行政院勞動部所採用，但勞動部屬下「勞動及職業安全衛生研究所」在其「職場電磁場容許標準建議值文件」中，仍建議依據 ICNIRP 於 1998 年所訂定之建議值，來制訂我國職場電磁場之容許暴露值，如表 21.4 所列：

1. f 值如「頻率範圍」欄位所列。

2. 若符合基本限制且可排除不良之間接效應，則所暴露之電場強度可大於容許建議值。

3. 對介於 100kHz 至 10GHz 頻率範圍之電磁波，其 S_{eq}、E、H 及 B 以每 6 分鐘時段測定之平均值計算。

表 21.4　ICNIRP(1998) 非游離輻射職場環境建議值

頻率範圍	電場強度 E(Vm^{-1})	磁場強度 H (Am^{-1})	磁通量密度 B(μT)	等效平面波功率密度 S_{eq}(Wm^{-2})
<1Hz	−	1.63×10^5	2×10^5	−
1-8Hz	20,000	$1.63 \times 10^5/f^2$	$2 \times 10^5/f^2$	−
8-25Hz	20,000	$2 \times 10^4/f$	$2.5 \times 10^4/f$	−
0.025-0.82kHz	500/f	20/f	25/f	−
0.82-65kHz	610	24.4	30.7	−
0.065-1MHz	610	1.6/f	2.0/f	−
1-10MHz	610/f	1.6f	2.0/f	−
1-400MHz	61	0.16	0.2	10
400-2,000MHz	$3f^{1/2}$	$0.008f^{1/2}$	$0.01f^{1/2}$	f/40
2-300GHz	137	0.36	0.45	50

例一

試計算下列各電磁波暴露環境之參考位準值：

(1) 一般民眾暴露於 800MHz 行動電話基地台之「電場強度」、「磁場強度」、「磁通量密度」及「功率密度」等暴露限值各為多少？

(2) 一般民眾暴露於 2.2GHz 行動電話基地台之「電場強度」、「磁場強度」、「磁通量密度」及「功率密度」等暴露限值各為多少？

(1) 由表 21.3 頻段 400-2,000MHz 之計算公式可得 800MHz 電磁波之各種暴露參考位準值分別為：

電場強度 $E = (1.375)(800)^{1/2} = 38.89$ V/m

磁場強度 $H = (0.0037)(800)^{1/2} = 0.105$ A/m

磁通量密度 $B = (0.0046)(800)^{1/2} = 0.13$μT = 1.3mG

功率密度 $S_{eq} = 800/200 = 4$ W/m^2

(2) 由表 21.3 頻段 2-300GHz 之數值，可得 2.2GHz 電磁波之各種暴露參考位準值分別為：

電場強度 $E = 61$V/m

磁場強度 $H = 0.16$A/m

磁通量密度 $B = 0.2$μT(2mG)

功率密度 $S_{eq} = 10$W/m^2

例二

試計算下列各電磁波暴露環境之建議限值：

(1) 交通警察使用 6MHz 之警用雷達進行超速照相之「電場強度」、「磁場強度」及「磁通量密度」等暴露限值。

(2) 物流中心工作人員使用 950MHz 頻率之 RFID 條碼感測器之「電場強度」、「磁場強度」、「磁通量密度」及「功率密度」等暴露限值。

(1) 由表 21.4 頻段 1-10MHz 之計算公式，可得 6MHz 電磁波之各種暴露限值分別為：

電場強度 $E = (610) / (6) = 101.67$ V/m

磁場強度 $H = (1.6) / (6) = 0.267$ A/m

磁通密度 $B = (2.0) / (6) = 0.333\mu T = 3.33$mG

(2) 由表 21.4 頻段 400-2,000MHz 之計算公式，可得 950MHz 電磁波之各種暴露限值分別為：

電場強度 $E = (3)(950)^{1/2} = 92.466$ V/m

磁場強度 $H = (0.008)(950)^{1/2} = 0.247$ A/m

磁通量密度 $B = (0.01)(950)^{1/2} = 0.308\mu T = 3.08$mG

功率密度 $S_{eq} = (950) / (40) = 237.5$ W/m^2

例三

對於我國臺灣地區所採用之 60Hz 電力傳輸系統，請問：

(1) 家電用品產電磁波之「電場強度」、「磁場強度」及「磁通量密度」之暴露參考位準值應為多少？

(2) 對於在台電變電所工作之員工而言，其電磁波之暴露限值應為多少？

(1) 對一般民眾所使用家電用品，其電磁波暴露限值應符合表 21.3 之規定。現知 60Hz = 60 / 1,000 kHz = 0.06 kHz，故由表 21.3 頻段 0.025-0.8 kHz 之計算式可得各暴露參考位準值分別為：

電場強度 $E = (250) / (0.06) = 4166.67$ V/m

磁場強度 $H = (4) / (0.060) = 66.667$ A/m

磁通密度 $B = (5) / (0.06) = 83.333\mu T = 833.33$mG

(2) 對台電變電所之員工而言，其職業暴露限值應參酌表 21.4，並由頻率範圍 0.025-0.82kHz 之計算式可得職業暴露限值分別為：

電場強度 E = (500) / (0.06) = 8333.333 V/m

磁場強度 H = (20) / (0.060) = 333.333 A/m

磁通量密度 B = (25) / (0.060) = 416.667μT = 4166.67mG

例 四

已知目前臺灣地區行動電話之常用頻率為 900MHz 及 1,800MHz，請問：

(1) 依行政院環境資源部相關法令規定，900MHz 及 1,800MHz 頻率之行動電話基地台，其對居住附近民眾之電磁波功率密度暴露參考位準值應為多少才符合規定？

(2) 對某鄰近行動電話基地台之民宅內，測得 900MHz 及 1,800MHz 之電磁波功率密度分別為 0.8mW/cm^2 及 1.2mW/cm^2，則此民宅之電磁波暴露是否符合安全標準？

答 (1) 由表 21.3 之頻率 400-2,000MHz，可知 900MHz 及 1,800MHz 電磁波之功率密度暴露參考位準值為：

900MHz 功率密度暴露參考位準值 = (900) / (200) = 4.5 W/m^2

1,800MHz 功率密度暴露參考位準值 = (1,800) / (200) = 9 W/m^2

(2) 因 1W = 1,000mW，且 1m^2 = (100)^{2}cm^2 = 10,000cm^2，故功率密度單位 W/m^2 與 mW/cm^2 之互換式為：

1 W/m^2 = (1,000mW) / (10,000cm^2) = 0.1mW/cm^2

或 1m W/cm^2 = 10W/cm^2

現該民宅內測得 900MHz 之電磁波功率密度為 0.8mW/cm^2 = 8W/m^2，高於法定之 4.5W/m^2；另測定 1,800MHz 電磁波功率密度為 1.2mW/cm^2 = 12W/m^2，亦高於法定之 9W/m^2，故該民宅之電磁波暴露不符安全標準。

21.6　電磁場分析儀

測量空間中電磁波各種強度指標之儀器稱為「電磁場分析儀」(EM Field Analyzer)，圖 21.5 為常用之典型電磁場分析儀套件。

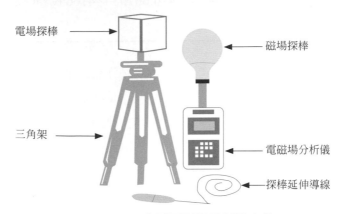

圖 21.5　典型電磁場分析儀套件

在圖 21.5 所示之電磁場分析儀套件包含電磁場分析儀、磁場探棒、電場探棒、探棒延伸導線以及三角架；其功能說明如下：

1. 電磁場分析儀 (EM Field analyzer)

   「電磁場分析儀」內建有精密之電子電路，可對測得數據進行數位頻譜轉換及分析等處理；一般皆以「直讀式」之方式於儀視窗上顯示測定結果，亦可透過傳輸軟體及介面導線，將測得數據傳送予個人電腦作後續之儲存及分析處理。由於電磁波的頻率範圍寬廣，故電磁場分析儀在設計上只能測定某一頻率範圍之電磁場。例如若要測定 60Hz 高壓電纜所產生之電磁場效應，則需使用頻率範圍 0Hz ～ 100KHz 之「低頻電磁場分析儀」；若要測定 900MHz 或 1,800MHz 之行動電話基地台電磁波強度，則需使用頻率範圍 100KHz ～ 60GHz 之「高頻電磁場分析儀」。

2. 磁場探棒 (B-field probe)

   由於測量電場與磁場之感測器有不同之電子與電路設計，因此於測量磁場時需使用專屬之「磁場探棒」。一般而言，由於磁場並不容易受人體之干擾，故磁場探棒可直接插入電磁場分析儀後由人員握持儀器於現場作直讀式測量。此外，磁場探棒通常以測量「磁通量密度」為設計原則，精度可達 1nT (1n = 10^{-9})。

3. 電場探棒 (E-field probe)

「電場探棒」專用於測定空間之「電場強度」。對於可用於測定 x-y-z 三軸各電場分量之探棒，其感測器採用正立方形設計，如圖 21.5 所示；若為無向性探棒，則其感測器呈圓球狀。由於人體組織具有非常良好之電導性，故人體靠近電場探棒時，會產生屏蔽作用，使實際之測量值發生衰減而導致干擾與誤差。因此在使用電場探棒測量空間中之電場強度時，通常會利用「探棒延伸導線」連接探棒與分析儀，並且將電場探棒架設於「三角架」上，如此可使測量人員遠離探棒，如圖 21.6 所示，以避免人體對測量結果產生干擾。電場探棒之精確度可達 1V/m。

圖 21.6　利用三角架及探棒延伸導線使測量人員遠離電場探棒以避免產生干擾

21.7　電磁波強度位準

與噪音計一樣，某些電磁場分析儀亦提供「強度位準」或「強度級」之量測方式，來比較背景電磁波強度與所需量測之感應電磁波，兩者間之相對大小關係。常用之強度位準分為「電場強度位準」、「磁場強度位準」、「磁通量密度位準」及「功率密度位準」等四種，其定義及計算公式分別說明如下。

21.7.1　電場強度位準

「電場強度位準」(E-Field Strength Level)，又稱為「電場強度級」，其計算公式為：

$$EFSL = 20\log\left(\frac{E}{E_0}\right)$$

其中，E_0 稱為「基準電場強度」，而 E 則為量測所得電場強度值，EFSL 的單位為 dB。

　　基準電場強度 E_0 之選擇，可參考表 21.3 或表 21.4 之建議值，或是以空間中原本存在之背景電場強度作為基準。

例五

某 60Hz 之家電用品經儀器測定其產生之電場強度為 5,000V/m，試以行政院環境資源部之暴露參考位準值為基準，計算該家電用品所產之「電場強度位準」為多少？

 由表 21.3，得得「電場強度」暴露參考位準值 E_0 = (250) / (0.06) = 4166.667 V/m，故該家電所產之「電場強度位準」為：

EFSL = 20 log (E / E_0) = 20 log [(5,000) / (4166.667)] = 1.584 dB

例六

某工廠內之備用發電機於起動後所產生之感應電場強度為 8,850V/m；而發電機處於停機狀態時工廠內之背景電場強度為 60V/m；試計算該發電機起動後所產生之感應電場強度位準為多少？

 依題意，E = 8,850V/m，設 E_0 = 60V/m；其感應電場強度位準為：

EFSL = 20 log (E / E_0) = 20 log [(8850) / (60)] = 43.376 dB

21.7.2　磁場強度位準

　　「磁場強度位準」(H-Field Strength Level) 亦稱為「磁場強度位級」，其計算式如下：

$$HFSL = 20\log\left(\frac{H}{H_0}\right)$$

　　其中 H_0 為「基準磁場強度」，H 為量測所得之「磁場強度」，HFSL 的單位為 dB。有關 H_0 之設定可參考表 21.3 或表 21.4，亦可利用背景值作為 H_0。

例七

某 30MHz 之雷達設備經儀器測得其「磁場強度位準為」為 86dB，試利用表 21.3 之數據計算該雷達設備所產生之電磁波磁場強度為多少？

 由表 21.3，可知 30MHz 之磁場強度暴露參考位準值為 0.073A/m，故設 $H_0 = 0.073\text{A/m}$。

對 HFSL 取反對數，可算出其電磁波之磁場強度：

$$H = H_0 \times 10^{\frac{\text{HFSL}}{20}} = (0.037) \times 10^{\frac{86}{20}} = 1456.541 \text{ A/m}$$

21.7.3　磁通密度位準

「磁通量密度位準」(B-Density Level) 亦稱為「磁通量密度級」，其計算式為：

$$\text{BDL} = 20\log\left(\frac{B}{B_0}\right)$$

其中，B_0 為「基準磁通量密度」，B 為量測所得之「磁通量密度」，BDL 的單位為 dB；B_0 之設定可參考表 21.3 或 21.4，亦可以背景值設定為 B_0。

例八

某 900MHz 之行動電話於待機狀態所產生之磁通量密度為 0.05μT，而接通電話通訊時之磁通量密度測量值為 2.5mT。試計算該行動電話於通話狀態中所產生之「磁通量密度位準」為多少？

 設 $B_0 = 0.05\mu\text{T}$，且 $B = 2.5\text{mT} = 2.5 \times 10^3 \mu\text{T}$，則該行動電話於通話狀態中之「磁通量密度位準」為：

$$\text{BDL} = 20\log(B / B_0) = 20\log[(2.5 \times 10^3) / (0.05)] = 93.979\text{dB} \approx 93.98 \text{ dB}$$

21.7.4　功率密度位準

「功率密度位準」(Power Density Level) 又稱為「功率密度級」，其計算式為：

$$\text{PDL} = 10\log\left(\frac{S_{eq}}{S_0}\right)$$

其中 S_0 稱為「基準功率密度」，S_{eq} 為實際量測所得之「功率密度」值，PDL 的單位為 dB。若 PDL 之計算值為正值，則稱為「功率增益」(Power Gain, PG)；若為負值則稱為「功率衰減」(Power Attenuation, PA)。

「功率衰減」通常用於評估導電材質對防護電子設備免受「電磁干擾」(Electromagnetic Inter ference，EMI) 的「屏蔽效率」。一般而言，置於導電性優良的金屬罩內的電子設備，幾乎可完全免於「電磁干擾」，其「功率衰減」到 0dB。利用上式可計算出「半功率衰減」(減少 50% 功率) 之「功率密度位準」為：

$$PDL_{50} = 10 \log (50 / 100) = -3 \text{ dB}$$

有關功率之衰減率 (%) 與 PDL 之換算可參考表 21.5。

表 21.5　功率之衰減率 % 與 PDL 換算

衰減率	10%	20%	30%	40%	50%	60%	70%	80%	90%
PDL	− 0.5dB	− 1dB	− 1.5dB	− 2dB	− 3dB	− 4dB	− 5dB	− 7dB	− 10dB

例九

甲導電材料對 1,800MHz 之電磁波功率可產生 − 2dB 之衰減，而乙導電材料則可產生 − 3dB 之衰減，請問：

(1) 甲導電材料對功率之衰減率為多少 %？

(2) 乙導電材料對功率之衰減率為多少 %？

(3) 若同時使用甲、乙導電材料防護電磁干擾，則可產生多少 dB 之功率衰減？

答 對 PDL 取反對數，可得：

(1) 甲導電材料對功率之衰減率為

$$PA = 10^{\frac{-2}{10}} \times 100\% = 63.096\%$$

(2) 乙導電材料對功率之衰減率為

$$PA = 10^{\frac{-3}{10}} \times 100\% = 50.119\%$$

(3) 甲、乙導電材料同時使用時對功率之總衰減率為

$$PA_T = (1 - 63.096\% \times 50.119\%) \times 100\% = 68.376\%$$

故兩者同時使用時之總功率衰減為 $PDL = 10 \log (1 - 68.376\%) = -5 \text{ dB}$；

亦可直接將兩者之功率衰減相加而得，即

$$PDL = (-2 \text{ dB}) + (-3 \text{ dB}) = -5 \text{ dB}。$$

例十

甲導電材料對 450 MHz 之電磁波功率可產生 60% 之衰減，而乙導電材料則可產生 40% 之衰減，請問若同時使用甲、乙導電材料防護電磁干擾，則可產生多少 dB 之功率衰減？

 查表 21.5，得甲導電材料 (60% 衰減) 之 PDL = − 4 dB，

乙導電材料 (40% 衰減) 之 PDL = − 2 dB，

故同時使用甲、乙導電材料防護電磁干擾，可產生之總功率衰減為：

$PDL_T = (− 4 \text{ dB}) + (− 2 \text{ dB}) = − 6 \text{dB}$

21.8　電磁波危害之預防

電磁波危害之預防方法，不外乎以「屏蔽」、「時間」及「距離」等三原則為基本策略，茲說明如下：

1. 電磁屏蔽作用

   由於導電性良好之金屬材質對電磁波具有反射與導引作用，而且電磁波經過金屬導體時會產生「渦電流」，使得電磁波所傳送之能量被金屬導體消耗而使其功率衰減，降低其對人體所產生之危害效果。一般而言，銅、鎳等金屬具有極佳之導電性，可用來遮蔽電力設備所產生之電磁波。

   目前也有研究單位著手研發具導電性之聚合物材質，用以編織具電磁波屏蔽效果之防護衣物，惟現階段之製造成本高昂，無法大量生產供一般民眾使用。

2. 縮短暴露時間

   不論電磁板之強度大小為何，一般認為暴露於電磁波環境時間越長，則對人體造成危害之風險越高，故應避免長時間使用產生電磁波輻射之電子設備，如行動電話、電腦、電磁爐及微波爐等；對於必須處於高電磁波強度作業環境下工作之勞工，亦應以輪班方式縮短其暴露時間，且非經許可禁止其他非作業勞工進入該場所。

3. 增加與電磁波產生源之相隔距離

   根據物理學之公式推導，可證明電磁波產生源之電場強度、磁場強度、功率密度等測量值會與測量距離呈平方反比之遞減變化，故距離電磁波產生源之距離越遠，其對人體可能產生之危害風險亦隨之降低。因此，對於可產生高強度電磁波之電力設備，宜採用遠端遙控方式操作，以避免工作人員近距離接近該設備；此

外，一般民眾之住宅應遠離變電所、無線電台、行動電話、基地台等持續產生高強度電磁波設備，而民眾所使用之行動電話，亦應避免直接懸掛於胸前或直接放入褲袋或口袋中，以減少體內器官或皮膚組織受電磁波穿透所產生之危害風險。

21.9 結語

　　除非是暴露於高強度電磁波而使人體產生立即之「熱效應」(加熱作用) 並造成人體直接傷害，否則一般雖認為長期暴露於低強度電磁波會有相當之危害風險存在，但目前仍無直接確立之因果關係，而只能以統計推論之方式評估其存在風險。以下為一些國內外研究統計結果供讀者參考：

(1) 瑞典研究發現電磁波強度大於 2mG 之職場，環境使員工出現老年痴呆症之機率比一般人高 4 倍。

(2) 國內研究發現，長期使用電腦之女性，流產及胎兒出現天生畸形之機率提高 40%，罹患乳癌風險高出 43%。

(3) 芬蘭研究發現，使用電腦之女性，發生流產機率為一般人之 3.5 倍。

(4) 美國研究指出，從事電腦操作之懷孕女性，其流產比率較從事噴灑農藥之女性高出 2.5 倍。

(5) 美國研究指出，癌細胞經 60Hz 電磁波照射 24 小時，其繁殖速度明顯加快；此外，人類血癌細胞表面電荷會因電磁場之影響而發生改變，使得體內抗體無法辨別癌細胞而失去自我抗癌功能。

(6) 國外研究發現，培養皿中的細胞被 16Hz、50Hz、55Hz 及 60Hz 皆會出現鈣離子迅速流失現象，且免疫系統活動受到抑制，使癌細胞增殖加速。

(7) 國外研究指出，兒童使用電毯而罹患血癌之機率是一般人之 16 倍。

(8) 國外研究發現，長期使用印表機、影印機之懷孕婦女，其流產率是一般人之 2.5 倍。

(9) 美國研究指出，人體暴露於低周波磁場中，會容易引起中性脂肪增加，誘發動脈硬化、肥胖、高血壓及心臟病等症狀。

(10) 澳洲研究發現，電磁波對動物有累積效應，即只要一旦有暴露於電磁波環境，即有誘發癌症之風險。

(11) 世界衛生組織 (WHO) 附屬的國際癌症研究署 (IARC) 研究長期暴露在 3 到 4 毫高斯以上的 15 歲以下兒童，小兒白血病危險率是一般的 2 倍以上，已將極低頻電磁波列為「2B 級可能致癌物」。

以上所摘錄之研究發現只是較具代表之幾項研究結果而已,每年有關電磁波對人體所造成之危害報告仍不斷迅速增加中。由於這些研究發現皆指出暴露於電磁場環境中會存在相當高之致癌風險,因此很多人會懷疑 ICNIRP 所定之非游離輻射環境建議值是否太寬鬆,以致對一般民眾或無法產生積極之保護作用。ICNIRP 於 2005 年 6 月 WHO 國際電磁場計畫之年度報告中,仍鼓勵各會員國繼續依循經 1998 年所訂之暴露管制規範;而且亦請各會員國於訂定更嚴格之國家標準時,須評估其限制值是否能確實提供民眾更佳之健康保護。

一、選擇題

(　　) 1. 下列何種輻射係為游離輻射？　(1) 紅外線　(2) 微波　(3) 可見光　(4) 中子射線。

(　　) 2. 下列何種防範游離輻射的原則是錯誤的？　(1) 增加工作地點到輻射源之間的距離　(2) 減少工作地點到輻射源之間的距離　(3) 縮短接觸輻射的時間　(4) 選用適當的屏蔽。

(　　) 3. 距離一雷達天線 1 公尺所測得之電磁波通量密度 (fluxdensity) 為 40mW/cm^2。在距離為 2 公尺時之電磁波通量密度應為多少 mW/cm^2？　(1) 5　(2) 10　(3) 20　(4) 30。

(　　) 4. 經由反射或吸收能量減少損害，殘留量減至危害量以下之方法為何？　(1) 抑制　(2) 變流裝置　(3) 弱連結　(4) 安全距離。

(　　) 5. 下列何種輻射係為游離輻射？　(1) 紅外線　(2) 微波　(3) 可見光　(4) α 射線。

(　　) 6. 非游離輻射中波長最短能量最大者為下列何者？　(1) 紅外線　(2) 紫外線　(3) 微波　(4) 雷射。

(　　) 7. 1 居里 (1Curie) 是指放射性物質每秒發生多少次衰變？　(1) 2.2×10^6　(2) 2.2×10^{12}　(3) 3.7×10^6　(4) 3.7×10^{10}。

(　　) 8. 下列何者不屬非游離輻射？　(1) X 射線　(2) 紅外線　(3) 微波　(4) 雷射。

(　　) 9. 下列何者不屬游離輻射？　(1) α 射線　(2) γ 射線　(3) X 射線　(4) 雷射。

(　　) 10. 下列何者屬非游離輻射？　(1) X 射線　(2) 微波　(3) 中子射線　(4) β 射線。

(　　) 11. 下列何種游離輻射之穿透力最強？　(1) α 粒子　(2) β 粒子　(3) γ 射線　(4) 中子。

(　　) 12. 較低能量射線光子撞擊物質之原子並被吸收，致該物質電子脫離原子軌道而成游離電子，稱為下列何種效應？　(1) 光電效應　(2) 康普吞效應　(3) 成對產生效應　(4) 共振離子效應。

(　　) 13. 非游離輻射容易對人體哪一部位造成傷害？　(1) 皮膚　(2) 神經組織　(3) 胃腸　(4) 血液。

(　　) 14. 輻射線以　(1) α　(2) β　(3) γ　(4) X 光　射線穿透性最強。

(　　) 15. 游離輻射作業之勞工，其特殊體格檢查、特殊健康檢查及健康追蹤檢查之紀錄應保存多少年？　(1) 5　(2) 10　(3) 20　(4) 30。

(　　) 16. 下列何種材料對游離輻射屏蔽效果最好？　(1) 鉛　(2) 鐵　(3) 鋼　(4) 石頭。

(　　) 17. 下列何種材料對電磁波屏蔽效果最好？　(1) 銅　(2) 橡膠　(3) 合成樹脂　(4) 尼龍。

(　　) 18. 頻率範圍介於 30 ～ 300kHz 之無線電射頻，稱為　(1) 低頻　(2) 中頻　(3) 特高頻　(4) 至高頻　頻帶。

（　　）19. 稱為「超高頻 (UHF)」頻帶，其頻率範圍介於　(1) 3 ～ 30MHz　(2) 30 ～ 300MHz　(3) 300 ～ 3,000MHz　(4) 30 ～ 300GHz。

（　　）20. 頻率範圍 900 ～ 950MHz 之射頻，常用於　(1) FM 廣播　(2) AM 廣播　(3) 自動門感應器　(4) RFID 條碼感應器。

（　　）21. 電磁波對物質之作用效應主要有　(1) 游離作用　(2) 加熱作用　(3) 感應電磁場作用　(4) 以上皆是。

（　　）22. 電場強度之實用測量單位為　(1) V/m　(2) A/m　(3) μT　(4) W/m²。

（　　）23. 磁場強度之實用測量單位為　(1) V/m　(2) A/m　(3) μT　(4) W/m²。

（　　）24. 磁通密度之實用測量單位為　(1) V/m　(2) A/m　(3) μT　(4) W/m²。

（　　）25. 功率密度之實用測量單位為　(1) V/m　(2) A/m　(3) μT　(4) W/m²。

（　　）26. 對 900MHz 之電磁波而言，一般民眾之電場強度暴露限值應為　(1) 41.25　(2) 0.111　(3) 0.138　(4) 4.5V/m。

（　　）27. 對 60Hz 之電磁波而言，職場勞工之磁場強度暴露限值應為　(1) 8333　(2) 333　(3) 417　(4) 50　A/m。

（　　）28. 測量空間中電磁波強度，可用　(1) 噪音計　(2) 振動計　(3) 通風計　(4) 電磁場分析儀。

（　　）29. 有方向性之電場探棒，其外型通常採　(1) 正立方型　(2) 球型　(3) 圓筒型　(4) 金字塔型　設計。

（　　）30. 若某電磁波屏蔽材料可使電磁波衰減 1dB，即表其功率衰減比例為　(1) 10%　(2) 20%　(3) 30%　(4) 40%。

二、問答題

1. 何謂「游離輻射」？何謂「非游離輻射」？兩者如何分別？請說明之。

2. 高強度電磁波對人體有何意危害？請說明之。

3. ICNIRP 對非游離輻射暴露限值有何建議，請說明之。

4. 試計算一般民眾暴露於 1,800MHz 行動電話基地台之「電場強度」、「磁場強度」及「磁通密度」之建議值為多少？

5. 高壓電纜鄰近民宅之電磁波暴露限值應為多少才符合法令規定？

6. 試說明電磁場分析儀各組件之功能及使用注意事項。

7. 某工廠內之背景磁場強度 0.2A/m，現該工廠內所裝置之電力設備啟動時產生之磁場強度達 3.5A/m，試計算其磁場強度位準為多少分貝？

8. 甲、乙、丙三種材料對電磁波功率之 PDL 分別為 – 1.5dB、– 3dB 及 – 2.5dB，現同時使用該三種材料進行電磁波屏蔽，則其總衰減率為多少？

9. 距離一雷達天線 1 公尺所測得之電磁波通量密度 (fluxdensity) 為 90mW/cm²。在距離雷達天線為 3 公尺時之電磁波通量密度應為多少 mW/cm²？（應列出計算過程）

缺氧之危害及預防

22.1　前言

　　地球大氣中，氧氣約佔 21%，表 22.1 為大氣的氣體成分。氧氣對人類的重要性，在於維持人體組織細胞的新陳代謝。尤其是腦細胞的一天耗氧量，約為全身需要量的 1/4，因此人腦是人體內耗氧最多的器官。如果氧的供應量減少，腦的活動立刻呈現不活潑狀態。如果停止供氧，腦的活動會在瞬間停止，若大腦在無氧狀態下超過 2 分鐘，則大腦皮質細胞會開始有不可逆 (無法復原) 的壞死變化，缺氧持續 6 至 8 分鐘，整個腦部的腦細胞受到嚴重傷害而導致死亡。

表 22.1　大氣的成份 (0℃，乾燥狀態)

氣體成分	容積比率 %	分壓 mmHg
氧	20.94	159.2
氮	78.08	593.4
二氧化碳	0.03	0.2
氬及其他稀有氣體	0.94	7.2
合　計	100.00	760.0

22.2　缺氧與人體的反應

　　人體能適應大氣中 20.9% 的氧氣濃度，而高濃度的氧反而對人體有害。18% 之氧氣濃度為安全限界，低於 18% 者會出現缺氧所引起的症狀如下 (如圖 22.1 所示)：。

(1) 18%：已達安全界線必須連續換氣。

(2) 16%：呼吸脈膊加快、頭痛、噁心、想吐。

(3) 12%：頭暈、想吐、四肢乏力、無法支撐體重而墜落 (死亡邊緣)。

(4) 10%：臉色蒼白、意識不明、噁吐 (吐物閉塞氣道窒息而死)。

(5) 8%：失神昏倒 7～8 分鐘以內致死。

(6) 6%：瞬間昏倒、呼吸停止、痙攣、6 分鐘即告死亡。

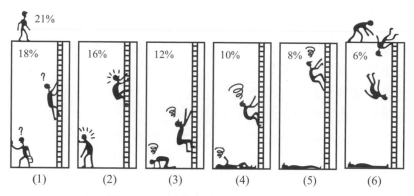

圖 22.1　人體因缺氧所引起的症狀

　　嚴重的缺氧環境會導致呼吸停止及死亡。缺氧環境之所以會造成如此嚴重的後果，在於缺氧初期人的警覺判斷及反應能力都已減弱，縱然知道身處缺氧環境，但已無法支撐、四肢乏力，想離開該缺氧環境也沒有力氣，最後因持續缺氧而死亡。

22.3　造成缺氧的原因

　　工作場所發生缺氧現象，除因通風不良外，尚有下列的原因：

一、化學反應吸收空氣中的氧氣

(1) 礦物之氧化

　　礦坑岩石表面的礦物質，如硫化鐵、二價鐵等因進行氧化作用而耗用坑道的氧氣，使坑道缺氧。

(2) 金屬之氧化

　　一般的鋼槽，槽內壁的鐵質因與水分與電解質接觸而被氧化，使密閉的槽內呈缺氧狀態。例如化學工廠所使用的鐵槽、食鹽濃縮槽，以及船艙因接觸海水而生鏽，都會造成缺氧的環境。

(3) 還原性物質之氧化

　　化學工廠還原性物質之處理、合成樹脂、硫氫化鹽類以及亞硫酸鹽液等，都會吸收氧氣而造成缺氧。

(4) 乾性油

　　塗料用之乾性油，在乾燥固化的過程中，會消耗大量氧氣，並且放出一氧化碳及醛。

(5) 地下水

地下水中含有碳酸氫鐵，與空氣接觸後氧化成氫氧化鐵，因此地下水湧出之坑道、地下空洞常呈缺氧現象。

(6) 燃燒器具之氧氣消耗

在地下室使用燃燒器具或機械，不但因換氣不良而產生大量二氧化碳，而且也因燃燒不完全而產生一氧化碳，導致缺氧及一氧化碳中毒。

二、動物及植物的呼吸作用

(1) 穀物、種子、果菜、木材

植物本身也會吸收氧氣，放出二氧化碳，貯藏穀物、飼料、果菜、木材之倉庫、船艙或地下室，常呈缺氧狀態。

(2) 好氧性微生物

廢水中常有好氧性細菌的存在而消耗大量氧氣，故在密閉之地下道空間常缺乏氧氣。

(3) 嫌氧性微生物

當污水呈無氧狀態後，嫌氧性細菌開始繁殖並產生甲烷、二氧化碳、硫化氫，使空氣缺氧。

(4) 醱酵過程

釀造工業、如釀醬油的醱酵槽，在醱酵過程中會消耗氧氣造成缺氧現象。

三、惰性氣體、氮氣等窒息性氣體之封入或洩出造成缺氧

(1) 灌裝氮氣洩漏

石油化學、精油工業常用氮氣作輸送有機溶劑或易燃氣體防爆及防止物質之氧化作用，故造成特定空間內的氧氣相對減少，甚至全部被逼出造成缺氧。

(2) 冷媒洩漏

冷凍機使用之冷媒，若從地下室中之冷凍機洩漏會形成缺氧狀態。

(3) 滅火氣體之使用

二氧化碳等滅火材料，施放於通風不良的火災現場，可能會造成缺氧。

(4) 乾冰

乾冰具有強冷效果，在地下室使用乾冰時，乾冰溶解釋放出二氧化碳會產生缺氧現象。

(5) 乙炔

鳳梨、香蕉、木瓜等水果之催熟，常會使用乙炔氣體把倉庫內的氧氣驅出，不但造成缺氧環境，而且當乙炔濃度達爆炸範圍，亦會有發生爆炸的危險。

22.4 缺氧症預防規則

行政院勞動部訂定之「缺氧症預防規則」(以下簡稱本規則，民國 103 年 6 月 26 日最新修正)，對缺氧危險作業之設施、管理及防護措施加以規範。本規則第三條對「缺氧」及「缺氧症」之定義爲：

(1) 缺氧：指空氣中氧氣含量未滿 18% 之狀態。

(2) 缺氧症：指因作業場所缺氧引起之症狀。

22.4.1 缺氧危險作業

本規則第二條規定，所稱「缺氧危險作業」，指於下列缺氧危險場所從事之作業：

(1) 長期間未使用之水井、坑井、豎坑、隧道、沉箱、或類似場所等之內部。

(2) 貫通或鄰接下列之一地層之水井、坑井、豎坑、隧道、沉箱、或類似場所等之內部。

　① 上層覆有不透水層之砂礫層中，無含水、無湧水或含水、湧水較少之部分。

　② 含有亞鐵鹽類或亞錳鹽類之地層。

　③ 含有甲烷、乙烷或丁烷之地層。

　④ 湧出或有湧出碳酸水之虞之地層。

　⑤ 腐泥層。

(3) 供裝設電纜、瓦斯管或其他地下敷設物使用之暗渠、人孔或坑井之內部。

(4) 滯留或曾滯留雨水、河水或湧水之槽、暗渠、人孔或坑井之內部。

(5) 滯留、曾滯留、相當期間置放或曾置放海水之熱交換器、管、槽、暗渠、人孔、溝或坑井之內部。

(6) 密閉相當期間之鋼製鍋爐、儲槽、反應槽、船艙等內壁易於氧化之設施之內部。但內壁爲不銹鋼製品或實施防銹措施者，不在此限。

(7) 置放煤、褐煤、硫化礦石、鋼材、鐵屑、原木片、木屑、乾性油、魚油或其他易吸收空氣中氧氣之物質等之儲槽、船艙、倉庫、地窖、貯煤器或其他儲存設備之內部。

(8) 以含有乾性油之油漆塗敷天花板、地板、牆壁或儲具等，在油漆未乾前即予密閉之地下室、倉庫、儲槽、船艙或其他通風不充分之設施之內部。

(9) 穀物或飼料之儲存、果蔬之燜熟、種子之發芽或蕈類之栽培等使用之倉庫、地窖、船艙或坑井之內部。

(10)置放或曾置放醬油、酒類、胚子、酵母或其他發酵物質之儲槽、地窖或其他釀造設施之內部。

(11)置放糞屎、腐泥、污水、紙漿液或其他易腐化或分解之物質之儲槽、船艙、槽、管、暗渠、人孔、溝或坑井等之內部。

(12)使用乾冰從事冷凍、冷藏或水泥乳之脫鹼等之冷藏庫、冷凍庫、冷凍貨車、船艙或冷凍貨櫃之內部。

(13)置放或曾置放氦、氬、氮、氟氯烷、二氧化碳或惰性氣體之鍋爐、儲槽、反應槽、船艙或其他設施之內部。

(14)其他經中央主管機關指定之場所。

22.4.2 缺氧場所應設設施

本規則對缺氧場所應設之設施，有以下規定：

(1) 從事缺氧危險作業時，應置備測定空氣中氧氣濃度之必要測定儀器，並採取隨時可確認空氣中濃度、硫化氫等其他有害氣體濃度之措施。

(2) 從事缺氧危險作業時，應予適當換氣，以保持該作業場所空氣中氧氣濃度在 18% 以上，但為防止爆炸、氧化或作業上有顯著困難致不能實施換氣者，不在此限。依前項規定實施換氣時，不得使用純氧。

(3) 從事隧道或坑井之開鑿作業時，為防止甲烷或二氧化碳之突出導致勞工罹患缺氧症，應於事前就該作業場所及其四周，藉由鑽探孔或採取適當方法調查甲烷或二氧化碳之狀況，依調查結果決定甲烷、二氧化碳之處理方法、開鑿時期或程序後實施作業。

(4) 於地下室、機械房、船艙或其他通風不充分之室內作業場所，備置以二氧化碳為滅火劑之滅火器或滅火設備時，依下列規定：

① 應有預防因勞工誤觸導致翻倒滅火器或確保把柄不易誤動之設施。

② 禁止勞工不當操作，並將禁止規定公告於顯而易見之處所。

(5) 於冷藏室、冷凍室、地窖及其他密閉使用之設施內部作業時，於該作業期間，應採取該設施出口之門或蓋等不致閉鎖之措施。但該門或蓋為易自內部開啟之構造或該設施內部設置有通報裝置或警報裝置等，得與外部有效聯絡者，不在此限。

(6) 於儲槽、鍋爐或反應槽之內部或其他通風不充分之場所，使用氬、二氧化碳或氦等從事熔接作業時，應予適當換氣以保持作業場所空氣中氧氣濃度在 18% 以上。但為防止爆炸、氧化或作業上有顯著困難致不能實施換氣者，不在此限。雇主實施前項規定換氣時，不能使用純氧。

(7) 於設置有輸送氦、氬、氮、氟氯烷、二氧化碳及其他惰性氣體等配管之鍋爐、儲槽、反應槽或船艙等內部從事作業時，依下列規定：

① 應關閉輸送配管之閥、旋塞或設置盲板。

② 應於顯而易見之處所標示配管內之惰性氣體名稱及開閉方向，以防誤操作。

依前項規定關閉閥、旋塞或設置盲板時，應予上鎖外，並將其意旨公布於勞工易見之場所。

(8) 於通風不充分之室內作業場所作業時，為防止儲槽、反應槽等容器之安全閥等排出之惰性氣體流入，應設置可使安全閥等所排出之氣體直接排放於外部之設施。

(9) 於銜接有吸引內部空氣之配管之儲槽、反應槽或其他密閉使用之設施內部作業時，於該作業期間，應採取該設施等出入口之門或蓋等不致閉鎖之措施。

(10) 採用壓氣施工法實施作業之場所，如存有或鄰近上層覆有不透水層之砂礫層中，無含水、無湧水或含水、湧水較少之部分，或含有亞鐵鹽類或亞錳鹽類之地層時，應調查該作業之井或配管有否空氣之漏洩、漏洩之程度及該作業場所空氣中氧氣之濃度。

(11) 於接近上層覆有不透水層之砂礫層中，無含水、無湧水或含水、湧水較少之部分，或含有亞鐵鹽類或亞錳鹽類之地層或貫通該地層之井或置有配管之地下室、坑等之內部從事作業時，應設置將缺氧空氣直接排出外部之設備或將可能漏洩缺氧空氣之地點予以封閉等預防缺氧空氣流入該作業場所之必要措施。

(12) 於地下室或溝之內部及其他通風不充分之室內作業場所從事拆卸或安裝輸送主成分為甲烷、乙烷、丙烷、丁烷或此類混入空氣的氣體配管作業時，應採取確實遮斷該氣體之設施，使其不致流入拆卸或安裝作業場所。

22.4.3 缺氧場所之作業管理

本規則對缺氧場所之作業管理，有以下規定：

(1) 從事缺氧危險作業時，於當日作業開始前所有勞工離開作業場所後再次開始作業前及勞工身體或換氣裝置等有異狀時，應確認該作業場所空氣中氧氣濃度、硫化氫等質其他有害氣體濃度。前項認結果應予記錄，並保存 3 年。

(2) 從事缺氧危險作業時，對進出各該場所勞工，應予確認或點名登記。

(3) 於缺氧危險場所或其鄰接場所作業時，應將下列注意事項公告於作業場所入口顯而易見之處所，使作業勞工周知：

① 有罹患缺氧症之虞之事項。

② 進入該場所時應採取之措施。

③ 事故發生時之緊急措施及緊急聯絡方式。

④ 空氣呼吸器等呼吸防護具、安全帶等、測定儀器、換氣設備、聯絡設備等之保管場所。

⑤ 缺氧作業主管姓名。

應禁止非從事缺氧危險作業之勞工，擅自進入缺氧危險場所；並應將禁止規定公告於勞工顯而易見之處所。

(4) 依本規則第十三條規定之調查結果，發現有缺氧空氣漏洩入作業場所時，應即通知有關人員及將緊急措施公告於勞工顯而易見之處所，並禁止與作業無關人員進入。

(5) 從事缺氧危險作業時，應於每 1 班次指定「缺氧作業主管」從事下列監督事項：

① 決定作業方法並指揮勞工作業。

② 作業前及勞工身體或換氣裝置等有異常時，應確認該作業場所空氣中氧氣濃度、硫化氫等其他氣體濃度。

③ 當班作業前確認換氣裝置、測定儀器、空氣呼吸器等呼吸防護具、安全帶等及其他防止勞工罹患缺氧症之器具或設備之狀況，並採取必要措施。

④ 監督勞工對防護器具或設備之使用狀況。

⑤ 其他預防作業勞工罹患缺氧症之必要措施。

(6) 從事缺氧危險作業應指派 1 人以上之監視人員，隨時監視作業狀況，發覺有異常時，應即與缺氧作業主管及有關聯繫，並採取緊急措施。

(7) 從事缺氧危險作業，如受鄰接作業場所之影響致有發生缺氧危險之虞時，應與各該作業場所密切保持聯繫。

(8) 從事缺氧危險作業，如發現從事該作業之勞工有立即發生缺氧危險之虞時，雇主或工作場所負責人應即令停止作業，並使從事該作業之全部勞工立刻退避至安全場所。前項作業場所在未認危險已解除前，雇主不得使指定人員以外之勞工進入該場所，並將該意旨公告於勞工顯而易見之處所。

(9) 對從事缺氧危險作業之勞工，應依「職業安全衛生教育訓練規則」規定施予必要之安全衛生教育訓練。

22.4.4 缺氧防護用具及措施

本規則對缺氧場所之防護用具及措施，有以下規定：

(1) 從事缺氧危險作業，未能依規定實施換氣時，應置備適當且數量足夠之空氣呼吸器等呼吸防護具，並使勞工確實戴用。

(2) 從事缺氧危險作業時，應置備空氣呼吸器等呼吸防護具、梯子、安全帶或救生索等設備，供勞工緊急避難或救援人員使用。

(3) 於缺氧危險作業場所置救援人員，經其擔任救援作業期間，應提供並使用空氣呼吸器等呼吸防護具。

(4) 從事缺氧危險作業時，應定期或每次作業開始前確認第 (1) 至 (4) 規定防護設備之數量及效能，認有異常時，應立即採取必要之措施。

(5) 戴用輸氣管面罩之連續作業時間，每次不得超過 1 小時。

(6) 從事缺氧危險作業之勞工，發生下列症狀時，應即由醫師診治：

① 顏面蒼白或紅暈、脈搏及呼吸加快、呼吸困難、目眩或頭痛等缺氧症之初期症狀。

② 意識不明、痙攣、呼吸停止或心臟停止跳動等缺氧症之末期症狀。

③ 硫化氫、一氧化碳等其他有害物中毒症狀。

22.5 結語

「職業安全衛生設施規則」第十九條之一規定，「局限空間」係指非供勞工在其內部從事經常性作業，勞工進出方法受限制，且無法以自然通風來維持充分、清淨空氣之空間。因此，一些經常缺氧或常有高濃度硫化氫 (因細菌分解有機物而成) 的「局限空間」，如污水處理槽 (池)、污水下水道等，近年常發生勞工進入該等場所作業時，因缺氧休克死亡，或不慎吸入高濃度硫化氫昏迷墜落的工安事故。職業災害調查分析發現，其災害成因大部分是因為現場主管「業務過失」所導致：

(1) 未遵守作業規則攜帶安全設備；

(2) 未檢測氧氣和有害氣體濃度；

(3) 未實施通風換氣；

(4) 未準備緊急救援設備等。

　　在毫無安全作業標準，亦無任何安全防護設備的狀況，現場主管即隨意派遣勞工進入此等局限空間進行清污作業，而且通常都是 2、3 位以上的勞工同時進入，以致多人同時傷亡的災害事故發生。

　　即使不是多位勞工同時進入同時傷亡，亦經常是：第 1 位勞工進入局限空間後因缺氧或中毒昏倒，在外久候的主管或勞工因沒有得到第 1 位勞工的回應，便即派遣第 2 位勞工進入以瞭解情況，結果第 2 位勞工進入後亦因缺氧或中毒昏倒，全無回應；於是又派遣第 3 位勞工進入，結果又是昏倒在局限空間內。在外久候的主管或勞工此時才驚覺有異，通報救援單位到現場進行搶救，但通常都由於時間延誤，局限空間內昏迷的勞工因缺氧或中毒休克過久而無生命跡象，最後也是導致多名勞工在局限空間內死亡的結果。

　　依「職業安全衛生法」第六條第一項規定，雇主對「含毒性物質或缺氧空氣等引起之危害」應有符合規定之必要安全衛生設備及措施。

　　依本法第四十條規定，違反第六條第一項之規定，致發生第三十七條第二項第一款之「死亡災害」者，「處三年以下有期徒刑」、拘役或科或併科新臺幣三十萬元以下罰金。

　　另本法第四十一條規定，違反第六條第一項之規定，致發生第三十七條第二項第二款之「災害之罹災人數在 3 人以上」者，「處 1 年以下有期徒刑」、拘役或科或併科新臺幣十八萬元以下罰金。

　　本法第四十三條亦規定，違反第六條第一項，即未對「含毒性物質或缺氧空氣等引起之危害提供符合規定之必要安全衛生設備及措施」者，處新臺幣三萬元以上三十萬元以下罰鍰。

習題

一、選擇題

( ) 1. 依職業安全衛生管理辦法規定，雇主使勞工從事缺氧危險作業時，應使該勞工就其作業有關事項實施何種檢查？ (1) 設備之定期檢查 (2) 機械設備之重點檢查機械 (3) 設備之作業檢點 (4) 作業檢點。

( ) 2. 下列何場所較無潛在缺氧危險？ (1) 使用乾冰從事冷凍，冷藏之冷凍庫、冷凍貨櫃內部 (2) 紙漿廢液儲槽內部 (3) 穀物、麵粉儲存槽內部 (4) 氧氣濃度 15 % 地下坑洞。

( ) 3. 氧利用率相關的敘述，下列何者有誤？ (1) 氧攝取量大者適合耐力競賽 (2) 長跑選手不會因耐力訓練而進步 (3) 氧債大者適合於短跑 (4) 訓練對最大氧債無一定的效果。

( ) 4. 下列何者非屬局限空間場所內發生缺氧危害之原因？ (1) 生物、化學物質耗氧 (2) 地層中化學反應及生物活動產生二氧化碳、硫化氫、甲烷等氣體 (3) 化學物取代氧 (4) 貯放塑膠材料。

( ) 5. 在進入甲醇儲槽清洗時，應至少測量下列哪兩種氣體濃度 (A. 氮氣，B. 氧氣，C. 二氧化碳，D. 可燃性氣體)？ (1) A 與 B (2) B 與 C (3) C 與 D (4) B 與 D。

( ) 6. 調查局限空間 (confined space) 缺氧引起之職業災害，下列要因何者通常與缺氧原因無「直接關係」？ (1) 氣體置換 (2) 化學性反應 (3) 動植物之生化作用 (4) 空氣溫濕度。

( ) 7. 操作氧氣測定器，下列何者不正確？ (1) 測定前，應於距測定點較近，且空氣新鮮處校正 (2) 測定時，應俟指示值顯示穩定後讀取讀值 (3) 測定後，不可立即置於空氣新鮮處，以免讀值不正確 (4) 測定各點所獲讀值均在 18% 以上，表示作業場所無缺氧環境。

( ) 8. 硫化氫導致最主要之危害屬下列何者？ (1) 化學性窒息 (2) 物理性窒息 (3) 致過敏性 (4) 致癌性。

( ) 9. 下列何種血管腔內之血液是充滿最多氧氣？ (1) 右心房 (2) 左心室 (3) 肺動脈 (4) 微血管。

( ) 10. 空氣中氧氣低於多少 % 以下時、其氧氣的分壓即在 60mmHg 以下，處於此狀況時，勞工在 5 ～ 7 分鐘內即可能因缺氧而死亡？ (1) 6 (2) 10 (3) 16 (4) 18。

( ) 11. 輸氣管面罩屬下列何種防護具？ (1) 動力過濾式 (2) 無動力過濾式 (3) 供氣式 (4) 組合式。

( ) 12. 肌肉收縮最初的過程是無氧反應過程，其產生速度快但不持久，以下何者並非最初能源的提供者？ (1) ATP (Adenosine Triphosphate) (2) CP (磷酸肌素) (3) 肝醣酵解產生之乳酸 (4) 脂肪。

( ) 13. 在救火、逃生或缺氧環境下，應使用下列何種呼吸防護具？ (1) 輸氣管面罩 (2) 小型空氣呼吸器 (3) 正壓自給式呼吸防護具 (SCBA) (4) 防毒口罩。

( ) 14. 下列何者非屬局限空間作業進入許可應載明的事項？ (1) 作業成本 (2) 作業場所 (3) 作業種類 (4) 作業時間及期限。

( ) 15. 下列何者非屬局限空間作業場所應公告使作業勞工周知的事項？ (1) 進入該場所時應採取之措施 (2) 事故發生時之緊急措施及緊急聯絡方式 (3) 現場監視人員姓名 (4) 內部空間的大小。

( ) 16. 進入缺氧危險場所，因作業性質上不能實施換氣時，宜使勞工確實戴用下列何種防護具？ (1) 供氣式呼吸防護具 (2) 防塵面罩 (3) 防毒面罩 (4) 防護面罩。

( ) 17. 下列何種場所不屬缺氧症預防規則所稱之缺氧危險場所？ (1) 礦坑坑內氧氣含量 17.5% (2) 營建工地地下室氧氣含量 18.3% (3) 下水道內氧氣含量 17.8% (4) 加料間氧氣含量 16%。

( ) 18. 人體對氧的依賴性最高的是哪個器官？ (1) 心 (2) 肝 (3) 腦 (4) 胃。

( ) 19. 進入局限空間作業前，必須確認氧濃度在 18 % 以上及硫化氫濃度在多少 ppm 以下，才可使勞工進入工作？ (1) 10 (2) 20 (3) 50 (4) 100。

( ) 20. 下列何種呼吸防護具，不得在缺氧危險場所使用？ (1) 防毒面罩 (2) 輸氣管面罩 (3) 空氣呼吸器 (4) 氧氣呼吸器。

( ) 21. 下列有關缺氧危險場所氧氣濃度測定之敘述，何者錯誤？ (1) 於作業開始前測定 (2) 由內往外測定 (3) 隨時應確認氧氣濃度 (4) 應於缺氧危險場所外實施內部氧氣濃度測定。

( ) 22. 下列何種原因所造成的氧債 (Oxygen debt) 恢復最慢？ (1) 補充原來體內儲存的氧 (2) 回復三磷酸腺苷酸 (ATP) 與磷酸肌素 (CP) 所需的氧 (3) 分解乳酸所需的氧 (4) 勞動恢復初期心肺功能興奮額外消耗的氧。

( ) 23. 依缺氧症預防規則規定，缺氧係指空氣中氧氣含量未滿百分之多少？ (1) 16 (2) 18 (3) 20 (4) 21。

( ) 24. 勞工作業環境監測實施辦法中，下列何種作業場所並未規定需定期實施作業環境監測？ (1) 坑內作業場所 (2) 缺氧作業場所 (3) 高溫作業場所 (4) 有機溶劑作業場所。

( ) 25. 從事有缺氧之虞之有機溶劑儲槽內部作業時，為防止中毒或缺氧宜使用下列何者？ (1) 安全帽 (2) 安全帶 (3) 自攜式呼吸防護器 (4) 不產生火花的工具。

( ) 26. 下列何者非供氣式呼吸防護具之適用時機？ (1) 作業場所中混雜有各式毒性物質，濾毒罐無作用時 (2) 作業場所中氧氣濃度不足18% (3) 作業環境中毒性物質濃度過高，濾毒罐無作用時 (4) 佩戴會影響勞工作業績效。

( ) 27. 呼吸防護具所用空氣來源，應使用氧氣含量大於多少 % 之空氣？ (1) 18 (2) 19 (3) 20 (4) 21。

( ) 28. 呼吸防護具之一端，以管線自新鮮空氣環境引入氣體，並使佩載者透過防護具吸入，此種防護具為下列何者？ (1) 防毒面具 (2) 防塵口罩 (3) 輸氣管面罩 (4) 自攜式呼吸器。

( ) 29. 下列何者較不致造成局限空間缺氧？ (1) 金屬的氧化 (2) 管件的組裝 (3) 有機物的腐敗 (4) 木屑的儲存。

( ) 30. 使用防毒面具時，應先考量作業環境中氧的含量不得低於多少%？ (1) 15 (2) 16 (3) 17 (4) 18。

( ) 31. 依缺氧症預防規則規定，缺氧危險作業場所係指空氣中氧氣濃度未達多少%之場所？ (1) 14 (2) 16 (3) 18 (4) 20。

( ) 32. 依缺氧症預防規則規定，下列何者非為缺氧危險場所？ (1) 供裝設電纜之人孔內部 (2) 地下室餐廳 (3) 置放木屑之倉庫內部 (4) 置放紙漿液之槽內部。

( ) 33. 氧氣含量在 18% 以下可使用之呼吸防護具為下列何者？ (1) 空氣呼吸器 (2) 防毒口罩 (3) 防塵面罩 (4) 棉紗口罩。

( ) 34. 進入含 3% 氯氣之室內作業場所，宜佩戴下列何種呼吸防護具？ (1) 有機溶劑吸收罐防毒面具 (2) 供氣式呼吸防護具 (3) 防塵用呼吸防護具 (4) 酸性氣體吸收罐防毒面具。

( ) 35. 依缺氧症預防規則規定，下列何者為非？ (1) 作業場所實施換氣時，不得使用純氧 (2) 缺氧係指空氣中氧氣濃度未滿18% (3) 應採取可確認空氣中氧氣濃度以及硫化氫濃度之措施 (4) 勞工戴用輸氣管面罩之連續作業時間，每次不得超過 2 小時。

( ) 36. 依缺氧症預防規則規定，下列何者不屬於缺氧危險場所？ (1) 長期間未使用之沉箱內部 (2) 曾置放酵母之釀造設備內部 (3) 曾滯留雨水之人孔內部 (4) 密閉相當期間之鋼製鍋爐內部、其內壁為不銹鋼製品。

( ) 37. 下列何者為單純窒息性物質？ (1) 甲烷 (2) 一氧化碳 (3) 氰化氫 (4) 硫化氫。

( ) 38. 依缺氧症預防規則規定，戴用輸氣管面罩從事缺氧危險作業之勞工，每次連續作業時間不得超過多久？ (1) 10 分鐘 (2) 30 分鐘 (3) 1 小時 (4) 4 小時。

( ) 39. 空氣呼吸器使用前應注意事項，下列敘述何者錯誤？ (1) 確認瓶內空氣量 (2) 確認輸氣管有無破損 (3) 檢查面體與顏面之密合度是否良好 (4) 呼氣阻抗愈大愈佳。

( ) 41. 依缺氧症預防規則規定，下列何者非屬從事缺氧危險作業時，應採取的設施？ (1) 置備測定空氣中氧氣濃度之測定儀器 (2) 實施通風換氣 (3) 佩戴醫療口罩 (4) 置備空氣呼吸器及梯子。

( ) 42. 氧氣可以下列何種方法測定？ (1) 隔膜電極法 (2) 給呂凡尼電池法 (Galvamic cell) (3) 隔膜離子電極法 (4) 紅外線法。

( ) 43. 進入有一氧化碳洩漏的場所，要佩戴下列何種防護具？ (1) 有機氣體防毒面具 (2) 防塵面具 (3) 空氣呼吸器 (4) 口罩。

( ) 44. 下列何者是身體中氣體交換最快速之處？ (1) 喉 (2) 氣管 (3) 小支氣管 (4) 肺泡。

( ) 45. 有關缺氧危險作業場所防護具之敘述，下列何者有誤？ (1) 勞工有因缺氧致墜落之虞，應供給勞工使用梯子、安全帶、救生索 (2) 於救援人負擔任救援作業時間，提供其使用之空氣呼吸器等呼吸防護具 (3) 每次作業開始前確認規定防護設備之數量及性能 (4) 置備防毒口罩為呼吸防護具，並使勞工確實戴用。

( ) 46. 下列何者非屬局限空間的特性？ (1) 非供勞工在其內部從事經常性作業 (2) 勞工進出方法受限制 (3) 無法以自然通風來維持充分、清淨空氣 (4) 內部空間照明不足。

( ) 47. 局限空間作業造成之危害較不可能為下列何者？ (1) 與有害物接觸 (2) 缺氧 (3) 被撞 (4) 感電。

( ) 48. 下列敘述何者非屬職業安全衛生設施規則所稱局限空間考量之條件？ (1) 非供勞工在其內部從事經常性作業 (2) 勞工進出方法受限制 (3) 無法以自然通風來維持充分、清淨空氣之空間 (4) 狹小之內部空間。

( ) 49. 下列何種呼吸防護具較適合於室內毒性氣體大量外洩時，緊急搶救使用？ (1) 毒性氣體防毒面具 (2) 自給式空氣呼吸防護具 (3) 防塵口罩 (4) 有機溶劑防毒面具。

( ) 50. 下列何種環境較不會產生一氧化碳？ (1) 於裝有瓦斯熱水器之密閉浴室中洗熱水澡 (2) 於通風不良處燃燒垃圾 (3) 煉鋼高爐旁 (4) 噴漆作業。

( ) 51. 下列何場所無缺氧危險？ (1) 使用乾冰從事冷凍、冷藏之冷凍庫、冷凍貨櫃內部 (2) 紙漿廢液儲槽內部 (3) 穀物、麵粉儲存槽內部 (4) 氧氣濃度 19.5% 地下坑。

( ) 52. 維持腦組織細胞活動之血液中氧氣分壓最低限度為多少 mmHg？ (1) 60 (2) 80 (3) 100 (4) 120。

( ) 53. 依職業安全衛生管理辦法規定，雇主使勞工從事缺氧危險作業時，應使該勞工就其作業有關事項實施何種檢查？ (1) 設備之定期檢查 (2) 機械設備之重點檢查 (3) 機械設備之作業檢點 (4) 作業檢點。

( ) 54. 缺氧及高濃度有害物工作場所，勞工可使用何種呼吸防護具？ (1) 空氣呼吸器 (2) 防塵口罩 (3) 防毒口罩 (4) 簡易式防塵口罩。

( ) 55. 下列何種場所不屬缺氧症預防規則之缺氧危險場所？ (1) 礦坑坑內氧氣含量 18.5% (2) 營建工地地下室氧氣含量 18.3% (3) 下水道內氧氣含量 17.8% (4) 加料間氧氣含量 16%。

( ) 56. 下列何種作業場所不可使用防塵口罩或防毒口罩？ (1) 發生有害粉塵作業場所 (2) 缺氧作業場所 (3) 有機溶劑作業場所 (4) 發生有害氣體作業場所。

( ) 57. 如果發現某勞工昏倒於一曾置放醬油之儲槽中，下列何措施不適當？ (1) 未穿戴防護具，迅速進入搶救 (2) 打 119 電話 (3) 準備量測氧氣濃度 (4) 準備救援設備。

( ) 58. 正常空氣中氧分壓為多少 mmHg？ (1) 40 (2) 95 (3) 116 (4) 159。

( ) 59. 依缺氧症預防規則規定，有關缺氧作業主管應監督事項不包括下列何者？ (1) 決定作業方法並指揮勞工作業 (2) 確認作業場所空氣中氧氣、硫化氫濃度 (3) 監視作業勞工心理健康狀態 (4) 監督勞工對防護器具之使用狀況。

( ) 60. 下列何者非供氣式呼吸防護具之適用時機？ (1) 作業場所中混雜有各式毒性物質，濾毒罐無作用時 (2) 作業場所中氧氣濃度不足 18% (3) 作業環境中毒性物質濃度過高，濾、毒罐無作用時 (4) 作業場所中佩戴會影響勞工作業績效時。

( ) 61. 依缺氧症預防規則規定，下列何種症狀為缺氧症之末期症狀？ (1) 顏面蒼白或紅暈 (2) 脈搏及呼吸加快 (3) 呼吸困難 (4) 呼吸停止。

( ) 62. 雇主使勞工進入供儲存大量物料之槽桶時，下列敘述何者錯誤？ (1) 應事先測定並確認無爆炸、中毒及缺氧等危險 (2) 應使勞工佩掛安全帶及安全索等防護具 (3) 工作人員以由槽底進入以防墜落 (4) 進口處派人監視以備發生危險時營救。

( ) 63. 人類腦部需要的氧氣量，約為全身所需氧氣量的多少比例？ (1) 1/2 (2) 1/4 (3) 1/20 (4) 1/30。

( ) 64. 下列哪種血管腔室內血液是充滿最多氧氣？ (1) 右心房 (2) 左心室 (3) 肺動脈 (4) 微血管。

( ) 65. 雇主使勞工於有危害勞工之虞之局限空間從事作業時，對勞工之進出，應予確認、點名登記，並作成紀錄至少保存多少年？ (1) 1 (2) 2 (3) 3 (4) 4。

( ) 66. 操作氧氣測定器，下列何者不正確？ (1) 測定前，應於距測定點較近，且空氣新鮮處校正 (2) 測定時，應俟指示值顯示穩定後讀取讀值 (3) 測定後，不可立即置於空氣新鮮處，以免讀值不正確 (4) 測定各點所獲讀值均在 18% 以上，表示作業場所無缺氧環境。

( ) 67. 進行槽內缺氧作業時，應穿戴何種呼吸防護器具？ (1) 空氣呼吸器 (2) 氧氣急救器 (3) 半面式防毒面罩 (4) 口罩。

( ) 68. 在缺氧但無毒氣之工作場所工作，應使用 (1) 防塵口罩 (2) 防毒面罩 (3) 電動式粉塵用呼吸防護具 (4) 輸氣管面罩 呼吸防護具。

( ) 69. 缺氧危險場所採用機械方式實施換氣時應 (1) 不考慮換氣情形 (2) 充分實施換氣 (3) 使吸氣口接近排氣口 (4) 使用純氧實施換氣。

( ) 70. 缺氧環境作業主管訓練時數，不得低於 (1) 18 小時 (2) 30 小時 (3) 42 小時 (4) 60 小時。

( ) 71. 依照法令規定，進入供儲存大量物料之槽桶內時應先測定之危險事項，下列何者為非？ (1) 爆炸 (2) 中暑 (3) 缺氧 (4) 中毒。

( ) 72. 缺氧危險場所，必須確認氧氣濃度在 18% 以上及硫化氫濃度在多少 ppm 以下，才可使勞工進入工作？ (1) 10 (2) 20 (3) 50 (4) 100。

( ) 73. 缺氧作業主管應隨時確認有缺氧危險作業場所空氣中氧氣之濃度，惟不包括下列何者？ (1) 鄰接缺氧危險作業場所無勞工進入作業之場所 (2) 當日作業開始前 (3) 所有勞工離開作業場所再次開始作業前 (4) 換氣裝置有異常時。

( ) 74. 當飛行於 3,600 公尺以上的高度時，飛行員為何要補充氧氣？ (1) 需要更多的氧氣以預防航空者腹痛 (2) 由於高度太高 (3) 由於氧氣的分壓太低 (4) 由於氧氣的蒸氣壓太低。

二、問答題

1. 雇主使勞工於局限空間從事作業前,應先確認該局限空間內有無可能引起勞工之危害,如有危害之虞者,應訂定危害防止計畫,並使現場作業主管、監視人員、作業勞工及相關承攬人依循辦理。

   (1) 前項危害防止計畫訂定事項,請寫出 6 項。

   (2) 若局限空間現場濃度已經超過立即致危濃度 (Immediately Dangerous to Lifeor Health,IDLH),請問應佩戴何種呼吸防護具進行作業?

2. 某一化學原料製造廠,廠內有一地下水池,容積約 2,000 公升,已密封兩年未使用,現在您接獲主管指示,需於三日內把水抽光,並入池刷洗乾淨。依照上述工作情境,您如何採取措施,確保工作安全順利完成。(請至少列出 4 項)

3. 雇主使勞工於缺氧危險場所作業時,應將哪些注意事項公告於該作業場所入口明顯處,使作業勞工周知?(請列出 5 項)

4. 某工廠預定實施廢液槽內部之年度歲修及清理,雇主使勞工於該局限空間從事作業前,應訂定危害防止計畫,以供相關人員依循辦理。試問:

   (1) 該計畫應包含哪些事項?

   (2) 該槽內空間如經氧氣濃度測定結果為 16%,雇主應使缺氧作業主管從事之監督事項為何?

5. 試描述人體於氧氣濃低於百分之十八的環境下產生的缺氧症狀。

6. 某事業單位僱用勞工 90 人,從事電信人孔營造工程地下電纜接續工作,依職業安全衛生法及其附屬法規規定,請問:

   (1) 職業安全衛生人員應如何設置?

   (2) 現場工作人員應接受何種安全衛生教育訓練?

   (3) 依缺氧症預防規則規定,使勞工從事缺氧危險作業時,應置何種防護器具供勞工緊急避難或救援人員使用?

職業病預防

23.1 前言

在本書前面各章節中，已介紹了很多職業災害的危害及其預防方法；此外，也介紹了很多由主管機關所發布之規則及標準，而這些規則及標準的訂定，旨在保護勞工的安全與健康；反過來說，也是因為現今的工作環境中充滿了各種危害，故需要訂定相關的安全衛生標準來保護勞工。除了職業災害可對勞工構成直接的危害外，職業疾病的發生更是對勞工的健康構成嚴重的威脅；因為要找出職業疾病的病因有以下的困難：

(1) 大多數的職業病都是慢性的，勞工暴露於致病原之後，可能要事隔多年，甚至到該勞工退休後才會病發，因此要追溯病因很難找到確實之證據。

(2) 不同的病因可能會產生相同的症狀，因此要進行多次生理檢查才能以抽絲剝繭的方式找出專屬的病因，然而這些過程中所花耗的時間及資源頗多，而且所獲得的分析結果也不一定能確實辨明病因。

(3) 職業病的相關研究需要具備各方面的專業知識，如病理學、毒物學、醫學、工業化學等，因此目前國內職業病防治專業人才尚非常短缺。

本章的重點在於介紹引發職業病的一般原因及其預防方法，以期讀者能對職業疾病之防患加以重視。

23.2 職業病之分類

職業病的種類繁多，若依感染病原的種類或工作環境的危害來分類，可有下列 5 大類：

(1) 化學性職業病

由對人體有害的化學物質所引起的職業疾病，稱為化學性職業病。這些化學物質以粉塵、氣體、蒸氣、燻煙或霧滴的形式存在於作業環境中，作業員經由皮膚的吸收、呼吸器官吸入、眼睛接觸或由消化器官進入體內而致病。

(2) 物理性職業病

由物理性危害所引起的職業病，稱為物理性職業病。物理性危害包括高溫、低溫環境、非游離性或游離性輻射、噪音、振動、異常氣壓等。

(3) 生物性職業病

由動植物、微生物所引起的職業病，稱為生物性職業病。例如各種有機粉塵、穀類、菸葉、棉花、甘蔗、細菌、病毒、原蟲、黴菌，都可能會對人體引發疾病。當勞工在工作時與這些病原接觸，就可能因感染而發生職業病。

(4) 人因性職業病

由於工具或工作場所的不當設計而引起的職業病，稱為人因性職業病。例如照明欠佳的環境造成視力減弱、電動手工具振動所造成的白手病、重複性作業促發肌肉骨骼疾病等。

(5) 社會心理性職業病

由於輪班、夜間工作、加班等長時間勞動產生異常工作負荷促發生理及心理疾病，或因執行職務，如重大死亡災害現場搶救後造成心理創傷，又或在職場上因他人行為遭受身體或精神不法侵害導致心理性疾病。

23.3 化學性危害

　　工作環境中的化學危害，大多數是以粉塵、氣體、蒸氣、燻煙及霧滴等方形存在，當勞工吸入或是以皮膚接觸這些物質，就可能會引起職業病。現就各有害化學物質所可能產生的職業病予以介紹。

23.3.1 金屬及擬金屬

(1) 鉛

鉛中毒可分成有機鉛及無機鉛中毒兩種：

① 有機鉛中毒會噁心、嘔吐、頭暈、虛弱及震顫等症狀。

② 無機鉛中毒會出現腹痛、便秘及嘔吐等症狀。

(2) 汞

① 慢性汞中毒會造成患者口腔發炎、肌肉震顫及情緒紊亂等現象。

② 急性汞中毒則會引起胃痛、噁心、嘔吐及昏迷，嚴重者可能會致死。

(3) 鈹

慢性鈹中毒會出現咳嗽、體重減輕、呼吸困難、嘔吐及肉芽腫等症狀，急性鈹中毒會發生肺炎及呼吸困難。

(4) 鎘

慢性鎘中毒會出現胸骨痛、咳嗽、血紅素降低、骨骼病變及併發腎結石等症狀。

(5) 磷

黃磷會造成骨膜壞死，其他的有機磷中毒可能會出現噁心、嘔吐、腹痛腹瀉及末稍神經疼痛等症狀。

23.3.2 碳氫化合物

(1) 脂肪族碳氫化合物

烷類有機物中毒會使患者出現頭昏、頭痛及麻醉性昏迷現象,嚴重者因中樞神經受抑制而發生急性癱瘓甚至死亡。

(2) 芳香族碳氫化合物

甲苯、二甲苯、苯等化合物皆屬於此類。

① 患者通常會出現頭痛頭昏、神智不清等症狀,嚴重者會因呼吸麻痺而死亡。

② 甲苯之主要危害為可造成骨髓機能障礙,並使中樞神經產生損害,而苯可能會引起白血球病。

(3) 氯化碳氫化合物

氯仿、三氯乙烯、三氯乙炔、四氯乙烷皆屬於此類。

① 患者因中樞神經系統受到抑制而出現呼吸麻痺等現象,嚴重者甚至死亡。

② 四氯乙烷具有最強的毒性,會對肝及神經系統的機能造成嚴重破壞,使患者出現黃疸、肝腫大、吐血及水腫等症狀,嚴重者會死亡。

(4) 醇類化合物

甲醇、乙醇、丙醇、戊醇等皆屬之。甲醇中毒會產生頭昏、頭痛、昏迷及視力傷害等症狀。

(5) 鹵素碳氫化合物

二溴乙烯、四溴乙炔、溴化甲基及氟化物及一些冷媒皆屬之。中毒者會出現心律不整、肺水腫、肺炎、感覺異常、意識喪失及癲癇等症狀。

(6) 芳香族硝基及氨基化合物

如苯胺硝基苯、二硝基苯、硝基苯胺及亞硝酸鹽等,皆會導致變性血紅素,或引起膀胱癌及皮膚過敏等症狀。

(7) 其他有機化合物

酯類、酮類、醚類也會對人體產生不良反應。皮膚接觸樹脂類的聚合物可能會引起皮膚過敏,以及刺激呼吸系統等。

23.3.3 有毒氣體

(1) 單純窒息劑

如「甲烷」、「二氧化碳」、「氮氣」皆屬之。

① 甲烷除會使人窒息外,尚會與空氣混合而成爆炸性氣體。

② 二氧化碳能刺激中樞呼吸神經,濃度達百分之十以上時,會使人呼吸困難,神志喪失並因缺氧而死亡。

(2) 化學窒息劑

「一氧化碳」、「硫化氫」、「氰化氫」、「四羰基鎳」、「砷化氫」、「磷化氫」及「銻化氫」皆屬之。

① 一氧化碳對血紅素的親和力極強，會妨礙血紅素運送氧氣的功能。一氧化碳中毒者會因中樞受抑制而死。

② 硫化氫中毒時會使患者有流淚、畏光、頭昏頭痛等症狀，並且會導致呼吸中樞麻痺。

③ 氰化氫會抑制患者細胞的代謝功能，使患者因無法攝取氧氣而窒息致死。
砷化氫中毒會出現黃疸、心臟衰竭等症狀。

④ 四羰基鎳中毒會使患者感到頭痛頭昏、噁心、神志喪失、呼吸困難，並且會出現發紺、肺水腫及心臟衰竭等症狀。

(3) 刺激性氣體

刺激性氣體包括「氨」、「氯」、「二氧化硫」及「光氣」等。

① 氨有腐蝕作用，接觸皮膚會造成局部灼傷。氨氣接觸眼睛會侵蝕結膜及角膜而導致失明，吸入肺部會侵害肺部組織，引起呼吸困難及肺水腫等症狀。

② 氯中毒會使患者出現流淚、咳嗽、噁心、嘔吐及肺水腫等症狀。

③ 二氧化硫使患者打噴嚏、咳嗽，嚴重者會呼吸困難。

④ 光氣的毒性比氯更強，會使患者出現咳嗽、嘔吐、肺水腫等症狀。

其他的氣體如氟化物、二氧化氮等也會刺激呼吸器官，導致肺水腫、發紺等症狀，嚴重者會致死。

23.4 物理性危害

物理性危害包括高低溫、輻射、噪音、振動及異常氣壓等，這些危害在前面的章節中已有介紹，現歸納如下：

(1) 高低溫

雖然人體有調節體溫的機能，但長期處於極端的溫度中，仍會造成機能失效。在高溫的環境下，人體會出現熱衰竭、失水、熱痙攣及中暑等症狀；而在極低溫的環境下，可能會造成各級凍傷，若缺乏救治可能會導致死亡。

(2) 非游離與游離輻射

「微波」、「雷射」、「紅外線」、「紫外線」等皆屬於「非游離輻射」。

① 微波會造成眼睛、皮膚及睪丸的傷害。

②　雷射會使皮膚灼傷，或使眼睛的視網膜受損而至失明。

③　紅外線可灼傷皮膚，使眼睛發生白內障。紫外線會造成角膜潰瘍，並使皮膚灼傷或產生皮膚癌。

「α 粒子」、「β 粒子」、「X 射線」、「λ 射線」及「中子射線」等，皆屬於「游離輻射」。除了 α、β 這兩種粒子外，其他游離輻射都可穿透皮膚，對體內細胞造成傷害，其症狀為出血、白血球減少、貧血、胃腸道潰瘍及皮膚壞死等。

(3) 噪音及振動

①　「噪音」會造成聽力疲勞，嚴重者會導致「永久性聽力損失」，並且會使人心跳異常、呼吸加速、肌肉和血管收縮、瞳孔擴大、神經衰弱及失眠。

②　「振動」則會影響血液循環，造成鏈鋸工人常發生的「白手病」(又稱為白指病)。

(4) 異常氣壓

異常氣壓所導致的疾病，常發生於高壓、低壓和急速加壓或減壓的作業環境中。

①　潛水人員在深海作業因高壓而常發生氮氣麻醉現象，失去正常的意識及行動能力。

②　在高空作業或高山作業人員，會因氧氣稀薄而得高山病。

③　急速減壓會造成潛涵病或沉箱病，患者會出現關節酸痛、頭暈、噁心及嘔吐等症狀，嚴重者因肺血管出現氮氣泡而感到胸部疼痛、咳嗽、發生昏迷現象甚至死亡。

23.5　生物性危害

生物性危害主要來自植物的種子及纖維，以及含有病毒的微生物，茲分述如下：

(1) 有機粉塵

黃麻、亞麻、大麻、棉花、菸葉、蔗渣、穀類等有機粉塵，都可能會引起與呼吸器官有關的症狀，如咳嗽、氣喘、支氣管炎，更嚴重者會引發「肺纖維化」及「肺氣腫」等疾病。

(2) 微生物

處理動物的毛皮及肉類時，作業人員可能會因接觸含有病毒的微生物而遭感染。

①　「炭疽桿菌」，會導致皮膚炎疽、肺炎疽及胃腸炭疽。

②　「細螺旋體菌」會引起頭痛、發燒、蛋白尿及結膜炎等症狀。

③ 屠宰工人及肉類包裝工人，也可能會在作業時從動物身上感染「布氏桿菌病」，而導致發燒、頭痛、失眠、全身無力等症狀。

④ 飼養家畜的工人也可能會感染「立克次體病原」而出現高燒、出汗、冷顫、斑疹或乾咳等症狀。

⑤ 飼養家禽、鳥類的工人也可能會感染「鸚鵡熱病」。

23.6 人因性危害

人因性危害包括不良照明及採光所引起的危害、不正確的搬運方式、設計不良的工具及重複性作業所引起的危害。

(1) 照明及採光不良所引起之危害

照明或採光不良的作業場所，不但會降低工作人員的生產力，而且容易發生碰撞的傷害。由於照明不良所引起的職業病包括弱視、眼睛疲勞、「礦工眼球震盪症」及網膜障害等。

(2) 搬運傷害

由於搬運技巧不當，常造成的傷害如扭傷、骨折、挫傷或撞傷、心臟血管過勞、肌肉疲勞、慢性支氣管炎、脊椎受傷、背痛等。

(3) 工具危害

① 因手工具設計不良所引起的症狀如「尺動脈栓塞」，這是由於握柄壓住掌心，阻礙血流流經尺動脈所引起的病變；

② 「扳機指」，這是由於食指長期扣動扳機型開關所引起的症狀，患者的食指呈現不自主的屈曲，可是卻無法主動伸展，須借助外力予以扳直。

③ 手工具的震動除了會引起「白手病」外，尚會引起其他的疾病如「神經炎」、橈骨和尺骨的「脫鈣」和「化膿」、關節僵硬和疼痛等。

④ 穿戴手套時，落入手套內的刺激物也可能會滲入皮膚而導致皮膚炎或皮膚組織的破壞。

(4) 重複性作業危害

因重複性作業促發肌肉骨骼傷病，稱為「工作相關之肌肉骨骼傷病」(Work-related Musculoskeletal Disorders, WMSD)，或「累積性肌肉骨骼傷病」(Cumulative Trauma Disorders, CTD)；由於重複性的工作過度負荷，造成肌肉骨骼或相關組織疲勞、發炎、損傷，經過長時間的累積所引致的疾病，常見的症狀如肌肉痠痛、關節疼痛等。

23.7 社會心理性危害

社會心理性危害，係指長時間勞動產生異常之工作負荷促發生理及心理疾病、因執行職務遭受創傷出現心理壓力症候群，以及在職場上因他人行為不法侵害工作者之身體或精神導致心理性疾病。

(1) 異常工作負荷危害

長時間加班的工作、不規則的工作、經常出差的工作、不定時輪班的工作、夜間工作、異常的工作環境 (溫度、噪音、時差)、伴隨精神緊張的業務等，不但會使工作者長期蓄積疲勞，亦會造成工作者心理壓力，促發腦血管及心臟疾病，嚴重者導致中風或猝死 (俗稱「過勞死」)。

① 腦血管疾病包括：腦出血、腦梗塞、蜘蛛膜下腔出血、高血壓性腦病變。

② 心臟血管疾病包括：心肌梗塞、急性心臟衰竭、主動脈剝離、狹心症、心臟停止、心因性猝死、嚴重心律不整。

(2) 創傷後壓力症候群危害

創傷後壓力症候群 (Post-Traumatic Stress Disorder, PTSD)，係指工作者因執行職務曾經歷、目擊、或被迫面對一種或多種事件；此事件牽涉到真實或具威脅性的死亡、真實的或具威脅性的身體傷害、或威脅到自己或其他人身體的完整性，因而產生強 的害怕、無助感、或恐怖感受等心理症狀。參與重大災難 (如大地震、大火災) 的救難人員較易出現 PTSD 症狀：

① 工作者於遭受巨大壓力及創傷後，可能立即出現麻木感、疏 感、侷限之注意力、去現實感、去自我感、解 性失憶，以及對外界覺知能力變弱等急性精神解 狀態。

② 工作者於救災工作結束後，亦可能產生自 神經過度反應、過度警覺、逃避反應、以及創傷經驗之持續地再體驗等長期心理症狀。

(3) 職場不法侵害之危害

工作者於執行職務時，因他人行為遭受身體或精神不法侵害 (簡稱職場不法侵害) 之範圍：係指勞工因執行職務，於勞動場所遭受雇主、主管、同事、服務對象或其他第三方之不法侵害行為 (俗稱職場暴力)，造成身體或精神之傷害。不法侵害可能令工作者立即產生巨大的心理壓力，引發焦慮、憂鬱等症狀，或是出現類似前述 PTSD 之「重鬱症」症候群。工作者於職場上常遭受的不法侵害大致分為肢體暴力、語言暴力、心理暴力與性騷擾等四類。職場上組織內部常見之不法侵害包含：

① 肢體攻擊：暴行、傷害之肢體攻擊。

② 精神攻擊：脅迫、名譽損毀、侮辱、嚴重辱罵。

③ 斷絕人際關係：隔離、排斥、忽視、孤立。

④ 要求過高：強求執行業務上明顯不必要或不可能之工作。

⑤ 要求過低：欠缺業務上合理性，命令其執行與能力、經驗不符的低階工作，或不給工作。

⑥ 隱私侵害：過度介入私人事宜。

23.8 職業病之預防方法

一、非心理性職業病之預防

非心理性職業病，如化學性、物理性、生物性職業病的預防，基本上可從工程改善、行政管理及健康管理三方向著手：

1. 工程改善

   工程改善是排除致病原的根本方法，其方法為：

   (1) 取代作業

   以毒性較低的原料來取代毒性較高的原料，或是以危害較低的作業方式來取代危害較高的作業方式。如甲苯的毒性比苯低，而且化學性質相近，在油漆溶劑的選用時，可考慮以甲苯取代苯。此外，皮帶傳動所產生的噪音會比齒輪傳動低，在考慮降低機器的噪音時，可以皮帶取代齒輪。

   (2) 密閉隔離

   將可能產生危害物質之場所，如噴漆、鉛回收作業等場所予以密閉隔離，以防止危害物質的擴散到其他區域。

   (3) 自動化作業

   高危害之場所，可以全自動化的機械設備取代人工作業，操作人員只須在控制室內監控即可，以避免暴露於危害環境中。此外，以機械設備取代人力搬運，也可減少人體工學危害所引起的傷害。

   (4) 濕式作業

   對於會產生粉塵、煙霧之作業，可於作業時噴灑水霧，以減少粉塵的飛揚。

   (5) 通風換氣

   可以局部排氣或整體排氣的方式將空氣中污染源的濃度降低，減少勞工暴露於污染物所引起之危害。

2. 行政管理

有時基於生產製程的限制，而無法以工程改善的方法排除致病原，則必須以行政管理彌補之，其管理措施如下：

(1) 減少暴露時間

在高危害場所作業的勞工，可以輪班方式或是縮短工時的方法來減少暴露時間。

(2) 訂定安全衛生守則

對於高危害作業，應訂定其安全衛生守則，並要求從事該作業的勞工確實遵行，以保障勞工的安全及健康。

(3) 配用防護具

對於從事危害性作業的勞工，應提供合符標準之安全防護具，並要求該勞工確實配戴使用。

(4) 建立良好衛生習慣

要求勞工在工作場所不得吸煙、飲食，以免危害物質經呼吸或吞食進入體內；皮膚接觸危害物質時應立即予以清洗，避免經皮膚滲透到體內。

(5) 張貼警示標語

依規定對危害物質以圓形或文字予以標示，以提醒勞工注意，並且向勞工宣導該物質可能引起之危害。

(6) 物質安全資料表

對作業場所中可能引發危害的物質，應建立其物質安全資料表，載明其化學及物理性質，對人體可能產生之危害，急救方法及處置方式等資料，以便發生危害時能予以處理。

(7) 緊急應變措施

工廠員工在平時應接受急救及意外處理之任務編組及訓練，以防工廠發生意外，能對有害物質的擴散予以有效處理，減少勞工的暴露程度。

3. 健康管理

雇主應依「勞工健康保護規則」之規定，為勞工實施體格檢查、一般健康檢查及特別健康檢查，一旦發現勞工有職業病的症狀，除應立即予以醫療處理外，並應找到致病原，以工程改善方法或行政管理的方法加以排除。

二、肌肉骨骼傷病之預防

依「職業安全衛生設施規則」第三二四條之一規定，雇主使勞工從事重複性之作業，為避免勞工因姿勢不良、過度施力及作業頻率過高等原因，促發肌肉骨骼疾病，應採取下列危害預防措施，並將執行紀錄留存 3 年：

(1) 分析作業流程、內容及動作。

(2) 確認人因性危害因子。

(3) 評估、選定改善方法及執行。

(4) 執行成效之評估及改善。

(5) 其他有關安全衛生事項。

前項危害預防措施，事業單位勞工人數達 100 人以上者，雇主應依作業特性及風險，參照中央主管機關公告之相關指引，訂定「人因性危害預防計畫」，並據以執行；於勞工人數未滿 100 人者，得以執行紀錄或文件代替。

有關「人因性危害預防計畫」之架構、要項及實施參考例，以及肌肉骨骼傷病之評估方法與檢核表，可參考勞動部職業安全衛生署公告之「人因性危害預防計畫指引」（民國 103 年 8 月初版）。

三、異常工作負荷促發疾病之預防

依「職業安全衛生設施規則」第三二四條之二規定，雇主使勞工從事輪班、夜間工作、長時間工作等作業，為避免勞工因異常工作負荷促發疾病，應採取下列疾病預防措施，作成執行紀錄並留存 3 年：

(1) 辨識及評估高風險群。

(2) 安排醫師面談及健康指導。

(3) 調整或縮短工作時間及更換工作內容之措施。

(4) 實施健康檢查、管理及促進。

(5) 執行成效之評估及改善。

(6) 其他有關安全衛生事項。

前項疾病預防措施，事業單位依規定配置有醫護人員從事勞工健康服務者，雇主應依勞工作業環境特性、工作形態及身體狀況，參照中央主管機關公告之相關指引，訂定「異常工作負荷促發疾病預防計畫」，並據以執行；依規定免配置醫護人員者，得以執行紀錄或文件代替。

有關「異常工作負荷促發疾病預防計畫」之架構、危害辨識、風險評估及預防措施等，可參考勞動部職業安全衛生署公告之「異常工作負荷促發疾病預防指引」（民國 103 年 9 月第一版）。

四、執行職務遭受不法侵害之預防

依「職業安全衛生設施規則」第三二四條之三規定，雇主為預防勞工於執行職務，因他人行為致遭受身體或精神上不法侵害，應採取下列暴力預防措施，作成執行紀錄並留存 3 年：

(1) 辨識及評估危害。

(2) 適當配置作業場所。

(3) 依工作適性適當調整人力。

(4) 建構行為規範。

(5) 辦理危害預防及溝通技巧訓練。

(6) 建立事件之處理程序。

(7) 執行成效之評估及改善。

(8) 其他有關安全衛生事項。

前項暴力預防措施，事業單位勞工人數達 100 人以上者，雇主應依勞工執行職務之風險特性，參照中央主管機關公告之相關指引，訂定「執行職務遭受不法侵害預防計畫」，並據以執行；於僱用勞工人數未達 100 人者，得以執行紀錄或文件代替。

有關「執行職務遭受不法侵害預防計畫」之架構、危害辨識、風險評估及預防措施等，可參考勞動部職業安全衛生署公告之「執行職務遭受不法侵害預防指引」(民國 106 年 6 月第二版)。

23.9 結語

依「職業安全衛生法」第六條第二項規定，雇主對下列事項，應妥為規劃及採取必要之安全衛生措施：

(1) 重複性作業等促發肌肉骨骼疾病之預防。

(2) 輪班、夜間工作、長時間工作等異常工作負荷促發疾病之預防。

(3) 執行職務因他人行為遭受身體或精神不法侵害之預防。

(4) 避難、急救、休息或其他為保護勞工身心健康之事項。

另依本法第四十三條規定，違反第六條第二項致發生職業病者，處新臺幣三萬元以上三十萬元以下罰鍰。

習 題

一、選擇題

( ) 1. 下列何者不會造成呼吸循環系統職業病？ (1) 游離二氧化矽 (2) 石綿 (3) 粉塵 (4) 鉛中毒。

( ) 2. 下列何者非屬物理性危害？ (1) 有機溶劑中毒 (2) 振動 (3) 異常氣壓 (4) 噪音。

( ) 3. 經由反射或吸收能量以少損害，使殘留量減至危害量以下之方法為何？ (1) 抑制 (2) 變流裝置 (3) 弱連結 (4) 安全距離。

( ) 4. 一般超市或銀行櫃檯高度的設計，常採用下列何種設計？ (1) 探第五百分位數之高度而設計 (2) 探第五十百分位數之高度而設計 (3) 探第七十五百分位數之高度而設計 (4) 探第九十五百分位數之高度而設計。

( ) 5. 依據世界衛生組織之調查，職業病比例最高者為何者？ (1) 呼吸道疾病 (2) 皮膚病 (3) 癌症 (4) 神經及感覺器官疾病。

( ) 6. 下列何者傳染性疾病非屬針扎所致？ (1) B 型肝炎 (2) 退伍軍人病 (3) 愛滋病 (4) 梅毒。

( ) 7. 一般而言，白指症 (white-finger syndrome) 主要是因下列何種因素而致病？ (1) 振動 (2) 噪音 (3) 游離輻射 (4) 異常氣壓。

( ) 8. 下列何種物質暴露較易導致過敏性氣喘？ (1) 二異氰酸甲苯 (2) 乙酸乙酯 (3) 氰化氫 (4) 氟化氫。

( ) 9. 下列身體哪部位最易受雷射傷害？ (1) 皮膚 (2) 眼 (3) 性腺 (4) 甲狀腺。

( ) 10. 下列何者是研究人體大體與各部位在運動或平靜時內部與外部力量現象的一門學問？ (1) 生物力學 (2) 生理學 (3) 心理學 (4) 人體計測學。

( ) 11. 暴露於外洩之氨氣，最先發生的症狀與暴露下列何種化學物質相似？ (1) 一氧化碳 (2) 煤焦爐氣 (3) 硫化氫 (4) 氯氣。

( ) 12. 雇主使勞工從事潛水作業，於一水深超過多少公尺時，應依異常氣壓危害預防標準之規定辦理？ (1) 3 (2) 5 (3) 8 (4) 10。

( ) 13. 下列何種事業較可能發生潛涵症 (潛水夫病)？ (1) 修理服務業 (2) 營造業 (3) 醫療保健服務業 (4) 化工業。

( ) 14. 實驗場所之生物安全管理，依其風險程度分為幾級？ (1) 2 (2) 3 (3) 4 (4) 5。

( ) 15. 職場內之傷病診治內容一般不包括下列何者？ (1) 急救 (2) 一般傷病診治 (3) 職業傷病診治 (4) 家庭計畫服務。

( ) 16. 若不知勞工過去之輻射暴露，其一年全身暴露於游離輻射之最高容許劑量為多少侖目 (rems)？ (1) 3 (2) 4 (3) 5 (4) 12。

( ) 17. 職場上遭受主管或同事利用職務或地位上的優勢所受的言語暴力，可歸類為下列何種危害？ (1) 物理性 (2) 化學性 (3) 社會心理性 (4) 人體工學性。

( ) 18. 下列作業何者不適合坐姿作業之時機？ (1) 所有零件、工件、工具能就近取用操作 (2) 作業時雙手抬起不超過桌面 15 公分 (3) 作業以細組裝或書寫為主 (4) 作業必須經常起身走動。

( ) 19. 下列何者是最佳的危害控制先後順序 A. 從危害所及的路徑控制；B. 從暴露勞工加以控制；C. 控制危害源)？ (1) A→B→C (2) B→C→A (3) C→A→B (4) C→B→A。

( ) 20. 下列何者不是肌腱方面的傷害？ (1) 腱鞘炎 (2) 德奎緬症 (3) 外上髁炎 (4) 蓋昂道症候群。

( ) 21. 內上髁炎常發生在何處？ (1) 手腕處 (2) 手肘處 (3) 肩部 (4) 腰部。

( ) 22. 勞工罹患白指症，通常是因從事下列何種作業所引起？ (1) 電焊作業 (2) 轉動機械作業 (3) 振動機械作業 (4) 高溫作業。

( ) 23. 穿戴防護衣或裝備，以防止環境危害所造成之傷害，在危害消除與控制型態屬下列何者？ (1) 抑制 (2) 稀釋 (3) 隔離 (4) 連續。

( ) 24. 鉛較不容易造成下列何種疾病？ (1) 多發性神經病變 (2) 皮膚病變 (3) 貧血 (4) 不孕症或精子缺少。

( ) 25. 下列何種作業最容易導致白指症？ (1) 高溫 (2) 局部振動 (3) 全身振動 (4) 游離輻射。

( ) 26. 下列何者不是重複性工作經常造成傷害的部位？ (1) 腦部 (2) 骨骼 (3) 周邊神經 (4) 肌肉。

( ) 27. 依異常氣壓危害預防標準規定，雇主使用水面供氣設備供氣時，應於潛水深度壓力下，對每一潛水作業勞工每分鐘供給多少公升以上？ (1) 30 (2) 45 (3) 60 (4) 75。

( ) 28. 斷骨端貫穿皮膚之骨折屬下列何者？ (1) 閉鎖性骨折 (2) 開放性骨折 (3) 無創骨折 (4) 屈曲骨折。

( ) 29. 肌肉收縮主要能源來自於下列何者？ (1) ATP (2) 乳酸 (3) 醣、脂肪 (4) 蛋白質。

( ) 30. 下列哪一種敘述不適於說明流行病學研究的干擾性偏差 (confounding bias)？ (1) 干擾因子必須是結果的病因之一 (2) 某因子與暴露和疾病均有關聯，該因子可能造成干擾性偏差 (3) 如果某一因子顯示與暴露或疾病並無關聯，這一因子就無發生干擾的可能 (4) 干擾性偏差是研究者無法避免的。

( ) 31. 在 0℃、760mmHg 條件下，每立方公分空氣產生一靜電單位電量的負離子所需之 X 或射線能量之暴露單位下列何者？ (1) 居里 (curie) (2) 侖琴 (roentgen) (3) 霍得 (rad) (4) 侖目 (rem)。

( ) 32. 有關異常氣壓危害之敘述，下列何者錯誤？ (1) 異常氣壓危害常見於潛水作業及潛盾工法之施工作業 (2) 異常氣壓危害係因外界壓力之急遽變化使體內產生氣泡，進而造成神經壓迫、血栓、骨壞死等症狀 (3) 依照減壓表實施減壓可避免異壓性骨壞死等減壓症 (4) 高山病急性症狀是氮氣分壓降低所造成。

( ) 33. 下列何者不是石綿可能引起之疾病？ (1) 肺癌 (2) 肺結核 (3) 間皮瘤 (4) 塵肺症。

( ) 34. 台灣近年來勞工保險職業病給付中最多者為下列何者？ (1) 噪音 (2) 有機溶劑中毒 (3) 特定化學物質中毒 (4) 肌肉骨骼病症。

( ) 35. 使用親水性軟膏作為皮膚保護用時，適用於下列何種作業？ (1) 刺激性粉塵 (2) 電弧銲接 (3) 鍍金、電解 (4) 油脂處理。

( ) 36. 通常一工人，若不知其過去之輻射暴露，一般人之年有效等效劑量限度為多少毫西弗？ (1) 30 (2) 40 (3) 50 (4) 60。

( ) 37. 有關職業病判定必要條件之敘述，下列何者錯誤？ (1) 工作場所中危害因子確實存在 (2) 必須曾暴露存在危害因子之環境 (3) 短時間於超出容許濃度之環境下作業 (4) 發病期間與症狀及有害因子之暴露期間具有時序性。

( ) 38. 游離輻射較不易造成下列何種疾病？ (1) 骨癌 (2) 血癌 (3) 乳癌 (4) 縱膈肉芽腫 (granuloma)。

( ) 39. 以下何者非屬重體力勞動作業勞工保護措施標準所定之重體力勞動作業？ (1) 以站立姿勢從事伐木作業 (2) 以手工具鑽岩作業 (3) 以人力搬運 20 公斤作業 (4) 以人力拌合混凝土之作業。

( ) 40. 下列何者屬特定化學物質危害預防標準中所稱之乙類特定化學物質？ (1) 苯 (2) 鈹及其化合物 (3) 含苯膠糊 (4) 鉻酸及其鹽類。

( ) 41. 關於重複性傷害的敘述，下列何者錯誤？ (1) 常造成肌肉骨骼之傷害 (2) 主要影響因素為姿勢、施力、作業頻率、休息時間 (3) 常由輕微傷害慢慢累積而形成 (4) 與高溫及低溫環境的因素無關。

( ) 42. 下列何種游離輻射對於物體的穿透力最小？ (1) α (2) β (3) γ (4) X。

( ) 43. 潛水伕病 (潛涵症) 是由於下列何者所造成？ (1) 氧氣不足 (2) 空氣不足 (3) 循環系統承受太大壓力 (4) 溶解於血液之氮氣被釋放出來。

( ) 44. 人體計測中，下列何者適用於最小母群體值的設計 (極小設計)？ (1) 大門 (2) 觸控距離 (3) 電梯 (4) 鞦韆。

( ) 45. 依據心理物理法，有多少比例的男性或 75 % 的女性可從事活動極限 (AL) 程度的工作？ (1) 85 % (2) 90 % (3) 95 % (2) 99 %。

( ) 46. 下列何者不是新型流感之防範方法？ (1) 勤用肥皂洗手且避免以手接觸眼口鼻等部位 (2) 避免生食海鮮 (3) 對疑似患者採隔離政策 (4) 佩戴潔淨適當之口罩。

（　）47. 關於流行病學資料的度量，下列何者是疾病發生率 (incidence rate) 的定義？　(1) 某固定時段內，在某一族群中具有某病的病例數　(2) 每單位人口的病例數　(3) 在某段時間內，單位人口中發生的新病例數　(4) 單位時間內，單位人口發生的死亡數。

（　）48. 當工作壓力長期增大時，下列何種荷爾蒙不增反減？　(1) 腎上腺促進素　(2) 胰島素　(3) 腎上腺素　(4) 生長激素。

（　）49. 下列何者不屬於鉛中毒預防規則所稱之鉛作業？　(1) 於通風不充分之場所從事鉛合金軟焊作業　(2) 機械印刷作業中鉛字排版作業　(3) 含鉛、鉛塵設備內部之作業　(4) 亞鉛鐵皮器皿之製造作業。

（　）50. 游離輻射中，下列何者不屬於粒子輻射？　$(1) \alpha$　$(2) \beta$　$(3) \gamma$　(4) 中子。

（　）51. 下列何者非屬紅外線可能引起之危害？　(1) 白內障　(2) 電氣性眼炎　(3) 中暑　(4) 熱紅斑。

（　）52. 雇主使勞工從事高壓室內作業，勞工於氣閘室接受加、減壓時，依異常氣壓危害預防標準規定，每一勞工占有之氣積應在多少立方公尺以上？　(1) 0.3　(2) 0.6　(3) 0.9　(4) 1.2。

（　）53. 重複性傷害之預防有 5 個步驟，以下何者不屬行政管理步驟之一？　(1) 人員訓練　(2) 工作輪換　(3) 保持溫度　(4) 健康維護。

（　）54. 呼吸系統根據生理作用之不同分為傳導氣道及呼吸單位，下列何者不屬於呼吸單位？　(1) 鼻腔　(2) 細支氣管　(3) 肺泡間通道　(4) 肺泡。

（　）55. 下列何者屬神經方面的傷害？　(1) 肌腱炎　(2) 腱鞘炎　(3) 扳機指　(4) 腕道症候群。

（　）56. 下列何者不是造成重複性傷害之主要因素？　(1) 姿勢　(2) 施力　(3) 施力頻率及時間　(4) 溫度。

（　）57. 職業疾病的判定為相當專業之過程，下列何者非屬判定為職業病必須要滿足之條件？　(1) 工作場所中有害因子確實存在　(2) 工作場所中有害物濃度經確認曾超過法定容許濃度標準　(3) 必須曾暴露於存在有害因子之環境　(4) 發病期間、症狀及有害因子之暴露期間有時序之相關。

（　）58. 疲勞測定中之反應時間檢查及注意力維持檢查，為下列何種方法？　(1) 自覺症狀調查法　(2) 生理心理肌能測定法　(3) 生化學檢查法　(4) 動作時間研究法。

（　）59. 職業病之危害因子認知基本程序包括：製程或作業調查、標示、檢點表及下列何者？　(1) 教育訓練　(2) 安全衛生工作守則　(3) 異常狀況之了解　(4) 緊急應變計畫。

（　）60. 下列有關非游離輻射之敘述何者錯誤？　(1) 紅外線常由灼熱物體產生，眼睛經常直視紅熱物體易導致白內障　(2) 紫外線會破壞眼角膜，引起角膜炎　(3) 微波對眼睛可造成白內障　(4) 銲接作業為常暴露雷射之行業。

（　）61. 骨骼肌肉之重複性傷害具有多方面的病因，就工作層面而言，下列何者不是造成傷害的主要原因？　(1) 噪音　(2) 不良姿勢　(3) 缺乏恢復時間　(4) 過度施力。

（　）62. 下列何項危害因子係職業傷害發生之最主要原因？　(1) 物料因素　(2) 設備因素　(3) 環境因素　(4) 人的因素。

( ) 63. 動力元素 (kinetic element) 是指某關節對其一軸作簡單的動作所需的所有相關組織的功能組合，下列何項不屬於動力元素的組成？ (1) 關節 (2) 肌肉 (3) 神經及血管 (4) 紅血球。

( ) 63. 生物力學剖析圖 (biomechanical profile) 是由哪些資料來源所組成？ (1) 心跳速度、耗氧量 (2) 肌動圖、肌力 (3) 肌力、耗氧量 (4) 心跳速度、肌動圖。

( ) 64. 手掌背彎曲大於多少度時，視為手腕的不當姿勢？ (1) 15 (2) 20 (3) 25 (4) 30。

( ) 65. 依職業安全衛生設施規則規定，下列何者非雇主為避免勞工因異常工作負荷促發疾病應採取之預防措施？ (1) 辨識及評估高風險群 (2) 增加輪班頻率 (3) 調整或縮短工作時間 (4) 實施健康檢查、管理及促進。

( ) 66. 流行病學研究，對進入研究對象之擇定常採用配對 (matching) 方法，下列與配對有關的敘述何者錯誤？ (1) 配對乃是非實驗性研究中，用以防止混淆或干擾 (confounding) 所常用的方法 (2) 被配對的因素必然不會在暴露與疾病間串演因果途徑的一部分 (3) 配對可以確保暴露組及非暴露組兩組間的可比性，即被配對因素不會成為混淆因素 (4) 某因素被配對後，該因素在哪次研究即不能被評估。

( ) 67. 下列何者會增加瀝青產品暴露之嚴重性？ (1) 紅外線 (2) 石綿 (3) 紫外線 (4) 鉻酸鹽。

( ) 68. 一氧化碳所導致之缺氧危害原因為下列何者？ (1) 單純窒息 (2) 與血色素結合不易分離 (3) 呼吸神經麻痺 (4) 抑制組織細胞對氧氣之利用。

( ) 69. 下列何種血管腔內之血液是充滿最多氧氣？ (1) 右心房 (2) 左心室 (3) 肺動脈 (4) 微血管。

( ) 70. 下列何種波長 (nm) 之射頻波較易引起視網膜傷害？ (1) 440 ～ 500 (2) 760 ～ 1,400 (3) 1,400 ～ 3,000 (4) 3,000 ～ 10,000。

( ) 71. 居里 (1curie) 是指放射性物質每秒發生多少次衰變？ (1) 2.2×10^{6} (2) 2.2×10^{12} (3) 3.7×10^{6} (4) 3.7×10^{10}。

( ) 72. 依異常氣壓危害預防標準規定，為因應急救之需要及避免氧氣中毒，異常氣壓作業勞工應接受耐氧試驗，該試驗係針對該勞工在壓力為每平方公分 2 公斤以上，使其呼吸純氧多少分鐘？ (1) 10 (2) 20 (3) 30 (2) 40。

( ) 73. 作業之肌力負載，應維持其最大肌力之多少百分比以下，才能保持人員於正常 8 小時作業期間內之工作效率，又不致於過度疲勞？ (1) 30 (2) 40 (3) 50 (4) 60。

( ) 74. 研究勞工熟練程度與災害頻率之關係，即在探討災害與下列何者之關係？ (1) 勞動疲勞 (2) 條件反射性行動 (3) 生理功能變化 (4) 心理功能變化。

( ) 75. a. 安全 b. 效率 c. 安定 d. 舒適 e. 環保等因素中，哪些為人因工程追求之主要目標？ (1) abc (2) bcd (3) abd (4) ace。

( ) 76. 非游離輻射中波長最短能量最大者為下列何者？ (1) 紅外線 (2) 紫外線 (3) 微波 (4) 雷射。

(　) 77. 二氧化氮具下列何種特性？　(1) 高溶解度　(2) 致肺纖維化　(3) 致貧血性　(4) 低溶解度、肺刺激性。

(　) 78. 下列何者非為危害眼睛之因素？　(1) 飛濺之粒子　(2) 熔融金屬　(3) 有害光線　(4) 噪音。

(　) 79. 依特定化學物質危害預防標準規定，石綿係屬下列何種特定化學物質？　(1) 甲類物質　(2) 乙類物質　(3) 丙類第 3 種物質　(4) 丁類物質。

(　) 80. 下列何種輻射係為游離輻射？　(1) 紅外線　(2) 微波　(3) 可見光　(4) α 射線。

(　) 81. 鋅錠經加熱後，其蒸氣在空氣中氧化成下列何者而危害勞工？　(1) 粉塵　(2) 燻煙　(3) 霧滴　(4) 纖維。

(　) 82. 勞工以電焊從事熔接作業時，需要安全面罩、防護眼鏡及防護手套等防護具，有關防護具來源，下列何者正確？　(1) 勞工自行購置　(2) 雇主提供　(3) 勞雇協商決定由誰購置　(4) 購置費用勞資雙方均分。

(　) 83. 氯乙烯單體屬下列何種物質？　(1) 致肝癌物質　(2) 腐蝕性物質　(3) 惰性物質　(4) 致肺纖維化物質。

(　) 84. 依異常氣壓危害預防標準之規定，潛水作業係指使用潛水器具之水肺或水面供氣設備等，於水深超過多少公尺之水中實施之作業？　(1) 10　(2) 20　(3) 30　(4) 40。

(　) 85. 下列何種作業勞工可能會發生鼻中膈穿孔現象？　(1) 苯　(2) 硫酸　(3) 鉻酸　(4) 鎘。

(　) 86. 依職業安全衛生設施規則規定，對於多少公斤以上之物品以機動車輛或其他機械搬運為宜？　(1) 200　(2) 300　(3) 400　(4) 500。

(　) 87. 氯痤瘡是因暴露於下列何種危害因子而造成？　(1) 過氯酸　(2) 氯乙烯　(3) 氯苯　(4) 多氯聯苯。

(　) 88. 以不適當的姿勢做重複性的動作，為下列何種危害因子？　(1) 化學性　(2) 物理性　(3) 生物性　(4) 人因工程。

(　) 89. 對於脊柱或頸部受傷患者，下列何者非為適當處理原則？　(1) 不輕易移動傷患　(2) 速請醫師　(3) 如無合用的器材，需 2 人作徒手搬運　(4) 向急救中心聯絡。

(　) 90. 國內錳作業工廠曾引起下列何種職業病？　(1) 鼻中膈穿孔　(2) 痛痛病　(3) 巴金森氏症　(4) 水俣症。

(　) 91. 依特定化學物質危害預防標準規定，有關氯氣處置作業場所吸菸及飲食之規定，下列何者正確？　(1) 可吸菸，不可飲食　(2) 可飲食，不可吸菸　(3) 吸菸及飲食皆不可　(4) 吸菸及飲食皆可。

(　) 92. 依異常氣壓危害預防標準規定雇主在氣閘室對高壓室內作業實施加壓時，其加壓速率每分鐘應維持在每平方公分幾公斤以下？　(1) 0.8　(2) 1.2　(3) 2.4　(4) 3.6。

(　) 93. 鎘可能引起下列何種病變？　(1) 白手病　(2) 皮膚病　(3) 痛痛病　(4) 佝僂病。

(　) 94. 依職業安全衛生法令規定，對女性勞工物料之搬運，多少公斤以上物品，以人力車輛或工具搬運為原則？　(1) 15　(2) 20　(3) 25　(4) 40。

( )95. 下列何者最不可能感染愛滋病？ (1) 共用針頭 (2) 性行為 (3) 握手 (4) 輸血。

( )96. 下列何種輻射是游離輻射？ (1) 雷射 (2) X 射線 (3) 紅外線 (4) 微波。

( )97. 下列何種輻射線的穿透力最強？ (1) α 粒子 (2) β 粒子 (3) γ 射線 (4) 紅外線。

( )98. 有機鉛對人體之危害為下列何者？ (1) 胃 (2) 神經 (3) 皮膚 (4) 心臟。

( )99. 依醫學實證，適量之下列何者，可以避免蛀牙？ (1) 氟 (2) 氯 (3) 溴 (4) 碘。

( )100. 出血的定義為血液大量由下列何者流失的現象？ (1) 細胞 (2) 組織 (3) 血管 (4) 器官。

( )101. 下列何者非為防範有害物食入之方法？ (1) 有害物與食物隔離 (2) 不在工作場所進食或飲水 (3) 常洗手、嗽口 (4) 穿工作服。

( )102. 依特定化學物質危害預防標準規定，氯乙烯係屬下列何種特定化學物質？ (1) 甲類物質 (2) 乙類物質 (3) 丙類第 1 種物質 (4) 丁類物質。

( )103. 腐蝕性化學物質灼傷眼睛時，最好先使用大量水至少沖洗多少時間以上再送醫？ (1) 5 分鐘 (2) 15 分鐘 (3) 1 小時 (4) 2 小時。

( )104. 燃燒 PVC 電纜線時，會產生下列何種毒性氣體？ (1) 醋酸 (2) 氨氣 (3) 氯化氫 (4) 硫化氫。

( )105. 對於化學燒傷傷患的一般處理原則，下列何者正確？ (1) 立即用大量清水沖洗 (2) 傷患必須臥下，而且頭、胸部須高於身體其他部位 (3) 於燒傷處塗抹油膏、油脂或發酵粉 (4) 使用酸鹼中和。

( )106. 下列何種材料對游離輻射屏蔽效果最好？ (1) 鉛 (2) 鐵 (3) 鋼 (4) 石頭。

( )107. 受傷嚴重部位如以止血帶止血，於送醫途中，應每隔幾分鐘將止血帶鬆開一次，以防止造成傷害？ (1) 5 (2) 10 (3) 15 (4) 20。

( )108. 下列何者不屬源頭管制之方法？ (1) 研磨機安裝集塵裝置 (2) 指定吸菸區 (3) 天花板採用吸音材 (4) 高溫爐採用隔熱材。

( )109. 勞動疲勞的檢測目的在於瞭解勞動負擔上的問題，測定的方法中，對血液、尿液、汗液、唾液做檢查的方式係屬下列何者？ (1) 連續機能測定法 (2) 生化學測定法 (3) 動作、時間研究法 (4) 生理及心理機能測定法。

( )110. 人體肌鍵係連接以下何者，以傳達肌肉產生的力量 (1) 肌肉與肌肉 (2) 肌肉與骨骼 (3) 骨骼與骨骼 (4) 肌肉與血管。

( )111. 下列有關化學物質性質之敘述何者錯誤？ (1) 氮氣、氫氣、甲烷氣體有窒息性 (2) 有機溶劑、重金屬、農藥等常會影響中樞神經或週邊神經而造成各種神經症狀 (3) 厭惡性粉塵可導致塵肺症 (4) 甲醇會因產生代謝物甲醛及甲酸而導致失明或致死。

( )112. 超市櫃檯高度之設計，採用何種設計較能符合實際作業需求？ (1) 極大設計 (2) 平均設計 (3) 極小設計 (4) 可調設計。

（　）113. 下列何者不屬於重複性肌肉骨骼傷害預防之行政管理作為？　(1) 員工篩選　(2) 人員訓練　(3) 工程改善　(4) 工作輪換。

（　）114. 下列何者非健康促進的項目？　(1) 有氧運動　(2) 八段錦　(3) 戒菸計畫　(4) 指認呼喚。

（　）115. 以下何種工作姿勢屬於肩關節前後方向的轉動？　(1) 屈曲／伸展　(2) 左偏／右偏　(3) 左轉／右轉　(4) 撓偏／尺偏。

（　）116. 下列何者非屬熱環境所導致之急性危害？　(1) 白指病　(2) 中暑　(3) 失水　(4) 熱衰竭。

（　）117. 刺激性危害物質具高溶解度者，主要會作用於暴露者之何部位？　(1) 上呼吸道　(2) 上、下呼吸道　(3) 下呼吸道　(4) 下呼吸道及呼吸道末端。

（　）118. 主要由乳突層及網狀層組成的皮膚結構，為下列何者？　(1) 真皮層　(2) 假皮層　(3) 全皮層　(4) 皮下組織。

（　）119. 下列何者可能較會引起皮膚癌？　(1) 紅外線　(2) 可見光　(3) 超高頻微波　(4) 紫外線。

（　）120. 下列何種原因所造成的氧債 (oxygen debt) 恢復最慢？　(1) 補充原來體內儲存的氧　(2) 回復三磷酸腺苷酸 (ATP) 與磷酸飢素 (CP) 所需的氧　(3) 分解乳酸所需的氧　(4) 勞動恢復初期心肺功能興奮額外消耗的氧。

（　）121. 患有骨骼肌肉系統疾病者，不宜從事下列何種作業？　(1) 振動作業　(2) 有機溶劑作業　(3) 特定化學物質作業　(4) 粉塵作業。

（　）122. 雇主使勞工戴用輸氣管面罩從事鉛作業之連續作業時間，依規定每次不得超過多少小時？　(1) 0.5　(2) 1　(3) 2　(4) 3。

（　）123. 硫化氫為可燃性氣體、無色，具有哪種特殊味道？　(1) 腐卵臭味　(2) 芳香味　(3) 水果香味　(4) 杏仁香味。

（　）124. 雇主使勞工從事潛水作業，於水深超過多少公尺時，應依異常氣壓危害預防標準之規定辦理？　(1) 3　(2) 5　(3) 8　(4) 10。

（　）125. 白手病 (雷諾氏症候群) 係屬下列何種情形所造成？　(1) 振動　(2) 網球運動　(3) 長期在冷氣房工作　(4) 搬運重物。

（　）126. 循環系統中，由右心室的缺氧血經肺動脈送至肺臟，並由肺臟經肺靜脈將充氧血送至左心房，此循環為下列何者？　(1) 肺循環　(2) 大循環　(3) 靜脈循環　(4) 體循環。

（　）127. 呼吸防護具的濾清口罩防護係數為 5，表示該口罩能將外界污染物的濃度濾清為原來的幾倍？　(1) 五十分之一　(2) 二十分之一　(3) 十分之一　(4) 五分之一。

（　）128. 一般而言，下列何者非屬職業衛生之危害因子？　(1) 物理性危害　(2) 化學性危害　(3) 生物性危害　(4) 機械性危害。

（　）129. 眼睛的化學性傷害處理以流動之水沖洗，下列何者正確？　(1) 由上眼瞼往下眼瞼沖洗　(2) 由下眼瞼往上眼瞼沖洗　(3) 眼內角往眼外角沖洗　(4) 由眼外角往眼內角沖洗。

( )130. 以下何者被吸入人體，較可能會導致肺部纖維化？ (1) 鉛 (2) 游離二氧化矽 (3) 氧化鐵 (4) 石膏。

( )131. 金屬燻煙屬下列何種物質？ (1) 高溶解度物質 (2) 致塵肺症物質 (3) 麻醉性物質 (4) 致發熱物質。

( )132. 對矽甲烷之儲存、使用之敘述，下列何者錯誤？ (1) 需提供必要之防護具供勞工使用 (2) 於室內需置於氣瓶櫃內 (3) 氣體容器閥門應設限流孔 (4) 可使勞工單獨作業。

( )133. 人工抬舉設定二風險水準：活動極限 (AL) 及最大容許極限 (MPL)，AL 與 MPL 之關係為何？ (1) MPL=2AL (2) MPL=3AL (3) MPL=4AL (4) 彼此間無直接關係。

( )134. 工作壓力會導致身體健康狀況異常，下列何者不屬於短期的生理反應？ (1) 免疫系統 (2) 失眠 (3) 憂鬱 (4) 心臟病。

( )135. 下列何者不是預防重複性工作傷害之方法？ (1) 工作輪調 (2) 工作豐富化 (3) 使用呼吸防護具 (4) 增加休息時間。

( )136. 負責我們視覺、語言者為哪個中樞神經系統？ (1) 大腦 (2) 小腦 (3) 脊髓 (4) 腦幹。

( )137. 下列何者為中高齡勞工於搬運作業中常見的災害？ (1) 有機溶劑中毒 (2) 腐蝕 (3) 肌肉骨骼傷害 (4) 過敏。

( )138. 下列何者會經由皮膚吸收導致急性血紅素變性？ (1) 聯苯胺 (2) 硝基聯苯胺 (3) 硝基苯胺 (4) β- 萘胺。

( )138. 因噪音、換氣、高溫或寒冷條件、有害物暴露等造成勞動疲勞，屬於下列何種因素？ (1) 工作環境 (2) 工作時間 (3) 工作條件 (4) 適應能力。

( )140. 上肢部位之人因工程檢核表中，不當姿勢之危險因子不包括下列何項目？ (1) 肩部 (2) 前臂 (3) 頸部 (4) 頭部。

( )141. 下列何者不是高溫或低溫所造成之可能危害？ (1) 中暑 (2) 神經衰弱 (3) 熱痙攣 (4) 凍傷。

( )142. 硫化氫導致最主要之危害屬下列何者？ (1) 化學性窒息 (2) 物理性窒息 (3) 致過敏性 (4) 致癌性。

( )143. 人力搬運時應儘量利用下列何者？ (1) 腿肌 (2) 手肌 (3) 腳肌 (4) 肩肌。

( )144. 人體關節轉動的舒適角度，通常僅是其活動範圍的幾分之一？ (1) 2 (2) 4 (3) 6 (4) 10。

( )145. 下列何因子或疾病不會引起如一般感冒類似的症狀？ (1) 錳的金屬燻煙 (2) 鐵弗龍 (Teflon) 的聚合物高溫加熱後之燻煙 (3) 清洗水塔工人的退伍軍人症 (4) 使用玻璃纖維工人的過敏性皮膚炎。

( )146. 石綿暴露與吸菸之健康危害效應為下列何者？ (1) 拮抗效應 (2) 獨立效應 (3) 相加效應 (4) 相乘效應。

( )147. 有機磷殺蟲劑對下列何種組織或系統傷害較小？ (1) 消化系統 (2) 造血系統 (3) 皮膚 (4) 神經系統。

( )148. 遮光眼鏡主要預防何種危害？　(1) 有害光線　(2) 粒狀物體沖擊　(3) 有毒氣體　(4) 有害粉塵。

( )149. 氧利用率相關的敘述，下列何者有誤？　(1) 氧攝取量大者適合耐力競賽　(2) 長跑選手不會因耐力訓練而進步　(3) 氧債大者適合於短跑　(4) 訓練對最大氧債無一定的效果。

( )150. 下列何種空氣中有害物易造成較深部呼吸器官的傷害？　(1) 氯　(2) 氨　(3) 氯化氫　(4) 光氣。

( )151. 作業之肌力負載，應維持其最大肌力之多少百分比以下，才能保持人員於正常 8 小時作業期間內之工作效率，又不致於過度疲勞？　(1) 30　(2) 40　(3) 50　(4) 60。

( )152. 下列何者不會造成呼吸循環系統職業病？　(1) 矽肺　(2) 塵肺症　(3) 氣喘　(4) 鉛中毒。

( )153. 上肢部位之人因工程檢核表中，不當姿勢之危險因子不包括下列何項目？　(1) 肩部　(2) 前臂　(3) 頸部　(4) 頭部。

( )154. 國內、外職棒投手常發生投球臂膀之肩膀發炎現象，試問下列何者非為誘發此症狀之主要因素？　(1) 過度用力　(2) 氣溫過高　(3) 姿勢不當　(4) 反覆重複。

( )155. 下列何種物質可能導致巴金森氏症？　(1) 砷　(2) 錳　(3) 鉻　(4) 鎘。

( )156. 暴露於鉛燻煙不致引起下列何者？　(1) 貧血　(2) 垂腕症　(3) 腹絞痛　(4) 白手病。

( )157. 依職業安全衛生設施規則規定，多少公斤以上之物品宜以人力車輛或工具搬運為原則？　(1) 40　(2) 45　(3) 50　(4) 55。

( )158. 正己烷對人體最主要之危害為下列何者？　(1) 中樞神經及視神經　(2) 皮膚　(3) 骨骼　(4) 周邊神經。

( )159. 有關氡 (radon) 致癌之敘述，下列何者錯誤？　(1) 在蛻變時發出 α 粒子　(2) 和鈾礦工之肺癌有關　(3) 大理石材較木材建材可能有較高之氡　(4) 地上建築較地下建築可能有較多之氡。

( )160. 依據生理學理論，在活動極限 (AL) 下的代謝率應為多少 kcal/min？　(1) 2.0　(2) 3.5　(3) 5.0　(4) 7.0。

( )161. 鉛合金係指鉛與鉛以外金屬之合金中，鉛占該合金重量百分之多少以上者？　(1) 1　(2) 3　(3) 5　(4) 10。

( )162. 肌肉施力於骨頭上之附著點以執行工作，而骨頭則造成不同類型的槓桿系統以配合工作，肌肉一端固定，牽引另一端肌肉因而伸展，其伸展程度越大，所產生的抗力為何？　(1) 越大　(2) 越小　(3) 不變　(4) 無關。

( )163. 勞動者因個人體力、生理、知能等條件不同，顯現不同程度的疲勞影響，屬於勞動疲勞的何種因素？　(1) 工作條件　(2) 適應能力　(3) 工作環境　(4) 工作時間。

( )164. 於亞硫酸氣體場所使用之防毒面具，其濾罐應選用下列何種較適宜？　(1) 酸性氣體用濾罐　(2) 有機氣體用濾罐　(3) 二氧化硫用濾罐　(4) 消防用濾罐。

( )165. 解決重複性骨骼肌肉病變應依下列何者順序爲之？ (1) 評估→認知→改善 (2) 評估
→改善→認知 (3) 認知→評估→改善 (4) 改善→認知→評估。

( )166. 電腦爲現代作業場所不可或缺的工具，但長時閒的使用電腦，易使工作者產生何種傷
害？ (1) 腕隧道症候群 (2) 腱鞘炎 (3) 白指症 (4) 網球肘。

( )167. 下列何者會造成過敏性氣喘？ (1) 甲烷 (2) 氯乙烯 (3) 硫化氫 (4) 二異氰酸甲苯。

( )168. 對於雇主供應勞工飲用水之敘述，下列何者有誤？ (1) 盛水容器須予加蓋 (2) 飲用
水之水質應符合衛生標準 (3) 得設置共用之杯具 (4) 水源非自來水者應定期檢驗合
格。

( )169. 下列何者不是決定人體血壓的主要因素？ (1) 心輸出量 (cardiac output) (2) 周圍血管
阻抗力 (peripheral vessel resistance) (3) 心搏速率 (4) 心臟大小。

( )170. 演奏者純靠直覺游動手指彈奏樂器，這是屬於人類感覺系統中的哪一種？ (1)
膚覺 (2) 視覺 (3) 運動覺 (4) 平衡覺。

( )171. 煤焦油可能導致下列何種癌症？ (1) 皮膚癌 (2) 膀胱癌 (3) 腦癌 (4) 骨癌。

( )172. 下列何痛覺位置易產生判斷錯誤情形？ (1) 額 (2) 肩 (3) 闌尾 (4) 膝蓋。

( )173. 肌肉收縮大部分是在有氧反應狀況下進行，將醣或脂肪完全氧化成 ATP(三磷酸腺苷酸)
並產生二氧化碳和水，此能量的產生方式特性爲下列何者？ (1) 慢、不持久 (2) 慢、
持久 (3) 快、不持久 (4) 快、持久。

( )174. 重複性傷害預防有下列五大步驟：(a) 工程改善 (b) 確定改善目標 (c) 行政管理 (d) 改善
績效評估 (e) 尋找累積性傷害的潛在危險因子；其預防步驟依序爲下列何者？ (1) a →
d→b→c→e (2) b→e→a→c→d (3) b→c→e→a→d (4) e→b→c→a→d。

( )175. 下列何者最不可能感染愛滋病？ (1) 對談 (2) 不當性行爲 (3) 共用針頭 (4) 不當輸
血。

( )176. 因舉重而扭腰係由於身體動作不自然姿勢，動作之反彈，引起扭筋、撚挫、扭腰及
形成類似狀態造成職業災害，其災害類型爲下列何者？ (1) 不當狀態 (2) 不當動作
(3) 不當方針 (4) 不當設備。

( )177. 依菸害防制法規定，多少人以上共用之室內工作場所全面禁止吸菸？ (1) 1 (2) 2
(3) 3 (4) 4。

( )178. 比目魚肌是屬於下列何者？ (1) 心肌 (2) 內臟肌 (3) 骨骼肌 (4) 平滑肌。

( )179. 人體組織器官中，下列何者的總表面積最大？ (1) 肺泡 (2) 皮膚 (3) 腸壁 (4) 腎
臟。

( )180. 對於潛水人員，爲何多以氦氣代替氮氣作爲氧氣之稀釋劑？ (1) 因氦氣比氮氣較不具
生理活性 (2) 由於氦氣比氮氣較快由組織擴散而進入血液 (3) 由於氦氣比氮氣不易
在血液中形成氣泡造成危害 (4) 因氦氣比較便宜。

( )181. 使用水面供氣之潛水作業，其緊急備用儲氣槽內空氣壓力應經常維持在最深潛水深度
時壓力之幾倍以上？ (1) 1.5 (2) 2 (3) 3 (4) 5。

( )182. 下列何者較不屬於職場健康促進項目？ (1) 壓力紓解 (2) 戒菸計畫 (3) 指認呼喚運動 (4) 下背痛預防。

( )183. 下列何種激素可以抑制肝臟釋出肝醣？ (1) 腎上腺皮質醇 (2) 胰島素 (3) 腎上腺素 (4) 腎上腺促進素。

( )184. 風險控制執行策略中，下列何者屬於工程控制法？ (1) 修改操作方法 (2) 修改操作條件 (3) 修改製程設計 (4) 修改操作步驟。

( )185. 目前常用之自覺症狀調查法，屬於何種危害監測方式？ (1) 消極式 (2) 主動式 (3) 被動式 (4) 綜合式。

( )186. 鍍鉻作業易使勞工暴露於下列何種形態之鉻而造成鼻中隔穿孔？ (1) 粉塵 (2) 霧滴 (3) 煤煙 (4) 煙霧。

( )187. 依粉塵危害預防標準規定，雇主對室內粉塵作業場所，應至少多久清掃 1 次以上？ (1) 每小時 (2) 每 4 小時 (3) 每日 (4) 每週。

( )188. 防塵口罩選用原則，下列敘述何者錯誤？ (1) 捕集效率愈高愈好 (2) 吸氣阻抗愈低愈好 (3) 重量愈輕愈好 (4) 視野愈小愈好。

( )189. 下列何者不是累積性肌肉骨骼傷害的主要原因？ (1) 營養過剩 (2) 用力過度 (3) 姿勢不當 (4) 重複性的工作。

( )190. 下列何種金屬物質會導致紅血球增加症？ (1) 鋅 (2) 鈷 (3) 錳 (4) 鐵。

( )191. 下列哪種物質較不會引起癌症？ (1) 苯 (2) 鎳 (3) 硒 (4) 砷。

( )192. 依鉛中毒預防規則規定，下列何種鉛作業應設置淋浴及更衣設備，以供勞工使用？ (1) 軟焊作業 (2) 含鉛裝置內部作業 (3) 熔融鑄造作業 (4) 鉛蓄電池加工組配作業。

( )193. 下列何者非屬影響粉塵健康危害之因素？ (1) 粒徑大小 (2) 導電性 (3) 粒子形狀 (4) 濃度。

( )194. 骨骼肌肉之重複性傷害具有多方面的病因，就工作層面而言，下列何者不是造成傷害的主要原因？ (1) 噪音 (2) 不良姿勢 (3) 缺乏恢復時間 (4) 過度施力。

( )195. 下列何種作業勞工可能會發生鼻中隔穿孔現象？ (1) 苯 (2) 硫酸 (3) 鉻酸 (4) 鎘。

( )196. 下列何種物質不易被沒有傷口之完整的皮膚所吸收？ (1) 鉛 (2) 聯苯胺 (3) 二甲基甲醯胺 (4) 乙二醇丁醚。

( )197. 身體某部位經年累月，且頻率很高的不斷執行某種動作，此種特性屬於下列何者？ (1) 重複性 (2) 連續性 (3) 漸進性 (4) 累積性。

( )198. 肌肉收縮最初的過程是無氧反應過程，其產生速度快但不持久，以下何者並非最初能源的提供者？ (1) ATP(三磷酸腺苷) (2) CP(磷酸肌素) (3) 肝醣酵解產生之乳酸 (4) 脂肪。

( )199. 在勞動生活過程中，若沒有適當的休息，便會產生累積性的疲勞，下列何者不是勞動疲勞產生的可能原因？ (1) 工作條件 (2) 工作效率 (3) 適應能力 (4) 工作時間。

( )200. 二氧化矽作業勞工，因作業環境不良，較易罹患下列何種疾病？ (1) 痛痛病 (2) 塵肺症 (3) 白血症 (4) 多發性神經病變。

( )201. 下列何者爲可影響神經系統之危害因子？ (1) 石綿 (2) 汞 (3) 二氧化碳 (4) 鉻酸。

( )202. 下列何者非爲休克之症狀？ (1) 心跳變快 (2) 呼吸淺且快 (3) 血壓升高 (4) 四肢冰冷。

( )203. 鉛回收工廠中之冶煉爐 (爐溫 1,500℃)，易因高溫而使鉛以下列何種形態存在？ (1) 燻煙 (2) 纖維 (3) 霧滴 (4) 蒸氣。

( )204. 當物體之位置不在雙眼所形成多少角度之錐體時，就需要用到頸部之肌肉以轉動頭部？ (1) 30 度 (2) 40 度 (3) 50 度 (4) 60 度。

( )205. 有氧產能作用 (aerobic energy yield) 平均每分子的葡萄糖可產生多少分子的三磷酸腺苷酸 (ATP) ？ (1) 7 ～ 9 (2) 17 ～ 19 (3) 27 ～ 29 (4) 37 ～ 39。

( )206. 人體對低溫環境可能之反應，下列敘述何者錯誤？ (1) 毛髮豎立，使體表外保存空氣以阻止熱量之散發 (2) 身體捲曲，使散熱之體表面積增加 (3) 發抖以增加肌肉之活動力 (4) 分泌甲狀腺增加代謝率。

( )207. 下列何者非可見光可能引起之危害？ (1) 弱視 (2) 礦工眼球震盪症 (3) 佝僂症 (4) 角膜炎。

( )208. 風寒指數係用以評估下列何種環境？ (1) 冷環境 (2) 熱環境 (3) 重體力作業環境 (4) 精密作業環境。

( )209. 厭惡性粉塵之影響主要爲 (1) 良性肺塵 (2) 妨礙視界及局部刺激 (3) 矽酸鹽沉著症 (4) 化學性肺炎。

( )210. 甲醇對人體最重要之危害在於 (1) 中樞神經及視神經 (2) 皮膚 (3) 骨骼 (4) 周圍神經。

( )211. 由機械方法造成懸浮於空氣中的固體微粒稱爲 (1) 燻煙 (2) 霧滴 (3) 煙霧 (4) 粉塵。

( )212. 金屬熔爐作業較嚴重之危害爲 (1) 紅外線 (2) X 光 (3) 微波 (4) α 粒子。

( )213. 一氧化碳與血紅素之親和力約爲氧氣與血紅素親和力之多少倍？ (1) 5 ～ 10 (2) 20 ～ 50 (3) 100 ～ 150 (4) 200 ～ 300。

二、問答題

1. 何謂職業性下背痛？

2. 異常氣壓危害預防標準所稱異常氣壓作業種類有哪二種，並請簡要說明？

3. 何謂勞工之社會心理危害 (psychosocial stress) ？

4. 某醫學中心有五名某地區洋蔥採收工人因眼睛角膜潰瘍而住院，3 人進行角膜移植，另外 2 人則須進行角膜刮除與抗真菌藥物治療。試問洋蔥採收工人可能是哪些原因導致，而發生此危害？

5. 不適合的作業檯面或座椅常會導致作業員的背痛、頸痛或肩痛。請說明爲預防以坐姿作業從事工作之勞工發生上述不適症狀，在

(1) 作業檯面，及

(2) 座椅設計

上應注意之事項。

6. 所謂的職業病可視為因為職業的原因所導致的疾病，要判定疾病的發生是否真的由職業因素所引起，是相當專業的過程。我國目前是採列舉方式，並且必須由職業病專家判定，一般的判定條件如何？(共 5 項)

7. 試解釋下列名詞：

(1) 局限空間。

(2) 腕道症候群。

(3) 熱適應。

(4) 體適能。

(5) 潛涵症 (潛水伕症)

8. 某生技公司為從事疫苗之生產製造，於廠內飼養動物、培養病原菌並使用針器。若您是該公司之職業衛生管理師，為預防員工因接觸生物病原體而引發職業感染，請依職業安全衛生設施規則規定，回答下列問題：

(1) 試列舉 7 項為預防生物性感染所應採行之措施。

(2) 對於遭受針扎之員工，列舉 3 項應有之作為。

9. 下列左欄為職業病，右欄為致病原。請分別說明每項職業病之致病原。(單選)

職業病	致病原
1. 痛痛病	A. 砷
2. 氣喘	B. 真菌
3. 肝癌	C. 聚乙烯 (PE)
4. 鼻中膈穿孔	D. 鐳鹽
5. 間皮癌 (瘤)	E. 石綿
6. 龐帝亞克熱	F. 煤焦油
7. 陰囊癌	G. 退伍軍人菌
8. 白血病 (血癌)	H. 鎘
9. 水俣病	I. 苯
10. 骨內瘤	J. 聚氯乙烯 (PVC)
	K. 水泥
	L. 有機汞
	M. 鉻

10. 長時間從事電腦終端機操作，可能引起

(1) 眼睛疲勞

(2) 腕道症候群

(3) 下背痛

(4) 肩頸酸 (疼) 痛及其他人因危害。

在實施電腦工作站設計規劃及行政管理上，為預防上述 4 類危害，請分別說明應注意或採行之措施。

11. 某公司之生產線係採輪班工作型態，為避免勞工因異常工作負荷促發疾病，請依職業安全衛生設施規則規定回答下列問題：

    (1) 列舉 3 項雇主應採取之疾病預防措施。

    (2) 上述預防措施之執行紀錄保存幾年？

    (3) 該公司如依規定需配置醫護人員從事勞工健康服務，應參照中央主管機關公告之相關指引，訂定何種計畫？

12. 以下項目　(1) 至 (10)，請列出與右列項目 A 至 J 相關性最大者。

    (本題各小項均為單選，答題方式如　(1)A…(2)B...)

(1) 凍傷	A. X 光
(2) 振動	B. 電磁波
(3) 綜合溫度熱指數	C. 低溫作業
(4) 異常氣壓	D. 白指症
(5) 游離輻射	E. 輻射熱
(6) 非游離輻射	F. 聽力損失
(7) 噪音	G. 空氣溫度
(8) 米燭光	H. 照度
(9) 乾球溫度	I. 高溫作業
(10)黑球溫度	J. 潛水夫病

13. 某金屬加工製造工廠，勞工需從事

    (1) 高架作業

    (2) 重體力勞動作業

    請說明從事上述作業應減少或縮短工作時間之規定。

14. 防止物理性、化學性或生物性有害物之方法，可從 A：發生源、B：傳播途徑及 C：暴露者等 3 方面著手。請問下列各方法分屬上述何者？請依序回答。(本題各小項均為單選，答題方式如　(1)A、(2)B …)

    (1) 使用生物安全櫃。

    (2) 使用空氣簾幕以保護工作者。

    (3) 自動監測裝置。

    (4) 濕式作業。

    (5) 除濕。

    (6) 戴用個人劑量計。

    (7) 整體換氣。

    (8) 滅菌。

(9) 廠場整潔。

(10) 執行適當之個人防護具維護計畫。

15. 某電子工廠之勞工需從事輪班、夜間等工作，為避免異常工作負荷促發疾病，請依職業安全衛生法施行細則規定，回答下列問題：

(1) 請列舉 4 項應採取之疾病預防措施。

(2) 預防措施之執行紀錄應至少留存多少年？

16. 促發「過勞死」(職業促發腦血管及心臟疾病) 之危險因子包括氣溫、運動及工作負荷，試列舉出 5 項於職場可能造成過勞之工作負荷型態。

17. 請列舉 3 項從事電腦終端機操作可能引起之人因危害，並請說明預防上述人因危害之方法。(至少 7 項)

18. 下列左欄為有害物，請從右邊疾病欄中選出可能導致之相關疾病 (單選)，答法如 5E、2B(作答參考，非正確答案)。

有害物	疾病
1. 石綿	A. 失明
2. 甲醇	B. 中樞神經中毒
3. 四烷基鉛	C. 白血病
4. 苯	D. 皮膚癌
5. 煤焦油	E. 肺癌

19. 下列左欄為職業性癌症，右欄為致癌物。請分別說明每項職業性癌症之致癌物為何？(每種癌症的致癌物有 1-2 種)

職業性癌症	致癌物
1. 膀胱癌	A. 砷
2. 肝癌	B. β －惠胺
3. 鼻腔 (竇) 癌	C. 煤焦爐排放物
4. 間皮癌 (瘤)	D. 鉻
5. 陰囊癌	E. 石綿
6. 白血病 (血癌)	F. 煤焦油
7. 骨內瘤	G. 鎳
	H. 鐳鹽
	I. 苯
	J. 氯乙烯單體
	K. 瀝青

20. 請至少列出 5 種不同防護類型之手套。

21. 作業環境有使用氫氟酸、硝酸、硫酸，某作業人員感覺手指疼痛，並發現手套疑似有裂縫。您如何對該傷患做緊急處置？

22. 依「職業促發腦血管及心臟疾病 (外傷導致者除外) 之認定參考指引」，評估工作負荷與過勞之相關，應考量勞工於發病前是否有異常的事件、短期工作過重、長期工作過重三要件。

請說明此三要件，分別係指勞工發病前多少期間內之工作負荷。

23. 解釋名詞：

(1) 8 小時日時量平均容許濃度

(2) 綜合溫度熱指數 (WBGT)

(3) 生物危害物質

(4) 抬舉指數 (LiftingIndex, LI)

24. 請列出 6 項因工作引起肌肉骨酪傷害的主要因子。

25. 請解釋下列名詞：

(1) 勞工作業場所容許暴露標準所稱之「第二種粉塵」

(2) 異常氣壓危害預防標準所稱之「異常氣壓作業」

(3) 精密作業勞工視機能保護設施標準所稱之「精密作業」

(4) 職業性下背痛

(5) 工作壓力

26. 生物性危害可概分成 A. 感染、B. 過敏、及 C. 中毒等三大類。請問下列各危害分屬上述何者？
    請依序回答。(本題各小項均為單選，答題方式如：(1)A、(2)B……)

(1) 花粉熱。

(2) 退伍軍人病。

(3) SARS。

(4) 細菌內毒素。

(5) 黴菌毒素。

(6) 愛滋病 (AIDS)。

(7) 禽流感。

(8) 針扎。

(9) 鉤蟲症。

(10) 室塵蟎。

27. 物流業勞工為預防人工物料搬運所造成的職業性下背痛 (low-backpain)，應採取哪些對策？

28. 試回答下列問題：

(1) 農牧業及醫療院所從業人員因經常接觸動物、植物與微生物，可能引發工作者出現感染、
    中毒或過敏等之健康影響。請依序說明各項職業暴露所致之健康問題之關連性 (答題方
    式請以代號表示，例：A-1)

代號	1	2	3
健康影響	感染	過敏	中毒

代號	A	B	C	D	E
職業暴露所致之健康問題	養豬場工人因長期吸入豬場內細菌內毒素，導致肺功能受損	農夫因長期吸入附著於植作與土壤表面之真菌孢子，出現氣喘症狀	醫師因處置SARS病患而出現嚴重急性呼吸道症侯群	護理人員因針扎事故導致B型肝炎	雞農因從事雞隻養殖，發生禽流感症狀

(2) 依職業安全衛生設施規則規定，試列舉 5 項預防感染性生物危害時可採行之管理措施。

29. 有關工作引起之累積性肌肉骨骼傷害，試回答下列問題：

(1) 請列舉 4 項造成累積性職業傷害之主要原因。

(2) 試分別就工程改善及行政管理方面，各提出 3 種改善對策。

30. 針對化學性因子危害之預防，可從發生源、傳播路徑及暴露者採取對策，試列出 5 項有關傳播路徑方面之對策。

31. 試回答下列問題：

(1) 職業病之診斷與判定，為相當專業與嚴謹之程序，一般而言需符合哪 5 項原則？

(2) 國際癌症研究中心 (IARC) 針對許多物質，依據其流行病學、動物毒理實驗證據，區分其致癌等級為 1 級、2A 級、2B 級、3 級、4 級，試說明各級別所代表之意義。

32. 促進職場勞工健康的手段之一為增強勞工體適能。試回答下列問題：

(1) 請說明何謂體適能。

(2) 請列舉 4 項基礎體適能之評量要素。

33. 請依人因工程學，試回答下列問題：

(1) 相容性 (compatibility) 包括哪 4 種類型？並說明其意義。

(2) 解釋下列名詞：

① 靜態人體計測

② 動態人體計測

③ 極端設計

④ 平均設計

34. 簡要解釋下列名詞：

(1) 熱適應

(2) 自然濕球溫度

(3) 不安全狀態

(4) 退伍軍人病

(5) 腕道症候群

毒物學概論

24.1 前言

生活在二十一世紀的今天，雖然科技的發達帶給了人類生活的方便及進步，但周遭的環境卻有越來越多的有毒物質存在，尤其是從事特殊物質製造作業的勞工，因長期接觸這些化學毒物而引發慢性的職業病。為此，在勞工職業病的預防上，除了對職業病有所認識外，更要具備毒物學的基本知識，才能對職業病防治有全盤的了解。

毒物學 (toxicology) 之研究範圍，在於探討各種化學物質對生物所產生之不良影響及中毒現象，以了解有毒物質的性質及作用，並以定性、定量的分析方法，訂定有毒物質的安全劑量或濃度。

因此，從事毒物學的研究，必須具備有生理學、生物學、化學、藥理學、病理學、免疫學及公共衛生學等不同學科的知識。

24.2 毒物學之分類

毒物學之分類，可從其應用及生物反應來分類。依應用範圍來分類，毒物學可分為以下 3 類：

(1) 環境毒物學

研究化學殘餘物對環境的污染及毒害，其中也包含工業毒物學及一般毒物學。

(2) 經濟毒物學

研究藥物、食品添加劑、農藥及殺蟲劑所產生之毒害。

(3) 法醫毒物學

研究毒物中毒的診斷及治療，以及毒物在醫學及法律方面的問題。

若依生物對毒物的反應來分類，毒物學可分為以下 3 類：

(1) 遺傳毒物學

研究毒物對生物遺傳特性所造成的影響及中毒現象。

(2) 呼吸道毒物學

研究毒物對生物之呼吸器官所產生的影響及中毒現象。

(3) 生殖系統毒物學

研究毒物對生物生殖器官所產生的影響及中毒現象。

在職業安全與衛生的立場上，工業毒物學是最為重要的課題。工業毒物學是研究工作場所中的化學物質，是否會對作業人員造成健康危害，並且了解其反應機制，以及毒物進入人體的途徑等。藉著工業毒物學的研究資料，可訂出減少毒物進入人體的改善措施，以及中毒後治療之依據。

24.3　毒物毒性的分級

　　任何物質加諸於生物體，當達到一定的劑量時，都會產生作用，爲了了解各種毒物的毒性強弱，常以實驗動物來評估「致死劑量」(lethal dose)。實驗動物多爲小白鼠，實驗的目的是以所得結果來推求對人的效應。由於是以動物實驗求得的數據，因此需使用 100 倍之係數來反應人與動物之差異，其中 10 倍爲物種間之差異度，10 倍爲物種內之差異度。

　　由於實驗動物的體質各異，因此對一批實驗動物餵以相同毒物劑量時，有些會死亡，有些則仍可存活，而當劑量加重時，死亡的數目會隨之增加，劑量與死亡數目之關係可以圖 24.1 來表示。

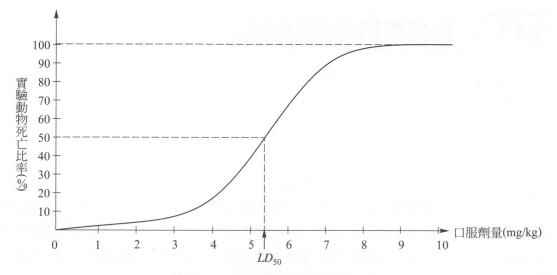

圖 24.1　毒物劑量與死亡比率之關係

　　能將半數實驗動物毒殺的劑量，稱爲「半致死劑量 LD_{50}」。由於動物有大有小，因此在藥物學上，LD_{50} 之單位爲公斤體重所攝取之毒物重量；而在工業毒物學方面，由於作業環境中的毒物會以氣體、蒸氣、塵埃等形態經呼吸進入人體，因此會採用「致死濃度」(lethal concentration) 來表示之。能於單位時間內毒殺暴露於其中的半數實驗動物之毒氣濃度，稱爲「半致死濃度」LC_{50}，LC_{50} 之單位爲 ppm。

　　一般來說，毒物的毒性強弱可分爲六級，一次服用每公斤體重小於 1 毫克即可使半數動物死亡的物質 ($LD_{50} < 1$mg/kg)，稱之爲劇毒物或極毒物，其他毒性等級如表 24.1 所示。

表 24.1　毒物毒性分級表

等級	毒性	單一口服 LD_{50}	四小時吸入 LC_{50}
1	劇毒	< 1 mg/kg	< 10 ppm
2	很毒	1 ～ 50 mg/kg	10 ～ 100 ppm
3	中等	50 ～ 500 mg/kg	100 ～ 1,000 ppm
4	微毒	0.5 ～ 5 g/kg	1,000 ～ 10,000 ppm
5	無毒	5 ～ 15 g/kg	10,000 ～ 100,000 ppm
6	無害	> 15 g/kg	> 100,000 ppm

備註：(1) LD_{50}：毒殺百分之五十實驗動物的劑量。
　　　(2) LC_{50}：四小時內，毒殺百分之五十實驗動物所需之濃度。

24.4　影響毒物毒性的因素

以「劑量」來評估毒物的「毒性」，是毒物學的一個基本觀念。毒物劑量可以下式來計算：

$$毒物劑量＝環境媒介物中毒物之濃度×媒介物被動物攝取量÷動物的體重$$

因此毒物劑量的單位可以 mg/kg 或 ppm 來表示之。

然而毒物進入動物體內後，有部分會被排泄出體外，只有部分會停留在生物體內組織或器官，而當這些停留在生物體內的毒物累積到一定的濃度時，才會引起動物體組織的病變或致死，因此毒物劑量依其進入動物體內至發揮作用的過程，可分為以下三種：

(1) 外加劑量

　　係指從外界給予動物或生物系統之毒物劑量。

(2) 吸收劑量

　　係指經吸收入生物體內組織之毒物劑量。

(3) 有效劑量

　　係指在體內達到作用點之毒物劑量。

一、毒性之定義

毒物之「毒性」，係指其對受其侵害動物所引起的有害生物效應。這種生物效應可能會造成該動物死亡或引致動物體內的組織發生病變。毒物可藉其化學作用、生物作用或物理作用來發揮其毒性，因此一種毒物可能會同時引起多種傷害，但這些傷害的輕重緩急亦受各種生理因素及環境因素的影響。

二、進入人體途徑對毒性的影響

在作業環境或工作場所中，毒物進入勞工體內的途徑，不外乎口服、呼吸及皮膚接觸等。由於進入途徑之不同，毒物在體內的作用亦有所差別。例如鉛經消化道進入人體後，只有 5% ～ 10% 會被吸收進入血液，其餘會被排泄出體外。但若鉛經呼吸進入人體，則會有 30% ～ 40% 會被吸收進入血液。有機鉛可經皮膚滲透進入人體，但無機鉛或鉛化物經皮膚滲入體內的機會則很低。

三、劑量與時間對毒性的影響

「中毒反應」可分為「急性」及「慢性」兩種。急性中毒多數是在短期間內吸收大劑量所產生的中毒現象，而慢性中毒多屬於小劑量的長時間暴露。急性中毒有很明顯的生理反應，嚴重者會在短時間內死亡；而慢性中毒由於病情發展緩慢，比較不容易被發現，且其對人體的危害也不同於急性中毒。

四、接觸的連續性及間隔時間對毒性的影響

在暴露於毒物的過程中，若中間有一段間隔時間，可緩和中毒現象，這對緩和慢性中毒及急性中毒皆適用，因此在作業環境中給予勞工適當的休息或假期，均有緩和中毒的作用。

五、個人體質及適應力對毒性的影響

個人體質與遺傳有關，因此體內的解毒能力也因人而異，此外，人對自然環境有其適應力，在不適應的環境中能隨著時間而產生耐力，這些因素皆會影響到中毒後的反應。

六、年齡與性別對毒性的影響

新生兒對重金屬，如鉛、汞等特別敏感，容易發生中毒現象。少年人在發育期間，身體亦容易受毒物的影響，而老年人由於身體機能老化，抵抗力低，容易出現中毒症狀。

女性貧血者較多，因此可能對中毒比較敏感。但女性比較注意個人衛生習慣，也減低了中毒的機會。

七、營養與勞動對毒性的影響

補充適當的營養，可增強個體對毒物毒性的適應力。從事消耗體力的工作，會增加心臟、肺部及血液系統的負擔，也增加了毒物對人體的有害效應。

八、健康與疾病對毒性的影響

個體因疾病或健康欠佳，會減低對毒物的抵抗力，例如肝功能障礙者不宜從事有機溶劑之作業、貧血者不宜從事四烷基鉛作業等，以及呼吸系統疾病者不宜從事鉻酸及其鹽類之作業。

九、環境因素對毒性的影響

壓力與溫度皆可影響中毒的反應情況。例如在高溫的環境中，巴拉松的毒性會增強。

24.5　毒物依人體反應分類

毒物的分類，除了可按其化學特性或物理特性予以區分之外，仍可依其中毒現象加以分類。此分類方法的優點，在於藉中毒症狀，可較易推出可能導致中毒的毒物。毒物依其中毒症狀可分為三大類：

一、呼吸器官的毒物

1. 肺部刺激物

   毒物對於呼吸道作用部位，常因其溶解度而異：

   (1) 溶解度大的物質

   　　如氨、氫氟酸、氫氯酸、醛及鹼氣粒等，常作用於上呼吸道。

   (2) 溶解度小的毒物

   　　如二氧化氮、三氧化二氮、三氯化砷及光氣等，會對肺泡產生作用。

   (3) 溶解度介於中間的物質

   　　如臭氧、氯氣、硫酸二乙酯及氯化磷等，則作用於呼吸道之中間。

   此外，氧化硫、氧化氮、臭氧、氯氣、氨氣不但會腐蝕呼吸道的黏膜，也會刺激小支氣管的收縮作用，影響肺部氣體流動，或是造成肺水腫，妨礙正常的呼吸功能。

2. 窒息性物質

   窒息性物質可以下列方式影響氧氣的交換：

   (1) 單純性缺氧：例如氮氣、甲烷、二氧化碳等氣體，本身並無毒性，但在密閉場所中會排除氧氣而導致缺氧。

   (2) 影響肺部氣體的交換：例如硫酸霧會引起喉痙攣而導致窒息，二氧化氮會導致肺水腫而妨礙氣體的交換。

   (3) 影響血液輸氧的功能：例如一氧化碳與血紅素結合後，就會妨礙氧氣的運送，導致體內組織發生缺氧現象。

   (4) 影響體內組織對氧的利用：例如氰化物會使細胞中的酶中毒而無法進行氧化作用，使體內組織因而缺氧。

3. 塵埃

塵肺症乃是由於異物進入肺部後所產生的症狀。引起塵肺症的物質可分為兩大類：

(1) 惰性塵埃

如二氧化矽會引起矽肺症。

(2) 致纖維化物質

如石綿會引起石綿肺症。

4. 發熱物

(1) 金屬的氧化物，如錳、鎂、錫、銅、鉛、砷、鎘、銻之氧化物，在高溫狀況下會形成燻煙，這些燻煙會使呼吸器官產生類似感冒般的過敏症狀，如流鼻水、喉頭乾燥、乾咳、胸部壓迫感及發低燒等現象。

(2) 一些聚合物如 PTFE 或 PVC 等，其燻煙也會引起類似感冒的過敏症狀。

二、全身性毒物

1. 肝中毒

各種氯化烴皆會對肝臟功能產生嚴重的影響，例如四氯化碳會導致肝臟壞死、四氯乙烯會引起肝臟急性萎縮。

2. 腎中毒

氯化烴不但會對肝有嚴重的影響，也會造成腎功能的損傷，一些重金屬，如汞、鎘、鈾等，也會對腎臟產生毒害。

3. 造血系統中毒

(1) 苯可破壞骨髓的造血細胞，導致白血球病。

(2) 鉛可破壞紅血球，影響血紅素的合成。

(3) 苯胺、硝基苯、甲苯胺會使血紅素變質。

4. 神經中毒

(1) 中樞神經中毒

① 硫化氫、二氧化碳會導致慢性神經中毒。

② 甲醇會對視神經產生毒害。

③ 汞、鉛、錳、鉈等金屬也會使神經中毒，其中以甲基汞、四乙基鉛等有機金屬尤為嚴重。

(2) 周邊神經中毒

農藥中的有機磷，會使副交感神經過度興奮，並且干擾神經的正常傳導作用。

三、人體特殊效應

1. 致過敏物

   (1) 硫氫酸鹽、甲苯二異氰酸鹽、甲醛等，會使呼吸道引起過敏反應。

   (2) 橡膠、染料、媒染劑、顯影劑、還原劑、鎳、鉻等金屬，也會造成接觸性皮膚炎。

2. 致突變物

   有機汞、鉛、臭氧、砷酸鈉、氟酸鎘等，皆可使細胞內負責遺傳的基因發生突變，對下一代產生不良影響。

3. 致癌物

   (1) 無機物：鍶 90 對於骨骼、碘 121 對於甲狀腺、硒對於睪丸、砷對於皮膚、石綿、羰基化鎳對於肺、鉻對於鼻等，皆有致癌作用。

   (2) 有機物：煤焦油、瀝青等可導致皮膚癌。乙萘胺、聯苯胺、苯胺及聚偶氮異環化物等，均有致癌作用。

24.6 中毒與治療

　　一種毒物與另一種毒物對人體的作用，可能會有相乘效應、相加效應或相減效應等三種情形發生。簡單而言，在相乘效應中，一種毒物的毒性在另一種毒物的作用下，會出現倍數加成，若以數學來作比喻，1+2 會大於 3。在相加效應中，兩種毒物的毒性會等於個別毒性的相加，若以數學來作比喻，1+2 會等於 3。對於相減效應，一種毒物的毒性會與另一種毒物的毒性中和，因此互相抵消毒性，若以數學來作比喻，1+2 會等於 0 或少於 3。

　　各種毒物中毒的臨床症狀資料，有助於中毒患者之正確診斷及對症治療，因此平時要熟悉作業環境中所使用的各種毒物，並且備妥解毒劑，以備不時之需。

　　對於吸入毒物而致中毒者，必須立刻移離污染區。經皮膚接觸而中毒者，應脫除受污染的衣物，並且以肥皂及大量的水清洗皮膚。

　　口服中毒者應儘快予以催吐，常用的催吐劑為阿卜嗎啡，但對於失去知覺的患者、心臟病人，或服用強酸強鹼者，會因嘔吐而引起吸入性肺炎，或誘發心臟病發，或促使食道破裂，因此不可使用催吐法。

　　中毒患者除接受生理食鹽水、葡萄糖水注射外，對特殊的中毒，還可接受解毒注射，例如農藥中毒者，可注射阿托平解藥，重金屬中毒者，可使用 EDTA 為解毒劑。

24.7 結語

依「職業安全衛生法」第六條第一項規定，雇主對防止原料、材料、氣體、蒸氣、粉塵、溶劑、化學品、含毒性物質等引起之危害，應有符合規定之必要安全衛生設備及措施。

依本法第四十條規定，違反第六條第一項之規定，致發生第三十七條第二項第一款之「死亡災害」者，「處三年以下有期徒刑」、拘役或科或併科新臺幣三十萬元以下罰金。

另本法第四十一條規定，違反第六條第一項之規定，致發生第三十七條第二項第二款之「災害之罹災人數在 3 人以上」者，「處 1 年以下有期徒刑」、拘役或科或併科新臺幣十八萬元以下罰金。

本法第四十三條亦規定，違反第六條第一項，即未對「防止原料、材料、氣體、蒸氣、粉塵、溶劑、化學品、含毒性物質等引起之危害，提供符合規定之必要安全衛生設備及措施」者，處新臺幣三萬元以上三十萬元以下罰鍰。

一、選擇題

( ) 1. 硫化氫導致最主要之危害屬下列何者？ (1) 化學性窒息 (2) 物理性窒息 (3) 致過敏性 (4) 致癌性。

( ) 2. 吸煙對石綿致癌力之影響為何？ (1) 無影響 (2) 吸煙減少石綿之致癌力 (3) 吸煙對石綿之致癌力具加成效應 (4) 吸煙對石綿之致癌力具相乘作用。

( ) 3. 下列何種法規所列管的化學品種類最少？ (1) 優先管理化學品之指定及運作管理辦法 (2) 危害性化學品標示及通識規則 (3) 管制性化學品之指定及運作許可管理辦法 (4) 勞工作業環境監測實施辦法。

( ) 4. 下列有關生物偵測之敘述何者錯誤？ (1) 生物偵測是透過測量體內劑量，來評估個人有害物之暴露程度 (2) 生物偵測可以是化學有害物本身或其代謝物在生物檢體中所呈現之量，也可以是化學物質對某標的器官產生可逆性生化改變之程度 (3) 生物偵測的主要功能是輔助作業環境測定、測試個人防護具之效率 (4) 美、日、法、德等國家已針對所有列管有害物全面要求實施生物偵測。

( ) 5. 下列敘述何者正確？ (1) 化學物質暴露導致發生不良健康影響之機率稱為「危害」 (2) 具有毒性的化學作用、物理影響或不適當行為作用等之本質稱為「風險」 (3) 風險包含事故發生的機率與嚴重度 (4) 引起生物體有害效應的物質稱為「毒性」。

( ) 6. LD_{50} 係指下列何者？ (1) 立即致死濃度 (2) 立即危害健康濃度 (3) 半數致死濃度 (4) 半數致死劑量。

( ) 7. 當氨氣外洩時，最先發生的症狀與下列何種化學物質相似？ (1) 一氧化碳 (2) 煤焦爐氣 (3) 硫化氫 (4) 氯氣。

( ) 8. 鉛最不容易造成下列何種疾病？ (1) 多發性神經病變 (2) 皮膚病變 (3) 貧血 (4) 不孕症或精子缺少。

( ) 9. 下列敘述何者較正確？ (1) 兩物質間 LD_{50} 小者毒性也小 (2) 兩物質間 LC_{50} 大者毒性也小 (3) 兩物質間毒性大小，除比較 LC_{50} 外，亦應比較其劑量反應曲線之斜率 (4) 兩物質間容許濃度小者，毒性較大。

( ) 10. 有關毒物毒性之敘述下列何者錯誤？ (1) 氯仿有致畸胎、致突變之不良生殖反應 (2) 氯乙烯單體會導致肝癌 (3) 石綿會導致肺癌 (4) 特定化學物質危害預防標準所稱之丁類物質屬致癌物質。

( ) 11. 有害物進入人體最常見的器官或途徑為下列何者？ (1) 口 (2) 呼吸 (3) 皮膚 (4) 眼睛。

( ) 12. 下列何者非為防範有害物食入之方法？ (1) 有害物與食物隔離 (2) 不在工作場所進食或飲水 (3) 常洗手 (4) 穿工作服。

( ) 13. 吸菸與石綿暴露之致癌性關係為下列何者？ (1) 獨立效應 (2) 相加效應 (3) 相乘效應 (4) 拮抗效應。

( ) 14. 化學性有害物進入人體最重要路徑為下列何者？ (1) 口腔 (2) 呼吸道 (3) 皮膚 (4) 眼睛。

( ) 15. 吸菸者致肺癌危險性是一般人 10 倍，石綿暴露者致肺癌之危險性是一般人 5 倍，則吸菸的石綿工人其肺癌的危險性約一般人的幾倍？ (1) 12 (2) 5 (3) 20 (4) 50。

( ) 16. 下列有關毒性大小之敘述何者錯誤？ (1) 三價砷大於五價砷 (2) 三價錳大於四價錳 (3) 三價鉻大於六價鉻 (4) 無機鉛大於有機鉛。

( ) 17. 光電業常使用之光阻液氫氧化四甲銨 (CH$_3$) 4NOH [TMAH]，係屬下列何種特定化學物質？ (1) 甲類物質 (2) 乙類物質 (3) 丙類第 1 種物質 (4) 丁類物質。

( ) 18. 下列何者為可影響神經系統之危害因子？ (1) 石綿 (2) 汞 (3) 二氧化碳 (4) 鉻酸。

( ) 19. 有關鉛作業休息室之敘述，下列何者不符合鉛中毒預防規則之規定？ (1) 出入口設置充分濕潤墊蓆 (2) 入口處設置清潔衣服用毛刷 (3) 設置於鉛作業場所內 (4) 進入休息室前附著於工作衣上之鉛塵應適當清除。

( ) 20. 有機磷殺蟲劑對下列何種組織或系統傷害較小？ (1) 消化系統 (2) 造血系統 (3) 皮膚 (4) 神經系統。

( ) 21. 吸菸行為會加劇石綿之致癌率，是由於何種效應？ (1) 相加效應 (2) 相減效應 (3) 相乘效應 (4) 相除效應。

( ) 22. 下列何者非為防範有害物食入之方法？ (1) 有害物與食物隔離 (2) 不在工作場所進食或飲水 (3) 常洗手、嗽口 (4) 穿工作服。

( ) 23. 對於確定誤食腐蝕性毒物的患者，如能吞嚥，則可以考慮給予下列何物質飲用？ (1) 活性碳 (2) 牛奶或水 (3) 硝酸銀或氨水 (4) 清潔劑或漂白劑。

( ) 24. 下列何種空氣中有害物易造成較深部呼吸器官的傷害？ (1) 氯 (2) 氨 (3) 氯化氫 (4) 光氣。

( ) 25. 在缺氧或立即致死濃度狀況下作業，應使用下列何種呼吸防護具？ (1) 負壓呼吸防護具 (2) 防塵面具 (3) 防毒面具 (4) 輸氣管面罩。

( ) 26. 依職業安全衛生設施規則規定，刺激物、腐蝕性物質或毒性物質污染之工作場所，應每多少人設置 1 個冷熱水盥洗設備？ (1) 5 (2) 10 (3) 15 (4) 20。

( ) 27. 下列何種物質不是危險物與有害物標示及通識規則中之危險物？ (1) 爆炸性物質 (2) 毒性物質 (3) 氧化性物質 (4) 易燃液體。

( ) 28. 二氧化氮具下列何種特性？ (1) 高溶解度 (2) 致肺纖維化 (3) 致貧血性 (4) 低溶解度、肺刺激性。

( ) 29. 四氯化碳可能危害為下列何者？ (1) 呼吸系統 (2) 血液系統 (3) 骨骼 (4) 肝腎。

( ) 30. 錳對人體之主要危害為下列何者？ (1) 神經 (2) 血液 (3) 聽力 (4) 骨骼。

( ) 31. 下列何種有機溶劑之毒性較大？ (1) 第一種有機溶劑 (2) 第二種有機溶劑 (3) 第三種有機溶劑 (4) 第三種有機溶劑混存物。

( ) 32. 鈽 (plutonium) 若進入循環系統，最終會蓄積於人體哪一部分？ (1) 骨骼 (2) 腦 (3) 腎臟 (4) 甲狀腺。

( ) 33. 下列何者正確？ (1) 致突變物未必會致癌 (2) 慢性毒性是指暴露二週以後會產生中毒的現象 (3) 致畸胎物係指作用於妊娠第三個月以後導致胎兒畸形之物質 (4) LD_{50} 是指受實驗動物 50% 死亡的濃度。

( ) 34. 氯乙烯單體是屬於何種有害物？ (1) 致過敏性毒物 (2) 致神經性毒物 (3) 致肝癌物 (4) 致膀胱癌物。

( ) 35. 下列何者為防範有害物與皮膚接觸主要方法？ (1) 著用防護衣著、手套等 (2) 健康檢查 (3) 危害物標示 (4) 教育訓練。

( ) 36. 有關刺激性毒物之敘述下列何者有誤？ (1) 刺激物對腸胃可引起嘔吐、噁心或不正常蠕動 (2) 臭氧之溶解度比氨大，故較常作用於上呼吸道 (3) 福馬林因溶解度大，易對上呼吸道造成刺激 (4) 二氧化氮溶解度較小較易作用於下呼吸道。

( ) 37. LC_{50} 係指下列何者？ (1) 立即致死濃度 (2) 立即危害健康濃度 (3) 半數致死濃度 (4) 半數致死劑量。

( ) 38. 下列敘述何者錯誤？ (1) 清掃煙囪工人易罹患陰囊癌 (2) 長期接觸煤渣產物的工人易引起皮膚癌 (3) 硫酸霧滴長期暴露易致膀胱癌 (4) 勞工暴露於多環芳香碳氫化合物 (Polycyclicaromatic hydrocarbons, PAHs) 環境時易致肺癌。

( ) 39. 下列敘述何者有誤？ (1) G-6-P-D 缺乏的人，容易發生溶血性中毒 (2) 二異氰酸鹽引起之過敏反應與暴露者之免疫機轉有關 (3) 維生素 C 攝取足量會增加砷之毒性 (4) 維生素 C 會使六價鉻變為三價鉻降低其毒性。

( ) 40. 下列何種物質不易被沒有傷口之完整的皮膚所吸收？ (1) 鉛 (2) 聯苯胺 (3) 二甲基甲醯胺 (4) 乙二醇丁醚。

( ) 41. 下列何者會經由皮膚吸收導致急性血紅素變性？ (1) 聯苯胺 (2) 硝基聯苯胺 (3) 硝基苯胺 (4) β- 蒽胺。

二、問答題

1. 解釋名詞：

(1) IDLH(立即危害生命或健康濃度值)

(2) BE(生物暴露指標)

2. 某工廠將一種具 GHS 急毒性物質吞食第 1 級及皮膚接觸第 2 級危害之純化學物質 A 與另一種具 GHS 急毒性物質皮膚接觸第 3 級及吸入 (霧滴) 第 2 級危害之純化學物質 B，以純水稀釋混合至含化學物質 A 重量百分比為 5% 及化學物質 B 重量百分比 3%，並將該混合水溶液產品稱之為萬用膠。若 A、B 兩種化學物質不起化學反應，試依下表分類此混合水溶液之 GHS 急毒性等級。

(提示：$1/ATE_{mix} = \Sigma\ (C_i\ /\ ATE_i)$；$C_i$ 為重量百分比)

暴露途徑	分級級別或測試獲得的急毒性範圍估計值	換算得到的急毒性點估計值 (ATE)
吞食 (mg/kg 體重)	0 < 第 1 級 ≦ 5	0.5
	5 < 第 2 級 ≦ 50	5
	50 < 第 3 級 ≦ 300	100
	300 < 第 4 級 ≦ 2,000	500
	2,000 < 第 5 級 ≦ 5,000	2,500
皮膚接觸 (mg/kg 體重)	0 < 第 1 級 ≦ 50	5
	50 < 第 2 級 ≦ 200	50
	200 < 第 3 級 ≦ 1,000	300
	1,000 < 第 4 級 ≦ 2,000	1,100
	2,000 < 第 5 級 ≦ 5,000	2,500
吸入：氣體 (ppm)	0 < 第 1 級 ≦ 100	10
	100 < 第 2 級 ≦ 500	100
	500 < 第 3 級 ≦ 2,500	700
	2,500 < 第 4 級 ≦ 20,000	4,500
吸入：蒸氣 (mg/L)	0 < 第 1 級 ≦ 0.5	0.05
	0.5 < 第 2 級 ≦ 2.0	0.5
	2.0 < 第 3 級 ≦ 10.0	3
	10.0 < 第 4 級 ≦ 20.0	11
吸入：粉塵 / 霧滴 (mg/L)	0 < 第 1 級 ≦ 0.05	0.005
	0.05 < 第 2 級 ≦ 0.5	0.05
	0.5 < 第 3 級 ≦ 1.0	0.5
	1.0 < 第 4 級 ≦ 5.0	1.5

3. 請說明生物危害管理中有關生物分級之內容，並列舉至少 5 項主要的管理手段 (感染預防措施)。

4. 有關化學品健康危害分級管理 (ControlBanding)，試回答下列問題：

(1) 國際勞工組織 (ILO) 所發展之國際化學品管理工具 (International Chemical Control Toolkit)，係以哪些因素作為化學暴露風險分級判定之項目？

(2) 請列舉 5 項推動化學品健康危害分級管理的優點。

5. 解釋下列名詞：

    (1) 毒性化學物質。

    (2) 毒性。

    (3) 危害。

    (4) 半致死劑量。

    (5) ppm 與 mg/m^3。

6. 有害物質以哪些途徑進入人體？何者較爲危害人體？

7. 試列出影響毒物對人體毒性強度之因素。

空氣中有害物容許濃度標準

25.1　前言

　　在前面的章節中，已介紹了化學性職業病或毒物中毒的發生，主要是由於有害物質經吸入食入、皮膚接觸、眼睛接觸等途徑進入人體所致。在作業環境中，有害物質大多數是以氣體、蒸氣、粉塵、燻煙或纖維絮等方式存在於空氣中，若要減低此等有害物質對勞工的危害，則須藉工程改善的方法，以控制其存在於空氣中的濃度，才能確保勞工的健康。由於有害物質會以不同的型態存在，故其濃度單位亦有所不同；此外，各種有害物質具有不同的毒性，所以各種有害物質在空氣中的容許濃度也各有不同。有鑑於此，行政院勞動部於其發布的「勞工作業場所容許暴露標準」中 (以下簡稱本標準，民國 107 年 3 月 14 日最新修正)，對作業環境中勞工所能暴露之危害物濃度訂定安全標準，以保護作業勞工的健康。以下為本標準對容許濃度的計算及規範。

25.2　濃度的單位

一、對於氣體及蒸氣等氣態性物質，其濃度的表示法有三種，分別為：

(1) 百分率，%。

(2) ppm：為百萬分之一單位，指溫度在攝氏 25 度、一大氣壓條件下，每立方公尺空氣中氣狀有害物之立方公分數，故 1 ppm = $1cm^3/m^3$。(本標準第五條)

(3) mg/m^3：為每立方公尺毫克數，指溫度在攝氏 25 度、一大氣壓條件下，每立方公尺空氣中粒狀或氣狀有害物之毫克數。(本標準第六條)

二、對於「粒狀有害物」，或是像石綿之纖維狀物質，其濃度表示法有二種，分別為：

(1) mg/m^3。

(2) f/c.c.：為每立方公分根數，指溫度在攝氏 25 度、一大氣壓條件下，每立方公分纖維根數，其中 1c.c. = $1 cm^3$。(本標準第七條)

例一

在 760 mm Hg 及 28℃的作業場所中,測得之二氧化碳濃度爲 0.08%,試將其濃度換算爲 ppm 及 mg/m³。

 (1) 因 1m = 100cm,所以 1m³ = (100cm)³ = 1×10⁶cm³

故 $1ppm = (1cm^3)/(1m^3) = (1cm^3)/(1\times10^6cm^3) = 1\times10^{-6}$

若以百分率表示,則 $1ppm = (1\times10^{-6})\times100\% = 1\times10^{-4}\%$

所以得 $1\% = 10^4 ppm$

現 CO_2 之濃度爲 0.08%,亦即等於 $0.08\times(10^4\,ppm) = 800ppm$。

(2) 已知 1 莫耳 (mole) 的 CO_2 重 44g (分子量:C = 12,O = 16),在標準氣壓 (760mmHg) 及 0℃ 的環境下,1 莫耳氣體的體積爲 $V_0 = 22.4dm^3$,所以在 28℃時,1 莫耳氣體之體積 V_{28} 爲:

$$V_{28} = \frac{T_{28}}{T_0}V_0 = \frac{273+28}{273+0}\times22.4 = \frac{301}{273}\times22.4 = 24.687cm^3$$

因 1dm = 10 cm,$1dm^3 = (10\,cm)^3 = 10^3\,cm^3$,故可得 $V_{28} = 24.687\times10^3\,cm^3$。

又因爲 CO_2 的濃度爲 800 ppm = 800 cm³/m³,亦即每 1m³ 空氣之中有 800 cm³ 的 CO_2,所以在 800 ppm 的濃度中,CO_2 的重量爲

$(800\,cm^3/24697cm^3)\times44g = 1.425\,g = 1425\,mg$

換算結果爲:800 ppm = 1425 mg/m³

三、由上例可得不同濃度單位的換算公式為:

(1) 百分率 % 轉 ppm:

$y\,(ppm) = x\,(\%)\times10^4$

(2) ppm 轉百分率 %:

$x\,(\%) = y\,(ppm)\times10^{-4}$

(3) ppm 轉 mg/m³:

$u\,(mg/m^3) = y\,(ppm)\times(M/V_T)\times10^3$

其中:M 爲該氣體之分子量 (單位爲 g / mole)

V_T 爲 1 莫耳該氣體在溫度 T (℃) 時之體積 (單位爲 cm³)

(4) mg/m^3 轉 ppm：

$$y\,(\text{ppm}) = u\,(\text{mg}/\text{m}^3) \times (V_T/M) \times 10^{-3}$$

其中：M 為該氣體之分子量 (單位為 g/mole)

V_T 為 1 莫耳該氣體在溫度 $T\,(℃)$ 時之體積 (單位為 cm^3)

(5)「勞工作業場所容許暴露標準」(附表一) 在 25℃、1 atm 條件下之 ppm 轉 mg/m^3：

$$u\,(\text{mg}/\text{m}^3) = y\,(\text{ppm}) \times (M/24.45)$$

其中：M 為該氣體之分子量 (單位為 g/mole)

24.45 為在攝氏二十五度、一大氣壓條件下，氣狀有害物之毫克莫耳體積立方公分數。

例二

測得甲苯之濃度為 120ppm，試換算為百分率及 mg/m^3 來表示之。(設測定時之溫度為 25℃)

(1) 依換算公式，$x\% = 120\,(\text{ppm}) \times 10^{-4}\% = 0.012\,\%$

(2) 在 25℃ 時，1 莫耳甲苯之體積為：

$$V_{25} = (T_{25}/T_0) \times V_0 = [(273 + 25)/273] \times 22{,}400\ \text{cm}^3 = 24{,}451\ \text{cm}^3$$

[本標準所定之 V_{25} 為 24.45dm^3 = 24,450 cm^3]

甲苯 (C_7H_8) 之分子量 $M = 12 \times 7 + 1 \times 8 = 92$

依換算公式，

$$u\,(\text{mg}/\text{m}^3) = y\,(\text{ppm}) \times (M/V_T) \times 10^3$$
$$= 120 \times (92/24451) \times 10^3$$
$$= 451.515\ \text{mg}/\text{m}^3$$

亦可用「勞工作業場所容許暴露標準」之換算公式計算：

$$u\,(\text{mg}/\text{m}^3) = y\,(\text{ppm}) \times (M/24.45)$$
$$= 120 \times (92/24.45)$$
$$= 451.534\ \text{mg}/\text{m}^3$$

25.3 容許濃度標準

由於勞工在作業環境中對於有害物會有不同的暴露情形，因此測量容許濃度的方法會有所不同，以致容許濃度有以下各種定義：

一、八小時日時量平均容許濃度 (PEL-TWA)

依本標準第三條第一款所定，以 8 小時為量測基準之「八小時日時量平均容許濃度」(Permissible Exposure Limit-Time Weighted Average，PEL-TWA)，係指勞工每天工作八小時，一般勞工重複暴露此濃度以下，不致有不良反應者。表 25.1 中所列之各種物質濃度 (符號欄註有「高」字者除外)，即為本標準附表一所定之「八小時日時量平均容許濃度」。

表 25.1 空氣中有害物容許濃度表

編號	中文名稱	英文名稱	化學式	符號	容許濃度		化學文摘社號碼	備註
					ppm	mg/m³		
1	乙醛	Acetaldehyde	CH_3CHCO		100	180	75-07-0	
2	醋酸	Acetic acid	CH_3COOH		10	25	64-19-7	
3	乙酸酐	Acetic anhydride	$(CH_3CO)_2O$		5	21	108-24-7	
4	丙酮	Acetone	$(CH_3)_2CO$		200	475	67-64-1	第二種有機溶劑
5	乙	Acetonitrile	CH_3CN		40	67	75-05-8	
6	四溴化乙炔 (1，1，2，2－四溴乙烷)	Acetylene tetrabromide	$CHBr_2CHBr_2$		1	14	79-27-6	
7	丙烯醛	Acrolein	$CH_2=CHCHO$	皮	0.10	0.23	107-02-8	
8	丙烯醯胺	Acrylamide	$CH_2=CHCONH_2$	皮		0.03	79-06-1	丙類第一種特定化學物質
9	丙烯酸	Acrylic acid	$CH_2=CHCOOH$	皮	10	30	79-10-7	
10	丙烯	Acrylonitrile	$CH_2=CHCN$	皮	2	4.3	107-13-1	丙類第一種特定化學物質
11	阿特靈	Aldrin	$C_{12}H_8C_{16}$	皮			309-00-2	禁止製造、輸入、販賣及使用之毒性化學物質
12	丙烯醇	Allyl alcohol	$CH_2=CHCH_2OH$	皮	2	4.8	107-18-6	
13	氯丙烯	Allyl chloride	CH_2CHCH_2Cl		1	3	107-05-1	
14	丙烯基縮水甘油醚	Allyl glycidyl ether (AGE)	$H_2C=CHCH_2OCH_2CHCH_2O$	高	5	23	106-92-3	

表 25.1　空氣中有害物容許濃度表（續）

編號	中文名稱	英文名稱	化學式	符號	容許濃度		化學文摘社號碼	備註
15	4－胺基聯苯及其鹽類	4-Aminodiphenyl & its salts	$H(C_6H_4)_2NH_2$	皮瘤			92-67-1	禁止製造、輸入、販賣及使用之毒性化學物質；甲類特定化學物質
16	2－胺勿啶	2-Aminopyridine	$C_5H_4NNH_2$		0.5	1.9	504-29-0	
17	氨	Ammonia	NH_3		50	35	7664-41-7	丁類特定化學物質
18	氯化氨（燻煙）	Ammonium chloride, (fume)	NH_4Cl			10	12125-02-9	
19	乙酸正戊酯	n-Amyl acetate	$CH_3COOC_5H_{11}$		100	532	628-63-7	第二種有機溶劑
20	醋酸第二戊酯	sec-Amyl acetate	$CH_3COOCH(CH_3)$ $CH(CH_3)_2$		125	665	626-38-0	
21	苯胺	Aniline	$C_6H_5NH_2$	皮	2	7.6	62-53-3	
22	甲氧苯胺(鄰，對異構物)	Anisidine (o-,p-isomers)	$CH_3OC_6H_4NH_2$	皮	0.1	0.5	29191-52-4	
23	銻及其化合物（以銻計）	Antimony & its compounds (as Sb)	Sb			0.5	7440-36-0	
24	安妥（α-蒽硫脲）	ANTU (α-Naphthyl thiourea)	$C_{10}H_7NHCSNH_2$			0.3	86-88-4	
25	砷及其無機化合物（以砷計）	Arsenic & its compounds as As)	As	瘤		0.01	7440-38-2	丙類第三種特定化學物質
26	有機砷化合物（以砷計）	Arsenic organic compounds (as As)	As			0.5	7440-38-2	丙類第三種特定化學物質
27	砷化氫	Arsine	AsH_3		0.05	0.16	7784-42-1	丙類第三種特定化學物質
28	奧黃	Auramine	$[(CH_3)_2NC_6H_4]_2CNH$	瘤			2465-27-2	丙類第二種特定化學物質
29	谷速松	Azinphos-methyl	$C_{10}H_{12}N_3O_3PS_2$	皮		0.2	86-50-0	
30	鋇及其可溶性化合物（以鋇計）	Barium & its soluble compounds (as Ba)	Ba			0.5	7440-39-3	
31	苯	Benzene	C_6H_6	皮瘤	1	3.2	71-43-2	丙類第一種特定化學物質
32	聯苯胺及其鹽類	Benzidine and its salts	$NH_2(C_6H_4)_2NH_2$	皮瘤			92-87-5	禁止製造、輸入、販賣及使用之毒性化學物質；甲類特定化學物質

表 25.1 空氣中有害物容許濃度表 (續)

編號	中文名稱	英文名稱	化學式	符號	容許濃度		化學文摘社號碼	備註
33	過氧苯醯	Benzoyl peroxide	$(C_6H_4CO)_2O_2$			5	94-36-0	
34	氯化甲基苯	Benzyl chloride	$C_6H_5CH_2Cl$		1	5.2	100-44-7	
35	鈹及其化合物 (以鈹計)	Beryllium & its compounds(as Be)	Be	瘤		0.002	7440-41-7	乙類特定化學物質
36	聯苯	Biphenyl	$C_6H_5C_6H_5$		0.2	1.3	92-52-4	
37	聯吡啶	Bipyridyl (Bipyridine)	$C_{10}H_8N_2$	瘤			553-26-4	
38	三溴化硼	Boron tribromide	BBr_3	高	1	10	10294-33-4	
39	三氟化硼	Boron tritluoride	BF_3	高	1	2.8	7637-07-2	
40	溴	Bromine	Br_2		0.1	0.66	7726-95-6	
41	五氟化溴	Bromine pentafluoride	BrF_5		0.1	0.72	7789-30-2	
42	三溴甲烷	Bromoform	$CHBr_3$	皮	0.5	5.2	75-25-2	
43	1- 溴丙烷	1-Bromopropane	$CH_3CH_2CH_2Br$	皮	0.5	2.6	106-94-5	
44	1,3 - 丁二烯	1,3-Butadiene	$CH_2 = CHCH = CH_2$	瘤	5	22	106-99-0	
45	丁烷	Butane	$CH_3CH_2CH_2CH_3$		800	1900	106-97-8	
46	1 － 丁硫醇	1-Butanethiol	C_4H_9SH		0.5	1.8	109-79-5	
47	1 － 丁醇	1-Butanol	$CH_3(CH_2)_3OH$	皮	100	303	71-36-3	第二種有機溶劑
48	2 － 丁醇	2-Butanol	$CH_3CHOHCH_2CH_3$		150	454	78-92-2	第二種有機溶劑
49	乙酸正丁酯	n-Butyl acetate	$CH_3COOC_4H_9$		150	712	123-86-4	第二種有機溶劑
50	乙酸第二丁酯	sec-Butyl acetate	$CH_3COOCH(CH_3)(C_2H_5)$		200	950	105-46-4	
51	乙酸第三丁酯	tert-Butyl acetate	$CH_3COOC(CH_3)_3$		200	950	540-88-5	
52	第三丁醇	tert-Butyl alcohol	$(CH_3)_3COH$		100	303	75-65-0	
53	丁胺	Butylamine	$C_4H_9NH_2$	皮高	5	15	109-73-9	
54	正丁基縮水甘油醚	n-Butyl glycidyl ether (BGE)	$CH_3(CH_2)_3OCH_2CHCH_2O$		25	133	2426-08-6	
55	乳酸正丁酯	n-Butyl lactate	$CH_3CHOHCOOC_4H_9$		5	30	138-22-7	
56	鄰－第二丁酚	o-sec-Butyl phenol	$CH_3CH_2CH(CH_3)C_6H_4OH$	皮	5	31	89-72-5	
57	對－第三丁基甲苯	p-tert-Butyl toluene	$(CH_3)_3CC_6H_4CH_3$		10	61	98-51-1	
58	鎘及其化合物 (以鎘計)	Cadmium & its Compounds(as Cd)	Cd	瘤		0.05	7440-43-9	丙類第三種特定化學物質
59	砷酸鈣	Calcium arsenate	$Ca_3(AsO_4)_2$			1	7778-44-1	丙類第三種特定化學物質

表 25.1　空氣中有害物容許濃度表（續）

編號	中文名稱	英文名稱	化學式	符號	容許濃度		化學文摘社號碼	備註
60	氰胺化鈣	Calcium cyanamide	CaNCN			0.5	156-62-7	
61	氫氧化鈣	Calcium hydroxide	$Ca(OH)_2$			5	1305-62-0	
62	氧化鈣	Calcium oxide	CaO			5	1305-78-8	
63	合成樟腦	Camphor (Synthetic)	$C_{10}H_{16}O$		2	12	76-22-2	
64	己內醯胺（粉塵）	Caprolactam, Dust	$CH_2(CH_2)_4NHCO$			1	105-60-2	
65	己內醯胺（蒸氣）	Caprolactam, Vapor	$CH_2(CH_2)_4NHCO$		5	23	105-60-2	
66	加保利	Carbaryl (Sevin)	$C_{10}H_7OCHNHCH_3$			5	63-25-2	
67	加保扶	Carbofuran	$C_{12}H_{15}NO_3$			0.1	1563-66-2	
68	碳黑	Carbon black	C			3.5	1333-86-4	
69	二氧化碳	Carbon dioxide	CO_2		5,000	9,000	124-38-9	煤礦坑內 10,000 ppm
70	二硫化碳	Carbon disulfide	CS_2	皮	10	31	75-15-0	第一種有機溶劑
71	一氧化碳	Carbon monoxide	CO		35	40	630-08-0	丁類特定化學物質
72	四氯化碳	Carbon tetrachlo-ride	CCl_4	皮	2	13	56-23-5	第一種有機溶劑
73	氫氧化銫	Cesium hydroxide	CsOH			2	21351-79-1	
74	氯丹	Chlordane	$C_{10}H_6Cl_8$	皮		0.5	57-74-9	禁止製造、輸入、販賣及使用之毒性化學物質
75	氧化氯二苯	Chlorinated diphenyl oxide	$C_{12}H_4Cl_6O$			0.5	55720-99-5	
76	氯	Chlorine	Cl_2	高	0.5	1.5	7782-50-5	丙類第一種特定化學物質
77	二氧化氯	Chlorine dioxide	ClO_2		0.1	0.28	10049-04-4	
78	三氟化氯	Chlorine trifluoride	ClF_3	高	0.1	0.38	7790-91-2	丙類第一種特定化學物質
79	一氯乙醛	Chloro acetalde hyde	$ClCH_2CHO$	高	1	3.2	107-20-0	
80	α- 苯氯乙酮（w- 苯氯乙酮）	α-Chloroaceto phenone (w-Chloroaceto phenone)	$C_6H_5COCH_2Cl$		0.05	0.32	532-27-4	
81	氯乙醯氯	Chloroacetyl chloride	$ClCH_2COCl$		0.05	0.23	79-04-9	
82	氯苯	Chlorobenzene	C_6H_5Cl		75	345	108-90-7	第二種有機溶劑
83	溴氯甲烷	Chlorobromomethane	$BrCH_2Cl$		200	1060	74-97-5	
84	2 一氯一 1，3 一丁二烯	2-Chloro-1, 3-but-adiene	$H_2C = CClCH = CH_2$	皮	10	36	126-99-8	

表 25.1　空氣中有害物容許濃度表（續）

編號	中文名稱	英文名稱	化學式	符號	容許濃度		化學文摘社號碼	備註
85	氯二氟甲烷	Chlorodifluo ro-methane	CHClF$_2$		1,000	3,540	75-45-6	
86	氯乙烷	Chloro ethane	CH$_3$CH$_2$Cl		1,000	2,640	75-00-3	
87	2－氯乙醇	2-Chloro ethanol	ClCH$_2$CH$_2$OH	皮	1	3.3	107-07-3	
88	二氯甲醚	Bis-Chlor methyl ether	ClCH$_2$OCH$_2$Cl	瘤	0.001	0.0047	542-88-1	禁止製造、輸入、販賣及使用之毒性化學物質；甲類特定化學物質
89	氯甲基甲基醚	Chloromethyl methyl ether	ClCH$_2$OCH$_3$	瘤			107-30-2	禁止製造、輸入、販賣及使用之毒性化學物質；甲類特定化學物質
90	1－氯－1－硝基丙烷	1-chloro-1-nitrop-ropane	C$_3$H$_6$ClNO$_2$		2	10	600-25-9	
91	氯五氟乙烷	Chloro pentaflu-oroe thane	CClF$_2$CF$_3$		1,000	6,320	76-15-3	
92	氯化苦（三氯硝甲烷）	Chloro picrin (Tri Chloronitromet-hane)	CCl$_3$NO$_2$		0.1	0.67	76-06-2	
93	鄰－氯苯乙烯	o-Chlorostyrene	ClC$_6$H$_5$CH＝CH$_2$		50	283	2039-87-4	
94	鄰－氯甲苯	o-Chlorotoluene	ClC$_6$H$_4$CH$_3$		50	259	95-49-8	
95	鉻金屬（以鉻計）	Chromium metal (as Cr)	Cr			1	7440-47-3	
96	六價鉻化合物（以鉻計）	Chromium(VI) Compounds (as Cr)	CrO$_4^2$，Cr$_2$O$_7$，CrO	瘤		0.1		鉻酸為丙類第三種特定化學物質
97	二價鉻(II)化合物（以鉻計）	Chromium(II) Compounds	Cr			0.5		
98	三價鉻(III)化合物（以鉻計）	Chromium(III) Compounds	Cr			0.5		
99	煤焦油瀝青揮發物	Coal tar pitch volatiles		瘤		0.2	65966-93-2	丙類第三種特定化學物質
100	鈷、金屬燻煙及粉塵（以鈷計）	Cobalt, metal fume & dust (as Co)	Co/CoO/CO$_2$O$_2$/Co$_2$O$_4$			0.05	7440-48-4	
101	煉焦爐逸散物	Coke-oven emissions	Cu/Cu$_2$O/CuO	瘤		0.15		
102	銅，燻煙	Copper, fume	Cu/Cu$_2$O/CuO			0.2	7440-50-8	
103	銅、粉塵和霧滴（以銅計）	Copper, dusts & mists (as Cu)	CuSO$_4$·5H$_2$O/CuCl			1	7440-50-8	

表 25.1　空氣中有害物容許濃度表 (續)

編號	中文名稱	英文名稱	化學式	符號	容許濃度		化學文摘社號碼	備註
104	棉塵	Cotton dust				0.2		棉絮除外
105	巴豆醛	Crotonaldehyde	$CH_3CH = CHCHO$		2	5.7	4170-30-3	
106	異丙苯	Cumene(Isopropyl benzene)	$C_6H_5CH(CH_3)_2$	皮	50	246	98-82-8	
107	甲酚 (包括所有異構物)	Cresol (all isomers)	$CH_3C_6H_4OH$	皮	5	22	1319-77-3	第二種有機溶劑
108	氰胺 (氰滿素)	Cyanamide	H_2NCN			2	420-04-2	
109	氰化物 (以氰根計)	Cyanides (as CN$^-$)	CN^-	皮		5		氰化鉀、氰化鈉為丙類第三種特定化學物質
110	環己胺	Cyclohexyl amine	$C_6H_{11}NH_2$		10	41	108-91-8	
111	環己烷	Cyclohexane	C_6H_{12}		300	1030	110-82-7	
112	環己醇	Cyclohexanol	$C_6H_{11}OH$	皮	50	206	108-93-0	第二種有機溶劑
113	環己酮	Cyclohexanone	$C_5H_{10}CO$	皮	25	100	108-94-1	第二種有機溶劑
114	1，3 －環戊二烯	1,3-Cyclopent adiene	C_5H_6		75	203	542-92-7	
115	環戊烷	Cyclopentane	C_5H_{10}		600	1720	287-92-3	
116	2，4 －地 (2，4 － 二氯苯氧乙酸)	2,4-D(2,4-Dichlorophe-noxy acetic acid)	$Cl_2C_6H_3OCH_2COOH$			10	94-75-7	
117	十硼烷	Decaborane	$B_{10}H_{14}$	皮	0.05	0.25	17702-41-9	
118	滅賜松	Demeton	$C_8H_{19}O_3PS_2$	皮	0.01	0.11	8065-48-3	
119	二丙酮醇	Diacetone alcohol	$(CH_3)_2C(OH)$ CH_2COCH_3		50	238	123-42-2	
120	大利松	Diazinon	$[(CH_3)_2CHC_4N_2H$ $(CH_3) O]$ $PS(OC_2H_5)_2$	皮		0.1	333-41-5	
121	重氮甲烷	Diazomethane	CH_2N_2	瘤	0.2	0.34	334-88-3	
122	二硼烷	Diborane	B_2H_6		0.1	0.11	19287-45-7	
123	磷酸二丁酯	Dibutyl phosphate	$(C_4H_9O)_2POOH$		1	8.6	107-66-4	
124	鄰苯二甲酸二丁酯	Dibutyl phthalate	$C_6H_4(COOC_4H_9)_2$			5	84-74-2	
125	二甲氧基聯苯胺及其鹽類	Dianisidine and its salts	$(C_6H_3(NH_2)OCH_3)_2$	瘤			119-90-4	乙類特定化學物質
126	二氯乙炔	Dichloro acetylene	C_2Cl_2	高	0.1	0.39	7570-29-4	
127	鄰－二氯苯	o-Dichlorobenzene	$C_6H_4Cl_2$	高	50	301	95-50-1	第二種有機溶劑

表 25.1　空氣中有害物容許濃度表 (續)

編號	中文名稱	英文名稱	化學式	符號	容許濃度		化學文摘社號碼	備註
128	對－二氯苯	p-Dichloro benzene	$C_6H_4Cl_2$		75	450	106-46-7	
129	3，3－二氯聯苯胺及基鹽類	Dichloro benzidine and its salts	$(C_6H_3ClNH_2)_2$	皮瘤			91-94-1	乙類特定化學物質
130	二氯二氟甲烷	Dichloeodi-fluoromethane	CCl_2F_2		1,000	4,950	75-71-8	
131	1，3－二氯－5，5－二甲基乙內醯	1,3 Dichloro-5,5-dimethyl hydantoin	$C_5H_6Cl_2N_2O_2$			0.2	118-52-5	
132	1，1－二氯乙烷	1,1-Dichloro ethane	CH_3CHCl_2		100	405	75-34-3	
133	1，2－二氯乙烷	1,2-Dichloro ethane (Ethylene dichloride)	CH_2ClCH_2Cl		10	40	107-06-2	第一種有機溶劑
134	1，2－二氯乙烯	1,2 Dichloro ethylene	$ClCH = CHCl$		200	793	540-59-0	第一種有機溶劑
135	二氯乙醚	Dichloroethyl ether	$(ClCH_2CH_2)_2O$	高皮	5	29	111-44-4	
136	二氯甲烷	Dichloro meth ane (Methylene Chloride)	CH_2Cl_2	瘤	50	174	75-09-2	第二種有機溶劑
137	二氯氟甲烷	Dichloromono-fluoromethane	$CHCl_2F$		10	42	75-43-4	
138	1，1－二氯－1－硝基乙烷	1,1-Dichloro-1-nitroethane	$H_3CC(Cl)_2NO_2$	高	2	12	594-72-9	
139	1，2－二氯丙烷	1,2-Dichloro propane	$CH_3CHClCH_2Cl$		75	347	78-87-5	
140	1，3－二氯丙烯	1,3-Dichloro propene	$CHClCHCH_2Cl$	皮	1	4.5	542-75-6	
141	2，2－二氯丙酸	2,2-Dichloropro-pionic acid	CH_3CCl_2COOH		1	5.8	75-99-0	
142	對－四氟二氯乙烷	Dichlorotetrafluoroe-thane	$CClF_2CClF_2$		1,000	6,990	76-14-2	
143	雙特松	Dicrotophos	$(CH_3O)_2P(O)$ $OC(CH_3) = CHC(O)$ $N(CH_3)_2$	皮		0.25	141-66-2	
144	二環戊二烯	Dicyclo pentadiene	$C_{10}H_{12}$		5	27	77-73-6	
145	地特靈	Dieldrin	$C_{12}H_8Cl_6O$	皮			60-57-1	禁止製造、輸入、販賣及使用之毒性化學物質
146	二乙醇胺	Diethanloamine	$(HOCH_2CH_2)_2NH$		3	13	111-42-2	
147	二乙胺	Diethylamine	$(C_2H_5)_2NH$		10	30	109-89-7	

表 25.1 空氣中有害物容許濃度表 (續)

編號	中文名稱	英文名稱	化學式	符號	容許濃度		化學文摘社號碼	備註
148	2 - 二乙胺基乙醇	2-Diethy laminoethanol	$(C_2H_5)_2NCH_2CH_2OH$	皮	10	48	100-37-8	
149	二次乙基三胺	Diethylene triamine	$NH_2C_2H_4NHC_2H_4NH_2$	皮	1	4.2	111-40-0	
150	二乙酮	Diethyl ketone	$C_2H_5COC_2H_5$		200	705	96-22-0	
151	鄰苯二甲酸二乙酯	Diethyl phthalate	$C_6H_4(CO_2C_2H_5)_2$			5	84-66-2	
152	二溴二氟甲烷	Difluorodibromomethane	CF_2Br_2		100	858	75-61-6	
153	縮水甘油醚	Diglycidy ether (DGE)	$OCH_2CHCH_2OCH_2CHCH_2O$	高	0.1	0.53	2238-07-5	
154	二異丁酮	Diisobutyl ketone	$(C_4H_9)_2CO$		25	145	108-83-8	
155	二異丙胺	Diisopropylamine	$[(CH_3)_2CH]_2NH$	皮	5	21	108-18-9	
156	N，N - 二甲基乙醯胺	N,N-Dimethylacetamide	$CH_3CON(CH_3)_2$	皮	10	36	127-19-5	
157	二甲胺	Dimethylamine	$(CH_3)_2NH$		10	18	124-40-3	
158	N，N - 二甲基苯胺	N,N-Dimethylaniline	$C_6H_5N(CH_3)_2$	皮	5	25	121-69-7	
159	二氯松	DDVP(Dimethyl dichlorovinylphosphate)	$(CH_3)_2PO_4CH = CCl_2$	皮	0.1	1	62-73-7	
160	N，N - 二甲基甲醯胺 (DMF)	N,N-imethylformamide (DMF)	$HCON(CH_3)_2$	皮	10	30	68-12-2	第二種有機溶劑
161	鄰苯二甲酸二甲酯	Dimethylphthalate	$C_6H_4(COOCH_3)_2$			5	131-11-3	
162	硫酸二甲酯	Dimethyl sulfate	$(CH_3)_2SO_4$	皮	0.1	0.52	77-78-1	丙類第一種特定化學物質
163	二硝基苯 (含異構物)	Dinitrobenzene (all isomers)	$C_6H_4(NO_2)_2$	皮	0.15	1	528-29-0； 99-65-0； 100-25-4	
164	二硝基 - 鄰 - 甲酚	Dinitro-o-cresol	$CH_3C_6H_2(NO_2)_2OH$	皮		0.2	534-52-1	
165	二硝基甲苯	Dinitrotoluene	$C_6H_3CH_3(NO_2)_2$	皮		1.5	25321-14-6	
166	鄰 - 苯二甲酸二辛酯	o-Dioctyl phthalate	$o\text{-}C_6H_4(COOC_8H_{17})_2$			5	117-81-7	
167	1，4 - 二氧陸圜	1,4-Dioxane	$(C_2H_4)_2O_2$	皮	25	90	123-91-1	第二種有機溶劑
168	大克松	Dioxathion	$C_4H_6O_2$ $[SPS(OC_2H_5)_2]_2$	皮		0.2	78-34-2	

表 25.1　空氣中有害物容許濃度表（續）

編號	中文名稱	英文名稱	化學式	符號	容許濃度		化學文摘社號碼	備註
169	二苯胺	Diphenylamine	$(C_6H_5)_2NH$			10	122-39-4	
170	二丙二醇甲醚	Dipropylene glycol methyl ether	$CH_3OC_3H_6OC_3H_6OH$	皮	100	606	34590-94-8	
171	二丙基酮	Dipropyl ketone	$(CH_3CH_2CH_2)_2CO$		50	233	123-19-3	
172	二硫松	Disulfoton	$(C_2H_5O)_2P(S)$ $SCH_2CH_2 SCH_2CH_3$	皮		0.1	298-04-4	
173	二乙烯苯	Divinyl benzene(DVB)	$C_6H_4(CHCH_2)_2$		10	53	1321-74-0	
174	安殺番	Endosulfan	$C_9H_6Cl_6O_3S$	皮		0.1	115-29-7	安殺番 35% 乳劑爲禁用農藥
175	安特靈	Endrin	$C_{12}H_8Cl_6O$	皮			72-20-8	禁止製造、輸入、販賣及使用之毒性化學物質
176	一品松	EPN	$C_6H_5P(C_2H_5O)(S)$ $OC_6H_4 NO_2$	皮		0.5	2104-64-5	
177	環氧氯丙烷	Epichlorohydrin	OCH_2CHCH_2Cl	皮	2	7.6	106-89-8	
178	1，2－環氧丙烷	1,2-Epoxypropane	OCH_2CHCH_3		20	48	75-56-9	
179	2，3－環氧丙醇	2,3-Epoxyl-1-propanol (Glycidol)	$OCH_2OHCHCH_2O$		25	76	556-52-5	
180	乙醇胺	Ethanolamine	$NH_2CH_2CH_2OH$		3	7.5	141-43-5	
181	愛殺松	Ethion	$[(C_2H_5O)_2P(S)S]_2CH_2$	皮		0.4	563-12-2	
182	乙胺	Ethylamine	$C_2H_5NH_2$		10	18	75-04-7	
183	乙酸乙酯	Ethyl acetate	$CH_3COOC_2H_5$		400	1440	141-78-6	第二種有機溶劑
184	丙烯酸乙酯	Ethyl acrylate	$CH_2 = CHCOOC_2H_5$		25	102	140-88-5	
185	乙醇	Ethyl alcohol	C_2H_5OH		1,000	1,880	64-17-5	
186	乙戊酮	Ethyl amyl ketone	$CH_3CH_2CH(CH_3)$ $CH_2 COCH_2CH_3$		25	131	541-85-5	
187	溴乙烷	Ethul bromide	C_2H_5Br	皮	200	892	74-96-4	
188	乙丁酮	Ethyl butyl ketone	$CH_3(CH_2)_3COCH_2$ CH_3		50	234	106-35-4	
189	乙醚	Ethyl ether	$(C_2H_5)_2O$		400	1210	60-29-7	第二種有機溶劑
190	乙二胺（伸乙二胺）	Ethylenediamine	$NH_2CH_2CH_2NH_2$	皮	10	25	107-15-3	
191	二溴乙烷	Ethylene dibromide	$C_2H_4Br_2$	皮	20	154	106-93-4	禁用農藥
192	乙二醇（霧滴）	Ethylene glycol (mist)	CH_2OHCH_2OH			10	107-21-1	
193	乙二醇（蒸氣）	Ethylene glycol (vapor)	CH_2OHCH_2OH	高	50	127	107-21-1	

表 25.1　空氣中有害物容許濃度表 (續)

編號	中文名稱	英文名稱	化學式	符號	容許濃度		化學文摘社號碼	備註
194	次乙亞胺	Ethylenimine	C_2H_4NH	皮	0.5	0.88	151-56-4	丙類第一種特定化學物質
195	乙二醇丁醚	Ethylene glycol monobutyl ether	$CH_2OHCH_2OC_4H_9$	皮	25	121	111-76-2	第二種有機溶劑
196	乙二醇乙醚	Ethylene glycol monoethyl ether	$CH_2OHCH_2OC_2H_5$	皮	5	18	110-80-5	第二種有機溶劑
197	乙二醇乙醚醋酸酯	Ethylene glycol monoethyl ether acetate	$C_2H_5OCH_2CH_2CO$ OCH_3	皮	5	27	111-15-9	第二種有機溶劑
198	乙二醇甲醚	Ethulene glycol monomethyl ether	$CH_2OHCH_2OCH_3$	皮	5	16	109-86-4	第二種有機溶劑
199	乙二醇甲醚醋酸酯	Ethylene glycol monomethyl ether acetate	$CH_3COOCH_2CH_2$ OCH_3	皮	5	24	110-49-6	
200	環氧乙烷	Ethylene oxide	C_2H_4O	瘤	1	1.8	75-21-8	
201	甲酸乙酯	Ethyl formate	$HCOOC_2H_5$		100	303	109-94-4	
202	乙硫醇	Ethyl mercaptan	C_2H_5SH	高	10	25	75-08-1	
203	N－乙基－1，4－氧氮陸圜	4-Ethylmorpholine	$CH_2CH_2OCH_2CH_2$ NCH_2CH_3	皮	5	24	100-74-3	
204	樂乃松	Fenchtorphos (Ronnel)	$(CH_3O)_2P(S)$ $OC_6H_2Cl_3$			10	299-84-3	禁止製造、輸入、販賣及使用之毒性化學物質
205	釩亞鐵合金	Ferrovanadi-um, dust				1	12604-58-9	
206	氟化物 (以氟計)	Fluorides(as F)	F			2.5		
207	氟	Fluorine	F_2		1	1.6	7782-41-4	
208	氟三氯甲烷	Fluorotrichloromethane	CCl_3F		1,000	5,620	75-69-4	
209	甲醯胺	Formamide	$HCONH_2$	皮	20	37	75-12-7	
210	甲醛	Formaldehyde	HCHO	瘤	1	1.2	50-00-0	丁類特定化學物質
211	甲酸	Formic acid	HCOOH		5	9.4	64-18-6	
212	冰喃甲醛	Furfural	C_4H_3OCHO	皮	2	7.9	98-01-1	
213	冰喃甲醇	Furfuryl alcohol	$C_4H_3OCH_2OH$	皮	10	40	98-00-0	
214	汽油	Gasoline			300	890	8006-61-9	含苯體積比 1% 以上之汽油為丙類第一種特定化學物質；當溶劑用時為第三種有機溶劑

表 25.1　空氣中有害物容許濃度表 (續)

編號	中文名稱	英文名稱	化學式	符號	容許濃度		化學文摘社號碼	備註
215	四氫化鍺	Germanium tetrahydride	GeH$_4$		0.2	0.63	7782-65-2	
216	戊二醛	Glutaraldehyde	OHC(CH$_2$)$_3$CHO	高	0.2	0.82	111-30-8	
217	穀粉	Grain dust				10		
218	鉿	Hafnium	Hf			0.5	7440-58-6	
219	飛佈達	Heptachlor	C$_{10}$H$_7$Cl$_7$	皮		0.5	76-44-8	禁止製造、輸入、販賣及使用之毒性化學物質
220	正庚烷	n-Heptane	CH$_3$(CH$_2$)$_5$CH$_3$		400	1640	142-82-5	
221	六氯丁二烯	Hexachloro butadiene	Cl$_2$CCClCClCCl$_2$	皮	0.02	0.21	87-68-3	
222	六氯環戊二烯	Hexachloro cyclo pentadiene	C$_5$Cl$_6$		0.01	0.11	77-47-4	
223	六氯乙烷	Hexachloroethane	Cl$_3$CCCl$_3$	皮	1	9.7	67-72-1	
224	六氯萘	Hexachloronaphthalene	C$_{10}$H$_2$Cl$_6$	皮		0.2	1335-87-1	
225	六氟丙酮	Hexafluoroacetone	CF$_3$COCF$_3$	皮	0.1	0.68	684-16-2	
226	二異氰酸環己烷	Hexamethylene diisocyanate (HDI)	OCN(CH$_2$)$_6$NCO	皮	0.005	0.034	822-06-6	
227	正己烷	n-Hexane	CH$_3$(CH$_2$)$_4$CH$_3$	皮	50	176	110-54-3	第二種有機溶劑
228	己烷異構物	Hexane isomers	C$_6$H$_{14}$		500	1760		
229	乙酸第二己酯	sec-Hexyl acetate	CH$_3$COOC$_6$H$_{13}$		50	295	108-84-9	
230	2 － 甲基－ 2，4 － 戊二醇	Hexylene glycol	(CH$_3$)$_2$COHCH$_2$ CHOHCH$_3$	高	25	121	107-41-5	
231	溴化氫	Hydrogen bromide	HBr	高	3	9.9	10035-10-6	丙類第一種特定化學物質
232	氯化氫	Hydrogen cyanide	HCl	高	5	7.5	7647-01-0	丁類特定化學物質
233	聯胺	Hydrazine	NH$_2$NH$_2$	皮	0.1	0.13	302-01-2	
234	氰化氫	Hydrogen cyanide	HCN	皮	10	11	74-90-8	丙類第一種特定化學物質
235	氟化氫	Hydrogen fluoride	HF		3	2.6	7664-39-3	丙類第一種特定化學物質；禁止用於化武
236	過氧化氫	Hydrogen perixide	H$_2$O$_2$		1	1.4	7722-84-1	
237	硒化氫	Hydrogen selenide	H$_2$Se		0.05	0.16	7783-07-5	
238	硫化氫	Hydrogen sulfide	H$_2$S	高	10	14	7783-06-4	丙類第一種特定化學物質
239	氫䂳	Hydroquinone	C$_6$H$_4$(OH)$_2$			2	123-31-9	

表 25.1　空氣中有害物容許濃度表（續）

編號	中文名稱	英文名稱	化學式	符號	容許濃度		化學文摘社號碼	備註
240	銦及其化合物（以銦計）	Indium and compound; (as In)	In			0.1	7440-74-6	
241	碘	Iodine	I_2	高	0.1	1	7553-56-2	
242	五羰鐵（以鐵計）	Iron penta carbonyl (as Fe)	$Fe(CO)_5$		0.1	0.23	13463-40-6	
243	氫化鐵（燻煙）	Iron oxide(fume)	FeO，Fe_3O_4			10	1309-37-1	
244	乙酸異戊酯	Isoamyl acetate	$CH_3COO(CH_2)_2CH(CH_3)_2$		100	532	123-92-2	第二種有機溶劑
245	異戊醇	Isoamyl alcohol	$(CH_3)_2CHCH_2CH_2OH$		100	361	123-51-3	第二種有機溶劑
246	乙酸異丁酯	Isobutyl acetate	$CH_3COOCH_2H_2(CH_3)_2$		150	713	110-19-0	第二種有機溶劑
247	異丁醇	Isbyutyl alcohol	$(CH_3)_2CHCH_2OH$		50	152	78-83-1	第二種有機溶劑
248	異辛醇	Isooctyl alcohol	$C_7H_{15}CH_2OH$	皮	50	266	26952-21-6	
249	異佛爾酮	Isophorone	$C_9H_{14}O$		5	28	78-59-1	
250	二異氰酸異佛爾酮	Isophorone diisocyanate (IPDI)	$C_{10}H_{18}(NCO)_2$		0.005	0.045	4098-71-9	丙類第一種特定化學物質
251	2－異丙氧基乙醇	2-Isopropo ethanol	$(CH_3)_2CHOCH_2CH_2OH$	皮	25	106	109-59-1	
252	乙酸異丙酯	Isopropyl acetate	$CH_3COOCH(CH_3)_2$		250	1040	108-21-4	第二種有機溶劑
253	異丙胺	Isopropylamine	$(CH_3)_2CHNH_2$		5	12	75-31-0	
254	異丙醇	Isopropyl alcohol	$(CH_3)_2CHOH$		400	983	67-63-0	第二種有機溶劑
255	異丙苯胺	N-Isopropylaniline	$C_6H_5NHCH(CH_3)_2$	皮	2	11	768-52-5	
256	異丙醚	Isopropyl ether	$(CH_3)_2CHOCH(CH_3)_2$		250	1040	108-20-3	
257	異丙基縮水甘油醚（IGE）	Isopropyl glycidyl ether (IGE)	$CH(CH_3)_2OCH_2CHCH_2O$		50	238	4016-14-2	
258	乙烯酮	Ketene	$H_2C = C = O$		0.5	0.86	463-51-4	
259	鉛及其無機化合物（以鉛計）	Lead & its inorganic compounds (as Pb)	Pb			0.1	7439-92-1	
260	砷酸鉛	Lead arsenate	$Pb_3(AsO_4)_2$			0.15	7784-40-9	丙類第三種特定化學物質
261	鉻酸鉛（以鉻計）	Lead chromate	$PbCrO_4$	瘤		0.05	7758-97-6	丙類第三種特定化學物質
262	靈丹	Lindane	$C_6H_6Cl_6$	皮			58-89-9	禁用農藥；禁止製造、輸入、販賣及使用之毒性化學物質

表 25.1　空氣中有害物容許濃度表 (續)

編號	中文名稱	英文名稱	化學式	符號	容許濃度		化學文摘社號碼	備註
263	亞麻	Linen				0.2		
264	液化石油氣 LPG	LPG(Liquified petroleum gas)	$CnH_{2n+2}(n = 2 \sim 4)$		1,000	1,800	68476-85-7	
265	氫化鋰	Lithium hydride	LiH			0.025	7580-67-8	
266	苯胺紅 (一品紅)	Magenta	$C_{20}H_{20}N_3$	瘤			632-99-5	丙類第二種特定化學物質
267	氧化鎂 (燻煙)	Magnesium oxide (fume)	MgO			10	1309-48-4	
268	馬拉松	Malathion	$C_{10}H_{19}O_6PS_2$	皮		10	121-75-5	
269	順－丁烯二酐	Maleic anhydride	$(CHCO)_2O$		0.25	1	108-31-6	
270	錳，燻煙 (以錳計)	Manganese, fume (as Mn)	Mn			1	7439-96-5	丙類第三種特定化學物質
271	錳及其無機化合物 (以錳計)	Manganese & inorganic compounds(as Mn)	Mn	高		5	7439-96-5	丙類第三種特定化學物質
272	環戊二烯三羰基錳 (以錳計)	Manganese cyclopentadienyl tricarbonyl(as Mn)	$C_5H_4Mn(CO)_3$	皮		0.1	12079-65-1	丙類第三種特定化學物質
273	汞、蒸氣及其化合物	Mercury(Metal fume & compounds)	Hg	皮		0.05	7439-97-6	丙類第三種特定化學物質
274	汞，有機化合物	Mercury(Organic compound)	Hg	皮		0.01	7439-97-6	禁用農藥
275	亞異丙基丙酮	Mesityl oxide	$(CH_3)_2C = CHCOCH_3$		15	60	141-79-7	
276	甲基丙烯酸	Methacrylic acid	$CH_2 = C(CH_3)COOH$		20	70	79-41-4	
277	4 －甲氧苯酚	4-Methoxophenol	$CH_3OC_6H_4OH$			5	150-76-5	
278	乙酸甲酯	Methyl acetate	CH_3COOCH_3		200	606	79-20-9	第二種有機溶劑
279	丙炔	Methyl acetylene	$CH_3C = CH$		1,000	1,640	74-99-7	
280	丙烯酸甲酯	Methyl aceylate	$CH_2 = CHCOOCH_3$	皮	10	35	96-33-3	
281	甲基丙烯	Methylacrylonitrile	$CH_2 = C(CH_3)CN$	皮	1	2.7	126-98-7	
282	二甲氧甲烷	Methyla	$CH_3OCH_2OCH_3$		1,000	3,110	109-87-5	
283	甲醇	Methyl alcohol	CH_3OH	皮	200	262	69-56-1	第二種有機溶劑
284	甲胺	Methylanine	CH_3NH_2		10	13	74-89-5	
285	甲基正戊酮	Methyl namyl ketone	$CH_3(CH_2)_4COCH_3$		50	233	110-43-0	
286	N －甲苯胺	N-Methyl aniline	$C_6H_5NHCH_3$	皮	0.5	2.2	100-61-8	
287	溴甲烷	Methyl bromide	CH_3Br	高皮	5	19	74-83-9	丙類第一種特定化學物質

表 25.1　空氣中有害物容許濃度表（續）

編號	中文名稱	英文名稱	化學式	符號	容許濃度		化學文摘社號碼	備註
288	甲基正丁酮	Methyl n-butyl ketone	$CH_3COC_4H_9$	皮	5	20	591-78-6	第二種有機溶劑
289	氯甲烷	Methyl chloride	CH_3Cl	皮	50	103	74-87-3	
290	2－氰基丙烯酸甲酯	Methyl 2-cyanoacylate	$CH_2=C(CN)$ $COOCH_3$		2	9.1	137-05-3	
291	甲基環己烷	Methylcyelohexane	$CH_3C_6H_{11}$		400	1610	108-87-2	
292	甲基環己醇	Methylcyclohexanol	$CH_3C_6H_{10}OH$		50	234	25639-42-3	第二種有機溶劑
293	甲基環己酮	Methylcyclo hexanone	$CH_3C_5H_9CO$	皮	50	229	583-60-8	第二種有機溶劑
294	甲基環戊二烯三羰基錳（以錳計）	Methylcyclo pentadienyl manganese tricarbonyl (as Mn)	$CH_3C_5H_4Mn(CO)_3$	皮		0.2	12108-13-3	丙類第三種特定化學物質
295	3,3'－二氯－4,4' 二胺基苯化甲烷	4, 4'-Methylene bis (2-chloro aniline)	$C_{13}H_{12}Cl_2N_2$	皮瘤	0.02	0.218	101-14-4	丙類第一種特定化學物質
296	4,4－二異氰酸二苯甲烷	Methylene bisphenyl isocyanate (MDI)	$OCNC_6H_4CH_2C_6H_4$ NCO	高	0.02	0.2	101-68-8	丙類第一種特定化學物質
297	丁酮	Methyl ethyl ketone	$CH_3COC_2H_5$		200	590	78-93-3	第二種有機溶劑
298	過氧化丁酮	Methyl ethyl ketone peroxide (MEKPO)	$C_8H_{16}O_4$	高	0.2	1.5	1338-23-4	
299	甲酸甲酯	Methyl formate	$HCOOCH_3$		100	246	107-31-3	
300	甲基聯胺	Methyl hydrazine	CH_3NHNH_2	皮高	0.2	0.38	60-34-4	
301	碘甲烷	Methyl iodide	CH_3I	皮	2	12	74-88-4	丙類第一種特定化學物質
302	甲基異戊基酮	Methyl isoamyl ketone	$CH_3COC_2H_4CH$ $(CH_3)_2$		50	234	110-12-3	
303	4－甲基－2－戊醇	Methhyl isobutyl carbinol	$(CH_3)_2CHCH_2CH$ $(CH_3)OH$	皮	25	104	108-11-2	
304	甲基異丁酮	Methyl isobutyl ketone	$CH_3COCH(CH_3)_2$		50	205	108-10-1	第二種有機溶劑
305	異氰酸甲酯	Methylisocyanate	CH_3NCO	皮	0.02	0.05	624-83-9	丙類第一種特定化學物質
306	甲基異丙酮	Methyl isopropyl ketone	$CH_3COCH(CH_3)_2$		200	705	563-80-4	
307	甲硫醇	Methyl mercaptan	H_3CHS	高	10	20	74-93-1	
308	甲基丙烯酸甲酯	Methyl methacrylate	$C_3H_5COOCH_3$		100	410	80-62-6	
309	甲基巴拉松	Methyl parathion	$(CH_3O)_2P(S)$ $OC_6H_4NO_2$	皮		0.2	298-00-0	
310	甲丙酮	Methyl propyl ketone	$CH_3(CH_2)_2COCH_3$		200	705	107-87-9	

表 25.1　空氣中有害物容許濃度表（續）

編號	中文名稱	英文名稱	化學式	符號	容許濃度		化學文摘社號碼	備註
311	甲基第三丁基醚	Methyl tert-butyl ether	$(CH_3)_3COCH_3$		40	144	1634-04-4	
312	α- 甲基苯乙烯	α-Methyl styrene	$C_6H_5C(CH_3) = CH_2$		50	242	98-83-9	
313	雲母石	Mica				3	12001-26-2	可呼吸性粉塵
314	鉬，可溶性化合物 (以鉬計)	Molyodenum (as Mo) Soluble compounds	Mo			5	7439-98-7	
315	嗎啉	Morpholine	C_4H_8ONH	皮	20	71	110-91-8	
316	石油精 (煤溚)	Naphtha (Coal tar)	$C_7H_8 \sim C_8H_{10}$		100	400	8030-30-6	第三種有機溶劑
317	萘	Naphthalene	$C_{10}H_8$		10	52	91-20-3	
318	α －萘胺	α-Naphthalene	$C_{10}H_7NH_2$	瘤			134-32-7	乙類特定化學物質
319	β －萘胺	β-Naphtlylamine	$C_{10}H_7NH_2$	瘤			91-59-8	禁止製造、輸入、販賣及使用之毒性化學物質；甲類特定化學物質
320	鎳，金屬及非溶性化合物 (以鎳計)	Nickel metal and insoluble compounds (as Ni)	Ni			1	7440-02-0	
321	鎳，可溶性化合物 (以鎳計)	Nickel, soluble compounds (as Ni)	Ni			0.1	7440-02-0	
322	四羰化鎳	Nickel carbonyl	$Ni(CO)_4$		0.001	0.007	13463-39-3	丙類第一種特定化學物質
323	菸鹼 (尼古丁)	Nicotine	$C_5H_4NC_4H_7NCH_3$	皮		0.5	54-11-5	
324	硝酸	Nitric acid	HNO_3		2	5.2	7697-37-2	丁類特定化學物質
325	一氧化氮	Nitric oxide	NO		25	31	10102-43-9	
326	對硝基苯胺	p-Nitroaniline	$NO_2C_6H_4NH_2$	皮		3	100-01-6	
327	硝基苯	Nitrobenzene	$C_6H_5NO_2$	皮	1	5	98-95-3	
328	對－硝基氯苯	p-Nitrochloro benzene	$C_6H_4Cl(NO_2)$	皮		1	100-00-5	丙類第一種特定化學物質
329	4 －硝基聯苯及其鹽類	4-Nitro diphenyl and its salts	$H(C_6H_4)_2NO_2$	皮瘤			92-93-3	禁止製造、輸入、販賣及使用之毒性化學物質；甲類特定化學物質
330	硝乙烷	Nitroethane	$CH_3CH_2NO_2$		100	307	79-24-3	

表 25.1　空氣中有害物容許濃度表（續）

編號	中文名稱	英文名稱	化學式	符號	容許濃度		化學文摘社號碼	備註
331	二氧化氮	Nitrogen dioxide	NO_2 & N_2O_4	高	5	9	10102-44-0	
332	三氟化氮	Nitrogen trifluoride	NF_3		10	29	7783-54-2	
333	硝化甘油	Nitroglycerin	$C_3H_5(ONO_2)_3$	皮	0.2	2	55-63-0	
334	硝基乙二醇	Nitroglycol	$(CH_2ONO_2)_2$	皮	0.02	0.12	628-96-6	丙類第三種特定化學物質
335	硝甲烷	Nitromethane	CH_3NO_2		100	250	75-52-5	
336	1－硝丙烷	1-Nitropropane	$CH_3CH_2CH_2NO_2$		25	91	108-03-2	
337	2－硝丙烷	2-Nitropropane	$CH_3CHNO_2CH_3$		10	36	79-46-9	
338	硝基甲苯	Nitrotoluene	$NO_2C_6H_4CH_3$	皮	2	11	88-72-2；99-08-1；99-99-0	
339	一氧化二氮	Nitrous oxide	N_2O		50	90	10024-97-2	
340	壬烷（含異構物）	Nonane	C_9H_{20}		200	1,050	111-84-2	
341	八氯萘	Octachloronaphthalene	$C_{10}Cl_8$	皮		0.1	2234-13-1	
342	辛烷	Octane	C_8H_{18}		300	1,400	111-65-9	
343	油霧滴（礦物性）	Oil mist (Mineral)				5	8012-95-1	
344	四氧化鋨（以鋨計）	Osmium trtroxide (as Os)	OsO_4		0.0002	0.0016	20816-12-0	
345	草酸	Oxalic acid	$(COOH)_2 \cdot 2H_2O$			1	144-62-7	
346	氟化氧	Oxygen difluoride	OF_2		0.05	0.11	7783-41-7	
347	臭氧	Ozone	O_3		0.1	0.2	10028-15-6	
348	石蠟，薰煙	Paraffin wax, fume				2	8002-74-2	
349	巴拉刈	Paraquat	$C_{12}H_{14}N_2Cl_2$ or $C_{12}H_{14}N_2$ $(CH_3SO_4)_2$			0.1	4685-14-7	
350	巴拉松	Parathion	$(C_2H_5O)_2PSOC_6H_4NO_2$	皮		0.1	56-38-1	
351	五硼烷	Pentaborane	B_5H_9		0.005	0.013	19624-22-7	
352	五氯萘	Pentachloronaphthalene	$C_{10}H_3Cl_5$	皮		0.5	1321-64-8	禁止製造、輸入、販賣及使用之毒性化學物質
353	五氯酚及其鈉鹽	Pentachloro phenol & its sodium salts	C_6Cl_5OH	皮		0.5	87-86-5	禁止製造、輸入、販賣及使用之毒性化學物質；甲類特定化學物質

表 25.1　空氣中有害物容許濃度表 (續)

編號	中文名稱	英文名稱	化學式	符號	容許濃度		化學文摘社號碼	備註
354	戊烷	Pentane	$CH_3(CH_2)_3CH_3$		600	1770	109-66-0	
355	過氯甲基硫醇	Perchlorome-thyl mercaptan	$ClSCCl_3$		0.1	0.76	594-42-3	
356	過氯酸氟	Perchloryl fluoride	$ClFO_3$		3	13	7616-94-6	
357	酚	Phenol	C_6H_5OH	皮	5	19	108-95-2	丁類特定化學物質
358	分塞滙	Phenothiazine	$C_{12}H_9NS$	皮		5	92-84-2	
359	對一苯二胺	p-Phenylene diamine	$C_6H_4(NH_2)_2$			0.1	106-50-3	
360	苯乙烷	Phenylethane	$C_6H_5C_2H_5$		100	434	100-41-4	
361	苯醚，蒸氣	Phenyl ether, vapor	$(C_6H_5)_2O$		1	7	101-84-8	
362	苯基縮水甘油醚	Phenyl glycidyl ether (PGE)	$C_6H_5OCH_2CHCH_2O$		1	6.1	122-60-1	
363	苯肼	Phenyl hydrazine	$C_6H_5NHNH_2$	皮	5	22	100-63-0	
364	苯硫醇	Phenyl mercaptan	C_6H_5SH		0.5	2.3	108-98-5	
365	苯膦	Phenyl phosphine	$C_6H_5PH_2$	高	0.05	0.23	638-21-1	
366	福瑞松	Phorate	$(C_2H_5O)_2P(S)SCH_2SC_2H_5$	皮		0.05	298-02-2	
367	美文松	Phosdrin (Mevinphos)	$(CH_3O)_2P(O)OC(CH_3)=CHCOOCH_3$	皮	0.01	0.092	7786-34-7	
368	光氣	Phosgene	$COCl_2$		0.1	0.4	75-44-5	丁類特定化學物質
369	磷化氫	Phosphine	PH_3		0.3	0.4	7803-51-2	
370	磷酸	Phosphoric acid	H_3PO_4			1	7664-38-2	
371	黃磷	Phosphorus (yellow)	P_4			0.1	7723-14-0	甲類特定化學物質黃磷火柴
372	氧氯化磷	Phosphorus oxychloride	$POCl_3$		0.1	0.63	10025-87-3	丙類第一種特定化學物質
373	五氯化磷	Phosphorus pentachloride	PCl_5			1	10026-13-8	
374	五硫化磷	Phosphorus pentasulfide	P_2S_5			1	1314-80-3	
375	三氯化磷	Phosphorus trichloride	PCl_3		0.2	1.1	7719-12-2	
376	鄰苯二甲酐	Phthalic anhydride	$C_6H_4(CO)_2O$		1	6.1	85-44-9	
377	二腈苯	Phthalodinitrile	$C_6H_4(CN)_2$			5	626-17-5	
378	苦味酸	Pioric acid	$C_6H_2(OH)(NO_2)_3$			0.1	88-89-1	

表 25.1　空氣中有害物容許濃度表 (續)

編號	中文名稱	英文名稱	化學式	符號	容許濃度		化學文摘社號碼	備註
379	二氫氯化六氫吡𠯤	Piperazine dihydrochloride	$C_4H_{10}N_2 \cdot 2HCl$			5	142-64-3	
380	鉑 (以鉑計) 金屬	Platinum (as Pt) Metal	Pt			1	7440-06-4	
381	鉑，可溶性鹽類 (以鉑計)	Platinum(as Pt) Soluble salts	Pt			0.002	7440-06-4	
382	多氯聯苯	Poly chlorinated biphenys		皮		0.01	53469-21-9	禁止製造、輸入、販賣及使用之毒性化學物質；甲類特定化學物質
383	丙烷	Propace	CH_3CH_2CH		1,000	1,800	74-98-6	
384	丙酸	Propionic acid	CH_3CH_2COOH		10	30	79-09-4	
385	1 －丙醇	1-Propanol	$CH_3CH_2CH_2OH$	皮	200	491	71-23-8	
386	β －丙內酯	β-Propiolactone	$(CH_2)_2CO_2$				57-57-8	丙類第一種特定化學物質
387	正丙酸乙酯	n-Propyl acetate	$CH_3COOC_3H_7$		200	835	109-60-4	第二種有機溶劑
388	硝酸丙酯	n-Propyl nitrate (NPN)	$C_3H_7NO_3$		25	107	627-13-4	
389	丙二醇二硝酸酯	Propylene glycol dinitrate	$NO_3CH_2CHNO_3CH_3$	皮	0.05	0.34	6423-43-4	
390	丙二醇甲醚	Propylene glycol monomethyl ether	$CH_3OCH_2CHOHCH_3$		100	369	107-98-2	
391	丙烯亞胺	Propylene imine	$CH_3HCNHCH_2$	皮	2	4.7	75-55-8	
392	除蟲菊	Pyrethrum				5	8003-34-7	
393	吡啶	Pyridine	C_5H_5N		5	16	110-86-1	
394	醌	Quinone	$C_6H_4O_2$		0.1	0.44	106-51-4	
395	間苯二酚 (雷瑣辛)	Resorcinol	$C_6H_4(OH)_2$		10	45	108-46-3	
396	銠 (以銠計) 金屬燻煙及非溶性化合物	Rhodium(as Rh), metal fume and insoluble compounds	Rh			0.1	7440-16-6	
397	銠 (以銠計) 可溶性化合物	Rhodium(as Rh), soluble compounds	Rh			0.01	7440-16-6	
398	魚籐精	Rotenone	$C_{23}H_{22}O_6$			5	83-79-4	
399	硒化合物 (以硒計)	Selenium compounds (as Se)	Se			0.2	7782-49-2	

表 25.1 空氣中有害物容許濃度表（續）

編號	中文名稱	英文名稱	化學式	符號	容許濃度		化學文摘社號碼	備註
400	六氟化硒	Selenium hexafluoride (as Se)	SeF_6		0.05	0.16	7783-79-1	
401	四氫化矽	Silicon hydride (Silane)	SiH_4		5	6.6	7803-62-5	
402	銀、金屬、粉塵及可溶性化合物（以銀計）	Silver, metal dust andsoluble Ag compounds and fume (as Ag)				0.01	7440-22-4	
403	疊氮化鈉	Sodium azide (as HN_3)	NaN_3	高	0.11	0.29	26628-22-8	
404	亞硫酸氫鈉	Sodium bisulfite	$NaHSO_3$			5	7631-90-5	
405	氟乙酸鈉	Sodium fluoro acetate	FCH_2COONa	皮		0.05	62-74-8	
406	氫氧化鈉	Sodium hydroxide	$NaOH$			2	1310-73-2	
407	氫化銻	Stibine (antimony hydride)	SbH_3		0.1	0.51	7803-52-3	
408	斯多德爾溶劑	Stoddard solvent (White spirits)			100	525	8052-41-3	
409	苯乙烯	Styrene	$CH_2 = CHC_6H_5$		50	213	100-42-5	第二種有機溶劑
410	二氧化硫	Sulfur dioxide	SO_2		2	5.2	7446-09-5	丁類特定化學物質
411	六氟化硫	Sulfur hexafluoride	SF_6		1,000	5,970	2551-62-4	
412	一氯化硫	Sulfur monochloride	S_2Cl_2		1	5.5	10025-67-9	
413	硫酸	Sulfuric acid	H_2SO_4			1	7664-93-9	丁類特定化學物質
414	五氟化硫	Sulfur pentafluoride	S_2F_{10}		0.01	0.10	5714-22-7	
415	四氟化硫	Sulfur tetrafluoride	SF_4	高	0.1	0.44	7783-60-0	
416	氟化硫醯	Sulfuryl fluoride	SO_2F_2		5	21	2699-79-8	
417	滑石（不含石綿纖維）	Talc(containing no asbestos fibers)	$Mg_3[Si_4O_{10}](OH)_2$			2	14807-96-6	可呼吸性粉塵
418	鉭，金屬及氧化物粉塵	Tantalum, metal and oxide dust	Ta			5	1314-61-0	
419	碲及其化合物（以碲計）	Tellurium and compounds (as Te)	Te			0.1	13494-80-9	
420	帖普	TEPP	$(C_2H_5O)_4P_2O_7$	皮	0.004	0.047	107-49-3	
421	聯三苯	Terphenyls	$(C_6H_5)_2C_6H_4$	高	0.53	5	26140-60-3	
422	1,1,2,2-四氯-2,2-二氟乙烷	1,1,2,2-Tetrachloro-2,2-difluoroethane	CCl_3FCClF_2		500	4170	76-12-0	

表 25.1　空氣中有害物容許濃度表（續）

編號	中文名稱	英文名稱	化學式	符號	容許濃度		化學文摘社號碼	備註
423	1，1，2，2 －四氯－1，2 －二氟乙烷	1,1,2,2-Tetrachloro-1,2-difluoroethane	CCl_2FCCl_2F		500	4170	76-12-0	
424	1，1，2，2 －四氯乙烷	1,1,2,2-Tetra chloroethane	$CHCl_2CHCl_2$	皮	1	6.9	79-34-5	第一種有機溶劑
425	四氯乙烯	Tetra chloro ethylene	$CCl_2 = CCl_2$		50	339	127-18-4	第二種有機溶劑
426	四氯蒽	Tetra chlorona phthalene	$C_{10}H_4Cl_4$			2	1335-88-2	
427	四乙基鉛	Tetraethyl lead (as Pb)	$Pb(C_2H_5)_4$	皮		0.075	78-00-2	
428	四甲基鉛（以鉛計）	Tetra methyl lead (as Pb)	$Pb(CH_3)_4$	皮		0.075	75-74-1	
429	四氫呋喃	Tetra hydrofuran (THF)	$(CH_2)_4O$		200	590	109-99-9	第二種有機溶劑
430	四甲基琥珀	Tetramethyl auccinonitrile	$NCC(CH_3)_2$ $C(CH_3)_2CN$	皮	0.5	28	3333-52-6	
431	四硝甲烷	Tetranitro methane	$C(NO_2)_4$		1	8	509-14-8	
432	焦磷酸四鈉	Tetrasodium Pyrophosphace	$Na_4P_2O_7$			5	7722-88-5	
433	乙硫醇酸	Thioglycollic acid	$HSCH_2COOH$	皮	1	3.8	68-11-1	
434	氯亞硫醯	Thionyl chloride	$SOCl_2$	高	1	4.9	7719-09-7	
435	得恩地	Thiran	$[(CH_3)_2NCS]_2S_2$			5	137-26-8	
436	錫及錫無機化合物（以錫計）	Tin & its inorganic compounds (Except and SnH_4 & SnO_2)as Sn	Sn			2	7440-31-5	除氫化錫及二氧化錫外含錫量
437	錫有機化合物（以錫計）	Tin organic compounds (as Sn)	Sn	皮		0.1		含錫量
438	氧化錫（以錫計）	Tin exide (as Sn)	Sn			2		
439	二氧化鈦	Titanium dioxide	TiO_2			10	13463-67-7	
440	鄰－二甲基聯苯胺及其鹽類	o-Toluidine & its salts	$(CH_3C_6H_4NH_2)_2$	皮			119-93-7	乙類特定化學物質
441	鄰－甲苯胺	o-Toluidine	$CH_3C_6H_4NH_2$	皮	5	22	95-53-4	
442	間－甲苯胺	m-Toluidine	$CH_3C_6H_4NH_2$	皮	2	8.8	108-44-1	
443	對－甲苯胺	p-Toluidine	$CH_3C_6H_4NH_2$	皮	2	8.8	106-49-0	
444	甲苯	Toluene	$C_6H_5CH_3$	皮	100	376	108-88-3	第二種有機溶劑
445	2，4 －二異氰酸甲苯或2，6 －二異氰酸甲苯	Toluene-2, 4-diisocyanate or Toluene-2,6-diisocyanate (TDI)	$C_6H_3CH_3(NCO)_2$	高	0.005	0.036	584-84-9	丙類第一種特定化學物質

表 25.1 空氣中有害物容許濃度表 (續)

編號	中文名稱	英文名稱	化學式	符號	容許濃度		化學文摘社號碼	備註
446	毒殺芬	Toxaphene	$C_{10}H_{10}Cl_8$	皮		0.5	8001-35-2	禁止製造、輸入、販賣及使用之毒性化學物質
447	磷酸三丁酯	Tributyl phosphate (TBP)	$(C_4H_9)_3PO_4$		0.2	2.2	126-73-8	
448	三氯乙酸	Trichloro acetic acid (TCA)	CCl_3COOH		1	6.7	76-03-9	
449	1,2,4 - 三氯苯	1,2,4-Trichloro-benexene	$C_6H_3Cl_3$	高	5	37	120-82-1	
450	1,1,1 - 三氯乙烷	1,1,1-Trichloroethane (methylchloroform)	CH_3CCl_3		350	1910	71-55-6	第二種有機溶劑
451	1,1,2 - 三氯乙烷	1,1,2-Trichloroethane	Cl_2CHCH_2Cl	皮	10	55	79-00-5	第二種有機溶劑
452	三氯乙烯	Teichloro ethylene	$CHCl = CCl_2$		50	269	79-01-6	第一種有機溶劑
453	三氯甲烷 (氯仿)	Teichlcromethane (Chloroform)	$CHCl_3$	高	10	49	67-66-3	第一種有機溶劑
454	三氯萘	Trichhloro naphthalene	$C_{10}H_5Cl_3$	皮		5	1321-65-9	
455	1,2,3 - 三氯丙烷	1,2,3-trichloro propane	$ClCH_2CHClCH_2Cl$		50	302	96-18-4	
456	1,1,2 - 三氯 - 1,2,2 - 三氟乙烷	1,1,2-Trichloro-1,2,2-trifluoro ethane	CCl_2FCClF_2		1,000	7,670	76-13-1	
457	三乙胺	Triethylamine	$(C_2H_5)_3N$		10	41	121-44-7	
458	三氟溴甲烷	Trifluoro bro-momethane	$CBrF_3$		1,000	6,090	75-63-8	
459	1,2,4 - 苯三甲酸酐	Trimellitic anhydrule	$C_9H_4O_5$		0.005	0.04	552-30-7	
460	三甲胺	Trimethylamine	$(CH_3)_3N$		10	24	75-50-3	
461	三甲苯	Trimethyl benzene	$(CH_3)_3C_6H_3$		25	123	2551-13-7	
462	亞磷酸三甲酯	Trimethyl phosphite	$(CH_3O)_3P$		2	10	121-45-9	
463	2,4,6 - 三硝基甲苯	2,4,6-Trinitrotoluene (TNT)	$CH_3C_6H_2(NO_2)_3$	皮		0.5	118-96-7	
464	三鄰甲苯基磷酸酯	Triorthocresyl phosphate (TOCP)	$C_{21}H_{21}O_4P$	皮		0.1	78-30-8	
465	三苯基胺	Triphenyl amine	$(C_6H_5)_3N$			5	603-34-9	
466	磷酸三苯酯	Triphenyl phosphate	$(C_6H_5)_3PO_4$			3	115-86-6	

表 25.1 空氣中有害物容許濃度表 (續)

編號	中文名稱	英文名稱	化學式	符號	容許濃度		化學文摘社號碼	備註
467	鎢，非溶性化合物 (以鎢計)	Tungsten (as W) Insoluble compounds	W			5	7440-33-7	
468	鎢，可溶性化合物 (以鎢計)	Tungsten (as W) Soluble compounds	W			1	7440-33-7	
469	松節油	Turpentine	$C_{10}H_{16}$		100	556	8006-64-2	第三種有機溶劑
470	鈾，可溶性化合物 (以鈾計)	Uranium (as U) soluble compounds	U	瘤		0.2	7440-61-1	
471	鈾，非溶性化合物 (以鈾計)	Uranium (as U) Insoluble compounds	U			0.2	7440-61-1	
472	正戊醛	n-Valeraldehyde	$CH_3(CH_2)_3CHO$		50	176	110-62-3	
473	五氧化二釩粉塵	Vanadium pentaoxide (V_2O_5) dust	V_2O_5	高		0.5	1314-62-1	丙類第三種特定化學物質
474	五氧化二釩燻煙	Vanadium pentaoxide (V_2O_5) fume	V_2O_5	高		0.1	1314-62-1	丙類第三種特定化學物質
475	醋酸乙烯酯	Vinyl acetate	$CH_3COOCH = CH_2$		10	35	108-05-4	
476	溴乙烯	Vinyl bromide	$CH_2 = CHBr$	瘤	5	22	593-60-2	
477	氯乙烯	Vinyl Chloride	$CH_2 = CHCl$	瘤	1	2.6	75-01-4	丙類第一種特定化學物質
478	二氧化環己烯乙烯	Vinyl cyclohexene dioxide	$CH_2CHOC_6H_9O$	皮瘤	10	57	106-87-6	
479	乙烯基甲苯	Vinyl toluene	$CH_2 = CHC_6H_4CH_3$		100	482	25013-15-4	
480	殺鼠靈	Warfarin	$C_{19}H_{16}O_4$			0.1	81-81-2	
481	木粉	Wood dust				5		
482	二甲苯 (含鄰，間，對異構物)	Xylene(xylol), (o-,m-,p-isomer)	$C_6H_4(CH_3)_2$		100	434	1330-20-7；95-47-6；108-38-3 106-43-2	第二種有機溶劑
483	二甲苯胺	Xylidine	$(CH_3)_2C_6H_3NH_2$	皮瘤	2	10	1300-73-8	
484	釔，金屬及其化合物 (以釔計)	Yttrium, metal and compounds (as Y)	Y			1	7440-65-5	
485	氯化鋅 (燻煙)	Zinc chloride, fume	$ZnCl_2$			1	7646-85-7	
486	鉻酸鋅 (以鉻酸計)	Zine chromates (as CrO_3)	$ZnCrO_4$	高瘤		0.05	13530-65-9	丙類第三種特定化學物質
487	氧化鋅 (燻煙)	Zinc oxide (fume)	ZnO			5	1314-13-2	

表 25.1　空氣中有害物容許濃度表 (續)

編號	中文名稱	英文名稱	化學式	符號	容許濃度		化學文摘社號碼	備註
488	鋯化合物 (以鋯計)	Zirconium compounds (as Zr)	Zr			5	7440-67-7	

備註：(1) 對於未註明可呼吸性粉塵之粒狀有害物，其容許濃度是指總粉塵。

　　　(2) 表內註有「皮」字者，表示該物質易從皮膚、粘膜滲入體內，並不表示該物質對勞工會引起刺激感、皮膚炎及敏感等特性。

　　　(3) 表內註有「瘤」字者，表示該物質經證實或疑似對人類會引起腫瘤之物質。

　　　(4) 本表內氣狀有害物濃度單位換算公式如下：

$$氣狀有害物之濃度 (mg/m^3) = \frac{氣狀有害物之分子量 (g/mole)}{24.45} \times 氣狀有害物之濃度 (ppm)$$

　　　24.45 表示在攝氏 25 度，1 大氣壓條件下，氣狀有害物之毫克莫耳體積立方公分數。

二、短時間時量平均容許濃度 (PEL-STEL)

依本標準第三條所定，「短時間時量平均容許濃度」(Permissible Exposure Limit-Short Term Exposure Limit, PEL-STEL)，係指一般勞工連續暴露在此濃度以下任何 15 分鐘，不致有不可忍受之刺激、慢性或不可逆之組織病變、麻醉昏暈作用、事故增加之傾向或工作效率之降低者。表 25.1 中符號欄未註有「高」字及表 25.2 之容許濃度乘以下表所列之變量係數所得之濃度，即為法定之「短時間時量平均容許濃度」。

表 25.2　空氣中粉塵容許濃度表

種類	粉塵	容許濃度		符號	化學文摘社號碼 (CAS NO.)
		可呼吸性粉塵	總粉塵		
第一種粉塵	含結晶型游離二氧化矽 10% 以上之礦物性粉塵	$\dfrac{10mg/m^3}{\%SiO_2+2}$	$\dfrac{30mg/m^3}{\%SiO_2+2}$		14808-60-7； 15468-32-3； 14464-46-1； 1317-95-9
第二種粉塵	含結晶型游離二氧化矽未滿 10% 之礦物性粉塵	$1\ mg/m^3$	$4\ mg/m^3$		
第三種粉塵	石綿纖維	0.15/cc		瘤	1332-21-4； 12001-28-4； 12172-73-5； 77536-66-4； 77536-67-5； 77536-68-6； 132207-32-0
第四種粉塵	厭惡性粉塵	可呼吸性粉塵 $5\ mg/m^3$	總粉塵 $10\ mg/m^3$		

備註：(1) 本表內所規定之容許濃度均為八小時日時量平均容許濃度。

　　　(2) 可呼吸性粉塵係指可透過離心式或水平析出式等分粒裝置所測得之粒徑者。

　　　(3) 結晶型游離二氧化矽係指石英、方矽石、矽石及矽藻土。

　　　(4) 石綿粉塵係指纖維長度在五微米以上，長寬比在三以上之粉塵。

表 25.3　容許濃度變量係數

容許濃度	變量係數	備　註
未滿 1	3	表中容許濃度氣狀物以 ppm、粒狀物以 mg/m³、石綿以 f/c 為單位。
1 以上，未滿 10	2	
10 以上，未滿 100	1.5	
100 以上，未滿 1,000	1.25	
1,000 以上	1	

三、最高容許濃度 (PEL-C)

　　依本標準第三條所定，「最高容許濃度」(Pemissible-ExposureLimit-Ceiling, PEL-C)，為不得使一般勞工有任何時間超過此濃度之暴露，以防勞工不可忍受之刺激或生理病變者。在表 25.1 中，符號欄註有「高」字之濃度，即為法定之「最高容許濃度」。

25.4　作業環境中有害物濃度之評估方法

一、依本標準第二條規定，雇主應確保勞工作業場所之危害暴露低於表 25.1 或表 25.2 之規定。表 25.1 中未列有容許濃度值之有害物經測出者，視為超過標準。

二、依本標準第四條所定，「時量平均濃度」之其計算方式如下：

$$\frac{\begin{array}{l}第一次某有害物空氣中濃度×工作時間＋\\第二次某有害物空氣中濃度×工作時間＋\cdots\\＋第n次某有害物空氣中濃度×工作時間\end{array}}{總工作時間}＝時量平均濃度$$

三、依本標準第八條規定，勞工作業環境空氣中有害物濃度應符合下列規定：

　　(1) 全程工作日之時量平均濃度不得超過相當「八小時日時量平均容許濃度」。

　　(2) 任何一次連續 15 分鐘內之時量平均濃度不得超過「短時間時量平均容許濃度」。

　　(3) 任何時間均不得超過最高容許濃度。

四、依本標準第九條規定，作業環境空氣中有二種以上有害物存在而其相互間效應非屬於相乘效應或獨立效應時，應視為相加效應，並依下列規定計算，其「總和」大於一時，即屬超出容許濃度。

$$總和 = \frac{甲有害物成分之濃度}{甲有害成分之容許濃度} + \frac{乙有害物成分之濃度}{乙有害成分之容許濃度}$$

$$+ \frac{丙有害物成分之濃度}{丙有害成分之容許濃度} + \cdots$$

例三

在某一作業場所中，因作業需要而使用氯苯作為溶劑，作業勞工一工作天的暴露情況
如下：

4 小時在脫脂槽邊，測得之氯苯濃度為 64ppm

0.5 小時在清洗零件，測得之氯苯濃度為 90ppm

3 小時在翻修機具，測得之氯苯濃度為 40ppm

0.5 小時在午餐休息，測得之氯苯濃度為 3ppm

試問該勞工所暴露之氯苯濃度是否超過法定標準？

(1) 氯苯之法定「八小時日時量平均容許濃度」：75ppm(直接查表 25.1)

(2) 氯苯之法定「短時間時量平均容許濃度」：

因氯苯的符號欄中並未註有「高」字，故

短時間時量平均容許濃度 ＝ 八小時日時量平均容許濃度 × 變量係數

＝ 75×1.5(查表 25.3)

＝ 112.5ppm

(3) 計算該勞工一天工作暴露於氯苯之「時量平均濃度」：

時量平均濃度 ＝ [(64)(4) ＋ (90)(0.5) ＋ (40)(3) ＋ (3)(0.5)] / (4 ＋ 0.5 ＋ 3 ＋ 0.5)

＝ (422.5) / (8)

＝ 52.813 ppm

(4) 由於勞工所暴露氯苯之「時量平均濃度」為 52.813ppm，低於法定「八
小時日時量平均容許濃度」之 75ppm；且於清洗零件之 0.5 小時，所暴
露之氯苯濃度最為 90ppm，亦低於法定「短時間時量平均容許濃度」之
112.5ppm，故該勞工所暴露之氯苯濃度未超過法定標準。

例 四

某勞工每日需在 A、B、C、D 等四個作業場所工作，在 A 場所工作 3 小時，在 B 場所及 C 場所各工作 2 小時，在 D 場所工作 1 小時，而在 A、B、C、D 作業場所皆有甲、乙、丙三種有害物質，其中甲種有害物質之時量平均容許濃度為 150ppm，乙種有害物質之時量平均容許濃度為 200ppm，丙種有害物質之時量平均容許濃度為 130ppm，下表為作業環境測定之各作業場所之有害物質的測定濃度，試計算該勞工每日工作接觸之有害物是否超過時量平均容許濃度？

物質 \ 場所	A	B	C	D
甲	100	130	0	50
乙	0	110	90	100
丙	50	0	60	120

(1) 各有害物之時量平均容許濃度：

甲有害物之「時量平均容許濃度」：150 ppm

乙有害物之「時量平均容許濃度」：200 ppm

丙有害物之「時量平均容許濃度」：130 ppm

(2) 計算各有害物之時量平均濃度：

甲時量平均濃度 = [(100)(3) + (130)(2) + (0)(2) + (50)(1)] / (3 + 2 + 2 + 1)

　　　　　　　= (610) / 8

　　　　　　　= 76.25ppm

乙時量平均濃度 = [(0)(3) + (110)(2) + (90)(2) + (100)(1)] / (3 + 2 + 2 + 1)

　　　　　　　= (500) / 8 = 62.5ppm

丙時量平均濃度 = [(50)(3) + (0)(2) + (60)(2) + (120)(1)] / (3 + 2 + 2 + 1)

　　　　　　　= (390) / 8

　　　　　　　= 48.75ppm

(3) 計算各有害物之相加效應：

總和 = (75.25) / (150) + (62.5) / (200) + (48.75) / (130) = 1.189

(4) 雖然該勞工所暴露之各有害物時量平均濃度皆低於其個別之時量平均容許濃度，但各有害物之相加效應總和為 1.189 大於 1，故仍超過法定標準。

25.5 結語

　　設定容許濃度標準並不是一件簡單的事，若容許濃度的標準定得太寬鬆，則員工的安全及健康就可能得不到保障；若是定得太嚴格，則雇主可能會無法達到法規上的要求。因此，容許濃度標準的設定需要雇主、員工、政府及相關之專業人員共同參與及討論，才能定出符合各方要求的標準。

　　此外，本標準第十條明定，本標準不適用於下列事項之判斷：

(1) 以二種不同有害物之容許濃度比作為毒性之相關指標。

(2) 工作場所以外之空氣污染指標。

(3) 職業疾病鑑定之唯一依據。

　　依「職業安全衛生法」第十二條第一項規定，雇主對於中央主管機關定有容許暴露標準之作業場所，應確保勞工之危害暴露低於標準值；本條文第三項亦規定，雇主對於經中央主管機關指定之作業場所，應訂定「作業環境監測計畫」，並設置或委託由中央主管機關認可之作業環境監測機構實施監測。有關作業環境監測之相關規範，明定於勞動部發布之「勞工作業環境監測實施辦法」(民國 105 年 11 月 2 日最新修正)。

　　另依「職業安全衛生法」第十一條第一項規定，雇主對於「具有危害性之化學品」，應依其健康危害、散布狀況及使用量等情形，「評估風險」等級，並採取「分級管理」措施。勞動部依本條文所訂定之「危害性化學品評估及分級管理辦法」(民國 103 年 12 月 31 日最新修正)，即以危害性化學品之容許暴露標準作為「評估風險」及「分級管理」之主要依據；其評估及分級方法可參考勞動部公告之「危害性化學品評估及分級管理技術指引」(民國 104 年 12 月 2 日)。

　　又依「職業安全衛生法」第四十三條規定，違反第十一條第一項，經通知限期改善，屆期未改善；或違反第十二條第一項者，處新臺幣三萬元以上三十萬元以下罰鍰。

一、選擇題

( ) 1. 下列何種粒狀有害物是經凝聚作用 (coagulation) 而形成的固態微粒　(1) 霧滴　(2) 煙　(3) 霧　(4) 燻煙。

( ) 2. 下列何種物質之燻煙最易導致金屬燻煙熱？　(1) 鋅　(2) 鉛　(3) 鐵　(4) 鎘。

( ) 3. 進入含 3% 氯氣之室內作業場所，宜佩戴下列何種呼吸防護具？　(1) 有機溶劑吸收罐防毒面具　(2) 供氣式呼吸防護具　(3) 防塵用呼吸防護具　(4) 酸性氣體吸收防毒面具。

( ) 4. 以擴散管法動態方式製備標準氣體時，若擴散管在 3 小時的重量損失是 3 克，而系統的空氣流率是每小時 100 公升，則此系統製備的氣體濃度約為多少 mg/L？　(1) 10　(2) 30　(3) 10,000　(4) 30,000。

( ) 5. 作業環境監測所採甲苯樣本，以下列何種儀器分析？　(1) 氣相層析儀　(2) 離子層析儀　(3) X 光繞射儀　(4) 原子吸收光譜儀。

( ) 6. 依勞工作業場所容許暴露標準規定、有關空氣中有害物容許濃度係指下列何狀況下不能超過之濃度？　(1) 0℃、1atm　(2) 15℃、1atm　(3) 20℃、1atm　(4) 25℃、1atm。

( ) 7. 依粉塵危害預防標準規定，同一特定粉塵發生源之特定粉塵作業，其每日作業時間為 40 分鐘屬下列何者？　(1) 臨時性作業　(2) 作業時間短暫　(3) 作業期間短暫　(4) 長時間作業。

( ) 8. 石綿採樣濾紙的有效採樣面積約為多少 mm²？　(1) 275　(2) 385　(3) 465　(4) 535。

( ) 9. 實施勞工作業環境監測之結果應予記錄，紀錄內容可不包括下列何者？　(1) 監測儀器序號　(2) 監測處所　(3) 監測人員姓名或機構名稱　(4) 監測結果。

( ) 10. 依勞工作業環境監測實施辦法規定，雇主對於坑內作業場所，應每隔多久測定粉塵、二氧化碳之濃度一次以上？　(1) 半個月　(2) 1 個月　(3) 3 個月　(4) 6 個月。

( ) 11. 鉛之八小時日時量平均容許濃度為 0.1mg/m³，硫酸之八小日時量平均容許濃度為 1mg/m³，如某勞工八小時之暴露為鉛 0.06mg/m³，硫酸為 0.5mg/m³，則該勞工之暴露屬下列何者？　(1) 未能確定不符合規定　(2) 違反規定　(3) 無資料可資判斷其效應，因此無法評估　(4) 劑量為零。

( ) 12. 下列何者為防塵面具最重要的測試項目？　(1) 濾材過濾效率及耐衝擊　(2) 濾材過濾效率及呼吸阻抗　(3) 密合度及耐燃　(4) 密合度及耐衝擊。

( ) 13. 直結 (接) 式防毒面罩在有害氣體濃度達多少濃度以上時，不宜使用？　(1) 0.1%　(2) 0.25%　(3) 0.5%　(4) 1.0%。

( ) 14. 採樣泵加上濾紙匣而無分粒裝置且經秤重定量者,其粉塵採樣測定結果為下列何者? (1) 可呼吸性粉塵 (2) 石綿纖維 (3) 吸入性粉塵 (4) 總粉塵。

( ) 15. 依勞工作業環境監測實施辦法規定,所謂臨時性作業係指下列何者? (1) 正常性作業以外之作業,其作業期間不超過 3 個月,且 1 年內不再重覆者 (2) 雇主使勞工每日作業時間在 1 小時以內之作業 (3) 作業期間不超過 1 個月,且確知自該作業終了日起 6 個月,不再實施該作業者 (4) 係指供勞工長期間或連續停留於該空間內之作業。

( ) 16. 有害物之 8 小時日時量平均容許濃度為 100ppm,如勞工作業暴露之時間為 10 小時,則該有害物相當 8 小時日時量平均容許濃度為多少 ppm? (1) 75 (2) 80 (3) 100 (4) 125。

( ) 17. 以活性碳管捕集空氣中有害物,依採樣分析建議方法,當後段所捕集有害物質量相對前段採集質量的比值小於多少時,該樣本為有效樣本? (1) 0.1 (2) 0.15 (3) 0.2 (4) 0.25。

( ) 18. 浮子流量計屬於採樣設備流率量測的第幾級標準? (1) 零 (2) 一 (3) 二 (4) 三。

( ) 19. 下列有關防毒面罩濾罐之處置,何者錯誤? (1) 應考慮濾罐的破出時間 (2) 應打開掛吊於工作現場 (3) 應用塑膠密封,放置於作業場所 (4) 配戴時應考慮作業場所氧氣濃度。

( ) 20. 依勞工作業場所容許暴露濃度標準規定,下列敘述何者為正確? (1) 暴露濃度未超過容許濃度者即表示一定安全 (2) 容許濃度不得作為空氣污染指標 (3) 容許濃度表註有皮字者表示該物質對勞工會引起皮膚炎及敏感等特性 (4) 任何時間均不得超過短時間時量平均容許濃度。

( ) 21. 一氧化碳為危害性化學品標示及通識規則中所稱之下列何種危害物質? (1) 著火性物質 (2) 有害物 (3) 爆炸性物質 (4) 氧化性物質。

( ) 22. 安全資料表中,純物質之成份辨識資料,不涵蓋下列何項? (1) 中英文名稱 (2) 同義名稱 (3) 化學文摘社登錄號碼 (4) 容許濃度。

( ) 23. 防毒面具之濾毒罐中,有機氣體用濾罐不適用於下列何種氣態物質場所? (1) 氯氣 (2) 四氯化碳 (3) 丙烯 (4) 巴拉松。

( ) 24. 下列哪種呼吸防護具於使用時,空氣中的有害物較易侵入面體內? (1) 負壓呼吸防護具 (2) 輸氣管面具 (3) 自攜式呼吸器 (4) 正壓供氣式呼吸防護具。

( ) 25. 石綿採樣濾紙匣加裝延長管其長度為多少 mm? (1) 10 (2) 25 (3) 50 (4) 100。

( ) 26. 依勞工作業環境監測實施辦法規定,下列何者為非? (1) 中央主管機關規定之作業場所,雇主於引進或修改製程、作業程序、材料及設備時,應評估其勞工暴露之風險,有增加暴露風險之虞者,應即實施作業環境監測 (2) 雇主應於作業勞工顯而易見之場所,公告作業環境監測計畫或以其他公開方式揭示之,必要時應向勞工代表說明 (3) 雇主應於作業勞工顯而易見之場所,公告作業環境監測結果或以其他公開方式揭示之,必要時應向勞工代表說明 (4) 雇主不得委由監測機構辦理監測計畫及監測結果之通報。

( ) 27. ppm 之意義爲下列何者？ (1) 25℃，1atm 下每公克空氣中有害物之毫克數 (2) 4℃時每公升水中有害物之毫克數 (3) 4℃時每公升水中有害物之毫升數 (4) 25℃，1atm 下每立方公尺空氣中氣態有害物之立方公分數。

( ) 28. 二氯甲烷之容許濃度爲 50ppm，其分子量爲 85，其容許濃度相當於多少 mg/m^3？ (1) 11.3 (2) 12.3 (3) 174 (4) 221。

( ) 29. 在常溫下，將 10atm，10ppm 之 1c. c. 的苯蒸氣注入 1atm 含 1 公升乾淨空氣的容器中，試問苯蒸氣均勻混合後的濃度約爲多少？ (1) 10 ppb (2) 100 ppb (3) 1ppm (4) 10 ppm。

( ) 30. 三氯乙烯之八小時日時量平均容許濃度爲 50ppm、269mg/m^3，則其短時間時量平均容許濃度爲下列何者？ (1) 50ppm、269mg/m^3 (2) 62.5ppm、336.3mg/m^3 (3) 75ppm、403.5mg /m^3 (4) 100ppm、538mg/m^3。

( ) 31. 1mmH$_2$O 之壓力大小相當於下列何者？ (1) 1 kg/cm^2 (2) 1atm (3) 1kg/m^2 (4) 1mmHg。

( ) 32. 勞工作業環境監測實施辦法中，下列何種作業場所並未規定需定期實施作業環境監測？ (1) 坑內作業場所 (2) 缺氧作業場所 (3) 高溫作業場所 (4) 有機溶劑作業場所。

( ) 33. 一般礦物性粉塵之濃度，以下列何者表示？ (1) ppm (2) MPPCF (3) mg/m^3 (4) MPPCM。

( ) 34. 以檢知管測量空氣中有害物濃度時，如 B 爲檢知管的平均呈色讀數值，A 爲呈色扭斜最大讀數值與較小讀數值之差值，則 A 與 B 之比值應在下列何值內，才屬可靠測定？ (1) 0.2 (2) 0.4 (3) 0.6 (4) 0.8。

( ) 35. 使用附球形浮子流量計之採樣設備時，流率之讀取位置應爲浮子的哪個部位對應的刻度值？ (1) 上緣 (2) 中線 (3) 下緣 (4) 下緣的 1/2。

( ) 36. 混合纖維素酯濾紙常用做下列何者之採樣？ (1) 鉛 (2) 可呼吸性粉塵 (3) 總粉塵 (4) 鉻酸。

( ) 37. 指定之乙、丙類特定化學物質之作業環境監測，其紀錄依勞工作業環境監測實施辦法規定，保存 3 年者爲下列何種物質？ (1) 氯乙烯 (2) 石綿 (3) 鈹 (4) 氯。

( ) 38. 勞工作業場所容許暴露標準中之空氣中有害物容許濃度表，下列哪一註記表示該物質經證實或疑似對人類會引發腫瘤？ (1) 癌 (2) 皮 (3) 瘤 (4) 高。

( ) 39. 採集可呼吸性粉塵，其前置粒徑選擇器 (preselector) 若採用 10mm 尼龍旋風器 (nylon cyclone) 時，採集之流率每分鐘應爲多少公升？ (1) 1.2 (2) 1.7 (3) 2.1 (4) 2.3。

( ) 40. 依勞工作業環境監測實施辦法定義，雇主使勞工每日作業時間在 1 小時以內者稱爲下列何者？ (1) 臨時性作業 (2) 短暫性作業 (3) 作業時間短暫 (4) 作業期間短暫。

( ) 41. 依勞工作業環境監測實施辦法規定，雇主實施作業環境監測時，得僱用乙級以上之監測人員或委由執業之工礦衛生技師以直讀式儀器有效監測之化學性因子，不包含下列何者？ (1) 二硫化碳 (2) 二氧化碳 (3) 硫化氫 (4) 汽油。

( ) 42. 下列何種有害物作業環境監測紀錄應保存至少 30 年？ (1) 苯 (2) 甲苯 (3) 鉛 (4) 鎘。

( ) 43. 依勞工作業場所容許暴露標準規定，最高容許濃度係為防止勞工暴露超過此濃度而導致下列何種影響？ (1) 生理病變 (2) 不良反應 (3) 工作效率之降低 (4) 意外事故增加之傾向。

( ) 44. 環境風速很低的室內，作業環境監測之採樣速率應如何決定？ (1) 小於環境風速 (2) 大於環境風速 (3) 等於環境風速 (4) 不需考慮環境風速。

( ) 45. 可呼吸性粉塵係指能通過人體氣管而到達氣體之交換區域者，其截取粒徑為多少微米？ (1) 4 (2) 10 (3) 25 (4) 100。

( ) 46. 下列相同濃度的空氣中有害物，何者較易以觸媒燃燒法測定？ (1) 一氧化碳 (2) 硫酸 (3) 氨 (4) 苯。

( ) 47. 鉛蓄電池製造作業場所，勞工同時暴露於硫酸及鉛，其 8 小時之時量平均暴露濃度各為 $0.7mg/m^3$ 及 $0.05mg/m^3$，而此二物質之 8 小時日時量平均容許濃度分別為 $1.0mg/m^3$ 及 $0.1mg/m^3$，則該勞工之暴露情形屬下列何者？ (1) 不符合規定 (2) 無法判定 (3) 符合規定 (4) 應再進一步測定以確認。

( ) 48. 某製造工廠因製程需要，每日使勞工使用氯氣 30 分鐘，經查氯氣有最高容許濃度，工廠應辦理作業環境監測頻率為何？ (1) 3 個月 (2) 6 個月 (3) 1 年 (4) 作業時間短暫可不辦理。

( ) 49. 依粉塵危害預防標準規定，同一特定粉塵發生源之特定粉塵作業，其每日作業時間為 40 分鐘屬下列何者？ (1) 臨時性作業 (2) 作業時間短暫 (3) 作業期間短暫 (4) 長時間作業。

( ) 50. 氧化鈣之容許濃度在勞工作業場所容許暴露標準附表一規定值為 5 mg/m^3，備註欄亦未加註，則測定時應測定何種粉塵量？ (1) 總粉塵 (2) 可呼吸性粉塵 (3) 厭惡性粉塵 (4) 可呼吸性粉塵及可吸入性粉塵。

( ) 51. 採集有機溶劑蒸氣時，下列哪一種吸附劑受環境中水蒸氣的影響最大？ (1) 聚合多孔物 (2) 活性碳 (3) 矽膠 (4) 分子篩。

( ) 52. 在進入甲醇儲槽清洗時，應至少測量下列哪兩種氣體濃度 (A. 氮氣，B. 氧氣，C. 二氧化碳，D. 可燃性氣體)？ (1) A 與 B (2) B 與 C (3) C 與 D (4) B 與 D。

( ) 53. 空氣中有害物進入人體之最主要途徑為何？ (1) 呼吸道 (2) 頭髮 (3) 耳朵 (4) 眼睛。

( ) 54. 依勞工作業環境監測實施辦法規定，作業環境監測計畫較不包括下列哪一事項？ (1) 危害辨識資料 (2) 採樣策略之規劃及執行 (3) 相似暴露族群之建立 (4) 採樣人員之工作經歷。

( ) 55. 使用直讀式儀器實施化學性因子監測所得之監測結果，下列何者較具特異性？ (1) 燃燒熱儀 (2) 電導度儀 (3) 熱導度儀 (4) 氣相層析儀。

(　) 56. 25℃，1atm 下，24.5ppm 之 SO_2 合於多少 mg/m³？（SO_2 之分子量為 64） (1) 32　(2) 64　(3) 128　(4) 150。

(　) 57. 某一事業單位勞工人數 550 人，使用符合國家標準 CNS 15030 化學品分類，具有健康危害，且定有容許暴露標準之化學品，環境監測該化學品濃度低於二分之一容許暴露標準，應至少每幾年依有科學根據之採樣分析方法或運用定量推估模式實施暴露評估？ (1) 3　(2) 4　(3) 5　(4) 8。

(　) 58. 如防毒口罩吸收罐以 0.5% 濃度之有害氣體測試，標準有效使用時間為 100 分鐘時，假定其他條件不變，則空氣中有害物濃度為 200ppm 時，該吸收罐之有效使用時間大致為多少分鐘？ (1) 250　(2) 1,000　(3) 2,200　(4) 5,000。

(　) 59. 依勞工作業場所容許暴露標準規定，二氧化碳之 8 小時日時量平均容許濃度為多少 ppm？ (1) 5　(2) 50　(3) 500　(4) 5,000。

(　) 60. 檢知管的氣體採取器內容積為多少 mL？ (1) 50　(2) 100　(3) 300　(4) 500。

(　) 61. 依勞工作業環境監測實施辦法規定，中央管理方式之空調建物室內作業場所應多久期間監測二氧化碳濃度 1 次以上？ (1) 1 個月　(2) 3 個月　(3) 6 個月　(4) 1 年。

(　) 62. 辦公室空氣品質之好壞係以下列何者之含量為指標？ (1) 氧氣　(2) 一氧化碳　(3) 二氧化碳　(4) 氮氣。

(　) 63. 作業環境監測屬下列何者？ (1) 危害認知　(2) 危害評估　(3) 危害管制　(4) 環境管理。

(　) 64. 工作日時量平均容許濃度之定義為何？ (1) 8 小時平均暴露不得超過之濃度　(2) 最高 15 分鐘暴露不得超過之濃度　(3) 任何時間不能超過之濃度　(4) 1 小時平均暴露不能超過之濃度。

(　) 65. 測定空氣中石綿的濃度單位是下列何者？ (1) ppm　(2) f/c. c.　(3) mg/m³　(4) %。

(　) 66. 防範有害物危害之對策，應優先考慮下列何者？ (1) 健康管理　(2) 行政管理　(3) 工程改善　(4) 教育訓練。

(　) 67. 在 25℃ 一大氣壓下時，氣態有害物之克摩爾體積為多少公升？ (1) 22.4　(2) 24.45　(3) 25　(2) 760。

(　) 68. 雇主對於處理有害物等之有害作業場所，應採取之預防危害措施，下列何者不正確？ (1) 工程控制　(2) 使用代替物　(3) 置備鮮奶供作業勞工飲用解毒　(4) 改善作業方法。

(　) 69. 造成勞工危害之暴露劑量與下列何者有關？ (1) 濃度及作業面積　(2) 濃度及暴露時間　(3) 濃度及作業高度　(4) 作業面積及作業高度。

(　) 70. 採集鉛塵時，其採樣介質一般為下列何者？ (1) 活性碳　(2) 矽膠　(3) 混合纖維素酯濾紙　(4) 吸收液。

(　) 71. 某物質之空氣中 8 小時日時量平均容許濃度為 100 ppm，未註明「高」字、其短時間時量平均容許濃度為多少 ppm？ (1) 100　(2) 125　(3) 150　(4) 200。

( ) 72. 勞工作業場所容許暴露標準中註「皮」者，係指下列何者？ (1) 不會由皮膚滲透入體 (2) 易由皮膚進入人體 (3) 除皮膚外不會進入人體 (4) 易引起皮膚病。

( ) 73. 溫度在 25℃、一大氣壓條件下，下列氣體濃度之單位換算何者正確？ (1) 1% = 100 ppm (2) 1 mg/m³ = 1 ppm × 分子量/24.45 (3) 1 ppm = 10,000 ppb (4) 1 ppb = 1mg/L。

( ) 74. 懸浮於空氣中的微小液滴為下列何者？ (1) 燻煙 (2) 霧滴 (3) 煙霧 (4) 粉塵。

( ) 75. 粒狀物質的濃度通常以何種單位表示？ (1) mg/m³ (2) ppm (3) ppb (4) %。

( ) 76. 執行作業環境空氣中的粉塵、金屬燻煙等有害物的採集，常用下列何種捕集方法？ (1) 過濾捕集法 (2) 固體捕集法 (3) 直接捕集法 (4) 冷卻凝縮捕集法。

( ) 77. 鉛回收工廠中之冶煉爐(爐溫 1,500℃)，易因高溫而使鉛以下列何種形態存在？ (1) 金屬燻煙 (2) 纖維 (3) 霧滴 (4) 蒸氣。

( ) 78. 小型衝擊採樣瓶是用於下列何種採樣？ (1) 液體捕集法 (2) 過濾捕集法 (3) 固體捕集法 (4) 直接捕集法。

( ) 79. 短時間時量平均容許濃度中之短時間係指多少分鐘？ (1) 5 (2) 10 (3) 15 (4) 20。

( ) 80. 依勞工作業場所容許暴露標準規定，石纖維長度 5 微米以上且長寬比在 3 以上者，其 8 小時日時量平均容許濃度為何？ (1) 1 毫克/立方公分 (2) 2 毫克/立方公分 (3) 0.1 根/立方公分 (4) 0.15 根/立方公分。

( ) 81. 依勞工作業環境監測實施辦法規定，測定空氣中硫化氫之濃度可用下列何種儀器？ (1) 黑球溫度計 (2) 乾球溫度計 (3) 壓力計 (4) 氣體檢知器。

( ) 82. 工作場所發生有害氣體時，應視其性質採取密閉設備、局部排氣裝置等，使其空氣中有害氣體濃度不超過下列何者？ (1) 容許濃度 (2) 飽和濃度 (3) 恕限值濃度 (4) 有效濃度。

( ) 83. 依勞工作業環境監測實施辦法規定，雇主應於採樣或測定後多少日內，完成監測結果報告？ (1) 7 (2) 14 (3) 15 (4) 45。

( ) 84. 空氣中厭惡性粉塵之濃度表示，最常用之單位為下列何者？ (1) mg/m³ (2) % (3) ppm (4) f/cc。

( ) 85. 某作業場所中測得二氧化碳濃度為 0.08 %，相當於多少 ppm？ (1) 0.04 (2) 0.14 (3) 800 (4) 8,000。

( ) 86. 使用重鉻酸之作業場所，每 6 個月應監測濃度 1 次以上，依勞工作業環境監測實施辦法規定，其監測紀錄應保存幾年？ (1) 3 (2) 5 (3) 20 (4) 30。

( ) 87. 依勞工作業環境監測實施辦法規定，下列何種作業場所不必實施作業環境監測？ (1) 坑內作業場所 (2) 一般辦公室無中央空調作業場所 (3) 鉛作業場所 (4) 高溫作業場所。

( ) 88. 1ppm 相當於多少立方公尺空氣中所含有害氣體之立方公分數？ (1) 1 (2) 10 (3) 100 (4) 1,000。

(　　) 89. 八小時日時量平均容許濃度 (PEL-TWA) 為 5ppm 之有害物，其短時間時量平均容許濃度值為 PEL-TWA 乘以下列何變量係數而得？　(1) 1　(2) 1.5　(3) 2　(4) 3。

(　　) 90. 氣態有害物在空氣中濃度最常用之單位為下列何者？　(1) g/L　(2) f/c. c.　(3) MPPCM　(4) ppm。

(　　) 91. 依勞工作業環境監測管理辦法規定，下列敘述何者有誤？　(1) 雇主應自行實施作業環境監測，不得委外　(2) 雇主於實施監測 15 日前，應將監測計畫實施通報　(3) 監測計畫內容應包括樣本分析　(4) 粉塵之監測紀錄應保存 10 年。

(　　) 92. 操作檢知管，下列何者不正確？　(1) 應配合使用相同廠牌之檢知器，以免誤差太大　(2) 檢知管只要保管妥善，沒有時效的問題　(3) 檢知管應避免高溫或日光照射　(4) 應依現場實際濃度選用監測範圍之檢知管。

(　　) 93. 為瞭解作業環境中有害因子之強度，並建立勞工暴露資料，應採下列何者？　(1) 工程改善　(2) 低毒性取代高毒性　(3) 作業環境監測　(4) 有害物標示。

(　　) 94. 雇主對於經中央主管機關指定之作業場所，應依規定實施作業環境監測；對下列何者應予標示，並註明必要之安全衛生注意事項？　(1) 危險性機械、設備　(2) 特殊機械　(3) 缺氧場所　(4) 危險物及有害物。

(　　) 95. 在等溫等壓下，活性碳吸附劑對下列哪種化合物的吸附力最差？　(1) 水　(2) 異丙醇 (2-propanol)　(3) 乙酸乙酯 (ethy lacetate)　(4) 四氯化碳 (carbonte trachloride)。

(　　) 96. 指定之乙、丙類特定化學物質之作業環境監測，其紀錄依規定保存三年者為下列何種物質？　(1) 氯乙烯　(2) 石綿　(3) 鈹　(4) 氯。

(　　) 97. 下列何裝備可用以捕集可呼吸性粉塵？　(1) 活性固體吸附劑及泵浦組合之採樣設備　(2) 離心分離裝置＋濾紙匣＋泵浦組合之採樣設備　(3) 吸收液衝擊瓶＋泵浦組合之採樣設備　(4) 矽膠固體吸附管＋泵浦組合之採樣設備。

(　　) 98. 校正氣體流率時，下列何者屬於一級標準？　(1) 皂泡計　(2) 乾式氣體計量計　(3) 濕式氣體計量計　(4) 浮子流量計。

(　　) 99. 硫化氫導致最主要之危害屬下列何者？　(1) 化學性窒息　(2) 物理性窒息　(3) 致過敏性　(4) 致癌性。

(　　)100. 物質安全資料表最不可能包含下列何種資訊？　(1) 容許暴露濃度　(2) 腐蝕性資料　(3) 滅火資料　(4) 化學製程的描述。

(　　)101. 0.1% 相當於多少 ppm？　(1) 100　(2) 1,000　(3) 10,000　(4) 100,000。

(　　)102. 依勞工作業環境監測實施辦法規定，特定粉塵作業場所應多久實施作業環境監測一次以上？　(1) 每日　(2) 每月　(3) 每半年　(4) 每年。

(　　)103. 下列何者非屬影響粉塵健康危害之因素？　(1) 粒徑大小　(2) 導電性　(3) 粒子形狀　(4) 濃度。

(　　)104. 四氯化碳 (分子量為 154) 之濃度為 10ppm，在 25℃、1atm 下約相當於多少 mg/m^3？　(1) 1.6　(2) 14.6　(3) 63　(4) 68.8。

( )105. 由下列何種人員或機構辦理作業環境監測，是不符合法令的規定？ (1) 乙級作業環境監測人員 (2) 執業之工礦衛生技師 (3) 職業衛生管理師 (4) 經中央主管機關認可之作業環境監測機構。

( )106. 依勞工作業環境監測實施辦法之規定，粉塵作業之監測紀錄至少應保存多久？ (1) 1年 (2) 3 年 (3) 5 年 (4) 10 年。

( )107. 二氯甲烷之 8 小時日時量平均容許濃度為 50ppm 或 174mg/m³，則其短時間時量平均容許濃度為下列何者？ (1) 50ppm 或 174mg/m³ (2) 62.5ppm 或 217.5mg/m³ (3) 75ppm 或 261mg/m³ (4) 100ppm 或 348mg/m³。

( )108. 呼吸防護具的防護係數為 10，表示該防護具能適用於污染物濃度在幾倍容許濃度以下之作業環境？ (1) 10 (2) 15 (3) 20 (4) 100。

( )109. 下列有關防護具之敘述何者錯誤？ (1) 呼吸防護具一般使用於臨時性作業、緊急避難、無法裝設通風系統之場所或限於技術而使用通風系統效果有限之場所 (2) 一般例常性之工作可長期重複使用呼吸防護具 (3) 不恰當之防護具無法防範危害因子之穿透 (4) 防護具一般而言應視為最後之選擇。

( )110. 依勞工作業場所容許暴露標準規定，容許濃度使用上應注意事項之敘述，下列何者正確？ (1) 可作為作業環境改善及管理之參考 (2) 以二種不同有害物之容許濃度比作為毒性之相關指標 (3) 周界大氣之空氣污染指標 (4) 職業病鑑定之唯一依據。

( )111. 某物質之 8 小時日時最平均容許濃度為 100ppm、376mg/m³，某勞工暴露 8 小時經實施監測結果，其平均暴露濃度為 130ppm、488.8mg/m³，則該勞工之暴露情形屬下列何者？ (1) 符合規定 (2) 不符規定 (3) 由雇主自行判定 (4) 無法依該監測結果判定該勞工暴露是否符合規定。

( )112. 流率為 1 ～ 5L/min 之採樣泵，屬於下列何型式之採樣泵 (1) 超高流量 (2) 高流量 (3) 中流量 (4) 低流量。

( )113. 下列何樣本不宜保存在低濕度乾燥箱中？ (1) 石綿 (2) 總粉塵 (3) 重金屬燻煙 (4) 可呼吸性粉塵。

( )114. 下列何種粉塵，在評估其是否符合勞工作業場所容許暴露標準規定時，不必測定可呼吸性粉塵？ (1) 第 1 種粉塵 (2) 第 2 種粉塵 (3) 第 3 種粉塵 (4) 第 4 種粉塵。

( )115. 依勞工作業環境監測實施辦法規定，苯、煤焦油之作業環境監測紀錄，應至少保存多久？ (1) 5 年 (2) 10 年 (3) 15 年 (4) 30 年。

( )116. 評估是否會進入肺泡而且沈積於肺泡造成塵肺症之粉塵量時，應監測下列何種粉塵？ (1) 總粉塵 (2) 第 3 種粉塵 (3) 可呼吸性粉塵 (4) 可吸入性粉塵。

( )117. 工作場所發生有害氣體時，應視其性質採取密閉設備、局部排氣裝置等，使其空氣中有害氣體濃度不超過下列何者？ (1) 容許濃度 (2) 飽和濃度 (3) 恕限值濃度 (4) 有效濃度。

( )118. 依勞工作業環境監測實施辦法規定，石綿之作業環境監測紀錄應保存多少年？ (1) 3 (2) 5 (3) 10 (4) 30。

( )119. 同一場所石綿採樣樣本數為 35 個,至少需要幾個現場空白樣本? (1) 1 (2) 2 (3) 3 (4) 4。

( )120. 三氯乙烷之 8 小時日時量平均容許濃度為 100ppm,勞工 1 日作業之時間為 3 小時,該時段之暴露濃度為 140ppm,則該勞工之暴露屬下列何狀況? (1) 不符規定 (2) 符合規定 (3) 不能判定 (4) 劑量為 0。

( )121. 被動式 (吸附式) 劑量計係依據下列何原理捕集空氣中有害物? (1) Henry's Law (2) Beer's Law (3) Fick's Law (4) Arrhenius Law。

( )122. 依粉塵危害預防標準規定,對於粉塵作業場所應多久時間內確認實施通風設備運轉狀況、勞工作業情形、空氣流通效果及粉塵狀況等,並採取必要措施? (1) 隨時 (2) 每週 (3) 每月 (4) 每年。

( )123. 依勞工作業環境監測實施辦法規定,事業單位辦理作業環境監測,下列敘述何者錯誤? (1) 應僱用乙級以上作業環境監測技術士辦理 (2) 委由執業之工礦衛生技師辦理 (3) 委由認可之作業環境監測機構辦理 (4) 化學性因子測定樣本應送請認可之作業環境監測機構作化驗分析。

( )124. 實施勞工個人作業環境空氣中有害物採樣時,採樣器 (Holder) 佩戴位置於下列何者最適宜? (1) 勞工衣領處 (2) 勞工前腹腰帶 (3) 勞工側邊腰帶 (4) 勞工背後腰帶。

( )125. 作業環境空氣中有害物分析,當有害物濃度在容許濃度附近時,要求分析準確度誤差最大不得超過多少? (1) 5% (2) 15% (3) 25% (4) 35%。

( )126. 某一粉塵作業場所飛散至空氣中之粉塵經 X 光繞射分析後其 SiO_2 之含量為 12%,則其屬下列哪一種粉塵? (1) 第 1 種粉塵 (2) 第 2 種粉塵 (3) 第 3 種粉塵 (4) 第 4 種粉塵。

( )127. 以活性碳管捕集空氣中有害物,依採樣分析建議方法,當後段所捕集有害物質量相對前段採集質量的比值小於多少時,該樣本為有效樣本? (1) 0.1 (2) 0.15 (3) 0.2 (4) 0.25。

( )128. 呼吸防護具的濾清口罩防護係數為 5,表示該口罩能將外界污染物的濃度濾清為原來的幾倍? (1) 五十分之一 (2) 二十分之一 (3) 十分之一 (4) 五分之一。

( )129. 呼吸防護具的濾、清口罩防護係數為 20,表示該口罩能適用於空氣中有害物濃度在幾倍容許濃度值以下之作業環境? (1) 10 (2) 15 (3) 20 (4) 100。

( )130. 下列何種空氣清淨方法適用於氣態有害物之除卻處理? (1) 吸收法 (2) 離心分離法 (3) 過濾法 (4) 靜電吸引法。

( )131. 依勞工作業環境監測實施辦法規定,監測空氣中二硫化碳之濃度可用下列何種儀器? (1) 黑球溫度計 (2) 乾球溫度計 (3) 壓力計 (4) 氣體檢知器。

( )132. 2% 的苯蒸氣等於多少 ppm? (1) 0.02 (2) 2 (3) 200 (4) 20,000。

( )133. 下列相同濃度的有害物,何者較易以觸媒燃燒法測定? (1) 一氧化碳 (2) 硫酸 (3) 氨 (4) 苯。

( )134. 某有害物 8 小時日時量平均容許濃度爲 120ppm，相當於 20mg/m³ 時，其短時間時量平均容許濃度爲下列何者？ (1) 120ppm，20mg/m³ (2) 150ppm，25mg/m³ (3) 180ppm，30mg/m³ (4) 240ppm，40mg/m³。

( )135. 下列何者非屬影響有害物危害程度之主要因素？ (1) 暴露途徑 (2) 暴露劑量 (3) 暴露時間 (4) 衣著。

( )136. 造成勞工危害之暴露劑量與下列何者有關？ (1) 濃度乘作業面積 (2) 濃度乘暴露時間 (3) 濃度乘作業高度 (4) 作業面積乘作業高度。

( )137. 利用發煙管可觀測下列何者？ (1) 氣流流向 (2) 有害物濃度 (3) 有害物種類 (4) 氣流溫度。

( )138. 防塵口罩於實施捕集 100mg 粉塵之試驗時，其吸氣壓損上升值應該維持在多少 mmH₂O 以下？ (1) 8 (2) 12 (3) 16 (4) 18。

( )139. 下列何者是最佳的危害控制先後順序 (A. 從危害所及的路徑控制；B. 從暴露勞工加以控制；C. 控制危害源)？ (1) A→B→C (2) B→C→A (3) C→A→B (4) C→B→A。

( )140. 下列何者全部是過濾式呼吸器？ (1) 防毒面具、自攜式呼吸器 (2) 防塵面具、防毒面具 (3) 防毒面具、輸氣管面罩 (4) 防塵面具、輸氣管面罩。

( )141. 下列何種空氣中有害物易造成較深部呼吸器官的傷害？ (1) 氯 (2) 氨 (3) 氯化氫 (4) 光氣。

( )142. 在定壓下，將體積爲 1 公升的乾淨空氣由原來的 25℃ 加熱至 37℃，試問該空氣的體積約變成多少公升 (1) 25/37 (2) 285/273 (3) 310/298 (4) 37/25。

( )143. 下列何者屬依粉塵危害預防標準所稱之特定粉塵發生源？ (1) 使用耐火磚之構築爐作業 (2) 在室內實施金屬熔斷作業 (3) 於室內非以手提式熔射機熔射金屬之作業 (4) 在室內實施金屬電焊作業。

( )144. 空氣中石綿纖維濃度測定，大都採取薄膜過濾法，其濾紙之材質爲下列何者？ (1) 聚苯乙烯纖維 (2) 纖維素酯 (3) 玻璃纖維 (4) 鋁薄膜。

( )145. 我國法規中規定各種空氣中有害物質容許濃度之主要法規爲 (1) 鉛中毒預防規則 (2) 勞工作業場所容許暴露標準 (3) 有機溶劑中毒預防規則 (4) 特定化學物質危害預防標準。

( )146. 可燃性氣體測定器測定如指針指 30%LEL 位置而該可燃性氣體之爆炸下限 (LEL) 如爲 1% 時，則氣體在環境中之濃度爲 (1) 0.03 (2) 0.3 (3) 3 (4) 30。

( )147. 下列有關有害物濃度的表示，何者正確？ (1) 1% = 100ppm (2) ymg/m³ = xppm× 分子量 /24.45 (3) 1ppm = 10,000ppb (4) 1ppcc = 1mg/L。

( )148. 高壓氣體勞工安全規則所稱毒性氣體，係指該規則第六條列舉之多種氣體及其他容許濃度在百萬分之幾以下之氣體 (1) 50 (2) 100 (3) 200 (4) 300。

( )149. 某一作業場所在 NTP 下勞工暴露於三氯乙烯及三氯乙烷之全程工作日八小時平均濃度分別為 25ppm 及 175ppm，如三氯乙烯及三氯乙烷之八小時日時量平均容許濃度分別為 50ppm 及 350ppm，則該勞工之暴露下列敘述何者為錯誤？ (1) 無法判定是否符合法令規定 (2) 以相加效應計算是否超過容許濃度 (3) 符合法令規定 (4) 應再進一步監測再據以評估。

( )150. 相同濃度的下列有害物，何者較易以電導度法監測？ (1) 氫氟酸 (2) 一氧化氮 (3) 甲苯 (4) 乙炔。

二、問答題

1. 何謂作業環境監測？

2. 何謂勞工作業場所容許暴露標準所稱之第二種粉塵？

3. 依勞工作業場所容許暴露標準「空氣中粉塵容許濃度表」粉塵種類分 4 種。
   (1) 何謂第三種粉塵？
   (2) 試說明採樣該類粉塵有效樣本之規定。

4. 某化學工廠 (勞工人數為 600 人) 在室內使用正己烷溶劑 (勞工作業場所容許暴露標準為 50ppm) 進行攪拌混合，請問：
   (1) 依危害性化學品評估及分級管理辦法規定，該廠應如何運用其作業環境監測結果與勞工作業場所容許暴露標準，決定其定期實施危害性化學品評估之頻率？
   (2) 對於化學品暴露評估結果，該廠應如何依風險等級，分別採取控制或管理措施？

5. 請針對畫底線之名詞作解釋：
   (1) 空氣中粉塵的氣動粒徑 (Aerodynamic Diameter)
   (2) 化學災害緊急應變時，穿著之 A 級防護衣

6. 請回答以下問題：
   (1) 請說明依危害性化學品評估及分級管理辦法及技術指引規定，雇主使勞工製造、處置、使用符合何條件化學品，應採取分級管理措施？
   (2) 請說明如何實施分級管理措施 (請以國際勞工組織國際化學品分級管理 CCB 說明)？
   (3) 使用之化學品依勞工作業場所容許暴露標準已定有容許暴露標準者，如何實施分級管理措施 (請就事業單位勞工人數達 500 人規模說明)？
   (4) 又請說明依風險等級，分別採取控制或管理措施為何？

7. 試回答下列有關危害性化學品評估及分級管理之問題：
   (1) 何謂相似暴露族群？
   (2) 何謂分級管理？
   (3) 勞工作業場所容許暴露標準所定有容許標準之化學品，其暴露評估方式有哪些？
   (4) 依分級管理結果，應採取防範或控制之程序或方案為何？

8. 試列舉 4 種應考慮使用呼吸防護具之場合。

9. 試列舉 3 項在選用呼吸防護具時應先確認之事項。

10. 若您為一職業衛生管理師，受僱於一勞工人數 550 人，且依法應實施化學性因子作業環境監測之事業單位，在執行環境監測前，應先協助雇主組成監測評估小組、訂定監測計畫及執行管理審查。請依職業安全衛生相關法令及指引之規定，回答下列問題：
    (1) 監測評估小組之組成人員
    (2) 監測計畫之項目及內容
    (3) 管理審查之內涵

11. 以「相似暴露族群 (SEG) 模式」進行暴露評估之目的為何？

12. 試簡要列舉濾紙對空氣中粒狀有害物之捕集原理。

13. 某有害物之 8 小時日時量平均容許濃度為 200ppm，如勞工作業暴露之時間為 10 小時，則該有害物相當 8 小時日時量平均容許濃度為多少 ppm？(請列出計算式)

14. 依危害性化學品評估及分級管理辦法規定，試述化學品評估及分級管理基本原則或方法。
    (1) 「暴露評估」之定義為何？
    (2) 試依危害性化學品評 (推) 估方式或是否實施作業環境監測之差異，將危害性化學品略分為 3 大類，並說明其相互關連性。
    (3) 勞工人數 500 人以上之事業單位，應如何運用其作業環境監測結果與勞工作業場所容許暴露標準，決定其定期實施危害性化學品評估之頻率。

15. 已知丙酮之 8 小時日時量平均容許濃度為 750ppm，有一位勞工 8 小時全程連續多樣本採樣，其採樣條件及分析結果如下：

樣本序	採樣起迄時間	在 25 ℃，1 atm 之採樣流率 (mL/min)	實驗室分析所得丙酮質量 (mg)
1	08：00 ～ 10：10	60	13.0
2	10：10 ～ 12：00	70	12.7
3	13：00 ～ 17：00	70	31.0

變量係數表：

容許濃度 (ppm 或 mg/m³)	係數
未滿 1	3
1 以上，未滿 10	2
10 以上，未滿 100	1.5
100 以上，未滿 1,000	1.25
1,000 以上	1

(1) 請計算該勞工暴露於丙酮全程工作之時量平均濃度為多少 mg/m³？
(2) 說明該勞工之暴露是否符合勞工作業場所容許暴露標準之規定？(丙酮分子量為 58)

(3) 空氣中粉塵容許濃度所稱可呼吸性粉塵，係指可透過離心式或水平析出式等分粒裝置所測得之粒徑者，其中水平式分粒裝置因體積略大，較常用於固定式採樣，試說明其採樣原理。

16. 下列為穀粉作業環境監測資料：採樣時溫度 25℃，氣壓 760 mmHg，採樣流速 2 L/min，計採 8 小時，實驗室分析其粉塵重量為 19.2 mg，其 8 小時日時量平均容許濃度 (PEL) = 10 mg/m³。

    (1) 全程工作日時量平均濃度為多少 mg/m³？
    (2) 請說明是否超過 8 小時日時量平均容許濃度？

17. 某工廠有勞工 800 人，於製程中使用之化學品包括硫酸、三氯乙烯、硝酸、丙酮、鹽酸等。依勞工作業環境監測實施辦法規定，請回答下列問題：

    (1) 監測計畫應由哪些人員組成監測評估小組研訂之？(請列舉 2 種人員)
    (2) 監測評估小組研訂監測計畫後，應共同簽名及作成紀錄，並保存多少年？
    (3) 該工廠所使用哪 2 種化學品之監測結果應保存 30 年？

18. 某工廠使用含石英之礦物性粉塵從事作業，為評估勞工作業場所空氣中可呼吸性粉塵暴露情形，進行個人採樣分析，計取得單一勞工 2 個連續樣本如下：

樣本	採樣時間 (分鐘)	採樣空氣體積 (m³)	可呼吸性粉塵重量 (mg)	濃度 (mg/m³)	採樣樣本中結晶型游離二氧化矽所佔百分比 (%)
A	240	0.41	0.7	1.71	17
B	240	0.35	0.5	1.43	19
Total	480	0.76	1.2		

試以計算式回答下列問題：(提示：第一種可呼吸性粉塵容許濃度標準為 $10mg/m^3 \div [\%SiO_2 + 2]$)

    (1) 整體採樣樣本中結晶型游離二氧化矽所佔百分比 (%)。
    (2) 第一種可呼吸性粉塵容許濃度標準 (mg/m³)。
    (3) 勞工 8 小時日時量平均濃度 (mg/m³)。
    (4) 依危害性化學品評估及分級管理辦法規定，該作業場所屬第幾級管理。

19. 某一工廠粉塵作業環境監測結果如下表：

監測編號	監測濃度 (mg/m³)	$(x_i - x)^2$
1	1.1	2.56
2	1.7	1.00
3	1.3	1.96
4	4.5	3.24
5	2.1	0.36
6	2.2	0.25

監測編號	監測濃度 (mg/m³)	$(x_i - x)^2$
7	5.5	7.84
8	2.2	0.25
9	3.0	0.09
10	2.5	0.04
11	2.5	0.04
12	2.4	0.09
13	3.2	0.25
14	3.0	0.09
15	3.0	0.09
	$\Sigma x_i = 40.2 (mg/m^3)$	$\Sigma (x_i - x)^2 = 18.14$

(1) 請計算監測結果平均 (X) 及標準差 S(自由度為 n-1)

(2) 請計算監測結果之 95% 信賴區間

　　$(UCL_{1.95\%} = X + t_{0.95}(S / \sqrt{n})$，$LCL_{1.95\%} = X - t_{0.95}(S / \sqrt{n})$，t-value 為 1.761)

(3) 假設該粉塵容許暴露標準為 5 mg / m³，若您為職業衛生管理師，應採取何作為？

20. 某作業場所使用二甲苯有機溶劑作業，某日 (溫度為 27℃，壓力為 750 mmHg) 對該場所之勞工甲進行暴露評估，其暴露情形如下：

採樣設備 = 計數型流量計 (流速為 200 cm³/mm)+ 活性碳管 (脫附效率為 95%)

樣本編號	採樣時間	樣本分析結果 (mg)
1	08：00 ～ 12：00	2
2	13：00 ～ 15：00	12
3	15：00 ～ 18：00	0.1

已知：

1. 採樣現場之溫度壓力與校正現場相同

2. 二甲苯之分子量為 10^6，8 小時日時量平均容許濃度為 100ppm、434mg/m³

3.

容許濃度	< 1	≧ 1，< 10	≧ 10，<100	≧ 100，<1,000	≧ 1,000
變量係數	3	2	1.5	1.25	1.0

試回答下列問題：

(1) 於 25℃，1atm 下之各時段採樣體積為多少 m³？

(2) 勞工甲於該工作日之二甲苯時量平均暴露濃度為多少 mg/m³？

(3) 評估勞工甲之暴露是否符合法令規定？

21. 某甲級作業環境測定人員利用活性碳管,以100mL/min 之速率採集作業場所空氣中某有機蒸氣 (分子量為 100)50 分鐘。經送認可實驗室分析後得知其量為 5mg。已知採樣現場的溫度為 27°C,壓力為 750mmHg。試問在工作現場此有機溶劑的濃度為多少 mg/m³ 及多少 ppm ? (請列出計算過程)

22. 某一作業環境以一氧化碳直讀式儀器測定濃度,其測定值分別為 51、52、49、50、50、51、48、49、50 ppb。請回答下列問題:
    (1) 1ppb 係指 1 乘以 10 的幾次方?
    (2) 計算該作業環境一氧化碳濃度的平均值、標準偏差及變異係數。(請列出計算式)。
    (3) 請以直方圖 (柱狀圖) 繪出濃度 (X 軸) 與出現次數 (Y 軸) 之關係。

23. 某一化學工廠的工作場所中測得空氣中下列各化合物的濃度為:

乙酸乙酯	250 ppm
乙醚	300 ppm
異戊醇	50 ppm

    試求該工廠之作業員,每天八小時中暴露的有害物是否過量?

24. 某勞工每日需在 A、B、C、D 等四個作業場所工作,在 A 場所工作 2.5 小時,在 B 場所及 C 場所各工作 2 小時,在 D 場所工作 1.5 小時,而在 A、B、C、D 作業場所皆有甲、乙、丙三種有害物質,其中甲種有害物質之時量平均容許濃度為 175ppm,乙種有害物質之時量平均容許濃度為 200ppm,丙種有害物質之時量平均容許濃度為 120ppm,下表為作業環境測定之各作業場所之有害物質的測定濃度,試計算該勞工每日工作接觸之有害物是否超過時量平均容許濃度?

物質 \ 場所	A	B	C	D
甲	110	120	10	60
乙	5	120	80	90
丙	60	20	60	100

25. 鄰 - 二氯苯之容許濃度為 50ppm,若以 mg/m³ 表示時,數值為多少?其短時間最高容許濃度為多少 ppm ?

26. 某勞工每日八小時工作時間內於 A 作業場所作業 2 小時,B 作業場所作業 3 小時,C 作業場所作業 1.5 小時,D 作業場所作業 1.5 小時;甲物質容許濃度為 100ppm,乙物質容許濃度為 150ppm,丙物質容許濃度為 200ppm,各場所時量平均濃度如下表所示,若以相加效應評估,該勞工之暴露是否合於法令規定?

物質 \ 場所	A	B	C	D
甲	50	0	120	0
乙	60	90	0	100
丙	0	50	0	50

27. 我國勞工作業場所容許暴露標準所稱之容許濃度種類為何？如有兩種或兩種以上有害物混合後，若無相乘或獨立效應時，應如何評估？

28. 王君從事有機溶劑作業，在某工作內暴露最嚴重時段測定 15 分鐘，測定結果如下表 (25℃，一大氣壓下)。設該場所除二甲苯、丁酮及正己烷外無其他有害物之暴露，若以相加效應評估時，該勞工暴露是否符合勞工作業環境空氣中，有害物容許濃度標準規定？

暴露物質	二甲苯	丁酮	正己烷
暴露濃度	46.1ppm	84.9ppm	28.4ppm
8 小時日時量平均容許濃度	100ppm	200ppm	50ppm
變量係數	1.25	1.25	1.5
分子量	106	72	86

29. 某勞工工作日暴露於甲苯之濃度及時間如下表：

時間	8：00～10：00	10：00～12：00	13：00～15：00	15：00～18：00
濃度 (ppm)	80	110	100	90

試問： (1) 工作日時量平均濃度為多少 ppm ？

(2) 相當八小時日時量平均濃度為多少 ppm ？

30. 試述容許濃度使用上應注意事項。

工業通風

26.1 前言

　　工業通風之重要目的為改善或維持作業環境之空氣品質，也就是利用空氣的流動來控制作業環境。工業通風的應用可分為下列 5 種目的：

(1) 維持作業場所之舒適

　　在溫濕作業場所中採用整體換氣，不但可增加氣動，並且可藉通風除濕，有助於勞工身體的散熱，提供較舒適之作業環境。

(2) 排除污染有害物

　　以局部排氣的方式，可將對勞工產生危害的物質如粉塵、煙霧等予以排除，以避免勞工因吸入或接觸而有中毒之虞。

(3) 稀釋有害物之濃度

　　利用整體換氣的方式，可引入新鮮空氣來稀釋有害物之濃度，以符合法令規定之容許濃度標準。

(4) 供給補充空氣

　　對於有缺氧之虞的作業場所，可藉通風換氣補充空氣，增加氧氣濃度，改善空氣品質。

(5) 防火及防爆

　　通風換氣可將可燃性氣體之濃度稀釋，使之低於燃燒下限或爆炸下限，以達防火及防爆的目的。

　　工業通風之型式大抵可分為整體換氣與局部排氣兩大類，本章將就各種換氣方式及設計予以介紹。

26.2 整體換氣

　　「整體換氣」之定義，係指當有害氣體、粉塵、蒸氣等有害物擴散於作業場所的空氣之中，在其尚未到達於作業人員呼吸帶之前，利用未被污染之新鮮空氣予以稀釋，使其濃度降低至容許濃度以下之換氣方式。因此「整體換氣」又稱為「一般換氣」或「稀釋換氣」。

26.2.1 整體換氣的方式

空氣是由氣壓高的地區流向氣壓低的地區，要形成這種氣壓差的方法有很多種，而基本上可以驅動力之不同分為自然換氣及機械換氣兩種方式：

一、自然換氣

「自然換氣」乃採用「風力」、「室內外之溫差」，以及「氣體擴散」等自然物理現象為原動力，通過建築物之窗口、換氣孔等開口部分所實施之換氣方法，其方式有三種：

1. 利用室內外溫差之方法

   建築物之頂部設有空氣流出口，而在牆壁的底部設置流入口。當室內氣溫高於室外氣溫時，室內的熱空氣上浮經流出口排洩到室外，而室外的較冷空氣則可自流入口補充到室內，如圖 26.1 所示。

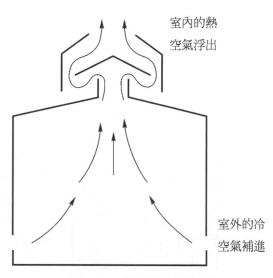

圖 26.1 利用溫差法換氣

2. 利用風力之方法

   將通風口如窗戶等打開讓自然風吹進室內的換氣方法，雖然是最經濟之方法，但卻受限於風向、風速及開口部分等因素之影響，而很難獲得穩定的換氣效果。

3. 利用氣體擴散之方法

   濃度高的氣體有往低濃度地區擴散的自然現象，但由於擴散速度慢，整體換氣之效果太小，不能作為換氣之用。

二、機械換氣

機械換氣係指採用機械動力強制實施換氣之方法。機械換氣有以下三種方式：

1. 排氣法

僅安裝排氣裝置，如抽風機等將受污染的空氣排出室外，而入氣則仍採用窗口等開口部分自然流入之方法，如圖 26.2 所示。此方法較適合於污染源之集中排氣。

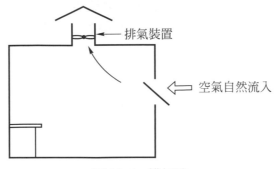

圖 26.2　排氣法

2. 供氣法

供氣法與排氣法剛好相反，僅安裝供氣裝置，如進氣的通風管等，而排氣則使用窗戶等開口使之自然流出。此種僅適用於供給勞工新鮮空氣，或是引入低溫空氣給高溫作業勞工以降低溫度，而不適用於污染物之排出，如圖 26.3 所示。

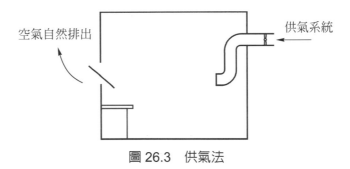

圖 26.3　供氣法

3. 供排氣並用法

室內之供氣與排氣均以機械裝置爲之，其效果較前述兩種方法更佳。如圖 26.4 所示，供氣及排氣裝置在安裝時，不可太靠近，且供氣量至少與排氣量相等，或是排氣量的 1.1 倍。

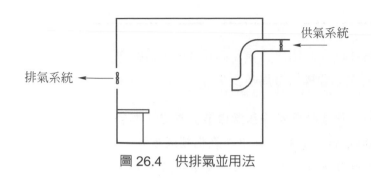

圖 26.4　供排氣並用法

26.3　整體換氣之換氣量計算

在理論上，換氣應能均勻擴散於工作空間，並且要有足夠之新鮮空氣使污染物之濃度稀釋至容許濃度之下。因此，換氣量之計算主要可成分 5 種類型：

(1) 一般換氣量

　　只針對室內二氧化碳濃度為計算基準。

(2) 溫度調節換氣量

　　以溫度較低的空氣來調節室溫。

(3) 有害物稀釋換氣量

　　以新鮮空氣來稀釋有害物的濃度，以合符法定之容許標準。

(4) 爆炸下限換氣量

　　以新鮮空氣稀釋爆炸氣體之濃度，使之低於爆炸下限。

(5) 法令規範之工作場所新鮮空氣換氣量

　　「職業安全衛生設施規則」對未使用有害物質之工作場所，應使空氣充分流通之換氣量。

一、一般換氣量計算

一般室內空氣之良否均以二氧化碳之含量為指標，在 25℃、1atm 之條件下，其換氣量之計算方式為：

$$Q = \frac{R \times 10^6}{p - q}$$

其中　　Q：必要換氣量 (m³/min)

　　　　R：每分鐘呼出之二氧化碳量 (m³/min)

　　　　p：二氧化碳之容許濃度 (ppm)

　　　　q：新鮮空氣中之二氧化碳濃度 (ppm)

例一

某作業場所中每小時所呼出之二氧化碳為 3m³，新鮮空氣中之二氧化碳濃度為 0.03%，試問該作業場所之必要換氣量為多少？

依「勞工作業場所容許暴露標準」規定，二氧化碳 (CO_2) 之容許濃度 $p = 5{,}000\text{ppm}$，新鮮空氣中二氧化碳濃度 $q = (0.03) \times (1 \times 10^4) = 300\text{ppm}$，作業場所中每分鐘呼出之二氧化碳量 $R = (3\ m^3) / (60\ min) = 0.05\ m^3/ min$，代入上式得必要換氣量為：

$$Q = [(0.05) \times 10^6] / (5{,}000 - 300) = 10.638\ m^3/min$$

二、溫度調節換氣量計算

在高溫作業場所中，常以低溫空氣供給勞工以降低溫度，其換氣量之計算公式如下：

$$Q = \frac{H}{0.3 \times (t_i - t_0)}$$

其中　Q：必要換氣量 (m^3/min)

　　　H：每分鐘總放出熱量 (kcal/min)

　　　t_i：室內溫度 (℃)

　　　t_0：低溫空氣之溫度 (℃)

例二

在一高溫作業場所中，室內溫度為 31℃，熱源每分鐘所釋出之熱量為 30kcal，現引入低溫空氣 (溫度為 15℃)，試問必要換氣量為多少？

依題意，$H = 30\text{kcal/min}$，$t_i = 31℃$，$t_0 = 15℃$，代入公式得必要換氣量為：

$$Q = (30) / [(0.3)(31\text{–}15)] = 6.25\ m^3/min$$

三、有害物稀釋換氣量計算

對於作業場所中有害勞工健康之氣體或蒸氣，常以新鮮空氣予以稀釋其濃度，以合於法定之容許濃度標準，在 25℃、1atm 之條件下，其所需要之換氣量可以下列公式計算之：

$$Q = \frac{24.45 \times 10^3 \times W}{60 \times M \times C}$$

其中　Q：必要換氣量 (m³/min)

　　　　W：有害物每小時實際蒸發或擴散到空氣中之量 (g/hr)

　　　　M：有害物之分子量 (g/mole)

　　　　C：有害物之容許濃度 (ppm)

或

$$Q = \frac{1000 \times W}{60 \times C}$$

其中　Q：必要換氣量 (m³/min)

　　　　W：有害物每小時實際蒸發或擴散到空氣中之量 (g/hr)

　　　　C：有害物之容許濃度 (mg/m³)

例三

某作業場所中每小時使用 2.4 公斤之二甲苯，該作業場所使用整體換氣裝置，須使用多少換氣量才能使二甲苯的濃度合於法定之容許濃度？

 二甲苯 ($C_6H_4(CH_3)_2$) 之分子量為 $M = 10^6$ g/mole，依「勞工作業場所容許暴露標準」規定，其容許濃度為 100ppm 或 434mg/m³，現每小時使用量為 $W = 2.4$ kg / hr $= 2.4 \times 10^3$ g/hr。利用上式計算，得該作業場所整體換氣為 $Q = [(24.45 \times 10^3)(2.4 \times 10^3)] / [(60)(10^6)(100)] = 92.264$ m³/min

四、爆炸下限換氣量計算

當可燃性氣體或可燃性液體的蒸氣與空氣混合後，其組成濃度達到某比例範圍時，若遇到火種便會迅速燃燒，引起爆炸。此一濃度範圍稱為該混合氣體的「爆炸範圍」。爆炸範圍的下限，稱為「爆炸下限」(LowerExplosiveLimit，簡稱 LEL)，其上限稱為「爆炸上限」(UpperExplosiveLimit，簡稱 UEL)，兩者通常以可燃性氣體佔該混合氣體的體積百分比來表示；表 26.1 為一些易燃物質之爆炸下限。

表 26.1　一些可燃性氣體之爆炸下限

可燃性氣體	化學式	LEL%
苯	C_6H_6	1.4
甲苯	C_7H_8	1.4
二甲苯	C_8H_{10}	1.0
丙酮	CH_3COCH_3	2.55
丁酮	$CH_3CH_2COCH_3$	1.81
乙酸戊酯	$CH_3CO_2C_5H_{11}$	1.1

爲了使可燃性氣體的濃度降低，使之低於 LEL 以下，常以新鮮空氣予以稀釋其濃度，在 25°C、1 atm 之條件下，其換氣量之計算公式如下：

$$Q = \frac{24.45 \times 10^3 \times W \times K}{60 \times M \times \text{LEL} \times 10^4}$$

其中　Q：必要換氣量 (m³/min)

W：可燃性氣體或蒸氣每小時實際蒸發或擴散到空氣中之量 (g/hr)

M：可燃性氣體或蒸氣之分子量

LEL：可燃性氣體或蒸氣之爆炸下限 (%)

K：安全係數

安全係數 K 爲大於 1 之數值，其目的在於增加所需之換氣量，使可燃性氣體之濃度遠低於 LEL 之下。

例 四

某有機溶劑作業場所，每小時使用 1.2 公斤之丁酮，試問要多少之換氣量，才能使丁酮之蒸氣濃度低於其 LEL 之下？(假設安全係數 $K = 6$)

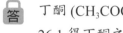　丁酮 ($CH_3COC_2H_5$) 之分子量爲 $M = 72$，丁酮之使用量 $W = 1.2 \times 10^3$ g/hr，查表 26.1 得丁酮之 LEL = 1.81%，安全係數 K = 6，代入公式得所需換氣量爲：

$Q = [(24.45 \times 10^3)(1.2 \times 10^3)(6)] / [(60)(72)(1.81 \times 10^4)] = 2.251$ m³/min

一般而言，有害物之容許濃度皆低於其爆炸下限，因此在計算換氣量時，只要能符合容許濃度之換氣量要求，即能符合爆炸下限之換氣需求。

五、法令規範之工作場所新鮮空氣換氣量計算

依「職業安全衛生設施規則」第三一二條規定，雇主對於勞工工作場所應使空氣充分流通，必要時，應依下列規定以機械通風設備換氣：

(1) 應足以調節新鮮空氣、溫度及降低有害物濃度。

(2) 其換氣標準如表 26.2 所列：

表 26.2　職業勞工安全衛生設施規則所定應有之換氣量

工作場所每一勞工所佔立方公尺數 (m³/人)	未滿 5.7	5.7 以上未滿 14.2	14.2 以上未滿 28.3	28.3 以上
每分鐘每一勞工所需之新鮮空氣之立方公尺數 (m³/min/人)	0.6 以上	0.4 以上	0.3 以上	0.14 以上

例五

某一工作場所未使用有害物從事作業,該場所長、寬、高各為 20 公尺、10 公尺、3 公尺,勞工人數 60 人,如欲以機械通風設備實施換氣以調節新鮮空氣及維持勞工之舒適度,依職業安全衛生設施規則規定,其換氣量至少應為多少 m^3/min ?

 因該工作場所每一勞工所佔立方公尺數 = (20)(10)(3) / (60) = 10 m^3/ 人,查表 26.2 得其整體換氣量至少應為 (0.4m^3 / min/ 人)×(60 人) = 24 m^3/min。

例六

某一公司,有作業員工 100 人,廠房為長 25 公尺,寬 12 公尺,高 3.5 公尺,每日需用甲苯 2.5 公斤及丙酮 3.5 公斤,已知甲苯及丙酮之分子量分別為 92 及 58,時量平均容許濃度各為 100 ppm 及 200 ppm,求該作業場所之所需安全換氣量為多少 m^3/min ?

(1) 該廠房每一勞工所佔立方公尺數 = (25)(12)(3.5) / (100) = 10.5m^3/ 人,依「職業安全衛生設施規則」規定 (表 26.2),應有之新鮮空氣換氣量為

Q_1 = (0.4m^3 / min / 人)×(100 人) = 40 m^3/min

(2) 設該公司每日工作 8 小時,故每小時甲苯之使用量為

W = (2.5)(1,000) / (8) = 312.5 g / hr

稀釋甲苯至容許濃度 100 ppm 之換氣量為

Q_2 = [(24.45×10^3)(312.5)] / [(60)(92)(100)] = 13.842 m^3/min

(3) 每小時丁酮之使用量為

W = (3.5)(1,000) / (8) = 437.5 g / hr

稀釋丁酮至容許濃度 1,000 ppm 之換氣量為

Q_3 = [(24.45×10^3)(473.5)] / [(60)(58)(200)] = 16.634 m^3/min

(4) 該作業場所之所需安全換氣量為

Q = Q_1 + Q_2 + Q_3 = (40) + (13.842) + (16.634) = 70.476 m^3/min

26.4 整體換氣裝置之使用場合

整體換氣適合使用於下列之場所:
(1) 有害物為低污染毒性之作業場所。
(2) 產生小量污染物之作業場所。

(3) 有害物之產生源分佈均勻且廣泛之作業場所。

(4) 有害物產生源遠離作業員呼吸帶之作業場所。

(5) 較適合溫帶氣候之作業場所。

(6) 有害物主要為蒸氣或氣體之作業場所。

整體換氣通常不適用於產生粉塵或燻煙之作業場所，其中的原因有二：

(1) 粉塵或燻煙對人體的危害甚大，因此容許濃度極低，若要符合如此低的濃度要求，整體換氣裝置需要有大量之換氣量，這不但在技術上會有困難，而且不符合經濟效益。

(2) 一般燻煙及粉塵之比重較氣體大，不易稀釋或排除，因此可能會發生有害物停留於某處，造成局部高濃度之情形。

因此需要採用「局部排氣」來加強換氣能力，以彌補整體換氣之不足。

26.5　局部排氣裝置

一般工作場所空氣中的有害物質，會在發生源附近有最高的濃度，離發生源越遠的濃度越低。因此，若能在發生源附近將有害物質以排氣裝置予以捕集排除，則可大幅降低有害物質之擴散，並可避免對整個工作場所之空氣造成污染。

這種使用於靠近或位於污染源發生地點的空氣污染物排除裝置，稱為「局部排氣裝置」。

採用局部排氣裝置有以下之優點：

(1) 如設計良好，可在污染物到達作業員呼吸帶之前便予以排除，使作業人員免除暴露於有害物質之危險。

(2) 局部排氣裝置之換氣量比整體換氣裝置小，但排污效果比整體換氣裝置佳，合乎經濟及技術之要求。

(3) 作業場所內之機械設備比較不易被污染腐蝕損壞。

(4) 抽排速度大，能排除比重較大的污染物質。

26.5.1　局部排氣裝置之構造

局部排氣裝置係由氣罩、吸氣導管、空氣清淨裝置、排氣機、排氣導管及排氣口等所構成。如圖 26.5 所示。

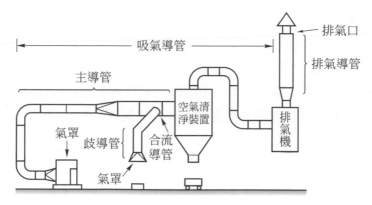

圖 26.5　局部排氣裝置構成單元

一、氣罩

　　氣罩的功能是用來包圍或部分包圍產生污染物的作業，以捕集污染物並產生吸氣氣流引導污染物進入吸氣導管之內。氣罩的設計及其裝設位置，對局部排氣裝置的效率有決定性的影響，因此，常用的氣罩形式可分為下列 5 類：

(1) 包圍式氣罩

　　此乃將污染物發生源幾乎予以完全包圍的氣罩，只留有觀察孔、作業孔及間隙等較小開口，以作為進入氣罩的補充氣流之入口。此種氣罩的排氣量最省而且有最大的排污效率。圖 26.6 顯示兩種不同的包圍式氣罩。

(2) 崗亭式氣罩

　　因作業上之需要而將氣罩的一面開放外，其他各面均將發生源包圍。雖然氣罩的一面對外開放，但此開口部分成為吸氣氣流的入口，因此不致於使污染物自此開口部分外溢至室外。圖 26.7 為兩種不同的崗亭式氣罩。

　　氣櫃式氣罩因不受外部之擾流影響，而且可以較少之排氣量獲得較大之排污效果，因此常被選擇為標準氣罩。

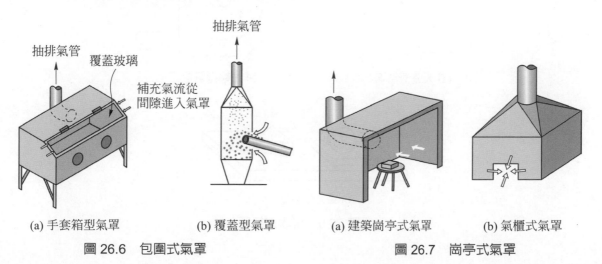

(a) 手套箱型氣罩　　　　(b) 覆蓋型氣罩　　　　(a) 建築崗亭式氣罩　　　(b) 氣櫃式氣罩
　　圖 26.6　包圍式氣罩　　　　　　　　　　圖 26.7　崗亭式氣罩

(3) 外裝式氣罩

由於作業原因而無法包圍污染源時，則採用外裝式氣罩，此種外裝式氣罩單獨設置於發生源附近，並且儘量不妨礙作業設施為主。但其缺點在於離污染源較遠，必須耗費較多的吸氣量才能將污染物導入氣罩內，而且容易受外部擾流之影響而降低排污效果。圖 26.8 為各種常用的外裝式氣罩。

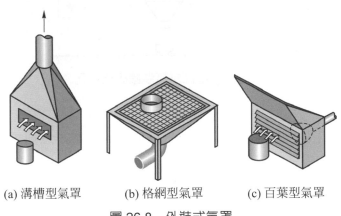

(a) 溝槽型氣罩　　　(b) 格網型氣罩　　　(c) 百葉型氣罩

圖 26.8　外裝式氣罩

(4) 接收式氣罩

當污染物因具有熱浮力而產生向上之氣流，或是因旋轉而產生一定慣性方向的污染物氣流，則應順其氣流方向設置吸收氣罩，此種氣罩稱為接收式氣罩。圖 26.9 為接收式氣罩的種類及裝設方向。

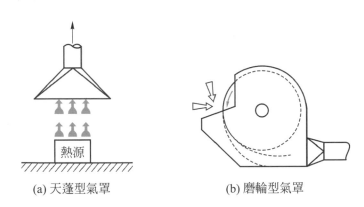

(a) 天蓬型氣罩　　　　　　(b) 磨輪型氣罩

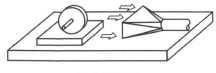

(c) 長方型氣罩

圖 26.9　接收式氣罩

(5) 吹吸氣式氣罩

　　吹吸氣式氣罩由吹氣氣罩與吸氣氣罩組合而成，如圖 26.10 所示。此種氣罩有良好的排污能力，而且可構成氣簾，防止污染物外溢到外部。

吹氣氣罩　　　　　　　　　　　　吹氣氣罩

圖 26.10　吹吸氣式氣罩

二、導管

　　導管分為兩部分，一為「吸氣導管」，此包括自氣罩至空氣清淨裝置之運輸管路，以及自空氣清淨裝置至排氣機之管路；另一部分為「排氣導管」，由排氣機至排氣口之搬運管路即屬之 (如圖 26.5)。

　　導管的主要功能在於將氣罩所蒐集到的污染空氣送至處理設備予以除污過濾。工業通風系統所使用的導管可以是圓形、方形或矩形，但以圓形的效果最好。

(一) 導管內的氣壓測量

　　當空氣在導管中流動時，會在導管中產生不同的壓力。利用「皮氏管」(Pitot tube) 測量導管內的氣壓，如圖 26.11，可測得氣流的「全壓」(Total Pressure, PT)、「靜壓」(Static Pressure, PS) 及「動壓」(Dynamic Pressure, PV)。

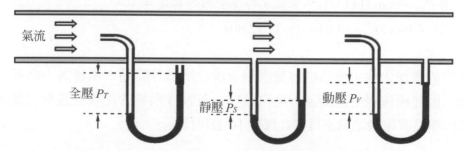

氣流

全壓 P_T　　　　　靜壓 P_S　　　　動壓 P_V

圖 26.11　以「皮氏管」(Pitot tube) 測量導管內的氣壓

「動壓」(P_V) 則是由「全壓」(P_T) 與「靜壓」(P_S) 之差求得，即

$$P_V = P_T - P_S$$

導管內氣壓的常用單位為「水柱壓力」(mm H$_2$O)。

在 25℃、1atm 之條件下，水的密度為 ρ_{water} = 0.9971 g/cm³，汞的密度為 $\rho_{mercury}$ = 13.534 g/cm³，故「汞柱壓力」(mm Hg) 與「水柱壓力」(mm H₂O) 之互換為

1 mm Hg = (13.534) / (0.9971) = 13.537 mm H₂O

或

1mm H₂O = 0.0737 mm Hg

導管的斷面積及長度會影響氣流的流速，斷面積較大時壓力損失較低，但流速也隨之降低，以致粉塵等易積滯沉著於管內。長度與氣流的磨擦力有成正比的關係，因此儘量以直線連接並減少轉彎的設計，才能增加氣流的搬運能力。

(二) 導管內的風速測量

測得導管內的「動壓」(P_V)，可利用下式計算出導管內的「氣流速度」(風速 V)：

$$P_V = \left(\frac{V}{4.04} \right)^2$$

或

$$V = 4.04 \, (P_V)^{1/2}$$

其中　V：導管內的風速 (m/s)

　　　PV：導管內的動壓 (mm H₂O)

例七

若導管內所測得之動壓為 9 mm H₂O 時，則其相當之風速為每秒多少公尺？

 因 P_V = 9mm H₂O，代入上式，得導管內的風速為：

$V = (4.04)(9)^{1/2} = (4.04)(3) = 12.12$ m/s

導管內的風速太大，會造成導管磨損及噪音增高等問題，風速太小則無法有效搬運污染物，因此風速以足夠搬運污染物為宜，表 26.3 為導管中風速設計之參考值，而一般空氣清淨裝置後段之風速維持在每秒 10 公尺即可。

表 26.3　導管內最小風速之設計範圍

污染物	範例	最小搬運風速 (m／s)
蒸氣、氣體、煙	所有蒸氣及氣體	5～6
燻煙	鋅、氧化鋁燻煙	7～10
輕灰塵	木粉、石粉、棉紗	10～13
乾粉塵	棉塵、細橡皮塵、黃麻絨、電木塑粉塵、肥皂粉塵、皮革刮下屑	14～18
一般工業塵	鋸木屑 (濕且重)、乾的磨光絨、研磨塵、製鞋灰塵、花崗石塵、矽粉、黏土塵、切磚、鑄造、石灰石塵、石綿粉塵	18～20
重粉塵	金屬鐵屑、噴砂灰塵、黃銅鐵屑、鉛塵	20～23
重或潮濕粉塵	潮濕黏合料塵、生石灰塵、磨光絨 (有黏性)、鉛塵夾雜小切塊	23 以上

三、空氣清淨裝置

　　含有污染物的空氣經吸進局部排氣裝置後，必須經除污處理才能排出於室外，而負責空氣過濾及除污之設備，就是「空氣清淨裝置」。空氣清淨裝置基本上是以物理或化學方法自氣流中將污染物排除，因此包括了「除塵裝置」及「廢氣處理裝置」兩種，其工作原理如下：

(一) 除塵裝置

　　除塵裝置依捕集粉塵之原理可分為：

1. 重力沉降室

   以重力方式使粉塵自然墜落。

2. 慣性集塵機

   使帶有粉塵之空氣衝擊於板面，由於粉塵之質量比空氣大，所以粉塵會撞擊並附著於板面。

3. 離心分離機

   利用離心力將粉塵自空氣中分離。

4. 濕式集塵機

   以噴嘴噴射液體使粉塵衝擊於液滴上面，當粉塵濕潤並凝集一起後，再用離心力使之與空氣分離。

5. 靜電集塵機

   利用高壓電將通過的空氣中所搬運的粉塵轉變為帶負電的粒子，並使這些帶靜電的粒子附著於電極上。

6. 纖維集塵機

   使用棉布、玻璃纖維或合成纖維作為濾材，藉粉塵的慣性、靜電等特性將之蒐集在濾袋中。

表 26.4 為上述各類型集塵器所適合處理之粉塵顆粒大小。

表 26.4 各型集塵器適合處理之粒徑

集塵形式	最小粒徑 (單位：μm)
重力沉降	200
慣性碰撞	50 ～ 150
離心式 　大徑旋風集塵器 　中徑旋風集塵器 　小徑旋風集塵器	 40 ～ 60 20 ～ 30 10 ～ 15
濕式集塵	2 ～ 3

(二) 廢氣處理裝置

「廢氣處理」的方式一般可分為「吸收」、「吸著」、「觸媒氧化」、「凝縮」、「燃燒」及「氧化還原」等方法，而常用之處理裝置為：

1. 充填塔

   「充填塔」又稱為「吸收塔」，塔內的填料可以為「吸附劑」(如木炭、活性炭、鋁礬土及矽酸鹽等) 或「吸收劑」(如水、苛性鈉溶液等)。充填塔可排除二氧化硫、硫化氫、氮氧化物、氟化物、二硫化碳、鹽酸、甲醇、氨、氯仿、乙醛等廢氣。

2. 焚化爐

   可燃性的污染物可以加熱或催化的方式使之氧化成二氧化碳和水。將污染空氣以火焰或加熱設備予以預熱後，再通過以鉑 - 鋁合金為材料的催化劑加促其氧化作用。焚化爐適合處理含碳氫化合物的廢氣，其效率可高達 98% 以上。

   空氣清淨裝置為局部排氣裝置不可或缺之設施，污染空氣若沒有經處理便排放到大氣，不但會造成公害，而且排出之廢氣仍有再度流入室內之虞。

四、排氣機

排氣機為局部排氣裝置中氣流流動之動力來源。在各種設計中，風扇為最常使用的排氣機具。在通風或空調系統中最常用的風扇大致可分為「軸流式」及「離心式」兩大類。

一般而言，選擇風扇的類型時需考慮以下之因素：

1. 須移走之空氣量。

2. 風扇靜壓。

3. 污染物的種類及其污染程度。

4. 風扇之驅動方式：直接驅動風扇的風速穩定、不佔空間、保養容易；皮帶驅動風扇可隨意改變處理的風量，但由於皮帶可能會滑動，因此風速比較不穩定。

5. 風扇轉動時之噪音。

6. 操作溫度、防爆、防腐蝕以及空間限制等。

7. 風扇之效率、轉速及消耗之能量。

26.6 結語

依「職業安全衛生法」第六條第一項規定，雇主對防止未採取充足通風引起之危害，應有符合規定之必要安全衛生設備及措施。另依本法第四十三條規定，違反第六條第一項者，處新臺幣三萬元以上三十萬元以下罰鍰。

習 題

一、選擇題

( ) 1. 依粉塵危害預防標準規定，對從事特定粉塵作業以外之粉塵作業之室內作業場所，應設置下列何種設備或具同等性能以上之設備？ (1) 密閉設備 (2) 局部排氣裝置 (3) 維持濕潤之設備 (4) 整體換氣裝置。

( ) 2. 通風不充分之室內作業場所，補充空氣量以下列何者最為適當？ (1) 等於排氣量 (2) 等於必要供給之新鮮空氣量 (3) 等於排氣量及必要供給新鮮空氣量中之較大者 (4) 等於排氣量及必要供給新鮮空氣量中之較小者。

( ) 3. 依職業安全衛生管理辦法規定，局部排氣設備之空氣清淨裝置，應多久實施定期檢查一次？ (1) 每月 (2) 每半年 (3) 每年 (4) 每 2 年。

( ) 4. 導管內空氣不流動時，其動壓值為下列何者？ (1) 正值 (2) 零 (3) 負值 (4) 依流向而定。

( ) 5. 依鉛中毒預防規則規定，鉛作業之軟焊作業場所設置整體換氣裝置之換氣量，應為每一從事鉛作業勞工平均每分鐘多少立方公尺以上？ (1) 1.67 (2) 5.0 (3) 10 (4) 100。

( ) 6. 藉動力強制吸引並排出已發粉塵之設備為下列何者？ (1) 局部排氣裝置 (2) 密閉裝置 (3) 整體換氣裝置 (4) 維持濕潤狀態之設備。

( ) 7. 同一導管之長度縮短而其他流動條件不變時，所造成之壓力損失，下列敘述何者正確？ (1) 變大 (2) 變小 (3) 恆為定值 (4) 等於 0。

(   ) 8. 下列何種通風換氣裝置之排氣中有害物之濃度，大約等於作業場所空氣中有害物之濃度？ (1) 局部排氣裝置 (2) 整體換氣裝置 (3) 密閉式排氣裝置 (4) 利用溫熱上昇之排氣裝置。

(   ) 9. 通風測定之常用測定儀器有發煙管、熱偶式風速計、皮托管 (Pitot Tube) 及液體壓力計等，其中皮托管為可測定下列何者？ (1) 空氣濕度 (2) 空氣成分 (3) 空氣速度 (4) 含氧濃度。

(   ) 10. 依高壓氣體勞工安全規則之規定，可燃性氣體、毒性氣體及下列何種之氣體設備 (除高壓氣體設備及空氣取氣口外) 應具氣密之構造？ (1) 氧氣 (2) 氮氣 (3) 鹵氣 (4) 氫氣。

(   ) 11. 局部排氣裝置之動力源，係指下列何者？ (1) 氣罩 (2) 排氣機 (3) 導管 (4) 排氣。

(   ) 12. 依職業安全衛生管理辦法規定，下列何種機械設備應實施重點檢查？ (1) 局部排氣裝置 (2) 動力堆高機 (3) 車輛系營建機械 (4) 衝壓機械。

(   ) 13. 下列何者不屬於局部排氣裝置之主要構造？ (1) 氣罩 (2) 導管 (3) 廢液處理裝置 (4) 排氣機。

(   ) 14. 關於作業場所應供給之新鮮空氣量之敘述，下列何者不正確？ (1) 每人所佔作業場所空間愈小，所應供給之新鮮空氣量應愈多 (2) 每人所佔作業場所空間愈大，所應供給之新鮮空氣量應愈多 (3) 排氣量大時，應補充之新鮮空氣量應多 (4) 補充之新鮮空氣應送至作業者呼吸帶附近。

(   ) 15. 量測局部排氣裝置系統一點之動壓可求得下列何值？ (1) 全壓 (2) 靜壓 (3) 風量 (4) 輸送風速。

(   ) 16. 雇主以機械通風設備換氣使空氣充分流通，除提供勞工新鮮空氣外，下列何者較屬非應一併考慮之事項？ (1) 溫度調節 (2) 火災爆炸防止 (3) 氣壓 (4) 有害物濃度控制。

(   ) 17. 下列何種呼吸防護具較適合於室內毒性氣體大量外洩時，緊急搶救使用？ (1) 毒性氣體防毒面具 (2) 自給式空氣呼吸防護具 (3) 防塵口罩 (4) 有機溶劑防毒面具。

(   ) 18. 對於局部排氣裝置之導管，下列敘述何者不正確？ (1) 儘量增加導管長度 (2) 減少彎曲數目 (3) 適當位置開設測定孔 (4) 適當位置開設清潔孔。

(   ) 19. 危害控制應優先考慮由何處著手？ (1) 暴露者 (2) 危害所及之路徑 (3) 危害源 (4) 作業管理。

(   ) 20. 下列有關局部排氣裝置導管之敘述何者錯誤？ (1) 長度愈大，壓力損失愈大 (2) 流動速度愈大，壓力損失愈大 (3) 支管愈多，平衡愈容易 (4) 肘管彎曲之角度愈小愈好。

(   ) 21. 有關局部排氣裝置風壓之敘述，下列何者有誤？ (1) 全壓為動壓與靜壓之和 (2) 排氣機上游管段之全壓為負值 (3) 排氣機下游管段之全壓為正值 (4) 空氣流動速度愈大，動壓愈小。

( ) 22. 導管內空氣未流動時,下列何者錯誤? (1) 動壓為 0 (2) 全壓 = 靜壓 (3) 全壓 = 動壓 + 靜壓 (4) 靜壓為 0。

( ) 23. 依粉塵危害預防標準規定,雇主使勞工於室內將水泥袋裝之處所,應採措施為何? (1) 設置密閉設備 (2) 設置局部排氣裝置 (3) 維持濕潤狀態 (4) 未規定。

( ) 24. 非以濕式作業方法從事鉛、鉛混存物等之研磨、混合或篩選之室內作業場所設置之局部排氣裝置,其氣罩應採用下列何種型式效果最佳? (1) 包圍型 (2) 外裝型 (3) 吹吸型 (4) 崗亭型。

( ) 25. 對於空氣在導管內流動速度增大所引起之壓力變化,下列敘述何者正確? (1) 動壓增大 (2) 靜壓增大 (3) 動壓減小 (4) 全壓為 0。

( ) 26. 導管內動壓為 9 mm H_2O 時,相當之風速為每秒多少公尺? (1) 5.0 (2) 9.0 (3) 12.1 (4) 16.0。

( ) 27. 設有對外開口面積 6m² 之有機溶劑作業場所,下列何者屬通風不充分之作業場所? (1) 長 12m,寬 10m,高 4m (2) 長 13m,寬 11m,高 4m (3) 長 13m,寬 9m,高 4m (4) 長 14m,寬 8m,高 3m。

( ) 28. 依職業安全衛生設施規則規定,雇主對於廚房應設何種通風換氣裝置,以排除煙氣及熱? (1) 自然換氣 (2) 氣櫃 (3) 機械排氣 (4) 未規定。

( ) 29. 下列何作業之室內作業場所除設置有困難外,依規定設置之局部排氣裝置之氣罩應採包圍型? (1) 熔融 (2) 非以濕式作業方法將粉狀鉛倒入容器 (3) 熔接 (4) 含鉛塗料噴布。

( ) 30. 下列何者是最佳的危害控制先後順序 (A. 從危害所及的路徑控制;B. 從暴露勞工加以控制;C. 控制危害源)? (1) A → B → C (2) B → C → A (3) C → A → B (4) C → B → A。

( ) 31. 下列有關防護具之敘述何者錯誤? (1) 呼吸防護具一般使用於臨時性作業、緊急避難、無法裝設通風系統之場所或限於技術而使用通風系統效果有限之場所 (2) 一般例常性之工作可長期重複使用呼吸防護具 (3) 不恰當之防護具無法防範危害因子之穿透 (4) 防護具一般而言應視為最後之選擇。

( ) 32. 有關導管內之搬運風速之敘述,下列何者正確? (1) 愈大愈好 (2) 愈小愈好 (3) 視導管大小決定 (4) 以不造成有害物沉降或輸送空氣滯流決定其必要之大小。

( ) 33. 局部排氣裝置之導管裝設,下列何者有誤? (1) 應盡量縮短導管長度 (2) 減少彎曲數目 (3) 歧導管需 90 度相接 (4) 應於適當位置設置清潔口與測定孔。

( ) 34. 軸流式排氣機之特性為下列何者? (1) 靜壓大、排氣量大 (2) 靜壓小、排氣量大 (3) 靜壓大、排氣量小 (4) 靜壓小、排氣量小。

( ) 35. 下列何者可據以計算風速? (1) 靜壓 (2) 動壓 (3) 全壓 (4) 大氣壓。

( ) 36. 局部排氣裝置連接氣罩與排氣機之導管為下列何者? (1) 排氣導管 (2) 主導管 (3) 歧導管 (4) 吸氣導管。

( ) 37. 通風系統中，下列何種情況其壓力損失愈小？ (1) 肘管曲率半徑與管徑比愈小 (2) 合流管流入角度愈小 (3) 圓形擴大管擴大角度愈大 (4) 圓形縮小管縮小角度愈大。

( ) 38. 下列何者為有害物作業場所控制危害之優先考慮方法？ (1) 密閉設備 (2) 局部排氣裝置 (3) 整體換氣裝置 (4) 自然換氣。

( ) 39. 依職業安全衛生管理辦法規定，下列何者應實施重點檢查？ (1) 局部排氣裝置 (2) 低壓電氣設備 (3) 鍋爐 (4) 吊籠。

( ) 40. 局部排氣裝置之氣罩為坦波形者 (tapered)，則其測定孔應開設在離氣罩與導管接頭之何處？ (1) 1 倍直徑 (2) 3 倍直徑 (3) 5 倍直徑 (4) 7.5 ～ 8.5 倍直徑。

( ) 41. 整體換氣裝置裝設上應注意事項，下列敘述何者錯誤？ (1) 適用於有害物發生源均勻廣泛之場所 (2) 常使用於低毒性物質及溫度之控制 (3) 有火災爆炸之虞場所應控制其濃度低於爆炸下限 (4) 不適於粉塵、燻煙等有害物之控制。

( ) 42. 下列何者非通風換氣之目的？ (1) 防止游離輻射 (2) 防止火災爆炸 (3) 稀釋空氣中有害物 (4) 補充新鮮空氣。

( ) 43. 下列何種空氣清淨方法適用於氣態有害物之除卻處理？ (1) 吸收法 (2) 離心分離法 (3) 沉降法 (4) 靜電吸引法。

( ) 44. 整體換氣裝置之換氣能力以下列何者表示？ (1) $Q(m^3/min)$ (2) $V(m/s)$ (3) 每分鐘換氣次數 (4) 每小時換氣次數。

( ) 45. 局部排氣裝置氣罩之型式如考慮其效果及作業限制，則下列哪一種效果最差？ (1) 外裝式氣罩 (2) 崗亭式氣罩 (3) 包圍式氣罩 (4) 吹吸式氣罩。

( ) 46. 吸氣導管側之全壓一般為下列何者？ (1) 正壓 (2) 負壓 (3) 零 (4) 可為正壓或負壓。

( ) 47. 工作場所之換氣標準，如每一勞工所佔之空間未滿 5.7 立方公尺時，所需新鮮空氣為多少立方公尺以上？ (1) 0.2 (2) 0.3 (3) 0.4 (4) 0.6。

( ) 48. 有害物作業場所控制危害之最優先考慮的方法為下列何者？ (1) 密閉設備 (2) 局部排氣裝置 (3) 整體換氣裝置 (4) 自然換氣。

( ) 49. 局部排氣裝置之設置，下列敘述何者有誤？ (1) 氣罩應設於每一有害物發生源或接近發生源 (2) 排氣機應設於空氣清淨裝置後之位置 (3) 排氣口直接向大氣開放 (4) 冬天太冷為防寒風進入，需停止運轉。

( ) 50. 有關通風換氣之敘述，下列何者有誤？ (1) 在通風不充分之作業場所從事軟焊作業時，其換氣能力應達每一鉛作業勞工每分鐘 $1.67m^3$ 以上 (2) 有機溶劑作業必要之換氣量僅由有機溶劑每小時之使用量決定 (3) 特定化學物質作業之控制設備，原則上不能使用整體換氣裝置 (4) 換氣能力應能控制有害物的濃度在容許濃度以下。

( ) 51. 有關局部排氣裝置風壓之敘述，下列何者有誤？ (1) 全壓為動壓與靜壓之和 (2) 排氣機上游管段之全壓為負值 (3) 排氣機下游管段之全壓為正值 (4) 導管內廢氣流動速度愈小，動壓愈大。

( ) 52. 排氣機之迴轉數愈大，則其風量如何變化？ (1) 變大 (2) 變小 (3) 不變 (4) 等於 0。

( ) 53. 依職業安全衛生設施規則規定，為保持良好之通風及換氣，雇主對勞工經常作業之室內作業場所，其窗戶及其他開口部分等可直接與大氣相通之開口部分面積，應為地板面積之多少比例以上？ (1) 1/50 (2) 1/30 (3) 1/20 (4) 1/2。

( ) 54. 從事已塗布含鉛塗料物品之剝除含鉛塗料時，下列何者之預防設施效果最差？ (1) 密閉設備 (2) 局部排氣裝置 (3) 整體換氣裝置 (4) 濕式作業。

( ) 55. 通風運算時一般將大氣壓力視為下列何值？ (1) – 760mmHg (2) 0mmHg (3) 750mmHg (4) 760mmHg。

( ) 56. 依粉塵危害預防標準規定，對於粉塵作業場所應多久時間內確認實施通風設備運轉狀況、勞工作業情形、空氣流通效果及粉塵狀況等，並採取必要措施？ (1) 隨時 (2) 每週 (3) 每月 (4) 每年。

( ) 57. 使用風量調節平衡法平衡一局部排氣裝置兩歧導管平衡前所需風量分別為 Q_1 及 Q_2 時，平衡後之風量 Q 與 Q_1、Q_2 之關係為何？ (1) $Q = Q_1 + Q_2$ (2) $Q > Q_1 + Q_2$ (3) $Q < Q_1 + Q_2$ (4) $Q = 0$。

( ) 58. 雇主對勞工經常作業之室內作業場所之氣溫，在攝氏多少度以下換氣時，不得使勞工暴露於每秒 1 公尺以上之氣流中？ (1) 10 (2) 15 (3) 20 (4) 30。

( ) 59. 能使有害物質在其發生源處未擴散前即加以排除的工程控制方法為下列何者？ (1) 整體換氣 (2) 熱對流換氣 (3) 自然通風 (4) 局部排氣。

( ) 60. 排氣口之靜壓為下列何者？ (1) 正壓 (2) 負壓 (3) 0 (4) 可為正壓或負壓。

( ) 61. 粉塵作業之設備如以連續注水或注油操作時，下列何者可免依粉塵危害預防標準規定，設置局部排氣裝置等必要設備？ (1) 礦物之篩選 (2) 礦物之切斷 (3) 砂再生 (4) 於室內混合製造玻璃原料。

( ) 62. 局部排氣裝置所需之動力與輸送風量之幾次方成正比？ (1) 0 (2) 1 (3) 2 (4) 3。

( ) 63. 下列有關粉塵作業之控制設施之敘述，何者有誤？ (1) 整體換氣裝置應置於使排氣或換氣不受阻礙之處，使之有效運轉 (2) 設置之濕式衝擊式鑿岩機於實施特定粉塵作業時，應使之有效給水 (3) 局部排氣裝置依規定每 2 年定期檢查一次 (4) 維持濕潤狀態之設備於粉塵作業時，對該粉塵發生處所應保持濕潤狀態。

( ) 64. 下列何作業之室內作業場所除設置有困難外，依規定設置之局部排氣裝置之氣罩應採包圍型？ (1) 熔融 (2) 非以濕式作業方法將粉狀鉛倒入容器 (3) 熔接 (4) 含鉛塗料噴布。

( ) 65. 空氣於導管內流動條件不變時，該導管直徑愈小則所造成之壓力損失，下列敘述何者正確？ (1) 愈大 (2) 愈小 (3) 恆為定值 (4) 等於 0。

( ) 66. 依粉塵危害預防標準規定，對從事特定粉塵作業以外之粉塵作業之室內作業場所，應設置下列何種設備或具同等性能以上之設備？ (1) 密閉設備 (2) 局部排氣裝置 (3) 維持濕潤之設備 (4) 整體換氣裝置。

( ) 67. 藉動力強制吸引並排出已發散粉塵之設備為下列何者？ (1) 局部排氣裝置 (2) 密閉裝置 (3) 整體換氣裝置 (4) 維持濕潤狀態之設備。

( ) 68. 下列何種機械換氣裝置之效果較佳？ (1) 排氣法 (2) 供氣法 (3) 供排氣併用方法 (4) 空調冷凍方法。

( ) 69. 依職業安全衛生設施規則規定，為使勞工作業場所空氣充分流通，一個佔有 5 立方公尺空間工作的勞工，以機械通風設備換氣，每分鐘所需之新鮮空氣，應為多少立方公尺以上？ (1) 0.14 (2) 0.3 (3) 0.4 (4) 0.6。

( ) 70. 排氣量相同時，效果最好之局部排氣裝置氣罩為下列何者？ (1) 包圍型氣罩 (2) 崗亭型氣罩 (3) 外裝型氣罩 (4) 吹吸型氣罩。

( ) 71. 局部排氣裝置之動力源，係指下列何者？ (1) 氣罩 (2) 排氣機 (3) 導管 (4) 排氣口。

( ) 72. 空氣流經導管時，導管愈粗糙，其摩擦損失或壓力損失之敘述下列何者正確？ (1) 愈小 (2) 愈大 (3) 不變 (4) 可能變大亦可能變小。

( ) 73. 廚房設置之排油煙機為下列何者？ (1) 整體換氣裝置 (2) 局部排氣裝置 (3) 吹吸型換氣裝置 (4) 排氣煙囪。

( ) 74. 依職業安全衛生管理辦法之規定，設置之局部排氣裝置應實施之自動檢查不包括下列何種？ (1) 每年之定期自動檢查 (2) 開始使用、拆卸、改裝或修理時之重點檢查 (3) 作業勞工就其作業有關事項實施之作業檢點 (4) 輸液設備之作業檢點。

( ) 75. 下列何種儀器和通風測定較不相關？ (1) 發煙管 (2) 風速計 (3) 皮托管 (4) 阿斯曼通風乾濕計。

( ) 76. 於室內以研磨材噴射、研磨或岩石、礦物雕刻之處所，如設有局部排氣裝置時，應設置下列何種型式氣罩？ (1) 包圍型 (2) 側向吸引式外裝型 (3) 下方吸引式外裝型 (4) 上方吸引式外裝型。

( ) 77. 局部排氣裝置之導管型式，使用下列何者較省動力？ (1) 方形管 (2) 圓形管 (3) 矩形管 (4) 橢圓形管。

二、問答題

1. 依職業安全衛生管理辦法規定，對局部排氣裝置、空氣清淨裝置及吹吸型換氣裝置，應每年定期實施檢查一次，請列舉 6 項檢查項目以保持其性能。

2. 工作場所每一勞工平均佔 5 立方公尺，雇主提供每一勞工平均每分鐘 0.6 立方公尺新鮮空氣。請計算工作場所換氣率為每小時多少次？ (請列出計算過程)

3. 某事業單位作業場所之溫度、壓力分別為 25℃、一大氣壓。試回答下列問題：

(1) 今以可燃性氣體監測器測定空氣中丙酮的濃度時，指針指在 2.0%LEL 的位置。試問此時空氣中丙酮的濃度相當多少 ppm ？

(2) 若丙酮每日八小時的消費量為 20 kg。今裝設整體換氣裝置作為控制設備時：

① 依職業安全衛生設施規則規定，為避免發生火災爆炸之危害，其最小通風換氣量為何？

② 為預防勞工發生丙酮中毒危害，理論上欲控制在八小時日時量平均容許濃度以下的最小換氣量為何？

③ 依有機溶劑中毒預防規則規定，每分鐘所需之最小換氣量為何？

已知：丙酮 (分子量為 58) 的爆炸下限值 (Lower explosive limit，LEL) 為 2.5%，8 小時日時量平均容許濃度為 750ppm。

4. 某工作場所每勞工所佔空間 (自地面算起高度超過 4 公尺以上之空間不計) 為 30 m³，以機械通風方式提供每位勞工 0.14 m³/min 之新鮮空氣。請計算每小時換氣次數。(請列出計算式，答案有效位數到小數點以下 2 位)。

5. 某一公司，有作業員工 130 人，廠房為長 30 公尺，寬 16 公尺，高 5 公尺，每日需用二甲苯 3.5 公斤及丁酮 4 公斤，已知二甲苯及丁酮之分子量分別為 106 及 72，時量平均容許濃度各為 100ppm 及 200ppm，求該作業場所之所需安全換氣量為多少 m³/min ？

6. 某一外裝型氣罩之開口面積 (A) 為 1 平方公尺，控制點與開口距離 (x) 為 1 公尺。今將氣罩開口與控制點之距離縮短為 0.5 公尺，則風量 (Q) 可減少為原來之幾倍時，仍可維持控制點原有之吸引風速 (v) ？ [參考公式 $Q = v(10x^2 + A)$](請列出計算過程)。

7. 某未使用有害物作業之工作場所，其長、寬、高分別為 40 公尺、20 公尺及 4 公尺，內有作業勞工 100 人。今欲以機械通風設備實施換氣，以維持勞工的舒適度及安全度。試問：依職業安全衛生設施規則規定，其換氣量至少應為多少 m³/min ？

註：以機械通風設備換氣，職業安全衛生設施規則規定之換氣標準如下：

工作場所每一勞工所佔立方公尺數	未滿 5.7	5.7 以上未滿 14.2	14.2 以上未滿 28.3	28.3 以上
每分鐘每一勞工所需之新鮮空氣之立方公尺數	0.6 以上	0.4 以上	0.3 以上	0.14 以上

8. 某通風不充分之軟焊作業場所，作業勞工人數為 60 人。若以整體換氣裝置為控制設施時，依鉛中毒預防規則規定，其必要之換氣量為多少 m³/min ？

9. 下表為某單一固定管徑之導管內 4 個測點所測得空氣壓力 (air pressure) 值，試求表中 a、b、c、d、e 等 5 項之相關壓力值 (請列出計算過程)。

測點	空氣壓力 (mmH₂O)		
	全壓 (TP)	靜壓 (SP)	動壓 (VP)
1	(a)	+ 3	+ 2
2	− 6	(b)	+ 2
3	+ 7	(c)	+ 2
4	(d)	− 4	(e)

10. 針對一般中央空調系統 60 公分 ×60 公分之進氣口 (air supply)，其風量之測定有 2 種方式，請簡述之。

11. 依粉塵危害預防標準規定，雇主設置之局部排氣裝置，有關氣罩、導管、排氣機及排氣口之規定，分別爲何？

12. 防止有害物質危害之方法，可從 A. 發生源、B. 傳播途徑、及 C. 暴露者等三處著手，請問下列各方法分屬上述何者？請依序回答。(本題各小項均爲單選，答題方式如：(1)A、　(2)B……)

    (1) 設置整體換氣裝置。

    (2) 設置局部排氣裝置。

    (3) 製程之密閉。

    (4) 實施職業安全衛生教育訓練。

    (5) 擴大發生源與接受者之距離。

    (6) 以低毒性、低危害性物料取代。

    (7) 實施輪班制度，減少暴露時間。

    (8) 製程之隔離。

    (9) 使用正確有效之個人防護具。

    (10) 變更製程方法、作業程序。

13. 某工作場所中，平均每 8 小時所呼出之二氧化碳量爲 12m³，試問以多少新鮮無污染的空氣換氣，方才可使該工作場所之二氧化碳濃度合於法定標準？

14. 某作業場所每小時使用 2 公斤之丁酮，該作業場所使用整體換氣裝置，試問以多少新鮮無污染的空氣稀釋，才能使該作業場所之丁酮蒸氣濃度合於法定之容許濃度標準？

15. 列舉 5 種進入密閉空間或通風不良場所作業，可能發生之主要危害。

16. 解釋下列名詞：

    (1) 時量平均容許濃度。

    (2) 控制風速。

17. 某一作業場所有 60 名員工從事軟焊作業，依法令規定設置整體換氣裝置，試計算其必要換氣量。

18. 正己烷 (分子量 86) 每天 8 小時消費 48 公斤，其爆炸範圍 1.1 % ～ 7.5 %，爲防止爆炸，

    (1) 在一大氣壓下，25℃時，其理論換氣量應至少爲多少？

    (2) 若設定安全係數爲 5 時，其換氣量應至少爲多少？

有機溶劑中毒之預防

27.1　前言

在前面的章節中，已介紹了空氣中有害物濃度對人體的影響，及如何以通風換氣的方式來稀釋或減低有害物的濃度，以符合法令之規定。行政院勞動部發布之「有機溶劑中毒預防規則」(民國 103 年 6 月 25 日最新修正)，更進一步將工業常用的有機溶劑予以分類，且訂出「容許消費量」及「整體換氣裝置之換氣能力」等規範，對換氣裝置之維護與設置也有明確規定，因此本規則可以說是把工業通風的應用予以法規化及條文化，而且只須使用簡單的公式即可計算出換氣量，避免了複雜的通風理論及數學公式，是極為重要的有害物質危害預防法規之一。

27.2　有機溶劑及相關名詞

在「有機溶劑中毒預防規則」(以下簡稱本規則) 中，將適用於本規則之有機溶劑分為三種，也將有機溶劑混存物分為三種，並且明訂出何種作業為有機溶劑作業，以及通風不充分之場所與儲槽等，茲分述如下：

27.2.1　有機溶劑分類

本規則第 3 條將有機溶劑分類為三種：

(1) 第一種有機溶劑

第一種有機溶劑如表 27.1 所列：

表 27.1　第一種有機溶劑

中文名稱	英文名稱	化學式
(1) 三氯甲烷	Trichloro methane	$CHCl_3$
(2)1.1.2.2.- 四氯乙烷	1,1,2,2-Tetrachloro ethane	$CHCl_2CHCl_2$
(3) 四氯化碳	Tetrachloro methane	CCl_4
(4)1.2.- 二氯乙烯	1,2-Dichloro ethylene	$CHCl=CHCl$
(5)1.2.- 二氯乙烷	1,2-Dichloro ethane	CH_2ClCH_2Cl
(6) 二硫化碳	Carbon disulfide	CS_2
(7) 三氯乙烯	Trichloro ethylene	$CHCl=CCl_2$
(8) 僅由 (1) 至 (7) 列舉之物質之混合物		

(2) 第二種有機溶劑

第二種有機溶劑如表 27.2 所列：

表 27.2　第二種有機溶劑

中文名稱	英文名稱	化學式
(1) 丙酮	Acetone	CH_3COCH_3
(2) 異戊醇	Isoamyl alcohol	$(CH_3)_2CHCH_2CH_2OH$
(3) 異丁醇	Isobutyl alcohol	$(CH_3)_2CHCH_2OH$
(4) 異丙醇	Isopropyl alcohol	$(CH_3)_2CHOH$
(5) 乙醚	Ethyl ether	$C_2H_5OC_2H_5$
(6) 乙二醇乙醚	Ethyleneglycol monoethyl ether	$HO(CH_2)_2OC_2H_5$
(7) 乙二醇乙醚醋酸	Ethyleneglycol monoethyl ether acetate	$C_2H_5O(CH_2)_2OCOCH_3$
(8) 乙二醇丁醚	Ethyleneglycol monobutyl ether	$HO(CH_2)_2OC_4H_9$
(9) 乙二醇甲醚	Ethyleneglycol monomethyl ether	$HO(CH_2)_2OCH_3$
(10) 鄰 - 二氯苯	O-dichlorobenzene	$C_6H_4Cl_2$
(11) 二甲苯 (含鄰、間、對異構物)	Xylenes(0-, m-, p-isomers)	$C_6H_4(CH_3)_2$
(12) 甲酚	Cresol	$HOC_6H_4CH_3$
(13) 氯苯	Chlorobenzene	C_6H_5Cl
(14) 乙酸戊酯	Amyl acetate	$CH_3CO_2C_5H_{11}$
(15) 乙酸異戊酯	Isoamyl acetate	$CH_3CO_2CH_2CH_2CH(CH_3)_2$
(16) 乙酸異丁酯	Isobutyl acetate	$CH_3CO_2CH_2CH(CH_3)_2$
(17) 乙酸異丙酯	Isopropyl acetate	$CH_3CO_2CH(CH_3)_2$
(18) 乙酸乙酯	Ethyl acetate	$CH_3CO_2C_2H_5$
(19) 乙酸丙酯	Propyl acetate	$CH_3CO_2C_3H_7$
(20) 乙酸丁酯	Butyl acetate	$CH_3CO_2C_4H_9$
(21) 乙酸甲酯	Methyl acetate	CH_3COOCH_3
(22) 苯乙烯	Styrene	$C_6H_5CH=CH_2$
(23)1.4- 二氧陸圜	1,4-Dioxan	$O\!\!\diagdown\!\!{\overset{CH_2CH_2}{\underset{CH_2CH_2}{}}}\!\!\diagup\!\!O$
(24) 四氯乙烯	Tetrachloro ethylene	$Cl_2C=CCl_2$
(25) 環己醇	Cyclohexanol	$C_6H_{11}OH$
(26) 環己酮	Cyclohexanone	$C_6H_{10}O$
(27)1- 丁醇	1-Butyl alcohol	$CH_3(CH_2)_3OH$
(28)2- 丁醇	2-Butyl alcohol	$CH_3CH_2CH(OH)CH_3$
(29) 甲苯	Toluene	$C_6H_5CH_3$

表 27.2　第二種有機溶劑（續）

中文名稱	英文名稱	化學式
(30) 二氯甲烷	Dichloro methane	CH_2Cl_2
(31) 甲醇	Methyl alcohol	CH_3OH
(32) 甲基異丁酮	Methyl isobutyl ketone	$(CH_3)_2CHCH_2COCH_3$
(33) 甲基環己醇	Methyl Cyclohexanol	$CH_3C_6H_{10}OH$
(34) 甲基環己酮	Methyl Cyclohexanone	$CH_3C_5H_9CO$
(35) 甲丁酮	Methyl butyl ketone	$CH_3OC(CH_2)_3CH_3$
(36)1.1.1- 三氯乙烷	1.1.1-Trichloro ethane	CH_3CCl_3
(37)1.1.2- 三氯乙烷	1.1.2-Trichloro ethane	$CH_2ClCHCl_2$
(38) 丁酮	Methyl ethyl ketone	$CH_3COC_2H_5$
(39) 二甲基甲醯胺	N,N-Dimethyl formamide	$HCON(CH_3)_2$
(40) 四氫呋喃	Tetra hydrofuran	$O\begin{array}{c} CH_2-CH_2 \\ \mid \\ CH_2-CH_2 \end{array}$
(41) 正己烷	n-hexane	$CH_3C_2HCH_2CH_2CH_2CH_3$
(42) 僅由 (1) 至 (41) 列舉之物質之混合物		

三、第三種有機溶劑

第三種有機溶劑如表 27.3 所列：

表 27.3　第三種有機溶劑

中文名稱	英文名稱
(1) 汽油	Gasoline
(2) 煤焦油精	Coal-tar naphtha
(3) 石油醚	Petroleum ether
(4) 石油精	Petroleum naphtha
(5) 輕油精	Petroleum benzin
(6) 松節油	Turpentine
(7) 礦油精	Mineral spirit(Mineral thinner petroleum Spirit, white Spirit)
(8) 僅由 (1) 至 (7) 列舉之物質之混合物	

27.2.2 有機溶劑混存物

本規則第三條第二款明定「有機溶劑混存物」，指有機溶劑與其他物質混合時，所含之有機溶劑「佔其重量 5% 以上」者，其分類如下：

(1) 第一種有機溶劑混存物

指有機溶劑混存物中，含有第一種有機溶劑佔該混存物重量 5% 上者。

(2) 第二種有機溶劑混存物

指有機溶劑混存物中，含有第二種有機溶劑或第一種有機溶劑及第二種有機溶劑之和佔該混存物重量 5% 以上而不屬於第一種有機溶劑混存物者。

(3) 第三種有機溶劑混存物

指第一種有機溶劑混存物及第二種有機溶劑混存物以外之有機溶劑混存物。

27.2.3 有機溶劑作業

本規則第二條規定，本規則適用於從事下列各款「有機溶劑作業」之事業：

(1) 製造有機溶劑或其混存物過程中，從事有機溶劑或其混存物之過濾、混合、攪拌、加熱、輸送、倒注於容器或設備之作業。

(2) 製造染料、藥物、農藥、化學纖維、合成樹脂、染整助劑、有機塗料、有機顏料、油脂、香料、調味料、火藥、攝影藥品、橡膠或可塑劑及此等物品之中間物過程中，從事有機溶劑或其混存物之過濾、混合、攪拌、加熱、輸送、倒注於容器或設備之作業。

(3) 使用有機溶劑混存物從事印刷之作業。

(4) 使用有機溶劑混存物從事書寫、描繪之作業。

(5) 使用有機溶劑或其混存物從事上光、防水或表面處理之作業。

(6) 使用有機溶劑或其混存物從事為粘接之塗敷作業。

(7) 從事已塗敷有機溶劑或其混存物品之粘接作業。

(8) 使用有機溶劑或其混存物從事清洗或擦拭之作業。但不包括第 (12) 款規定作業之清洗作業。

(9) 使用有機溶劑混存物之塗飾作業。但不包括第 (12) 款規定作業之塗飾作業。

(10) 從事已附著有機溶劑或其混存物之物品之乾燥作業。

(11) 使用有機溶劑或其混存物從事研究或試驗。

(12) 從事曾裝儲有機溶劑或其混存物之儲槽之內部作業。但無發散有機溶劑蒸氣之虞者，不在此限。

(13) 於有機溶劑或其混存物之分裝或回收場所，從事有機溶劑或其混存物之過濾、混合、攪拌、加熱、輸送、倒注於容器或設備之作業。

(14) 其他經中央主管機關指定之作業。

27.2.4 通風不充分之場所及儲槽

本規則第三條對所稱之「通風不充分場所及儲槽」如下：

一、通風不充分之室內作業場所

指室內對外開口面積未達底面積之 1/20 以上或全面積之 3% 以上者。

二、儲槽

指下列之一之作業場所：

1. 儲槽之內部。
2. 貨櫃之內部。
3. 船艙之內部。
4. 凹窪之內部。
5. 坑之內部。
6. 隧道之內部。
7. 暗溝或人孔之內部。
8. 涵箱之內部。
9. 導管之內部。
10. 水管之內部。
11. 其他經中央主管機關指定者。

三、作業時間短暫

指勞工每日作業時間在 1 小時以內。

四、臨時性之有機溶劑作業

指正常作業以外之有機溶劑作業，其作業期間不超過 3 個月且 1 年內不再重複者。

27.3 容許消費量之計算

「容許消費量」之計算，主要是用來判定作業場所從事有機溶劑作業時，其使用 (消費) 的有機溶劑或其混存物，是否有超過法定的標準值 (即「容許消費量」)，若無超過「容許消費量」，得不受本規則第二章 (設換氣及排氣設施)、第十八條至第二十四條 (置有機溶劑作業主管、備輸氣管面罩或防毒面罩等) 的限制。反之，若是超過「容許消費量」，則需依本規則所定的規格設置換氣或排氣裝置，置備有機溶劑作業主管及呼吸防護具等。

由於有機溶劑作業會有不同的形式，使用的有機溶劑種類也各有差異，作業時間亦各有長短，因此本規則第五條對「容許消費量」有以下之規定：

(1) 適用「容許消費量」之作業

本規則第五條規定適用「容許消費量」之作業如下：

① 使用有機溶劑混存物從事印刷之作業。

② 使用有機溶劑混存物從事書寫、描繪之作業。

③ 使用有機溶劑或其混存物從事上光、防水或表面處理之作業。

④ 使用有機溶劑或其混存物從事為粘接之塗敷作業。

⑤ 從事已塗敷有機溶劑或其混存物品之粘接作業。

⑥ 使用有機溶劑或其混存物從事清洗或擦拭之作業。

⑦ 使用有機溶劑混存物之塗飾作業。

⑧ 從事已附著有機溶劑或其混存物之物品之乾燥作業。

⑨ 使用有機溶劑或其混存物從事研究或試驗。

(2) 適用「容許消費量」之條件

① 於室內作業場所 (通風不充分之室內作業場所除外)，從事有機溶劑或其混存物之作業時，1 小時作業時間內有機溶劑或其混存物之消費量不超越容許消費量者。

② 於儲槽等之作業場所或通風不充分之室內作業場所，從事有機溶劑或其混存物之作業時，1 日間有機溶劑或其混存物之消費量不超越容許消費量者。

(2) 「容許消費量」之計算方式

「容許消費量」之計算方式如表 27.4 所列：

表 27.4　有機溶劑或其混存物之容許消費量及其計算方式

有機溶劑或其混存物之種類	有機溶劑或其混存物之容許消費量
第一種有機溶劑或其混存物	容許消費量 (g) ＝ 1/15× 作業場所之氣積 (m³)
第二種有機溶劑或其混存物	容許消費量 (g) ＝ 2/5× 作業場所之氣積 (m³)
第三種有機溶劑或其混存物	容許消費量 (g) ＝ 3/2× 作業場所之氣積 (m³)
備註：(1) 表中所列作業場所之氣積不含超越地面 4 公尺 (m) 以上高度之空間。 (2) 容許消費量以公克 (g) 為單位，氣積以立方公尺 (m³) 為單位計算。 (3) 氣積超過 150 立方公尺 (m³) 者，概以 150 立方公尺 (m³) 計算。	

例一

某一公司之廠房爲長 25 公尺，寬 12 公尺，高 5 公尺，每日需用甲苯爲作有機溶劑，請問該公司之有機溶劑容許消費量爲多少？

 (1) 查表 27.2 得知甲苯屬第二種有機溶劑。

(2) 該廠房高 5 公尺，超高 4 公尺以上仍以 4 公尺計算，其
氣積 = (25)×(12)×(4) = 1,200 m³，
因超過 150 m³，故其氣積只能以 150 m³ 計算。

(3) 查表 27.4，得
第二種有機溶劑之容許消費量 = 2/5× 作業場所之氣積 = (2/5)(150) = 60g

(4) 因該廠房屬「室內作業場所」，故其「1 小時作業時間內」有機溶劑之「容許消費量」爲 60 公克。

例二

某儲槽長 5 m，寬 5 m，高 5 m，需使用松節油進行槽壁之油漆作業，其一日之消費量爲 1 kg，是否超越有機溶劑之「容許消費量」？

 (1) 查表 27.2 得知松節油屬第三種有機溶劑。

(2) 該儲槽高 5 公尺，超高 4 公尺以上仍以 4 公尺計算，其
氣積 = (5)×(5)×(4) = 100 m³。

(3) 查表 27.4，得
第三種有機溶劑之容許消費量 = 3/2× 作業場所之氣積 = (3/2)(100) = 150g

(4) 「儲槽」內使用松節油之「一日消費量」爲 1 kg = 1,000 g，已超越「一日間容許消費量」150 g。

27.4 換氣及排氣設施

爲了預防有機溶劑中毒，本規則第三條對有機溶劑之作業場所需設置「局部排氣裝置」、「整體換氣裝置」及「密閉設備」等有以下之定義：

(1) 密閉設備
指密閉有機溶劑蒸氣之發生源使其蒸氣不致發散之設備。

(2) 局部排氣裝置

指藉動力強制吸引排出已發散有機溶劑蒸氣之設備。

(3) 整體換氣裝置

指藉動力稀釋已發散有機溶劑蒸氣之設備。

本規則對各種有機溶劑作業場所應設置之排氣或換器裝置，有以下規定：

1. 於下列規定之作業場所作業，應依下列規定，設置必要之控制設備：

    (1) 於室內作業場所或儲槽等之作業場所，從事有關第一種有機溶劑或其混存物之作業，應於各該作業場所設置密閉設備或局部排氣裝置。

    (2) 於室內作業場所或儲槽等之作業場所，從事有關第二種有機溶劑或其混存物之作業，應於各該作業場所設置密閉設備、局部排氣裝置或整體換氣裝置。

    (3) 於儲槽等之作業場所或通風不充分之室內作業場所，從事有關第三種有機溶劑或其混存物之作業，應於各該作業場所設置密閉設備、局部排氣裝置或整體換氣裝置。

    前項控制設備，應依有機溶劑之健康危害分類、散布狀況及使用量等情形，評估風險等級，並依風險等級選擇有效之控制設備。

    但以下作業不適用本條規定：

    ① 製造染料、藥物、農藥、化學纖維、合成樹脂、染整助劑、有機塗料、有機顏料、油脂、香料、調味料、火藥、攝影藥品、橡膠或可塑劑及此等物品之中間物過程中，從事有機溶劑或其混存物之過濾、混合、攪拌、加熱、輸送、倒注於容器或設備之作業。

    ② 使用有機溶劑混存物從事印刷之作業。

    ③ 從事曾裝儲有機溶劑或其混存物之儲槽之內部作業。但無發散有機溶劑蒸氣之虞者，不在此限。

    ④ 使用有機溶劑混存物以噴布方式從事書寫、描繪之作業。

    ⑤ 使用有機溶劑或其混存物以噴布方式從事上光、防水或表面處理之作業。

    ⑥ 使用有機溶劑或其混存物以噴布方式從事為粘接之塗敷作業。

    ⑦ 使用有機溶劑或其混存物以噴布方式從事清洗或擦拭之作業。

    ⑧ 使用有機溶劑混存物之噴布塗飾作業。

2. 以噴布方式於下列各款規定之作業場所，從事各該款有關之有機溶劑作業時，應於各該作業場所設置密閉設備或局部排氣裝置：

    (1) 於室內作業場所或儲槽等之作業場所，使用第二種有機溶劑或其混存物從事以下作業：

    ① 使用有機溶劑混存物從事書寫、描繪之作業。

②　使用有機溶劑或其混存物從事上光、防水或表面處理之作業。

③　使用有機溶劑或其混存物從事為粘接之塗敷作業。

④　使用有機溶劑或其混存物從事清洗或擦拭之作業。

⑤　使用有機溶劑混存物之塗飾作業。

(2)　於儲槽等之作業場所或通風不充分之室內作業場所，使用第三種有機溶劑或其混存物從事以下作業：

①　使用有機溶劑混存物從事書寫、描繪之作業。

②　使用有機溶劑或其混存物從事上光、防水或表面處理之作業。

③　使用有機溶劑或其混存物從事為粘接之塗敷作業。

④　使用有機溶劑或其混存物從事清洗或擦拭之作業。

⑤　使用有機溶劑混存物之塗飾作業。

3. 於室內作業場所 (通風不充分之室內作業場所除外)，從事臨時性之有機溶劑作業時，不受 1.(1)、1.(2) 及 2.(1) 規定之限制，得免除設置各該條規定之設備。

4. 從事下列各款規定之一之作業，經勞動檢查機構認定後，免除設置下列各款規定之設備：

(1)　於周壁之二面以上或周壁面積之 1/2 以上直接向大氣開放之室內作業場所，從事有機溶劑作業，得免除 1.(1)、1.(2) 或 2. 規定之設備。

(2)　於室內作業場所或儲槽等之作業場所，從事有機溶劑作業，因有機溶劑蒸氣擴散面之廣泛不易設置 1.(1)、2. 之設備時，得免除各該條規定之設備。

前項應檢具下列各款文件，向勞動檢查機構申請認定之：

(1)　免設有機溶劑設施申請書。

(2)　可辨識清楚之作業場所略圖。

(3)　工作計畫書。

經認定免除設置第一項設備者，於作業環境變更，致不符合上列 (1)(2) 規定時，應即依法設置符合標準之必要設備，並以書面報請檢查機構備查。

5. 從事有機溶劑作業，如設置 1. 或 2. 規定之設備有困難，而已採取一定措施時，得報經中央主管機關核定，免除各該條規定之設備。

6. 於下列各款規定範圍內從事有機溶劑作業，已採取一定措施時，得免除設置各該款規定之設備：

(1)　適於下列情形之一而設置整體換氣裝置時，不受 1.(1) 或 2. 規定之限制，得免除設置「密閉設備」或「局部排氣裝置」：

①　於儲槽等之作業場所或通風不充分之室內作業場所，從事臨時性之有機溶劑作業。

② 於室內作業場所(通風不充分之室內作業場所除外),從事有機溶劑作業,其作業時間短暫。

③ 於經常置備處理有機溶劑作業之反應槽或其他設施與其他作業場所隔離,且無須勞工常駐室內。

④ 於室內作業場所或儲槽等之作業場所之內壁、地板、頂版從事有機溶劑作業,因有機溶劑蒸氣擴散面之廣泛不易設置 1.(1) 或 2. 規定之設備。

(2) 於儲槽等之作業場所或通風不充分之室內作業場所,從事有機溶劑作業,而從事該作業之勞工已使用輸氣管面罩且作業時間短暫時,不受 1. 規定之限制,得免除設置密閉設備、局部排氣裝置或整體換氣裝置。

(3) 適於下列情形之一時,不受 1. 規定之限制,得免除設置密閉設備、局部排氣裝置或整體換氣裝置。

① 從事紅外線乾燥爐或具有溫熱設備等之有機溶劑作業,如設置有利用溫熱上升氣流之排氣煙囪等設備,將有機溶劑蒸氣排出作業場所之外,不致使有機溶劑蒸氣擴散於作業場所內者。

② 藉水等覆蓋開放槽內之有機溶劑或其混存物,或裝置有效之逆流凝縮機於槽之開口部使有機溶劑蒸氣不致擴散於作業場所內者。

(4) 於汽車之車體、飛機之機體、船段之組合體等大表面積之外表從事有機溶劑作業時,因有機溶劑蒸氣廣泛擴散不易設置 1. 或 2. 規定之設備,且已設置吹吸型換氣裝置時,不受 1. 或 2. 規定之限制,得免設密閉設備、局部排氣裝置或整體換氣裝置。

7. 設置之局部排氣裝置之「氣罩」及「導管」,應依下列之規定:

(1) 氣罩應設置於每一有機溶劑蒸氣發生源。

(2) 外裝型氣罩應儘量接近有機溶劑蒸氣發生源。

(3) 氣罩應視作業方法、有機溶劑蒸氣之擴散狀況及有機溶劑之比重等,選擇適於吸引該有機溶劑蒸氣之型式及大小。

(4) 應儘量縮短導管長度、減少彎曲數目,且應於適當處所設置易於清掃之清潔口與測定孔。

8. 設置有「空氣清淨裝置」之局部排氣裝置,其排氣機應置於空氣清淨裝置後之位置。但不會因所吸引之有機溶劑蒸氣引起爆炸且排氣機無腐蝕之虞時,不在此限。

9. 設置之整體換氣裝置之送風機、排氣機或其導管之開口部,應儘量接近有機溶劑蒸氣發生源。

10. 設置之「局部排氣裝置」、「吹吸型換氣裝置」、「整體換氣裝置」或 6.(3) ① 之排氣煙囪等之排氣口，應直接向大氣開放。對未設空氣清淨裝置之局部排氣裝置 (限設於室內作業場所者) 或 6.(3) ① 之排氣煙囪等設備，應使排出物不致回流至作業場所。

11. 設置之局部排氣裝置及吹吸型換氣裝置，應於作業時間內有效運轉，降低空氣中有機溶劑蒸氣濃度至勞工作業環境空氣中有害物容許濃度標準以下。

12. 設置之整體換氣裝置應依有機溶劑或其混存物之種類，計算其每分鐘所需之換氣量，具備規定之換氣能力。

前項應具備之換氣能力及其計算之方法，依表 27.5 之規定。

表 27.5　整體換氣裝置之換氣能力及其計算方式

消費之有機溶劑或其混存物之種類	換氣能力 (m^3/min)
第一種有機溶劑或其混存物	每分鐘換氣量 = 作業時間內 1 小時之有機溶劑或其混存物之消費量 $(g/hr) \times 0.3$
第二種有機溶劑或其混存物	每分鐘換氣量 = 作業時間內 1 小時之有機溶劑或其混存物之消費量 $(g/hr) \times 0.04$
第三種有機溶劑或其混存物	每分鐘換氣量 = 作業時間內 1 小時之有機溶劑或其混存物之消費量 $(g/hr) \times 0.01$
備註：表中每分鐘 (min) 換氣量之單位爲立方公尺 (m^3)，作業時間內 1 小時之有機溶劑或其混存物之單位爲公克 (g)。	

同時使用種類相異之有機溶劑或其混存物時，第一項之每分鐘所需之換氣量應分別計算後合計之。

第一項「1 小時作業時間內有機溶劑或其混存物之消費量」係指下列各款規定之一之值：

(1) 以下規定之作業者，爲「1 小時作業時間內蒸發之有機溶劑量」：
　　① 製造有機溶劑或其混存物過程中，從事有機溶劑或其混存物之過濾、混合、攪拌、加熱、輸送、倒注於容器或設備之作業。
　　② 製造染料、藥物、農藥、化學纖維、合成樹脂、染整助劑、有機塗料、有機顏料、油脂、香料、調味料、火藥、攝影藥品、橡膠或可塑劑及此等物品之中間物過程中，從事有機溶劑或其混存物之過濾、混合、攪拌、加熱、輸送、倒注於容器或設備之作業。

(2) 以下規定之作業者，爲「1 小時作業時間內有機溶劑或其混存物之消費量」乘「中央主管機關規定之指定值」：
　　① 使用有機溶劑或其混存物從事爲粘接之塗敷作業。
　　② 使用有機溶劑或其混存物從事清洗或擦拭之作業。
　　③ 使用有機溶劑混存物之塗飾作業。

   (3) 以下規定之作業者，為「1 小時作業時間內已塗敷或附著於乾燥物品之有機
      溶劑或其混存物之量」乘「中央主管機關規定之指定值」。

      ① 從事已塗敷有機溶劑或其混存物品之粘接作業。

      ② 從事已附著有機溶劑或其混存物之物品之乾燥作業。

  第四項之「1 小時作業時間內有機溶劑或其混存物之消費量」準用本規則第五條
  第三項條文後段之規定。

13. 設置之局部排氣裝置、吹吸型換氣裝置或整體換氣裝置，於有機溶劑作業時，不
    得停止運轉。設有前項裝置之處所，不得阻礙其排氣或換氣功能，使之有效運轉。

例三

有機溶劑作業場所，每小時使用 2.4 公斤之二甲苯，1.2 公斤之丁酮，該作業場所使用
整體換氣裝置，須使用多少換氣量才符合法令規定？

 (1) 查表 27.2 得知二甲苯與丁酮皆屬於第二種有機溶劑。

    (2) 由表 27.5 得第二種有機溶劑之換氣能力為：

      每分鐘換氣量 = 作業時間內 1 小時之有機溶劑之消費量 × 0.04

      故二甲苯之每分鐘換氣量 $Q_1 = (2.4 \times 1,000) \times 0.04 = 96 m^3/min$

      丁酮之每分鐘換氣量 $Q_2 = (1.2 \times 1,000) \times 0.04 = 48 m^3/min$

    (3) 所需之總合換氣量 $Q = Q_1 + Q_2 = (96) + (48) = 144 m^3/min$

27.5　有機溶劑中毒預防管理

1. 從事有機溶劑作業者，對於健康管理、作業環境監測、妊娠與分娩後女性勞工及
   未滿十八歲勞工保護與入槽安全等事項，應依「勞工健康保護規則」、「勞工作
   業環境監測實施辦法」、「妊娠與分娩後女性及未滿十八歲勞工禁止從事危險性
   或有害性工作認定標準」、「缺氧症預防規則」及「職業安全衛生設施規則」所
   定之局限空間作業等相關規定辦理。

2. 設置之密閉設備、局部排氣裝置、吹吸型換氣裝置或整體換氣裝置，應由專業人
   員妥為設計，並維持其有效性能。

3. 從事有機溶劑作業時，對有機溶劑作業之室內作業場所及儲槽等之作業場所，實
   施通風設備運轉狀況、勞工作業情形、空氣流通效果及有機溶劑或其混存物使用
   情形等，應隨時確認並採取必要措施。

4. 從事有機溶劑作業時，應指定現場主管擔任「有機溶劑作業主管」，從事監督作業。但「使用有機溶劑或其混存物從事研究或試驗」之作業時，得免設置有機溶劑作業主管。

5. 應使有機溶劑作業主管實施下列監督工作：

   (1) 決定作業方法，並指揮勞工作業。

   (2) 實施 3. 規定之事項。但指定有專人負責者，不在此限。

   (3) 監督個人防護具之使用。

   (4) 勞工於儲槽之內部作業時，確認 6. 規定之措施。

   (5) 其他為維護作業勞工之健康所必要之措施。

6. 於儲槽之內部從事有機溶劑作業時，應依下列規定：

   (1) 派遣有機溶劑作業主管從事監督作業。

   (2) 決定作業方法及順序於事前告知從事作業之勞工。

   (3) 確實將有機溶劑或其混存物自儲槽排出，並應有防止連接於儲槽之配管流入有機溶劑或其混存物之措施。

   (4) 前款所採措施之閥、旋塞應予加鎖或設置盲版。

   (5) 作業開始前應全部開放儲槽之人孔及其他無虞流入有機溶劑或其混存物之開口部。

   (6) 以水、水蒸氣或化學藥品清洗儲槽之內壁，並將清洗後之水、水蒸氣或化學藥品排出儲槽。

   (7) 應送入或吸出 3 倍於儲槽容積之空氣，或以水灌滿儲槽後予以全部排出。

   (8) 應以測定方法確認儲槽之內部之有機溶劑濃度未超過容許濃度。

   (9) 應置備適當的救難設施。

   (10) 勞工如被有機溶劑或其混存物污染時，應即使其離開儲槽內部，並使該勞工清洗身體除卻污染。

27.6 有機溶劑中毒防護措施

1. 從事下列作業時，應供給該作業勞工輸氣管面罩，並使其確實佩戴使用：

   (1) 從事曾裝儲有機溶劑或其混存物之儲槽之內部作業。但無發散有機溶劑蒸氣之虞者，不在此限。

   (2) 於依規定未設置密閉設備、局部排氣裝置或整體換氣裝置之儲槽等之作業場所或通風不充分之室內作業場所，從事有機溶劑作業，其作業時間短暫。

   前項規定之輸氣管面罩，應具不使勞工吸入有機溶劑蒸氣之性能。

2. 從事下列作業時，應使該作業勞工佩戴「輸氣管面罩」或適當之「有機氣體用防毒面罩」：

   (1) 於依規定准許以整體換氣裝置代替密閉設備或局部排氣裝置之室內作業場所或儲槽等之作業場所，從事有機溶劑作業。

   (2) 於依規定設置整體換氣裝置之儲槽等之作業場所，從事有機溶劑作業。

   (3) 於室內作業場所或儲槽等之作業場所，開啓尚未清除有機溶劑或其混存物之密閉設備。

   (4) 於室內作業場所從事有機溶劑作業設置吹吸型換氣裝置，因貨物台上置有工作物致換氣裝置內氣流有引起擾亂之虞者。

   勞工戴用輸氣管面罩之連續作業時間，每次不得超過 1 小時，並給予適當之休息時間。

3. 對於前二條規定作業期間，應置備與作業勞工人數相同數量以上之必要防護具，保持其性能及清潔，並使勞工確實使用。

27.7　儲藏及空容器之處理

1. 於室內儲藏有機溶劑或其混存物時，應使用備有栓蓋之堅固容器，以免有機溶劑或其混存物之溢出、漏洩、滲洩或擴散，該儲藏場所應依下列規定：

   (1) 防止與作業無關人員進入之措施。

   (2) 將有機溶劑蒸氣排除於室外。

2. 對於曾儲存有機溶劑或其混存物之容器而有發散有機溶劑蒸氣之虞者，應將該容器予以密閉或堆積於室外之一定場所。

27.8　結語

　　1970 年代初期，我國台灣地區某電子工廠，由於使用對人體具有劇毒影響之三氯乙烯與四氯乙烯清洗零件油污，且廠房之通風、排氣、冷氣設備長期失效，致使有毒溶劑之揮發氣體無法排出室外；多名生產線女工在擁擠、不通風之廠房內，因長時間吸入有毒溶劑氣體而出現頭暈、嘔吐、肝臟發炎及皮膚潰爛等急性中毒症狀，結果導致 5 名女工死亡之嚴重職業災害事件，對社會造成極大衝擊。有鑑於此，立法院於 1974 首次立法通過「勞工安全衛生法」，當時勞工安全衛生主管機關「內政部」亦同時發布「有機溶劑中毒預防規則」，將有機溶劑作業納入法令規範。

　　依「職業安全衛生法」第六條第一項第七款規定，雇主對防止「溶劑」引起之危害，應有符合規定之必要安全衛生設備及措施。另依本法第四十條規定，違反第六條第一項之規定，致發生「死亡災害」者，處三年以下有期徒刑、拘役或科或併科新臺幣三十萬元以下罰金；本法第四十一條規定，違反第六條第一項之規定，致發生災害之「罹災人數在三人以上」者，處一年以下有期徒刑、拘役或科或併科新臺幣十八萬元以下罰金；本法第四十三條規定，違反第六條第一項者 (未設置符合規定之必要安全衛生設備及措施)，處新臺幣三萬元以上三十萬元以下罰鍰。

一、選擇題

( ) 1. 防毒面具之濾毒罐中，有機氣體用濾罐較不適用於下列何種氣態物質場所？ (1) 氯氣 (2) 四氯化碳 (3) 丙烯 (4) 巴拉松。

( ) 2. 呼吸防護具的防護係數為 5，表示能將外界污染物的濃度降為原來的幾倍？ (1) 五十分之一 (2) 二十分之一 (3) 十分之一 (4) 五分之一。

( ) 3. 浮子流量計屬於採樣設備流率量測的第幾級標準？ (1) 0 (2) 1 (3) 2 (4) 3。

( ) 4. 實施勞工作業環境監測之結果應予記錄，紀錄內容可不包括下列何者？ (1) 監測儀器序號 (2) 監測處所 (3) 監測人員姓名或機構名稱 (4) 監測結果。

( ) 5. 依有機溶劑中毒預防規則規定，計算容許消費量之氣積，同一作業場所超過多少 m^3，即不予計算？ (1) 120 (2) 150 (3) 1,500 (4) 沒限制。

( ) 6. 法定有機溶劑作業必要換氣量大小由下列何因素決定？ (1) 作業場所空間之大小 (2) 有機溶劑之種類 (3) 單位時間有機溶劑之蒸發量 (4) 有機溶劑之種類及單位時間有機溶劑之消費量。

( ) 7. 在等溫等壓下，活性碳吸附劑對下列哪種化合物的吸附力最差？ (1) 水 (2) 異丙醇 (2-propanol) (3) 乙酸乙酯 (ethyl acetate) (4) 四氯化碳 (carbon tetrachloride)。

( ) 8. 一有機溶劑混存物中三氯乙烷佔其重量之 3 %，三氯甲烷佔 2 %，汽油 4 %，其他為樹脂，則該混存物屬於下列何者？ (1) 第一種有機溶劑混存物 (2) 第二種有機溶劑混存物 (3) 第三種有機溶劑混存物 (4) 非有機溶劑中毒預防規則列管之物質。

( ) 9. 依有機溶劑中毒預防規則規定，通風不充分之室內作業場所，係指室內對外開口面積未達底面積之多少比例者？ (1) 1/2 (2) 1/5 (3) 1/20 (4) 1/50。

( ) 10. 下列何者屬特定化學物質中之甲類物質？ (1) 溶劑中含苯 5 % 以上之膠糊 (2) 甲苯 (3) 乙醚 (4) 鉛。

( ) 11. 下列何者非為選用防毒口罩應留意事項？ (1) 須經檢定合格 (2) 面體完整密合度 (3) 面罩有廣闊視野 (4) 氣候因素。

( ) 12. 保管個人防護具，下列敘述何者有誤？ (1) 保持乾淨 (2) 保持有效性能 (3) 通風良好場所 (4) 隨意擺放，方便取用。

( ) 13. 依有機溶劑中毒預防規則規定，雇主使勞工於儲槽之內部從事有機溶劑作業時，應送入或吸出幾倍於儲槽容積之空氣，或以水灌滿儲槽後予以全部排出？ (1) 1 (2) 2 (3) 3 (4) 4。

( ) 14. 下列何者為有機溶劑中毒預防規則所列之第二種有機溶劑？ (1) 三氯甲烷 (2) 二氯乙烯 (3) 四氯化碳 (4) 二氯甲烷。

( ) 15. 使用氣體檢知器測定之缺點為下列何者？ (1) 快速 (2) 誤差大 (3) 方便 (4) 費用低。

( ) 16. 依有機溶劑中毒預防規則規定，雇主使勞工以噴布方式於室內作業場所，使用第 2 種有機溶劑從事為粘接之塗敷作業，應於該作業場所設置何種控制設備？ (1) 只限密閉設備 (2) 密閉設備或局部排氣裝置 (3) 密閉設備、局部排氣裝置或整體換氣裝置 (4) 不用設置控制設備。

( ) 17. 依有機溶劑中毒預防規則規定，通風不充分之室內作業場所從事有機溶劑作業，未設通風設備且作業時間短暫時，應使勞工佩戴下列何種防護具？ (1) 防塵口罩 (2) 棉紗口罩 (3) 輸氣管面罩 (4) 防毒口罩。

( ) 18. 下列有關防護具之敘述何者錯誤？ (1) 呼吸防護具一般使用於臨時性作業、緊急避難、無法裝設通風系統之場所或限於技術而使用通風系統效果有限之場所 (2) 一般例常性之工作可長期重複使用呼吸防護具 (3) 不恰當之防護具無法防範危害因子之穿透 (4) 防護具一般而言應視為最後之選擇。

( ) 19. 下列何者不是物理性危害？ (1) 有機溶劑中毒 (2) 振動 (3) 異常氣壓 (4) 噪音。

( ) 20. 下列何者為有機溶劑中毒預防規則所列之第 2 種有機溶劑？ (1) 三氯甲烷 (2) 三氯乙烯 (3) 四氯化碳 (4) 二氯甲烷。

( ) 21. 下列何種工作，職業安全衛生法令未禁止未滿十八歲勞工從事？ (1) 坑內工作 (2) 處理爆炸性物質 (3) 散布有害輻射線場所 (4) 有機溶劑作業。

( ) 22. 依有機溶劑中毒預防規則規定，使勞工每日從事有害物作業時間在 1 小時之內之作業為下列何者？ (1) 臨時性作業 (2) 作業時間短暫 (3) 作業期間短暫 (4) 非正常作業。

( ) 23. 依有機溶劑中毒預防規則規定，勞工使用輸氣管面罩為個人防護具時，每次連續使用之時間最長不得超過多久？ (1) 30 分鐘 (2) 1 小時 (3) 2 小時 (4) 1 班次。

( ) 24. 某有機溶劑作業場所每小時甲苯消費量為 3 公斤，依有機溶劑中毒預防規則規定，其需要之換氣量為每分鐘多少立方公尺？ (1) 24 (2) 120 (3) 180 (4) 600。

( ) 25. 依職業安全衛生管理辦法規定，雇主使勞工從事有機溶劑作業，應使誰就其作業有關事項實施檢點？ (1) 雇主 (2) 該勞工 (3) 該作業主管 (4) 該作業場所負責人。

( ) 26. 依有機溶劑中毒預防規則規定，有機溶劑混存物係指有機溶劑與其他物質混合時，所含有機溶劑占多少比率以上？ (1) 容積 3 % (2) 重量 3 % (3) 容積 5 % (4) 重量 5 %。

( ) 27. 造成勞工危害之暴露劑量與下列何者有關？ (1) 濃度乘作業面積 (2) 濃度乘暴露時間 (3) 濃度乘作業高度 (4) 作業面積乘作業高度。

( ) 28. 依勞工作業環境監測實施辦法規定，指定之有機溶劑室內作業場所應多久定期實施作業環境測定一次以上？ (1) 每半個月 (2) 每月 (3) 每三個月 (4) 每半年。

( ) 29. 採集有機溶劑蒸氣時，下列哪一種吸附劑受環境中水蒸氣的影響最大？ (1) 聚合多孔物 (2) 活性碳 (3) 矽膠 (4) 分子篩。

( ) 30. 如防毒口罩吸收罐以 0.5% 濃度之有害氣體測試，標準有效使用時間為 100 分鐘時，假定其他條件不變，則空氣中有害物濃度為 200ppm 時，該吸收罐之有效使用時間大致為多少分鐘？ (1) 250 (2) 1,000 (3) 2,500 (4) 5,000。

( ) 31. 有機溶劑作業設置之局部排氣裝置控制設施，氣罩型式以下列何者控制效果較佳？ (1) 包圍式 (2) 崗亭式 (3) 外裝式 (4) 吹吸式。

( ) 32. 下列何種通風設備可用於第一種有機溶劑之室內作業場所？ (1) 局部排氣 (2) 整體換氣 (3) 自然換氣 (4) 溫差換氣。

( ) 33. 苯屬職業安全衛生法規所規定之何種物質？ (1) 第一種有機溶劑 (2) 第二種有機溶劑 (3) 丙類第一種特定化學物質 (4) 丙類第三種特定化學物質。

( ) 34. 下列何種有機溶劑之毒性較大？ (1) 第一種有機溶劑 (2) 第二種有機溶劑 (3) 第三種有機溶劑 (4) 第三種有機溶劑混存物。

( ) 35. 下列有關防毒面罩濾罐之處置，何者錯誤？ (1) 應考慮濾罐的破出時間 (2) 應打開掛吊於工作現場 (3) 應用塑膠密封，放置於作業場所 (4) 應考慮作業場所氧氣濃度。

( ) 36. 在有機溶劑中毒預防規則中，有機溶劑作業場所設置整體換氣裝置時，其換氣能力之計算係依 (1) 有機溶劑之種類及數量 (2) 作業場所空間大小 (3) 物質蒸發量 (4) 物質之危險性。

( ) 37. 甲苯作業場所設置之整體換氣裝置每分鐘所之需換氣量 (立方公尺 / 分鐘) 為其一小時之消費量 (克 / 小時) 乘以下列何值？ (1) 0.03 (2) 0.04 (3) 0.3 (4) 0.4。

( ) 38. 下列何者為有機溶劑作業最佳之控制設施？ (1) 密閉設備 (2) 局部排氣裝置 (3) 整體換氣裝置 (4) 吹吸型換氣裝置。

( ) 39. 依室內作業場所氣積大小為 15 m × 8 m × 3.2 m，使用第二種有機溶劑從事作業，如該場所為通風不充分之作業場所，則其容許消費量為下列何者？ (1) 145g / 時 (2) 154g / 日 (3) 60g / 時 (4) 60g / 日。

二、問答題

1. 某塑膠製品業於歲修期間，雇主使勞工進入儲槽之內部從事有機溶劑作業，依有機溶劑中毒預防規則，應遵守哪些規定？(請列舉 5 項)

2. 針對化學性因子危害之預防，可從發生源、傳播路徑及暴露者採取對策，試列出 5 項有關「發生源」方面之對策。

3. 請回答以下問題目：

(1) 某一工作場所未使用有害物從事作業，該場所長、寬、高各為 15 公尺、6 公尺、4 公尺，勞工人數 50 人，如欲以機械通風設備實施換氣以調節新鮮空氣及維持勞工之舒適度，依職業安全衛生設施規則規定，其換氣量至少應為多少 m³/min？

註：下表為以機械通風設備換氣時，依職業勞工安全衛生設施規則規定應有之換氣量。

工作場所每一勞工所佔立方公尺數	未滿 5.7	5.7 以上未滿 14.2	14.2 以上未滿 28.3	28.3 以上
每分鐘每一勞工所需之新鮮空氣之立方公尺數	0.6 以上	0.4 以上	0.3 以上	0.14 以上

(2) 同一工作場所若使用正己烷從事作業，正己烷每日 8 小時作業之消費量為 30 公斤，依有機溶劑中毒預防規則附表規定，雇主設置之整體換氣裝置之換氣能力應為多少 m³/min？（正己烷每分鐘換氣量換氣能力乘積係數為 0.04）

4. 某一作業場所使用甲苯，一天工作八小時，消費 20 公斤，甲苯之 Q = 0.04W，試計算其必要換氣量。

5. 某有機溶劑作業場所每小時四氯化碳消費量為 5 公斤，依有機溶劑中毒預防規則規定，試問：

(1) 四氯化碳是屬何種有機溶劑？

(2) 其需要之換氣能力，應為每分鐘多少立方公尺換氣量？（應列出計算式）

6. 某汽車車體工廠使用第 2 種有機溶劑混存物，從事烤漆、調漆、噴漆、加熱、乾燥及硬化作業，若調漆作業場所設置整體換氣裝置為控制設備，該混存物每日 8 小時的消費量為 20 公斤，依據有機溶劑中毒預防規則規定，設置之整體換氣裝置應具備之換氣能力為多少 m³/min？（請列出計算式）

7. 某有機溶劑作業場所，每小時使用 1 公斤之松節油及 6 公斤之石油精，該作業場所使用整體換氣裝置，須使用多少換氣量才符合法令規定？

8. 某有機溶劑作業場所，每小時消耗第二種有機溶劑二氯乙烷 2.4 公斤及第三種有機溶劑汽油 1.2 公斤，而該作業場所使用整體換氣裝置，須使用多少換氣量才符合法令規定？

9. 某有機溶劑作業場所，勞工每天作業三小時，甲苯之消費量共為 9.6 公斤，若設置整體換氣裝置，依法令規定，其換氣能力應為多少？

Chapter 28

危險性工作場所
之審查與檢查

28.1　前言

依「勞動檢查法」(民國 104 年 2 月 4 日最新修正)第二十六條規定,下列危險性工作場所,非經勞動檢查機構審查或檢查合格,事業單位不得使勞工在該場所作業:

(1) 從事石油裂解之石化工業之工作場所。

(2) 農藥製造工作場所。

(3) 爆竹煙火工廠及火藥類製造工作場所

(4) 設置高壓氣體類壓力容器蒸汽鍋爐,其壓力或容量達中央主管機關規定者之工作場所。

(5) 製造、處置、使用危險物、有害物之數量達中央主管機關規定數量之工作場所。

(6) 中央主管機關會商目的事業主管機關指定之營造工程之工作場所。

(7) 其他經中央主管機關指定之工作場所。

前項工作場所應審查檢查之事項,由中央主管機關定之。

有關「危險性工作場所之審查或檢查」規範,明定於行政院勞動部所發布之「危險性工作場所審查暨檢查辦法」(以下簡稱本辦法,民國 106 年 12 月 1 日最新修正)。本辦法依據「勞動檢查法施行細則」(民國 103 年 6 月 26 日最新修正)對上列各危險性工作場所之定義,將之歸納分類爲甲、乙、丙、丁共四類場所,並且於本辦法中明定此四類場所申請審查或檢查所需準備之資料及相關規定。以下爲本辦法之內容介紹。

28.2　本辦法之用詞定義

本辦法第三條對各專用名詞定義如下:

(1) 製程修改:指危險性工作場所製程技術、設備、作業程序或規模之變更。

(2) 液化石油氣:指混合 3 個碳及 4 個碳之碳氫化合物爲主要成分之碳氫化合物。

(3) 冷凍用高壓氣體:指使用於冷凍、冷卻、冷藏、製冰及其他凍結使用之高壓氣體。

(4) 一般高壓氣體:指液化石油氣及冷凍用高壓氣體以外之高壓氣體。

(5) 加氣站:指直接將液化石油氣或壓縮天然氣灌裝於「固定在使用該氣體爲燃料之車輛之容器」之固定式製造設備。

(6) 審查:指勞動檢查機構對工作場所有關資料之書面審查。

(7) 檢查:指勞動檢查機構對工作場所有關資料及設施之現場檢查。

28.3 危險性工作場所之分類及審檢類別

本辦法將「勞動檢查法」第二十六條所列之危險性工作場所分為甲、乙、丙、丁四類，其分類適用範圍及審檢類別歸納如表 28.1。

表 28.1 危險性工作場所分類適用範圍及審檢類別

工作場所類別	適用範圍	申請期限	申請類別
甲類工作場所	1. 從事石油產品之裂解反應，以製造石化基本原料之工作場所。 2. 製造、處置、使用「危險物」、「有害物」之數量達「勞動檢查法施行細則」規定數量 (表 28.2、表 28.3) 之工作場所。	使勞工作業 30 日前	審查
乙類工作場所	1. 使用異氰酸甲酯、氯化氫、氨、甲醛、過氧化氫或吡啶，從事農藥原體合成之工作場所。 2. 利用氯酸鹽類、過氯酸鹽類、硝酸鹽類、硫、硫化物、木炭粉、金屬粉末及其他原料製造爆竹煙火類物品之爆竹煙火工廠。 3. 從事以化學物質製造爆炸性物品之火藥類製造工作場所。	使勞工作業 45 日前	審查及檢查
丙類工場所	1. 蒸氣鍋爐之傳熱面積在 500m² 以上。 2. 高壓氣體類壓力容器 1 日之冷凍能力在 150 公噸以上或處理能力符合下列規定之一者： (1) 1,000m² 以上之氧氣、有毒性及可燃性高壓氣體。 (2) 5,000m² 以上之前款以外之高壓氣體。	使勞工作業 45 日前	審查及檢查
丁類工作場所	下列之營造工程： (1) 建築物頂樓樓板高度在 80m 以上之建築工程。 (2) 單跨橋梁之橋墩跨距在 75m 以上或多跨橋梁之橋墩跨距在 50m 以上之橋樑工程。 (3) 採用壓氣施工作業之工程。 (4) 長度 1,000m 以上或需開挖 15m 以上豎坑之隧道工程。 (5) 開挖深度達 18m 以上，且開挖面積達 500m² 之工程。 (6) 工程中模板支撐高度 7m 以上，面積達 330m² 以上者。	使勞工作業 30 日前	審查

表 28.2　製造、處置、使用危險物之名稱、數量

危險物名稱			數量 (kg)
中文	英文	化學式	
過氧化丁酮	Methyl ethyl ketone peroxide	$C_8H_{16}O_4$	2,000
過氧化二苯甲醯	Dibenzoyl peroxide	$C_{14}H_{10}O_4$	3,000
環氧丙烷	Propylene oxide	C_3H_6O	10,000
環氧乙烷	Ethylene oxide	C_2H_4O	5,000
二硫化碳	Carbon disulphide	CS_2	5,000
乙炔	Acetylene	C_2H_2	5,000
氫氣	Hydrogen	H_2	5,000
過氧化氫	Hydrogen peroxide	H_2O_2	5,000
矽甲烷	Silane	SiH_4	50
硝化乙二醇	Nitroglycol	$C_2H_4(NO_3)_2$	1,000
硝化甘油	Nitroglycerin	$C_3H_5(NO_3)_3$	1,000
硝化纖維 (含氮量大於 12.6%)	Nitrocellulose	$C_6H_7O_2(NO_3)_3$	10,000
三硝基苯	Trinitrobenzene	$C_6H_3(NO_2)_3$	5,000
三硝基甲苯	Trinitrotoluene	$C_6H_2CH_3(NO_2)_3$	5,000
三硝基酚	Trinitrophenol	$C_6H_2OH(NO_2)_3$	5,000
過醋酸	Peracetic acid	CH_3COOOH	5,000
氯酸鈉	Sodium chlorate	$NaClO_3$	25,000
雷汞	Mercury fulminate	$Hg(CNO)_2$	1,000
疊氮化鉛	Lead azide	$Pb(N_3)_2$	5,000
史蒂芬酸鉛	Triphenyl lead		5,000
丙烯腈	Acrylonitrile	C_3H_3N	20,000
重氮硝基酚	Diazodinitrophenol		1,000
其他中央主管機關指定公告者			

註：(1) 事業單位內有 2 以上從事製造、處置、使用危險物之工作場所時，其危險物之數量，應以各該場所間距在 500m 以內者合併計算。

　　(2) 前項間距，係指連接各該工作場所中心點之工作場所內緣之距離。

表 28.3　製造、處置、使用有害物之名稱、數量

有害物名稱			數量 (kg)
中文	英文	化學式	
黃磷火柴	Yellow phosphorus match		1
含苯膠糊	Glue that contains benzene		1
二氯聯苯胺及其鹽類	Dichlorobenzidine and its salts	$C_{12}H_{10}C_{12}N_2$	10
α– 萘胺及其鹽類	α-Naphthylamine and its salts	$C_{10}H_9N$	10
鄰 – 二甲基聯苯胺及其鹽類	O-Tolidine and its salts	$C_{14}H_{16}N_2$	10
二甲氧基聯苯胺及其鹽類	Dianisidine and its salts	$C_{14}H_{16}N_2O_2$	10
鈹及其化合物	Beryllium and its compounds	Be	10
四羰化鎳	Nickel carbonyl	C_4O_4Ni	100
β- 丙內酯	β-Propiolactone	$C_3H_4O_2$	100
氯	Chlorine	Cl_2	5,000
氰化氫	Hydrogen cyanide	HCN	1,000
次乙亞胺	Ethyleneimine	C_2H_5N	500
磷化氫	Phosphine	PH_3	50
異氰酸甲酯	Methyl isocyanate	C_2H_3NO	300
氟化氫	Hydrogen fluoride	HF	1,000
四甲基鉛	Tetramethyl lead	$Pb(CH_3)_4$	1,000
四乙基鉛	Tetraethyl lead	$Pb(C_2H_5)_4$	5,000
氨	Ammonia	NH_3	50,000
氯化氫	Hydrogen chloride	HCl	5,000
二氧化硫	Sulfur dioxide	SO_2	1,000
光氣	Phosgene	$COCl_2$	100
甲醛	Formaldehyde	CH_2O	5,000
丙烯醛	Acrolein	C_3H_4O	150
臭氧	Ozone	O_3	100
砷化氫	Arsine	AsH_3	50
溴	Bromine	Br_2	1,000
溴化甲烷	Methyl bromide	CH_3Br	2,000
其他中央主管機關指定公告者			

註：(1) 事業單位內有 2 以上從事製造、處置、使用有害物之工作場所時，其有害物之數量，應以各該場所間距在 500m 以內者合併計算。

(2) 前項間距，係指連接各該工作場所中心點之工作場所內緣之距離。

28.4 各類工作場所申請審查或檢查所需資料及事項

　　依本辦法第四條規定，事業單位應於「甲類工作場所」、「丁類工作場所」使勞工作業 30 日前，向當地勞動檢查機構申請「審查」；至於「乙類工作場所」及「丙類工作場所」，則應於使勞工作業 45 日前向勞動檢查機構申請「審查」及「檢查」。另依本辦法第三條規定，所謂「審查」係指勞動檢查機構對「工作場所有關資料之書面審查」，而「檢查」係指勞動檢查機構對「工作場所有關資料及設施之現場檢查」。

　　由此可知，甲類及丁類工作場所只須提供書面資料送檢查機構申請「審查」即可；但乙類及丙類工作場所除了要通過書面資料的「審查」外，尚須由檢查機構派專員到該工作場所對其設施等作「現場檢查」才能通過申請。以下為各類工作場所之審查或檢查規定。

28.4.1 甲類工作場所之審查

以下為甲類工作場所之審查規定：

1. 事業單位向檢查機構申請審查甲類工作場所，應填具申請書並檢附下列資料各 3 份：

    (1) 安全衛生管理基本資料。

    (2) 製程安全評估報告書。

    (3) 製程修改安全計畫。

    (4) 緊急應變計畫。

    (5) 稽核管理計畫。

2. 前條資料事業單位應依作業實際需要，於事前由下列人員組成「評估小組」實施評估：

    (1) 工作場所負責人。

    (2) 曾受國內外製程安全評估專業訓練或具有製程安全評估專業能力，並有證明文件，且經中央主管機關認可者 (以下簡稱製程安全評估人員)。

    (3) 依職業安全衛生管理辦法設置之職業安全衛生人員。

    (4) 工作場所作業主管。

    (5) 熟悉該場所作業之勞工。

    事業單位未置前項第 (2) 款所定「製程安全評估人員」者，得以在國內完成製程安全評估人員訓練之下列執業技師任之：

(1) 工業安全技師及下列技師之一：

　　① 化學工程技師。

　　② 工礦衛生技師。

　　③ 機械工程技師。

　　④ 電機工程技師。

(2) 工程技術顧問公司僱用之工業安全技師及前款各目所定技師之一。

前項人員兼具工業安全技師資格及前項第 (1) 款各目所定技師資格之一者，得為同一人。

第一項實施評估之過程及結果，應予記錄。

3. 甲類工作場所之審查，檢查機構認有必要時，得前往該工作場所實施檢查。

甲類工作場所審查之結果，檢查機構應於受理申請後 30 日內，以書面通知事業單位。但可歸責於事業單位者，不在此限。

4. 事業單位對經檢查機構審查合格之工作場所，應於「製程修改時」或「至少每 5 年」重新評估 1. 檢附之資料，為必要之更新及記錄，並報請檢查機構備查。

第一項備查資料於「製程安全評估定期實施辦法」另有規定者，從其規定。

28.4.2　乙類工作場所之審查及檢查

以下為乙類工作場所之審查及檢查規定：

1. 事業單位向檢查機構申請審查及檢查乙類工作場所，應填具申請書，並檢附下列資料各 3 份：

(1) 安全衛生管理基本資料。

(2) 製程安全評估報告書。

(3) 製程修改安全計畫。

(4) 緊急應變計畫。

(5) 稽核管理計畫。

2. 前條資料事業單位應依作業實際需要，於事前組成評估小組實施評估。前項評估小組之組成及評估，准用甲類工作場所「評估小組」之規定。

3. 檢查機構對乙類工作場所審查及檢查之申請，應依檢附之資料實施審查。檢查機構於審查後，應對下列設施實施檢查：

(1) 火災爆炸危害預防設施：

　　① 危險物品倉庫之避雷裝置。

　　② 發火源之管制。

③ 靜電危害預防措施。

④ 危險性蒸氣、氣體及粉塵濃度測定及管理。

⑤ 危險物製造及處置場所之安全措施。

⑥ 化學設備安全設施。

⑦ 危險物乾燥室之結構。

⑧ 危險物乾燥設備之安全設施。

⑨ 電氣防爆設備。

(2) 有害物洩漏及中毒危害預防設施：

① 一般設施：化學設備之洩漏預防設施。

② 特定化學物質危害預防設施：

A. 特定化學設備之洩漏預防設施。

B. 設置特定化學設備之室內作業場所之避難設施。

C. 警報器具及除卻危害之藥劑。

D. 地板及牆壁之構造。

E. 特定化學設備之標示。

F. 特定管理設備之計測裝置及警報裝置。

G. 特定管理設備因應異常化學反應之措施。

H. 特定理設備之備用電源。

I. 特定化學物質之搬運與儲存。

J. 緊急沖淋設備。

K. 作業管理人員之設置。

L. 防護具。

③ 有機溶劑中毒危害預防設施：

A. 有機溶劑作業之密閉設備或局部排氣裝置。

B. 輸氣管面罩及防毒面罩。

④ 粉塵危害預防設施：

A. 局部排氣裝置及整體排氣裝置。

B. 呼吸防護具。

審查及檢查之結果，檢查機構應於受理申請後 45 日內，以書面通知事業單位。但可歸責於事業單位者，不在此限。

4. 事業單位對經檢查機構檢查合格之乙類工作場所，應於「製程修改時」或「每 5 年」依檢附之資料重新評估一次，為必要之更新並記錄之。

前項重新評估，準用甲類工作場所「評估小組」之規定。

28.4.3 丙類工作場所之審查及檢查

1. 事業單位向檢查機構申請審查丙類工作場所，應填具申請書，並檢附下列資料各 3 份：

   (1) 安全衛生管理基本資料。

   (2) 製程安全評估報告書。

   (3) 製程修改安全計畫。

   (4) 緊急應變計畫。

   (5) 稽核管理計畫。

2. 前條資料事業單位應依作業實際需要，於事前組成評估小組實施評估。

   前項評估小組之組成及評估，准用甲類工作場所「評估小組」之規定。

3. 檢查機構於審查書面資料後，應對下列設施實施檢查：

   (1) 一般高壓氣體製造設施：

      A. 境界線、警戒標示。

      B. 處理煙火之設備。

      C. 設備間距離。

      D. 儲槽間距離。

      E. 警告標示。

      F. 防液堤。

      G. 壓力表。

      H. 安全裝置。

      I. 安全閥之釋放管。

      J. 液面計。

      K. 緊急遮斷裝置。

      L. 電氣設備。

      M. 緊急電源。

      N. 撒水裝置。

      O. 防護牆。

      P. 氣體漏檢知警報設備。

      Q. 防毒措施。

      R. 防止溫升措施。

      S. 識別及危險標示。

      T. 靜電消除措施。

      U. 通報設備。

(2) 液化石油氣製造設施：

　　① 第一種製造設施之應檢查項目

　　　　A. 境界線、警戒標示。

　　　　B. 水噴霧裝置等。

　　　　C. 防蝕措施。

　　　　D. 處理煙火之設備。

　　　　E. 設備間距離。

　　　　F. 防液堤。

　　　　G. 壓力表。

　　　　H. 安全裝置。

　　　　I. 安全閥之釋放管。

　　　　J. 負壓防止措施。

　　　　K. 液面計。

　　　　L. 緊急遮斷裝置。

　　　　M. 電氣設備。

　　　　N. 防止溫升措施。

　　　　O. 氣體漏洩檢知警報設備。

　　　　P. 靜電除卻措施。

　　　　Q. 通報設備。

　　　　R. 耐震構造。

　　　　S. 警告標示。

　　② 第二種製造設施之應檢查項目

　　　　A. 境界線、警戒標示。

　　　　B. 水噴霧裝置等。

　　　　C. 處理煙火之設備。

　　　　D. 壓力表。

　　　　E. 安全裝置。

　　　　F. 安全閥之釋放管。

　　　　G. 電氣設備。

　　　　H. 氣體漏洩檢知警報設備。

　　　　I. 靜電除卻措施。

　　　　J. 緊急電源。

　　　　K. 通報設備。

(3) 冷凍用壓氣體製造設施：

    A. 警戒標示。

    B. 不滯留之構造。

    C. 壓力表。

    D. 安全閥之釋放管。

    E. 承液器之液位計。

    F. 氣體漏洩檢知警報設備。

    G. 防液堤。

    H. 毒性氣體之防毒措施。

    I. 電氣設備等。

    J. 煙火之隔離。

(4) 加氣站製造設施：

    A. 境界線、警戒標示。

    B. 水噴霧裝置等。

    C. 防蝕措施。

    D. 處理煙火之設備。

    E. 設備間距離。

    F. 防液堤。

    G. 壓力表。

    H. 安全裝置。

    I. 安全閥之釋放管。

    J. 負壓防止措施。

    K. 液面計。

    L. 緊急遮斷裝置。

    M. 電氣設備。

    N. 防止溫升措施。

    O. 氣體漏洩檢知警報設備。

    P. 靜電除卻措施。

    Q. 通報設備。

    R. 警告標示。

(5) 鍋爐設施：

    A. 鍋爐房。

    B. 鍋爐房出入口。

    C. 鍋爐之基礎及構架。

    D. 鍋爐房頂部淨距。

    E. 鍋爐房側方構造淨距。

    F. 可燃性物料堆置淨距。

    G. 鍋爐燃料儲存淨距。

    H. 鍋爐設置場所安全管理標示。

4. 事業單位對經檢查機構審查及檢查合格之丙級工作工場所，應於「製程修改時」或「至少每 5 年」依檢附之資料重新評估一次，為必要之更新並記錄之。

 前項重新評估，準用甲類工作場所「評估小組」之規定。

28.4.4　丁類工作場所之審查

1. 事業單位向檢查機構申請審查丁類工作場所，應填具申請書，並檢附施工安全評估人員及其所僱之專任工程人員、相關執業技師或開業建築師之簽章文件，及下列資料各 3 份：

 (1) 施工計畫書。

 (2) 施工安全評估報告書。

 前項專任工程人員、相關執業技師或開業建築師簽章文件，以職業安全衛生設施涉及專業技術部分之事項為限。

 事業單位提出審查申請時，應確認專任工程人員、相關執業技師或開業建築師之簽章無誤。

 對於工程內容較複雜、工期較長、施工條件變動性較大等特殊狀況之工程者，得報經檢查機構同意後，分段申請審查。

2. 前條資料事業單位應於事前由下列人員組成評估小組實施評估：

 (1) 工作場所負責人。

 (2) 曾受國內外施工安全評估訓練或具有施工安全評估專業能力，具有證明文件，且經中央主管機關認可者 (以下簡稱施工安全評估人員)。

 (3) 專任工程人員。

 (4) 依職業安全衛生管理辦法設置之職業安全衛生人員。

 (5) 工作場所作業主管 (含承攬人之人員)。

 事業單位未置前項第 (2) 款之施工安全評估人員者，得以在國內完成施工安全評估人員訓練之下列開 (執) 業人員任之：

     (1) 工業安全技師及下列人員之一：

        ① 建築師。

        ② 土木工程技師。

        ③ 結構工程技師。

        ④ 大地工程技師。

        ⑤ 水利工程技師。

     (2) 工程技術顧問公司僱用之工業安全技師及前款第①至第⑤所定人員之一。

前項人員兼具工業安全技師資格及前項第一款各目所定人員資格之一者，得為同一人。

第一項實施評估之過程及結果，應予記錄。

3. 丁類工作場所之審查，檢查機構認有必要時，得前往該工作場所實施檢查。

丁類工作場所審查之結果，檢查機構應於受理申請後 30 日內，以書面通知事業單位。但可歸責於事業單位者，不在此限。

4. 事業單位對經審查合格之丁類工作場所，於施工過程中變更主要分項工程施工方法時，應就變更部分重新評估後，就評估之危害，採取必要之預防措施，更新施工計畫書及施工安全評估報告書，並記錄之。

前項重新評估，準用 2. 之規定。

第一項所定變更主要分項工程施工方法，如表 28.4 例示施工方法變更之情形。

表 28.4　變更主要分項工程施工方法 (例示表)

主要分項工程	施工方法變更之例示
一、開挖擋土工程	開挖方法： 邊坡式開挖與擋土式開挖互為變更。 擋土方法： 兵樁 (包括鋼軌、H 型鋼)、鋼鈑樁、預壘排樁、鑽掘排樁、手掘式排樁及連續壁等互為變更。 支撐方法： 內撐式支撐設施 (H 型鋼) 與背拉式支撐設施 (地錨) 互為變更。
二、結構體工程	構築方法： 順築工法 (亦稱順打工法)、逆築工法 (亦稱逆打工法) 及雙順打工法等互為變更。
三、橋梁上部結構工程	鋼梁吊裝工法、預鑄梁吊裝工法、預鑄節塊工法、場撐箱梁工法、支撐先進工法、平衡懸臂工法、節塊推進工法、預鑄斜撐版配合場鑄箱型梁工法等互為變更。
四、隧道開挖工程	開挖方法： 鑽炸法 (D & B)、破碎機或旋頭削掘機開挖工法、全斷面隧道鑽掘機 (TBM) 開挖工法等互為變更。
五、其他經中央主管機關指定公告者	

28.5 各類工作場所之審檢資料內容及檢查項目

　　有關前節各類工作場所申請審檢所需之書面資料及需現場檢查設施，歸納如表28.4。

表 28.4　各類工作場所審檢資料乙覽表

甲類工作場所	乙類工作場所	丙類工作場所	丁類工作場所
1. 填具「甲類工作場所審查申請書」1份 2. 檢附下列資料各3份： 　(1) 安全衛生管理基本資料 　(2) 製程安全評估報告書 　(3) 製程修改安全計畫 　(4) 緊急應變計畫 　(5) 稽核管理計畫	1. 填具「乙類工作場所檢查申請書」1份 2. 檢附下列資料各3份： 　(1) 安全衛生管理基本資料 　(2) 製程安全評估報告書 　(3) 製程修改安全計畫 　(4) 緊急應變計畫 　(5) 稽核管理計畫 3. 應實施現場檢查之設施： 　(1) 火災爆炸危害預防設施 　(2) 有害物洩漏及中毒危害預設施： 　　① 一般設施 　　② 特定化學物質危害預防設施 　　③ 有機溶劑中毒危害預防設施 　　④ 粉塵危害預防設施	1. 填具「丙類工作場所審查及檢查申請書」1份 2. 檢附下列書面資料各3份： 　(1) 安全衛生管理基本資料 　(2) 製程安全評估報告書 　(3) 製程修改安全計畫 　(4) 緊急應變計畫 　(5) 稽核管理計畫 3. 應施現場檢查之設施： 　(1) 一般高壓氣體製造設施 　(2) 液化石油氣製造設施： 　　① 第一種製造設施 　　② 第二種製造設施 　(3) 冷凍用高壓氣體製造設施 　(4) 加氣站製造設施 　(5) 鍋爐設施	1. 填具「丁類工作場所審查申請書」1份 2. 檢附下列書面資料、施工安全評估人員簽認文件及相關專業技師簽證文件各3份： 　(1) 施工計畫書 　(2) 施工安全評估報告書

　　以下為本辦法對上述各種書面審查資料之規定內容。

28.5.1 安全衛生管理基本資料

1. 事業單位組織系統圖。
2. 危險物及有害物之管理。
3. 勞工作業環境監測及監督計畫。
4. 危險性機械或設備之管理。
5. 醫療衛生及勞工健康管理。
6. 職業安全衛生組織、人員設置及運作。
7. 職業安全衛生管理規章。
8. 自動檢查計畫。
9. 承攬管理計畫。

10. 勞工教育訓練計畫。

11. 事故調查處理制度。

12. 工作場所之平面配置圖並標示下列規定事項，其比例尺以能辨識其標示內容為度：

    (1) 危險性之機械或設備所在位置及名稱、數量。

    (2) 危險物及有害物所在位置及名稱、數量。

    (3) 控制室所在位置。

    (4) 消防系統所在位置。

    (5) 可能從事作業勞工、承攬人勞工及外來訪客之位置及人數。

    (6) 可能從事作業勞工、承攬人勞工及外來訪客之位置及人數。

28.5.2 製程安全評估報告書

1. 製程說明：

    (1) 工作場所流程圖。

    (2) 製程設計規範。

    (3) 機械設備規格明細。

    (4) 製程操作手冊。

    (5) 維修保養制度。

2. 實施初步危害分析 (Preliminary Hazard Analysis) 以分析發掘工作場所重大潛在危害，並針對重大潛在危害實施下列之一之安全評估方法，實施過程應予記錄並將改善建議彙整：

    (1) 檢核表 (Checklist)。

    (2) 如果－結果分析 (What-If)

    (3) 危害及可操作性分析 (Hazard and Operability Studies)。

    (4) 故障樹分析 (Fault Tree Analysis)。

    (5) 失誤模式與影響分析 (Failure Modes and Effects Analysis)。

    (6) 其他經中央主管機關認可具有上列同等功能及安全評估方法。

3. 製程危害控制。

4. 參與製程安全評估人員應於報告書中具名簽認 (註明單位、職稱、姓名、其為執業技師者應加蓋技師執業圖記)，及本辦法第六條規定之相關證明、資格文件。

28.5.3　製程修改安全計畫

製程修改安全計畫至少應含下列事項：

1. 製程修改程序。
2. 安全衛生影響評估措施。
3. 製程操作手冊修正措施。
4. 製程資料更新措施。
5. 勞工教育訓練措施。
6. 其他配合措施。

28.5.4　緊急應變計畫

緊急應變計畫至少應含下列事項：

1. 緊急應變運作流程與組織：
   (1) 應變組織架構與權責。
   (2) 緊急應變控制中心位置與設施。
   (3) 緊急應變運作流程與說明。
2. 緊急應變設備之置備與外援單位之聯繫。
3. 緊急應變演練計畫與演練紀錄（演練模擬一般及最嚴重危害之狀況）。
4. 緊急應變計畫之修正。

28.5.5　稽核管理計畫

稽核管理計畫至少應含下列事項：

1. 稽核事項：
   (1) 製程安全評估。
   (2) 正常操作程序。
   (3) 緊急操作程序。
   (4) 製程修改安全計畫。
   (5) 勞工教育訓練計畫。
   (6) 自動檢查計畫。
   (7) 承攬管理計畫。
   (8) 緊急應變計畫。

2. 稽核程序

 (1) 稽核組織與職責。

 (2) 稽核紀錄及追蹤處理。

28.5.6　施工計畫書

事業單位應依執行該工程製訂之施工計畫書於事前實施安全評估；其內容如下：

1. 工程概要

 (1) 工程內容概要。

 (2) 施工方法及程序。

 (3) 現況調查。

2. 職業安全衛生管理計畫

 (1) 職業安全衛生組織、人員。

 (2) 職業安全衛生協議計畫。

 (3) 職業安全衛生教育訓練計畫。

 (4) 自動檢查計畫。

 (5) 緊急應變計畫及急救體系。

 (6) 稽核管理計畫 (稽核事項應抱括對模板支撐、隧道支撐、擋土支撐、施工架及壓氣設施等臨時性假設工程，查驗是否具經專業技師簽證之整體結構系統計算書、結構圖、施工圖說等，以及施作時是否以拍照或檢核表等留存相關檢驗紀錄)。

3. 分項工程作業計畫

 (1) 分項工程內容 (範圍)。

 (2) 作業方法及程序 (建築工程之升降機按裝工程宜採無架施工法施工；橋樑工程之上部結構工程如位於過河段及軟弱地質區，其支撐部分應避免採就地支撐工法)。

 (3) 作業組織。

 (4) 使用機具及設施設置計畫。

 (5) 作業日程計畫 (依進度日程編列作業項目與需用之人員機具、材料等)。

 (6) 職業安全衛生設施設置計畫。

28.5.7 施工安全評估報告書

1. 初步危害分析表。
2. 主要作業程序分析。
3. 施工災害初步分析表。
4. 基本事項檢討評估表：就附件十四所列施工計畫作業內容之施工順序逐項依職業安全衛生相關法規及工程經驗予以檢討評估。
5. 特有災害評估表：對施工作業潛在之特有災害 (如倒塌、崩塌、落磐、異常出水、可燃性及毒性氣體災害、異常氣壓災害及機械災害等)，應就詳細拆解之作業程序及計畫內容實施小組安全評估，有關評估過程及安全設施予以說明。
6. 施工計畫之修改：應依前三項評估結果修改、補充施工計畫。
7. 報告簽認：參與施工安全評估人員於報告書中具名簽認 (註明單位、職稱、姓名，其為開業建築師或執業技師者應加蓋開 (執) 業圖記，簽證之)。及本辦法第十七條規定之相關證明、資格文件。

28.6 結語

依本辦法第二十一條規定，檢查機構為執行危險性工作場所審查、檢查，得就個案邀請專家學者協助之。另本辦法第二十二條規定，檢查機構實施危險性工作場所審查、檢查，製程安全評估小組、施工安全評估小組成員應列席說明。爆竹煙火工廠向檢查機構申請審查或檢查時，依本辦法第二十三條之一規定，應檢附由「爆竹煙火管理條例」主管機關核發之製造許可文件影本。

有關「製程安全評估人員」及「施工安全評估人員」應接受之安全衛生教育訓練課程及時數，可參閱最新修訂之「職業安全衛生教育訓練規則」(本書第八章)。

依「勞動檢查法」第三十四條規定，違反 (本法) 第二十六條規定，使勞工在未經審查或檢查合格之工作場所作業者，處三年以下有期徒刑、拘役或科或併科新臺幣十五萬元以下罰金。另本法第三十八條規定，本法修正施行前已依法令設立之屬第二十六條所定危險性工作場所，應於中央主管機關指定期限內，申請該管勞動檢查機構審查或檢查；逾期不辦理或審查、檢查不合格，而仍使勞工在該場所作業者，依第三十四條規定處罰。

習 題

一、選擇題

(　　) 1. 依危險性工作場所審查及檢查辦法規定,對工程內容較複雜、工期較長、施工條件變動性大等特殊情況之丁類危性工作場所,得報經下列何單位同意後,分段申請審查? (1) 地方主管機關　(2) 公共工程委員會　(3) 工程主辦機關　(4) 勞動檢查機構。

(　　) 2. 甲類、乙類、丙類危險性工作場所申請審查、檢查,檢附之製程安全評估報告書,其內容不包括下列何者?　(1) 製程說明　(2) 實施初步危害分析並針對重大潛在危害實施規定之安全評估方法　(3) 製程危害控制　(4) 各級主管人員應於報告書中具名簽認。

(　　) 3. 下列何者非屬法定危險性工作場所?　(1) 農藥製造工作場所　(2) 金屬表面處理工作場所　(3) 火藥類製造工作場所　(4) 從事石油裂解之石化工業之工作場所。

(　　) 4. 甲類危險性工作場所應於使勞工作業多少日前,向當地勞動檢查機構申請審查合格? (1) 30　(2) 45　(3) 60　(4) 90。

(　　) 5. 有關高壓氣體類壓力容器處理能力之敘述下列何者錯誤?　(1) 指 0℃、一大氣壓力 (2) 24 小時全速運轉　(3) 可處理液體體積　(4) 可處理氣體體積。

(　　) 6. 高壓氣體類壓力容器 1 日之處理能力 1,000 立方公尺之下列何種氣體之工作場所,不屬於勞動檢查法所稱之危險性工作場所?　(1) 氧氣　(2) 有毒氣體　(3) 氮氣 (4) 可燃性氣體。

(　　) 7. 依勞動檢查法令規定,從事高度在 80 公尺以上建築工程之工作場所,屬下列何種危險性工作場所?　(1) 甲類　(2) 乙類　(3) 丙類　(4) 丁類。

(　　) 8. 加氣站丙類危險性工作場所於審查後,勞動檢查機構應對加氣站製造設施實施檢查之事項,不包括下列何者?　(1) 境界線、警戒標示　(2) 安全裝置　(3) 硫化氫檢知警報設備　(4) 警告標示。

(　　) 9. 下列應用於危險性工作場所審查及檢查辦法之用詞定義,何者有誤?　(1) 製程修改係指危險性工作場所製程化學品、技術、設備、操作程序、規模或影響製程設施之變更,包括其製程安全資訊、標準作業程序或規範之更新　(2) 液化石油氣係指含有 4 個碳和 5 個碳之碳氫化合物為主要成分之碳氫化合物　(3) 冷凍用高壓氣體係指使用於冷凍、冷卻、冷藏、製冰及其他凍結使用之高壓氣體　(4) 一般高壓氣體係指液化石油氣及冷凍用高壓氣體以外之高壓氣體。

(　　) 10. 危險性工作場所應建立稽核管理制度,稽核計畫可不包括下列何者?　(1) 正常操作程序　(2) 緊急操作程序　(3) 公司財務報表　(4) 承攬管理制度。

(　　) 11. 丁類危險性工作場所申請審查,事前應依實際需要組成安全評估小組實施評估,組成人員可不包括下列何者?　(1) 專任工程人員　(2) 工作場所負責人　(3) 醫護人員　(4) 工作場所作業主管。

( ) 12. 乙類危險性工作場所於審查後，勞動檢查機構應實施檢查之設施為火災爆炸危害預防設施及下列何者？ (1) 墜落危害預防設施 (2) 物體倒塌預防措施 (3) 人員感電預防措施 (4) 有害物洩漏及中毒危害預防設施。

( ) 13. 依危險性工作場所審查及檢查辦法規定，下列何者不是危險性工作場所評估小組之必要成員？ (1) 工作場所負責人 (2) 熟悉該場所作業之勞工 (3) 製程安全評估人員 (4) 工會代表。

( ) 14. 丁類危險性工作場所申請審查應檢附稽核管理計畫，其稽核事項，不包括下列何者？ (1) 勞工教育訓練計畫 (2) 自動檢查計畫 (3) 承攬管理計畫 (4) 危害通識計畫。

( ) 15. 依勞動檢查法令規定，事業單位應於乙、丙類危險性工作場所使勞工工作幾日前，向當地勞動檢查機構申請審查及檢查？ (1) 20 (2) 30 (3) 40 (4) 45。

( ) 16. 從事農藥原體合成之工作場所，使用下列何種原料時，不屬於勞動檢查法所稱之農藥製造之危險性工作場所？ (1) 異氰酸甲酯 (2) 氫化氰、硫化氫 (3) 過氧化氫、氯化氫 (4) 氨、甲醛。

( ) 17. 下列何者非屬申請甲類危險性工作場所審查應檢附之資料？ (1) 工作規則 (2) 製程安全評估報告書 (3) 緊急應變計畫 (4) 稽核管理計畫。

( ) 18. 依危險性工作場所審查暨檢查辦法規定，下列何者屬丁類危險性工作場所？ (1) 建築物頂樓樓板高度在 45 公尺之建築工程 (2) 採用壓氣施工作業之工程 (3) 橋墩中心與橋墩中心距離 45 公尺之橋樑工程 (4) 長度 500 公尺未有豎坑之隧道工程。

( ) 19. 在設計階段或規劃初期階段，最適合使用何種系統分析方法？ (1) 失誤樹分析 (2) 查核表 (3) 初步危害分析 (4) 危害與可操作性分析。

( ) 20. 使勞工在未經審查或檢查合格之危險性工作場所作業，依法可能遭受處分者，下列何者較正確？ (1) 行為人、法人或自然人 (2) 安全衛生管理人員 (3) 受僱人或代表人、代理人外之其他從業人員 (4) 作業人員。

( ) 21. 下列哪些依危險性工作場所審查暨檢查辦法規定設立之危險性工作場所，當逾期不辦理申請審查、檢查合格時，不得使勞工在該場所作業？ (1) 製造、處置、使用危險物、有害物之數量達中央主管機關規定數量 10 倍之工作場所 (2) 設置高壓氣體類壓力容器一日處理能力在 $100m^3$ 以上之工作場所 (3) 液劑、乳劑等農藥加工工作場所 (4) 設置高壓氣體類壓力容器一日冷凍能力在 20 公噸以上之工作場所。

( ) 22. 依危險性工作場所審查暨檢查辦法規定，下列何者不屬危險性工作場所？ (1) 採用壓氣施工法作業之工程 (2) 從事以化學物質製造爆炸性物品之火藥類製造工作場所 (3) 高壓氣體類壓力容器一日之冷凍能力在 150 公噸以上者 (4) 高壓氣體類壓力容器一日之處理能力為 $500m^3$ 之氧氣、有毒性及可燃性高壓氣體者。

( ) 23. 依高壓氣體勞工安全規則規定，甲類製造事業單位係指從事高壓氣體之製造者，使用壓縮、液化或其他方法處理之氣體容積 (係指換算成溫度在攝氏零度、表壓力在每平方公分零公斤時之容積)1 日在幾立方公尺以上之設備？ (1) 10 (2) 30 (3) 50 (4) 100。

( ) 24. 依危險性工作場所審查及檢查辦法規定，事業單位有兩個以上場所從事製造、處置、使用危險物、有害物時，其數量依規定在多少公尺距離以內者，應合併計算？ (1) 100 (2) 500 (3) 1,000 (4) 5,000。

( ) 25. 依危險性工作場所審查及檢查辦法規定，甲、乙、丙類工作場所安全評估可採用之評估方法，不包括下列何者？ (1) 危害及可操作性分析 (2) 相對危害順序排列 (3) 故障樹分析 (4) 失誤模式與影響分析。

( ) 26. 依危險性工作場所審查暨檢查規定，有關事業單位甲類工作場所申請審查之程序，下列何者正確？ (1) 使勞工作業 30 日前，向當地勞動檢查機構申請檢查 (2) 使勞工作業 30 日前，向當地勞動檢查機構申請審查 (3) 使勞工作業 45 日前，向當地勞動檢查機構申請審查 (4) 使勞工作業 45 日前，向當地勞動檢查機構申請審查及檢查。

( ) 27. 危害評估之因素不包括下列何種因素？ (1) 人員 (2) 環境 (3) 管理 (4) 利潤。

( ) 28. 下列何者非屬危險性工作場所審查及檢查辦法所稱之丁類危險性工作場所？ (1) 採用壓氣施工作業之工程 (2) 建築物頂樓樓板高度 85 公尺之建築工程 (3) 橋墩中心與橋墩中心距離 40 公尺，且未使用模板支撐橋梁工程 (4) 開挖深度 15 公尺且開挖面積 600 平方公尺之工程。

( ) 29. 可燃性高壓氣體壓力容器，處理能力在多少立方公尺以上，屬勞動檢查法規定之危險性工作場所？ (1) 1,000 (2) 2,000 (3) 3,000 (4) 5,000。

( ) 30. 甲類、乙類、丙類危險性工作場所申請審查、檢查檢附之平面配置圖，應標示之事項，不包括下列何者？ (1) 危險性之機械或設備所在位置及名稱、數量 (2) 危險物及有害物所在位置及名稱、數量 (3) 可能從事作業勞工、承攬人勞工及外來訪客之位置及人數 (4) 緊急逃生路線。

( ) 31. 依危險性工作場所審查暨檢查辦法規定，蒸汽鍋爐其傳熱面積多少平方公尺以上者，方列為危險性工作場所？ (1) 300 (2) 400 (3) 500 (4) 600。

( ) 32. 下列有關實施風險評估之步驟，何者為非？ (1) 辨識危害及後果 (2) 評估危害之風險 (3) 績效審查 (4) 決定控制設施。

( ) 33. 下列何者非屬危害與可操作分析製程偏離之引導字？ (1) 此外 (2) 正向 (3) 多於 (4) 無。

( ) 34. 甲類、乙類、丙類危險性工作場所申請審查、檢查檢附之緊急應變計畫至少應含緊急應變運作流程與組織、緊急應變設備之置備與外援單位之聯繫、緊急應變演練計畫與演練紀錄及下列何者？ (1) 緊急應變計畫之修正 (2) 勞工健康檢查措施 (3) 勞工教育訓練措施 (4) 危害通識措施。

( ) 35. 請有工作安全評估經驗的專家，對工廠各方面進行一般性的檢查，其範圍很廣，而所需的時間較短，此種危害評估技術，屬於下列何者？ (1) 初步危害分析 (2) 危害與可操作性分析 (3) 故障樹分析 (4) 影響分析。

( ) 36. 從事丁類危險性工作場所之事業單位，其施工安全評估報告書內容，須包含施工災害初步分析表、特有災害評估表、施工計畫之修改、報告簽認及下列何者？ (1) 工作場所流程表 (2) 自動檢查表 (3) 基本事項檢討評估表 (4) 製程安全評估表。

( ) 37. 依勞動檢查法規定，危險性工作場所未經申請審查或檢資合格，事業單位不得使勞工在該場所作業，違反者可能遭受之處分為下列何者？ (1) 處 3 年以下有期徒刑、拘役或科或併科新台幣 15 萬元以下罰金 (2) 處 1 年以下有期徒刑、拘役或科或併科新台幣 9 萬元以下罰金 (3) 處新台幣 3 萬元以上 15 萬元以下罰鍰 (4) 處新台幣 3 萬元以上 6 萬元以下罰鍰。

( ) 38. 依危險性工作場所審查暨檢查辦法規定，事業單位對經勞動檢查機構審查、檢查合格之甲、乙、丙類危險性工作場所，應於合格後多少時間，對申請審查、檢查之資料重新評估，為必要之更新？ (1) 1 年 (2) 2 年 (3) 3 年 (4) 5 年。

( ) 39. 下列何者是工作安全分析的第一個程序？ (1) 將工作分成幾個步驟 (2) 決定要分析的工作 (3) 發現潛在危險及可能的危害 (4) 決定安全的工作方法。

( ) 40. 針對一特殊事故 (accident) 找出不同設備缺失、人員失誤之原因，再據以找出最基本之原因，讓安全工程師能針對此等基本原因找出可行之預防對策，以減少事故發生之可能率。此舉屬下列何者？ (1) Hazop (危害與可操作性分析) (2) FTA (故障樹分析) (3) ETA (事件樹分析) (4) FMEA (失誤模式與影響分析)。

( ) 41. 「相對危害等級分析」可供為下列何種階段使用？ (1) 基本設計 (2) 細部設計 (3) 試車階段 (4) 建廠階段。

( ) 42. 失誤樹分析的程序包括 (A. 定性分析，B. 尋找基本事件失誤率，C. 定量分析，D. 相對重要性分析)，則其正確順序為下列何者？ (1) A → B → C → D (2) B → C → A → D (3) D → A → B → C (4) C → A → B → D。

( ) 43. 下列何種項目不是初步危害分析之應用對象？ (1) 設計規劃期間的系統 (2) 既有系統需評估出重大潛在危害之次系統 (3) 對大系統中之次系統進行簡易之風險排序 (4) 人為故意錯誤之事先預防分析。

( ) 44. 依危險性工作場所審查暨檢查辦法規定，以勿啶為原料從事巴拉刈農藥原體合成之工作場所，屬下列何種危險性工作場所？ (1) 甲類 (2) 乙類 (3) 丙類 (4) 丁類。

( ) 45. 勞動檢查員執行下列何種檢查，不得事前通知事業單位？ (1) 危險性工作場所審查暨檢查 (2) 危險性機械或設備檢查 (3) 職業災害檢查 (4) 專案檢查。

( ) 46. 風險評估方法以簡單的公式描述為下列何者？ (1) 風險 × 暴露 = 危害 (2) 風險 × 危害 = 評估 (3) 危害 × 暴露 = 風險 (4) 危害 × 風險 = 暴露。

( ) 47. 初步危害分析在下列何階段開始施行較好？ (1) 生產階段 (2) 試車階段 (3) 設計階段 (4) 建廠階段。

( ) 48. 將工作方法或程序分解為各細項或步驟，以了解可能其有之危害，並訂出安全作業的需求，係指下列何者？ (1) 自動檢查 (2) 安全觀察 (3) 損失控制 (4) 工作安全分析。

（　）49. 在系統化工廠佈置程序中，就物料流程和各活動之關係繪成相關圖後，須依下列何種條件繪製成空間關連圖？　(1) 人選佈置　(2) 事實限制　(3) 修正條件　(4) 所需及可用面積。

（　）50. 大型化工廠之安全分析最宜採下列何種定量分析模式？　(1) 魚骨圖　(2) 故障樹分析　(3) 檢核表　(4) 初步危害分析。

（　）51. 丙類危險性工作場所於審查後，勞動檢查機構應實施檢查之設施，不包括下列何者？　(1) 一般高壓氣體製造設施　(2) 消防設施　(3) 鍋爐設施　(4) 冷凍用高壓氣體製造設施。

（　）52. 依危險性工作場所審查暨檢查辦法規定，甲類、乙類、丙類危險性工作場所申請審查、檢查，檢附之安全衛生管理基本資料不包括下列何者？　(1) 勞工作業環境監測及監督計畫　(2) 職業安全衛生管理規章　(3) 緊急應變計畫　(4) 承攬管理計畫。

（　）53. 依危險性工作場所審查暨檢查辦法規定，事業單位對於經檢查機構審查合格之丁類工作場所，於施工過程有下列何種情況時，應重新評估後報經檢查機構審查？　(1) 變更承攬人　(2) 變更主要分項工程施工方法　(3) 改變施工機具　(4) 變更施工人員。

（　）54. 實施工作場所風險評估之方法，通常使用的方法不包括下列何者？　(1) 腦力激盪 (brain storming)　(2) 甘特圖 (Gantt chart)　(3) 故障樹分析 (fault tree analysis)　(4) 初步危害分析 (preliminary hazard analysis)。

（　）55. 危險性工作場所應建立稽核管理制度，稽核計畫可不包括下列何者？　(1) 正常操作程序　(2) 緊急操作程序　(3) 公司組織架構　(4) 承攬管理制度。

（　）56. 甲類、乙類、丙類危險性工作場所申請審查、檢查，檢附之製程安全評估報告書，其內容不包括下列何者？　(1) 製程說明　(2) 實施初步危害分析並針對重大潛在危害實施規定之安全評估方法　(3) 製程危害控制　(4) 各級主管人員應於報告書中具名簽認。

（　）57. 下列何者不是採用檢核表分析的限制？　(1) 在設備設計階段較難運用此表　(2) 無法進行事故模擬與事故頻率分析　(3) 品質受限於撰寫人經驗與專業知識　(4) 分析方法複雜。

（　）58. 作故障樹分析時，樹的發展應依下列何種方式？　(1) 由上而下　(2) 由下而上　(3) 上下交錯　(4) 由左而右。

（　）59. 下列何者不是申請甲類危險性工作場所應檢附之資料？　(1) 工作規則　(2) 製程安全評估報告書　(3) 緊急應變計畫　(4) 稽核管理計畫。

（　）60. 依危險性工作場所審查暨檢查辦法規定，雇主使勞工於丁類危險性工作場所工作，應於作業多少日前，向當地勞動檢查機構申請審查合格？　(1) 30　(2) 45　(3) 60　(4) 90。

（　）61. 下列何者不屬於對特定管理設備為早期掌握其異常化學反應之發生，應設置之適當計測裝置？　(1) 溫度計　(2) 流量計　(3) 壓力計　(4) 液位計。

( ) 62. 故障樹分析中邏輯演繹的末端事件，通常是設備或元件故障，或人為失誤，該末端事件表示的符號為下列何者？ (1) □ (2) ○ (3) ◇ (4) △。

( ) 63. 依危險性工作場所審查暨檢查辦法規定，從事石油產品之裂解反應，以製造石化基本原料之工作場所，應歸類為何種危險性工作場所？ (1) 甲類 (2) 乙類 (3) 丙類 (4) 丁類。

( ) 64. 下列何者是勞動檢查法規定的危險性工作場所？ (1) 爆竹煙火工廠 (2) 農藥包裝工作場所 (3) 設置冷凍能力一日為 10 公噸之高壓氣體類壓力容器之工作場所 (4) 製造、處置、使用氯氣之數量為 1,000 公斤之工作場所。

( ) 65. 下列何者為實施工作場所風險評估的第一步驟？ (1) 決定控制方法 (2) 危害辨識 (3) 採取控制措施 (4) 計算風險等級。

( ) 66. 下列何者屬丙類危險性工作場所？ (1) 製造、處置、使用危險物、有害物之數量達規定數量之工作場所 (2) 從事農藥原體合成之工作場所 (3) 一日處理能力在一千立方公尺以上之氧氣、有毒性及可燃性高壓氣體類容器之工作場所 (4) 採用壓氣施工作業之工程。

( ) 67. 依危險性工作場所審查暨檢查辦法規定，經審查合格之下列何種危險性工作場所，於施工過程中變更主要分項工程施工方法時，應就變更部分重新評估後，報經原檢查機構審查？ (1) 甲類 (2) 乙類 (3) 丙類 (4) 丁類。

( ) 68. 事業單位設置甲類工作場所向檢查機構申請審查，應填具申請書並檢附製程安全評估報告書，該報告書之內容不包括下列何者？ (1) 安全衛生管理基本資料 (2) 製程說明 (3) 實施初步危害分析發掘工作場所重大潛在危害，並針對重大潛在危害依規定方法實施安全評估 (4) 製程危害控制。

( ) 69. 下列何者屬丁類危險性工作場？ (1) 製造、處置、使用危險物、有害物之數量達中央主管機關規定數量之工作場所 (2) 製造爆竹煙火類物品之爆竹煙火工廠 (3) 設置以氨為冷媒，冷凍能力一日在二十公噸以上之高壓氣體類壓力容器工作場所 (4) 長度一千公尺以上或需開挖十五公尺以上豎坑之隧道工程。

( ) 70. 下列何者不是勞動檢查法規定的危險性工作場所？ (1) 製造、處置、使用環氧乙烷之數量為 6,000 公斤之工作場所 (2) 傳熱面積五百平方公尺之蒸汽鍋爐之工作場所 (3) 設置處理能力一日為 50 立方公尺之高壓氣體類壓力容器之工作場所 (4) 以化學物質製造爆炸性物品之火藥類製造工作場所。

( ) 71. 列何者屬於系統安全危害辨識的定量方法？ (1) 失誤模式與影響分析 (FMEA) (2) 初步危害分析 (PHA) (3) 事件樹分析 (ETA) (4) 危害與可操作分析 (Hazop)。

( ) 72. 將系統分成不同的分析節點 (Node)，選擇分析節點，使用引導字，利用腦力激盪討論是否具危害操作問題及原因後果，提出建議改善對策的方法為下列何者？ (1) 故障樹分析 (2) 危害與可操作性分析 (3) 因果圖分析 (4) 失誤模式與影響分析。

( ) 73. 針對工廠內危害性較高的單元進行有系統的檢查,其方法包括逐管法 (line by line)、逐步法 (step by step)、如果－結果法 (what-if) 及如何才會法 (how could),此種危害評估技術,屬於下列何者?　(1) 初步危害分析　(2) 危害與可操作性分析　(3) 故障樹分析　(4) 失誤模式與影響分析。

( ) 74. 在失誤樹分析中,因系統邊界或分析範圍之限制,未繼續分析下去之事件,或不再深究人為失誤的原因,稱之為何種事件?　(1) 中間事件　(2) 基本事件未發展事件　(4) 頂端事件。

( ) 75. 從事丁類工作場所之事業單位,其施工安全評估報告書內容,須包含施工災害初步分析表、特有災害評估表、施工計畫之修改、報告簽認、及下列何者?　(1) 工作場所流程表　(2) 自動檢查表　(3) 基本事項檢討評估表　(4) 製程安全評估表。

( ) 76. 下列何項危害評估技術之目的在於對不同程度之潛在災變事故狀況,作定性和定量分析,藉以判斷各種災變事故對廠內工作人員、周圍居民和環境影響之程度?　(1) 初步危害分析　(2) 危害與可操作性分析　(3) 影響分析　(4) 故障樹分析。

二、問答題

1. 依危險性工作場所審查及檢查辦法規定,請回答下列問題:
   (1) 事業單位丁類工作場所使勞工作業 30 日前應向當地勞動檢查機構申請審查,試列舉 5 類應申請審查之營造工程。
   (2) 事業單位丙類工作場所使勞工作業 45 日前應向當地勞動檢查機構申請審查及檢查,試列舉 2 類應申請審查之場所。
   (3) 事業單位向檢查機構分別申請審查甲類工作場所、申請審查及檢查乙類工作場所與審查及檢查丙類工作場所,除填具申請書外,並應檢附哪些資料?
   (4) 事業單位對經檢查機構審查合格之丁類工作場所,於何種變更情形下應就變更部分重新評估後,就評估之危害,採取必要之預防措施,更新施工計畫書及施工安全評估報告書,並記錄之?

2. 依職業安全衛生法規定,具高風險之工作場所,事業單位每 5 年應實施製程安全評估,並製作製程安全評估報告,報請勞動檢查機構備查,請回答下列問題:
   (1) 上述應實施製程安全評估之工作場所為何?
   (2) 上述製程安全評估方法為何?
   (3) 事業單位應就製程安全資訊、製程危害控制措施實施製程安全評估,請列舉 10 項評估報告內容項目。

3. 甲類工作場所之製程安全評估報告書,除由製程安全評估人員或相關執業技師評估外,尚需有哪些評估小組人員參與評估?

4. 請列舉 4 種屬於丁類危險性工作場所之營造工程。

5. 甲類工作場所申請審查時,應檢附哪些資料?其評估小組由哪些人組成?

6. 施工安全評估報告書應包括哪些內容？

7. 製程及施工安全評估人員之安全衛生教育訓練課程包含哪些內容？

8. 各類危性工作場所之分類、適用範圍及申請期限為何？

9. 試回答下列問題：

(1) 何謂失誤樹分析 (FaultTreeAnalysis, FTA)？

(2) 此分析方法具有哪些功效？

(3) 失誤樹分析與事件樹分析 (EventTreeAnalysis, ETA) 有何不同？

(4) 實施失誤樹分析之步驟為何？請分別列出說明。

國家圖書館出版品預行編目資料

職業安全與衛生 / 楊昌裔編著. -- 五版. -- 新北
　市：全華圖書，2019.04
　　面；　公分
　ISBN 978-986-463-929-8(平裝)

　1. CST：工業安全 2. CST：職業衛生

555.56　　　　　　　　　　　　107014669

職業安全與衛生

作者／楊昌裔
發行人／陳本源
執行編輯／楊煊閔
封面設計／曾霈宗
出版者／全華圖書股份有限公司
郵政帳號／0100836-1 號
印刷者／宏懋打字印刷股份有限公司
圖書編號／0809404
五版三刷／2022 年 01 月
定價／新台幣 680 元
ISBN／978-986-463-929-8(平裝)
全華圖書／www.chwa.com.tw
全華網路書店 Open Tech／www.opentech.com.tw
若您對本書有任何問題，歡迎來信指導 book@chwa.com.tw

臺北總公司(北區營業處)
地址：23671 新北市土城區忠義路 21 號
電話：(02) 2262-5666
傳真：(02) 6637-3695、6637-3696

南區營業處
地址：80769 高雄市三民區應安街 12 號
電話：(07) 381-1377
傳真：(07) 862-5562

中區營業處
地址：40256 臺中市南區樹義一巷 26 號
電話：(04) 2261-8485
傳真：(04) 3600-9806(高中職)
　　　(04) 3601-8600(大專)

版權所有·翻印必究

23671 新北市土城區忠義路 21 號

全華圖書股份有限公司

行銷企劃部　收

廣告回信
板橋郵局登記證
板橋廣字第540號

歡迎加入 全華會員

● 會員獨享

會員享購書折扣、紅利積點、生日禮金、不定期優惠活動…等。

● 如何加入會員

掃 QRcode 或填妥讀者回函卡直接傳真 (02) 2262-0900 或寄回，將由專人協助登入會員資料，待收到 E-MAIL 通知後即可成為會員。

如何購買 全華書籍

1. 網路購書

全華網路書店「http://www.opentech.com.tw」，加入會員購書更便利，並享有紅利積點回饋等各式優惠。

2. 實體門市

歡迎至全華門市（新北市土城區忠義路 21 號）或各大書局選購。

3. 來電訂購

(1) 訂購專線：(02) 2262-5666 轉 321-324
(2) 傳真專線：(02) 6637-3696
(3) 郵局劃撥（帳號：0100836-1　戶名：全華圖書股份有限公司）

※ 購書未滿 990 元者，酌收運費 80 元。

OpenTech.com.tw
全華網路書店

全華網路書店 www.opentech.com.tw
E-mail: service@chwa.com.tw

※ 本會員制如有變更則以最新修訂制度為準，造成不便請見諒。

讀者回函卡

掃 QRcode 線上填寫 ▶▶▶

姓名：＿＿＿＿＿＿　生日：西元＿＿＿＿年＿＿＿月＿＿＿日　性別：□男 □女

電話：（　　）＿＿＿＿＿＿　手機：＿＿＿＿＿＿

e-mail：（必填）＿＿＿＿＿＿

註：數字零，請用 Φ 表示，數字 1 與英文 L 請另註明並書寫端正，謝謝。

通訊處：□□□□□

學歷：□高中・職 □專科 □大學 □碩士 □博士

職業：□工程師 □教師 □學生 □軍・公 □其他

學校／公司：＿＿＿＿＿＿　科系／部門：＿＿＿＿＿＿

· 需求書類：

□ A. 電子 □ B. 電機 □ C. 資訊 □ D. 機械 □ E. 汽車 □ F. 工管 □ G. 土木 □ H. 化工 □ I. 設計
□ J. 商管 □ K. 日文 □ L. 美容 □ M. 休閒 □ N. 餐飲 □ O. 其他

· 本次購買圖書為：＿＿＿＿＿＿　書號：＿＿＿＿＿＿

· 您對本書的評價：

封面設計：□非常滿意 □滿意 □尚可 □需改善，請說明＿＿＿＿＿＿

內容表達：□非常滿意 □滿意 □尚可 □需改善，請說明＿＿＿＿＿＿

版面編排：□非常滿意 □滿意 □尚可 □需改善，請說明＿＿＿＿＿＿

印刷品質：□非常滿意 □滿意 □尚可 □需改善，請說明＿＿＿＿＿＿

書籍定價：□非常滿意 □滿意 □尚可 □需改善，請說明＿＿＿＿＿＿

整體評價：請說明＿＿＿＿＿＿

· 您在何處購買本書？

□書局 □網路書店 □書展 □團購 □其他

· 您購買本書的原因？（可複選）

□個人需要 □公司採購 □親友推薦 □老師指定用書 □其他

· 您希望全華以何種方式提供出版訊息及特惠活動？

□電子報 □ DM □廣告 （媒體名稱）＿＿＿＿＿＿

· 您是否上過全華網路書店？（www.opentech.com.tw）

□是 □否　您的建議＿＿＿＿＿＿

· 您希望全華出版哪方面書籍？＿＿＿＿＿＿

· 您希望全華加強哪些服務？＿＿＿＿＿＿

感謝您提供寶貴意見，全華將秉持服務的熱忱，出版更多好書，以饗讀者。

填寫日期：　　／　　／

2020.09 修訂

親愛的讀者：

感謝您對全華圖書的支持與愛護，雖然我們很慎重的處理每一本書，但恐仍有疏漏之處，若您發現本書有任何錯誤，請填寫於勘誤表內寄回，我們將於再版時修正，您的批評與指教是我們進步的原動力，謝謝！

全華圖書 敬上

勘 誤 表

書號	書名	作者
頁數	行數	錯誤或不當之詞句	建議修改之詞句

我有話要說：（其它之批評與建議，如封面、編排、內容、印刷品質等・・・）